中药药剂学

冯年平 主编

科学出版社
北 京

内 容 简 介

本书对中药药剂的配制理论、生产技术、质量控制与合理应用等进行了系统阐述，对中药制剂前处理、中药剂型与制备方法、药用辅料以及制剂新技术等作了重点介绍。本书理论与应用并重，适用于中药学、药学等相关专业的教学，还可作为药品生产企业、药物研究单位等专业技术人员的参考或培训教材。

图书在版编目(CIP)数据

中药药剂学/冯年平主编.—北京：科学出版社，2017.8

ISBN 978-7-03-053776-8

Ⅰ.①中… Ⅱ.①冯… Ⅲ.①中药制剂学-医学院校-教材 Ⅳ.①R283

中国版本图书馆 CIP 数据核字(2017)第 139583 号

责任编辑：周 倩
责任印制：谭宏宇 / 封面设计：殷 靓

科学出版社 出版
北京东黄城根北街 16 号
邮政编码：100717
http://www.sciencep.com
南京展望文化发展有限公司排版
广东虎彩云印刷有限公司印刷
科学出版社发行 各地新华书店经销

*

2017 年 8 月第 一 版 开本：889×1194 1/16
2023 年 2 月第九次印刷 印张：25 1/4
字数：727 000

定价：69.00 元

(如有印装质量问题，我社负责调换)

《中药药剂学》

编　委　会

主　　编　冯年平

主　　审　陶建生

副 主 编　狄留庆　夏新华　许汉林　王利胜　肖学凤

编　　委（按姓氏笔画排序）

王　岩	广东药科大学	王少兵	中南民族大学
王文苹	宁夏医科大学	王利胜	广州中医药大学
王晓颖	福建中医药大学	冯年平	上海中医药大学
刘利根	中国药科大学	许汉林	湖北中医药大学
李学涛	辽宁中医药大学	李春花	河北中医学院
肖学凤	天津中医药大学	何　宁	安徽中医药大学
狄留庆	南京中医药大学	宋　逍	陕西中医药大学
张　华	山东中医药大学	陆　洋	北京中医药大学
陈大全	烟台大学	陈卫卫	广西中医药大学
周　群	华中科技大学	郑　琴	江西中医药大学
郑　颖	澳门大学	郑杭生	浙江中医药大学
侯安国	云南中医学院	施　峰	江苏大学
秦　晶	复旦大学	贾永艳	河南中医药大学
夏新华	湖南中医药大学	徐　伟	长春中医药大学
徐　剑	贵阳中医学院	鲁　莹	第二军医大学
廖　婉	成都中医药大学		

学术秘书　刘　颖　上海中医药大学

前　言

为了深入贯彻落实教育部高等教育教学改革精神，满足新时期中医药行业高素质复合型人才培养的需要，科学出版社组织30多所高等院校，编写了《中药药剂学》。

中药药剂学是以中医药理论为指导，运用现代科学技术，研究中药药剂的配制理论、生产技术、质量控制与合理应用等内容的综合性应用技术学科。近年来，中药药剂学的发展日新月异。本教材在调研、学习国内外相关教材的基础上，对教材的结构和内容进行了调整和优化，主要特点体现在以下方面：

1. 严格按照《中药药剂学》教学大纲的要求，精炼编写教材内容，同时结合现行版《中国药典》和国家相关管理法规，体现教材的严谨性和实用性。

2. 注重教材内容的系统性。本教材突出基本理论、常用剂型和制剂技术，保留具有中医药特色的传统剂型及其制备技术的内容，同时适当增加国内外有关中药药剂学的新理论、新剂型和新技术等知识介绍，力求体现内容的完整性、先进性，并反映学科发展的概貌。

3. 注重理论与实际的结合，基本理论和应用实例并重。将制备工艺等内容的叙述与图表化表达相融合，注重文字的通俗性和可读性。便于读者阅读与理解。

本书由从事中药药剂学教学和科研工作的骨干教师共同编写，编写过程中得到了各编委所在院校和科学出版社的大力支持，在此一并表示感谢。

由于时间和编者水平有限，书中难免疏漏，恳请读者批评指正。

编　者

2017年5月

目　录

第一章　绪　论

本章要点

中药药剂学的性质、任务、历史沿革与发展概况。

药物剂型的分类方法与选择原则。

药用辅料的概念与作用。

中药药剂的工作依据。

第一节　概　述

一、中药药剂学的性质与任务

中药药剂学(pharmaceutics of Chinese materia medica)是一门以中医药理论为指导，运用现代科学技术，研究中药药剂的配制理论、生产技术、质量控制与合理应用等内容的综合性应用技术学科。它不仅与中药学类专业的基础课、专业课有紧密联系，而且与中药生产和临床用药实践密切相关，是中药学科的主干课程。

中药应用于临床之前，必须依据中药药剂学的理论指导，通过技术设计和制备成为安全、有效和质量稳定可控的中药制剂。中药药剂学是联结中医与中药的桥梁与纽带，同样在中医药知识体系中具有不可替代的重要地位。

中药药剂学承载着中医药学发展的历史使命，其主要任务包括如下。

1. 学习、继承和整理中医药学中有关药剂学的理论、技术与经验　将历代医药典籍中有关传统剂型和品种以及制剂理论、技术和经验等内容进行发掘、整理，使之系统化、科学化，为中药制剂的发展奠定基础。

2. 吸收和应用现代科学技术成果，促进中药制剂的现代化　运用现代科学技术成果，研究新技术、新工艺、新设备和新辅料在中药制剂中的适宜性，推动中药制药工业的发展。

3. 中药药剂学基本理论研究　丰富、发展和完善中药药剂学科的理论体系，使中药药剂学成为一门既具有中医药特色，又具有先进理论和技术的学科。

4. 中药新制剂和新剂型的研究与开发　在中医药理论指导下，研究开发中药新剂型和新制剂，为疾病的预防和治疗提供更好的保证。

二、中药药剂学常用术语

笔记栏

1. 药品(drug)　系指用于预防、治疗、诊断人的疾病，有目的地调节人的生理功能并规定有适应证或者功能主治、用法和用量的物质，包括中药材、中药饮片、中成药、化学原料药及其制剂、抗生素、生化药品、放射性药品、血清、疫苗、血液制品和诊断药品等。习惯上，将用于预防、治疗、诊断疾病的物质总称为"药物",而"药品"一般是指将原料药物经过加工制成的可直接应用的成品,二者并无本质区别。

2. 剂型(dosage forms) 系指将原料药加工制成的适合于预防、治疗和诊断等应用的不同形式,是药物临床使用的最终形式,称为药物剂型,简称剂型,如汤剂、散剂、丸剂、煎膏剂、片剂、颗粒剂、贴膏剂、注射剂等。

3. 制剂(pharmaceutical preparations) 系指按规定的处方、制备方法和质量标准将药物制成适合临床用药需求的,并规定有适应证、用法、用量的药品,简称制剂,如玉屏风口服液、阿胶泡腾颗粒剂、双黄连粉针剂等。

4. 调剂(dispensing) 系指按照医师处方专门为某一患者配制,注明用法用量的药剂调配操作,一般在药房进行。研究药剂调配、服用等有关理论、原则和技术的学科称为调剂学。

5. 中药材(Chinese medicinal materials) 是指药用植物、动物或矿物的药用部分采收后经产地初加工形成的原料药材。

6. 中药饮片(prepared slices of Chinese medicinal materials) 系指药材经过炮制后可直接用于中医临床或制剂生产使用的处方药品。与中药材相比,中药饮片经过炮制,具有增强疗效,降低毒副反应,改变药物作用部位,使药物纯净,利于贮藏,嗅味良好、有助于服用,便于调剂和制剂等特点,更能适应中医辨证施治、灵活用药的要求。

7. 中成药(Chinese patent medicine) 即中药成药,系指以中药饮片为原料,在中医药理论指导下,按规定的处方和制法大量生产,有特定名称,并标明功能主治、用法用量和规格的药品。

8. 处方药与非处方药 处方药(prescription drug)系指必须凭执业医师或执业助理医师处方才可调配、购买,并在医生指导下使用的药品;非处方药(over-the-counter drug, OTC drug)系指不需要凭医师或执业助理医师的处方,消费者可自行判断购买和使用的药品。

9. 新药(new drug) 系指未曾在中国境内外上市销售的药品。

第二节 中药药剂学的发展

一、中药药剂学的发展简史

中药药剂的起源最早可追溯至夏禹时代(公元前 2140 年),当时已有酒曲和酿酒工艺的记载,并已将多种药物浸制成药酒。

商汤时期(公元前 1766 年),伊尹创制了汤剂,并总结写成《汤液经》。晋代皇甫谧所著《针灸甲乙经》序中记载"伊尹……撰用神农本草以为汤业"。可见,中药制剂的创用远在希波克拉底(公元前 460～377 年)及格林(公元 131～201 年)之前。

知识链接

格林制剂

格林制剂(Galenicals)是指植物药浸出制剂,该类制剂由希腊医药学家格林(Galen,公元 131～201 年)首先发明制备的,故名。格林被西方各国认为是药剂学的鼻祖。

笔记栏

春秋战国时期(公元前 221 年以前)的《黄帝内经》是我国现存最早的一部医药学典籍,载方十三首,提出了"君、臣、佐、使"的组方原则,并记载了汤、丸、散、膏、药酒等多种不同剂型及其制法,其"汤液醪醴论篇"中专门论述了汤液醪醴的制法和作用等内容。

秦、汉时期(公元前 221～公元 220 年),我国制药理论与技术快速发展。马王堆汉墓出土的《五十二病方》中记载的中药除外敷和内服使用外，还有药浴法、烟熏或蒸气熏法、药物熨法等方法；东汉时期成书的《神农本草经》是现存最早的本草专著，该书论述了制药理论和制备方法，“序例”中指出：“药性有宜丸者，宜散者，宜水煎者，宜酒渍者，宜煎膏者，亦有一物兼宜者，亦有不可入汤酒者，并随药性，不得违越”，强调了根据药性选择剂型；东汉医药学家张仲景（公元 142～219 年）所著《伤寒杂病论》和《金匮要略》，两部著作共收载方剂 314 首，其中成药 60 多个品种，记载了汤剂、丸剂、散剂、药膏剂、软膏剂、酒剂等 10 余种剂型及其制备方法，首次记载了用动物胶汁、炼蜜和淀粉糊作为丸剂的赋形剂，并沿用至今。

晋、唐时期（公元 265～960 年），葛洪（公元 283～363 年）著有《肘后备急方》八卷，记载了黑膏药、干浸膏、蜡丸、浓缩丸、锭剂、条剂、灸剂、饼剂等多种剂型。梁代陶弘景（公元 456～536 年）在《本草经集注》中提出以疾病的需要来确定剂型，指出“疾病有宜丸药，宜服散者，宜服汤者，宜服膏煎者”。在序例中附有“合药分剂料理法则”，指出药物的产地和采收方法亦对疗效有影响。书中考证了古今度量衡，规定了汤、丸、散、膏、药酒的制作规范。唐代显庆四年（公元 659 年）由政府组织编纂并颁布了《新修本草》（世称《唐本草》），是我国第一部也是世界上最早的一部药典。孙思邈（公元 581～682 年）著有《备急千金要方》与《千金翼方》，其中《备急千金要方》设有制药总论专章，叙述了制药理论、工艺和质量等内容，反映了当时中药制剂的发展水平。

宋、元时期（公元 960～1367 年），中药成方制剂发展迅速。公元 1076 年政府设立了太医局卖药所（太平惠民药局），制备丸、散、膏、丹等成药出售，后来又开办了官营制药工厂（修合药所），公元 1080 年由宋代太医院颁布了《太平惠民和剂局方》，共收载中药制剂 788 种，是我国最早的一部中药制剂规范。

明、清时期（公元 1369～1911 年），李时珍（公元 1518～1593 年）编著《本草纲目》，收载中药 1 892 种，附方 13 000 余首，剂型近 40 种。该著作是对我国 16 世纪以前本草学的全面总结，论述范围广泛，内容丰富，自明代刊行以来，已被译成多种文字，是国内外公认的医药学巨著。清代吴师机（公元 1806～1886 年）编著了我国历史上第一部外治法专著《理瀹骈文》，他提出“外治之理即内治之理，外治之药亦即内治之药，所异者法耳。医理药性无二，而法则神奇变幻”“病先从皮毛入，药即可由此进”，阐述了外治法的基本理论，记载了各种膏药的制法、用法和治疗作用等。该书在前人的基础上，总结出敷、熨、熏、浸、洗、擦、坐、嚏、缚、刮痧、火罐、推拿、按摩等近二十种外治方法，是中医外治学最重要的著作，是对中医学发展的重要贡献。

19 世纪初至 20 世纪中叶，随着工业技术的进步，药品生产实现了机械化，西方医药传入中国，片剂、注射剂等现代剂型开始出现，但这一阶段，中药药剂学发展迟缓。

二、现代中药药剂学的研究进展

第二次世界大战结束后，科学技术得到迅猛发展，现代药剂学理论和技术得以快速发展并逐渐产生了工业药剂学（industrial pharmacy）、物理药剂学（physical pharmacy）、生物药剂学（biopharmaceutics）、药用高分子材料学（polymer science in pharmaceutics）、生物药剂学与药物动力学（biopharmaceutics and pharmacokinetics）以及分子药剂学（molecular pharmaceutics）等分支学科，药剂学的发展打破了“化学结构是决定药物疗效的唯一因素”的观念，吸收了系统论的思想，并于 20 世纪末进入了给药系统（drug delivery system，DDS）时代，药物制剂的发展在经历了常规制剂阶段、缓释和长效制剂阶段、控释制剂阶段以及靶向制剂阶段后，进入了智能给药系统（intelligent drug delivery system）阶段。在这样的大背景下，加之对中药作用物质基础及作用机制研究的不断深入，中药药剂学也随之取得了许多新的进步。

（一）新技术研究

1. 粉碎技术　粉碎是中药制剂的重要环节，一些新的粉碎技术应用于中药后，中药粉碎达到了

笔记栏

常规技术难以实现的效果。如超细粉碎技术，可将中药粉碎成粒径 5～10 μm 的超细粉末，从而可促进有效成分的溶出；利用行星式球磨机进行粉碎，可得到粒径 100 nm 左右的粉体；利用冷冻剂将需粉碎的物料快速降温至其脆化温度或低于其脆化温度时进行粉碎的"低温粉碎"技术，不仅可以提高能量利用率，更重要的是使常温粉碎难以进行的物料得以粉碎。

2. 提取分离纯化技术　中药制剂成型前必须经过对中药原料进行提取分离等前处理，这个过程不仅耗时长、复杂、影响因素多，而且决定着中药制剂的质量和临床疗效。中药的提取分离技术进步显著，如超临界流体萃取技术、微波辅助提取技术、分子蒸馏技术、絮凝澄清技术、过滤技术、大孔树脂吸附分离技术、膜分离技术、高速逆流色谱技术、高效液相制备色谱技术等中药提取、分离和纯化新技术的应用，使得中药制剂的前处理过程更加高效、合理，制剂成型的工业化更加可控，成药质量进一步提高。

3. 浓缩干燥技术　目前，中药制剂常用的浓缩与干燥技术与方法有常压蒸发、减压蒸发、薄膜蒸发、多效蒸发、常压干燥、减压干燥、喷雾干燥、沸腾干燥等，在此基础上，融合多功能、小型化、节能高效等先进技术于一体的新型干燥机不断问世，如旋转闪蒸干燥机、热喷射气流干燥机、惰性载体干燥机等，可大大改善中药加工的技术水平，提高生产效率。

4. 中药制粒技术　系指将粉状药料与适宜的润湿剂和黏合剂混合，经加工制成具有一定形状与大小颗粒状物体的技术。如快速搅拌制粒、沸腾制粒、喷雾干燥制粒等。

5. 中药包衣技术　包衣技术一般应用于固体制剂，用一定厚度的衣膜包裹药物，使药物能以恒定或接近恒定的速率通过膜释放，达到缓释和控释的目的。如肠溶衣薄膜包衣技术等。

6. 包合技术　系指一种药物分子结构被全部或部分包合入另一种物质的分子腔中而形成独特形式的包合物的制备技术。如用于中药挥发油的环糊精包合技术等。

7. 固体分散技术　系指药物与载体材料混合制成高度分散的固体分散物的技术。如难溶性药物以无定形状态分散在载体材料中的共沉淀物等。

8. 微囊制备技术　系指利用高分子材料将药粉微粒或药液微滴包裹成微小囊状物的技术，其制品称为微囊剂，但更多的是将微囊进一步加工成片剂、散剂、胶囊剂或注射剂等。

9. 纳米制剂技术　系指利用聚合物纳米粒、纳米乳、纳米囊泡等作为载体，包封或装载药物制成纳米制剂等的技术。纳米制剂技术在增加药物溶解度、改善药物吸收和靶向给药等方面应用前景广阔。

（二）新制剂和新剂型研究

随着中成药及其剂型研究的科学化和现代化，在对疗效确切的传统中药成方制剂不断改进的同时，还创制了许多新制剂和新剂型，如注射用双黄连无菌粉末、清开灵注射液、牡荆油微囊片等。此外，缓释、控释和靶向等新型药物传递系统的研究在中药领域内也取得了显著进展，如正清风痛宁缓释片、雷公藤双层片、紫杉醇脂质体等。

（三）新辅料研究

各种新型药用辅料的应用推动着中药制剂的发展。天然大分子物质、纤维素衍生物、淀粉衍生物，合成或半合成油脂、磷脂、合成表面活性剂、乙烯聚合物、丙烯酸聚合物、可生物降解聚合物的应用，为中药各类新剂型的研究，以及各类缓释、控释、靶向制剂的研究提供了必备的物质基础。

（四）中药制剂的质量研究

笔记栏

各种色谱、光谱技术及其联用技术分析的快速发展为中药制剂的质量控制提供了技术支持，中药制剂的质量控制不再仅采用单个或少数成分的含量标准，而更多的应用多个成分指标。国家食品药品监督管理总局（China Food and Drug Administration，CFDA）于 2000 年 8 月发布了《中药注射剂指纹图谱研究的技术要求（暂行）》，并自 2004 年底开始对中药注射剂全面实施指纹图谱标准管理，一些中药固体制剂也采用指纹图谱进行质量评价。

（五）中药制剂的稳定性研究

稳定性是保证药物及其制剂有效性和安全性的基础。药物若发生分解、变质，可导致药效降低，甚至产生或增加毒副反应，危及患者的健康和生命安全。通过对中药制剂在不同条件下（如温度、湿度、光线等）稳定性的研究，掌握其质量随时间变化的规律，不仅可以为中药制剂的生产、包装、贮存、运输条件和有效期的确定提供科学依据，而且可保障其临床用药的有效性和安全性。由于分析测试技术的显著进步，对中药制剂中复杂和微量成分的变化的监测不再是难以克服的困难。

（六）中药制剂的生物药剂学研究

中药制剂应用于机体后其体内吸收、分布、代谢、排泄等过程，以及各种影响因素，包括剂型因素和机体的生物因素，是设计合理剂型、处方及生产工艺，评价制剂质量，制订临床用药方案的重要科学依据。这方面的研究正日益深入并得到越来越多的重视。

随着时代的变迁和科学技术的发展，中药药剂学在继承传统的基础上，逐步吸收了现代药剂学的理论和技术，形成了既具备中医药特色、又体现当代科技水平的综合性应用学科。

第三节 中药剂型的分类与选择原则

一、中药剂型分类

中药剂型的种类繁多，可以按照不同的方法对剂型进行分类。主要分类方法有如下。

（一）按物态分类

1. 液体剂型　如糖浆剂、酒剂、注射剂等。
2. 固体剂型　如散剂、颗粒剂、胶囊剂、片剂、丸剂等。
3. 半固体剂型　如软膏剂、凝胶剂、糊剂等。
4. 气体剂型　如气雾剂、喷雾剂、吸入粉雾剂等。

按物态分类的方法比较简单，对制剂制备、贮藏、运输等均有一定的指导意义，但未考虑到剂型的内在分散特征和给药途径。

（二）按制备方法分类

根据主要工序采用的制备方法将剂型进行分类。如将用浸出方法制备的汤剂、合剂、酒剂、酊剂、流浸膏剂与浸膏剂等制剂分为浸出制剂；将用灭菌方法或无菌操作法制备的注射剂、滴眼剂等制剂分为无菌制剂。

按制备方法分类有利于研究制备的共同规律，但归纳不全，而且某些剂型随着科学的发展会改变其制法，故有一定的局限性。

（三）按分散系统分类

将所有剂型视为分散系统，按其分散特性可分为如下。

1. 真溶液型　药物以分子或离子状态（直径小于 1 nm）分散于分散介质中所形成的均相分散体系，也称为低分子溶液，如糖浆剂、溶液剂、芳香水剂、甘油剂、醑剂等。

2. 胶体溶液型　包括亲水胶体溶液和疏水胶体溶液，分散相直径在 1～100 nm。前者系指高分子药物分散在分散介质中所形成的均相分散体系，也称为高分子溶液，如胶浆剂等；后者系指固体

笔记栏

药物的微细粒子分散在水中形成的非均相分散体系，又称为溶胶剂。

3. 乳状液型　药物以液体分散相（直径 0.1～50 μm）分散在液体分散介质中所形成的非均相分散体系，如口服乳剂、静脉乳剂、亚微乳等。

4. 混悬液型　固体药物以微粒（直径 0.1～50 μm）状态分散在液体分散介质中形成的非均相分散体系，如洗剂、混悬剂、混悬型注射剂等。

5. 气体分散型　液体或固体药物分散在气体分散介质中形成的不均匀分散体系，如气雾剂、喷雾剂等。

6. 固体分散型　药物以固体形式分散在其他固体介质（辅料）中形成的分散体系，如散剂、丸剂、片剂等。

7. 微粒分散型　药物或与适宜载体（一般为生物可降解材料），经过一定的分散包埋技术制得具有一定粒径（微米级或纳米级）的微粒组成的固态、液态或气态药物制剂，这一大类新型制剂称为“微粒制剂”，也称为“微粒给药系统”（microparticle drug delivery system，MDDS）。根据分散系统分类原则，将直径为 10^{-9}～10^{-4} m 的分散相构成的分散体系统称为微粒分散体系，其中，分散相粒径为 1～500 μm 的统称为粗（微米）分散体系的 MDDS，主要包括微囊、微球、普通乳剂等；粒径小于 1 000 nm 属于纳米分散体系的 MDDS，主要包括脂质体、纳米乳、纳米粒、聚合物胶束等。微囊、微球、亚微乳、脂质体、纳米乳、纳米粒、聚合物胶束等均可作为药物载体。

按分散系统分类可以反映出制剂的内在分散特征，但不能反映给药途径对剂型的要求。

（四）按给药途径与方法分类

人体有 10 余种不同的给药途径，如胃肠道、口腔、舌下、鼻腔、肺部、肌内、皮内、皮下、皮肤、眼等。按给药途径与方法可以分为如下。

1. 胃肠道给药剂型　系指经口服后进入胃肠道，起局部或经吸收而发挥全身作用的剂型，如糖浆剂、散剂、颗粒剂、胶囊剂、片剂等。

2. 非胃肠道给药剂型　系指除口服给药途径以外的所有其他剂型：① 注射给药剂型，如静脉、肌内、皮内、皮下、其他（如动脉内、腹腔、鞘内）等部位的注射剂等；② 呼吸道给药剂型，如气雾剂、喷雾剂、粉雾剂等；③ 皮肤给药剂型，如软膏剂、凝胶剂、贴膏剂、搽剂等；④ 黏膜和腔道给药剂型，如滴眼剂、舌下片剂；用于直肠、阴道、尿道等腔道的栓剂等。

按给药途径与方法分类可反映对剂型制备的特殊要求。不足之处在于一种制剂由于给药途径的不同，可能多次重复出现，同时这种分类方法亦不能反映剂型内在的分散特征。

二、中药剂型的选择原则

剂型的选择是中药制剂研究的主要内容之一，剂型选择的基本原则如下。

（一）根据临床治疗的需要

疾病有轻重缓急，而同一药物因剂型、给药方式和给药途径的不同，起效时间亦不同。因此剂型的选择要考虑临床治疗的需要。

一般而言，药物的起效由快到慢按照如下顺序：静脉注射＞吸入给药＞肌内注射＞皮下注射＞直肠或舌下给药＞口服液体制剂＞口服固体制剂＞皮肤给药。

（二）根据药物的性质

笔记栏

药物的理化性质、体内特征等是剂型选择的重要依据。在符合临床用药要求的前提下，应充分考虑所设计剂型对主要药物活性成分溶解性、稳定性和刺激性的影响。如对于在胃液中不稳定、对胃刺激性大的药物，一般不宜制成胃溶制剂，而宜制成肠溶制剂，如肠溶片、肠溶胶囊等；对于易氧化的药物，宜选择具有遮蔽作用的制剂，如包衣片剂、胶囊剂等；对于存在明显肝脏首过效应的药物，可考虑制成非胃肠道给药途径的制剂，如栓剂、软膏剂等；对于在溶液状态下稳定性差、易降解的药物，可制成注射用冻干粉针剂等。中药制剂多为复方，所含成分极为复杂，在选择剂型前，必须进行充分的处方前研究工作。

（三）根据生产条件和使用方便等要求

中药剂型的选择是在首先满足临床治疗的需要和符合药物性质的前提下，根据拟生产厂家的技术水平和生产条件选择剂型。剂型不同，采用的工艺路线不同，对所需的技术、生产环境、设备等均有不同的要求。剂型设计还应考虑便于服用、携带、生产、运输、贮藏等方面的要求，如儿童用药应尽量做到色美、味香、剂量适宜、剂型多样，方便儿童使用。

第四节 药用辅料

一、药用辅料的概念

药用辅料（pharmaceutical excipients）系指生产药品和调配处方时所用的赋形剂和附加剂。

药用辅料既包括酒、醋、蜡、药汁、麦麸、蜂蜜等中药制剂的传统辅料，又包括药用高分子材料等新型辅料，既有单一成分/组分的辅料，又有预混复合辅料。

药用辅料作为药物制剂的重要组成部分，在药剂学中具有独特的地位和作用，它不仅是原料药物制剂成型的物质基础，而且与制剂的安全性、有效性、稳定性、依从性等密切相关。

药用辅料的质量和性能对制剂的品质至关重要。药用辅料应满足对人体安全无毒、理化性质稳定、与主药及辅料之间无配伍禁忌、不影响制剂检验等基本要求。

二、药用辅料的作用

1. *赋药物剂型或充当载体* 药用辅料赋予药物一定的形态特征或作为药物的载体，如片剂中加入稀释剂和黏合剂等制成圆形片或异形片，软膏剂中加入凡士林或羊毛脂等作为基质制成半固体剂型。

2. *保证制剂制备过程的顺利进行* 如片剂制备时加入润滑剂、助流剂等能保证生产操作的顺利实施。

3. *提高制剂的稳定性* 制剂的制备中根据处方所含成分的理化性质选择性地加入适量的药用辅料可延缓药物的化学降解、避免制剂在贮存过程中发生物理或化学变化，如中药挥发油用环糊精包合等。

4. *提高患者临床用药的顺应性* 如通过加入着色剂、芳香剂、矫味剂等辅料以改善制剂色、香、味等，从而使患者更加易于接受。

5. *调节药物的释放，控制药物的作用时间和作用部位* 如选用释放阻滞剂、生物黏附材料、热敏性和靶向性材料等制备缓控释给药系统和靶向给药系统。

6. *辅助或促进药物疗效的发挥* 如中药传统辅料醋、酒或姜汁等，能引药归经，辅助治疗，调和稳定药性；制剂处方中某些药味本身是药物，也可作药物制剂成型的辅料，如中药半浸膏片可利用提取的浸膏作为黏合剂制备片剂，即“药辅合一”。

三、药用辅料的分类

笔记栏

1. *按来源分类* 分为天然可来源辅料（如蔗糖、磷脂）、半合成辅料（如羧甲基淀粉钠）和全合成辅料(如聚乙二醇、聚山梨酯)。

2. 按作用和用途分类　可分为溶媒、抛射剂、增溶剂、助溶剂、填充剂、崩解剂、稀释剂、黏合剂、湿润剂、润滑剂、着色剂、崩解剂、遮光剂、渗透压调节剂、矫味剂、防腐剂、芳香剂、助流剂、抗黏着剂、螯合剂、皮肤渗透促进剂、增塑剂、表面活性剂、发泡剂、消泡剂、增稠剂、包合剂、保湿剂、絮凝剂与反絮凝剂、助滤剂、乳化剂、分散剂、助悬剂、pH 调节剂、抗氧剂、等渗调节剂、释放阻滞剂、包衣材料等数十种。

3. 按给药途径分类　可分为口服、注射、黏膜、经皮或局部给药、经鼻或吸入给药和眼部给药等。同一药用辅料可用于不同的给药途径,但质量要求和用法用量有差别。

另外,还可以按化学结构类或按用于制备的剂型进行分类。药用辅料的包装上应注明为"药用辅料",且其适用范围(给药途径)、包装规格及贮藏要求应在包装上予以明确;药品中使用到的辅料应写入药品说明书中。

第五节　中药药剂的工作依据

一、药品标准

药品标准(drug standard)是国家对药品质量、规格及检验方法所作的技术规定,是保证药品质量,供药品生产、经营、使用、检验和管理部门共同遵循的法定依据。我国现行的药品标准是国家药品标准,系指国家食品药品监督管理总局(CFDA)颁布的《中华人民共和国药典》(简称《中国药典》)、卫生部部颁药品标准(简称部颁标准)、药品注册标准和其他药品标准等。

(一) 药典

药典(pharmacopoeia)系指一个国家记载药品标准、规格的法典,一般由国家药典委员会组织编纂,并由政府颁布执行,具有法律约束力。药典收载的品种是疗效确切、不良反应小、质量稳定的常用药品及其制剂,并明确规定了其质量标准。

由于医药科技水平的不断提高,对药物及其制剂的质量要求也更加严格。因此,药典需要不断修订,如中国药典每五年修订一次,在新版药典出版前,往往由国家药典委员会编辑出版增补本,以利于指导新药和新制剂在临床的应用,增补本与药典具有相同的法律效力。

1.《中华人民共和国药典》　简称为《中国药典》(The Pharmacopoeia of the People's Republic of China,Ch. P),由国家药典委员会编纂。

1930 年,国民党政府卫生署曾出版了《中华药典》,参照英美药典编写。

自 1949 年 10 月 1 日中华人民共和国成立以来,先后共编纂颁布《中国药典》1953 年(第 1 版)、1963 年(第 2 版)、1977 年(第 3 版)、1985 年(第 4 版)、1990 年(第 5 版)、1995 年(第 6 版)、2000 年(第 7 版)、2005 年(第 8 版)、2010 年(第 9 版)、2015 年版(第 10 版)共十版,除 1953 年版为一部、2005 年版和 2010 年版为三部、2015 年版为四部外,其他版次均为两部。

《中国药典》现行版为 2015 年版(本教材中提及的《中国药典》内容除另有说明外,均为《中国药典》2015 年版),共有四部、共收载品种 5 608 种。一部为中药,收载药材及饮片、植物油脂和提取物、成方制剂和单味制剂等 2 598 种;二部为化学药,收载化学药品、抗生素、生化药品、放射性药品等 2 603种;三部为生物制品,收载生物制品品种 137 种;本版药典首次将上版药典附录整合为通则,并与药用辅料单独成卷作为《中国药典》四部,主要收载通则 317 个,药用辅料 270 种。《中国药典》2015 年版在保持科学性、规范性和先进性的基础上,充分借鉴国际先进药品质量控制技术和经验,全面反映我国当前医药发展和检测技术水平,重点加强了药品安全性和有效性的控制要求,药典标准水平整体大幅提升。

笔记栏

《中国药典》正文品种收载的药品中文名称系按照《中国药品通用名称》收载的名称及其命名原则命名,《中国药典》收载的药品中文名称均为法定名称;药品英文名除另有规定外,均采用国际非专利药品名(international nonproprietary names, INN)。

2. 国外药典 世界上有数十个国家编制了国家药典,另外还有区域性药典和世界卫生组织(WHO)编制的《国际药典》等。其中代表性的有《美国药典》《英国药典》《日本药典》《欧洲药典》等。

《美国药典》(The United States Pharmacopoeia, USP),由美国政府所属的美国药典委员会(The United States Pharmacopeial Convention)编纂出版。由于其权威性和影响力,一些没有法定药典的国家通常都采用《美国药典》作为本国药品的法定标准。USP 于 1820 年出第 1 版,每年更新,现行版为第 39 版,于 2015 年 12 月出版,2016 年 5 月 1 日生效。

知识链接

美国药典/国家处方集

《美国药典/国家处方集》(U.S. Pharmacopoeia/National Formulary, USP/NF)是美国药典与国家处方集(NF)合集。NF 于 1883 年首次出版,从 1896 年起对那些尚未编入 USP 的药品提供标准规范。为减少重复,方便使用,NF 于 1980 年第 15 版起并入 USP。美国药典委员会将这两个法定药品标准 USP 和 NF 制成合订单行本出版,前面部分为 USP,后面部分为 NF。现行版为 USP39/NF34。

《英国药典》(British Pharmacopoeia, BP)是由英国药典委员会编纂,英国卫生和社会安全部颁布实施的英国国家药品标准,是英国制药标准的重要来源。英国药典有着悠久的历史,最早可追溯到 1618 年编写的《伦敦药典》,后又有《爱丁堡药典》和《爱尔兰药典》,1864 年合为《英国药典》。现行版 BP 是 2015 年版。

《日本药典》(Pharmacopoeia of Japan, JP)即《日本药局方》,由日本药局方编委会编纂,日本厚生省颁布执行。1886 年出版了第 1 版《日本药典》,现行版本是 2011 年出版的第 16 改正版,以 JP(16)表示。

《欧洲药典》(European Pharmacopoeia, EP)由欧洲药典委员会编纂,欧洲药品质量管理局负责出版和发行,有英文版和法文版两种法定文本,对其成员国皆有法律约束力。欧洲药典委员会于 1964 年成立,1977 年出版第 1 版《欧洲药典》。现行版 EP 为第 8 版,即 EP 8.8, 2016 年 1 月 1 日开始生效。

知识链接

国 际 药 典

国际药典(The International Pharmacopoeia, Ph. Int.)是由世界卫生组织编制的药典,旨在为所选药品的质量标准达成一个全球范围的统一的标准性文献。国际药典并非定期更新,第 1 版于 1951 年出版,第 2 版于 1967 年出版,第 3 版于 1979 年出版,2006 年出版了第 4 版,2008 年、2011 年先后又对其进行了增补,2015 年出版了第 5 版。国际药典收载原料药、辅料和制剂测试的推荐分析方法和标准,可供成员国制订药典标准时参考和采用,但没有法律约束力。

(二) 其他药品标准

笔记栏

药典是国家法典,尚不能涵盖已生产、使用的全部药品品种,因此,除药典外,还有其他药品标准,作为药典的补充。

我国现有卫生部部颁药品标准和药品注册标准。其他国家类似的标准还有如英国的国家处方集(British National Formulary)和英国准药典(British Pharmaceutical Codex，BPC)，日本的《日本抗生物质医药品基准》《放射性医药品基准》《生物学制剂基准》《诊断用医药品基准》等。

二、药品管理法规

(一) 中华人民共和国药品管理法

《中华人民共和国药品管理法》(简称《药品管理法》)是专门规范药品研制、生产、经营、使用和监督管理的法律，任何在中国境内从事药品的研制、生产、经营、使用和监督管理的单位或者个人，必须遵守。《药品管理法》自 1985 年 7 月 1 日起实施，并先后自 2001 年 12 月 1 日、2013 年 12 月 28 日、2015 年 4 月 24 日起进行了三次修订。《药品管理法》对于保证药品的质量，保障人民用药安全、有效，打击制售假药、劣药，发挥了重要作用。

(二) 药品注册管理办法

药品注册系指 CFDA 根据药品注册申请人的申请，依照法定程序，对拟上市销售的药品的安全性、有效性、质量可控性等进行审查，并决定是否同意其申请的审批过程。药品注册申请分为：新药申请、仿制药申请、进口药品申请及其补充申请和再注册申请。我国于 2002 年 12 月 1 日起施行《药品注册管理办法(试行)》，并于 2005 年 5 月 1 日和 2007 年 10 月 1 日两次颁布实施了新的《药品注册管理办法》，2016 年 CFDA 对《药品注册管理办法》进行了修订，起草了《药品注册管理办法(修订稿)》。我国药品注册管理正日益和国际接轨，2016 年 6 月国务院印发《药品上市许可持有人制度试点方案》，开展药品上市许可持有人制度试点工作，允许药品研发机构和科研人员取得药品批准文号，对药品质量承担相应责任。

(三) 中药材生产质量管理规范

中药材生产质量管理规范(good agricultural practice for Chinese crude drugs，GAP)是中药材生产和质量管理的基本准则，适用于中药材生产企业生产中药材(含植物、动物药)的全过程。我国的 GAP(《中药材生产质量管理规范(试行)》)自 2002 年 6 月 1 日起施行。GAP 对促进中药材规范化、规模化、产业化发展起到了积极作用。

(四) 药物非临床研究质量管理规范

《药物非临床研究质量管理规范》(Good Laboratory Practice of Drugs，GLP)系指为提高药物非临床研究的质量，确保实验资料的真实性、完整性和可靠性，保障人民用药安全而制定的法规性文件。

GLP 适用于为申请药品注册而进行的非临床研究，主要应用于药物的安全性试验，主要包括：急性毒性、亚急性毒性、慢性毒性、生殖毒性、致突变性、致癌性、刺激性、药物依赖性和抗原性等方面。

(五) 药物临床试验质量管理规范

《药物临床试验质量管理规范》(Good Clinical Practice，GCP)是临床试验全过程的标准规定，包括方案设计、组织、实施、监查、稽查、记录、分析总结和报告。凡药品进行各期临床试验，包括人体生物利用度或生物等效性试验，均须参照执行。

笔记栏

(六) 药品生产质量管理规范

《药品生产质量管理规范》(Good Manufacturing Practice of Drugs，GMP)系指药品生产过程

中，用科学、合理、规范化的条件和方法来保证生产优良药品的一整套系统科学的管理规范，是药品生产和管理的基本准则。GMP 基于“药品质量的形成是设计和生产的结果，而不是检验出来的”这一中心思想，强调构建以预防为主的全面的质量保证体系，硬件设施、软件系统、高素质人员是 GMP 的三大要素。

我国于 1982 年由中国医药工业公司颁发了《药品生产管理规范(试行本)》，1985 年修订，1988 年卫生部颁布实施，1992 年又进行了修订，1995 年开展 GMP 认证，2011 年，CFDA 修订并颁布了《药品生产质量管理规范(2010 年修订)》，于 2011 年 3 月 1 日起全面施行。

(七) 药品经营质量管理规范

《药品经营质量管理规范》(Good Supply Practice, GSP)是药品经营管理和质量控制的基本准则，企业应当在药品采购、贮存、销售、运输等环节采取有效的质量控制措施，确保药品质量，并按照国家有关要求建立药品追溯系统，实现药品可追溯；药品经营企业应当严格执行 GSP，药品生产企业销售药品、药品流通过程中其他涉及贮存与运输药品的，也应当执行 GSP 的相关要求。

(冯年平)

笔记栏

第二章 制药卫生

本章要点

制药卫生的含义和基本要求。

洁净室的净化标准及空气洁净技术。

主要灭菌工艺参数及其意义。

物理灭菌法和化学灭菌法的特点、基本原理与应用。

无菌操作与无菌检查的基本方法。

防虫与防腐的主要措施与应用。

第一节 概 述

一、制药卫生的含义

药品是预防、诊断和治疗疾病的特殊商品，与人类健康和生命息息相关。由于药品生产周期长、生产过程中涉及的因素复杂，生产、运输、贮藏、使用等环节都有可能污染微生物。药品一旦被微生物污染，在适宜条件下微生物就可能快速生长繁殖，而导致药品变质或者疗效降低，甚至产生对人体有害的物质。只有严格按照药品 GMP 要求组织生产，并且在运输、贮藏和使用的各个环节保持药品质量的稳定，才能保证用药安全有效。

制药卫生主要论述药物制剂微生物学的要求及为达到要求所采取的措施与方法。严格的药品卫生标准是判断药品质量优劣的重要指标，而采取有效的制药卫生措施是药品生产管理的一项重要内容。强化制药卫生管理，落实各项制药卫生措施，是实施《药品生产质量管理规范》的具体要求，对确保药品质量具有重要意义。

二、中药制剂的卫生标准

制订药品卫生标准的依据是基于药品的给药途径和对患者健康潜在的危害以及药品的特殊性。不同的药物，不同的剂型，不同的给药途径，相应的卫生标准有差异，如直接注入机体或用于创口、眼部或外科手术的注射剂、眼用溶液剂、止血剂等药品，应不含有微生物，至少不得含有活的微生物；口服给药的合剂、糖浆剂、颗粒剂、片剂、丸剂和皮肤给药的软膏剂、糊剂、搽剂、洗剂等药品，对含微生物的数量也有一定的限度，但不得含有致病的微生物。有兼用途径的制剂，应符合各给药途径的标准。

《中国药典》现行版四部对中药提取物、中药饮片和中药制剂的需氧菌、霉菌和酵母菌、控制菌等微生物限度标准做了相关规定。具体如下。

笔记栏

1. 不含药材原粉的中药制剂的微生物限度标准(表2-1)

表2-1 不含药材原粉的中药制剂的微生物限度标准

给药途径	需氧菌总数(cfu/g、cfu/mL或cfu/cm²)	霉菌和酵母菌总数(cfu/g、cfu/mL或cfu/cm²)	控制菌
口服给药制剂 固体制剂 液体制剂	 10^3 10^2	 10^2 10^1	不得检出大肠埃希菌(1 g或1 mL)含脏器提取物的制剂还不得检出沙门菌(10 g或10 mL)
口腔黏膜给药制剂 齿龈给药制剂 鼻用制剂	10^2	10^1	不得检出大肠埃希菌、金黄色葡萄球菌、铜绿假单胞菌(1 g、1 mL或10 cm^2)
耳用制剂 皮肤给药制剂	10^2	10^1	不得检出金黄色葡萄球菌、铜绿假单胞菌(1 g、1 mL、10 cm^2)
呼吸道吸入给药制剂	10^2	10^1	不得检出大肠埃希菌、金黄色葡萄球菌、铜绿假单胞菌、耐胆盐革兰阴性菌(1 g或1 mL)
阴道、尿道给药制剂	10^2	10^1	不得检出金黄色葡萄球菌、铜绿假单胞菌、白色念珠菌、梭菌(1 g、1 mL或10 cm^2)
直肠给药制剂 固体制剂 液体制剂	 10^3 10^2	 10^2 10^2	不得检出金黄色葡萄球菌、铜绿假单胞菌(1 g或1 mL)
其他局部给药制剂	10^2	10^2	不得检出金黄色葡萄球菌、铜绿假单胞菌(1 g、1 mL或10 cm^2)

2. 含药材原粉的中药制剂的微生物限度标准(表2-2)

表2-2 含药材原粉的中药制剂的微生物限度标准

给药途径	需氧菌总数(cfu/g、cfu/mL或cfu/cm²)	霉菌和酵母菌总数(cfu/g、cfu/mL或cfu/cm²)	控制菌
固体口服给药制剂 不含豆豉、神曲等发酵原粉 含豆豉、神曲等发酵原粉	 10^4(丸剂 3×10^4) 10^5	 10^2 5×10^2	不得检出大肠埃希菌(1 g);不得检出沙门菌(10 g);耐胆盐革兰阴性菌应小于 10^2 cfu(1 g)
液体口服给药制剂 不含豆豉、神曲等发酵原粉 含豆豉、神曲等发酵原粉	 5×10^2 10^3	 10^2 10^2	不得检出大肠埃希菌(1 mL);不得检出沙门菌(10 mL);耐胆盐革兰阴性菌应小于 10^2 cfu(1 mL)
固体局部给药制剂 用于表皮或黏膜不完整 用于表皮或黏膜完整	 10^3 10^4	 10^2 10^2	不得检出金黄色葡萄球菌、铜绿假单胞菌(1 g或10 cm^2);阴道、尿道给药制剂还不得检出白色念珠菌、梭菌(1 g或10 cm^2)
液体局部给药制剂 用于表皮或黏膜不完整 用于表皮或黏膜完整	 10^2 10^2	 10^2 10^2	不得检出金黄色葡萄球菌、铜绿假单胞菌(1 mL);阴道、尿道给药制剂还不得检出白色念珠菌、梭菌(1 mL)

3. 中药提取物及中药饮片、药用原料及辅料的微生物限度标准(表2-3)

表2-3 中药提取物及中药饮片、药用原料及辅料的微生物限度标准

类型	需氧菌总数(cfu/g、cfu/mL或cfu/cm²)	霉菌和酵母菌总数(cfu/g、cfu/mL或cfu/cm²)	控制菌
中药提取物	10^3	10^2	*
研粉口服用贵细饮片 直接口服及泡服饮片	*	*	不得检出沙门菌(10 g);耐胆盐革兰阴性菌应小于 10^4 cfu(1 g)
药用原料及辅料	10^3	10^2	*

*:未做统一规定。

笔记栏

三、预防中药制剂微生物污染的措施

中药制剂在生产、运输、贮存、使用等过程中都有可能被微生物污染，主要污染途径有：环境空气、物料、人员、设备、运输与贮藏等。为预防微生物的污染，确保中药制剂符合《药品卫生标准》的要求，必须针对微生物污染的原因，采取积极的防菌、灭菌措施。

（一）原辅料和包装材料的选择与处理

1. 原料　中药制剂的原料主要是来源于植物的茎、根（茎）、叶、花、果实和动物组织或其脏器及矿物或化石的炮制饮片，不仅本身带有大量的微生物、虫卵及杂质，而且在采集、贮藏、运输过程中还会受到各种污染，含有中药原粉的制剂，一般会存在微生物污染的问题，应当对中药材进行洁净处理，炮制加工后的净药材原粉应使用洁净的容器和包装，并存放在净料库内；直接用于制剂的中药原粉应采用双层洁净包装、专库存放，并在微生物限度检查合格后方可投料。

对中药饮片进行洁净处理。首先，对饮片进行净选、加工；其次，应根据饮片的不同性质，分别采取不同的灭菌方法。一般耐热而质地坚硬的中药，可采用水洗、流通蒸气灭菌、干燥的综合处理方法；对于含有热敏性成分的饮片，可以采取气体灭菌、辐射灭菌等方法；对于不含热敏性成分的饮片，可以采取热力灭菌、微波灭菌等方法；植物油脂、中药提取物等可根据原料自身情况和目标制剂的《药品卫生标准》要求进行适当处理。

2. 辅料　中药制剂的辅料，使用前应严格按标准进行选择并作适当处理，以防止微生物带入制剂。如常用液体辅料蜂蜜必须炼制，纯化水、注射用水及灭菌注射用水应符合《中国药典》现行版标准。

3. 包装材料　中药制剂的包装材料，特别是直接接触药品的内包装材料，其洁净程度会直接影响药品的质量，因此，应采用适当的方法清洗、洁净，并作相应的灭菌处理。

（二）生产过程与贮藏过程的控制

1. 环境空气　空气中的微生物会通过污染制药环境、物料、设备等，对中药制剂造成污染，影响药品质量。

因此，生产车间的空气必须经过净化处理，使其洁净度级别符合 GMP 对应剂型、工艺的要求。并且，生产车间外部环境应符合相关卫生要求，生产区周围应无污染源，空气、土壤和水质应符合生产要求。

采取的措施主要有：① 在分隔的区域内生产不同品种的药品；② 采用阶段性生产方式；③ 设置必要的气锁间和排风；④ 空气洁净度级别不同的区域应当有压差控制；⑤ 应当降低未经处理或未经充分处理的空气再次进入生产区导致污染的风险；⑥ 采用密闭系统生产；⑦ 液体制剂的配制、过滤、灌封、灭菌等工序应当在规定时间内完成；⑧ 软膏剂、乳膏剂、凝胶剂等半固体制剂以及栓剂的中间产品应当规定贮存期和贮存条件。

2. 人员　操作人员是药品生产过程中最主要的微生物污染源。人体的毛发、头屑、皮屑、服装纤维等所携带的微生物，均有可能对药品生产造成污染。因此，GMP 对药品生产操作人员健康状况、个人卫生管理、工作服材质和式样、工作服的清洗和灭菌、人员进出洁净室程序等均做了具体的规定。

3. 设备和器具　药品生产过程中使用的各种设备和器具应及时并彻底清洁，避免物料的残留；清洗后也应及时彻底干燥，避免水分残留、滋生微生物。GMP 规定，应采用经过验证或已知有效的清洁和去污染操作规程进行设备清洁；必要时，临用前还应消毒灭菌，并对物料直接接触的设备表面进行残留物检测。

4. 运输与贮藏　除无菌制剂外，各种非无菌制剂在规定限度内均带有一定数量的微生物。在

笔记栏

外界温度、湿度等条件适宜的情况下，微生物会生长和繁殖。因此，对温度、湿度等有特殊要求的药品，应按规定条件进行运输和贮藏。

第二节 制药环境的卫生管理

一、制药环境的基本要求

《中华人民共和国药品管理法》《中华人民共和国药品管理法实施办法》《药品生产质量管理规范》等文件对药品生产企业的环境、布局、厂房和设施等方面提出了基本要求，药品生产企业的新建、改建和扩建都必须按上述文件的有关要求执行。主要内容包括以下方面。

（一）厂区环境和布局要求

1. *厂区环境* 厂址宜选择环境安静，大气含尘、含菌浓度较低，水质符合国家相关标准，无污染，自然环境好的区域，同时还应考虑选址地域的气候、上下游季风的影响。厂房周围应绿化、尽量减少厂区内的露土面积，宜铺植草坪，不宜种植产生花絮、花粉、绒毛等对大气有不良影响的植物。不能绿化的地面、路面应采用不宜起尘的材料作硬化处理。

2. *厂区布局* 应合理处理厂内洁净厂房与非洁净厂房以及其他污染源之间的相对位置。根据各建筑物的使用功能及洁净度等级的要求，一般可按生产、行政、生活和辅助系统划区布局，不得相互妨碍。非生产区和生产区要严格分开，并保持一定距离。中药材前处理、提取等生产操作工序不得与制剂生产使用同一生产厂房。一般而言，洁净厂房应远离锅炉房、烟囱、煤场、化工医药原料厂房以及中药材前处理、提取厂房，并位于其上风向。危险品库应设在偏僻处。实验动物房应当与其他区域严格分开，其设计、建造应当符合国家有关规定，并设有独立的空气处理设施以及动物的专用通道。

（二）厂房设计与设施要求

1. *厂房设计* 厂房设计必须按照国家有关的技术法规和GMP的基本原则，符合安全、经济实用、节能和环保等要求。主要要求有：① 洁净区与非洁净区分开；② 人流和物流分开；③ 质量控制实验室与生产区分开；④ 辅助区的设置不应当对生产区、仓储区和质量控制区造成不良影响；⑤ 不同生产操作相互之间不产生妨碍，最大限度地减少人为差错，有效地防止药品交叉污染。

2. *厂房设施* 厂房设计还应考虑与药品生产相适应的各种工艺设施。具体包括：洁净区空气净化设施、照明设施；人流、物流进入洁净区的净化设施；与药品直接接触的压缩空气、氮气等的净化设施；物料传递过程中的缓冲设施；产尘工序的防尘、捕尘设施；中药前处理车间的通风、除烟、防尘、除湿、降温等设施；仓储设施等。

二、空气洁净技术与应用

空气洁净技术是指能创造洁净空气环境的各种技术的总称，一般通过空气过滤（包括处理）、气流组织和气压控制三种措施达到空气净化的目的。主要应用于以下三个方面：① 以控制微粒为目的，如电子行业的工业洁净厂房；② 以控制微生物为主要目的，如医院手术室的生物洁净室；③ 对环境中的微粒和微生物必须同时加以控制的药品生产企业的洁净厂房。常用的空气洁净技术按气流组织形式可分为层流洁净技术和非层流洁净技术。

笔记栏

（一）层流洁净技术

层流洁净技术是用高度净化的气流作载体，将操作室内的尘粒以平行层流状态排出的空气净化方式。其气流运动形式是层流，也叫单向流。根据气流的方向，又可分为垂直层流(图 2－1)和水平层流(图 2－2)。

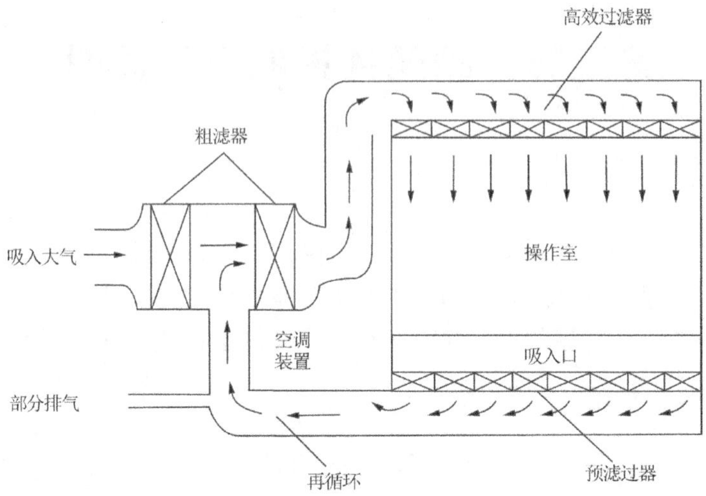

图 2－1　垂直层流洁净室构造原理图

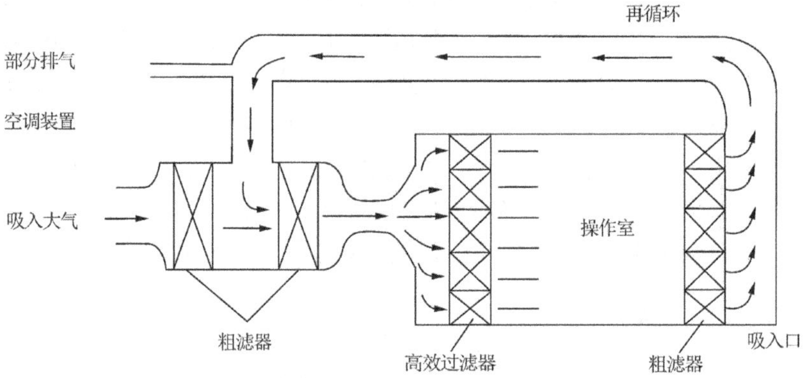

图 2－2　水平层流洁净室构造原理图

层流洁净技术净化效果好，常用于高洁净度级别的生产区。

(二) 非层流洁净技术

非层流洁净技术是用高度净化的空气将操作室内的尘粒加以稀释的空气净化方式。其气流运动形式是乱流，或称非单向流、紊流。

非层流洁净技术净化效果较差，但设备及运行成本较低。

三、洁净区的卫生与管理

空气洁净度是指洁净环境中空气的含尘(微粒)程度。洁净区的设计必须符合 GMP 相应的洁净度要求，包括达到“静态”和“动态”的标准，最终保障产品质量要求。我国现行 GMP 标准(2010 年修订版)将无菌药品生产所需洁净区分为以下 4 个级别。

A 级：高风险操作区，如灌装区、放置胶塞桶、敞口安瓿瓶、敞口西林瓶的区域及无菌装配连接操作的区域，应当用单向流操作台(罩)维持该区的环境状态。

B 级：指无菌配制和灌装等高风险操作 A 级区所处的背景区域。

C 级和 D 级：指生产无菌药品过程中重要程度较低的洁净操作区。

以上各级别空气悬浮粒子的标准规定和洁净区微生物监控的动态标准分别见表 2－4 和表 2－5。

笔记栏

表 2-4　洁净室各级别洁净度空气悬浮粒子的标准规定

洁净度级别	悬浮粒子最大允许数/m^3			
	静态		动态	
	≥0.5 μm	≥5 μm	≥0.5 μm	≥5 μm
A级	3 520	20	3 520	20
B级	3 520	29	352 000	2 900
C级	352 000	2 900	3 520 000	29 000
D级	3 520 000	29 000	不作规定	不作规定

表 2-5　洁净区微生物检测的动态标准[a]

洁净度级别	浮游菌（cfu/m^3）	沉降菌（ϕ90 mm）（cfu/4 h）[b]	表面微生物	
			接触碟（ϕ55 mm）（cfu/碟）	5 指手套（cfu/手套）
A级	<1	<1	<1	<1
B级	10	5	5	5
C级	100	50	25	—
D级	200	100	50	—

注：a,表中各数据均为平均值；b,单个沉降碟的暴露时间可以少于 4 h,同一位置可使用多个沉降碟连续进行检测并累计数。

第三节　灭菌方法与无菌操作

灭菌在药品生产过程中具有重要作用。与灭菌方法相关的操作包括：灭菌、除菌、防腐（抑菌）和消毒。

灭菌(sterilization)系指用适当的物理或化学手段杀灭或除去所有微生物的繁殖体和芽孢。

除菌(degerming)是利用过滤介质或静电法等将杂菌予以捕集或截留。

防腐(antisepsis)是指以低温或化学药品防止和抑制微生物生长与繁殖,也称抑菌。

消毒(disinfection)是指采用物理和化学方法杀死或除去病原微生物。

灭菌方法可分为物理灭菌法和化学灭菌法,另外,还有无菌操作法。

一、灭菌参数及其意义

1. *D* 值　研究表明,在多数情况下,灭菌时微生物的死亡速度属于一级或近似一级动力学过程,即符合下列方程

$$\frac{dN}{dt}=-kN \qquad (2-1)$$

或

$$\lg N_t=\lg N_0-\frac{kt}{2.303} \qquad (2-2)$$

式中，N_0：原有微生物数；N_t：灭菌时间为 t 时残存的微生物数；k：杀灭速度常数。$\lg N_t$：对 t 作图得一直线,斜率 $=-\frac{k}{2.303}=\frac{\lg N_t-\lg N_0}{t}$,令斜率的负倒数为 D 值,即

$$D=\frac{2.303}{k}=\frac{t}{\lg N_0-\lg N_t} \qquad (2-3)$$

由式(2-3)可知,当 $\lg N_0-\lg N_t=1$ 时 $D=t$,即 D 的物理意义为,在一定温度下杀死微生物

笔记栏

90%或残存10%所需的灭菌时间(min)。D 值越大，该温度下微生物的耐热性就越强，在灭菌时就越难被杀灭，微生物的种类，所处环境，灭菌方法，灭菌温度不同，D 值也不同；对某种特定的微生物而言，在其他条件保持不变的情况下，D 值随灭菌温度的变化而变化，灭菌温度升高，D 值降低（表2-6）。

表2-6 不同灭菌方法不同微生物的 *D* 值

灭菌方法	微生物	温度(℃)	样品或介质	D 值(min)
蒸汽灭菌	嗜热脂肪芽孢杆菌	105	5%葡萄糖水溶液	87.8
蒸汽灭菌	嗜热脂肪芽孢杆菌	121	5%葡萄糖水溶液	2.4
蒸汽灭菌	嗜热脂肪芽孢杆菌	121	注射用水	3.0
蒸汽灭菌	产芽孢梭状芽孢杆菌	105	5%葡萄糖水溶液	1.3
干热灭菌	枯草芽孢杆菌	135	纸	16.6
红外线灭菌	枯草芽孢杆菌	160	玻璃板	0.3

2. Z 值　也称为灭菌温度系数，系衡量温度对 D 值影响的参数。

当温度升高时，速度常数 k 增大，因而 D 值（灭菌时间）随温度的升高而减少。在一定温度范围内（100～138℃）$\lg D$ 与温度 T 之间呈直线关系。

$$Z=\frac{T_2-T_1}{\lg D_1-\lg D_2} \tag{2-4}$$

故 Z 值为，在一定温度条件下对特定的微生物灭菌时，降低一个 $\lg D$ 值所需升高的温度数。即，灭菌时间减少到原来的十分之一所需升高的温度。如 $Z=10$℃，意思是灭菌时间减少到原来灭菌时间的10%，且具有相同的灭菌效果，所需升高的灭菌温度为10℃。

Z 值越大，微生物对灭菌温度变化的"敏感性"就越弱，期望通过升高灭菌温度来加速杀灭微生物的效果就越不明显。

3. F 值　系指在给定 Z 值下，一系列温度 T 所产生的灭菌效力与在参比温度 T_0 下的等效灭菌时间(min)。F 值的数学表达式为

$$F=\Delta t\sum 10^{\frac{T-T_0}{Z}} \tag{2-5}$$

式中，Δt 为测量被灭菌物温度的时间间隔，一般为0.5～1.0 min；T 为每个 Δt 时间内测得的被灭菌物温度。

4. F_0 值　也成为标准灭菌时间，系指 Z 值为10℃时，一个湿热灭菌工艺与被灭菌物在121℃下灭菌的等效灭菌时间(min)。F_0 值的数学表达式为

$$F_0=\Delta t\sum 10^{\frac{T-121}{10}} \tag{2-6}$$

按式(2-6)定义的 F_0 值又叫物理 F_0 值，常用于热压灭菌的验证。

F_0 值将不同温度与时间对灭菌的效果统一在121℃湿热灭菌的灭菌效力，可以较科学、准确地对灭菌程序进行设计和验证，故可作为灭菌过程的比较参数。一般规定 F_0 值不低于8 min，为确保灭菌效果，实际操作控制 F_0 值为12 min。

F_0 值是121℃时微生物降解所需时间，参考式(2-3)，F_0 值等于 D_{121} 值与微生物的对数降低值的乘积。由于 F_0 值由微生物的 D 值和微生物的初始数及残存数所决定，所以 F_0 值又叫生物 F_0 值。

笔记栏

$$F_0=D_{121}\times(\lg N_0-\lg N_t) \tag{2-7}$$

式中，N_t 为灭菌后预期达到的微生物残存数，又叫染菌度概率(probability of nonsterility)，一般取 N_t 为 10^{-6}（原有菌数的百万分之一，或100万个制品中只允许有一个制品染菌）即认为达到可

靠的灭菌效果。因此，F_0值也可认为是相当于121℃热压灭菌时杀死容器中全部微生物所需要的时间。

影响F_0值的因素主要有：① 容器大小、形状、热穿透系数；② 灭菌产品溶液黏度、容器充填量；③ 容器在灭菌器内的数量与排布等。

5. 无菌保证水平

无菌保证水平(sterility assurance level, SAL)系指一项灭菌工艺赋予产品无菌保证的程度，用该灭菌批中非无菌品出现的概率来表示，通常要求SAL不得低于10^{-6}，即在100万个已灭菌品中，活菌的数量不得超过1个。目前，微生物的存活概率低于百万分之一已经成为国际公认的灭菌标准。

二、物理灭菌法

物理灭菌法系指采用加热、声波、电磁波、辐射和过滤等物理学方法杀灭或除去微生物的技术。

(一) 热灭菌法

加热可以破坏蛋白质与核酸中的氢键，导致核酸和蛋白质变性或凝固，致使微生物死亡。热灭菌分为干热灭菌和湿热灭菌。

1. 干热灭菌法　系指在干热环境中灭菌的方法，包括火焰灭菌法和干热空气灭菌法。此法适用于耐高温但不宜湿热灭菌法灭菌的物品灭菌，如玻璃器皿、金属制容器、纤维制品、固体式药、液状石蜡等均可采用本法灭菌，不适于橡胶、塑料及大部分药品的灭菌。

(1) 火焰灭菌法：直接在火焰上烧灼灭菌的方法。灭菌迅速、可靠、简便，适用于耐火焰材质的物品(如金属、玻璃及瓷器等)与用具的灭菌，不适用于药品的灭菌。

(2) 干热空气灭菌法：系在干热空气中灭菌的方法。由于干燥状态下微生物的耐热性强，必须长时间受高热的作用才能达到灭菌的目的。繁殖型细菌一般在100℃以上干热1 h即被杀灭，耐热性细菌芽孢在120℃以下长时间加热也不死亡，但在140℃左右杀菌率急剧增长。《中国药典》现行版规定，干热灭菌条件一般为160～170℃ 120 min以上，170～180℃ 60 min以上或250℃ 45 min以上，也可采用其他温度和时间参数。本法适用于耐高温的玻璃、金属制品以及不允许湿气穿透的油脂类材料和耐高温的粉末材料等，但不适用于大部分药品及橡胶、塑料制品的灭菌。

2. 湿热灭菌法　系指利用高压蒸汽、过热水喷淋等手段杀灭微生物的方法，包括热压灭菌、流通蒸汽灭菌、煮沸灭菌和低温间歇灭菌等。湿热灭菌法效果可靠、操作简便，为热灭菌中最有效、应用最广泛的灭菌方法。药品、容器、培养基、无菌衣、胶塞以及其他遇高温和潮湿不发生变化或损坏的物品，均可采用本法灭菌。

(1) 热压灭菌法：是利用高压饱和水蒸气加热杀灭微生物的方法。此法是公认的最可靠的湿热灭菌方法，能杀灭被灭菌物品中的所有细菌增殖体和芽孢，故凡能耐高压蒸汽的药物制剂，如玻璃容器、金属容器、瓷器、橡胶塞、膜过滤器等均能采用此法。一般热压灭菌所需的温度和与温度相对应的压力与时间见表2-7。

表2-7　灭菌所需的温度和与温度相对应的压力与时间

温度(℃)	表压力(kPa)	时间(min)
115	68.6	30
121.5	98.0	20
126.5	137.2	15

笔记栏

常用的热压灭菌设备有手提式热压灭菌器、立式热压灭菌器和卧式热压灭菌柜等。热压灭菌器是一种高压设备，使用时必须严格按照操作规程操作，并应注意以下问题。

1）使用前应认真检查灭菌器的主要部件是否正常完好。

2）灭菌时，必须首先将灭菌器内的冷空气排出。如果灭菌器内残留空气，压力表上指示的压力就不是单纯的蒸汽压力，而是空气压和蒸汽压之和，造成指示压力已达到预定水平，而温度仍未达到要求，从而影响灭菌效果。同时残留的空气也会稀释水蒸气，影响水蒸气与被灭菌物品的充分接触，而降低灭菌质量。

3）灭菌时间必须从全部待灭菌物品达到预定的温度时起计时，并维持规定的时间。

4）灭菌完毕后停止加热，待压力表逐渐下降至零，才能放出锅内蒸汽，锅内外压力相等后，开启灭菌器，待被灭菌物品温度下降至约 80℃时，才可以把灭菌器的门全部打开，这样可有效避免内外压相差太大或冷空气突然进入而造成锅内玻璃瓶炸裂、药液冲出锅外的事故发生。

（2）流通蒸汽灭菌：是在常压下使用 100℃流通蒸汽加热杀灭微生物的方法。通常灭菌时间为 30～60 min。此法适用于消毒及不耐高温的制剂的灭菌，但不能保证杀灭所有的芽孢，一般可作为不耐热无菌产品的辅助灭菌手段。不耐高热的药品和 1～2 mL 注射剂均可采用本法灭菌。

（3）煮沸灭菌法：是把待灭菌物品放入沸水中加热灭菌的方法。通常煮沸 30～60 min。常用于注射器、注射针等器皿的消毒。

流通蒸汽灭菌和煮沸灭菌法不能保证杀灭被灭菌物品中所有细菌的芽孢，故应用于药物制剂灭菌时应尽量避免微生物污染，必要时加入适当的抑菌剂，以确保灭菌效果。

（4）低温间歇灭菌法：将待灭菌的物品，用 60～80℃水或流通蒸汽加热 1 h，杀灭其中的细菌繁殖体，然后在室温或 37℃恒温箱中放置 24 h，使其中残余的芽孢萌发成繁殖体，再进行加热将其杀灭。反复进行 3～5 次，直至消灭芽孢为止。此法适用于不耐高温的制剂的灭菌。缺点是费时，且杀灭芽孢的效果往往不理想，因此应用本法灭菌的制剂，须添加适量的抑菌剂。

（5）影响湿热灭菌的因素：① 微生物的种类、数量及其发育期。不同种类的微生物和微生物在不同发育阶段对热的抵抗力有差异，如繁殖期对热的抵抗力比衰老时期强得多，芽孢的耐热性更强；物品中细菌数越少，灭菌时间就越短。② 灭菌温度与灭菌时间。一般来说，灭菌时间与灭菌温度相关，高温灭菌即可缩短灭菌时间，但温度越高，药物的分解速度越快；低温长时间灭菌，也可能增加药物的分解量。③ 蒸汽的性质。蒸汽有饱和蒸汽，湿饱和蒸汽和过热蒸汽。饱和蒸汽热含量较高，潜热大，穿透力大，灭菌效力高。湿饱和蒸汽带有水分，热含量较低，穿透力差，灭菌效力较低。过热蒸汽温度高，但穿透力差，灭菌效率低。④ 药物与介质的性质。制剂中含有营养物质，如糖类、蛋白质等时，增强细菌的抗热性；细菌的生存能力也受介质 pH 的影响：一般中性环境的耐热性最好，碱性次之，酸性不利于细菌的发育。⑤ 被灭菌物品的种类、大小、灭菌载量和装载方式，也会影响灭菌效果。

（二）射线灭菌法

1. 紫外线灭菌法　系指用紫外线照射杀灭微生物的方法。一般用于灭菌的紫外线波长是 220～290 nm，灭菌力最强的是 254～257 nm 的紫外线，可作用于核酸蛋白，促使其变性。同时在空气灭菌中，空气受紫外线照射后产生微量臭氧，从而起共同杀菌作用。紫外线以直线进行传播，可被不同的表面反射，其强度与距离的平方成比例地减弱。紫外线的穿透能力弱，因而广泛用于空气灭菌与表面灭菌，不适用于药液和固体物质深部的灭菌；普通玻璃容器可吸收紫外线，因此装于其中的药物不能用此法灭菌。紫外线的灭菌效果与微生物的敏感性有关，杀灭不同的细菌所需的时间差异较大，对酵母菌和霉菌的杀灭力较弱。

应用紫外线灭菌时，紫外灯管必须保证无尘无油垢，否则将降低辐射强度。紫外线对人体照射过久，会发生结膜炎、红斑及皮肤烧灼等现象，故一般在操作前开启 1～2 h，操作时关闭。如必须在操作中使用时，则工作者皮肤及眼睛应作适当防护措施。

笔记栏

2. 辐射灭菌法 系利用放射性同位素(^{60}Co或^{137}Cs等)放射的γ射线或适宜的电离辐射杀灭微生物的方法。辐射灭菌的特点是不升高灭菌产品的温度,穿透性强,适合于不耐热药物的灭菌。医疗器械、容器、包装材料、不受辐射破坏的原料药及成品等均可用本法灭菌。

辐射灭菌可用于中药的灭菌。卫生部(卫计委)《^{60}Co辐照中药灭菌剂量标准(内部试行)》规定,辐射灭菌仅用于供国内流通中药的灭菌,允许辐射灭菌的药材有203种,不允许辐射的药材品种有2个(含龙胆苦苷的药材如秦艽、龙胆及其制品)。γ射线辐射灭菌所控制的参数主要是辐射剂量(指灭菌物品的吸收剂量),杀灭药品中活菌数减少一个对数周期(即90%)所需要吸收的射线剂量称为“D”值,其单位为“戈瑞”(Gy,即1 kg被辐射物质吸收1 J的能量为1 Gy),常用千戈瑞(kGy)表示,常用的辐射灭菌吸收剂量为25 kGy,应尽可能采用低辐射剂量灭菌。卫生部标准(现卫生和计划生育委员会标准)还规定了中药辐射灭菌时最大吸收剂量应不大于下列数值:散剂3 kGy,片剂3 kGy,丸剂5 kGy,中药原料粉6 kGy。辐射灭菌用于药品或食品都应经过安全试验。辐射灭菌设备费用高,对某些药品可能降低效力或产生毒性物质,同时要注意安全防护等问题。

3. 微波灭菌法 系采用频率为300 MHz~300 GHz的微波照射杀灭微生物和芽孢的方法,通过微波的热效应和电场效应达到灭菌目的。此法具有低温、常压、高效、均匀、能耗低、无污染、操作简单、易维护等优点,适用于以水为溶剂的液体药剂、中药饮片及固体制剂的灭菌。

三、化学灭菌法

化学灭菌法系指用化学药品直接杀灭微生物的方法,该法仅对繁殖体有效,不能杀灭芽孢。化学药品杀菌或抑菌的主要机制包括:① 使病原体蛋白质变性,发生沉淀;② 与细菌的酶系统结合,影响其代谢功能;③ 降低细菌的表面张力,增加菌体胞浆膜的通透性,使细胞破裂或溶解。

1. 气体灭菌法 系指利用化学药品产生的气体或蒸气杀灭微生物的方法,适用于不能加热灭菌的药品、医疗器械、空气及环境等的灭菌。常用的气体灭菌剂有环氧乙烷、甲醛、臭氧等。

(1) 环氧乙烷:为广谱杀菌剂,杀菌力强,沸点10.8℃,具有很强的扩散和穿透能力,可以穿透塑料、橡胶、纸板等,常用于塑料容器、橡胶制品、纸或塑料包装的固体药物、衣物、敷料、医疗器械,如一次性注射器、一次性输液器等卫生材料的灭菌。一般与80%~90%的惰性气体(如二氧化碳)混合使用,在高压容器中进行,通常先将灭菌物品置于灭菌器内,密闭减压排除空气,预热,在减压条件下输入环氧乙烷混合气体,保持一定浓度、湿度及温度,经一定时间后,抽真空排除环氧乙烷混合气体,然后送入无菌空气,直至将环氧乙烷完全驱除。操作时控制的灭菌条件,一般环氧乙烷浓度为850~900 mg/L(灭菌3 h,45℃)或450 mg/L(灭菌5 h,45℃),相对湿度40%~60%,温度22~55℃。环氧乙烷灭菌法的缺点是具有易燃、易爆性;对人体皮肤、眼黏膜有损害,可产生水疱或结膜炎,并且可产生吸入毒性。

(2) 甲醛:为广谱杀菌剂,纯的甲醛在室温下是气体,沸点−19℃,但本品很容易聚合,通常以白色固体聚合物存在。甲醛蒸气可由固体聚合物或以液体状态存在的甲醛溶液产生。与环氧乙烷相比较,杀菌力更强,但穿透力差,只用于空气灭菌。一般采用气体发生装置,加入甲醛溶液加热熏蒸,灭菌用量为40%甲醛溶液30 mL/m^3,室内相对湿度以75%为宜。甲醛熏蒸灭菌法的缺点是时间长,操作较烦琐,可产生二次污染,对人体有一定的危害。

(3) 臭氧:为广谱杀菌剂,扩散性较高,杀菌能力强(与过氧乙酸相当),是公认的绿色灭菌剂。一般采用臭氧发生器,与空气净化系统、制水系统的管路连接,对空气和水进行灭菌。

(4) 其他:还可用丙二醇,灭菌用量为1 mL/m^3;乳酸,灭菌用量为2 mL/m^3。丙二醇和乳酸的杀菌力不如甲醛,但对人体无害。此外,β-丙内酯、三甘醇、过氧醋酸也可以蒸气形式用于室内灭菌。

2. 浸泡与表面消毒法 系指用化学药品配制的液体消毒剂,通过喷雾、涂擦或浸泡杀灭微生物的方法。适用于皮肤、医疗器具、洁净区内环境等的表面消毒。

笔记栏

常用的消毒剂有：① 醇类：如70%～75%乙醇；② 酚类：如2%～5%苯酚溶液，2%甲酚肥皂液（来苏儿）；③ 季铵盐类：如0.1%～0.2%苯扎氯铵（洁尔灭）、苯扎溴铵（新洁尔灭）等；④ 氧化剂：如0.2%～0.5%过氧乙酸、3%过氧化氢；⑤ 其他：如含氯化合物、含碘化合物等。

四、滤过除菌法

滤过除菌法系利用滤过材料的截留作用去除微生物的方法。主要用于不耐热的药物溶液和气体的除菌。

繁殖型微生物大小一般1 μm左右，芽孢≤0.5 μm。滤器的孔径必须足够小才可以除去细菌或芽孢。滤过除菌法应在无菌环境下操作。相关的设备、包装容器及其他物品应采用适当的方法进行灭菌，并防止再污染。一般选用孔径0.22 μm或0.3 μm的微孔滤膜滤器、G6号垂熔玻璃滤器等。

1. 微孔薄膜滤器　系以不同性质的高分子微孔薄膜为滤材的滤过装置，是应用最广泛的滤过除菌器。高分子微孔薄膜的种类很多，常见的有醋酸纤维素膜、硝酸纤维素膜、醋酸纤维与硝酸纤维混合酯膜、聚酰胺膜、聚四氟乙烯膜及聚氯乙烯膜。

2. 垂熔玻璃滤器　系用硬质中性玻璃细粉经高温加热至接近熔点，融合制成均匀孔径的滤板，再粘连于不同形状的玻璃器内制成的滤器，也包括直接由硬质中性玻璃烧制而成的玻璃滤棒。常见的有垂熔玻璃滤球、垂熔玻璃漏斗和垂熔玻璃滤棒三种。垂熔玻璃滤器化学性质稳定，除强酸强碱外，一般不受药液的影响，对药物溶液不吸附，不影响药液的pH。

应用滤过除菌法操作时，为提高除菌效果，应注意：① 应先预滤，一般先用粗滤装置滤除较大颗粒的杂质，再用砂滤棒或G5、G4号垂熔玻璃滤器滤除微细沉淀物或较大微生物，最后再用微孔薄膜滤器或G6号垂熔玻璃滤器滤过。② 必须无菌操作，必要时在滤液中还须添加适当的抑菌剂。

五、无菌操作法

无菌操作法系指整个过程控制在无菌条件下进行的一种操作方法，对于不能用加热灭菌或不宜采用其他方法灭菌的无菌制剂制备，均需采用无菌操作法。无菌操作必须在无菌操作室或无菌操作柜内进行，所用的一切用具、材料以及环境应严格灭菌。

1. 无菌操作室的灭菌　无菌操作室的空气应定期灭菌，多采用灭菌和除菌相结合的方式。常用空气灭菌法有甲醛溶液加热熏蒸，丙二醇或三甘醇蒸气熏蒸，过氧醋酸熏蒸，紫外线灭菌或臭氧灭菌等；室内的空间、用具、地面、墙壁等用消毒剂喷洒或擦拭；其他用具尽量用加热灭菌法灭菌。每次工作前开启紫外灯1 h，以保持操作环境的无菌状态。

2. 无菌操作　进行无菌操作时，凡未经消毒的手、臂均不可直接接触无菌物品或在无菌区外取物；夹取无菌物品，必须使用无菌持物钳。无菌物品必须保存在无菌包或灭菌容器内，不可暴露在空气中过久。无菌包一经打开即不能视为绝对无菌，应尽早使用。凡已取出的无菌物品虽未使用也不可再放回无菌容器内。无菌物与非无菌物应分开放置。

少量无菌制剂的制备，多采用层流洁净工作台进行无菌操作。大量无菌制剂的生产在无菌洁净室内或无菌车间进行。无菌分装及无菌冻干是最常见的无菌生产工艺，采用无菌生产工艺时，应严密监控其生产环境的洁净度，并对无菌操作过程进行严格控制，包括对操作人员的卫生要求，对相关设备、包装容器、胶塞等应采用适当的方法进行灭菌，并防止被再次污染。无菌生产工艺应定期进行验证，包括对环境空气过滤系统有效性验证及培养基模拟灌装试验。

笔记栏

六、无菌检查法

药物制剂经灭菌或无菌操作法处理后，须经无菌检查法检查合格后方能使用。

无菌检查法系用于检查《中国药典》要求无菌的药品、生物制品、医疗器具、原料、辅料及其他品种是否无菌的一种方法。无菌检查应在无菌条件下进行，试验环境必须达到无菌检查的要求，检验全过程应严格遵守无菌操作，防止微生物污染，防止污染的措施不得影响供试品中微生物的检出。无菌检查法包括直接接种法和薄膜过滤法。具体方法参照《中国药典》现行版四部通则进行。

第四节 防虫与防腐

防虫与防腐是保证中药制剂质量的一个重要环节。中药饮片、制剂辅料及中药制剂由于原料质量、生产工艺、设备条件、贮藏环境等因素，有时会出现霉变、染菌及虫蛀等情况，严重影响药品质量，应积极采取各种有效预防措施。

一、防虫

许多动、植物中药和中药制剂，由于本身含有可供害虫生长繁殖所需的养分，加上自然界危害中药的害虫种类多、繁殖快、适应能力强、分布广，若加工制作不当，保管不善，中药及其制剂就很容易被害虫感染，这些感染的害虫，在适宜的条件下滋长繁殖。危害中药及其制剂的害虫主要有米象、谷象、大谷盗、药谷盗及螨类等数十种。中药及其制剂被害虫感染的途径主要有：① 中药的采收、加工、运输、贮藏过程；② 药用辅料与包装材料；③ 制剂生产与加工过程；④ 包装不严密；⑤ 贮藏条件不佳。

防虫措施，首先应当注意杜绝虫源，认真分析害虫感染的可能途径，有目的地采取相应措施，如对中药、中药饮片、辅料及包装材料进行必要的灭虫处理，对贮藏各类物品的仓库进行科学管理，以防止害虫的感染及滋生繁殖。

灭虫处理的方法有物理防虫法和化学杀虫法，可根据实际情况，合理选用。物理防虫法是利用超过害虫忍受极限的温度等方法杀灭害虫，如太阳暴晒、烘箱干燥等，适用于原料、辅料和包装材料；化学杀虫法是利用化学药剂杀灭害虫的方法，快速高效，但要注意确保杀虫剂不与药物发生化学作用，不残留，不影响药品的质量和安全性。

二、防腐

药品生产过程中，很难完全杜绝微生物的污染，制剂中有少量微生物的存在，也会在适宜的条件下滋长与繁殖。为了防止制剂中微生物的生长繁殖，可根据药物本身的性质和剂型特点，选用合适的防腐剂。常用的防腐剂如下。

1. 苯甲酸与苯甲酸钠　防腐作用依靠苯甲酸未解离分子，一般用量为 0.1%～0.25%。pH 对苯甲酸类的抑菌效果影响很大，一般 pH 4 以下时防腐作用较好。苯甲酸钠在酸性溶液中与苯甲酸的防腐能力相当。在不同 pH 的介质中，苯甲酸钠未解离部分的分数及其对葡萄酒酵母的抑菌浓度见表 2-8。

表 2-8　苯甲酸钠在不同 pH 介质中对葡萄酒酵母的抑菌浓度

pH	未解离的分数	抑菌浓度(mg/100 mL)
3.65	0.77	35
4.1	0.55	50
4.4	0.38	100
5.0	0.13	500
5.3	0.022	1 500
6.5	0.003	>2 500

笔记栏

2. 对羟基苯甲酸酯类　即尼泊金类(Nipagin)，是一类性质优良的防腐剂，无毒、无臭、不挥发，化学性质稳定，包括甲酯、乙酯、丙酯和丁酯，随着分子中烷基碳数的增加，其抑菌作用增强，但溶解度降低，如羟苯丁酯的抑菌力最强，但溶解度最小。在酸性溶液中作用最强，在微碱性溶液中作用减弱。该类抑菌剂常联合应用，有协同作用。各种酯类在不同溶剂中的溶解度以及在水中的抑菌浓度见表 2 - 9。

表 2 - 9　对羟基苯甲酸酯类在不同溶剂中的溶解度及在水中的抑菌浓度

酯类	溶解度%(g/mL) (20℃)						水溶液中抑菌浓度(%)
	水	乙醇	甘油	丙二醇	脂肪醇	1%聚山梨酯 80 水溶液	
甲酯	0.25	52	1.3	22	2.5	0.38	0.05～0.25
乙酯	0.16	70		25		0.50	0.05～0.15
丙酯	0.04	95	0.35	26	2.6	0.28	0.02～0.075
丁酯	0.02	210		110		0.16	0.01

聚山梨酯类表面活性剂能增加对羟基苯甲酸酯类在水中的溶解度，但两者之间的络合作用可减弱其防腐效力，因此应避免合用。此外，该类防腐剂遇铁变色，遇弱碱、强酸易水解，包装材料为塑料制品时对其有吸附作用。

3. 山梨酸　对霉菌的抑制力强，常用浓度为 0.15%～0.20%，对细菌的最低抑菌浓度为 2 mg/mL(pH 小于 6.0 时)，对霉菌或酵母菌的最低抑菌浓度为 0.80～1.2 mg/mL。山梨酸也是依靠其未解离分子发挥防腐作用，在酸性水溶液中效果较好，一般 pH 4.5 左右为宜。本品在水溶液中易氧化，使用时应予以注意。

4. 乙醇　含 20%乙醇(mL/mL)的制剂已有防腐作用。如制剂中另含有甘油、挥发油等成分时，低于 20%的乙醇也可起到防腐作用。在中性或碱性溶液中含量在 25%以上才能防腐，中药糖浆中除使用其他防腐剂外，可再加乙醇达到 10%～20%浓度，以增强抑菌效果。

5. 苯甲醇　无色液体，溶于水，有局部止痛作用，常用浓度 1%～3%，适用于偏碱性溶液。

6. 三氯叔丁醇　白色结晶，特臭，易挥发，微溶于水，常用浓度 0.25%～0.50%，适用于微酸性溶液，高温或碱性溶液中易分解，有局部麻醉作用。

7. 酚类及其衍生物　苯酚的有效抑菌浓度一般为 0.50%，在低温及碱性溶液中抑菌力较弱，与甘油、油类或醇类共存时抑菌效力降低。甲酚用量为 0.25%～0.30%，抑菌作用比苯酚强，毒性及腐蚀性比苯酚小，不易溶于水，易溶于油脂。氯甲酚常用浓度 0.05%～0.20%，其 0.05%的浓度对铜绿假单胞菌的杀菌力较强，但对眼睛略有刺激性。

8. 季铵盐类　常用作防腐剂的有洁尔灭、新洁尔灭和杜灭芬，用量约为 0.01%，具有杀菌和防腐作用。洁尔灭、新洁尔灭一般用作外用溶液，杜灭芬可用作口含消毒剂。本类化合物在 pH 小于 5 时作用减弱，遇阴离子表面活性剂时失效。

9. 有机汞类　常用作抑菌剂的有硝酸苯汞和硫柳汞，前者有效抑菌浓度 0.02%～0.05%，性质稳定，且在加热时抑菌力增大，但与卤离子有配伍禁忌，后者常用浓度 0.01%～0.02%，但稳定性较差。

10. 醋酸氯己定　又称醋酸洗必泰。为广谱杀菌剂，常用浓度为 0.02%～0.05%。微溶于水，溶于乙醇和甘油。

11. 其他　30%以上的甘油溶液具有防腐作用。适量的植物挥发油也有防腐作用，如常用 0.01%桂皮醛、0.01%～0.05%桉叶油、0.50%薄荷油等防腐。0.25%的氯仿水也有一定的防腐作用。

笔记栏

（许汉林）

第三章 中药调剂

本章要点

中药调剂的概念与特点。

处方的概念和分类。

中药处方的调配程序，毒性药品和禁忌药品的注意事项。

中药“斗谱”的排列原则。

第一节 概　述

一、中药调剂

（一）中药调剂的概念

中药调剂(dispensing of Chinese materia medica)系指调剂人员根据医师处方要求，按照配方程序和原则，及时、准确地调剂和配发药剂的过程，是一项专业性很强的操作技术。古籍中的“合药分剂”“合和”“合剂”等均属中药调剂的范畴。

（二）中药调剂的特点

中药调剂具有临时调配的特点，调剂质量的好坏直接影响临床疾病治疗效果和用药安全。调剂人员应掌握中医学基础、中药学、方剂学、中成药学、中药鉴定学、中药炮制学、中药制剂学等方面的知识，具备调剂操作的技能，并以严谨科学的态度对待调剂工作，认真把好调剂关键环节的质量关，确保调剂的质量。

第二节 处　方

一、处方的概念

处方(prescription)系指由注册的执业医师和执业助理医师在诊疗活动中为患者开具的、由取得药学、中药学专业技术职务任职资格的药学、中药学专业技术人员审核、调配、核对，并作为患者用药凭证的医疗文书。狭义地讲，处方是医师经过诊断，确认患者病情后，为其预防和治疗需要而写给药房的调剂和配发药剂的文件。广义地讲，凡制备任何一种药剂的书面文件，均可称为处方。本节主要讨论前者。狭义的处方又称医师处方，包括临床医师开写的中药处方和西药处方。医师处方是医师对患者治病用药的凭证，是药房调配药剂、指导患者用药及医疗药品费用的依据。它具有法律、技术和经济上的意义。由于开写处方或调配处方的差错而造成的医疗事故，医师或药剂人

笔记栏

员负有法律上的责任，因此，要求医师、药剂人员在处方上签名或盖章以示负责。处方在技术上写明了药品名称、数量、制成何种剂型及用法用量等，保证药剂规格、剂量、用药有效安全。处方在经济上，可按照处方来检查和统计药品的消耗量，尤其是贵重药品、毒性药品及麻醉药品，可供作报销、预算采购的依据，并作为药房向患者收取药品费用的依据。

二、处方的特点

处方分为中药处方与西药处方，二者的特点不尽相同。中药处方在正文中采用“君、臣、佐、使”及药引子的顺序书写；同一处方中只可书写同一类药品，如中药饮片、中成药、西药这三类药品应分开写处方；中药处方中有正名、别名、“并开”及“脚注”。处方药名用正名，若用别名或“并开”须书写清楚。“脚注”往往是注明对饮片的特殊炮制要求及对煎药法的要求。中药饮片处方一般以单日剂量书写，同时注明总剂数。

西药处方是以 Rp 为开头，来源于拉丁文 Recipe，意思是“取下列药品”；在西药处方中药物按其作用性质排列，即主药、辅药、矫味剂、赋形剂，目前临床医师处方绝大多数应用药物制剂。其剂量书写方法有：单剂量法，即写出一次用量，一日次数及总日数；总剂量法，即写出总剂量，并写出一次用量及一日次数；服用方法通常以 Sig.（拉丁文 Signetur 的缩写）为标志。

知识链接

处方药与非处方药

药品分类管理制度将药品分为处方药和非处方药，对药品实施处方药和非处方药分类管理是国际通行的一种药品管理模式，是按照药品的安全性和有效性，依其品种、规格、适应证、剂量及给药途径的不同，对药品分别按处方药和非处方药进行管理的一种制度。处方药与非处方药不是药品本质的属性，而是管理上的界定。

处方药，是指凭执业医师和执业助理医师处方方可购买、调配和使用的药品。

非处方药（简称 OTC），是指由国务院药品监督管理部门公布的，不需要凭执业医师和执业助理医师处方，消费者可以自行判断、购买和使用的药品。这类药品具有安全、有效、方便、经济的特点。消费者可按照使用说明安全使用。非处方药分为甲、乙两类，乙类更安全。

第三节　中药处方的调剂

一、中药处方的调配程序

中药处方的调剂系指将中药饮片或中成药准确无误地调配给患者使用，是完成临床医师对患者辨证论治，正确用药的重要环节。中药处方的调剂程序为：审查处方→计价→调配处方→复核→发药。

（一）审查处方

笔记栏

1. 审查项目与处理　审查处方是调剂工作的关键环节，也是调剂人员的首要职责。药师调剂处方时必须做到“四查十对”：查处方，对科别、姓名、年龄；查药品，对药名、剂型、规格、数量；查配伍禁忌，对药品性状、用法用量；查用药合理性，对临床诊断。其他还要检查的内容包括：处方日期和医师签字是否完整；毒、麻药品处方是否符合规定；处方中药物是否有“十八反”“十九畏”配伍禁忌及妊娠禁忌;需特殊处理的药物是否有脚注,药味是否有短缺。

审方中发现处方有疑问,如字迹不清、药味短缺、配伍禁忌、超剂量用药、服用方法有误、毒麻药使用违反规定等,不可主观猜测,应及时与处方医师联系,请医师更改或释疑后重新签字,否则可拒绝调配,调剂人员无权涂改医师处方。

2. 审查处方相关知识

(1) 毒性药:系指毒性剧烈,治疗量与中毒量接近,使用不当可致人中毒或死亡的药物。为了用药安全,防止滥用,加强毒性药品管理,调剂人员在审查处方时,应严格遵循《中国药典》规定的毒性药品种、用量与用法(表 3-1)。凡超出规定剂量的处方均需经原处方医师说明和签字,否则不予调配。

表 3-1 毒性中药名称、用量与用法

名称	用量(g)	用法
生马钱子	0.3～0.6	炮制后入丸、散用
生川乌	制,1.5～3.0	生品内服宜慎,一般炮制后用,宜先煎、久煎
生草乌	制,1.5～3.0	一般不内服,同生川乌
生附子	3.0～5.0	宜用炮制品
雪上一枝蒿	制,0.06～0.12	生品外用,未经炮制不宜内服
白附子	制,3.0～6.0	炮制后用或外用
生半夏	制,3.0～9.0	炮制后用,生品适量外用
生天南星	制,3.0～9.0	炮制后用,生品适量外用
生巴豆	适量	外用
生千金子	1.0～2.0	去壳去油用,多入丸、散
生甘遂	制,0.5～1.5	炮制后多入丸、散用
生狼毒	制,0.9～2.4	炮制后用,生品适量外敷或熬膏外敷
生藤黄	制,0.03～0.06	生品外用适量,炮制品入丸、散
天仙子(莨菪子)	0.06～0.6	多入片剂、散剂用
洋金花	0.3～0.6	宜入丸、散,亦可作卷烟吸入用,一日量不超过 1.5 g
闹羊花	0.6～1.5	浸酒或入丸、散,外用适量,煎水洗或鲜品捣敷
砒石(红砒,白砒)	0.002～0.004	内服,入丸、散用
	外用适量	外用,研末撒、调敷或入膏药中贴之
砒霜	0.001～0.002	内服多入丸、散,外用适量
雄黄	0.05～0.1	内服多入丸、散,一般外用适量
水银	外用适量	只能外用
红粉	外用适量	外用,研极细粉单用或与其他药味配合制成药捻
轻粉	0.1～0.2	内服,每日两次,多入丸、散或装胶囊用
	外用适量	研末掺敷患处
白降丹	外用适量	只能外用
斑蝥	0.03～0.06	炮制后多入丸、散用,外用适量,研末或浸酒醋制成油膏涂敷患处,不宜大面积使用
青娘虫	0.03～0.06	炮制后煎服或入丸、散
	外用适量	
红娘虫	0.1～0.3	炮制后煎服或入丸、散
	外用适量	
蟾酥	0.015～0.03	多入丸、散,外用适量
九圣散	外用适量	外用,不可内服
九分散	2.5	外用适量,酒调敷
牙痛一粒丸	1～2 丸/次 (每 125 丸重 0.3 g)	取 1～2 丸填于龋齿内,外塞棉花,唾液勿咽
小金丹	1.2～3.0	
玉真散	1.0～1.5	外用适量敷患处或遵医嘱
龙虎丸	2.0	内服
红灵丹	0.6	
医痫丸	3.0	不宜多服
控涎丸	1.0～3.0	枣汤或米汤送服

(2) 配伍禁忌:系指有些药物配伍后会产生毒副反应,降低或破坏药效。《神农本草经》曰:"有单行者,有相须者,有相使者,有相畏者,有相恶者,有相反者,有相杀者。凡此七情,合和视之"的记

笔记栏

载；又叙："药有七情，独行者单方不可辅也；相须者同类不可离也；相使者我之佐使之；相恶者夺我之能也；相畏者受彼之制之；相反者两不相合也；相杀者制彼之毒也。"除单行外，其他六个方面，主要说明药物与药物配伍之间的关系有协同、抑制及对抗作用。其中"相须""相使"系指药物配伍的协同作用，"相畏""相杀"系指药物间能减轻或消除原有的毒性或不良反应；"相恶""相反"系指药物配伍后的拮抗作用，尤其是"相反"药物，一般系作配伍禁忌。历代医药书籍对配伍禁忌的论述不尽一致，影响较大的是金元时期概括的"十八反""十九畏"。

(3) 妊娠禁忌：系指妇女妊娠期治疗用药的禁忌。依据药物毒性大小、作用强弱及对母体和胎儿损伤程度的不同，一般分为禁用药和慎用药两类。禁用药系指毒性剧烈或药性峻猛的药物，必须严格禁止使用，如三棱、土鳖虫、千金子、川牛膝、马钱子、天仙子、巴豆、水蛭、甘遂、玄明粉、芒硝、附子、益母草、商陆、斑蝥、麝香；十香返生丸、七厘散、九气拈痛丸、九分散、小金丹、小活络丹、五味麝香丸、化癫回生片、失笑散等。慎用药包括通经祛瘀、行气破滞及辛热滑利之品，如干漆、大黄、川乌、天南星、王不留行、五灵脂、片姜黄、西红花、肉桂、华山参、冰片、关木通、红花、虎杖、枳壳、枳实、草乌叶、穿山甲、桃仁、常山、番泻叶、蓖麻油、蒲黄、漏芦、赭石、蟾酥；三妙丸、万氏牛黄清心丸、女金丸、天麻丸、五虎散、牛黄上清丸、龙胆泻肝丸、热参片、伤湿止痛膏、沉香化气丸等。此类药物根据病情需要可谨慎使用，但必须观察患者的病情变化及药后反应。

(4) 并开药物：系指将处方中疗效基本相同或配伍产生协同作用的 2～3 味中药缩写在一起。并开药物的意图大致有二：一是疗效基本相同的药物，如二冬即指天冬和麦冬，都具有养阴、益胃、清心肺作用；二活即指羌活和独活，都具有祛风胜湿、止痛作用；焦三仙即指焦神曲、焦山楂、焦麦芽三药，均有消食健胃作用，所以常并开同用。二是配伍时产生协同作用的药物，如知柏即指知母和黄柏，配伍能增强滋阴降火作用。必须注意处方中并开药不得含糊。另外，尚须注意各地区并开用药习惯不同，处方应付有差异。调剂人员应了解常见并开药，保证配方时迅速正确。处方常见的并开药物与处方应付，见表 3-2。

表 3-2 处方常见并开药物与处方应付

品名	处方应付	品名	处方应付
二冬	天冬 麦冬	苏子叶	苏子 苏叶
二门冬	天门冬 麦门冬	龙齿骨	龙齿 龙骨
二术	苍术 白术	红白豆蔻	红豆蔻 白豆蔻
苍白术	苍术 白术	谷麦芽	谷芽 麦芽
二母	知母 浙贝母	生熟谷芽	生谷芽 炒谷芽
知贝母	知母 浙贝母	生熟谷麦芽	生炒谷芽 生炒麦芽
二蒺藜	白蒺藜 沙苑子	生熟谷稻芽	生炒谷芽 生炒稻芽
潼白蒺藜	白蒺藜 沙苑子	炒曲麦	炒神曲 炒麦芽
知柏	知母 黄柏	炒稻麦	炒稻芽 炒麦芽
盐知柏	酒知母 盐黄柏	焦曲麦	焦神曲 焦麦芽
炒知柏	盐炒知母 盐炒黄柏	焦三仙	焦山楂 焦神曲 焦麦芽
酒知柏	酒知母 酒黄柏	炒三仙	炒山楂 炒神曲 炒麦芽
砂蔻仁	砂仁 蔻仁	生炒蒲黄	生蒲黄 炒蒲黄
砂蔻皮	砂仁壳 紫蔻壳	焦楂麦	焦山楂 焦麦芽
二地	生地 熟地	生熟枣仁	生枣仁 炒枣仁
生熟地	生地 熟地	干良姜	干姜 良姜
二活	羌活 独活	腹皮子	大腹皮 生槟榔
羌独活	羌活 独活	川草乌	川乌 草乌
二风藤	青风藤 海风藤	二乌	川乌 草乌
青海风藤	青风藤 海风藤	桃杏仁	桃仁 杏仁
杭赤芍	赤芍 白芍	二甲	龟板 鳖甲
赤白芍	赤芍 白芍	全荆芥	荆芥 芥穗
二芍	赤芍 白芍	桑枝叶	桑枝 桑叶
二丑	黑丑 白丑	冬瓜皮子	冬瓜皮 冬瓜子
二公丁	蒲公英 紫花地丁	生熟苡米	生苡米 炒苡米

笔记栏

续　表

品名	处方应付	品名	处方应付
二地丁	蒲公英　紫花地丁	生熟大黄	生大黄　熟大黄
二决明	石决明　草决明	生龙牡	生龙骨　生牡蛎
忍冬花藤	金银花　金银藤	龙牡	煅龙骨　煅牡蛎
二花藤	金银花　金银藤	荷叶梗	荷叶　荷梗
金银花藤	金银花　金银藤	猪茯苓	猪苓　茯苓
南北沙参	南沙参　北沙参	赤猪苓	赤苓　茯苓
全紫苏	苏叶　苏梗　苏子	青陈皮	青皮　陈皮
苏子梗	苏子　苏梗	棱术	三棱　莪术
苏子叶	苏子　苏叶	全藿香	藿香　藿香叶　藿香梗
白术芍	炒白术　炒白芍	乳没	炙乳香　炙没药
芦茅根	芦根　茅根	荆防	荆芥　防风

(5) 脚注：系指医师开处方时在某味药的右上角或右下角所加的注解，是对调剂人员配方时提出的要求。脚注内容一般包括炮制法、煎药法、服用法等。常用的脚注术语有打碎、炒制、先煎、后下、另煎、包煎、烊化、捣汁、冲服等。

（二）计价

药价的计算要按当地物价部门统一规定的办法和计价收费标准执行，不得任意改价或估价，做到准确无误。自费药品的药价应单列。

（三）调配处方

调配处方系指调剂人员接方后首先查验是否已计价、缴款，配方时按处方顺序逐味称量，又称“拼盘”；多剂量处方先称取总量，然后再用递减法（退打法）使分剂量均匀准确；需特殊处理的应单独包装，并注明处理法。调配完毕，查证无误后签名，交核对员核对。此过程须严格按照处方要求进行调配，是中药调剂的重要环节。

调配处方时应注意以下几点。

(1) 精神集中，认真仔细，以免拿错药品或称错用量。

(2) 配方时应参照处方，不要凭记忆操作，以防记错。

(3) 配方取药时应执行“三三制”，即药名与标签、实物三次核对；用量与戥秤刻度、砝码三次核对（取药时看一次药物与用量，称准后各看一次，倒药时再各看一次），以防差错。

(4) 药物称量后应立即将药斗关好，以免其他药物撒落；瓶装药应立即将瓶塞盖好，以免张冠李戴。

(5) 一张处方未调配完成，决不应调配第二张处方，以免混淆。

(6) 急诊处方应优先调配。

(7) 保持配方室工作台、容器、用具等的整齐清洁。

（四）复核

复核是调剂工作的把关环节，处方调配完毕后，须由有经验的执业中药师进行一次全面细致的审核。复核具体要求如下。

(1) 调配的药味和称取的分量与处方是否相符。

(2) 需特殊处理的药物是否按要求作了特殊处理，如是否做到先煎、后下、包煎、另煎等另外包装，并注明处理要求。

(3) 药物的质量是否符合要求，如有无虫蛀、发霉变质和该制者不制、该捣者不捣等。

(4) 毒性药和配伍禁忌药及贵重细料药的应用是否得当。

笔记栏

(5) 调配人员是否签名。

经核对无误后复核人签名，即可装袋，药袋上写明患者全名，装袋整齐，即可发给患者。

(五) 发药

发药是调剂工作的最后一个环节。发药人员要认真核对患者姓名、取药凭证和剂数，准确无误后方可交付给患者，并向患者交待注意事项，指导患者正确用药。

二、中药“斗谱”的排列原则

中药房分为企业性中药房和医院中药房，医院中药房的调剂室又分为饮片调剂室和成药调剂室。中成药调剂的主要设备是中成药架。饮片调剂的主要设备有用于存放中药饮片的斗架，调配处方的调剂台。饮片斗架的规格视调剂部面积大小和业务量而定。一般斗架高约 2 m，宽约 1.3 m，厚 0.6 m，装药斗 59～67 个，可排列成横七竖八或横八竖八，有的斗架最下层设 3 个大斗。每个药斗中又分 2～3 格，底部大药斗多不分格，宜装体积大而质轻的药材。一个斗架装 150～170 种中药饮片。一般调剂部应配置此类斗架 3～5 台。药斗的容量大小，在设计时要根据每天的调配处方量，以能供一天用量为原则。

斗谱系指饮片斗架内药物的编排法。编排斗谱时要考虑到方便调剂操作，减轻劳动强度，避免发生差错事故，亦要有利于管理药品。斗谱的一般排列原则如下。

1. 按处方需要排列　根据临床用药情况将药物分为常用药、次常用药和不常用药。常用中药饮片装入靠调剂台最近的中层药斗；不常用者装入最远处或上层；次常用者装入在两者之间。质重的矿物类药物宜装在下层药斗内；质轻而体积大的宜装入最下层大药斗内。

药物性味功能基本相仿的，放在同一药斗不同格或相近药斗中，以免互相串味，影响疗效，如广藿香、藿香梗、香薷；桃仁、红花、赤芍；紫苏、苏梗、苏叶等。

2. 按方剂组成排列　同一方剂内药物宜排列在同一药斗不同格内，或邻近药斗中，方便调配。如四君子汤中党参、白术、茯苓；桂枝汤中桂枝、芍药、甘草等；白虎汤中石膏、知母、粳米等。

3. 按入药部位排列　如根、茎、叶、花、果实、种子、动物药及矿物药等分类装入药斗内。

4. 需特殊保管的药物特殊排列　用特殊容器贮存，一般不装药斗。毒性药设专人专柜保管；易燃药远离火源和电源；贵重细料药专柜存放，专人保管；新鲜药水分多，易变质，难保管，因此，存量不能多，且要根据各鲜药的特性采取不同方法，加以保管排列。

以上各排列法以按处方需要和按需特殊保管相结合法应用最多。排列时必须结合本地区用药习惯和本医院性质及用药特点，使斗谱合理化、科学化。

第四节　其他中药饮片形式

中药调剂历来采用“手抓戥称”的传统调剂方式，随着各医疗机构中医药服务量的逐步增长等诸多因素的变化，传统调剂方法逐步显现称不准、分不匀、效率低、复核难、养护难、浪费大、卫生差等若干弊端。广大科技工作者对散装中药饮片调剂方式存在的不足进行了大量的实践探索，出现了小包装中药饮片、中药配方颗粒、中药压制饮片等饮片形式。

一、小包装中药饮片

笔记栏

(一) 概述

小包装中药饮片系指按设定的剂量包装、能直接“数包”配方的中药饮片。

小包装中药饮片的特点是：① 保持特色；② 剂量准确；③ 易于复核；④ 提高效率；⑤ 饮片纯

净；⑥ 减少浪费；⑦ 改善环境；⑧ 有利管理；⑨ 增进信任，普及知识。

中药饮片小包装采用感量为 0.1 g 的电子秤，按设定的剂量精确称量后包装，有效地控制装量的差异，确保调剂剂量的准确，克服了使用散装中药饮片调剂的弊端。实行 1 g、2 g、5 g、10 g、15 g、20 g 等不同规格的小袋包装，药袋上注明了品名、规格、产地、重量、生产日期、合格标志和生产厂家，不仅使饮片卫生整洁，同时更透明化，让患者知道了自己服用的中药是否与处方相符，而且分剂药量有了保证。包装采用透明的聚乙烯包装，有效防止中药饮片生虫、长霉的现象，供制备小包装的中药饮片经过干燥灭菌处理，保证了中药饮片的纯净度与质量，有利于贮存与养护。

（二）小包装中药饮片的规格设定

规格设定系指每种中药饮片在进行小包装时，应设几种规格（品规数）以及每一规格（每包）的含药量（品规量）。规格设定是否合理，这是医疗机构运用小包装中药饮片进行调剂能否成功的关键。

每个医疗机构、每种中药饮片的品规数和品规量，都有一定的规律可循，即常用品种规格相对固定，且数量有限。

小包装中药饮片的规格设定的基本原则如下。

1. *因药而异原则* 不同的中药饮片品种，在采用小包装时，要设定不同的品规数和品规量。如麻黄、细辛与白花蛇舌草、石膏的品规设定应有显著差异。

2. *满足临床常用剂量需要原则* 每种中药饮片的品规数和品规量，应最大限度地满足临床医师处方的常用剂量，尽量减少因使用小包装中药饮片而对临床医师处方剂量的限制。

3. *品规最少原则* 一种中药饮片，在采用小包装时，应在最大限度满足临床医师常用处方剂量的前提下，尽量设定最少的品规数。

4. *高频多规原则* 对于使用频率高的中药饮片品种，在中药饮片调剂室面积允许的条件下，根据临床常用剂量，可设定多种品规，以提高中药饮片处方的配方效率。

二、中药配方颗粒

（一）含义

中药配方颗粒（traditional Chinese medicinal dispensing granules）是由单味中药饮片经水提、浓缩、干燥、制粒而成，在中医临床配方后，供患者冲服使用。也称“单味中药浓缩颗粒”“中药新型颗粒饮片”等。中药配方颗粒是对传统中药饮片的补充。

（二）特点

中药配方颗粒作为一种中药新型饮片，不仅保留了传统中药饮片组方灵活、加减随机的特色与优势，而且不需要临用煎煮，可直接冲服，携带贮存方便，质量规范、稳定可控，易于调剂并适合工业化生产。但单煎与合煎在成分上是存在一定差异的，中药合煎过程是一个极其复杂的化学反应过程，可能会发生酸碱中和、取代、水解、聚合、缩合、氧化、变性等化学反应，汤剂煎煮过程中药物成分间增溶增效、降低毒性等作用是单味浓缩颗粒暂时无法实现的。同时生产工艺、质量标准不统一，临床研究有很大局限性，疗效不确定，价格比原汤剂提高很多，增加患者负担等，故还应深入研究，不断完善。

三、中药压制饮片

（一）含义

笔记栏

中药压制饮片是通过一种压制技术将符合现行标准的全草、花、叶类中药饮片根据临床常用剂量，在不改变饮片外观性状及其内在质量、不添加任何辅料的情况下，压制成一定形状的饮片。

（二）特点

中药饮片经压制后，体积大幅缩小，压缩后的中药饮片既符合传统的中药应用要求，又具有小包装中药饮片的优点，减少了包装材料的用量；中药压制饮片具有规则形状，可实现分装线的自动传输和包装，减少手工操作，提高生产效率，节约成本，也减少了产品的二次污染；中药饮片被压制成块状后，可避免散装饮片吸潮、生虫、生霉与串味等现象，减缓药材的氧化，挥发性成分不易散失，从而能够更好地保证药效成分的稳定。

（李春花）

笔记栏

第四章 中药制剂的前处理

本章要点

粉体的特性及其表征方法。

中药粉碎和筛析的原理、方法及常用设备。

中药浸提的过程、原理及其影响因素。

分离、精制、浓缩和干燥的原理、方法与常用设备。

第一节 概 述

一、中药制剂前处理的含义

中药来源于植物、动物或矿物，均需进行必要的前处理才能进行后续的制剂制备。中药的前处理包括采收、炮制加工、粉碎、筛析、混合、浸提、分离、精制以及浓缩与干燥等过程。采收和炮制加工属于中药炮制学的范畴。因此，中药药剂学范畴的中药制剂前处理是指中药材经炮制加工成为中药饮片后，以此为原料在进行中药制剂制备前所进行的一系列操作。最终所制成的剂型不同，中药制剂的前处理工序各有不同，如液体制剂的前处理，常常需要浸提、分离、精制、浓缩等工艺过程；固体制剂则必不可少粉碎、筛析、混合等工艺过程。

二、中药制剂前处理的重要性

中药制剂前处理是中药制剂过程的重要环节，直接影响着中药制剂的质量。以中药细粉入药的制剂，需将饮片粉碎至一定的粒度，再与其他药物进行均匀混合。粉碎的粒度、混合的均匀性将影响中药制剂的疗效和产品的质量。以中药提取物入药的制剂，需将中药饮片的有效成分提取，经过适当的分离纯化、浓缩和干燥后，再制成不同的剂型。饮片的粉碎度、提取工艺方法均对有效成分的提取率有影响，而合理的分离纯化工艺，才能最大限度地保留中药中的有效成分和辅助成分，同时除去杂质成分，从而提高制剂的质量、疗效和稳定性，降低制剂的毒副反应和服用剂量，更好地满足临床用药的要求。

第二节 粉碎与筛析

一、粉体学的基本知识

(一) 概 念

笔记栏

粉体(powder)是无数个细小固体粒子集合体的总称。研究粉体的基本性质及其应用的科学称为粉体学。粒子是粉体运动的最小单元，包括粉末（粒径小于 100 μm）和颗粒（粒径大于 100 μm）。组成粉体的粒子可能是单个粒子，也可能是多个单体粒子聚结的粒子集合体。

在固体制剂的制备过程中，药物的粉碎、颗粒和微丸的制备、片剂的压缩成型等过程都涉及粉体学内容，由于粉体的粒径、形态、比表面积和表面状态的不同，其物理、化学特性都会发生相应的变化，从而影响原料在生产中的粉碎、过筛、混合、浸提、沉降、滤过、干燥等工艺过程以及制剂成型。此外，粉体的基本特性（如粒度、比表面积等）也与药物的稳定性、释放性能与疗效直接相关。因此，粉体性质的研究对制剂制备诸多环节的设计优化具有重要的指导意义。

（二）粉体特性及其表征

1. 粒子大小及其分布

（1）粒径：即粒子大小（particle size），是粉体的最基本性质，通常以粒子直径的微米（μm）数为单位表示。粉体多为不规则颗粒，代表粒径大小的表示方法有：几何学粒径、有效粒径、比表面积粒径等。

1）几何学粒径：是指根据投影的几何学尺寸定义的粒径，如用显微镜测定粒子的实际长度。常有定方向径、定方向等分径、外接圆径等表示方法，如图 4－1。

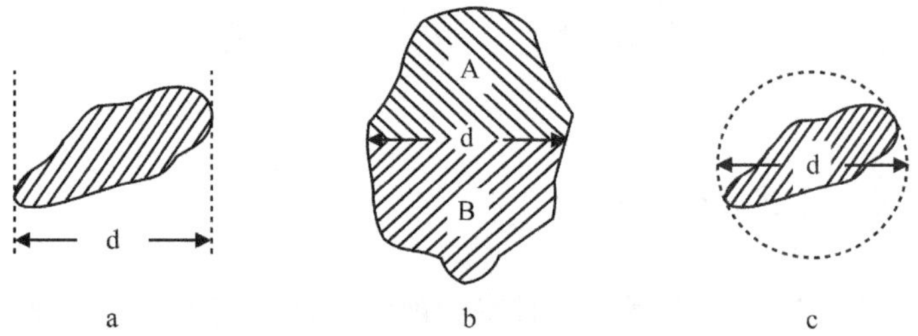

图 4－1　几何学粒径表示方法

a：定方向径（对一定方向的粒子长度）　b：定方向等分径（定方向的一条线把粒子投影像面积切成二等份长度）　c：外接圆径（粒子外接圆的直径）

2）有效粒径：是用在液体中与粒子具有相同沉降速度的球的直径表示的粒径，此粒径用 Stoke's 方程计算得到，又称 Stoke's 粒径或沉降粒径。

3）比表面积粒径：是根据吸附法和透过球法求得的粉体比表面积后计算得到的粒径，这种方法是将所有粒子都假定为球形而计算求得的粒径。

（2）粒度分布：粒度分布表示不同粒径的粒子群在粉体中分布的情况。测量粉体时，通常只需了解粉体平均粒度和粒度分布范围。特征粒径则常用于描述平均粒度和粒度分布范围。

1）D_{10}：是指累计分布百分数达到 10％时所对应的粒径，即小于此粒径的颗粒占 10％。

2）D_{50}：称为中位径或中值粒径。是指粉体中的累计粒度分布百分数达到 50％时所对应的粒径。在制药行业中，D_{50}是最常用的平均粒径。

3）D_{90}：是指累计粒度分布达到 90％时所对应的粒径，即粒径小于此粒径的颗粒占 90％。D_{90}常用来表示粉体粗端的粒度指标。

（3）粒径测定方法

1）显微镜法：是用显微镜逐个测定颗粒的投影面积，来进行粒径测定的检测方法。光学显微镜测定范围为 0.8～150 μm；电子显微镜可测定纳米级的粒径，如透射电镜可测粒径范围为 0.001～5 μm。除了进行粒度测试之外，还可用来观察和测试颗粒的形貌。

2）筛分法：是测定较大粒子（40 μm 以上）的最常用方法。该法依靠筛孔大小的机械分离，让药粉通过不同型号的药筛，然后从各号筛上残留的粉末重量求出药粉的粒度分布。该方法简单直观，但误差大，通常只能给出粗略的粒径范围，如 60～80 目颗粒。

3）沉降法：是通过粒子在液体中沉降的速度来测得粒径的方法。该法根据 Stoke's 公式计算，

笔记栏

适用于 100 μm 以下的粒径的测定。

4) 电场感应法(库尔特计数器法)：是使混悬分散于电解质溶液的被测粒子通过一小孔，在小孔的横截面上施加电压，当粒子通过小孔时两极间电阻瞬时产生变化，这种变化的大小与粒子容积成比例，从而求出粒子分布。本法可用于测定混悬剂、乳剂、脂质体、粉末药物等的粒径分布。

5) 激光衍射/散射法：是利用颗粒对激光的衍射或散射特性作等效对比，所测出的等效粒径为等效散射粒径，即用与实际被测颗粒具有相同散射效果的球形颗粒的直径来代表该实际颗粒的大小。当被测颗粒为球形时，其等效粒径即为实际直径。一般认为激光法所测的直径为等效体积径。激光粒度分析仪是根据光的散射原理测量粉颗粒大小的，是一种比较通用的粒度仪，具有测量准确度高、速度快、操作简便、分辨率高、重复性好等优点，测量范围为 20 nm～2 mm，可对动态颗粒群进行跟踪测试分析。其结构原理见图 4-2。

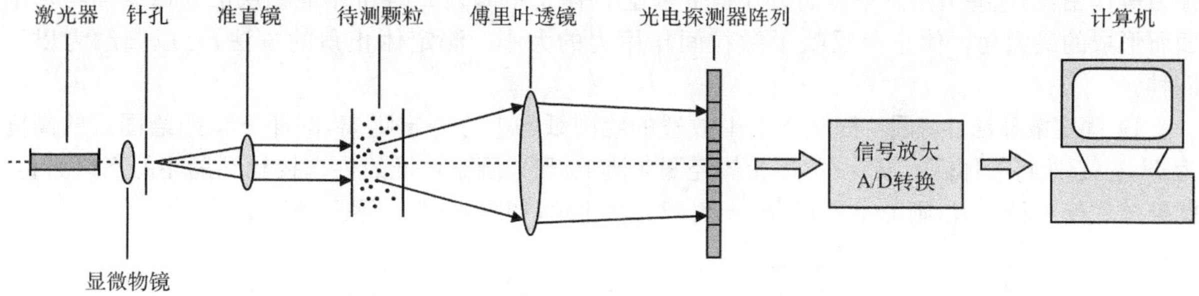

图 4-2 激光粒度分析仪结构原理图

2. 粒子形态 粉体的形态极为复杂。几何形态规则，有球形、立方形或柱形等，某些结晶可能呈针状、片状等；但形状不规则的就很难用一名称或形容词说明其形态，而且很多微粒的表面很粗糙，就更难以准确描述。因此，研究工作者提出了用形状指数(球形度和圆形度)、形态系数、皱度系数等表征微粒形态的方法。

3. 比表面积 比表面积(specific surface area)系指单位重量或容量粉体所具有的总的表面积，分为体积比表面积和重量比表面积。由于大多数粉体中粉粒的表面很粗糙，有的粉粒还有缝隙和微孔，因此有很大的比表面积。粉体的比表面积大小能够反映药物的一些特性，如吸附能力、吸湿性等，因此测定粉体的比表面积对制剂处方和制备工艺的选择具有指导意义。

4. 密度 粉体的密度是指单位体积粉体的质量。粉体的颗粒内部和颗粒间存在空隙，粉体的体积有着不同含义，粉体的密度可分为真密度、粒密度、堆密度三种。

(1) 真密度(true density)：系指除去微粒本身的孔隙及粒子之间的空隙占有的容积后求得物质的容积，并测定其质量，计算得到的密度称为真密度，为该物质的真实密度。通常采用气体置换法求得。

(2) 粒密度(granule density)：系指除去粒子间的空隙，但不排除粒子本身的细小孔隙，测定其容积而求得的密度称为粒密度，亦即粒子本身的密度。可用液体置换法求得。

(3) 堆密度(也称松密度，bulk density)：系指单位容积粉体的质量。堆密度所用的容积是指包括微粒本身的孔隙以及微粒间的空隙在内的总容积。

固体粉末药物有“轻质”与“重质”之分，如氧化镁与碳酸镁等。凡堆密度小，亦即堆容积大的属于“轻质”；“重质”则是粉体堆密度大，而堆容积小。粉体的“轻质”与“重质”主要与堆密度有关，而与真密度无关。

对同一种粉体来说，真密度＞粒密度＞堆密度。其中，堆密度对散剂的分剂量、胶囊的填充以及片剂的压制等有重要影响，是药剂制备时最关注的粉体密度。

5. 孔隙率 粉体中的孔隙包括微粒本身的孔隙和微粒间的空隙。孔隙率(porosity)系指微粒中孔隙和微粒间的空隙所占的容积与粉体容积之比。用下式表示：

$$E_{总}=\frac{V_b-V_P}{V_b}=1-\frac{V_P}{V_b} \tag{4-1}$$

式(4-1)中,$E_{总}$为孔隙率;V_b为粉体的体积;V_p为粉体本身的体积。

粉体的孔隙率受很多因素的影响,如粉体形态、粉体大小、粉体表面的摩擦系数、温度及压力等。但是如果测出药物粉末的真密度,便可以求出总孔隙率。

6. 流动性　粉体的流动性(fluidity)与粒子的粒径、粒度分布、形态、密度、表面摩擦力,以及粒子间的作用力(如范德华力、静电力等)等因素有关。粉体的流动性直接影响着一些剂型生产过程,如散剂、颗粒剂的分装,片剂颗粒充填模孔等。粉体流动性一般用休止角和流速等表示。其测定方法如下:

(1) 休止角(angle of repose):粒子在粉体堆积层的自由斜面上滑动时受到重力和粒子间的摩擦力等作用,当这些力达到平衡时处于静止状态。休止角即是此时粉体堆积层的自由斜面与水平面所形成的最大角。休止角反映了微粒间作用力的大小。测定休止角的方法,可以归纳为以下四种。

1) 固定漏斗法:将漏斗固定于水平放置的绘图纸的上方一定距离,漏斗下口距绘图纸的高度为 H,小心地将粉体倒入漏斗中,使粉体经漏斗流下,形成圆锥体堆的尖端接触到漏斗的下口为止,圆锥体底部半径为 R,则 $\mathrm{tg}\,\alpha=H/R$,α 角即为休止角,如图 4-3Ⅰ所示。

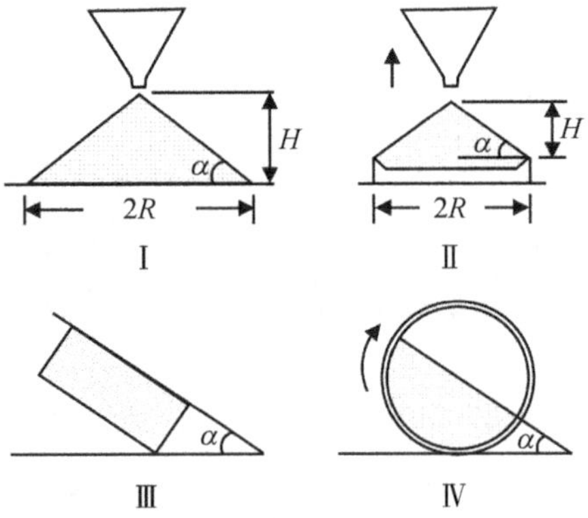

图 4-3　测定休止角的四种基本方法

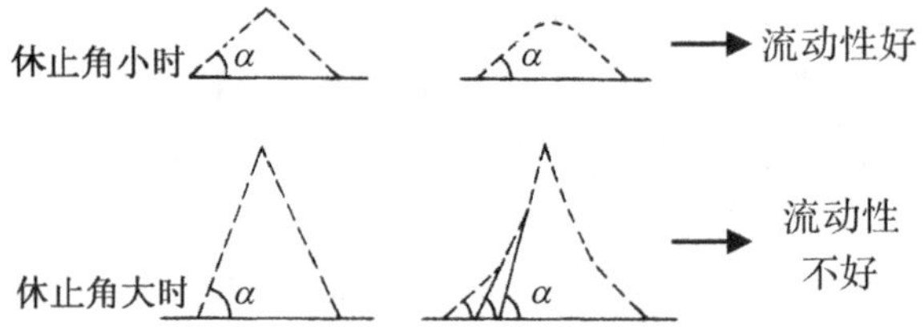

图 4-4　休止角与流动性

2) 固定圆锥槽法:将圆锥槽的底部直径固定,如用固定大小的圆盒底或盖来接受由漏斗漏下的粉体,漏斗中不断注入粉体,直到得到圆锥体为止,如图 4-3Ⅱ所示,计算出休止角。

3) 倾斜箱法:于矩形盒内装满粉体,其松实程度适宜,将矩形盒逐步倾斜至粉体开始流出为止。盒子倾斜的角度即为休止角,如图 4-3Ⅲ所示。

4) 转动圆柱体法:在圆柱体中装入半满量的粉体,使其在一水平面上按一定速度转动,粉体与水平面所成的角度即为休止角,如图 4-3Ⅳ所示。

粉体的休止角越大,流动性越差。当 α 等于 45°时,粉末就具有松散感,流动性差。休止角越小,说明摩擦力越小,流动性越好,一般认为 $\alpha \leqslant 30°$ 时流动性好;$\alpha \leqslant 40°$ 时可以满足生产过程中流动性的需求,如图 4-4。

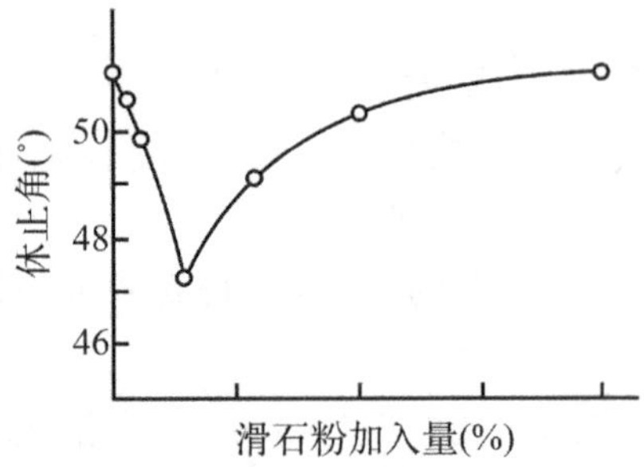

图 4-5　滑石粉对颗粒休止角的影响

休止角与细粉的百分比有关。在一定范围,细粉百分比大,休止角亦大。如片剂颗粒中加入滑石粉,并以加入量对休止角作图,可以看到休止角出现临界点,即在此百分比时有最小的休止角,即有最好的流动性,如图 4-5 所示。

休止角与粒径大小有关。在一定范围内,增加粒径可以减小休止角。因此,细粉制成颗粒后,粒径增加,其流动性也可得到改善。

笔记栏

休止角与粒子表面有关，粒子表面愈粗糙，愈不规则，休止角就愈大。因此，颗粒压片前通常加入适量的滑石粉或微粉硅胶，改善颗粒表面的粗糙状态，从而改善其流动性。

粉体中的水分含量对休止角有影响，在一定范围内休止角因水分含量的增加而变大。但当超过某一限度(12%)时，则又逐渐变小。适量的水分可以起到润滑作用，同时减少粉体之间的静电作用；但水分超过一定限度后，粉体之间出现粘连，使得流动性变差。

除了上述因素，中药粉体流动性还与其所含化学成分有关，一般含糖量高、黏液质多的中药粉体流动性差。

(2) 流出速度(flow rate)：系指粉体由一定孔径的孔或管中流出的速度。流出速度既是粉体的粒度又是其均匀性的函数。一般来说，粉体的流速快，则其流动均匀性好，即流动性好。重复测定的流出速度，若其标准误差愈大，则说明粉体的均匀性和流动性愈差。测定方法是在圆筒容器的底部中心开口(出口大小视粉体粒径大小而定)，把粉体装入容器内，测定单位时间里流出的粉体量。

7. 润湿性和吸湿性

(1) 润湿性(wettability)：润湿是指固体界面由固-气界面变成固-液界面的现象。润湿性是指一种液体在一种固体表面铺展的能力或倾向性。固体的润湿性用接触角 θ 表示，即液滴与固液接触边缘的切线和固体平面间的夹角。接触角最小为 0°，最大为 180°，接触角越小，则粉体的润湿性越好。$\theta=0°$，液体完全润湿固体表面，液体在固体表面铺展；$0°<\theta<90°$，液体可润湿固体；$90°<\theta<180°$，液体难以润湿固体；$\theta=180°$，完全不润湿，液体在固体表面凝聚成小球，见图 4-6。

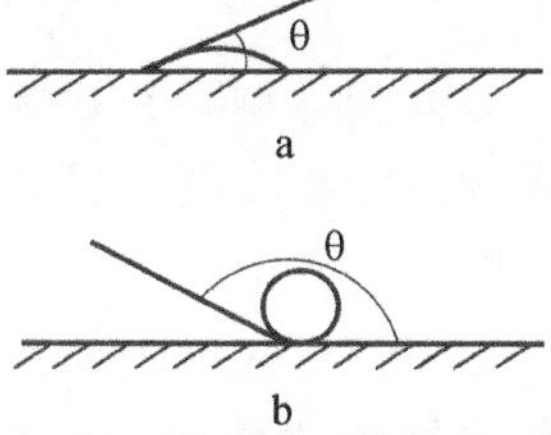

图 4-6　液体在固体表面的接触角 θ 与润湿性

a：$\theta<90°$润湿　b：$\theta>90°$不润湿

对于液体，固体极性越大，接触角越小；对于固体，液体表面张力越低，则接触角越小。表面活性剂由于能降低液体的表面张力而使接触角减小。润湿性反映了粉体被液体浸润的难易程度，在制剂生产中有着十分重要的意义。如湿法制粒、制剂包衣、混悬液制剂等要求原辅料具有良好的润湿性；片剂、胶囊剂、颗粒剂的崩解与药物溶出，都与润湿性有关。

(2) 吸湿性(hydroscopicity)：是指固体表面吸附水分的能力。药物粉末置于湿度较大的空气中，容易吸收其中水分而出现吸湿现象，使粉末的流动性变差，并可发生结块、液化，甚至变色、分解等现象，从而降低药物的稳定性。

药物的吸湿性与空气状态有关。当空气中的水蒸气分压大于药粉表面水分产生的水蒸气压时，药粉发生吸湿；反之，药粉发生风干；而当空气水蒸气分压等于药粉表面水蒸气压时，吸湿与干燥达到动态平衡，此时药粉的含水量称为吸湿平衡量。吸湿平衡量与物料的性质及空气状态有关，不同药物的吸湿平衡量随空气状态而变化。药物吸湿性常用吸湿平衡曲线表示，即在不同湿度下测定平衡吸湿量，再以吸湿量对相对湿度作图即得吸湿平衡曲线。

1) 水溶性药物的吸湿性：在相对湿度较低的环境下水溶性药物几乎不吸湿，而当相对湿度增加到一定值时，吸湿量迅速增加，此时的相对湿度称为临界相对湿度(critical relative humidity，CRH)，见图 4-7。CRH 为水溶性药物的特征参数，用来衡量药物吸湿的难易程度。在复方制剂中，水溶性物质的混合物吸湿性更强。

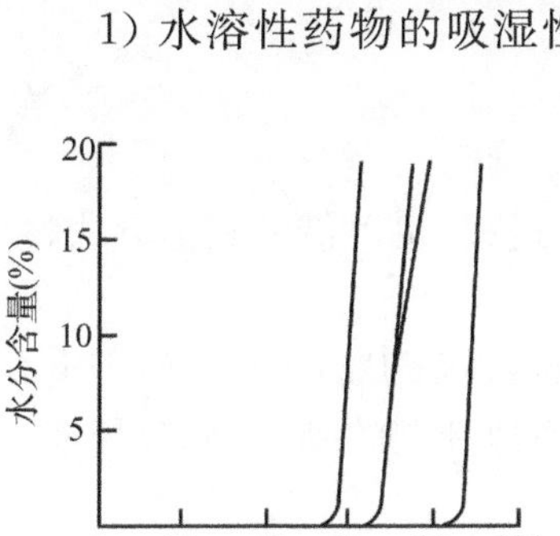

图 4-7　水溶性药物的吸湿平衡曲线

根据 Elder 假说："混合物的临界相对湿度大约等于各个药物的临界相对湿度的乘积"。

$$CRH_{AB} \approx CRH_{A} \times CRH_{B} \qquad (4-2)$$

式(4-2)中，CRH_A、CRH_B分别表示 A 物质与 B 物质的临界相对湿度；CRH_{AB}为 A 和 B 物质混合物的临界相对湿度。

笔记栏

2）水不溶性药物的吸湿：水不溶性药物的吸湿性随相对湿度的变化而缓慢发生变化，无临界值。水不溶性药物的混合物的吸湿性具有加和性。

（三）粉体学在药剂中的应用

散剂、颗粒剂、胶囊剂、片剂等固体制剂，需进行粉碎、混合、制粒、压片等操作；溶液型、混悬型等液体制剂需将固体粉末溶解或分散在液体介质中。这些制剂的制备过程，均涉及粉体的操作，粉体的性质将影响制备工艺过程，也影响着制剂的质量。

1. 对混合均匀性的影响　药物粒子的大小是影响混合均匀度的重要因素之一。如果粒子的大小均匀，则易于混合均匀，反之，较难混合均匀；粉体的密度、粉体粒子形态也与混合均匀度有关。粒子密度相差悬殊或形态不适宜，都不易混合均匀，甚至使已混匀的粉粒因加工、运输中的振动而分层。此外，粉粒的含湿量对混合也有影响。

2. 对中药成分浸出的影响　药材或饮片的粒度直接影响提取的效果。应根据药材质地、所含成分理化性质、提取溶媒的特点等确定粉体的粒度，粉碎过细的粉体，不一定有利于药物成分的浸出。

3. 对固体制剂分剂量的影响　粉粒的堆密度对制剂分剂量的准确性有影响。如散剂、颗粒剂、胶囊剂的分装以及片剂生产，一般都是按容积分剂量。在分剂量过程中，粉粒的流动性与分剂量的准确性有关。

4. 对压缩成形性的影响　粉粒对压缩成形性的影响主要涉及的剂型为片剂，影响的因素主要为药物细粉的晶形、形态、大小、粒度等。表面凹凸不平的晶体，可以相互嵌合，容易压制成片。堆密度大的疏松颗粒或粉末，由于压制时其中的空气难以完全释放出来，容易造成松片或裂片。通常细小、粒度分布均匀的粒子具有较大的比表面，可压性好，压制成的片剂硬度大，重量差异小。反之，粗大、粒度分布不均匀的粒子，会导致颗粒充填不均匀，片重差异大，而且使压片机的冲头压力分布不均，片剂硬度差，容易产生裂片。加入适宜的辅料（微晶纤维素、乳糖等）可改善可压性能。

5. 对片剂、丸剂崩解的影响　药物细粉的孔隙率及润湿性对固体制剂，如片剂、丸剂等剂型的崩解有直接影响。全浸膏片没有粉性中药粉末，空隙率极小，通常需加崩解剂进行调节。

6. 对药物疗效和安全性的影响　药物的溶解度和溶出速度是多数药物吸收和发挥作用的限速过程，尤其是难溶性药物。通过减小难溶性药物的粒径、增加比表面积，进而大大提高溶解性能，提高药物的吸收。由于药物的溶出度还与其润湿性有关，疏水性较强的药物在减小粒径的同时，还需增加其润湿性，从而改善药物的溶出度。

7. 对混悬型液体药剂的影响　根据 Stoke's 定律，微粒粒径减小 1/2，微粒沉降的速度则降至 1/4。因此，减小药物的粒径，可以增加混悬液的稳定性，避免或减少沉降、分层等现象。

二、粉碎

（一）粉碎的目的

粉碎（crushing）是指借机械力将大块固体物质碎成规定细度的操作过程，也可借助其他方法将固体药物碎成一定粒度粉体的操作。

药物粉碎的目的：① 增加药物的表面积，促进药物的溶解与吸收，提高药物的生物利用度；② 便于调剂和服用；③ 加速中药中有效成分的浸出或溶出；④ 有利于多种剂型的制备，如混悬液、散剂、片剂、丸剂、胶囊剂等；⑤ 方便药物的干燥与贮存。

笔记栏

（二）粉碎的基本原理

固体药物的粉碎过程，一般是利用外加机械力，部分地破坏物质分子间的内聚力，使药物的大块粒变成小颗粒，表面积增大，即将机械能转变成表面能的过程。

在粉碎过程中，应遵循以下原则：① 粉碎前后药物的组成成分、药理作用不变；② 粉碎时应根据药物性质、剂型和应用要求，确定粉碎的程度，并选择适宜的粉碎方法和设备；③ 粉碎过程中应及时过筛，以免影响粉碎效率；④ 需要粉碎的药材，应当全部粉碎应用，难以粉碎的植物叶脉、纤维、油脂等，要采取适宜粉碎处理后应用，不能随意丢弃；⑤ 粉碎时应注意安全防护，减少粉尘飞扬，避免劳动伤害，还应注意防止粉尘浓度过高引起爆炸。

（三）粉碎的方法

药物的性质是影响粉碎效率和决定粉碎方法的主要因素。极性晶形物质如生石膏、硼砂均具有相当的脆性，较易粉碎；非极性晶体物质如樟脑、冰片等则脆性差，当施加一定的机械力时，易产生变形而阻碍粉碎，通常可加入少量挥发性液体进行粉碎。非晶形药物如树脂、树胶等具有一定的弹性，一般可用降低温度(0℃左右)来增加非晶形药物的脆性，以利粉碎。对于不溶于水的药物如朱砂、珍珠等可在大量水中，利用颗粒的重量不同，细粒悬浮于水中，而粗粒易于下沉，分离，得以继续粉碎。

为了使机械能尽可能得到有效的利用，应将已达到要求细度的粉末随时进行分离移去，使粗粒有充分机会接受机械能，这种粉碎法称为自由粉碎。若细粉始终保留在系统中，要消耗大量机械能，影响粉碎效率，同时产生了大量不需要的过细粉末，所以在粉碎过程中必须随时分离细粉。

1. *干法粉碎*　干法粉碎(dry crushing)系指将药物经适当干燥，使水分降低到一定限度(一般应少于5%)再粉碎的方法。除特殊中药外，一般药物均采用干法粉碎。

(1) 单独粉碎：将一味中药单独粉碎，便于应用于各种复方制剂中。通常需要单独粉碎的中药包括：贵重中药(如牛黄、羚羊角、西洋参、麝香等，主要目的是避免损失)、毒性或刺激性强的中药(如红粉、轻粉、蟾酥、斑蝥、信石、马钱子等，主要目的是避免损失、便于劳动保护和避免对其他药品的污染)、氧化性与还原性强的中药(如雄黄、火硝、硫黄等，主要目的是避免混合粉碎引起爆炸)，以及质地坚硬不便与其他药物混合粉碎的中药(如磁石、代赭石等)。有些粗料药，如乳香、没药，因含有大量胶树脂，在湿热季节难以粉碎，故常在冬春季单独粉碎成细粉。对水分多、黏性大的药材可置烘箱内60～80℃烘干，放冷后即可粉碎，如肉苁蓉、枸杞子等。对黏液汁特别多的单味药材，可采取烘干后取出碾压再烘干的反复操作方法以达粉碎目的，如生地黄、熟地黄、山茱萸、桂圆肉等。

(2) 混合粉碎：将方中某些性质和硬度相似的中药，全部或部分混合在一起进行粉碎的方法。药物经粉碎后表面积增加，引起表面能增加，已粉碎的粉末有重新结聚的倾向。当不同药物混合粉碎时，一种药物适度地掺入到另一种药物中间，使分子内聚力减小，粉末表面能降低而减少粉末的再结聚。黏性与粉性药物混合粉碎，也能缓解其黏性，有利于粉碎。该法将药物粉碎与混合结合在一起同时完成，也可以克服单独粉碎中的一些困难。

根据药物的性质和粉碎方式不同，特殊的混合粉碎方法有以下几种。

1) 串料粉碎：先将处方中其他中药粉碎成粗粉，再将含有大量糖分、树脂、树胶、黏液质的中药陆续掺入，逐步粉碎成所需粒度。需要串料粉碎的中药，如乳香、没药、黄精、玉竹、熟地、山茱萸、枸杞子、麦冬、天冬等。

2) 串油粉碎：先将处方中其他中药粉碎成粗粉，再将含有大量油脂性成分的中药陆续掺入，逐步粉碎成所需粒度，或将油脂类中药研成糊状再与其他药物粗粉混合粉碎成所需粒度。需串油粉碎的中药主要是种子类药物，如桃仁、苦杏仁、苏子、酸枣仁、火麻仁、核桃仁等。

3) 蒸罐粉碎：先将处方中其他中药粉碎成粗粉，再将用适当方法蒸制过的动物类或其他中药陆续掺入，经干燥，再粉碎成所需粒度。需蒸罐粉碎的中药主要是动物的皮、肉、筋、骨及部分需蒸制的植物药，如乌鸡、鹿胎、制何首乌、酒黄芩、熟地、酒黄精、红参等。

笔记栏

2. *湿法粉碎* 湿法粉碎(wet crushing)系指在药物中加入适量水或其他液体一起研磨粉碎的方法。通常选用的液体是以药物遇湿不膨胀、不溶解,两者混合不起化学变化,不妨碍药效为原则。某些有较强刺激性或毒性药物,用湿法粉碎可避免粉尘飞扬。根据粉碎时加入液体的情况可分为加液研磨法和水飞法。

(1) 加液研磨法:是在将要粉碎的药物中加入少量的液体后研磨粉碎的方法。粉碎非极性晶体樟脑、冰片、薄荷脑等时常加入少量乙醇或水进行研磨;粉碎麝香时,常加入少量水,俗称"打潮",剩下麝香渣时,"打潮"更易研碎。粉碎中药冰片和麝香时遵循"轻研冰片,重研麝香"的原则。

(2) 水飞法:是利用粗细粉末在水中悬浮性不同,将不溶于水的药物反复研磨制备成所需粒度的粉碎方法。朱砂、珍珠、炉甘石等通常采用传统的"水飞法"粉碎,即将药物先打成碎块,除去杂质,放入研钵或电动研钵中,加适量水,用研锤重力研磨。当有部分细粉研成时,应倾泻出来,余下的药物再加水反复研磨,倾泻,直至全部研细为止,再将研得的混悬液合并,沉淀得到的湿粉进行干燥,研散,过筛,可得极细粉。以往"水飞法"采用手工操作,费工费力,生产效率很低。现多用球磨机代替,既能保证药粉细度又可提高生产效率,但需持续转动 60～80 h,才能得到极细粉。水溶性的矿物药如芒硝、硼砂,不能采用水飞法粉碎。

3. *低温粉碎* 低温时物料脆性增加,易于粉碎,低温粉碎(cryogenic crushing)有如下特点:① 适用于在常温下粉碎困难的物料,如软化点低、熔点低及热可塑性物料树脂、树胶、干浸膏等,都可采用低温粉碎;② 含水、含油虽少,但富含糖分,具一定黏性的药物也能低温粉碎;如天冬、麦冬、人参、牛膝等;③ 能保留挥发性成分;④ 一些药物以液氮为冷冻源,可最大程度地保留中药材生物活性成分和营养物质,如胎盘等。

低温粉碎一般有下列四种方式:① 物料先行冷却或在低温条件下,迅速通过高速撞击或粉碎机粉碎;② 粉碎机壳通入低温冷却水,在循环冷却下进行粉碎;③ 待粉碎的物料与干冰或液化氮气混合再进行粉碎;④ 组合运用上述冷却方法进行粉碎。

4. *超微粉碎* 超微粉碎(ultra-fine crushing)技术是 20 世纪 70 年代后发展起来的一种物料加工新技术。超微粉碎又称超细粉碎,是指将粉粒物料磨碎到粒径为微米级以下的操作。超微粉体又称超细粉体,通常分为微米级、亚微米级(粒径 0.1～1 μm)以及纳米级(粒径 1～100 nm)粉体。

超微粉碎提高了药材细胞的破壁率,有利于促进有效成分的溶出。同时,超微粉具有很强的表面吸附性、亲和性、溶解性,增加了有效成分的释放速率。超微粉碎技术的优点:① 提高活性成分的溶出率,促进有效成分的提取;② 提高药材利用率,减少药材用量;③ 利于中药生物活性成分的保留,适用范围广;④ 促进药物吸收,提高生物利用度,增强药效;⑤ 在全封闭系统中进行,能够有效避免外界污染。

应用超微粉碎技术应注意的问题:① 超微粉碎后,药材有效成分的生物利用度提高,应当研究其适宜的服用剂量;② 超微粉碎可能增加药材中毒性成分的溶出,应当密切关注;③ 含芳香性和挥发性成分的药材,超微粉碎提高了其细胞的破壁率,也可能造成挥发成分的损失,尤其是挥发成分含量较低的药材;④ 一些淀粉、胶质含量高的药材,超微粉碎后可能会影响有效成分的溶出;⑤ 超微粉碎并非越细越好,需对其粉碎的最佳粒度进行研究。

(四) 粉碎的设备及使用注意事项

1. *粉碎设备*

(1) 柴田式粉碎机:亦称万能粉碎机。由"机壳"、打板和装在动力轴上的"甩盘"、刀形的挡板、风扇及分离器等部件组成。粉碎时主要靠六块打板的碰撞作用。柴田式粉碎机构造简单,使用方便,粉碎能力强,是中药厂普遍应用的粉碎机,广泛适用于黏软性、纤维性及坚硬的中药的粉碎,但对油性过多的药料不适用。

笔记栏

(2) 万能磨粉机:主要由两个带齿的圆盘及环形筛所组成。粉碎时主要靠圆盘上钢齿的撞击、研磨和撕裂等作用。如图 4-8 所示。

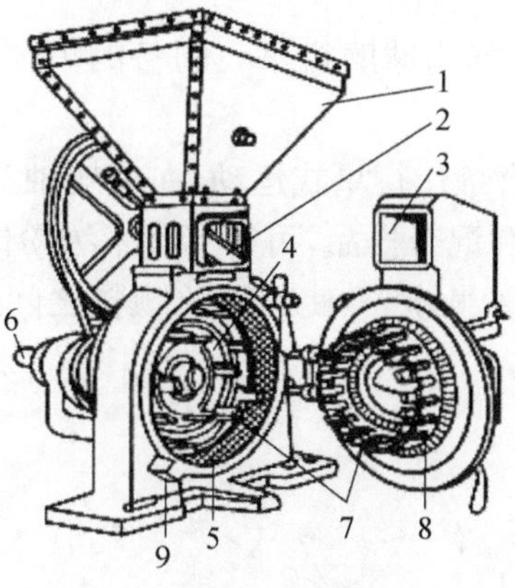

图 4-8 万能磨粉机

1. 加料斗 2. 抖动装置 3. 入料口 4. 出粉口 5. 环状筛板 6. 水平轴 7. 钢齿 8. 固定齿盘 9. 出粉口

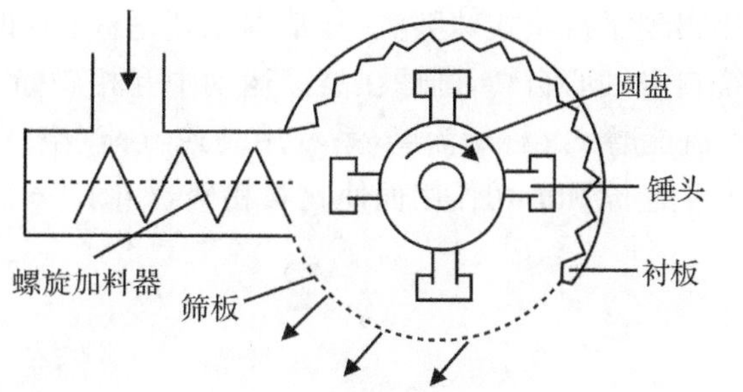

图 4-9 锤式破碎机

万能磨粉机适用于根、茎、皮类等中药，干燥的非组织性药物、结晶性药物及干浸膏等的粉碎。但由于构造上的特点，在粉碎时容易产生热量，故不宜用于粉碎含大量挥发性成分、黏性强或软化点低且遇热发黏的药物。

(3) 锤式破碎机：一种通过高速旋转的活动锤头与固定圈间的相对运动，对药物进行粉碎的设备。由箱体、转子、锤头、反击衬板、筛板等组成，如图 4-9 所示，锤头对物料主要作用以冲击力，物料受到锤击、碰撞、摩擦等而粉碎。锤式破碎机机械结构简单、紧凑、重量轻，具有较高的粉碎比，能耗低。适用于破碎大多数药物，如各种中等硬度且磨蚀性能弱的物料，纤维性、弹性或韧性较强的药材。但不适宜于高硬度物料及黏性物料。

(4) 球磨机：球磨机的主要部分为一个圆形球罐(由铁、不锈钢或瓷质材料制成)、球罐的轴固定在轴承上，罐内装有物料和钢制或瓷制的圆球。当罐转动时，物料借圆球落下时的撞击作用，以及球与罐壁间、球与球之间的研磨作用而被粉碎。球磨机要有适当的转速才能获得良好的粉碎效果。当转速比较小时，由于球罐内壁与圆球间的摩擦作用，将圆球依旋转方向带上，然后沿罐壁滚下，如图 4-10 甲所示，此时主要发生研磨作用。当球罐的转速加大，则离心力增加，圆球的上升角随之增大，圆球下落的轨迹如图 4-10 乙所示，此时还产生了圆球对物料的撞击作用。若再增大球罐的转速，圆球的离心力加大，甚至超过圆球的重力，圆球紧贴于罐壁旋转，无法粉碎物料，如图 4-10丙所示。

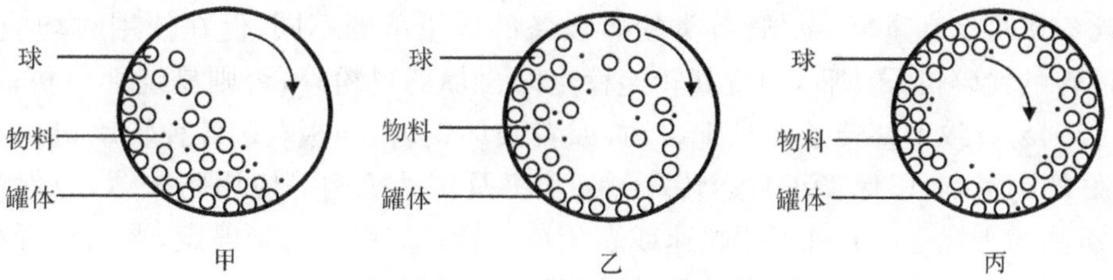

图 4-10 球磨机在不同转速下，圆球转动情况

甲：转速太慢 乙：转速适当 丙：转速太快

除转速外，影响球磨机粉碎效果的因素还有圆球的大小、重量、数量、被粉碎药物的性质等。

球磨机适于粉碎结晶性药物(如朱砂、皂矾、硫酸铜等)、树胶(如桃胶、阿拉伯胶等)、树脂(如松香)及其他植物中药浸提物；对具有刺激性的药物(如蟾酥、芦荟等)可防止粉尘飞扬；对吸湿性强的浸膏(如大黄浸膏等)可防止吸潮；可对具有挥发性的药物(如麝香等)及其他贵重药物(如羚羊角、鹿茸等），以及与铁易起作用的药物可用瓷质球磨机进行粉碎。球磨机亦可用在无菌条件下，进行无菌药粉的粉碎和混合。

球磨机除广泛应用于干法粉碎外，亦可用于湿法粉碎。如用球磨机水飞制备的炉甘石、朱砂等粉末可达到七号筛的细度。

近年出现了行星式球磨机，其基本原理是：工作时，球磨罐作行星式运动，在绕转轴盘公转的同时又围绕自身轴心自转，圆球在高速运动中互相碰撞，研磨和混合样品，可得到纳米级粉体。

（5）流能磨：又称气流磨，系利用高速气流（空气或惰性气体等）使药物的颗粒之间、颗粒与室壁之间发生碰撞和剪切作用而使物料粉碎，如图 4－11 所示。

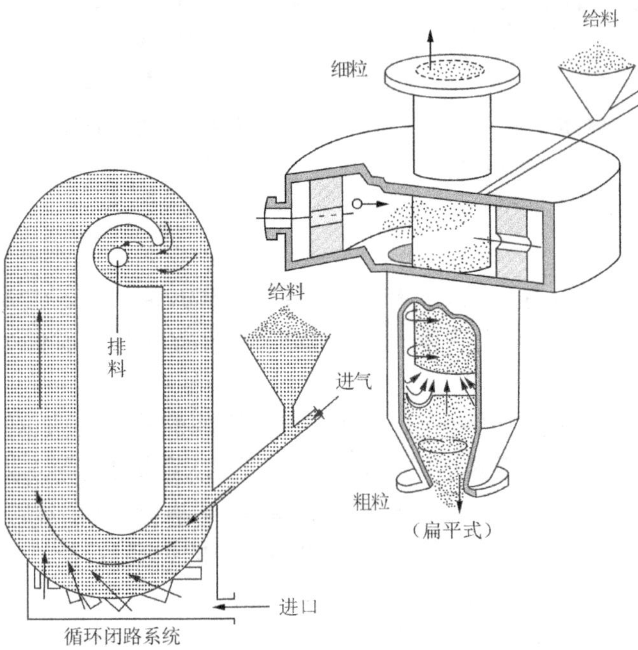

图 4－11　流能磨工作原理示意图

采用流能磨粉碎过程中，由于气流在粉碎室中膨胀时的冷却效应（焦耳-汤姆逊效应），因此本法适用于抗生素、酶、低熔点或其他对热敏感的药物的粉碎。设备中安装有分级器，在粉碎的同时就能对药粉进行分级，一般可得 5 μm 以下均匀的粉体。

（6）振动磨：利用研磨介质（球形、柱形或棒形）在振动磨筒体内作高频振动产生冲击、摩擦、剪切等作用，将物料磨细的一种粉碎设备。振动磨可以干法，也可以湿法工作。与球磨机相比，振动磨具有较高的粉碎比，粉碎时间短，可连续粉碎，还可通过调节振动的振幅、排料口径等进行超细粉碎。

2. 粉碎设备使用注意事项　尽管各类粉碎设备的适用范围不同，但在使用时均应注意如下几点：① 高速运转的粉碎机开动后，须待其转速稳定时再加药料粉碎，否则易烧坏电机；② 避免药料中夹杂硬块，否则易导致卡塞转子而难于启动，或者破坏钢齿、筛板；③ 各种转动机构如轴承、伞式轮等，要有良好的润滑剂，以保障正常运转；④ 电动机及传动机构等应用防护罩，以保证安全，同时要注意防尘、清洁与干燥；⑤ 电机不能超速或超负荷运转；⑥ 粉碎机未停定，严禁打开机盖，避免劳动伤害；⑦ 粉碎完毕后，要清理清洁内外部件，以备下次再用。

三、筛析

笔记栏

（一）筛析的目的

筛析（sieving）是固体粉末的分离技术。筛即过筛，系指药料粉末通过网孔性的工具，使粗粉与细粉分离的操作；析即离析，系指药料粉末借空气或液体（水）流动或旋转的力，使粗粉（重）与细粉

(轻)分离的操作。

药筛是筛选粉末粒度(粗细)或混匀粉末的工具。药物粉碎后,粉末粒度不同,成分也不均匀,故粉碎后的药物都需用适当的药筛筛过,达到粉末分等级的目的。此外,多种物料过筛的同时还有混合作用。

(二) 药筛的种类与规格

药筛系指按药典规定、用于药剂生产的筛,或称标准药筛、药典筛。在实际生产中,也常使用工业用筛,选用时应与药筛标准相近,不应影响药剂质量。药筛可分为编织筛与冲眼筛两种。编织筛的筛网由铜丝、铁丝(包括镀锌的)、不锈钢丝、尼龙丝、绢丝编织而成,也有采用马鬃或竹丝编织的。编织筛在使用时筛线易于移位,故常将金属筛线交叉处压扁固定。冲眼筛系在金属板上冲压出圆形或多角形的筛孔,常用于高速粉碎过筛联动的机械上及丸剂生产中分档。

《中国药典》现行版一部所用的药筛,选用国家标准的 R40/3 系列,共规定了 9 种筛号,一号筛的筛孔内径最大,依次减小,九号筛的筛孔内径最小。具体规定见表 4-1。

表 4-1 《中国药典》筛号、工业筛目、筛孔内径对照表

筛号	筛目(孔数/2.54 cm)	筛孔内径(μm)
一号筛	10	2 000±70
二号筛	24	850±29
三号筛	50	355±13
四号筛	65	250±9.9
五号筛	80	180±7.6
六号筛	100	150±6.6
七号筛	120	125±5.8
八号筛	150	90±4.6
九号筛	200	75±4.1

目前制药工业上常习惯以目数来表示筛号及粉末的粗细。"目"是指每英寸(2.54 cm)长度上的孔数。如每英寸有 120 个孔的筛号称为 120 目筛,筛号数越大,粉末越细。凡能通过 120 目筛的粉末称为 120 目粉。

(三) 粉末的分等

粉碎后的粉末必须经过筛选才能得到粒度比较均匀的粉末,以适应医疗和药剂生产需要。为了控制粉末的均匀度,《中国药典》现行版采用 9 个筛号的药典筛对粉末进行了六种规格的分等,具体如下:

1. 最粗粉　指能全部通过一号筛,但混有能通过三号筛不超过 20%的粉末。
2. 粗粉　指能全部通过二号筛,但混有能通过四号筛不超过 40%的粉末。
3. 中粉　指能全部通过四号筛,但混有能通过五号筛不超过 60%的粉末。
4. 细粉　指能全部通过五号筛,并含能通过六号筛不少于 95%的粉末。
5. 最细粉　指能全部通过六号筛,并含能通过七号筛不少于 95%的粉末。
6. 极细粉　指能全部通过八号筛,并含能通过九号筛不少于 95%的粉末。

(四) 过筛与离析的器械

1. 过筛器械与应用　过筛器械的选择一般要考虑药物粉末的性质、制备的剂型和应用时对粉末细度的要求、药粉的数量。在药厂成批生产中,多用粉碎、筛粉、空气离析、集尘联动装置,以提高粉碎与过筛效率,保证产品质量。在小批量生产及实验室试验中亦常用手摇筛、振动筛粉机、悬挂式偏重筛粉机以及电磁簸动筛粉机。

笔记栏

(1) 过筛器械

1) 手摇筛：系由不锈钢丝、铜丝、尼龙丝等编织的筛网，固定在圆形或长方形的竹圈或金属圈上。按照筛号大小依次叠成套(亦称套筛)。此筛多用于小批量生产，也适用于筛毒性、刺激性或质轻的药粉。

2) 振动筛粉机：又称筛箱，系利用偏心轮对连杆所产生的往复振动而筛选粉末的装置。适合于无黏性的植物药、化学药物、毒性药、刺激性药及易风化或易潮解的药物粉末过筛。

3) 悬挂式偏重筛粉机：筛粉机悬挂于弓形铁架上，系利用偏重轮转动时不平衡惯性而产生簸动，如图 4－12 所示。此种筛构造简单，效率高，适用于矿物药、化学药品或无显著黏性中药粉末的过筛。

4) 电磁簸动筛粉机：如图 4－13 所示，系利用较高频率(高达每秒 200 次以上)与较小幅度(其振动幅度在 3 mm 以内)造成簸动。由于振幅小，频率高，药粉在筛网上跳动，故能使粉粒散离，易于通过筛网，提高其过筛效率。簸动筛具有较强的振荡性能，故适于黏性较强的药粉如含油或树脂的药粉等过筛，其过筛效率较振动筛更高。

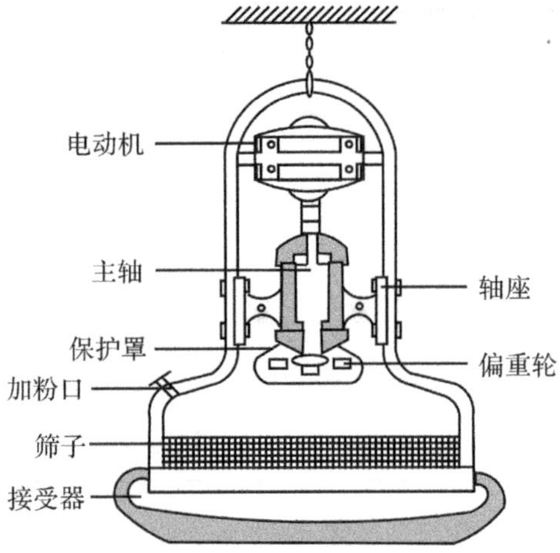

图 4－12　悬挂式偏重筛粉机

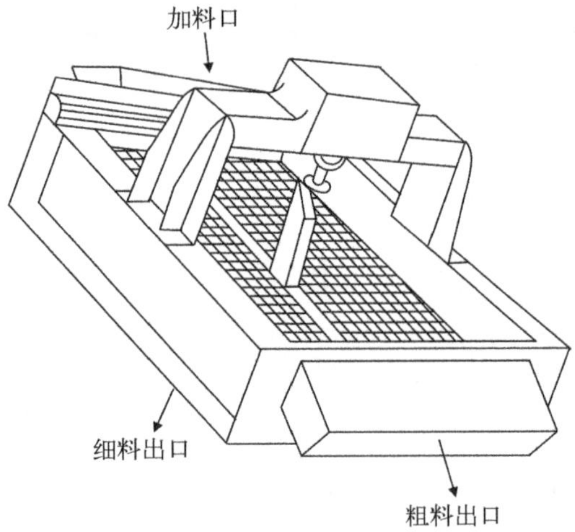

图 4－13　电磁簸动筛粉机

(2) 过筛注意事项：正确的过筛操作可提高过筛效率，其中包括筛网的振动、对药粉的要求及加粉量等问题。

1) 筛网的振动方式：药粉静止时，受相互摩擦及表面能的影响，易形成粉块不易通过筛孔，需适当的振动才能顺利过筛。过筛时，药粉在筛网上的运动方式有平动和跳动。平动可以增加粉末与筛网的接触，跳动可以加大粉末之间的距离。过筛时，粉末的平动和跳动相结合才利于过筛，提高效率。因此，过筛时筛网的运动有水平振动和上下振动两种方式。此外，筛网振动速度应当适宜，过快或过慢都会降低过筛的效率。

2) 粉末的含水量：药粉中含水量较高时应充分干燥后再过筛。易吸潮的药粉应及时过筛或在干燥环境中过筛。富含油脂的药粉易结成团块，很难通过筛网，可采用串油后过筛，也可以先进行脱脂再进行过筛。若含油脂不多时，可先将药物冷却后再过筛，以减轻黏着现象。

3) 粉层的厚度：药筛内放入粉末不宜太多，让粉末有足够的余地在较大范围内移动。但粉层也不宜太薄，否则会影响过筛效率。

2. 离析器械与应用　在粉碎过程中，常常会利用气流或风扇将粗粉、细粉进行分离，再用旋风分离器或袋滤器将药粉从气流中分离出来。

笔记栏

(1) 旋风分离器：旋风分离器是利用离心力分离气体中细粉的设备，如图 4－14 所示。

其构造简单、分离效率高，分离效率为 70%～90%。但不能除尽气体中的细粉，对气体的流量变动敏感。为了避免分离效率降低，气体的流量应适当。

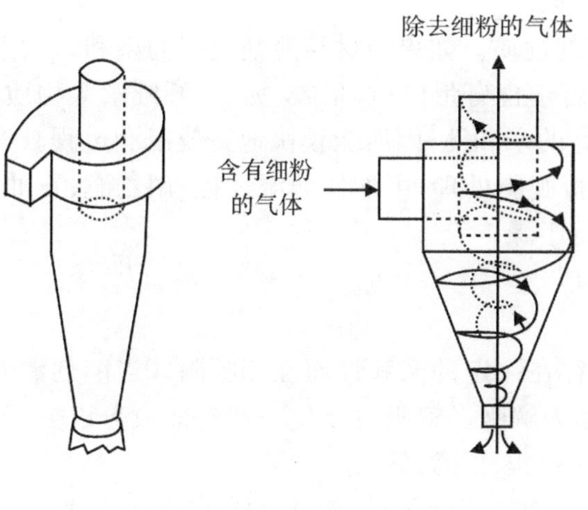

图 4-14　旋风分离器

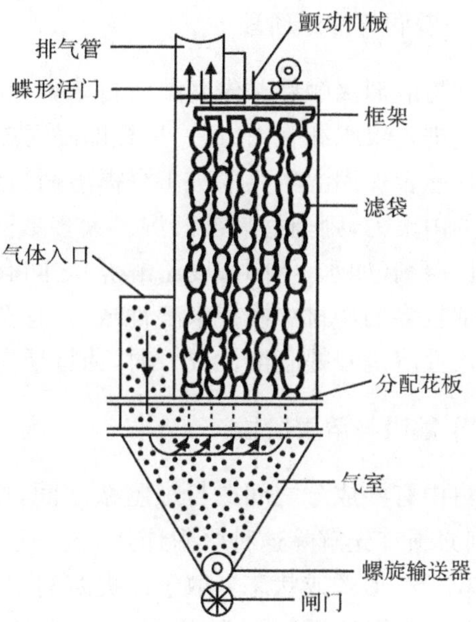

图 4-15　袋滤器

(2) 袋滤器：袋滤器在制药工业中应用较多，它是进一步分离气体与细粉的装置。其构造如图 4-15 所示。

滤袋是用棉织或毛织品制成的圆形袋。滤袋以列管形式平行排列，当含有微粒的气体从滤袋一端进入滤袋后，空气可透过滤袋，而微粒便被截留在袋内，待一定时间后清扫滤袋，收集极细粉。

袋滤器的优点是截留气流中微粒的效率很高，一般可达 94%～97%，甚至高达 99%，并能截留直径小于 1 μm 的细粉。缺点是滤布磨损和被堵塞较快，不适用于高温潮湿的气流。

目前，国内中药厂常见的是将粉碎机和旋风分离器与袋滤器串联组合，成为药物粉碎、分离的整体设备。

第三节　中药浸提

一、中药浸提原理

浸提(extraction)系指采用适当的溶剂和方法浸出提取药材中有效成分或有效部位的操作。为减少服用剂量和便于制剂成型，大多数药材都需要浸提。

知识链接

药材成分

药材成分可分为四类：有效成分或包括有效部位、辅助成分、无效成分和组织物质。有效成分是药材中具有生物活性、发挥主要药效的物质，一般指化学上的单体化合物，有效部位含量应占提取物的 50%以上。辅助成分系指本身无特殊疗效，但能增强或缓和有效成分作用的物质，或指有利于有效成分的浸出或增加制剂稳定性的成分。无效成分系指无生物活性，不起药效的物质。无效成分有时会影响制剂的稳定性、质量、外观等。组织物质系指一些构成药材细胞或其他的不溶性物质。浸提时应尽量浸提出有效部位或有效成分，最低限度地浸出无效甚至有害物质。

笔记栏

药材的浸提过程一般可分为浸润、渗透、解吸、溶解、扩散等几个互相联系的阶段。

(一) 浸润与渗透阶段

药材与溶剂接触后首先润湿药材表面，由于液体静压和毛细管作用，溶剂进入药材内部，并进一步渗透进入组织细胞内，这一过程即浸润渗透阶段。

药材能否被润湿主要取决于浸提溶剂与药材的性质。如果药材与溶剂之间的亲和力大于溶剂分子间的内聚力，则药材易被润湿。大多数药材由于含有蛋白质、果胶、糖类、纤维素等物质，与常用的极性溶剂(如水、不同浓度乙醇等)之间有较好的亲和性，因而能较快地完成浸润过程。如果从含脂肪油较多的药材中浸提水溶性成分，应先进行脱脂处理，可加快润湿过程；用乙醚、石油醚、氯仿等非极性溶剂浸提脂溶性成分时，药材须先进行干燥。

(二) 解吸与溶解阶段

药材中有些成分之间或与细胞壁之间，由于存在一定的亲和性而互相吸附。当溶剂渗入药材时，溶剂必须首先解除这种吸附作用，这一过程称为解吸。解吸可以使一些有效成分以分子、离子或胶体粒子等形式或状态分散于浸提溶剂中，这一过程称为溶解。

解吸与溶解是两个紧密相连的阶段，其快慢主要取决于溶剂对有效成分的亲和力大小。因此，选择适当的溶剂对于加快这一过程十分重要。此外，加热提取或于溶剂中加入酸、碱、甘油及表面活性剂，由于可加速分子的运动，或者可增加某些有效成分的溶解性，有助于有效成分的解吸和溶解。

(三) 扩散阶段

进入药材细胞内的浸提溶剂溶解大量成分后，细胞内液体浓度升高，使细胞内外出现浓度差和渗透压差。因此，细胞外侧纯溶剂或稀溶液向细胞内渗透，细胞内高浓度溶液中的溶质不断地向周围低浓度方向扩散，直至细胞内外浓度相等，扩散达到动态平衡。由此可见，浓度差是扩散的推动力，维持最大的浓度梯度是选择浸提方法和浸提设备的主要依据。物质的扩散速率可借 Fick 扩散定律(4-3)来说明

$$\mathrm{d}s = -DF\frac{\mathrm{d}c}{\mathrm{d}x}\mathrm{d}t \tag{4-3}$$

式(4-3)中，$\mathrm{d}t$ 为扩散时间，$\mathrm{d}s$ 为在 $\mathrm{d}t$ 时间内物质扩散量，F 为扩散面积，代表药材的粒度和表面状态，$\mathrm{d}c/\mathrm{d}x$ 为浓度梯度，D 为扩散系数，负号表示药物扩散方向与浓度梯度方向相反。

扩散系数 D 值可按式(4-4)求得

$$D = \frac{RT}{N} \times \frac{1}{6\pi r\eta} \tag{4-4}$$

式(4-4)中，R 为摩尔气体常数，T 为绝对温度，N 为阿伏伽德罗常数，r 为扩散物质(溶质)分子半径，η 为黏度。

从式(4-3)(4-4)可以看出，扩散速率($\mathrm{d}s/\mathrm{d}t$)与扩散面积(F)，即药材的粒度及表面状态、扩散过程中的浓度梯度($\mathrm{d}c/\mathrm{d}x$)和温度(T)成正比；与扩散物质(溶质)分子半径(r)和液体的黏度(η)成反比。药材的粒度、浸提持续的时间只能依据实际情况适当掌握，D 值随药材而变化。生产中最重要的是保持最大的浓度梯度。如果没有浓度梯度，其他的因素，如 D 值、F 值都将失去作用。实际生产中，常采用新鲜溶剂或稀浸提液置换药材周围的浓浸提液的方法(如多次浸提、渗漉法提取)来打破这种平衡，形成新的浓度梯度，使扩散继续进行，达到充分浸提药材有效成分的目的。

笔记栏

二、影响浸提的因素

影响浸提的因素较多，它们分别作用于上述浸提过程的一个阶段或几个阶段，而且彼此之间常有相互的关联或影响。

(一) 药材粒度

药材粒度主要影响渗透与扩散两个阶段。药材粒度愈细，渗透阶段溶剂愈易于渗入药材内部；在扩散阶段扩散面积大，扩散距离短，利于药材成分的扩散。但在实际生产中，药材粒度不宜太细，原因在于过细的粉末吸附大量的溶剂和有效成分，反而使扩散速度受到影响；粉末过细也会导致大量组织细胞破裂，大量高分子物质(如树脂、黏液质等)浸出，使药材外部溶液黏度增大，扩散系数降低，浸提杂质增加；药材粉碎过细还会导致渗漉时容易造成堵塞，及浸提液滤过困难，产品易浑浊等问题。

(二) 成分性质

一般来说，小分子成分浸出较快，但随着扩散进行，大分子成分溶出逐渐增多。药材的有效成分多属于小分子物质，因此，浸提次数不宜过多，浸提时间应适宜，以利于小分子有效物质浸出完全，并尽量避免高分子杂质浸出。

(三) 浸提温度

升高浸提温度，可使分子的运动加剧，加速植物组织软化，促进膨胀，从而加快溶剂对药材的渗透及对成分的解吸、溶解，同时促进成分的扩散，有利于成分的浸出。温度适当升高还可杀死微生物，使细胞内蛋白质凝固破坏，能够提高制剂的稳定性。但温度过高，某些热敏性成分易分解破坏、无效成分浸出增多，影响浸提效果。

(四) 浸提时间

在一定的条件下，时间越长提取的物质越多，但当扩散达到平衡后，时间则不起作用。而且，长时间提取容易导致杂质增多。有效成分扩散达到平衡时应停止浸提，收集浸提液，更换新的溶剂。

(五) 浓度梯度

浓度梯度系指药材组织内部的浓溶液与外部稀溶液的浓度差，是浸提扩散作用的主要动力。在一定的条件下，浓度差越大，浸提量越多。当浓度差等于零时，则提取过程停止。浸提过程中通过更换新鲜溶剂、不断搅拌或强制循环浸出液，采用动态提取、连续逆流提取等方法均可增大浓度梯度，提高浸出效率。

(六) 溶剂 pH

浸提溶剂的 pH 与浸提效果也密切相关。如酸性溶剂有利于生物碱等碱性成分的浸出，碱性溶剂有利于皂苷等成分的浸提。

(七) 浸提压力

提高浸提压力可加快浸提溶剂对药材浸润与渗透过程，使药材组织内更快地充满溶剂，并形成浓浸液，缩短溶质扩散过程所需的时间。同时，提高浸提压力可使部分细胞壁破裂，利于浸出成分的扩散。但当药材组织内已充满溶剂之后，加大压力不会加快扩散速度。对组织松软，易浸润的药材，加压浸提的影响不显著。

三、浸提溶剂与浸提辅助剂

(一) 浸提溶剂

溶剂的性质不同，对药材成分的溶解性不同，提取得到的药材成分也不一样。理想的溶剂应符合以下条件：能最大限度地浸出药材中的有效成分，最低限度地浸出无效成分和有害物质；性质稳

笔记栏

定，不与有效成分发生化学反应，亦不影响其稳定性和药效；比热小，价廉易得，或可以回收；使用方便，操作安全。浸提溶剂的选择要有充分的依据，实际工作中，水和不同浓度的乙醇是比较常用的浸提溶剂。此外，还常采用混合溶剂，或在浸提溶剂中加入适宜的浸提辅助剂。

1. 水　水为常用的浸提溶剂之一，极性大，溶解范围广。药材中的生物碱盐、苷类、有机酸盐、糖、树胶、鞣质、蛋白质、色素、酶和少量挥发油等均可用水浸提。水的缺点是选择性差，容易浸出大量无效成分，给制剂的制备带来困难，而且还有可能引起一些有效成分的水解，或促使某些化学反应的发生、易于霉变、不易贮存等。

2. 乙醇　乙醇能与水任意比例混溶，作为浸提溶剂的最大优点在于可以通过调节乙醇的浓度，选择性的浸提药材中某些有效成分或有效部位。一般来说，乙醇浓度达90%以上可浸提挥发油、树脂、叶绿素等；70%～90%乙醇可浸提香豆素、内酯等；50%～70%乙醇可浸提生物碱及苷类等；50%左右及以下的乙醇可浸提一些极性较大的黄酮类、生物碱及其盐等。乙醇含量达40%以上时，能延缓许多物质（如脂类、苷类等成分）的水解，从而增加制剂的稳定性。乙醇的沸点78.2℃，具挥发性、易燃性，使用时应注意安全防护。

3. 其他溶剂　主要有丙酮、氯仿、乙醚、石油醚等，一般仅用于某些有效成分的纯化精制。这类溶剂由于安全性差，价格较高，在实际生产中很少应用。在使用这类溶剂时，最终产品应进行溶剂残留量的限度测定。

（二）浸提辅助剂

浸提辅助剂系指为提高浸出效能，增加浸出成分的溶解度，增加制剂的稳定性，以及除去或减少某些杂质，而加入浸提溶剂中的物质。常用的浸提辅助剂有酸、碱及表面活性剂等。

1. 酸　通过加酸可以降低溶媒的pH，促进生物碱类成分的浸出，除去酸不溶性成分，从而提高浸出效率。常用的酸有硫酸、盐酸、酒石酸、醋酸、枸橼酸等。酸的用量不宜过多，一般浓度为0.1%～1%，以能维持一定的pH即可，过量的酸可能会引起不需要的水解或其他不良反应，对设备、管道等可能会有腐蚀作用。

2. 碱　通过加碱，可升高溶媒的pH，促进偏酸性有效成分的溶出、碱性成分的游离、中和药材中有机酸酸性、除去在碱性条件不溶解的杂质，提高浸出效率。常用的碱为氨水，如浸提甘草制剂时，在水中加入少许氨水，能使甘草酸形成可溶性铵盐，保证甘草酸的浸出完全；浸提远志制剂时加微过量的氨水，可防止其酸性皂苷缓缓水解而产生浑浊或沉淀。也可选用碳酸钙、氢氧化钙、碳酸钠等。

3. 表面活性剂　在浸出溶剂中加入适宜的表面活性剂，能降低药材与溶剂间的界面张力，促进药材表面的润湿，利于某些药材成分的浸出。如阳离子型表面活性剂的盐酸盐等，有助于生物碱的浸出。但阴离子型表面活性剂对生物碱多有沉淀作用，故不适宜于生物碱的浸出。非离子型表面活性剂毒性较小或无毒性，对药物的有效成分不起化学作用，故常选用。表面活性剂虽有提高浸提效果的作用，但浸出液中杂质也较多，应注意其对生产工艺、制剂性质和疗效的影响。

4. 甘油　甘油与水及醇均可以任意比例混溶，但与脂肪油不相混溶。甘油为鞣质的良好溶剂，将甘油加入最初少量浸提溶剂（水或乙醇）中使用，可增加鞣质的浸出，但由于黏度过大，多不单独用作浸提溶剂。

四、浸提方法与设备

常用的浸提方法主要有煎煮法、浸渍法、渗漉法、回流法、水蒸气蒸馏法等。超临界流体提取法、超声波提取法等新技术也越来越多地被应用。

笔记栏

（一）煎煮法

煎煮法（decoction）又称煮提法或煎浸法，系指用水作溶剂，通过加热煎煮来浸提药材中有效成分的方法。该法浸提范围广，通过加热，不仅能促进有效成分的浸出，还可杀死微生物和酶。适用于有效成分能溶于水，且对湿、热较稳定的有效成分的浸提。由于煎煮法符合中医用药习惯，因而对于有效成分尚未清楚的药材或方剂进行剂型改革时，通常采取煎煮法提取。但浸出杂质多，为后续工艺操作带来不便，且水煎液易霉变、腐败，应及时处理。

1. 操作方法　将药材饮片或粗粉置于提取容器中，加水浸泡或不浸泡，加热至沸，并保持微沸状态一定时间，滤过，滤液保存。药渣再重复煎煮1～2次，合并煎出液。根据煎煮时是否加压，分为常压煎煮法和加压煎煮法。

2. 常用设备　常用的提取设备有敞口倾斜式夹层锅、圆柱形不锈钢罐、球形煎煮罐、多功能提取罐等，其中多功能提取罐是目前中药生产中应用最广的提取设备，见图4-16。

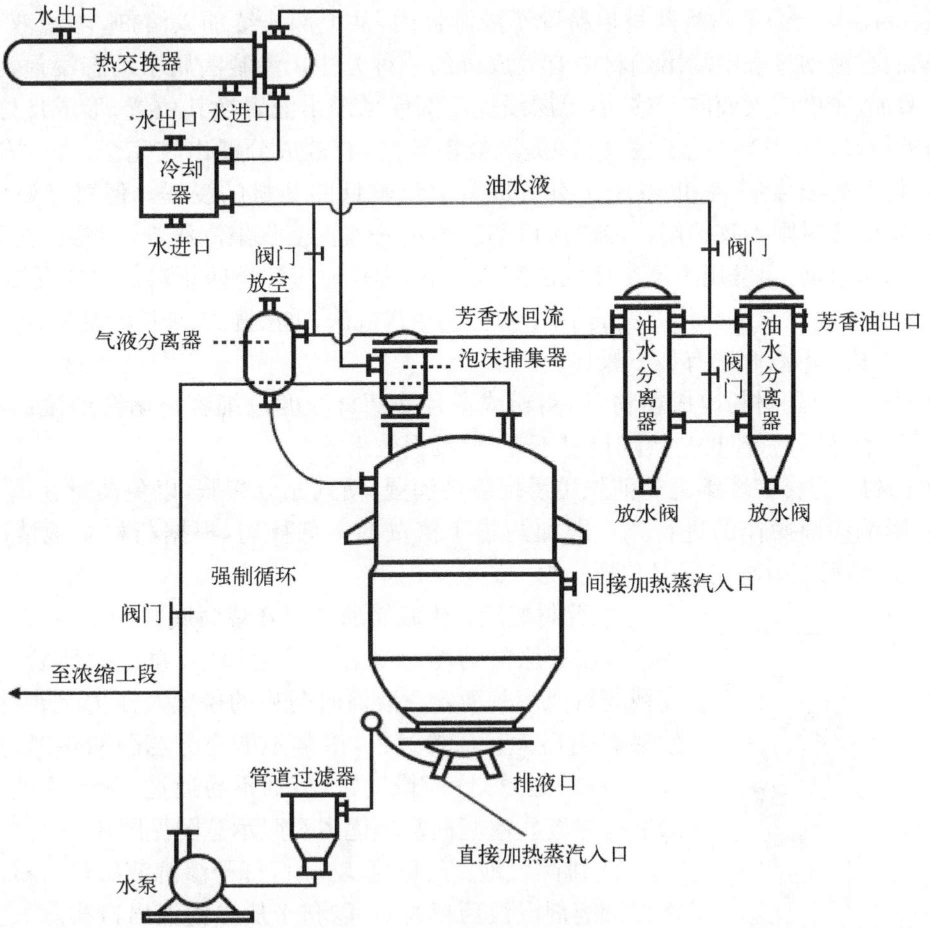

图4-16　多功能提取罐

多功能提取罐可进行常压、加压高温和减压低温提取；可用于水提、醇提、提取挥发油、回收药渣中溶剂等；操作方便，安全可靠。

(二) 浸渍法

浸渍法(maceration)系指在一定的温度下，用适当的溶剂将药材浸泡一定的时间，以浸出药材有效成分的一种方法。通常用不同浓度的乙醇或白酒做溶剂，密闭浸渍。浸渍法简单易行，适宜于黏性药物、无组织结构的药材、新鲜及易于膨胀的药材的提取，不适于贵重药材、毒性药材。浸渍法由于溶剂呈静止状态，溶剂的利用率低，有效成分浸出不完全，不能直接制得高浓度制剂。

1. 浸渍法的类型　按浸提的温度和浸渍次数可分为冷浸渍法、热浸渍法、重浸渍法。

(1) 冷浸渍法：将药材饮片或粗颗粒置于有盖容器内，加入溶剂，密闭，在室温下浸渍规定时

笔记栏

间，经常振摇或搅拌，滤过，药渣压榨，将压榨液与滤液合并，滤过，即得。

(2) 热浸渍法：将药材饮片或粗颗粒置于特制的加热容器内，加浸提溶剂，水浴或蒸汽加热至40～60℃，或煮沸后自然冷却进行浸渍，其余操作同冷浸渍法。

(3) 重浸渍法：将全部浸提溶剂分成几份，先用一份溶剂浸渍后，药渣再用第二份溶剂浸渍，如此重复2～3次，最后将各份浸渍液合并处理。

2. 常用设备　常用的生产设备包括浸渍器和压榨器两部分。浸渍器常用圆柱形不锈钢罐、搪瓷罐等。浸渍器下部设有出液口，为防止药材残渣堵塞出口，应装多孔假底，铺垫滤网及滤布，供放置药材和滤过用。

(三) 渗漉法

渗漉法(percolation)系指将药材粗粉置于渗漉器内，从上部连续加入溶剂，渗滤液不断地从其下部流出，从而在流动过程中浸出药材中有效成分的一种方法。渗漉法属于动态浸提，当溶剂渗入药材后浓度增加，密度增大而向下移动，上层浸提溶剂或稀浸出液置换其位置，形成良好的浓度差，利于扩散的进行，故浸提效果优于浸渍法，提取效率较高，有效成分浸出较完全。该法适用于贵重药材、毒性药材及高浓度制剂；也可用于有效成分含量较低的药材的浸提。但对新鲜的或易膨胀的、无组织结构的药材则不宜选用。渗漉法可不经滤过处理直接收集渗漉液，但渗漉过程所需时间较长，不宜用水做溶剂，通常用不同浓度的乙醇或白酒，操作时应注意防止溶剂的挥发损失。

1. 渗漉法的类型　根据操作方法的不同，可分为单渗漉法、重渗漉法、加压渗漉法、逆流渗漉法。

(1) 单渗漉法：单渗漉法有如下操作。

1) 粉碎药材：将药材粉碎成粗粉、最粗粉或薄片。药材粒度过细容易堵塞渗漉筒，吸附性强；药材粒度过粗，不易压紧，药材与溶剂接触不充分，浸提效果差。

2) 润湿药材：药材在装渗漉筒前先用浸提溶剂润湿，使其充分膨胀，以免药材在筒内膨胀造成渗漉筒堵塞，影响渗漉操作的进行。一般加药粉1倍量的溶剂拌匀，根据药材质地情况密闭放置15 min～6 h，以药粉充分均匀润湿和膨胀为度。

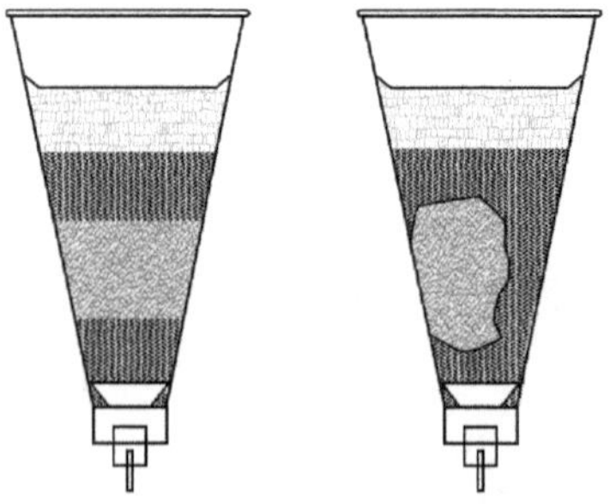

图4-17　渗漉筒装填优劣对照示意图

3) 药材装筒：渗漉筒的底部安装假底并铺垫适宜的滤材，然后将已润湿膨胀的药粉分次装入渗漉筒中，每次投药后压平，松紧程度视药材及溶剂而定。装筒时药粉的松紧及压力是否均匀，对浸提效果影响很大。药粉过松，溶剂不能充分与药粉接触，溶剂消耗量大，影响浸提效果；药粉过紧，溶剂不易通过，渗漉速度减慢甚至无法进行渗漉。渗漉筒装填优劣对照示意图见图4-17。

4) 排除气泡：药粉填装完后，打开渗漉液出口，添加溶剂，并始终保持溶剂浸没药粉表面，以利于从渗漉液出口排除气泡。切不可于出口处活塞关闭的情况下加入溶剂，否则筒内药粉间的空气会向上冲浮，使药粉原有的松紧度改变，影响渗漉效果。

5) 浸渍药材：排除筒内剩余空气后待渗漉液自出口处流出时，关闭活塞，流出的漉液再倒入筒内，并继续添加溶剂至浸没药粉表面数厘米，加盖放置24～48 h，使溶剂充分渗透扩散。

6) 收集渗漉液：渗漉时，渗漉速度视具体品种而定，一般慢渗为每1 kg药材每分钟流出渗漉液1～3 mL，快渗每分钟流出渗漉液3～5 mL。

(2) 重渗漉法：系将渗漉液重复用作新药粉的溶剂，进行多次渗漉以提高浸出液浓度的方法。由于多次渗漉，一份溶剂能多次利用，提高浸出效率，溶剂用量少；经过多次渗漉可以提高渗漉液浓度，避免因加热浓缩导致有效成分受热分解或挥发损失；但所占容器较多，操作繁琐。

笔记栏

(3) 加压渗漉法：系对粉柱施加压力，进行多级渗漉，使溶剂及浸出液较快通过粉柱，提高浸出效率。此法提取的药液浓度大，溶剂消耗少，有利于浓缩及回收溶剂等。

(4) 逆流渗漉法：系指在特定的浸出容器中，溶剂与药材沿相反方向运动连续地进行接触提取的方法。此法由于浸出溶剂对药材粉末浸润渗透比较彻底，浸出效果好。

2. 常用设备　渗漉法生产中常用的设备一般为圆柱形(a)或圆锥形(b)。见图 4－18。

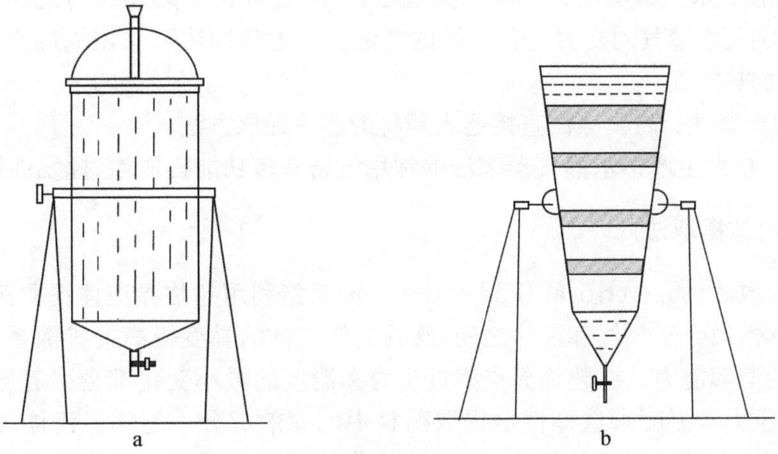

图 4－18　渗漉法生产中常用设备

筒的长度为直径的 2～4 倍。容易膨胀的药粉多采用圆锥形，一般则采用圆柱形。逆流渗漉法生产中使用双效逆流渗漉装置和螺旋式连续逆流提取器。

(四) 回流法

回流法(circumfluence)系指用乙醇等易挥发的有机溶剂浸提药材中有效成分，挥发性溶剂馏出后又被冷凝，重复流回提取器中浸提药物，直至药材中有效成分回流浸提完全的方法。

1. 回流法的类型　回流法可分为回流热浸法和回流冷浸法。

(1) 回流热浸法：将药材置于提取容器内，加规定量及规定浓度的溶剂，加热回流规定时间，将回流液滤出后，药渣再添加新溶剂回流 2～3 次，合并各次药液，即得浸提液。

(2) 回流冷浸法：又称索氏提取法，将药材研碎放入滤纸套内后置于提取器中，提取器下端连接盛有溶剂的圆底烧瓶，上端连有冷凝装置。圆底烧瓶内溶剂沸腾后蒸汽冷凝进入提取器内对药材进行浸提，提取液虹吸回圆底烧瓶，如此反复，使药材中的成分不断被纯溶剂浸提。

回流热浸法溶剂不能不断更新，不能循环使用，为提高浸提效率，通常需要更换新溶剂 2～3 次，溶剂用量大。回流冷浸法溶剂既可循环使用，又能不断更新，故溶剂用量较回流热浸法少，浸提较完全。但应注意，回流法由于连续加热，浸提液受热时间较长，故只适用于药材中热稳定成分的浸出。

2. 常用设备　小量药材粉末可用索氏提取器提取，大量生产时使用循环回流冷浸装置，其原理同索氏提取器。

(五) 水蒸气蒸馏法

水蒸气蒸馏法(vapor distillation)系指将含有挥发性成分的药材与水或水蒸气共同蒸馏，挥发性成分随水蒸气一并馏出，经冷凝分取挥发性成分的一种浸提方法。水蒸气蒸馏法的基本原理是道尔顿定律，即相互不溶也不起化学作用的液体混合物的蒸汽总压，等于该温度下各组分饱和蒸汽压(即分压)之和。因此，尽管各组分本身的沸点高于混合物的沸点，但当分压总和等于大气压时，液体混合物即开始沸腾并被蒸馏出来。水蒸气蒸馏法适用于能随水蒸气蒸馏而不被破坏，与水不发生反应，不溶于水或难溶于水的化学成分的提取，如挥发油、麻黄碱、丹皮酚等。

1. 水蒸气蒸馏法的类型　水蒸气蒸馏法分为共水蒸馏法(即直接加热法)、水上蒸馏法及通水蒸气蒸馏法三种。为提高馏出液的纯度或浓度，一般需进行重蒸馏，收集重蒸馏液。但蒸馏次数不宜过多，以免挥发油中某些成分氧化或分解。

笔记栏

（1）共水蒸馏法：将药材加水在提取液中共同加热蒸馏提取的方法。用此方法提取时还可以得到药材的煎煮液，习称“双提法”。

（2）水上蒸馏法：水上蒸馏法又称隔水蒸馏法，是把药材置于蒸馏锅内的筛板上，筛板下盛放一定量水，加热后利用水蒸气对药材进行蒸馏的方法。水上蒸馏法可采用锅底直火加热、间接通入蒸汽加热、电夹套加热方式。

（3）通水蒸气蒸馏法：高压蒸汽直接通入药材的蒸馏提取方法。

2. 常用设备　在大生产中水蒸气蒸馏法的常用设备有多功能提取罐、挥发油提取罐等。

（六）超临界流体提取法

超临界流体提取法（supercritical fluid extraction）系指利用超临界流体提取药材有效成分的方法。超临界流体其性质介于气体和液体之间，既具类似气体的黏度极高的扩散系数，又具有接近液体的密度和良好的溶解能力。在超临界点附近压力和温度的微小变化都会引起流体密度的很大变化，可以通过调节压力和温度来选择性地提取药材中的有效成分。超临界流体提取法适用于亲脂性、分子量小的物质，尤其适用于易氧化、热敏性成分的提取。可用于超临界流体提取法的气体有二氧化碳、氧化二氮、乙烯、三氟甲烷等，二氧化碳因临界条件好（临界温度 31.1℃，临界压力 7.38 MPa）、无毒、不污染环境、可循环使用等优点，是最常用的气体。

用超临界流体提取法提取药材成分时，先将气体输入至压缩室中，升压、定温，制备超临界流体；将制备好的超临界流体通入提取器中提取药材中的有效成分；将携带有效成分的超临界流体减压进入分离器内，有效成分与气体分离。气体可经压缩后进入下一次循环使用。

（七）超声波提取法

超声波提取法（ultrasonic assisted extraction）系利用超声波产生高速、强烈的空化效应和搅拌作用，破坏植物药材的细胞，使溶剂渗透到药材细胞中提取药材有效成分的办法。超声波提取法与煎煮法、浸渍法、渗透法等传统的提取方法比较，具有缩短提取时间、提高提取率等优点。

（八）微波提取法

微波提取法即微波辅助萃取（microwave-assisted extraction），系利用微波强烈的热效应提取中药成分的一种方法。相对于传统的提取方法，微波辅助萃取技术具有时间短、溶剂用量少、提取效率高、成本低等优点。

第四节　分离与精制

一、分离

将中药浸提液中非均相体系用适当方法分开的操作称为分离（separation）。中药浸提液往往是一种固体（药渣、沉淀物及其他固体物质）和液体（含可溶性成分的浸出液）的混合物，须加以分离除去固体物，以提高中药制剂的疗效，减少服用剂量，增加稳定性及便于制剂的制备。常用的分离方法有沉降分离法、离心分离法、滤过分离法。

（一）沉降分离法

笔记栏

沉降分离法系指利用固体物与液体介质的密度差异，固体物靠自身重量自然下沉，使固体与液体分离的一种方法。此种方法简单易行，无须特殊设备，适用于固体物含量高，易下沉，不易霉败变质的提取液的粗分离。但操作过程费时，沉降速度慢，固液分离不够完全，因而对于分离固体物含量少，粒子细而轻的提取液不宜使用。

(二) 离心分离法

离心分离法系指通过离心，使混合液中不同密度的物质产生大小不同的离心力而达到分离目的的方法。离心分离的力为离心力，沉降分离的力为重力。一台转速为 1 450 r/min、直径为 0.8 m 的离心机，其离心力为重力的 940 倍。因此，离心分离效率高，既可以用于混合液中固体与液体的分离，也可用于两种不相混溶的不同密度液体的分离。制药过程中对于沉降分离法和一般滤过分离法难以分离的提取液，含不溶性粒径很小微粒或黏度很大的滤浆也可考虑选用离心分离法进行分离。

离心机按其分离因素(a)的大小可分为：① 常速离心机：$a<3\ 000$(一般为 600～1 200)，适用于易分离的混悬滤浆的分离及物料的脱水。② 高速离心机：$a=3\ 000\sim50\ 000$，主要用于细粒子、黏度大的滤浆及乳状液的分离。③ 超高速离心机：$a>50\ 000$，主要用于微生物及抗生素发酵液、动物生化制品等的固-液两相的分离。超高速离心机一般带有真空冷冻装置，可使离心操作在低温下进行。

离心机按其离心操作的性质可分为：① 滤过式离心机：离心机转鼓的侧壁上有孔，内表面装有滤布，悬浮液受离心力的作用被甩向鼓壁，固形物被阻留在滤布表面，而液体通过滤布和鼓壁上的孔眼被排出。如三足式离心机，该机结构简单，适应性强，适用于悬浮液中固体和液体的分离。② 沉降式离心机：转鼓的侧壁上无孔，靠近鼓壁处沉降为固形物层，而液体在内侧，并向上溢升过鼓边被排出。如螺旋卸料沉降离心机，此机大部分为卧式螺旋卸料沉降离心机，适用于一些颗粒较大，含固量较大且固体密度差大于 0.05 g/cm^3 悬浮液的分离。由于能连续生产，分离效率高，是一种应用广泛的分离机械。③ 分离式离心机：是在无孔转鼓上高速离心，用来分离含极少量固相的液体或不相混溶的液体。如管式高速离心机，能分离一般离心机难以分离的物料，特别适用于分离乳状液、细粒子的悬浮液，但生产能力小。此外，还有蝶片式离心机，可用于中药口服液、酒剂的澄清。

此外，按加料、分离、洗涤、卸渣的操作方式不同，可分为间歇式和连续式离心机；按离心机转鼓轴线的位置可分为立式和卧式离心机。

实际操作时，应根据料液的性质和不同分离的要求，选择相应的离心机。

(三) 滤过分离法

滤过分离法是利用多孔介质将固-液混悬液中的固体粒子截留，液体经介质孔道流出，而实现固-液分离的方法。通常将多孔介质称滤过介质或滤材，截留于滤过介质上的固体称为滤饼。

1. 滤过机制　根据固体粒子在滤材中被截留的方式不同，滤过机制主要有两种。一种是表面滤过(过筛作用)，固体粒子的粒径大于滤过介质的孔径，粒子全部被截留在滤过介质表面，滤过介质起了一种筛网作用，常用的滤过介质有微孔滤膜等。另一种是深层滤过，分离过程发生在介质的“内部”，粒径小于滤过介质孔径的固体粒子在滤过过程中进入到介质的一定深度，并被截留在介质的深层而实现分离。当固体粒子通过滤过介质内部的弯曲不规则孔道时可能是由于惯性、重力、扩散等作用而沉积在空隙内部搭接形成所谓“架桥”或滤饼层，也可能由于静电力或范德华力而被吸附于孔隙内部，如砂滤棒、垂熔玻璃漏斗等。由于深层滤器孔径不可能完全一致，较大的滤孔也可能让部分细小粒子通过。因此，初滤液常要倒回料液中再滤，这种操作叫“回滤”。

2. 影响滤过速度的因素　影响滤过速度的各种因素的相互关系可用 Poiseuille 表示

$$V=\frac{P\pi r^4 t}{8\eta l} \tag{4-5}$$

笔记栏

式(4-5)中，P 为滤饼层两侧压力差，t 为滤过时间，r 为滤饼层毛细管的半径，l 为毛细管的长度，η 为料液的黏度，V 为滤液的体积。

由式(4-5)并结合滤过时的实际情况，可以看出影响滤过速度的主要因素有：① 滤渣层两侧压力差。两侧的压力差越大，则滤速越快，因此常用加压或减压滤过法。但对絮状的、软的、可压缩的滤饼，增加压力差滤速反而减慢。② 滤器面积。在滤过的初期，滤过速度与滤器的面积成正比。③ 滤材或滤饼毛细管半径。滤材和滤饼毛细管半径越大，滤速越快。毛细管半径对坚固非压缩性滤渣层有一定值，而对软的易变形的滤渣层，若孔隙变小，数目减少，则阻力增大，流速变慢，常在滤液中加助滤剂，以减少滤饼的阻力。④ 滤材或滤饼毛细管长度。滤速与毛细管长度成反比，故沉积的滤渣层愈厚，则滤速愈慢。常采用预滤、减少滤渣层厚度、动态滤过等加以克服。⑤ 料液黏度。滤速与料液黏度成反比，黏稠性愈大，滤速愈慢。因此，常采用趁热滤过或保温滤过。同时，应先滤清液，后滤稠液。对黏性物料或胶体物料常在料液中加助滤剂，以降低黏度。常用的助滤剂有滤纸浆、活性炭、滑石粉、硅藻土等。

加入助滤剂的方法有两种：① 先在滤材上铺一层助滤剂，然后加料液滤过。② 将助滤剂混入待滤液中，搅拌均匀，使部分胶体物被破坏，滤过过程中形成一层较疏松的滤饼，使滤液易于通过并滤清。但选用助滤剂需考虑助滤剂对滤液中成分的影响，如活性炭对黄酮、生物碱及挥发油等成分有吸附性，应用时要注意控制用量；滑石粉对胶质有较好的分散作用，但也能吸附挥发油等成分。

3. 滤过方法　常见的滤过方法有常压滤过、减压滤过和加压滤过。

(1) 常压滤过：常用玻璃漏斗、搪瓷漏斗、金属夹层保温漏斗等滤器。此类滤器常用滤纸或脱脂棉作滤过介质，一般适于小量药液的滤过。

(2) 减压滤过：系指在抽真空情况下进行的滤过操作，常用布氏漏斗(铺垫滤纸或纸浆滤板)、砂滤棒(外包滤纸或丝绸布)、垂熔玻璃滤器(包括漏斗、滤球、滤棒)等滤器。

(3) 加压滤过：系指在加压下进行的滤过操作，常用板框压滤机等滤器，适用于黏度较低、含渣较少的液体加压密闭滤过，醇沉液、合剂配液多用板框加压滤过。

二、精制

精制(purification)是采用适当方法和技术除去中药提取液中杂质的操作。中药提取液一般体积较大，有效成分含量较低，经分离后，还需采用适宜的方法进行精制，以达到进一步去除杂质的目的，以适应或满足不同剂型制剂的需要。目前，常用的精制方法有：水提醇沉法、醇提水沉法、大孔树脂吸附法、絮凝澄清法、盐析法、酸碱法、透析法、萃取法、聚酰胺吸附法、离子交换法等。

(一) 水提醇沉法

水提醇沉法系指先用水提取中药有效成分，再用乙醇沉淀除去提取液中杂质的方法。简称“水醇法”。

1. 工艺原理　根据药材成分在水和乙醇中的溶解性差异，如生物碱盐类、苷类、氨基酸、有机酸等能在水和一定浓度的乙醇中溶解，而油脂、脂溶性成分、树脂等不溶于水，蛋白质、糊化淀粉、黏液质、树胶、多糖等不溶于乙醇。通过水和不同浓度的乙醇交替处理，可保留生物碱盐类、苷类、氨基酸、有机酸等有效成分；去除蛋白质、糊化淀粉、黏液质、油脂、脂溶性色素、树脂、树胶、部分糖类等杂质。一般料液中含乙醇量达到50%～60%时，可去除淀粉等杂质；当含醇量达75%以上，除鞣质、水溶性色素等少数无效成分外，其余大部分杂质均可沉淀而被除去。

2. 工艺流程　见图4-19。

笔记栏

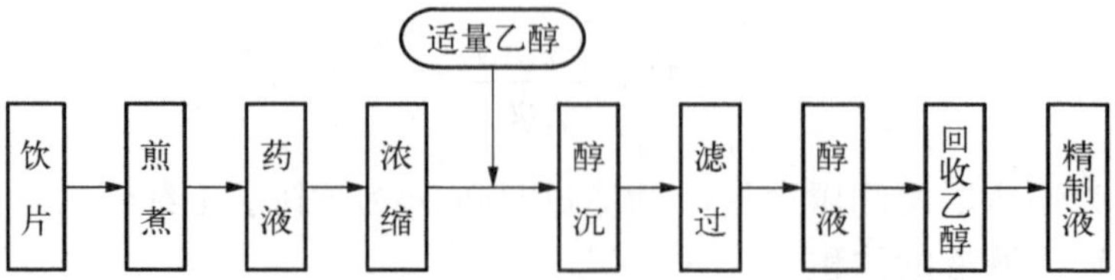

图4-19　水提醇沉法工艺流程

3. *操作要点*　将饮片先用水提取，再将提取液浓缩至约每毫升相当于原药材 1～2 g，加入适量乙醇，静置冷藏，滤除沉淀，回收乙醇，最后得澄清液。

(1) 药液的浓缩：水提液应经适当浓缩后再加乙醇处理，若药液过稀，将需用大量的乙醇造成浪费；若过浓，醇沉时会迅速出现大量沉淀，易包裹有效成分造成损失。浓缩时最好采用减压低温，特别是水醇反复数次沉淀处理后的药液，不宜用直火加热浓缩。浓缩前后可视情节调节 pH，以保留更多的有效成分，尽可能去除无效物质。如黄酮苷类在弱碱性水溶液中溶解度增大，生物碱在酸性溶液中溶解度增大，而蛋白质在 pH 接近等电点时易沉淀除去。

(2) 加醇方式：分次醇沉或以梯度递增方式逐步提高乙醇浓度的方法进行醇沉，有利于除去杂质，减少杂质对有效成分的包裹。加醇时应慢加快搅，使含醇量逐步提高。分次醇沉，每次回收乙醇后再加乙醇调至规定含醇量，可减少乙醇的用量，但操作较麻烦；梯度递增法醇沉，操作较方便但乙醇用量大。

(3) 醇量的计算：药液含醇量不宜以乙醇计直接在含醇的药液中测量，只能将计算量的乙醇加入到药液中。实际生产中常用回收乙醇来沉淀，对浓缩药液和浓乙醇体积，用量取法很不方便，均用称重法。若已计算出最佳醇沉体积百分浓度为 $C_{mL/mL}$，可由式(4-6)估算出最佳醇沉重量百分浓度 $C_{g/g}$。

$$C_{g/g}\% = \frac{0.795\,8 \times C_{mL/mL}}{d + (0.798\,5 - d) \times C_{mL/mL}} \times 100\% \tag{4-6}$$

式(4-6)中，d 为醇沉温度下浓缩药液的密度。

乙醇计的标准温度为 20℃，测乙醇本身浓度时，如果温度不是 20℃，应作温度校正。根据实验证明，温度每相差 1℃，所引起的百分浓度误差为 0.4。因此，这个校正值就是温度差与 0.4 的乘积，即

$$C_{实} = C_{测} + (20 - t) \times 0.4 \tag{4-7}$$

式(4-7)中，$C_{实}$为乙醇的实际浓度(%)；$C_{测}$为乙醇计测得的浓度(%)；t 为测定时乙醇本身的温度。

(4) 冷藏与处理：待含醇药液降至室温后，加入乙醇，于 5～10℃下静置 12～24 h，促进析出沉淀的沉降。静置冷藏后，先虹吸上清液，下层稠液再进行抽滤。

(5) 沉淀洗涤：水提醇沉法处理，常由于有效成分因沉淀包裹而损失，所以通过采用新调配乙醇(同醇沉浓度)洗涤沉淀，可减少有效成分的损失。

4. *存在问题*　水提醇沉法应用较为广泛，但也存在一定问题。例如，生产周期长，成本高；乙醇沉淀去除杂质的同时也造成有效成分的损失，如生物碱、黄酮、有机酸、微量元素等；醇沉处理的液体制剂在保存期间易产生沉淀或黏壁现象；醇沉回收乙醇后药液黏性较大，较难浓缩，且浸膏黏性也大，制粒困难；制剂疗效不如未经醇沉处理得制剂好。

(二) 醇提水沉法

醇提水沉法是先以适宜浓度的乙醇提取药材成分，再用水除去提取液中杂质的方法，简称"醇水法"。其基本原理及操作大致与水提醇沉法相同。适于蛋白质、黏液质、多糖等杂质较多的药材提取和精制，水溶性杂质不易被醇提出；但树脂、油脂、脂溶性色素等杂质可被乙醇提取，故将醇提取液回收乙醇后，再加水搅拌，静置冷藏一定时间，待这些杂质完全沉淀后滤去。操作过程中应注意，若用中、低浓度乙醇提取时，一般不需水沉；高浓度乙醇提取时，如果醇溶性有效成分在水中难溶或不溶，则不可采用水沉法处理，如厚朴中的厚朴酚、五味子中的五味子甲素，易溶于乙醇而难溶于水，若采用醇提水沉法，则有效成分损失较大。

笔记栏

(三) 大孔树脂吸附法

大孔树脂吸附法是以大孔树脂为吸附剂，利用其多孔结构和选择性吸附功能将中药提取液中

的有效成分或有效部位吸附，再经洗脱回收，以除去杂质的一种纯化方法。目前，大孔吸附树脂技术应用在提高分离效果，优化生产工艺，提高制剂质量等方面，显示出极大的优越性。与其他先进技术相配合可改变传统中药制剂外观差和服用量大的缺点，为研制剂量小、药效强、稳定性好的新剂型提供了有利条件。

大孔树脂理化性质稳定，不溶于酸、碱及有机溶剂，不受无机盐类及强离子低分子化合物的影响，但可吸收水和有机溶剂而膨胀；机械强度高，抗污染能力强，热稳定性好；表面积较大，吸附性能好，交换速度快；在水溶液和非水溶液中都能使用。其基本原理是因大孔树脂具有吸附性与筛选性，吸附性主要是由表面吸附、表面电性、范德华力或氢键等产生的；筛选性是由其多孔性结构所决定的。

大孔吸附树脂按其极性的大小和所选用的单体分子的不同结构，可分为非极性、中等极性、极性、强极性四种。根据类似物易吸附类似物的原则，非极性吸附树脂易从极性溶剂中吸附非极性溶质；中等极性吸附树脂可从极性溶剂中吸附非极性溶质，也可从非极性溶剂中吸附极性溶质；极性吸附树脂适用于非极性溶剂中吸附极性溶质。

大孔吸附树脂纯化处理具有如下特点：① 可提高提取物中有效成分含量，一般水煎法出膏率约为 30%，水提醇沉法出膏率约为 15%，而大孔树脂法出膏率为 2%～5%，可克服传统中药“粗、大、黑”的缺点；② 可减少固体制剂的吸湿性；③ 无须静置沉淀、浓缩、缩短生产周期，节约生产成本；④ 可去除重金属离子。

大孔树脂能分离、富集不同母核结构的药物，其操作要点是：经预处理的中药提取液通过大孔吸附树脂柱，成分被吸附后，先以水或低浓度乙醇洗脱盐和小分子糖等杂质，再以适宜浓度乙醇洗脱有效成分；大孔吸附树脂具有较大的比表面积及多孔性，不同品种规格的大孔吸附树脂因具有不同的极性可选择性地吸附不同成分，应结合处方药物所含成分特性选用大孔吸附树脂类型、型号、粒度，并确定柱高与直径比、药液上样量、洗脱剂浓度、用量等工艺参数。

（四）絮凝澄清法

絮凝澄清法是指在中药提取液中加入一种絮凝沉淀剂，以吸附架桥和电中和方式与蛋白质、果胶等发生分子间作用，使之沉降，除去溶液中的粗粒子，以达到精制目的的方法。该法具有如下特点：① 能较好地保留药液中的有效成分（包括多糖等高分子有效成分），专属性地除去各种杂质；② 澄清剂无毒，用量小，能耗低；③ 成品稳定性好，液体制剂长期贮藏，不易产生沉淀；④ 工艺简单，操作方便，不需任何专用设备，成本低，生产效益高。目前，常用的絮凝剂有壳聚糖、明胶、101 果汁澄清剂、ZTC 澄清剂等。

（五）透析法

透析法是利用小分子物质在溶液中可通过半透膜而大分子物质不能通过的性质达到分离的一种方法。中药提取液中的多糖、蛋白质、鞣质、树脂等高分子物质，其分子大小与胶体颗粒相仿，不能通过半透膜，而低分子物，或能在水、乙醇中解离成离子的物质，能通过半透膜，这样可用透析法将它们分开。透析法在中药成分分离中主要有两方面的应用：① 分离和纯化皂苷、蛋白质、多肽、多糖等大分子物质，通过透析法除去无机盐、单糖、双糖等杂质；② 分离小分子物质时，通过透析法将不需要的大分子物质截留在透析袋中。

透析膜是一种具有许多细孔的天然或人造薄膜，膜孔有大有小，需根据中药提取液所含成分的具体情况进行选择。常用的透析膜有动物膀胱膜、火棉胶膜、羊皮纸膜、再生纤维膜、玻璃纸膜和蛋白胶膜等。

笔记栏

透析操作应预先对中药提取液进行预处理，透析过程中应经常更换透析袋外蒸馏水并搅拌，并保持透析膜外一定的液面。应用透析法去除中药提取液中鞣质时，可在料液中加入适量明胶溶液，使其与鞣质结合成更大的鞣酸蛋白分子，不易透过透析膜。但是当料液中同时含有黄酮、蒽醌类成分时不宜加入明胶，因为明胶分子中的肽键也会通过氢键吸附一些黄酮、蒽醌类成分，不易通过透析膜。

（六）盐析法

盐析法是在含蛋白质等高分子物质的溶液中加入大量的无机盐，使其溶解度降低沉淀析出，而与其他成分分离的一种方法。适用于蛋白质的分离纯化，又不致使其变性。此外，提取挥发油时，也常用于提高药材蒸馏液中挥发油的含量及蒸馏液中微量挥发油的分离。

盐析法对设备和条件要求不高，安全，应用范围广。少量盐离子的加入，增加了水溶液的极性，减弱了蛋白质分子间的作用力，从而促使其溶解（盐溶作用）；高浓度的盐能降低蛋白质的溶解度，并使之沉淀，其主要原因是使蛋白质分子表面的电荷被中和及蛋白质胶体的水化层脱水，使之易于凝聚沉淀。

盐析常用中性盐，有硫酸铵、硫酸钠、氯化钠等。硫酸铵最常用，其盐析能力较大，饱和溶液的浓度大，且溶解度受温度影响很小，不会引起蛋白质明显变性。但缓冲能力差，使用前需用氨水调 pH。

影响盐析作用的因素较多，除盐的浓度外，还与离子强度、氢离子浓度、蛋白质浓度、蛋白质性质、温度等因素有关。

（七）酸碱法

酸碱法是利用中药成分在水中的溶解性与酸碱度有关的性质，在溶液中加入适量酸或碱，调节 pH 至一定范围，使这些成分溶解或析出，以达到提取分离的方法。一般酸性或中性成分，如黄酮苷、多元酸、芳香酸、香豆精及树脂等，在碱性水溶液中较易溶解，在酸性水溶液中可沉淀析出；而某些碱性成分，如多数生物碱，有机胺等在酸性水溶液中较易溶解，可用酸水提取，加碱则产生沉淀析出。本法适于多数生物碱、有机酸、苷类、蒽醌等化合物的分离；也可用调节浸出液的酸碱度来达到去除杂质的目的，如在浓缩液中加新配制的石灰乳至呈碱性，可使大量的鞣质、蛋白质、黏液质等成分沉淀析出。

（八）其他方法

1. *分子筛法*　也称凝胶滤过法，是利用凝胶粒子为固定相，根据料液中溶质分子量的差别进行分离的液相色谱法。常用凝胶色谱填充剂主要有葡萄糖凝胶、琼脂糖凝胶、聚丙酰胺凝胶等，都是一种经交联而具有立体网状结构的多聚体，大多数具有极性基团，能吸收大量水分或其他极性溶剂。凝胶吸收溶剂后溶胀而在内部留下了孔隙，根据聚合时的交联度，使它具有一个排阻分子量的范围，一般分子量小的物质能自由渗透到凝胶颗粒内部的孔隙而被保留，分子量大的物质不能渗透到颗粒内，被排阻在凝胶颗粒外，直接随洗脱剂流动而不被保留，从而使分子量大小不同的物质筛分开来。该法主要用于水溶性物质的分离，如多糖、多肽、蛋白质、酶、氨基酸等，也可用于甾体、黄酮、生物碱等化合物的分离。

2. *聚酰胺吸附法*　是以聚酰胺作为填料，利用其对不同组分吸附性能的差异来达到分离的柱色谱方法。聚酰胺是通过酰胺基聚合而成的一类高分子化合物，分子结构中的酰胺基可与酚类、酸类、醌类和硝基化合物等形成氢键结合而被吸附，从而与不能形成氢键的化合物分离。一般来说，能与聚酰胺形成氢键的基团越多，越易被聚酰胺所吸附。聚酰胺的吸附作用，不仅发生在分子的表面，而且也发生在分子的内部，因此，与其他层析法相比，其吸附容量较大。该法主要适用于分离酸性及羧酸类有效成分，如黄酮类、有机酸类、蒽醌类等。

第五节　浓　　缩

笔记栏

浓缩（condensing）系指在沸腾状态下，经传热过程，利用汽化作用将挥发性大小不同的物质进行分离，从液体中除去溶剂得到浓缩液的工艺操作，是中药制剂原料成型前处理的重要单元操作。在实际生产中，除常用水为溶剂提取中药成分外，还经常使用乙醇或其他有机溶剂，因此，浓缩时必须回收溶剂蒸汽，以免浪费溶剂和污染环境，甚至造成危险，因此浓缩设备与蒸馏设备常常是通用的。

浓缩与蒸馏目的不同，浓缩只能把不挥发性或难挥发性物质与在该温度下具有挥发性的溶剂（如水或乙醇）分离至某种程度，得到具有一定密度的浓缩液，并不以收集挥散的蒸汽为目的；而蒸馏是把挥发性不同的物质尽可能彻底分离，并以蒸汽凝结成液体为目的，即要收集挥散的蒸汽。

蒸发是浓缩药液的重要手段，此外，还可以采用膜蒸馏法、反渗透法、超滤法等使药液浓缩。

一、影响浓缩效率的因素

大生产中，蒸发浓缩是在沸腾状态下进行的，因此用自然状态下的蒸发公式解释影响浓缩效率的因素完全不合适，沸腾蒸发的效率常以蒸发器的生产强度来表示，即单位时间、单位传热面积上所蒸发的溶剂或水量。可用式（4－8）表示

$$U=\frac{W}{A}=\frac{K\cdot\Delta t_m}{r'} \tag{4-8}$$

式（4－8）中，U 为蒸发器的生产强度［kg/（m^2·h）］；W 为蒸发量（kg/h）；A 为蒸发器的传热面积（m^2）；K 为蒸发器传热总系数［kJ/（m^2·h·℃）］；Δt_m 为加热蒸汽的饱和温度与溶液沸点之差（℃）；r' 为蒸汽二次的汽化潜能（kJ/kg）。

由式（4－8）可以看出，生产强度与传热温度差及传热系数成正比，与蒸汽二次的汽化潜能成反比。

（一）传热温度差（Δt_m）的影响

按照分子运动学说，汽化是由于获得了足够的热能，从而使分子振动能力超过了分子间内聚力而产生的。因此，在蒸发过程中必须不断地向料液供给热能。良好的传导传热也必须有一定的 Δt_m。

提高加热蒸汽的压力可以提高 Δt_m，但是，不适宜的提高 Δt_m 可能会导致热敏性药物成分破坏。实际生产中，可借助减压方法适当降低冷凝器中二次蒸汽的压力，这样既可降低料液的沸点又可提高 Δt_m，且可迅速移去蒸发器中的二次蒸汽，从而有利于蒸发过程顺利进行。

但是，提高 Δt_m 的数值也应有一定的限度。因为要维持冷凝器中二次蒸汽过低的压力，从而造成蒸发设备真空度过高，这样既不经济，又容易因料液沸点降低而引起黏度增加，从而引起传热系数（K）降低。

在蒸发操作过程中，随着蒸发时间的延长，料液浓度不断增加，且其沸点逐渐升高，会使 Δt_m 逐渐变小，蒸发速率变慢。

在蒸发过程中控制适宜的液层深度非常重要。因为下部料液所受的压力比液面处高，相应地下部料液的沸点就高于液面处料液的沸点，沸点升高。沸腾蒸发可以改善液柱静压头的影响。

（二）传热系数（K）的影响

浓缩过程，提高 K 值是提高蒸发器效率的主要因素

笔记栏

$$K=\frac{1}{\dfrac{1}{\alpha_0}+\dfrac{1}{\alpha_i}+R_W+R_S} \tag{4-9}$$

式（4－9）中，α_0 为管间蒸汽冷凝传热膜系数［kJ/（m^2·h·℃）］；α_i 为管内料液沸腾传热膜系数［kJ/

$(m^2 \cdot h \cdot ℃)$]；R_W 为管壁热阻{1/[kJ/$(m^2 \cdot h \cdot ℃)$]}；R_S 为管内垢层热阻，{1/[kJ/$(m^2 \cdot h \cdot ℃)$]}。

由式(4－9)可知，增大 K 的主要途径是减少各部分的热阻。通常管壁热阻(R_W)很小，可略去不计；通常情况下，蒸汽冷凝的热阻在总热阻中占的比例不大，但在实际操作中应注意对不凝性气体的排除，否则其热阻也会增大。管内料液侧的垢层热阻(R_S)，在许多情况下是影响 K 的重要因素，尤其是处理易结垢或结晶的料液时，往往很快就在传热面上形成垢层，从而导致传热速率降低。因而，为了减少垢层热阻(R_S)，除了要不断加强搅拌和定期除垢外，还可以考虑从设备结构上优化改进。

在实际生产中，对于不易结垢或结晶的料液蒸发时，影响 K 的主要因素是管内料液沸腾传热膜系数(α_i)。实验证明，对于自然循环蒸发器，在垂直管内沿管长方向各部分的传热情况也不相同，一般可分为 3 个区域，即饱和蒸汽区域、沸腾区、预热区。在沸腾区中膜状流动段，其传热膜系数(α_i)最大，而预热区和饱和蒸汽区最小。所以要提高 α_i，必须扩大沸腾区，尤其是膜状流动段尽可能地扩大，而相对地缩短预热区和饱和蒸汽区，这就要求料液在管内液面有一定的高度，能形成良好的循环，并具有良好的循环速度，此时 α_i 最大。

但若液面过低不能造成循环，相反越高则加热管下部受静压力过大，扩大了预热区域而使 α_i 降低，对于单程式升模式蒸发器，为了缩短预热区，提高 α_i 和维持操作的稳定，应将料液预热后进入蒸发器。同样，降模式、刮板式薄膜蒸发器，也是利用料液预热至沸点后进入蒸发器，使其作膜状快速流动，从而具有很大的 α_i 值，可提高蒸发效率。

二、浓缩方法与设备

由于中药成分的多样性，其提取液黏稠度热敏等性质差别大。有的对热较稳定，有的蒸发浓缩时易结晶，有的蒸发浓缩时易产生泡沫，有的需浓缩至高密度需同时回收蒸汽。所以，必须根据中药提取液的性质与蒸发浓缩的要求，合理的选择蒸发浓缩方法和设备。

（一）常压蒸发

在一个大气压下进行蒸发的方法称为常压蒸发，又称常压浓缩。常压浓缩的特点：浓缩速度慢、费时耗能，药物成分易被破坏。适用于药物稳定、非热敏性药物的浓缩，而对于含热敏性成分的药物溶液则不适用。

若以水为溶剂的提取液常压浓缩多采用敞口倾倒式夹层蒸发锅；若是乙醇等有机溶剂的提取液，则采用蒸馏装置。在对醇和有机溶剂浓缩中，也可先采用外循环式蒸发器作常压浓缩，制成流浸膏后，再作减压浓缩，这样较直接用减压浓缩，乙醇的损耗量少，且可保证制品的质量。

另外，常压浓缩时，应随时注意搅拌以避免料液表面结膜或形成垢，以至于影响蒸发，并在操作室内常配备电扇和排风扇以随时排走浓缩时所产生的大量水蒸气。

（二）减压蒸发

减压蒸发系指在密闭的容器内，抽真空降低内部压力，使料液的沸点降低而进行蒸发的方法，又称减压浓缩。减压蒸发可以防止或减少热敏性物质的分解，增大传热温度差，强化蒸发操作，能不断地排除溶剂蒸汽，有利于蒸发顺利进行；沸点降低，低压蒸汽或废气可直接利用加热。缺点是耗能大，汽化潜热增大，比常压浓缩消耗的热蒸汽量多。适用于含热敏性成分药液及需回收溶剂药液的浓缩。

在实际生产中，减压浓缩和减压蒸馏两者所使用的设备往往是通用的，如图 4－20 为减压蒸馏装置，又称减压浓缩装置，料液需回收溶剂时多用此装置。对于以水为溶剂提取的药液，目前许多药厂使用真空浓缩罐进行浓缩如图 4－21。

笔记栏

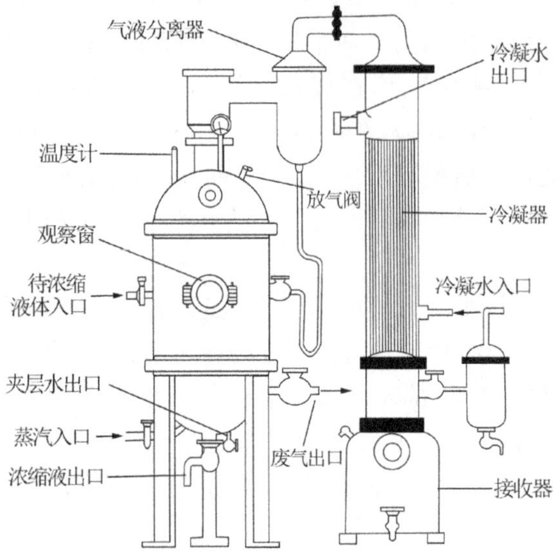

图 4-20 减压蒸馏装置示意图

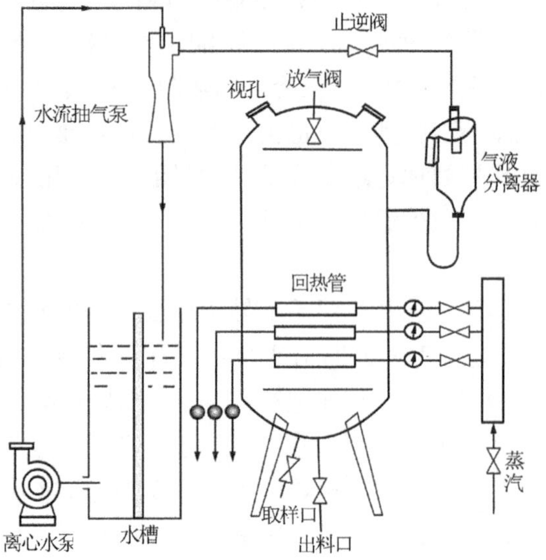

图 4-21 真空浓缩罐示意图

（三）薄膜蒸发

薄膜蒸发系指使料液在蒸发时形成薄膜，增加汽化表面进行蒸发的方法，又称薄膜浓缩。薄膜蒸发的特点是不受料液静压和过热影响；成分不易被破坏；可在常压或减压下连续进行操作；蒸发速度快，受热时间短，同时可以将溶剂回收重复利用。

薄膜蒸发的进行方式有两种：一种是液膜快速流过加热面进行蒸发；另一种是药液剧烈地沸腾使产生大量泡沫，以泡沫的内外表面为蒸发面进行蒸发。前者在短暂的时间内能达到最大蒸发量，但蒸发速度与热量供应间的平衡较难掌握，料液变稠后易黏附在加热面上，加大热阻，影响蒸发，故较少使用。后者目前使用较多。

薄膜浓缩常用的设备有以下几种。

1. *升膜式蒸发器* 预热的药液经列管式蒸发器底部进入，受热立即沸腾汽化生成大量的泡沫及二次蒸汽，沿加热管高速上升，通过加热管并在内壁上形成薄膜，被快速蒸发浓缩。升膜式蒸发器示意图见图 4-22，其适用于蒸发量加大，热敏性、黏度适中和易产生泡沫的料液，不适用于高黏度、有结晶析出或易结垢的料液。中药提取液经此种薄膜蒸发器处理，一般可浓缩至相对密度 1.05～1.10。

2. *降膜式蒸发器* 与升模式蒸发器的区别是料液由蒸发器的顶部加入，适于蒸发浓度较高、黏度较大的药液，蒸发量较小的情况。由于降膜式蒸发没有液体静压强作用，沸腾传热系数与温度差无关，即使在较低传热温差下，传热系数也较大，因此，对热敏性药液的浓缩更有益。不适用于蒸发易结晶或易结垢的料液。

3. *刮板式薄膜蒸发器* 是利用高速旋转的刮板转子，将料液分布成均匀的薄膜而进行蒸发的一种高效浓缩设备。故适于高黏度、易起泡沫、易结垢料液、热敏性药液的蒸发浓缩。

4. *离心式薄膜蒸发器* 是一种综合了薄膜蒸发和离心分离两种原理的新型高效蒸发设备。将料液加到锥形盘的传热面中央，借高速旋转的离心力将其分散成厚度为 0.05～1 mm 的薄膜进行蒸发。其特点是蒸发强度大，浓缩比高，物料受热时间短（约 1 秒），液膜厚度薄，传热系数高，不易起泡和结垢，设备体积小，蒸发室便于拆洗等。此方法比较合适于高热敏性物料的蒸发浓缩，如中药提取液、维生素、抗生素、脏器生化制品及食品等。其缺点是设备结构复杂，价格较贵。

笔记栏

（四）多效蒸发

多效蒸发系将两个或多个减压蒸发器并联形成的浓缩设备。使用时，将第一次蒸发器汽化的二次蒸汽作为热源通入第二效蒸发器的加热室作加热用，以此类推，依次进入多个串接，则称为多

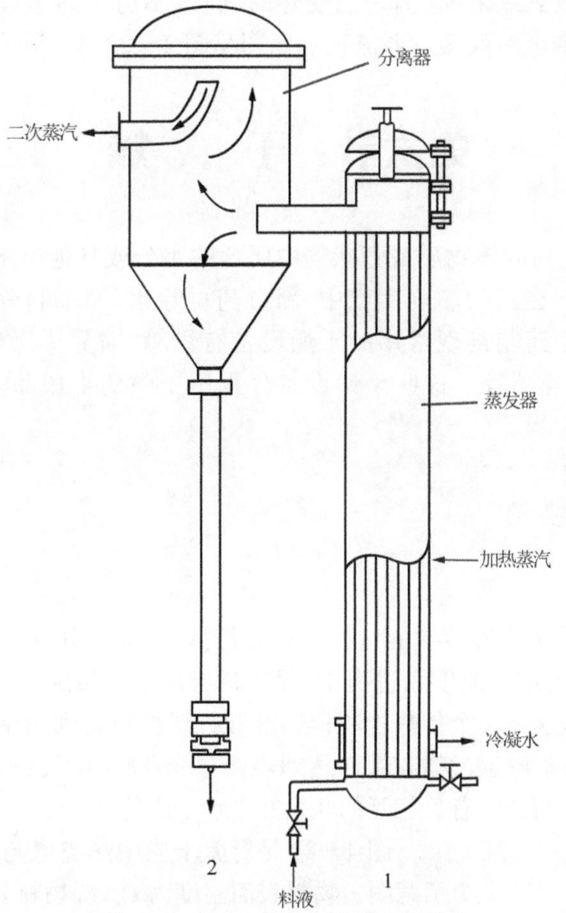

图 4-22　升膜式蒸发器示意图

1. 蒸发室；2. 加热室

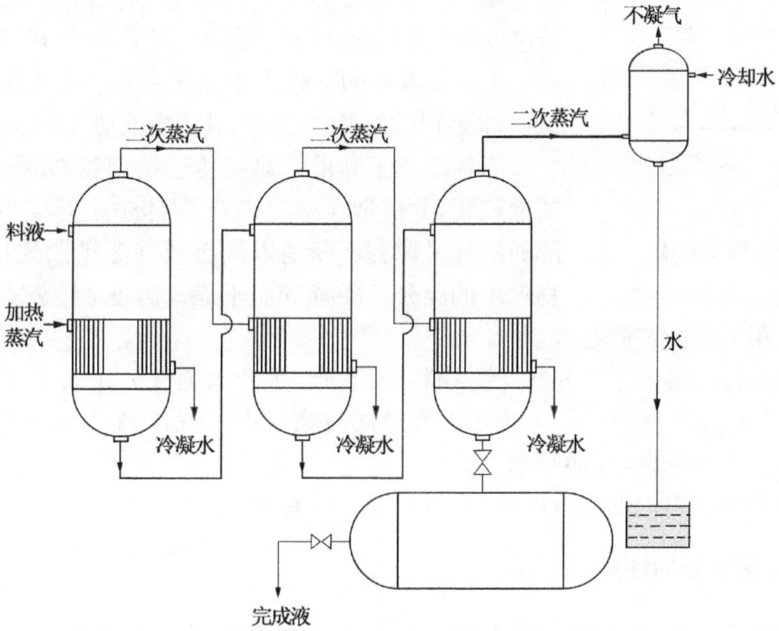

图 4-23　多效蒸发器流程示意图

效浓缩。由于二次蒸汽的反复利用，多效浓缩器是节能型浓缩器，节约热蒸汽和冷凝水，目前在制药企业应用较多的是二效或三效浓缩，但是因受热时间长，不适于热敏性药物，该设备生产强度较低，设备结构复杂，清洗困难。多效蒸发器流程示意图见图 4－23。

第六节　干　　燥

干燥(drying)系指含湿的固体物质或膏状物中所含的水分或其他溶剂采用热能除去的方法，而获得干燥物品的工艺操作。在药物制剂生产中，新鲜药材除水，原辅料除湿，颗粒剂、片剂、水丸等制备过程中均用到干燥。中药制剂现常用的干燥设备有烘箱、喷雾干燥器、滚筒式干燥器、沸腾干燥器、减压干燥器及微波干燥器等。这些干燥设备分别用于中药半成品(如药液和浸膏等)或者成品(如颗粒剂和片剂等)的干燥。

一、干燥的基本理论

(一) 干燥原理

物料的干燥是热量传导和物质传导的过程。对流是指流体内部(气体、液体或固体)通过混合作用，热量从一点传递另一点。在对流干燥过程中，湿物料与热空气接触时，热空气将热能传至物料表面，再由表面传至物料内部，这是一个传热过程；与此同时，湿物料得到热量后，其表面水分首先汽化，物料内部水分以液态或气态扩散透过物料层而达到表面，并不断向空气主体流中汽化，这是一个传质过程。传热过程与传质过程两者间有着相互的联系并影响干燥速率。

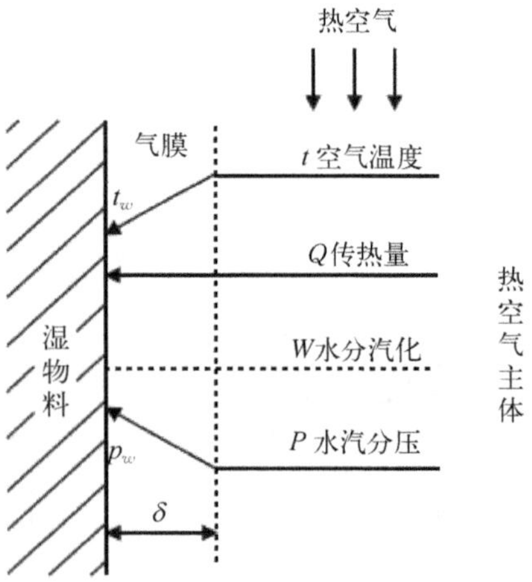

图 4－24　干燥机制示意图

图 4－24 是对流干燥中热空气与湿物料之间的传热和传质示意图。物料表面温度为 t_w，湿物料表面的水蒸气分压为 p_w(物料充分湿润时 p_w 为 t_w 的饱和蒸汽压)；紧贴在物料表面有一层气膜，厚度为 δ(类似传热边界层的膜)；气膜以外是热空气主体，其温度为 t，空气中水蒸气分压为 p。因为热空气温度 t 高于物料表面温度 t_w，热能从热空气传递到物料表面，传热的推动力就是温差($t-t_w$)。由于热空气以高速流过湿物料的表面，所以热量的传递过程主要以对流的方式进行，对流干燥由此而得名。而物料表面产生的水蒸气分压 p_w 大于空气中的水蒸气分压 p，水蒸气必然从物料表面扩散到热空气中，其传质推动力为(p_w-p)。

当热空气不断地把热能传递给湿物料时，湿物料的水分不断地汽化，并扩散至热空气的主体中由热空气带走，而物料内部的湿分又源源不断地以液态或气态扩散到物料表面，这样湿物料中的湿分不断减少而干燥。因此，干燥过程应是水分从物料内部物料表面气相主体的扩散过程。

干燥过程得以进行的必要条件是被干燥物料表面所产生的水蒸气分压大于干燥介质中的水蒸气分压，即 $p_w-p>0$；如果 $p_w-p=0$，表示干燥介质与物料中水汽达到平衡，干燥即行停止；如果 $p_w-p<0$，物料不仅不能干燥，反而吸潮。

物料的干燥速率与物料内部水分的性质、空气的性质有关。

笔记栏

(二) 物料中所含水分的性质

1. 结晶水　为化学结合水，一般用风化方法去除，在制剂中不视为干燥过程。如芒硝($Na_2SO_4 \cdot 10H_2O$)经风化，失去结晶水而成玄明粉(Na_2SO_4)。

2. 结合水　系指存在于细小毛细管中的水分和渗透到物料细胞中的水分。结合水难以从物料中去除。因为毛细管内水分所产生的蒸汽压较同温度时水的蒸汽压低；物料细胞中的水分被细胞膜包围和封闭，如不扩散到膜外，则不易蒸发去除。

3. 非结合水　系指存在于物料表面润湿水分，粗大毛细管中水分和物料孔隙中水分。非结合水与物料结合力弱，易于去除。因为它所产生的蒸汽压等于同温度水的蒸汽压。

4. 平衡水分与自由水分　某物料与一定温度、湿度的空气相接触时，将会发生排除水分或吸收水分的过程，直到物料表面所产生的蒸汽压与空气中的水蒸气分压相等为止，物料中的水分与空气处于动态平衡状态，此时物料中所含的水分称为该空气状态下物料的平衡水分。平衡水分与物料的种类、空气的状态有关。物料不同，在同一空气状态下的平衡水分不同；同一种物料，在不同的空气状态下的平衡水分亦不同。

物料中所含的总水分为自由水分与平衡水分之和，在干燥过程中可以除去的水分只能是自由水分（包括全部非结合水和部分结合水），不能除去平衡水分。而物料中所含水分的性质决定了的干燥速率，并影响干燥速率。固体物料中所含水分相互关系，见图 4－25。

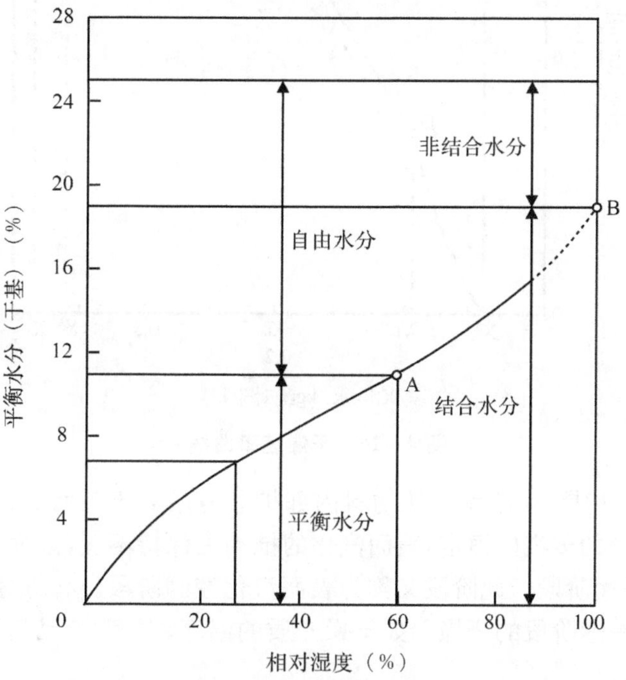

图 4－25　固体物料中所含水分相互关系示意图

（三）湿空气的性质

周围的大气环境是干空气和水蒸气的混合物，称为湿空气。能用于干燥的湿空气必须是不饱和空气，从而继续容纳水分。在干燥过程中，采用热空气作为干燥介质的目的不仅是为了提供水分所需的热量，而且是为了降低空气的相对湿度以提高空气的吸湿能力。空气性质对物料的干燥影响很大，而且随着干燥过程的进行不断发生变化。为了达到有效的干燥目的必须选用适宜的空气和干燥方法。

（四）干燥速率与干燥速率曲线

干燥速率是指在单位时间内，在单位干燥面积上被干燥物料中水分的汽化量。可用式（4－10）微分形式表示

$$U=\frac{dw'}{sdt} \qquad (4-10)$$

式（4－10）中，U 为干燥速率[kg/(m^2·s)]；s 为干燥面积（m^2）；w'为汽化水分量（kg）；t 为干

笔记栏

燥时间(s)。

物料干燥过程是被汽化的水分连续进行内部扩散和表面汽化的过程。所以，干燥速率取决于内部扩散和表面汽化速率，可以用干燥速率曲线来说明。图4-26为干燥介质状态恒定时典型的干燥速率曲线，其横坐标为物料的湿含量(C)，纵坐标为干燥速率(U)。从干燥曲线可以看出，干燥过程明显地分成两个阶段，等速阶段和降速阶段。在等速阶段，干燥速率与物料湿含量无关。在降速阶段，干燥速率近似地与物料湿含量成正比。干燥曲线的折点所示的物料湿含量是临界湿含量(C_0)，与横轴交点所示的物料湿含量是平衡水分($C_{平}$)。因此，当物料湿含量大于(C_0)时，干燥过程属于等速阶段；当物料湿含量小于(C_0)时，干燥过程属于降速阶段。

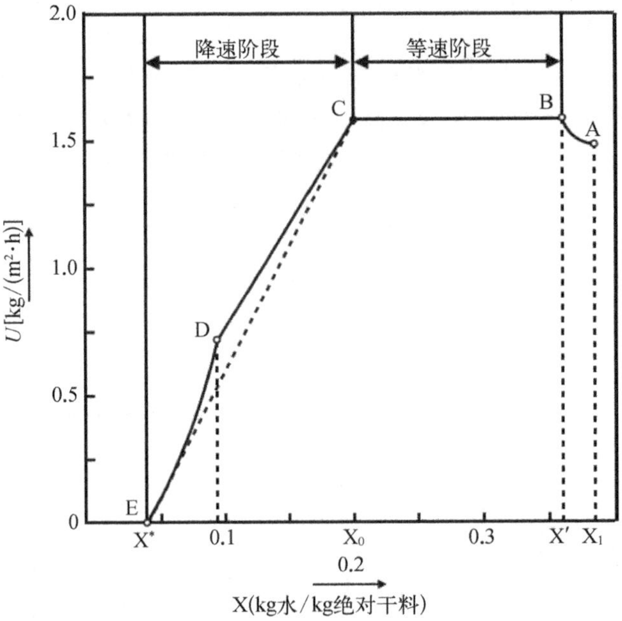

图4-26　干燥速率曲线

等速阶段：在干燥的初期，由于水分从物料内部扩散速率大于表面汽化速率，物料表面停留有一层非结合水。此时水分的蒸汽压恒定，表面汽化的推动力保持不变，因而干燥速率主要取决于表面汽化速率，所以出现等速阶段。此阶段又称为表面汽化控制阶段。在等速阶段，凡能影响表面汽化速率的因素均可影响等速阶段的干燥。如干燥介质的温度、湿度、流动情况等。实际表明空气流速增大，则干燥速率加快。

降速阶段：当干燥进行到一定程度(C_0)，由于物料表面汽化速率大于内部水分的扩散速率，物料表面没有足够的水分满足表面汽化的需要，所以干燥速率逐渐降低了，出现降速阶段。此阶段又称为内部迁移控制阶段。在降速阶段，干燥速率主要与内部扩散有关，因此，物料的厚度、干燥的温度等均可影响降速阶段的干燥。此时热空气的流速、相对湿度等已不是主要因素。实践证明，某些物料在降速阶段，由于内部扩散速率太小，物料表面就会迅速干燥，而引起表面呈现假干现象或龟裂现象，不利于继续干燥。为了防止此种现象的发生，必须采取降低表面汽化速率的措施。如利用“废气循环”，使部分潮湿空气回到干燥室中。

二、影响干燥的因素

(一) 被干燥物料的性质

笔记栏

这是影响干燥速率的最主要因素。湿物料的料层的厚薄、大小、形状、水分的结合方式均会影响干燥速率。一般说来，物料呈结晶状、颗粒状、堆积薄者，较粉末状、膏状、堆积厚者干燥速率快。

（二）干燥介质的温度、湿度与流速

在适当范围内，提高空气的温度，可使物料表面的温度亦相应提高，加快蒸发速度，有利于干燥。但应根据物料的性质选择适宜的干燥温度，以防止某些热敏性成分被破坏。空气的相对湿度越低，干燥速率越大。降低有限空间的相对湿度亦可提高干燥效率。实际生产中常采用生石灰、硅胶等吸湿剂吸除空间水蒸气，或采用排风、鼓风装置等更新空间气流。空气的流速越大，干燥速率越快。但空气的流速对降速干燥阶段几乎无影响。这是因为提高空气的流速，可以减小气膜厚度，降低表面汽化的阻力，从而提高等速阶段的干燥速率。而空气流速对内部扩散无影响，故与降速阶段的干燥速率无关。

（三）干燥速度与干燥方法

在干燥过程中，首先是物料表面液体的蒸发，然后是内部液体逐渐扩散到表面继续蒸发，直至干燥完全。当干燥速度过快时，物料表面的蒸发速度大大超过内部液体扩散到物料表面的速度，致使表面粉粒黏着，甚至熔化结壳，从而阻碍了内部水分的扩散和蒸发，形成假干燥现象。假干燥的物料不能很好地保存，也不利于继续制备操作。

干燥方式与干燥速率也有较大关系。若采用静态干燥法，则温度只能逐渐升高，以使物料内部液体慢慢向表面扩散，源源不断地蒸发。否则，物料易出现结壳，形成假干现象。动态干燥法颗粒处于跳动、悬浮状态，可大大增加其暴露面积，有利于提高干燥效率。但必须及时供给足够的热能，以满足蒸发和降低干燥空间相对湿度的需要。沸腾干燥、喷雾干燥由于采用了流态化技术，且先将气流本身进行干燥或预热，使空间相对湿度降低，温度升高，故干燥效率显著提高。

（四）压力

压力与蒸发量成反比。因而减压是改善蒸发、加快干燥的有效措施。真空干燥能降低干燥温度，加快蒸发速度，提高干燥效率，且产品疏松易碎，质量稳定。

三、干燥方法与设备

在制药工业中，由于被干燥物料形状多样，有颗粒状、粉末状、丸状，也有浆状（如中药浓缩液）、膏状（如流浸膏）；物料的性质各不相同，如热敏性、酸碱性、黏性、易燃性等；对干燥产品的要求亦各有差异，如含水量、形状、粒度、溶解性及卫生要求等；生产规模及生产能力各不相同。因此，采用的干燥方法与设备亦是多种多样。下面重点介绍常用的几种干燥方法与设备。

（一）烘干法

烘干法系指将湿物料摊放在烘盘内，利用热的干燥气流使湿物料水分汽化进行干燥的一种方法。由于物料处于静止状态，所以干燥速度较慢。

烘干法常用设备有烘箱和烘房。烘箱适用于各类物料小批量生产，烘房容量更大，可供大量生产用。

（二）减压干燥法

减压干燥，又称真空干燥，系指在负压条件下而进行干燥的一种方法。其特点是干燥温度低，干燥速度快；减少了物料与空气的接触机会，避免污染或氧化变质；产品呈海绵状、蓬松易于粉碎；适用于热敏性或高温下易氧化物料的干燥，但生产能力小，劳动强度大。减压干燥效果取决于负压的高低（真空度）和被干燥物的堆积厚度。

笔记栏

（三）喷雾干燥法

喷雾干燥法是流态化技术用于浸出液干燥的一种较好方法，系直接将浸出液喷雾于干燥器内

使之在与通入干燥器的热空气接触过程中，水分迅速汽化，从而获得粉末或颗粒的方法。最大特点是物料受热表面积大，传热传质迅速，水分蒸发极快，几秒钟内即可完成雾滴的干燥，且雾滴温度大约为热空气的湿球温度（一般约为50℃左右），特别适用于热敏性物料的干燥。此外，喷雾干燥制品质地松脆，溶解性能好，且保持原来的色香味。可根据需要控制和调节产品的粗细度和含水量等质量指标。喷雾干燥不足之处是能耗较高，进风温度较低时，热效率只有30%～40%；控制不当常出现干燥物黏壁现象，且成品收率较低；设备清洗较麻烦。

喷雾干燥时热空气与料液在干燥室内流向可分为3种类型：① 并流行。气液两相同方向流动，可采用温度较高的热风，适用于热敏性物料的干燥。② 逆流型。气液两相作相反方向的流动，雾滴悬浮时间长，成品的水分较低，适用于水分大的料液。③ 混流型。气液两相先逆流后并流，混合交错流动，液滴运动轨迹较长，具并流和逆流干燥特性，适用于不易干燥的料液。图4-27为一种喷雾干燥装置。

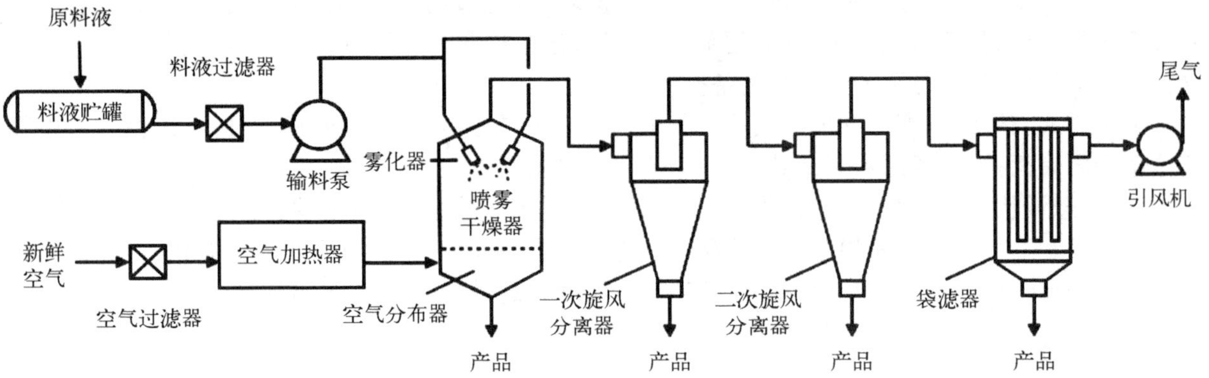

图4-27 喷雾干燥示意图

（四）沸腾干燥法

沸腾干燥，又称流化床干燥，系指利用热空气流使湿颗粒悬浮，呈流态化，似“沸腾状”，热空气在湿颗粒间通过，在动态下进行热交换，带走水气而达到干燥的一种方法。其特点是适于湿粒性物料，如片剂、颗粒剂制备过程中湿颗粒的干燥；沸腾床干燥的气流阻力较小，物料磨损较轻，热利用率较高；干燥速度快，制品干湿度均匀，没有杂质带入；干燥时不需翻料。但热能消耗大，清扫设备较麻烦，尤其是有色颗粒干燥时给清洁工作带来困难。

沸腾干燥设备在制药工业生产中应用较多的为负压卧式沸腾干燥装置（图4-28）。其主要结构由鼓风机、加热器、分布板、流化床干燥器、旋风分离器和袋滤器等组成。

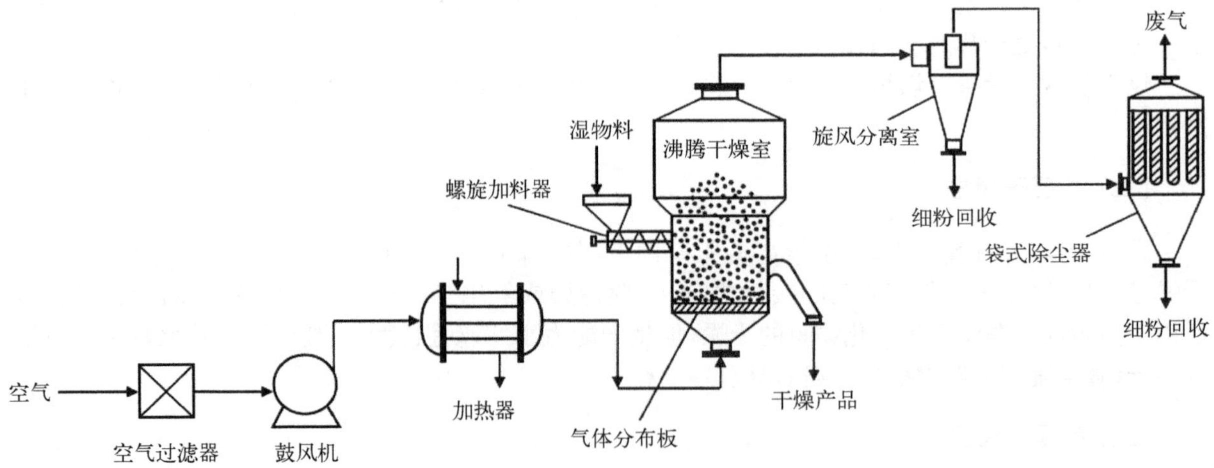

图4-28 负压卧式沸腾干燥装置示意图

笔记栏

（五）冷冻干燥法

冷冻干燥法系将浸出液浓缩至一定浓度后预先冻结成固体，在低温减压条件下将水分直接升华除去的干燥方法。其特点是物料在高度真空及低温条件下干燥，可避免成分因高热而分解变质，适用于极不耐热物品的干燥，如天花粉针、淀粉止血海绵等；干燥制品外观优良，质地多孔疏松，易于溶解，且含水量低，一般为1%～3%，利于药品长期贮存。但冷冻干燥需要高度真空及低温，设备特殊，耗能大，成本高。

冷冻干燥的原理可以由水的相图来说明。图中OA线是固液平衡曲线；OB是液气平衡曲线；OC是固气平衡曲线；O为三相点。由图4-29可知，凡是三相点O以上的压力和温度下，物质可由固相变为液相，最后变为气相，在三相点O以下的压力和温度下，物质可由固相不经过液相直接变成气相，气相遇冷后仍变为固相，这个过程即为升华。

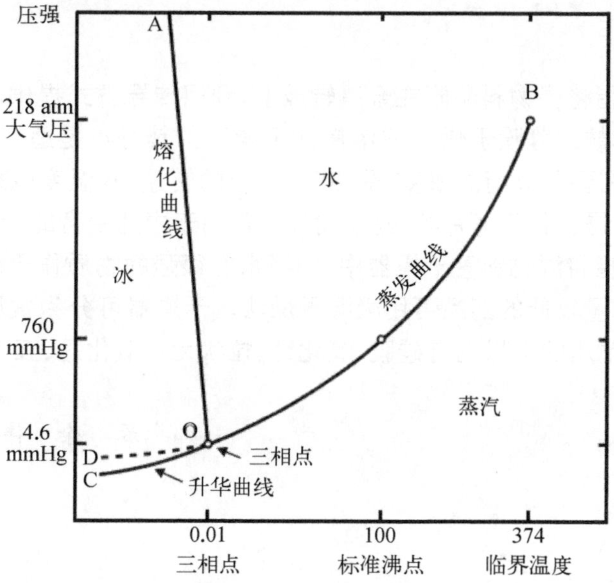

图4-29　水的三相图

制品的冷冻干燥过程包括冻结、升华和再干燥3个阶段。

(1) 快速冻结是必要的步骤，可使物料在干燥后很好地保持原有的性质，而且冻结后获得的药品要有合理的结构（必须实现玻璃化冻结），有恰当的容装量，以利于水分的升华。预冻的效果主要由冻结速度、冻结最低温度、冻结时间决定。

(2) 升华是在高度真空的条件下进行的，冻结结束后即可开动机械真空泵，并利用真空阀的控制，缓慢降低干燥箱中的压力，在压力降低的过程中，必须保持箱内物品的冰冻状态，以防溢出容器。待箱内压力降至一定程度后，再打开罗茨真空泵，压力降到1.33 Pa，-60℃以下时，冰即开始升华，升华的水蒸气在冷凝器内结成冰晶。为保证冰的升华，应开启加热系统，将搁板加热，不断供给冰升华所需的热量。

(3) 再干燥。升华完成后，温度继续升高至0℃或室温，并保持一段时间，可使已升华的水蒸气或残留的水分除尽。再干燥可保证冻干制品含水量<1%，并有防止吸潮的作用。

（六）红外线干燥法

红外线干燥法系指利用红外线辐射器产生的电磁波被含水物料吸收后，直接转变为热能，使物料中水分汽化而干燥的一种方法。

由于红外线光子的能量较小，被物料吸收后，不能引起分子与原子的电离，只能增加分子热运

笔记栏

动的动能，使物料中的分子强烈振动，温度迅速升高，将水等液体分子从物料中驱出而达到干燥。远红外线干燥速率是近红外线干燥的 2 倍，是热风干燥的 10 倍。由于干燥速率快，故适用于热敏性药物的干燥，特别适宜于熔点低、吸湿性强的物料，以及某些物体表层（如橡胶硬膏）的干燥。又由于物料表面和内部的物质分子同时吸收红外线，因此物料受热均匀，产品的外观好，质量高。

（七）微波干燥法

微波干燥系指利用微波进行干燥的一种方法。微波是一种高频波，其波长为 1 mm 到 1 m，频率为 300 MHz 到 300 KMHz。制药工业上微波加热干燥只用 915 MHz 和 2 450 MHz 两个频率，后者在一定条件下兼有灭菌作用。

微波干燥的特点是：穿透力强，可以使物料的表面和内部能够同时吸收微波，使物料受热均匀，因而加热效率高，干燥时间短，干燥速度快，适用于含有一定水分而且对热稳定药物的干燥或灭菌，但微波设备投资和运行的成本高。

（八）其他干燥方法

1. 鼓式干燥法　系指将湿物料蘸附在金属转鼓上，利用传导方式提供汽化所需热量，使物料得到干燥的一种方法，又称鼓式薄膜干燥法或滚筒式干燥法。其特点是适于浓缩药液及黏稠液体的干燥；可连续生产，根据需要调节药液浓度、受热时间（鼓的转速）和温度（蒸汽）；对热敏性药物液体可在减压情况下使用；干燥物料呈薄片状，易于粉碎。常用于中药浸膏的干燥。

2. 吸湿干燥法　系指将湿物料置干燥器中，用吸水性很强的物质作干燥剂，使物料得到干燥的一种方法。数量小，含水量较低的药品可用吸湿干燥法。干燥器可分为常压干燥器和减压干燥器，小型的多为玻璃制成。常用的干燥剂有硅胶、氧化钙、粒状无水氯化钙、五氧化二磷、浓硫酸等。

（郑　琴　徐　伟　侯安国　宋　逍）

笔记栏

第五章 浸出制剂

本章要点

浸出制剂的概念、特点与类型。

汤剂、合剂、糖浆剂、煎膏剂、酒剂、酊剂、流浸膏剂与浸膏剂等的制备方法及工艺关键。

浸出制剂的质量评价与检查项目。

第一节 概 述

一、浸出制剂的含义与特点

浸出制剂系指采用适宜的溶剂和方法浸提中药有效成分而制成的一类制剂，可供内服或外用。

浸出制剂有着悠久的历史，早在商汤就有记载"伊尹创制汤液"，后继有酒剂、酊剂、流浸膏剂、浸膏剂及煎膏剂等，在此基础上，又发展了中药浓缩丸、浸膏片、糖浆剂等。浸出制剂具有以下特点。

1. 体现方药中多成分的综合疗效与特点　浸出制剂浸提出方药中的众多有效成分，能够较好地体现中药多成分综合作用的疗效和特点。如补中益气汤具有肠道蠕动调整作用，若去掉升麻、柴胡两味药，肠道蠕动作用则显著减弱，而单用此两味药对肠道蠕动并无作用。

2. 减少服用量　由于浸提工艺除去了大部分无效成分与组织物质，相应提高了有效成分的浓度，与原方药比较，服用量少，便于服用。

3. 部分浸出制剂可作为其他制剂的原料　如流浸膏、浸膏等可用作原料，供进一步制备颗粒剂、丸剂、片剂等。

二、浸出制剂的分类

浸出制剂根据浸提工艺和产品特点，可分为以下几类。

1. 以水为溶剂的浸出制剂　系指以水为主要溶剂浸出饮片有效成分，制得的含水制剂。如汤剂、合剂等。

2. 以乙醇为溶剂的浸出制剂　系指用适宜浓度的乙醇或酒为溶剂浸出饮片有效成分，制得的含醇制剂。如酒剂、酊剂、流浸膏等。

3. 含糖浸出制剂　系在水浸出剂型的基础上，将水提取液浓缩后加入适量蔗糖或蜂蜜制得的制剂。如糖浆剂、煎膏剂等。

4. 其他浸出制剂　除上述剂型外，以饮片浸出物为原料制备的颗粒剂、片剂、浓缩丸等。

笔记栏

第二节　汤　　剂

一、概述

汤剂(decoctions)系指将中药饮片加水煎煮，去渣取汁制成的液体制剂。供口服或外用。汤剂是传统的中药剂型，虽然苦味量大、久置易变质、携带不方便，但由于其可随证加减处方，奏效迅速，且制法简易，因而在现代中医临床上仍然是应用数量最多的中药剂型之一。

知识链接

汤剂的历史沿革

汤剂古称汤液，始创于殷商时代，是中医应用最早、最广泛的剂型。汤剂的入药原料经历了“㕮咀”“煮散”“饮片”的变革。古代汤剂以“咀”为主，即将药材破碎使用；唐代以后，“以汤为煮散”的应用形式逐渐发展起来，由于煮散用法与汤剂相同，而且药量少，在宋金元时代应用较为普遍，《太平惠民和剂局方》收载药方788首，其中237首为煮散；明清以来，随着切制技术的提高，有了“饮片”的应用与发展，即将中药材经炮制加工成饮片，供调配汤剂使用，煮散的应用基本为饮片所代替。

二、汤剂的制备

(一) 制法

采用煎煮法制备。处方诸药加水浸没药材，浸渍适宜时间后，加热至沸，并维持微沸状态一定时间，滤取煎出液，药渣再依法加水煎煮1～2次，合并各次煎液，即得。

(二) 影响汤剂质量的因素

1. 煎药器具　常用的煎器有砂锅、铁锅、铜锅、搪瓷杯、不锈钢锅等，传统多用砂锅或瓦罐。砂锅导热均匀，热力缓和，保温性强，水分蒸发量小，但孔隙和纹理多，易吸附各种药物成分而“串味”。搪瓷器皿和不锈钢锅，具抗酸耐碱的性能，可以避免与中药成分发生化学变化，大量制备时多选用。铁器虽然传热快，但其化学性质不稳定，易氧化，并能在煎煮时与多种成分发生化学反应。现有煎药包装组合机，使煎药、滤过、煎液包装一体化，方便快捷，适合医院、药店、煎药房选用。

2. 煎煮火候　火候直接影响浸出效果及煎液质量。汤剂的传统制法一般是用直火加热煎煮，武火至沸，文火保持微沸，使其减慢水分的蒸发，有利于有效成分的浸出。现有采用砂浴炖、高压蒸煮法、夹层蒸汽煎煮法、远红外煎煮法等，煎煮质量与传统方法相似。

3. 煎煮用水　煎煮用水以经过净化和软化的饮用水为佳，可减少杂质混入，防止水中钙、镁等离子与中药成分发生沉淀反应。水的用量应适当，药多水少，会造成“煮不透、煎不尽、则药味不出”；药少水多，汤剂的成品量增大，服用不便。一般为中药量的5～8倍，或加水浸过药材面的2～10 cm。

笔记栏

4. 煎煮次数　多次煎煮可提高有效成分的浸出总量，但煎煮次数太多，不仅耗费工时和能源，而且使煎出液中杂质增多，服用量增大，因此，一般煎煮2～3次。

5. 煎煮时间　中药饮片煎煮时间必须根据药材的性质、煎煮次数、剂量大小而定。通常解表药头煎10～15 min，二煎10 min；滋补药头煎30～40 min，二煎25～30 min；一般性药材，头煎20～

25 min，二煎 15～20 min。汤剂煎得后，应趁热过滤，防止煎液中的有效成分反渗到药渣中。

6. 特殊中药的处理　由于中药饮片的性质、质地不同，故在煎煮时应针对不同情况，采取不同的处理方法，以保证汤剂的疗效。

(1) 先煎：处方中某些中药饮片需先行煎煮一定时间，再加入其他中药饮片一同煎煮。① 矿石、贝壳类等药物，因其质地坚硬，有效成分不易煎出，易打碎先煎，即煎煮 15～30 min 后，再将其他药物倾入同煎，如寒水石、生石膏、生牡蛎等。② 对某些有毒药物，为降低毒性，亦应先煎或久煎，以达到减毒或去毒的目的。如附子、乌头、雪上一枝蒿等。③ 有些植物药，如石斛、天竺黄、火麻仁只有先煎才有效。石斛含内酯类生物碱，只有久煎的水解产物才起作用。

(2) 后下：需在其他中药饮片即将煎好时，再加入后下中药饮片一同煎煮。① 气味芳香、含挥发油多的中药，一般在其他中药饮片煎好前 5～10 min 入煎即可。如薄荷、木通、藿香、砂仁、钩藤、豆蔻、杏仁等。② 含热敏性成分、久煎疗效降低的中药，如杏仁、钩藤、大黄等。

(3) 包煎：用纱布或薄白布袋将中药饮片包裹后，再与其他中药饮片一同煎煮。目的是防止药材沉于锅底引起糊化、焦化，或浮于水面引起溢锅；避免绒毛进入汤液，服用时刺激咽喉引起咳嗽。需包煎的中药有：① 花粉类中药饮片如松花粉、蒲黄等；细小种子类中药如葶苈子、苏子等；中药细粉如六一散、黛蛤散等。② 含淀粉、黏液质较多的中药，如车前子、葶苈子。③ 含有绒毛的中药，如旋覆花、金沸草等。

(4) 烊化：将药材加适量开水熔化，冲入汤液中或直接入汤液中溶化后服用。目的是避免因汤液的稠度太大，影响其他药用成分的煎出或被药渣吸附，影响疗效。如阿胶、龟甲胶、饴糖、蜂蜜等。

(5) 另煎：将中药饮片单独煎煮后，兑入煎好的汤液中服用。适用于人参、鹿茸、西洋参等一些贵重中药。

(6) 冲服：将难溶于水的贵重中药研成极细粉以汤液冲服或加入汤液中服用。如三七、朱砂、牛黄等。

(7) 榨汁：将新鲜药材压榨取汁兑入汤液中服用。如鲜生地、鲜姜、鲜白茅根等。

三、汤剂剂型改进

汤剂沿用至今仍然是中医用药的主要剂型，但需临用煎制，使用和携带不便，剂量大，不易保存，中药饮片利用率低。因此，对汤剂的制备方法和剂型改进研究一直没有停止，并取得了一定成效。如中药配方颗粒、中药袋泡剂的应用；将小青龙汤、小建中汤改成合剂；四逆汤改成口服液剂；养阴清肺汤改成糖浆剂；生脉饮改成注射剂。

四、举例

例 5－1　*旋覆代赭汤*

【处方】旋覆花(包煎)9 g，人参 12 g，代赭石(先煎)15 g，炙甘草 5 g，制半夏 9 g，生姜 12 g，大枣 4 枚。

【制法】先将代赭石置于煎器内，加水 350 mL，煎 1 h。再将旋覆花布包，同其余五味药物置于煎器内，共煎 30 min，滤取药液；再加水 250 mL，煎 20 min，滤取药液。将两次煎出液合并，即得。

【注解】代赭石为矿石类药物，主要成分是三氧化二铁，故先煎增加有效成分溶出；旋覆花多有白细绒毛，质柔软，故包煎避免刺激咽喉。

【功能与主治】降逆化痰，益气和胃。用于胃虚气逆，痰浊内阻所致的噫气频作，胃脘痞硬，反胃呕恶，口吐涎沫等症。

【用法与用量】口服。分 2 次温服。

笔记栏

第三节 合　　剂

一、概述

合剂(mixtures)系指饮片用水或其他溶剂，采用适宜的方法提取制成的口服液体制剂。单剂量灌装者也可称“口服液”(oral liquids)。

合剂是在汤剂基础上改进和发展起来的中药剂型，具有如下特点：① 成品制剂批量生产，免去临用煎药的麻烦；② 经浓缩工艺，服用剂量小，且多加入矫味剂，口感好；③ 加入适宜的防腐剂，经灭菌、密封包装处理，质量更稳定，应用更方便。

二、合剂的制备

合剂的制备工艺流程如图 5－1 所示：

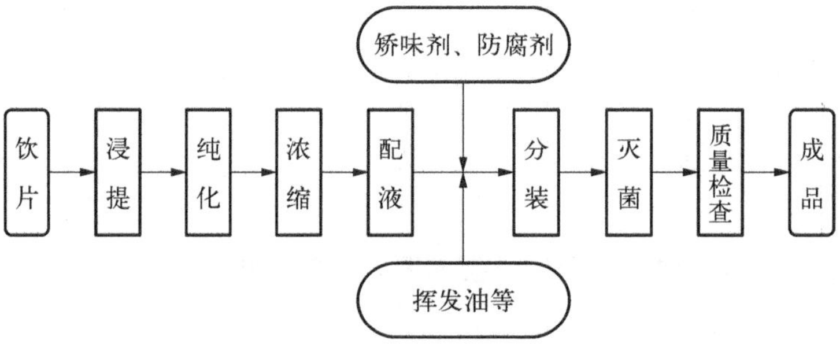

图 5－1　合剂制备工艺流程

1. 浸提　将饮片净选后，适当加工成片、段或粗粉，一般采用煎煮法提取 2 次，每次 1～2 h；若处方中含挥发性成分药材，可用“双提法”(先用水蒸气蒸馏提取挥发性成分，药渣再与处方中其余饮片共同煎煮浸提)收集挥发性成分，另器保存，备用；亦可根据有效成分特性，选用不同浓度乙醇或其他溶剂，用回流法、渗漉法等进行浸提。

2. 纯化　常用的纯化方法有水提醇沉法、高速离心法、吸附澄清法、超滤法、大孔树脂吸附法等，应根据浸提方法、化学成分理化性质、生产成本等综合因素选择更适合的纯化方法，最大限度地保留有效成分。

3. 浓缩　纯化后的提取液应浓缩至规定相对密度。浓缩程度视纯化方法而定，一般以每日用量在 30～60 mL 为宜。

4. 配液　合剂可根据需要加入矫味剂和防腐剂。常用矫味剂有蜂蜜、单糖浆和甜菊苷等；防腐剂有山梨酸、苯甲酸和尼泊金类等。

5. 分装　配制好的药液应尽快滤过、灌装于无菌洁净干燥的容器中，密封。

6. 灭菌　一般采用煮沸灭菌法、流通蒸汽灭菌法或热压灭菌法进行灭菌。亦可在无菌操作条件下，灌装后直接包装。

三、合剂的质量评价与检查

笔记栏

1. 性状　除另有规定外，合剂应澄清。在贮存期间不得有发霉、酸败、异物、变色、产生气体或其他变质现象，允许有少量摇之易散的沉淀。

2. 一般检查　一般应检查相对密度、pH 等。

3. 合剂　若加蔗糖，除另有规定外，含蔗糖量一般不高于20%(g/mL)。

4. 装量　单剂量灌装的合剂：取供试品5支，将内容物分别倒入经标化的量入式量筒内，在室温下检视，每支装量与标示装量相比较，少于标示装量的不得多于1支，并不得少于标示装量的95%。多剂量灌装的合剂，照最低装量检查法(《中国药典》现行版四部通则)检查，应符合规定。

5. 微生物限度　按照《中国药典》现行版四部规定，按非无菌产品微生物限度检查，应符合规定。

四、举例

例5-2　四物合剂

【处方】当归250 g，川芎250 g，白芍250 g，熟地黄250 g。

【制法】以上四味，当归和川芎冷浸0.5 h，用水蒸气蒸馏，收集蒸馏液约250 mL，蒸馏后的水溶液另器保存，药渣与白芍、熟地黄加水煎煮三次，第一次1 h，第二、三次各1.5 h，合并煎液，滤过，滤液与上述水溶液合并，浓缩至相对密度为1.18～1.22(65℃)的清膏，加入乙醇，使含醇量达55%，静置24 h，滤过，回收乙醇，浓缩至相对密度为1.26～1.30(65℃)的稠膏，加入上述蒸馏液、苯甲酸钠3 g及蔗糖35 g，加水至1 000 mL，滤过，灌封，或灌封，灭菌，即得。

【性状】本品为棕红色至棕褐色的液体；气芳香，味微苦、微甜。

【功能与主治】养血调经。用于血虚所致的面色萎黄、头晕眼花、心悸气短及月经不调。

【用法与用量】口服。一次10～15 mL，一日3次。

【注解】当归和川芎的主要有效成分为挥发油和水溶性成分，因此，制法中先采用水蒸气蒸馏法提取挥发油，再与其他中药共煎；相对密度是液体制剂生产中对中间体质控的一种重要手段，故在制法中规定了该制剂的浓缩程度。制剂成品相对密度应不低于1.06，pH应为4.0～6.0。

例5-3　小儿肺热咳喘口服液

【处方】麻黄50 g，苦杏仁100 g，石膏400 g，甘草50 g，金银花167 g，连翘167 g，知母167 g，黄芩167 g，板蓝根167 g，麦冬167 g，鱼腥草167 g。

【制法】以上十一味，石膏加水煎煮0.5 h，加入其余麻黄等十味，加水煎煮二次，每次1 h，合并煎液，滤过，滤液浓缩至相对密度为1.10～1.15(80℃)，放冷，加乙醇使含醇量达75%，搅匀，静置24 h，滤过，滤液回收乙醇并浓缩至相对密度为1.20～1.25(80℃)的清膏，加水约至1 000 mL，搅匀，冷藏(4～7℃)36～38 h，滤过，滤液加入苯甲酸钠3 g和甜蜜素5 g，加水至1 000 mL，搅匀，灌装，灭菌，即得。

【性状】本品为棕红色的液体；味苦、微甜。

【功能与主治】清热解毒，宣肺化痰。用于热邪犯于肺卫所致发热、汗出、微恶风寒、咳嗽、痰黄，或兼喘息、口干而渴。

【用法与用量】口服。一至三岁一次10 mL，一日3次；四至七岁一次10 mL，一日4次；八至十二岁一次20 mL，一日3次，或遵医嘱。

【注解】石膏为矿物药，应先煎，保证有效成分煎出；再加入其余药物采取煎煮法浸提；煎出液用水提醇沉的净化方法除去杂质；清膏采用热处理冷藏法，使大分子物质絮凝除去，达到口服液的澄明度要求。该制剂在制法中用相对密度控制口服液的浓缩程度。苯甲酸钠作为防腐剂，甜蜜素作用矫味剂。制剂成品相对密度应为1.07～1.12，pH应为5.0～7.0。

第四节　糖浆剂与煎膏剂

笔记栏

糖浆剂与煎膏剂皆属含糖浸出制剂。糖浆剂呈液体状态，而煎膏剂为稠厚半流体状态，并且此两种剂型在制备方法及质量要求等方面也有较大差异。

一、糖浆剂

(一) 糖浆剂的含义与特点

糖浆剂(syrups)系指含有原料药物的浓蔗糖水溶液。糖浆剂含蔗糖量应不低于45%(g/mL)。因其含糖量高,有些并含有芳香性矫味剂,可以掩盖某些药物的苦味及不良嗅味,口感良好,易于服用,特别深受儿童欢迎。

根据组成和用途的不同,糖浆剂可分为单糖浆、芳香糖浆和药用糖浆。

1. 单糖浆　为蔗糖的近饱和水溶液,其蔗糖浓度为85%(g/mL)或64.72%(g/g)。单糖浆不含药物,除用于制备含药糖浆外,还可用作矫味剂,混悬剂的助悬剂,丸剂、片剂等的黏合剂。

2. 芳香糖浆　为含芳香性物质的浓蔗糖水溶液,主要用作液体制剂的矫味剂,如橙皮糖浆等。

3. 药用糖浆　为含药物或饮片提取物的浓蔗糖水溶液,具有相应的治疗作用,如感冒止咳糖浆,具有清热解表,止咳化痰的作用。

(二) 糖浆剂的辅料

1. 蔗糖　用于制备糖浆剂的蔗糖应是无色结晶或白色结晶性松散粉末。蔗糖在水中极易溶解,但在加热时特别是在酸性条件下,易水解为葡萄糖和果糖,葡萄糖和果糖等分子混合物称为转化糖,比蔗糖甜度高,具有抗氧化作用,可以延缓某些药物的氧化变质。一定浓度的转化糖还能防止糖浆剂在低温中析出蔗糖结晶。但微生物在单糖中比在双糖中更容易生长,并且果糖容易使糖浆剂的颜色变暗变深。

2. 其他附加剂　一般情况下,糖浆剂需加入抑菌剂。山梨酸和苯甲酸的用量不得超过0.3%(其钾盐、钠盐的用量分别按酸计),羟苯酯类的用量不得超过0.05%,如需加入其他附加剂,其品种与用量应符合国家标准的有关规定,且不影响成品的稳定性,并应避免对检验产生干扰,必要时可加入适量的乙醇、甘油或其他多元醇。

(三) 糖浆剂的制备

糖浆剂的制备工艺流程如图5-2所示:

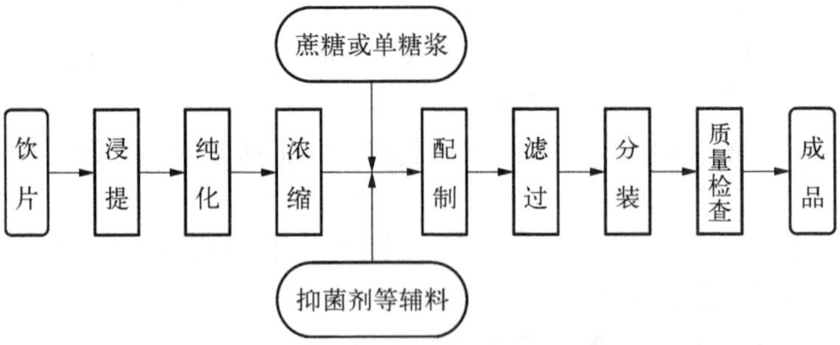

图5-2　制备糖浆剂的一般工艺流程

糖浆剂的配制应在清洁、避菌的环境中进行,并及时分装于灭菌的洁净干燥容器中,密封,避光置干燥处贮存。

根据药物性质不同,糖浆剂一般按以下方法配制。

1. 热溶法　将蔗糖加入煮沸的纯化水或饮片浸提浓缩液中,加热使其溶解,再加入处方中可溶性药物和附加剂,混合,溶解,趁热滤过,从滤器上加适量新煮沸过的纯化水至处方规定量,即得。该法的优点是蔗糖易溶解,配制的糖浆剂易滤过,蔗糖中所含少量蛋白质因加热凝固而被滤除,同时,可以杀灭微生物,利于成品保存。但加热时间不宜太长,温度不宜超过100℃,否则转化糖含量过高,导致成品颜色变深。热溶法适用于制备单糖浆、含对热稳定的药物的糖浆剂和有色糖浆。

笔记栏

2. 冷溶法　在室温下，将蔗糖溶解于纯化水或药物溶液中，充分搅拌至完全溶解，滤过，即得。该法的优点是制得的糖浆剂色泽较浅、转化糖较少。但因糖溶解需较长时间，所以，生产过程中易受微生物污染。生产时，可选用密闭容器或使用渗漉筒溶解。冷溶法适用于制备单糖浆、含对热不稳定或易挥发药物的糖浆剂。

3. 混合法　将药物或药物溶液与单糖浆直接混合均匀，加纯化水至规定量，静置，滤过，即得。中药糖浆剂一般是饮片经浸提、纯化、浓缩后，采用上述方法中的一种制备，加入附加剂混匀，加纯化水至全量，静置，滤过，分装，灭菌，即得。

（四）糖浆剂的质量评价与检查

按照《中国药典》现行版四部，糖浆剂检查相对密度、pH、装量及微生物限度等，应符合规定。

1. 性状　除另有规定外，糖浆剂应澄清。在贮存期间不得有发霉、酸败、产生气体或其他变质现象，允许有少量摇之易散的沉淀。

2. 相对密度　按《中国药典》现行版四部通则的相对密度测定法测定，结果应符合各品种项下有关规定。

3. pH　按《中国药典》现行版四部通则的 pH 测定法测定，结果应符合各品种项下有关规定。

4. 装量　单剂量灌装的糖浆剂按《中国药典》现行版四部的装量检查法检查：取供试品 5 支，将内容物分别倒入经标化的量入式量筒内，尽量倾净。在室温下检视，每支装量与标示装量相比较，少于标示装量的不得多于 1 支，并不得少于标示装量的 95%。多剂量灌装的糖浆剂，按照《中国药典》现行版四部通则中的最低装量检查法检查，应符合规定。

5. 微生物限度　除另有规定外，按照《中国药典》现行版四部通则中的非无菌产品微生物限度检查，微生物计数法和控制菌检查法及非无菌药品微生物限度标准检查，应符合规定。

（五）制备糖浆剂注意的问题

1. 霉败问题　糖浆剂含有较多蔗糖，在制备和贮藏过程中易被微生物污染，导致长霉、发酵，这与原辅料不洁净、制药用具及设备处理不当以及生产环境控制不当致使微生物进入制剂中有关。生产中宜选用优质纯净的蔗糖，所用设备、用具及包装材料等应预先清洁、灭菌，严格控制生产环境的清洁度。由于微生物在单糖中更易生长，因此，生产中应避免长时间加热，控制好转化糖含量。

糖浆剂一般可加适当的防腐剂，但需注意，糖浆剂的 pH 对防腐剂的防腐效果影响很大；几种防腐剂的联合使用能增强防腐作用；适当浓度的乙醇、焦糖或甘油也能起到一定防腐作用；某些挥发油在糖浆剂中既有矫味作用，也起到一定的防腐作用，如桂皮醛、八角茴香油等，多种挥发油混合使用防腐效果更好。

2. 沉淀问题　糖浆剂产生沉淀的可能原因有：① 对饮片提取液中的杂质或细小颗粒净化处理不够；② 单糖浆与含乙醇的药液混合制备糖浆剂时，因混合后溶剂的改变而使糖浆剂产生浑浊、沉淀；③ 饮片提取液中的高分子物质以不稳定胶态存在，在贮存过程中这些胶态粒子“陈化”聚集后沉淀析出；④ 饮片中有些成分在加热时溶于水而被提取出来，但冷却后却逐渐析出、沉淀；⑤ 糖浆剂的 pH 发生变化，导致某些物质沉淀析出。

对糖浆剂中的沉淀要具体分析，若为杂质或饮片细小颗粒，应通过改进净化方法予以除去；而对于饮片提取液中容易“陈化”析出的高分子物质及热溶冷沉类成分不能一概视为“杂质”，这也是糖浆剂在贮藏期间允许有少量轻摇易散的沉淀的原因。但糖浆剂应尽量减少沉淀，可通过热处理冷藏滤过、用乙醇沉淀、离心分离、超滤、加表面活性剂增溶等方法处理。

（六）举例

例 5－4　川贝枇杷糖浆

【处方】川贝母流浸膏 45 mL，桔梗 45 g，枇杷叶 300 g，薄荷脑 0.34 g。

笔记栏

【制法】以上四味，川贝母流浸膏系取川贝母 45 g，粉碎成粗粉，用 70%乙醇作溶剂，浸渍 5 天后，缓缓渗漉，收集初渗漉液 38 mL，另器保存，继续渗漉，俟可溶性成分完全漉出，续渗漉液浓缩至适量，与初渗漉液混合，继续浓缩至 45 mL，滤过。桔梗和枇杷叶加水煎煮两次，第一次 2.5 h，第二次 2 h，合并煎液，滤过，滤液浓缩至适量，加入蔗糖 400 g 及防腐剂适量，煮沸使溶解，滤过，滤液与川贝母流浸膏混合，放冷，加入薄荷脑和含适量杏仁香精的乙醇溶液，加水至 1 000 mL，搅匀，即得。

【性状】本品为棕红色的黏稠液体；气香，味甜、微苦、凉。

【功能与主治】清热宣肺，化痰止咳。用于风热犯肺、痰热内阻所致的咳嗽痰黄或咯痰不爽、咽喉肿痛、胸闷胀痛；感冒、支气管炎见上述证候者。

【用法用量】口服。一次 10 mL，一日 3 次。

【贮藏】密封，置阴凉处。

【注解】TLC 鉴别枇杷叶。本品每 1 mL 含薄荷脑($C_{10}H_{20}O$) 应不少于 0.20 mg。

二、煎膏剂

(一) 煎膏剂的含义与特点

煎膏剂(concentrated decoctions)系指饮片用水煎煮，取煎煮液浓缩，加炼蜜或糖(或转化糖)制成的半流体制剂。煎膏剂多以滋补为主，兼具缓和的治疗作用，故又称膏滋。煎膏剂经浓缩并含有较多的糖或蜜，故具有体积小，药物浓度高，服用方便，口感好，渗透压大，不易滋生微生物等优点。但由于煎膏剂需经过较长时间的加热煎煮、浓缩过程，故含热敏性及挥发性成分的饮片不适合制成煎膏剂。

煎膏剂是中药传统剂型之一，多用于慢性疾病的治疗，如养阴清肺膏用于阴虚肺燥，干咳少痰等症；益母草膏用于妇女活血调经。

(二) 煎膏剂的辅料

1. 蜂蜜　用于制备煎膏剂的蜂蜜须经过炼制，蜂蜜的选择与炼制详见第九章第三节。

2. 蔗糖　制备煎膏剂所用的糖，除另有规定外，应使用《中国药典》收载的蔗糖。糖的品质不同，会影响到煎膏剂的质量和效用。常用白糖、冰糖、红糖、饴糖等。白糖味甘、性寒，具有润肺生津，和中益气，舒缓肝气的功效。白糖分为白砂糖和绵白糖，绵白糖粒细，含部分果糖，其纯度不如白砂糖高。冰糖系结晶型蔗糖，由白砂糖结晶制得，质量优于白砂糖。红糖是一种未经提纯的糖，含有维生素和铁、锰等微量元素，其营养价值高于白糖，具有补血、破瘀、祛寒、舒肝等功效，特别适用于产妇、儿童及贫血者，所以常以红糖制煎膏剂。饴糖主要成分为麦芽糖，是淀粉水解、转化、浓缩后而制得的一种稠厚液态糖，含有维生素 B 和铁等，具有补中缓急，润肺止咳，解毒的功效。有水分存在时，各种糖都有发酵变质的特性，因此，使用前应加以炼制。

炼糖的目的在于熔融糖的晶粒，去除杂质，减少水分，杀死微生物，控制糖的转化率，以防止煎膏剂出现“返砂”的现象。

知识链接

煎膏剂的“返砂”

有些煎膏剂在贮藏一定的时间后，常有糖的结晶析出，俗称“返砂”。“返砂”产生的原因与煎膏剂中所含总糖量和转化糖量密切相关。研究表明，当煎膏剂中总糖量超过单糖浆浓度时，因饱和度过大，会析出糖的结晶，因此，煎膏剂一般需控制总糖量在 85%以下。蔗糖的转化程度也需控制在一定的范围内，转化率在 40%～50%时，无糖的结晶析出，但如果转化率过高或过低都会检测到糖的结晶。蔗糖在高温或酸性条件下会发生进一步转化，果糖的损失比葡萄糖更多，因此，收膏时应尽量降低加热温度，或缩短加热时间，并可适当调高 pH，以减少蔗糖的进一步转化。

笔记栏

炼糖方法：取蔗糖，加糖量50%的水和0.1%～0.3%的枸橼酸或酒石酸，加热熬炼，不断搅拌，保持微沸状态，炼至"滴水成珠，脆不粘牙，色泽金黄"，使糖转化率达到40%～50%时，取出，冷却至70℃时，加入碳酸氢钠中和，即得。红糖含杂质较多，炼制后一般需加糖量2倍的水稀释，静置，除去沉淀，备用。冰糖含水分较少，炼制时间应短，且炼制时注意加水量以防焦化；饴糖含水量较多，炼制时可少加或不加水，且炼制时间较长。

(三) 煎膏剂的制备

煎膏剂的制备工艺流程如图5-3所示：

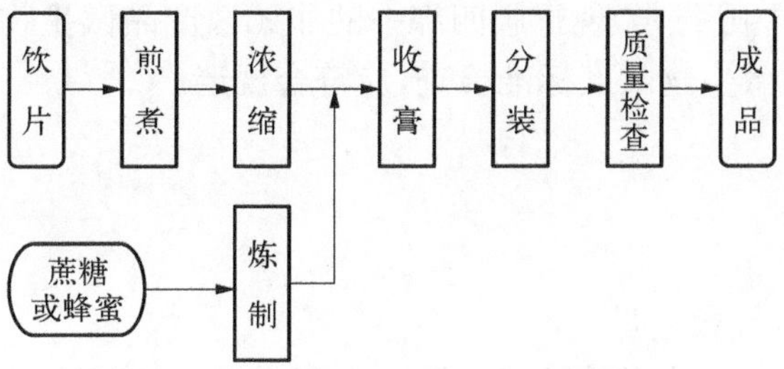

图5-3 制备煎膏剂的一般工艺流程

1. 煎煮 方中饮片加水煎煮2～3次，每次2～3 h，滤取煎液，并压榨药渣，将压榨液与滤液合并，静置，滤过。处方中若有新鲜果类药材，一般洗净后压榨取汁，其渣加水煎煮，煎液合并果汁后，滤过，备用。

2. 浓缩 将上述滤液加热浓缩至具体品种规定的相对密度，或用搅拌棒趁热蘸取浓缩液滴于桑皮纸上，以液滴周围无渗出水迹为度，即为"清膏"。

3. 收膏 清膏中加规定量的炼糖或炼蜜，不断搅拌，继续加热熬炼至规定稠度，即可。收膏时，随着稠度的增加，可相应降低加热温度，并注意捞除液面上的浮沫，当稠度较大时，需注意防止焦化。

按照《中国药典》现行版四部，除另有规定外，一般加入炼蜜或炼糖（或转化糖）的量不超过清膏量的3倍。

处方中如含阿胶、鹿角胶等胶类，应烊化后在收膏时趁热加入，混匀后收膏。

如需加入药粉，除另有规定外，一般应加入细粉。且应在煎膏剂不溶物检查符合规定并待煎膏剂稍冷后加入，搅拌均匀。

4. 分装 煎膏剂应分装于洗净、干燥并灭菌的大口径容器中，须待煎膏剂充分冷却后，再加盖密闭，以防止水蒸气冷凝后返回煎膏剂表面，久贮后霉败变质。除另有规定外，煎膏剂应密封，置阴凉处贮存。

(四) 煎膏剂的质量评价与检查

按照《中国药典》现行版四部检查煎膏剂的相对密度，不溶物、装量及微生物限度，应符合规定。

1. 性状 煎膏剂应无焦臭、异味，无糖的结晶析出。

2. 相对密度 除另有规定外，取供试品适量，精密称定，加水约2倍，精密称定，混匀，作为供试品溶液。按照《中国药典》四部中的相对密度测定法测定，按下式计算，应符合各品种项下的有关规定。

笔记栏

$$供试品相对密度=\frac{W_1-W_1\times f}{W_2-W_1\times f} \qquad (5-1)$$

式(5-1)中W_1为比重瓶内供试品溶液的重量，g；

W_2为比重瓶内水的重量,g;

$$f=\frac{\text{加入供试品中的水重量}}{\text{供试品重量}+\text{加入供试品中的水重量}} \tag{5-2}$$

凡加饮片细粉的煎膏剂,不检查相对密度。

3. 不溶物　取供试品 5 g,加热水 200 mL,搅拌使溶化,放置 3 min 后观察,不得有焦屑等异物。加饮片细粉的煎膏剂,应在未加入药粉前检查,符合规定后方可加入药粉,加入药粉后不再检查不溶物。

4. 装量　按照《中国药典》现行版四部中的最低装量检查法检查,应符合规定。

5. 微生物限度　按照《中国药典》现行版四部中的非无菌产品微生物限度检查:微生物计数法和控制菌检查及非无菌药品微生物限度标准检查,应符合规定。

(五) 举例

例 5-5　益母草膏

【处方】益母草 2 500 g,红糖适量。

【制法】取益母草,切碎,加水煎煮二次,每次 2 h,合并煎液,滤过,滤液浓缩至相对密度为 1.21～1.25(80℃)的清膏。每 100 g 清膏加红糖 200 g,加热溶化,混匀,浓缩至规定的相对密度,即得。

【性状】本品为棕黑色稠厚的半流体;气微,味苦、甜。

【功能与主治】活血调经。用于血瘀所致的月经不调、产后恶露不绝,症见月经量少、淋漓不净、产后出血时间过长;产后子宫复旧不全见上述证候者。

【用法用量】口服。一次 10 g,一日 1～2 次。

【贮藏】密封,避光。

【注解】TLC 鉴别益母草中的活性成分盐酸水苏碱。本品每 1 g 含盐酸水苏碱($C_7H_{13}NO_2 \cdot HCl$)不得少于 3.6 mg。

第五节　酒剂与酊剂

一、酒剂

(一) 酒剂的含义与特点

酒剂(medicinal wines)系指饮片用蒸馏酒提取制成的澄清液体制剂。酒剂多供内服,也可外用。

酒剂是传统剂型之一,历史悠久,早在《黄帝内经》中就有"醪醴"(指治病的药酒)的记述。酒甘辛大热,能散寒,并且中药中多种成分能溶于白酒中,故治疗风寒湿痹、散瘀止痛、祛风活血的方剂,多制成酒剂。

生产内服酒剂应以谷类酒为原料,所用的白酒应符合蒸馏酒的质量标准,并可加入适量的糖或蜂蜜调味。酒剂应密封,置阴凉处贮存。

酒剂制备简单,剂量小,易服用,且不易生霉,易于保存。但乙醇有一定的药理作用,儿童、孕妇、心脏病及高血压患者不宜服用。

笔记栏

(二) 酒剂的制备

酒剂的制备工艺流程如图 5-4 所示:

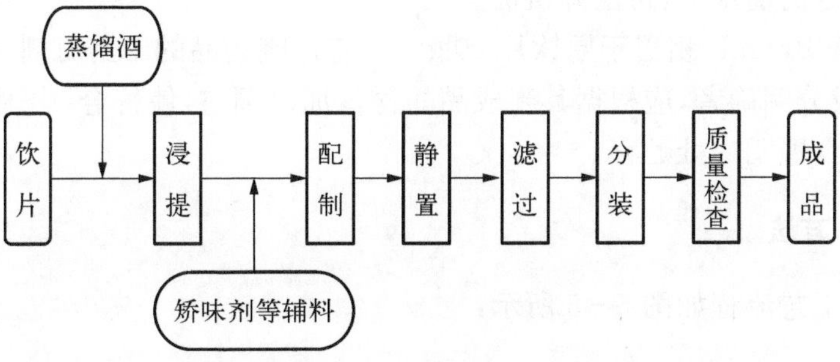

图 5-4　酒剂的制备一般工艺流程

酒剂可用浸渍法、渗漉法或回流提取法等方法制备。

1. 冷浸法　以白酒为溶剂，将饮片按照“冷浸渍法”操作，浸渍 30 天以上。取上清液，与药渣压榨液合并，根据处方需要加入糖或蜜，搅拌溶解，再静置 14 天以上，滤过，分装，即得。

2. 热浸法　以白酒为溶剂，将饮片按照“热浸渍法”操作，取上清液，与药渣压榨液合并后，根据处方需要加入糖或蜜，搅拌溶解，再静置数天，滤过，分装，即得。

3. 渗漉法　饮片适当粉碎，以白酒为溶剂，按照“渗漉法”操作，收集渗漉液。若处方中需加糖或蜜，可加至收集的渗漉液中，搅匀，密闭，静置，滤过，分装，即得，如寄生追风酒。也有将红糖用白酒溶解后作溶剂进行渗漉制备，如舒筋活络酒等。

4. 回流提取法　以白酒为溶剂，将饮片按照“回流提取法”操作，提取多次，至回流液无色。合并回流液，加入糖或蜜，搅拌溶解，密闭，静置，滤过，分装，即得。

（三）酒剂的质量评价与检查

按照《中国药典》现行版四部相关要求检查酒剂的总固体、乙醇量、甲醇量、装量及微生物限度，应符合规定。

1. 性状　酒剂须澄清，但在贮存期间允许有少量摇之易散的沉淀。

2. 总固体量　含糖、蜂蜜的酒剂按照第一法检查，不含糖、蜂蜜的酒剂照第二法检查，应符合规定。

第一法：精密量取供试品上清液 50 mL，置蒸发皿中，水浴上蒸至稠膏状，除另有规定外，加无水乙醇搅拌提取 4 次，每次 10 mL，滤过，合并滤液，置已干燥至恒重的蒸发皿中，蒸至近干，精密加入硅藻土 1 g(经 105℃干燥 3 h、移置干燥器中冷却 30 min)，搅匀，在 105℃干燥 3 h，移置干燥器中，冷却 30 min，迅速精密称定重量，扣除加入的硅藻土量，遗留残渣应符合各品种项下的有关规定。

第二法：精密量取供试品上清液 50 mL，置已干燥至恒重的蒸发皿中，水浴上蒸干，在 105℃干燥 3 h，移置干燥器中，冷却 30 min，迅速精密称定重量，遗留残渣应符合各品种项下的有关规定。

3. 乙醇量　按照《中国药典》现行版四部中的乙醇量测定法测定，应符合各品种项下规定。

4. 甲醇量　按照《中国药典》现行版四部中的甲醇量检查法检查，应符合规定。

5. 装量　按照《中国药典》现行版四部中的最低装量检查法检查，应符合规定。

6. 微生物限度　按照《中国药典》现行版四部中的非无菌产品微生物限度检查：微生物计数法和控制菌检查法及非无菌药品微生物限度标度标准检查，除需氧菌总数每 1 mL 不得超过 500 cfu，霉菌和酵母菌总数每 1 mL 不得超过 100 cfu 外，其他应符合规定。

二、酊剂

（一）酊剂含义与特点

笔记栏

酊剂(tinctures)系指原料药物用规定浓度的乙醇提取或溶解而制成的澄清液体制剂，也可用流浸膏稀释制成，供口服或外用。酊剂不加糖或蜜矫味和着色。久贮后若产生沉淀，在保证有效成分含量和乙醇量符合规定的前提下，可滤除沉淀。

除另有规定外，每 100 mL 相当于原饮片 20 g。含有毒剧药品的中药酊剂，每 100 mL 应相当于原饮片 10 g；其有效成分明确者，应根据其半成品的含量加以调整，使符合《中国药典》酊剂项下的规定。酊剂应遮光，密封，置阴凉处贮存。

（二）酊剂的制备方法

制备酊剂的一般工艺流程如图 5－5 所示：

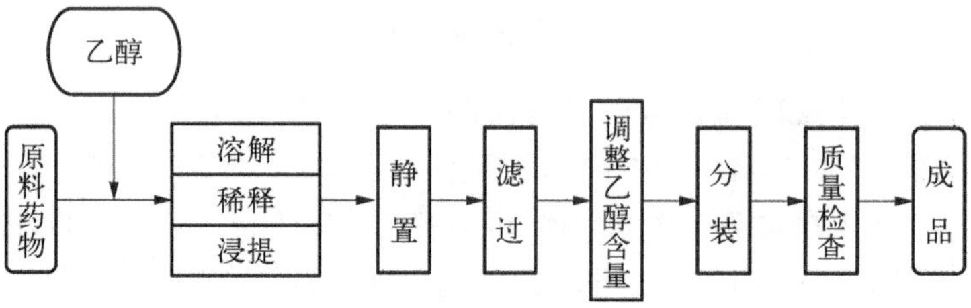

图 5－5 制备酊剂的一般工艺流程

酊剂多用渗漉法、浸渍法、溶解法或稀释法制备。

1. 溶解法　取处方中药物，加规定浓度的乙醇适量，溶解，静置，必要时滤过，即得。此法适用于化学药物及中药提纯物或有效部位酊剂的制备。

2. 稀释法　饮片的流浸膏或浸膏，加规定浓度的乙醇适量，稀释，静置，滤过，即得。

3. 浸渍法　取适当粉碎的饮片，置有盖容器中，加入规定浓度的乙醇适量，密盖，搅拌或振摇，浸渍 3～5 日或规定的时间，倾取上清液，再加入溶剂适量，依法浸渍至有效成分充分浸出，合并浸出液，加溶剂至规定量后，静置，滤过，即得。

4. 渗漉法　饮片适当粉碎，以规定浓度的乙醇为溶剂，按照“渗漉法”操作，收集的渗漉液达到规定量后，静置，滤过，即得。若饮片为毒剧药时，应测定收集的渗漉液中的有效成分的含量，然后再加适量溶剂调整至规定的含量标准。

（三）酊剂的质量评价检查

按照《中国药典》现行版四部相关要求检查酊剂的乙醇量、甲醇量、装量及微生物限度，应符合规定。

1. 性状　除另有规定外，酊剂应澄清，久置允许有少量摇之易散的沉淀。

2. 乙醇量　按照《中国药典》现行版四部中的乙醇量测定法测定，应符合各品种项下规定。

3. 甲醇量　按照《中国药典》现行版四部中的甲醇量检查法检查，应符合规定。

4. 装量　按照《中国药典》现行版四部中的最低装量检查法检查，应符合规定。

5. 微生物限度　除另有规定外，按照《中国药典》现行版四部中的非无菌产品微生物限度检查：微生物计数法和控制菌检查法及非无菌药品微生物限度标准检查，应符合规定。

三、举例

例 5－6　三两半药酒

【处方】当归 100 g，炙黄芪 100 g，牛膝 100 g，防风 50 g。

【制法】以上四味，粉碎成粗颗粒，用白酒 2 400 mL 与黄酒 8 000 mL 的混合液作溶剂，浸渍 48 h后，缓缓渗漉，收集渗漉液，加入蔗糖 840 g，搅拌使溶解后静置，滤过，即得。

【性状】本品为黄棕色的澄清液体；气香，味微甜、微辛。

【功能与主治】益气活血，祛风通络。用于气血不和、感受风湿所致的痹病，症见四肢疼痛、筋脉

笔记栏

拘挛。

【用法用量】口服。一次 30～60 mL，一日 3 次。

【贮藏】密封，置阴凉处。

【注解】本品含乙醇量为 20%～25%，总固体物不得少于 1.0%。TLC 法鉴别当归、黄芪以及主要活性成分齐墩果酸。

例 5-7 骨痛灵酊

【处方】雪上一枝蒿 80 g，干姜 110 g，龙血竭 1 g，乳香 5 g，没药 5 g，冰片 1.5 g。

【制法】以上六味，将雪上一枝蒿、干姜、没药、乳香粉碎成粗粉，混匀，用 50%的乙醇作溶剂，浸渍，渗漉，收集渗漉液 950 mL；另将龙血竭、冰片溶于 50 mL 乙醇中，与上述渗漉液合并，用水和(或)乙醇调至 1 000 mL，混匀，静置 48 h，滤过，即得。

【性状】本品为橙红色的液体，久置有混浊或轻微沉淀；气香。

【功能与主治】温经散寒，祛风活血，通络止痛。用于腰、颈椎骨质增生，骨性关节炎，肩周炎，风湿性关节炎。

【用法用量】外用。一次 10 mL，一日 1 次。将药液浸于敷带上贴敷患处 30～60 min；20 天为一疗程。

【贮藏】密封，避光。

【注解】TLC 鉴别雪上一枝蒿和龙血竭。本品每 1 mL 含雪上一枝蒿以雪上一枝蒿甲素($C_{22}H_{33}NO_2$)计，应为 60～170 μg；每 1 mL 含冰片以龙脑($C_{10}H_{18}O$) 计，不得少于 0.65 mg。

第六节 流浸膏剂与浸膏剂

流浸膏剂与浸膏剂均由饮片浸提液浓缩而成，二者浓缩程度不同。除少数品种直接应用于临床外，流浸膏剂多用于制备合剂、糖浆剂、酊剂等剂型；浸膏剂多用于制备颗粒剂、胶囊剂、片剂等剂型。

一、流浸膏剂与浸膏剂的含义与特点

流浸膏剂(liquid extracts)、浸膏剂(extracts)系指饮片用适宜的溶剂提取，蒸去部分或全部溶剂，调整至规定浓度而成的制剂。蒸去部分溶剂者为流浸膏剂，蒸去全部溶剂者为浸膏剂。除另有规定外，流浸膏剂每 1 mL 相当于饮片 1 g；浸膏剂每 1 g 相当于饮片或天然药物 2～5 g。浸膏剂又分为稠浸膏与干浸膏两种。稠浸膏呈半固体状，一般含水量约为 15%～20%；干浸膏呈粉末状，含水量约为 5%。

流浸膏剂一般以一定浓度的乙醇为溶剂，少数以水为溶剂。以水为溶剂的流浸膏剂应根据实际情况加入 20%～25%的乙醇作为防腐剂，以利于贮存。除另有规定外，流浸膏剂和浸膏剂应置遮光容器内密封，流浸膏剂应置阴凉处贮存。

二、流浸膏剂与浸膏剂的制备

(一) 流浸膏剂的制备

除另有规定外，流浸膏剂多用渗漉法制备，如远志流浸膏、当归流浸膏等；也可用浸膏剂稀释制成，如甘草流浸膏；或者用水提醇沉法制备，如益母草流浸膏。

(二) 浸膏剂的制备

浸膏剂多用煎煮法(如肿节风浸膏、甘草浸膏)或渗漉法(如颠茄浸膏)制备。全部提取液应低

笔记栏

温浓缩至稠膏状，加稀释剂（如甘油、液状葡萄糖等）或继续浓缩至规定量。将稠膏采用适当的方法干燥，可得到干浸膏粉，加入稀释剂（如淀粉、乳糖、蔗糖等）调整至规定量。也可在稠膏中掺入适量原药材细粉、淀粉稀释后再干燥。

此外，也可采用回流法或浸渍法制备。

三、流浸膏剂和浸膏剂质量评价与检查

按照《中国药典》现行版四部相关要求检查乙醇量、甲醇量、装量、微生物限度，应符合规定。

1. 性状　流浸膏剂外观应澄清，久置若产生沉淀时，在乙醇和有效成分含量符合各品种项下规定的情况下，可滤除沉淀。浸膏剂外观应符合各品种项下规定。

2. 乙醇量　除另有规定外，含乙醇的流浸膏按照《中国药典》现行版四部通则乙醇量测定法检查，应符合规定。

3. 甲醇量　除另有规定外，含乙醇的流浸膏按照《中国药典》现行版四部通则甲醇量检查法检查，应符合各品种项下的规定。

4. 装量　按照《中国药典》现行版四部通则最低装量检查法检查，应符合规定。

5. 微生物限度　按照《中国药典》四部通则非无菌产品微生物限度检查法检查，应符合规定。

四、举例

例 5-8　当归流浸膏

【处方】当归（粗粉）1 000 g，70%乙醇适量。

【制法】取当归粗粉 1 000 g，用 70%乙醇作溶剂，浸渍 48 h，缓缓渗漉，收集初漉液 850 mL，另器保存；继续渗漉，至渗漉液无色或微黄色为止。收集续漉液，在 60℃以下浓缩至稠膏状，加入初漉液 850 mL，混匀，用 70%乙醇稀释至 1 000 mL，静置数日，滤过，即得。

【性状】本品为棕褐色的液体；气特异，味先微甜后转苦麻。

【贮藏】密封，置阴凉处。

【注解】本品含乙醇量应为 45%～50%。采用 TLC 法鉴别当归的活性成分阿魏酸和藁本内酯。本品含阿魏酸（$C_{10}H_{10}O_4$）不得少于 0.016%（g/mL）。

例 5-9　刺五加浸膏

【处方】刺五加 1 000 g。

【制法】取刺五加 1 000 g，粉碎成粗粉，加水煎煮二次，每次 3 h，合并煎液，滤过，滤液浓缩成浸膏 50 g（水浸膏），即得；或取刺五加 1 000 g，粉碎成粗粉，加 75%乙醇，回流提取 12 h，滤过，滤液回收乙醇至无醇味，浓缩成浸膏 40 g（醇浸膏），即得。

【性状】本品为黑褐色的稠膏状物；气香，味微苦、涩。

【贮藏】密封。

【制剂】刺五加片。

【注解】采用 TLC 法鉴别刺五加药材及活性成分异嗪皮啶、紫丁香苷。本品按干燥品计算，水浸膏含紫丁香苷（$C_{17}H_{24}O_9$）不得少于 0.60%、含刺五加苷 E（$C_{34}H_{46}O_{18}$）不得少于 0.30%、含异嗪皮啶（$C_{11}H_{10}O_5$）不得少于 0.10%；醇浸膏含紫丁香苷（$C_{17}H_{24}O_9$）不得少于 0.50%、含刺五加苷 E（$C_{34}H_{46}O_{18}$）不得少于 0.30%、含异嗪皮啶（$C_{11}H_{10}O_5$）不得少于 0.12%。

笔记栏

（徐　剑　王晓颖）

第六章　液体制剂

本章要点

液体制剂的含义、特点与分类。

表面活性剂的概念、种类、性质与应用。

影响药物溶解度的因素和增加药物溶解度的方法。

真溶液型和胶体溶液型液体制剂的类型、特点与制备方法。

乳剂和混悬剂的特点、制备方法、稳定性及质量评价。

第一节　概　　述

一、液体制剂的含义与特点

液体制剂(liquid pharmaceutical preparations)系指药物分散在适宜的液体分散介质(溶剂)中制成的可供内服或外用的液态制剂。液体制剂中被分散的药物称为分散相,分散相可以使液体、固体、气体药物,以分子、离子、胶粒、液滴、颗粒或混合形式分散于液体分散介质中。分散介质可以是水、乙醇、脂肪油等溶剂,另外可根据需要加入适宜的附加剂。药物在分散介质中的分散状态与药物的疗效安全性密切相关。

液体制剂具有以下优点: ① 药物的分散度大,吸收快,与散剂、片剂等固体剂型比较能迅速发挥药效;② 油或油性药物制成乳剂后易服用,吸收好,可提高其生物利用度;③ 能减少某些药物的刺激性,有些固体药物如溴化物、碘化物、水合氯醛等口服后由于局部浓度过高而对胃肠道产生刺激性,制成液体制剂后通过调整制剂浓度可减少刺激性;④ 有效成分分散或振摇后较均匀,易于分剂量,服用方便,特别适用于儿童与老年患者;⑤ 给药途径广泛,可内服,也可外用,外用范围广,如皮肤、五官、腔道等。

液体制剂存在以下缺点: ① 由于液体制剂中药物分散度大,易引起药物的化学降解,故化学性质不稳定的药物不宜制成液体制剂;② 非均相液体制剂中药物的分散度大,具有较大的相界面和界面能,存在一定程度的不稳定性,易出现聚集、沉淀等问题;③ 水性液体制剂容易霉变,需加入防腐剂,非水溶剂具有一定药理作用,成本高;④ 液体制剂体积较大,携带、运输、贮存都不方便。

二、液体制剂的分类

(一) 按分散系统分类

液体制剂中的药物可以以分子或离子状态分散在介质中,形成均相液体制剂,如溶液剂、高分子溶液剂等;也可以液滴或微粒状态分散在介质中,形成非均相液体制剂,如乳剂、溶胶剂、混悬剂等。根据分散相粒子大小、物态及分散情况的不同,分为溶液型、胶体溶液型、乳状液型、混悬液型四类,具体见表 6-1。

笔记栏

表 6－1 按分散系统分类表

类型		分散相大小	特征			
			界面	动力学	热力学	特点
溶液型		<1 nm	无	稳定	稳定	扩散快，能透过滤纸和某些半透膜
胶体溶液型	高分子溶液	1～100 nm	无	稳定	稳定	扩散慢，能透过滤纸，不能透过半透膜
	溶胶		有	稳定	不稳定	扩散慢，能透过滤纸，不能透过半透膜
乳状液型		>100 nm	有	不稳定	不稳定	扩散很慢或不扩散，显微镜下可见
混悬液型		>500 nm	有	不稳定	不稳定	扩散很慢或不扩散，显微镜下可见

1. 均相液体制剂　药物以分子、离子形式均匀分散在分散介质中，又称为溶液（真溶液），是热力学稳定体系。

（1）低分子溶液：系指分散相药物以小分子或离子状态均匀分散于液体分散介质中。

（2）高分子溶液：系指分散相药物以高分子状态均匀分散于液体分散介质中，又称亲水胶体溶液。

2. 非均相液体制剂　药物以微粒（多分子聚集体）、液滴的形式分散在分散介质中，是热力学不稳定体系。

（1）溶胶：系指分散相药物以多分子聚集体分散于液体分散介质中，又称疏水胶体溶液。

（2）乳剂：系指互不相溶的两相液体混合，其中一相液体以液滴状态分散于另一相液体中，又称乳状液型液体制剂。

（3）混悬剂：系指难溶性固体药物以微粒状态分散于分散介质中制成的混悬液体制剂。

液体制剂中药物的分散程度影响药物的吸收速度和疗效。除了机体不能吸收的药物外，一般药物在分散媒中的分散度越大，药物吸收越快，起效也越迅速。一般来说，液体制剂的吸收速度为：溶液剂>胶体制剂>乳剂及混悬剂。因此，控制药物的分散度而改变药物的溶解速度是一种控制药物作用的重要方法。

（二）按给药途径分类

按照给药途径，液体制剂可分为以下几类。

1. 内服液体制剂　如合剂、糖浆剂、口服乳剂、口服混悬剂等。

2. 外用液体制剂　按用药部位又分为如下。

（1）五官科用液体制剂：洗耳剂、滴耳剂、洗鼻剂、滴鼻剂、含漱剂、滴牙剂等。

（2）皮肤用液体制剂：如洗剂、搽剂等。

（3）直肠、阴道、尿道用液体制剂：如灌肠剂、灌洗剂等。

三、液体制剂常用的溶剂

液体制剂的溶剂对药物起溶解和分散作用，其本身质量直接影响制剂的制备和稳定性。优良的液体制剂溶剂应对药物具有良好的溶解性与分散性，化学性质稳定，毒性小，无刺激性，无臭味，不影响主药的疗效和含量测定，便于安全生产，成本低等特点。但能同时符合这些条件的溶剂很少，应根据药物的性质及用途选择适宜的溶剂。常用溶剂如下。

1. 水　水是最常用的溶剂。水能与乙醇、甘油、丙二醇等溶剂以任意比例混合，能溶解绝大多数的无机盐类和极性大的有机药物，能溶解中药中的生物碱盐、苷类、糖类、树胶、黏液质、鞣质、蛋白质及色素等化学成分。

2. 乙醇　乙醇为常用溶剂，可与水、甘油、丙二醇等溶剂以任意比例混合，能溶解多种有机药物和中药中的有效成分，如生物碱及其盐类、苷类、挥发油、树脂、鞣质、有机酸和色素等。

笔记栏

3. 甘油　甘油为无色澄明、高沸点、黏稠性液体，有吸湿性，味甜，毒性小，能与水、乙醇、丙二醇等任意比例混溶。甘油对酚、鞣质和硼酸的溶解度比水大。甘油黏度较大，且有防腐性，故常将一些外用药制成甘油剂。甘油的吸水性很强，在水溶剂中加入一定比例的甘油，可起到保湿、增稠、润滑、延长药物局部药效等作用。

4. 丙二醇　药用品为1，2-丙二醇，为无色透明的黏稠液体，无臭，味微甜，有引湿性，毒性小，无刺激性，性质与甘油相似，但黏度较甘油小，可与水、乙醇、甘油以任意比例混溶，能溶解于乙醚、氯仿中，但不能与脂肪油混溶。一定比例的丙二醇和水的混合液能延缓某些药物的水解，增加其稳定性，液体制剂中常用来代替甘油。

5. 聚乙二醇　聚乙二醇分子量在1 000以下者为无色黏性液体，如PEG200、PEG300、PEG400、PEG600均为中等黏度、无色、带有微臭的液体，略有吸湿性。常用的低聚合度的聚乙二醇，如PEG 300～600，化学性质稳定，不易被水解破坏，能与水以任何比例混溶，并能溶解许多水溶性无机盐和水不溶性有机药物。本品对易水解的药物具有一定的稳定作用，亦具有保湿作用，在外用液体制剂中对皮肤无刺激性。

6. 脂肪油　主要指《中国药典》现行版收载的植物油类，为常用非极性溶剂，如菜油、花生油、麻油、豆油等。多用于外用制剂，如洗剂、搽剂等，也可用做内服液体制剂的溶剂，如维生素A和D的溶液剂。脂肪油能溶解固醇类激素、油溶性维生素、游离生物碱、有机碱、挥发油及许多芳香族化合物，不能与水、乙醇等极性溶剂相混溶。脂肪油容易氧化酸败，也易与碱性物质发生皂化反应而影响制剂的质量。

7. 液状石蜡　本品为饱和烷烃化合物，无色透明油状，化学性质稳定。分轻质和重质两种，前者密度为0.818～0.880 g/mL，多用于外用液体制剂，后者密度为0.845～0.905 g/mL，可用于软膏剂。

8. 油酸乙酯　属脂肪油的代用品。本品为淡黄色或几乎无色、易流动、似橄榄油香味的油状液体，可溶解甾族化合物、挥发油及其他油溶性药物。具有挥发性和可燃性，在空气中暴露易氧化、变色，故使用时常加入抗氧剂。

9. 乙酸乙酯　无色油状液体，微臭。相对密度(20℃)为0.897～0.906。有挥发性和可燃性。在空气中容易氧化、变色，需加入抗氧剂。本品能溶解挥发油、甾体药物及其他油溶性药物。常作为搽剂的溶剂。

四、液体制剂的质量要求

(一) 液体制剂生产与贮藏的有关规定

均相液体制剂应是澄明溶液；非均相液体制剂的药物粒子应小而分散均匀；口服液体制剂应外观良好，口感适宜；外用液体制剂应无刺激性；所有液体制剂应浓度准确、稳定、无刺激性，并具有一定的防腐能力，不得有发霉、酸败、变色、异物、产生气体或其他变质现象；包装容器应适宜，方便患者携带和使用。

口服溶液剂、口服混悬剂、口服乳剂在生产、贮藏期间应符合以下要求：除另有规定外，口服溶液剂的溶剂，口服混悬液的分散介质常用纯水。根据需要可加入适宜的附加剂，如抑菌剂、分散剂、助悬剂、增稠剂、助溶剂、润湿剂、缓冲剂、乳化剂、稳定剂、矫味剂以及色素等，其品种与用量应符合国家标准的有关规定。在确定制剂处方时，抑菌剂的抑菌效力应符合《中国药典》现行版通则抑菌效力检查法的规定。

制剂应稳定、无刺激性、不得有发霉、酸败、变色、异物、产生气体或其他变质现象。

口服滴剂包装内一般应附有滴管和吸球或其他量具。

除另有规定外，口服溶液剂、口服混悬剂、口服乳剂应避光，密封贮存。

口服乳剂的外观应呈均匀的乳白色，以半径为10 cm的离心机4 000 r/min的转速离心15 min，不应有分层现象。乳剂可能会出现分层现象，但经振摇应易再分散。

笔记栏

口服混悬剂的混悬物应分散均匀，允许有轻摇易散的沉降物。口服混悬剂在标签上应注明“用前摇匀”；以滴计量的滴剂在标签上要标明每毫升或每克液体制剂相对药滴数。

（二）液体制剂质量检查与要求

1. 装量差异　除另有规定外，单剂量包装的干混悬剂照《中国药典》现行版通则规定的检查方法应符合规定。凡规定检查含量均匀度者，一般不再进行装量差异检查。

2. 装量　单剂量包装的口服溶液剂、口服混悬剂、口服乳剂的装量照《中国药典》现行版通则规定的检查方法检查应符合规定。多剂量包装的口服溶液剂、口服混悬剂、口服乳剂照《中国药典》现行版通则规定的“最低装量检查法”检查应符合规定。

3. 干燥失重　除另有规定外，干混悬剂的干燥失重应按照《中国药典》现行版规定的干燥失重测定法测定，其减失重量不得超过 2.0%。

4. 沉降体积比　口服混悬剂照《中国药典》现行版通则规定的方法检查，沉降体积比应不低于 0.90。干混悬剂按各品种项下规定的比例加水振摇，检查沉降体积比，应符合规定。

5. 微生物限度检查　照《中国药典》现行版规定的方法检查，应符合规定。

第二节　表面活性剂

一、表面活性剂的含义、组成与特点

在液体表面存在一种使液面收缩的力称界面张力或表面张力。凡能显著降低两相间表面张力（或界面张力）的物质，称为表面活性剂（surfactants）。表面活性剂之所以能降低表面（或界面）张力，主要是由于其分子结构的特点。它们大都是长链的有机化合物，分子结构中同时含有极性亲水基团如—OH、—COOH、—NH_2 等，非极性疏水基团如碳氢链，如图 6－1 所示。疏水基团通常是 8 个碳原子以上的烃链，可以是脂肪烃链、芳烃链或环烷烃等。亲水基团可以是解离的离子，也可以是不解离的亲水基团。如羧酸、磺酸及其盐、氨基或胺基及它们的盐，也可以是羟基、酰胺基、醚基、羧酸酯基等。表面活性剂由于其特殊结构，可优先聚集或吸附于表面或界面，在两相界面发生定向排列，降低表面或界面张力，而改变两相界面的性质，从而起到增溶、乳化、润湿等作用。

将表面活性剂加入水中，能在表面定向吸附，亲水基团朝向水中，疏水基团朝向空气中，在表面（或界面）上定向排列，从而改变了液体的表面性质，使表面张力显著降低，并能在溶液中形成胶束。如图 6－2 所示。此时，表面活性剂在溶液表面层的浓度远远大于溶液中的浓度。

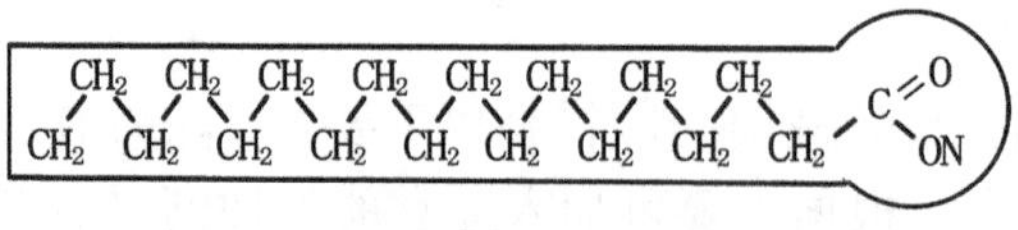

图 6－1　表面活性剂的化学结构示意图

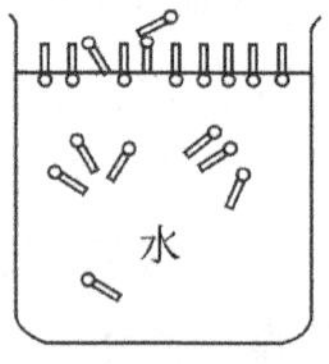

图 6－2　表面活性剂分子在水－空气界面的吸附作用

知识链接

表面张力与表面自由能

在液相内部，分子受到周围分子的作用力是对称的，而液－气界面上液体分子受到的液相分子的引力比气相分子对它的引力强，所以受的力不对称，表面分子受到指向液体内部并垂

笔记栏

直于界面的引力，因此有向液面内部迁移的趋势，使液体表面有自动收缩的现象。这种引起液体表面自动收缩的力，称为表面张力。

保持温度、压力和组成不变，每增加单位表面积时，自由能的增加值称为表面自由能，用符号 γ 表示，单位为 J/m^2。

$$\gamma=\left(\frac{\partial G}{\partial A}\right)_{p,T,nB}$$

二、表面活性剂的分类

表面活性剂通常按其在水中的解离情况分为离子型和非离子型两大类，离子型表面活性剂按其在水中电离后活性基团所带电荷又可分为阴离子型、阳离子型和两性离子型表面活性剂。不同类型表面活性剂的结构、特征和性质如下。

（一）阴离子型表面活性剂

阴离子型表面活性剂（anionic surfactants）起表面活性作用的是其阴离子部分，即带负电荷，如肥皂、长链烃基的硫酸盐等。

1. 羧酸化物　系高级脂肪酸的盐，通式为 $R(COO^-)_nM^{n+}$。其脂肪酸烃链一般在 C_{11}～C_{18} 之间，以硬脂酸、油酸、月桂酸等较常用。根据 M 的不同，可分为碱金属皂、碱土金属皂和有机胺皂（如三乙醇胺皂）等。它们都具有良好的乳化能力，但易被酸所破坏。碱金属皂还可被钙盐、镁盐等破坏，电解质可使之盐析。有一定的刺激性，一般用于皮肤用制剂。如硬脂酸钾（软肥皂）常用于硫黄洗剂的润湿剂，硬脂酸三乙醇胺常用于乳膏的乳化剂。

2. 硫酸化物　系硫酸化油和高级脂肪醇硫酸酯类，通式为 $R \cdot O \cdot SO_3^- M^+$，其中高级脂肪烃链 R 通常在 C_{12}～C_{18} 之间。硫酸化油的代表是硫酸化蓖麻油（土耳其红油），为黄色或橘黄色黏稠液体，有微臭，可与水混合，为无刺激性的去污剂和润湿剂，可代替肥皂清洗皮肤，亦可用于挥发油或水不溶性杀菌剂的增溶。高级脂肪醇硫酸酯类中常用的是十二烷基硫酸钠（月桂醇硫酸钠）、十六烷基硫酸钠（鲸蜡醇硫酸钠）、十八烷基硫酸钠（硬脂醇硫酸钠）等。乳化性较强，且较肥皂类稳定，主要用作外用软膏剂的乳化剂。

3. 磺酸化物　系指脂肪族磺酸化物、烷基芳基磺酸化物和烷基萘磺酸化物等，通式为 $R \cdot SO_3^- M^+$。脂肪族磺酸化物如二辛基琥珀酸磺酸钠（商品名阿洛索-OT）、二己基琥珀酸磺酸钠（商品名阿洛索-18），烷基芳基磺酸化物如十二烷基苯磺酸钠，目前常用作洗涤剂。

（二）阳离子型表面活性剂

阳离子型表面活性剂（cationic surfactants）起表面活性作用的是阳离子部分。其分子中亲水基团含有氮原子，根据氮原子在分子中位置不同，分为铵盐、季铵盐和杂环性三类，其特点是水溶性大，在酸性与碱性溶液中均较稳定。除具有良好的表面活性作用外，还具有很强的杀菌作用，因此主要用于杀菌与防腐。常用的有苯扎氯铵（商品名为洁尔灭）、苯扎溴铵（商品名为新洁尔灭）、氯化（溴化）十六烷基吡啶（商品名为西北林）等。

1. 苯扎氯铵和苯扎溴铵　苯扎氯铵（洁尔灭、氯苄烷铵）和苯扎溴铵（新洁尔灭、溴苄烷铵）均为白色或淡黄色粉末或胶状体，具有杀菌、渗透、清洁、乳化等作用。苯扎溴铵杀菌力很大，穿透性强，毒性较低。主要用做杀菌剂和防腐剂。

2. 氯化（溴化）十六烷基吡啶　商品名为西北林。本品为白色粉末，易溶于水及醇，pH 5～10

笔记栏

时杀菌力强。一般消毒用其0.1%水溶液；0.5%或0.1%的乙醇溶液用于凝胶、栓剂等作防腐剂。其他还有氯化苯甲羟胺、杜灭芬等。

(三) 两性离子型表面活性剂

两性离子型表面活性剂(amphoteric surfactants)分子中同时具有正、负电荷基团，随介质pH的不同而成为阳离子型或阴离子型。有天然品，也有人工合成制品。

1. 天然的两性离子型表面活性剂　卵磷脂是天然的两性离子型表面活性剂，是由磷酸型的阴离子部分和季铵盐型的阳离子部分所组成，其结构式如下。

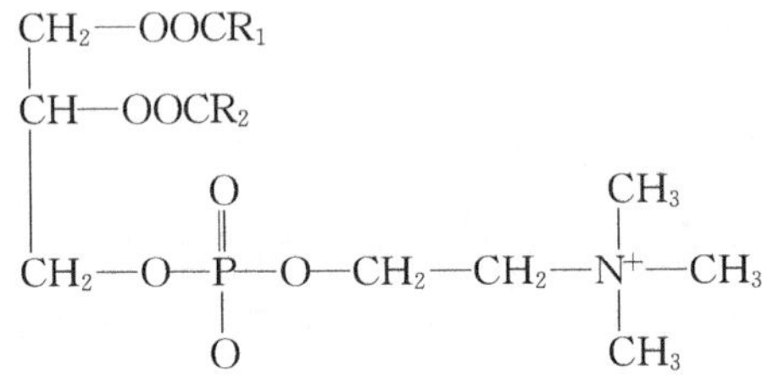

磷酸酯盐型阴离子部分　　季铵盐型阳离子部分

由于卵磷脂有R_1和R_2两个疏水基团，故不溶于水，但对油脂的乳化作用很强，可制成油滴很小且不易破坏的乳剂。目前是制备注射用乳剂的主要附加剂。

2. 合成的两性离子型表面活性剂　合成的两性离子型表面活性剂构成阳离子部分的是胺盐或季铵盐，阴离子部分主要是羧酸盐、硫酸酯、磷酸酯、磺酸盐等。羧酸盐型又分为氨基酸型和甜菜碱型两类。

氨基酸型两性离子型表面活性剂在等电点(一般为微酸性)时亲水性减弱，可能产生沉淀。甜菜碱型的最大优点是无论在酸性、中性或碱性水溶液中均易溶，在等电点时也无沉淀，适用于任何pH环境。

两性离子型表面活性剂在碱性水溶液中呈阴离子型表面活性剂性质，起泡性良好，去污力亦强；在酸性水溶液中则呈阳离子型表面活性剂特性，杀菌力很强。

(四) 非离子型表面活性剂

非离子型表面活性剂系指在水溶液中不解离的一类表面活性剂，其分子中构成亲水基团的是甘油、聚乙二醇、山梨醇等多元醇，构成亲油基团的是长链脂肪酸或长链脂肪醇及烷基或芳基等，两者以酯键或醚键相结合。因其不解离性，故具有不受电解质和溶液pH影响、毒性和溶血性小以及能与大多数药物配伍等优点，在制剂上应用较广，常用作增溶剂、分散剂、乳化剂或混悬剂等。可供外用，也可供内服，个别品种还用于注射剂。

1. 脂肪酸山梨坦类　商品名为司盘(Span)，系脱水山梨醇脂肪酸酯类，由山梨醇与各种不同的脂肪酸所组成的酯类化合物。由于山梨醇羟基脱水位置不同，脱水山梨醇实际上是一次脱水物和二次脱水物的混合物，所生成的酯也是混合物，一般可用以下通式表示

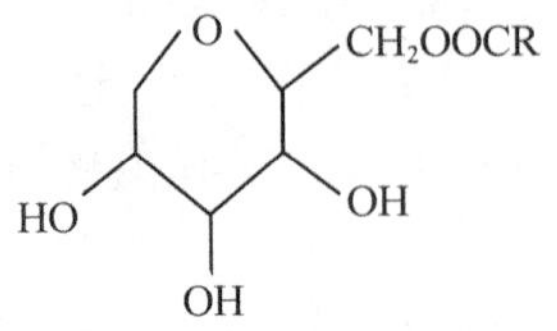

RCOO—为脂肪酸根，山梨醇为六元醇，因脱水而环合

笔记栏

脱水山梨醇的酯类因脂肪酸种类和数量的不同而有不同产品，如月桂山梨坦(司盘20)是单月桂酸酯；棕榈山梨坦(司盘40)是单棕榈酸酯；硬脂山梨坦(司盘60)是单硬脂酸酯；三硬脂山梨坦(司盘65)是三硬脂酸酯；油酸山梨坦(司盘80)是单油酸酯；三油酸山梨坦(司盘85)是三油酸酯等。其

HLB 值在 4.3～8.6，亲油性较强，故一般用作 W/O 型乳剂的乳化剂，或 O/W 型乳剂的辅助乳化剂。

2. 聚山梨酯类　商品名为吐温(Tween)，系聚氧乙烯脱水山梨醇脂肪酸酯类，系在司盘类的剩余—OH 上，再结合聚氧乙烯基而制得的醚类化合物。与司盘相同，聚氧乙烯脱水山梨醇脂肪酸酯类也是山梨醇的一次脱水物和二次脱水物的混合物。可用以下通式表示

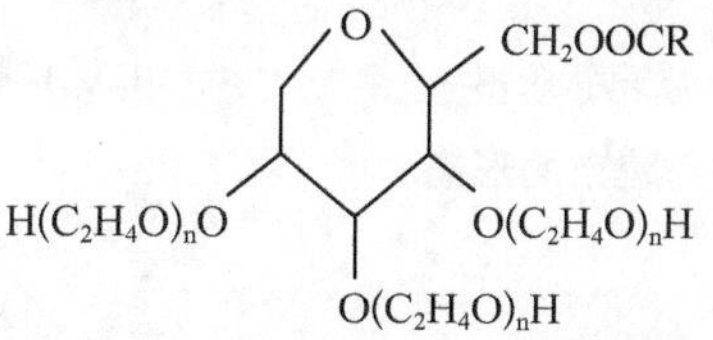

式中 $-(C_2H_4O)_nO$ 为聚氧乙烯基

聚山梨酯类根据脂肪酸种类和数量的不同而有不同产品。如聚山梨酯 20(吐温 20)、聚山梨酯 40(吐温 40)、聚山梨酯 60(吐温 60)、聚山梨酯 65(吐温 65)、聚山梨酯 80(吐温 80)、聚山梨酯 85(吐温 85)等。因其分子中增加了亲水性的聚氧乙烯基，大大增加了亲水性，故广泛用作增溶剂或 O/W 型乳化剂。

3. 聚氧乙烯脂肪酸酯类　商品名为卖泽(myrij)，系由聚乙二醇与长链脂肪酸缩合而成。可用通式：$R \cdot COO \cdot CH_2 \cdot (CH_2OCH_2)n \cdot CH_2OH$ 表示，其中，$-(CH_2OCH_2)_n$—为聚乙二醇形成的聚氧乙烯基，n 是聚合度，根据聚乙二醇的平均分子量而定。该类表面活性剂乳化能力很强，常用作 O/W 型乳化剂。

4. 聚氧乙烯脂肪醇醚类　商品名为苄泽(Brij)，系由聚乙二醇与脂肪醇缩合而成的醚类，通式为 $R \cdot O(CH_2OCH_2)_nH$。亦因聚氧乙烯基聚合度和脂肪醇的不同而有不同的品种。如西土马哥(Cetomacrogol)，为聚乙二醇与十六醇缩合而得；平平加 O(Peregol O)为 15 单位氧乙烯与油醇的缩合物；埃莫尔弗(EmLphor)是一类聚氧乙烯蓖麻油化合物，为 20 个单位以上的氧乙烯与油醇的缩合物。常用作增溶剂和 O/W 型乳化剂。

5. 聚氧乙烯-聚氧丙烯共聚物　系由聚氧乙烯和聚氧丙烯聚合而成。由于聚氧乙烯基是亲水性的，聚氧丙烯则随分子量的增大而逐渐变得亲油，从而构成这类表面活性剂的亲油基团。最常用的有普流罗尼克(Pluronic)，又称为泊洛沙姆(Poloxamer)。通式为 $HO(C_2H_4O)_a \cdot (C_3H_6O)_b \cdot (C_2H_4O)_c \cdot H$，其中 a、b、c 表示各自的聚合度。该类产品随着分子量的增大，可由液体逐渐变为固体。Pluronic F-68 是其中分子量较大者(分子量约为 7 500)，呈片状固体，熔点约为 52℃。该类表面活性剂对皮肤无刺激性和过敏性，对黏膜刺激性极小，毒性也比其他非离子型表面活性剂小，故可作为静脉注射用的乳化剂。

三、表面活性剂的基本性质

(一) 胶束与临界胶束浓度

表面活性剂水溶液达到一定浓度后，浓度再增大，对表面张力的降低作用不明显。这时表面层表面活性剂已基本饱和，更多的表面活性剂分子进入溶液内部。当浓度较大时，疏水基团相互吸引、缔合在一起形成缔合体，这种缔合体称为胶团或胶束(micelle)。表面活性剂开始形成胶束时的浓度称为临界胶束浓度(critical micelle concentration，CMC)。它与表面活性剂的结构及组成有关，若疏水基的碳链长而直，则 CMC 较低；碳链短而支链多，则 CMC 较高，还与外界条件有关如温度、添加剂等。如十二烷基硫酸钠的 CMC 为 0.232%(g/mL)，每个胶束的分子数约为 125 个，总分子量约为 36 000。

在表面活性剂达到 CMC 浓度的水溶液中，胶束有相近的缔合度，并呈球形或板状等，分子中亲水基排列在球壳外部形成栅状层结构，而碳氢链在中心形成内核。如图 6-3 所示。

笔记栏

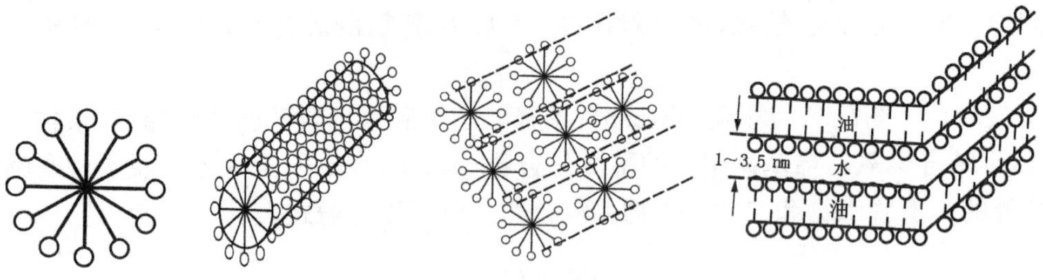

a. 球状胶束　b. 棒状胶束　c. 束状胶束　d. 层状胶束

图 6-3　胶束的形态

(二) 亲水亲油平衡值

表面活性剂分子中亲水和亲油基团对油或水的亲和力强弱称为亲水亲油平衡值(hydrophile-lipophile balance value, HLB)(表 6-2)。根据经验,将表面活性剂的 HLB 值范围限定在 0～40,其中非离子型表面活性剂的 HLB 值范围为 0～20,表面活性剂的 HLB 值愈高,其亲水性愈强;HLB 值越低,其亲油性愈强。不同 HLB 值的表面活性剂适合于不同的用途,如增溶剂 HLB 值的为 15～18;去污剂 HLB 值为 13～16;O/W 乳化剂 HLB 值为 8～16;润湿剂与铺展剂 HLB 值为 7～9;W/O 乳化剂 HLB 值为 3～8;大部分消泡剂 HLB 值为 0.8～3 等,如图 6-4 所示。

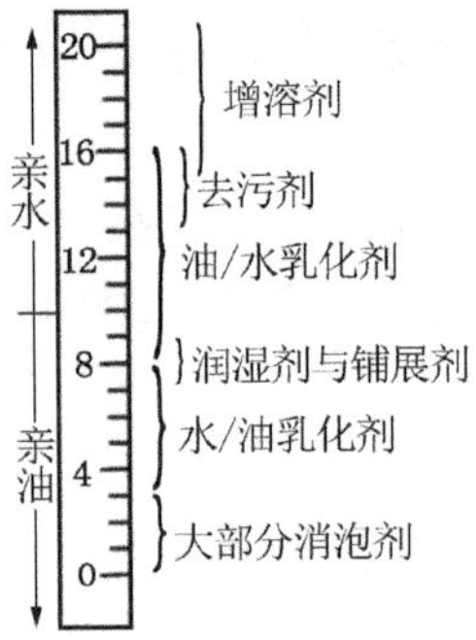

图 6-4　不同 HLB 值表面活性剂的适用范围

非离子型表面活性剂的 HLB 值具有加和性,如简单的二组分非离子型表面活性剂混合体系的 HLB 值可按式(6-1)计算。

$$HLB_{混合乳化剂} = \frac{W_A \cdot HLB_A + W_B \cdot HLB_B}{W_A + W_B} \quad (6-1)$$

式(6-1)中,W_A 为乳化剂 A 的重量,W_B 为乳化剂 B 的重量,HLB_A 为乳化剂 A 的 HLB 值,HLB_B 为乳化剂 B 的 HLB 值。

表 6-2　常用表面活性剂的 HLB 值

品名	HLB 值	品名	HLB 值
阿拉伯胶	8.0	司盘 80	4.3
西黄芪胶	13.0	吐温 20	16.7
明胶	9.8	吐温 40	15.6
单硬脂酸丙二醇	3.4	吐温 60	14.9
单硬脂酸甘油酯	3.8	吐温 80	15.0
司盘 20	8.6	卖泽 45	11.1
司盘 40	6.7	卖泽 49	15.0
司盘 60	4.7	卖泽 51	16.0

(三) Krafft 点

笔记栏

温度对离子型表面活性剂胶束的形成影响不显著,主要增加表面活性剂的溶解度以及增加被增溶物在胶束中的溶解度。图 6-5 为十二烷基硫酸钠在水中的溶解度随温度变化曲线。从图 6-5 可知,随温度升高至某一温度,其溶解度急剧升高,该温度称为 Krafft 点,相对应的溶解度即为离子表面活性剂的 CMC(图中虚线)。当溶液中表面活性剂的浓度未超过溶解度时(区域Ⅰ),溶液为真溶液;当继续加入表面活性剂时,则有过量表面活性剂析出(区域Ⅱ);而此时再升高温度,体系又成

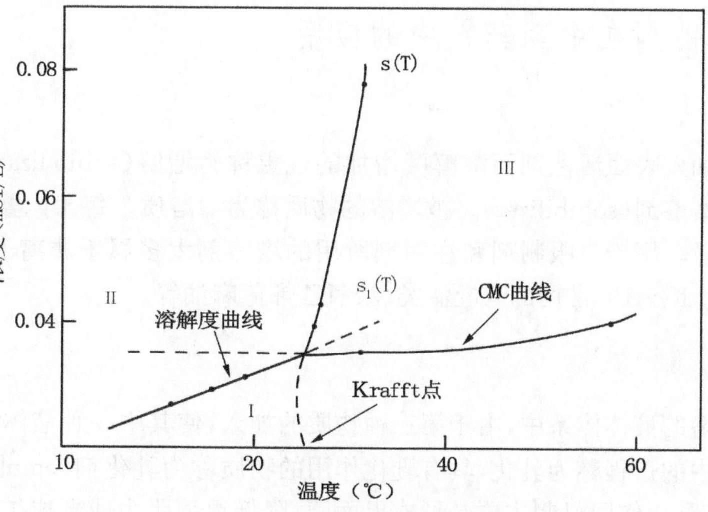

图 6-5 十二烷基硫酸钠的溶解度曲线

为澄明溶液(区域Ⅲ),但与Ⅰ相不同,Ⅲ相是表面活性剂的胶束溶液。

Krafft 点是离子型表面活性剂的特征值。Krafft 点是表面活性剂使用温度的下限,或者说,只有在温度高于 Krafft 点时表面活性剂才能更大程度地发挥效能。例如十二烷基硫酸钠与十二烷基磺酸钠的 Krafft 点分别为 8℃和 70℃,后者在室温的表面活性不够理想。

(四) 起昙与昙点

表面活性剂通常随温度升高溶解度增大,但某些含聚氧乙烯基的非离子型表面活性剂的溶解度开始随温度上升而增大,达到某一温度后,其溶解度急剧下降,使溶液变混浊,甚至产生分层,冷却后又能恢复澄明。这种由澄明变混浊的现象称为起昙(clouding formation),转变点的温度称为昙点(cloud point)。产生这一现象的原因,主要是由于含聚氧乙烯基的表面活性剂其亲水基可与水形成氢键,开始时随温度升高溶解度增大,而温度升高达到昙点后,氢键被破坏,分子水化力降低,溶解度急剧下降,故而出现混浊或沉淀。如吐温 20、吐温 60、吐温 80 的昙点分别是 95℃、76℃、93℃。盐类或碱性物质的加入能降低昙点。

有的含聚氧乙烯基的表面活性剂没有昙点,如 Pluronic F-68 极易溶于水,甚至达沸点时也没有起昙现象。

含有昙点表面活性剂的制剂,由于在达到昙点时析出表面活性剂,其增溶性或乳化性能亦下降,被增溶的物质可能析出,或相应的乳剂可能遭到破坏。有的在温度下降后恢复原状,有的则难以恢复。因此需加热灭菌的制剂应格外注意。

(五) 表面活性剂的毒性

一般阳离子型表面活性剂的毒性大于阴离子型表面活性剂,非离子型表面活性剂的毒性相对较小。阳离子型和阴离子型表面活性剂还有较强的溶血作用,非离子型表面活性剂的溶血作用一般比较轻微,聚山梨酯类非离子型表面活性剂的溶血作用通常较小。溶血作用的强弱顺序为:聚氧乙烯烷基醚>聚氧乙烯烷芳基醚>聚氧乙烯脂肪酸酯>吐温类。吐温类溶血作用的强弱顺序为:吐温 20>吐温 60>吐温 40>吐温 80。

静脉给药制剂中的表面活性剂的毒性比口服给药大,外用制剂中表面活性剂的毒性相对较小,以非离子型表面活性剂对皮肤和黏膜的刺激性为最小。非离子型表面活性剂的刺激性与其浓度和聚氧乙烯的聚合度有关,一般浓度越大刺激性越大,聚氧乙烯聚合度增大,刺激性降低。

笔记栏

四、表面活性剂在中药药剂中的应用

(一) 增溶剂

药物在水中因加入表面活性剂而溶解度增加的现象称为增溶(solubilization)。具有增溶作用的表面活性剂称为增溶剂(solubilizer)。被增溶的物质称为增溶质。每 1 g 增溶剂能增加增溶质溶解的克数称为增溶量。用于口服制剂和注射剂所用的增溶剂大多属于非离子型表面活性剂,增溶剂的最适 HLB 值为 15～18,常用的有吐温类、聚氧乙烯蓖麻油等。

(二) 乳化剂

在两种不相混溶的液体体系中,由于第三种物质的加入,使其中一种液体以小液滴的形式均匀分散在另一种液体中的过程称为乳化,具有乳化作用的物质称为乳化剂(emulsifiers)。表面活性剂可以用作乳化剂,其乳化作用机制主要是形成界面膜、降低界面张力或形成扩散双电层等。一般说来,HLB 值在 3～8 的表面活性剂可用作 W/O 型乳化剂,HLB 值在 8～16 的表面活性剂用作 O/W 型乳化剂。

(三) 润湿剂

促进液体在固体表面铺展或渗透的作用称为润湿(wetting),能起润湿作用的表面活性剂称为润湿剂(wetters)。在疏水性药物配制水性混悬剂时,必须加入润湿剂,使药物能被水润湿。润湿剂的作用原理是表面活性剂分子定向吸附于固-液界面,改变固体表面性质,降低固-液两相界面张力,减小接触角。一些表面活性剂如聚山梨酯类、聚氧乙烯脂肪醇醚以及长链烃基或烷芳基硫酸盐或磺酸盐均可作为润湿剂。

(四) 起泡剂与消泡剂

中药提取或浓缩时常因含有皂苷、蛋白质、树胶或其他高分子化合物,在提取罐或浓缩罐中产生大量稳定的泡沫。这些具有表面活性的高分子物质通常有较强的亲水性和较高的 HLB 值,在溶液中可降低液体的界面张力而使泡沫稳定,这些物质即称为起泡剂(forming agents)。起泡剂可用于腔道用药,如在阴道用片中加入起泡剂,可促使药物进入阴道皱褶而发挥作用。

消泡剂(antifoamiong agents)是一些表面张力小而且水溶性也小的表面活性剂,其 HLB 值通常为 1～3,与泡沫液层的起泡剂争夺液膜面,并可吸附于泡沫表面上,降低表面黏度,促使液膜液体流失而消泡,这些表面活性剂即称为消泡剂(antifoaming agents)。消泡剂通常用于中药提取、浓缩等过程中,以消除中药材中皂苷、蛋白质等高分子化合物因发酵、沸腾、搅拌而产生的泡沫。

(五) 杀菌剂

大多数阳离子型表面活性剂和两性离子型表面活性剂及少数阴离子型表面活性剂可用作杀菌剂(disinfectant),如苯扎溴铵、甲酚皂等。其杀菌机制是由于表面活性剂与细菌生物膜的蛋白质发生相互作用,使蛋白质变性或破坏。可用于手术前的皮肤消毒、伤口或黏膜消毒、器械消毒和环境消毒等。

(六) 去污剂

笔记栏

用于去除污垢的表面活性剂称为去污剂(detergents)或者洗涤剂(cleaning agents)。去污作用是表面活性剂润湿、渗透分散、乳化或增溶等各种作用的综合结果。去污剂的最适 HLB 值 13～16,常用的去污剂有钠肥皂、钾肥皂、油酸钠、十二烷基硫酸钠等。

第三节　增加药物溶解度的方法

一、药物的溶解度

药物的溶解度系指在一定条件(温度等)下，在一定量溶剂中溶解药物的最大量，是反映药物溶解性能的指标。

《中国药典》现行版关于药物溶解度有 7 种描述：极易溶解、易溶、溶解、略溶、微溶、极微溶解、几乎不溶或不溶，具体见表 6-3。这些概念仅表示药物大致的溶解性能。

表 6-3　《中国药典》关于溶解度的描述

溶解度	规定
极易溶解	系指溶质 1 g(mL)能在溶剂不到 1 mL 中溶解
易溶	系指溶质 1 g(mL)能在溶剂 1～不到 10 mL 中溶解
溶解	系指溶质 1 g(mL)能在溶剂 10～不到 30 mL 中溶解
略溶	系指溶质 1 g(mL)能在溶剂 30～不到 100 mL 中溶解
微溶	系指溶质 1 g(mL)能在溶剂 100～不到 1 000 mL 中溶解
极微溶解	系指溶质 1 g(mL)能在溶剂 1 000～不到 10 000 mL 中溶解
几乎不溶或不溶	系指溶质 1 g(mL)在溶剂 10 000 mL 中不能完全溶解

二、影响药物溶解度的因素

影响药物溶解度的因素主要有以下方面。

1. 温度　温度对溶解度影响很大，主要取决于溶解过程是吸热过程还是放热过程。溶解度与温度的关系如下

$$\ln X=\frac{\Delta H_f}{\mathrm{R}}\left(\frac{1}{T_f}-\frac{1}{T}\right) \tag{6-2}$$

式(6-2)中，X 为溶解度(摩尔分数)，T_f 为药物熔点、T 为溶解时温度，ΔH_f 为摩尔溶解热，R 为气体常数。由上式可见，$\ln X$ 与 $1/T$ 成正比。$\Delta H_f>0$ 时为吸热过程，溶解度随温度升高而增加，$\Delta H_f<0$ 时为放热过程，溶解度随温度升高而降低。$T_f>T$ 时，ΔH_f 越小，T_f 越低，溶解度越大。

2. 溶剂　药物在溶剂中的溶解度实际是药物分子与溶剂分子间相互作用的结果，溶解过程中溶剂起着重要作用。若药物分子间的作用力小于药物分子与溶剂分子间的作用力，则药物溶解度大；反之，则溶解度小，这也就是所谓的“相似相溶”规律，即药物的极性与溶剂的极性相似者相溶。氢键对药物溶解度影响大，在极性溶剂中，若药物分子与溶剂分子之间能形成氢键，则溶解度增大；但若药物分子能形成分子内氢键，则在极性溶剂中的溶解度减小，而在非极性溶剂中的溶解度增大。

3. 药物性质　不同的药物在同一溶剂中具有不同的溶解度。主要由于极性的差异，也与晶型和晶格引力的大小有关。药物可分为结晶型和无定型。结晶型药物由于晶格能的存在，与无定型药物溶解度差别很大。多晶型药物因晶格排列不同，晶格能也不同，致使溶解度有很大差别。稳定型药物溶解度小，亚稳定型药物溶解度大，如氯霉素棕榈酸酯有 A 型、B 型和无定型，其中，B 型和无定型为有效型，溶解度大于稳定型 A 型。

4. 粒子大小　一般情况下溶解度与药物粒子大小无关，但当药物粒子的粒径处于微粉状态时，根据 Ostwald-Freundlich 式，药物溶解度随粒径减小而增加。

笔记栏

$$\lg\frac{S_2}{S_1}=\frac{2\sigma M}{\rho RT}\left(\frac{1}{r_2}-\frac{1}{r_1}\right) \tag{6-3}$$

式(6-3)中，S_1、S_2分别是半径为r_1、r_2的药物溶解度；σ 为表面张力；ρ 为固体药物的密度；M 为分子量；R 为气体常数；T 为绝对温度。从上式可知，当药物处于微粉状态时，若 $r_1<r_2$，则 $S_1>S_2$，即粒子越小，其溶解度越大。因此可以通过减小粒径来增大难溶性药物的溶解度。

5. pH　弱酸、弱碱及其盐类药物在水中溶解度受 pH 影响很大。若已知药物的 pK_a 和特性溶解度 S_0，对于弱酸性药物，可由式(6-4)计算不同 pH 下的表观溶解度 S，亦可求得药物开始沉淀析出时的 pH，即溶液 pH 低于 pH_m时，弱酸性药物游离析出。

$$pH_m=pK_a+\lg\frac{S-S_0}{S_0} \tag{6-4}$$

对于弱碱性药物，可由式(6-5)计算表观溶解度 S、pH_m，溶液 pH 高于 pH_m时，弱碱性药物游离析出。

$$pH_m=pK_a+\lg\frac{S_0}{S-S_0} \tag{6-5}$$

因此，对于有机弱酸、弱碱类药物，溶液的 pH 对药物的溶解度影响较大。

6. *同离子效应*　若药物的解离型或盐型是限制药物溶解的组分，则溶液中相关离子的浓度则可影响药物的溶解度。通常向难溶性盐类饱和溶液中加入含有相同离子的化合物时，其溶解度降低，称为同离子效应。如许多盐酸盐类药物在 0.9%氯化钠溶液中的溶解度比在水中低。

三、增加药物溶解度的方法

液体制剂药物溶液的浓度取决于药物剂量和给药总量的要求。有些情况下，难溶性药物的溶解度不能够满足药物制剂浓度的要求，则需采取适宜的方法增加药物的溶解度。增加难溶性药物溶解度的方法有加入增溶剂和助溶剂、制成盐类、使用潜溶剂、对药物的化学结构进行改造等。

（一）增溶

1. *增溶的原理*　当表面活性剂水溶剂达到临界胶束浓度后，表面活性剂分子的疏水基团相互吸引、缔合在一起，形成胶束。被增溶物以不同方式与胶束结合而使其溶解度增大。非极性物质如苯、甲苯等可完全进入胶束内核的非极性区而被增溶；水杨酸等带极性基团的分子，其非极性基团如苯环插入胶束内核中，极性基团如羧基则伸入胶束外层的极性区；极性物如对羟基苯甲酸由于分子两端都有极性基团，可完全被胶束外聚氧乙烯链所吸引而被增溶，如图 6-6 所示。

增溶作用可以使被增溶物的化学势降低，使整个体系趋向稳定。增溶作用与真正的溶解作用并不相同，真正溶解过程会使溶剂的依数性有很大改变。但增溶后对依数性影响很小，这说明在增溶过程中溶质没有分散成分子或解离成离子，而以胶束形式分散在增溶溶液中，所以质点的数目不会增多。

2. *影响增溶的因素*

（1）增溶剂的性质、用量及使用方法：不同种类的增溶剂，甚至同一系列的增溶剂，也可由于分子量大小的不同而产生不同的增溶效果。同系物的增溶剂碳链愈长，其增溶量愈大。一般用作增溶剂的表面活性剂 HLB 值在 15～18 之间。对极性或者中等极性的药物而言，非离子型表面活性剂的 HLB 值愈大，其增溶效果愈好，但对极性低的药物，结果则相反。增溶剂的最佳用量可通过实验确定。应用时，通常宜将被增溶药物分散于增溶剂中，然后再用溶剂分次稀释至规定体积。

笔记栏

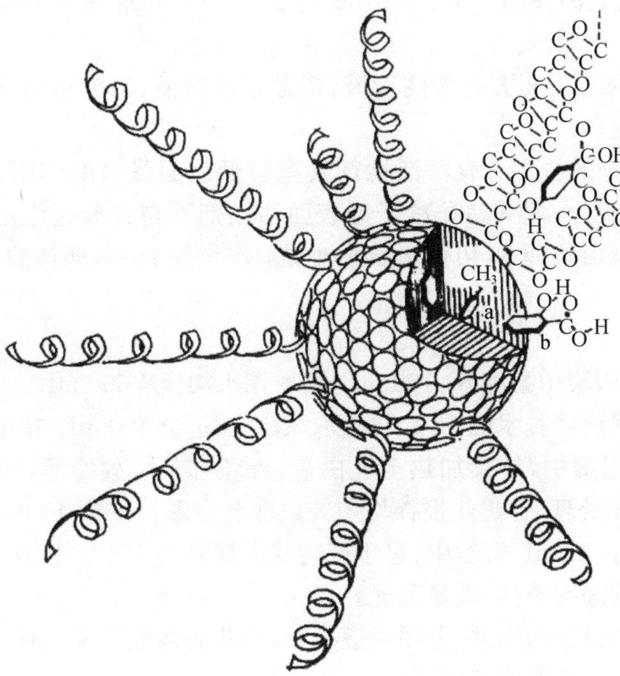

图 6-6　表面活性剂的增溶作用示意图

(2) 被增溶药物的性质：增溶剂所形成的胶束体积大体固定，在增溶剂浓度一定时，被增溶药物的分子量愈大，摩尔体积也愈大，在增溶剂浓度一定时，能增溶药物的量就会愈少。

(3) 溶液的 pH 及电解质：弱碱性药物的分子型药物浓度随着溶液 pH 的增大而增大，增溶效果愈好；溶液的 pH 减小，有利于弱酸性药物的增溶。

电解质能降低增溶剂的 CMC，使增溶剂在较低的浓度时形成大量的胶束而产生增溶作用。另外，电解质还可中和胶束的电荷，增大胶束内部有效体积，为药物提供更多的空间，从而提高增溶作用。

(4) 温度：温度影响胶束的形成、被增溶物质的溶解以及表面活性剂的溶解度。对于离子型表面活性剂，温度升高主要是增加被增溶物质在胶束中的溶解度以及表面活性剂的溶解度。对于某些含聚氧乙烯基的非离子表面活性剂，温度升高常常出现起昙现象。

(5) 加入顺序：用聚山梨酯 80 或聚氧乙烯脂肪酸酯等为增溶剂时，对维生素 A 棕榈酸酯进行增溶试验证明，如果将增溶剂先溶于水再加入药物，则药物几乎不溶；如果先将药物与增溶剂混合，然后再加水稀释则能很容易溶解。

(6) 添加剂：由于共溶质效应，加入胶束溶液中的添加剂，若竞争胶束的增溶位点，就有可能改变胶束对药物的增溶作用。

3. 增溶在中药药剂中的应用

(1) 增加难溶性成分的溶解度：一些难溶性中药成分，如薄荷中提取的薄荷油、莪术中提取的莪术油、蟾酥中提取的脂溶性甾体等制成液体制剂有一定难度，加入聚山梨酯 80 后可增加其溶解度而制成注射剂，并改善其澄明度。增溶剂、被增溶物和溶剂的最佳配比常通过实验制作三元相图来确定。图 6-7 是薄荷油-聚山梨酯 20-水的三元相图，两曲线上的各点均出现浑浊或由浑浊变澄清的比例点，以曲线为分界线，Ⅱ、Ⅳ两相区是多相区，表明在Ⅱ、Ⅳ两相区内的任一比例，均不能制得澄明溶液；在单相区Ⅰ、Ⅲ内任一比例均可制得澄明溶液。但这并不保证所有这些澄明溶液在稀释中不发生浑浊。只有在沿曲线的切线上方

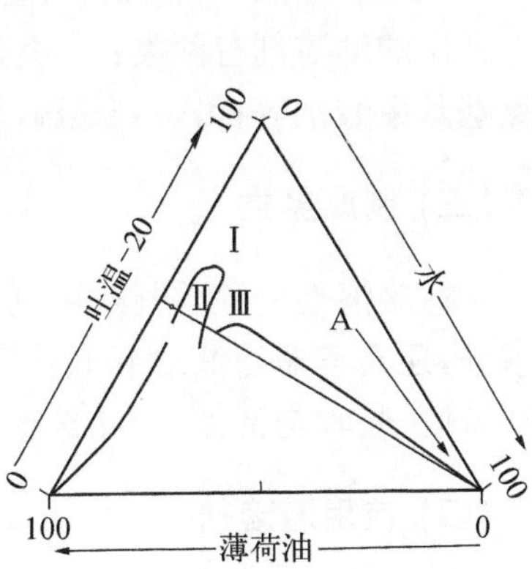

图 6-7　薄荷油-聚山梨酯 20-水三元相图(20℃)

笔记栏

区域内的任一点，如 A 点（代表薄荷油 7.5%，聚山梨酯 20 42.5%和水 50%），在水稀释时才不会出现浑浊。

（2）改善中药注射剂澄明度：复方丹参注射液、板蓝根注射液、乌头总碱注射液中均加入聚山梨酯 80 以提高药液的澄明度。

（3）用于中草药有效成分的提取：表面活性剂具有降低表面张力的作用，可增加对细胞的润湿、渗透性，溶解或增溶有效成分，尤其是非离子型表面活性剂不与成分起作用，毒性又低，适用于各种成分提取的辅助剂，如聚山梨酯 80 可使薰衣草油提取率增加 20%，而油的性质不变。

4. 举例

例 6-1 莪术油注射液

【处方】莪术挥发油 10 g，聚山梨酯 80 100 mL，注射用水加至 1 000 mL。

【制法】称取澄明的油状液体莪术油 10 g，再量取聚山梨酯 80 100 mL，在干燥的容器内混合均匀，加入预热至 70℃的注射用水中，继续加热至乳白色，停止加热。放冷后，加注射用水使总量为 1 000 mL，100℃，60 min 热压处理后，趁热搅拌均匀并放冷至室温。冷藏 48 h。用滤纸板抽滤至澄明，3 号垂熔漏斗滤过，熔封于 10 mL 安瓿中，置于旋转式灭菌器内 100℃ 40 min 灭菌即得。

【性状】本品为淡黄色的澄明液体，微显乳光。

【功能与主治】用于病毒引起的感冒、上呼吸道感染、小儿病毒性肺炎；消化道溃疡，甲型病毒性肝炎，小儿病毒性肠炎及病毒性心肌炎、脑炎等。

【用法用量】静脉滴注，可用 250～500 mL 的 5%葡萄糖注射液或 0.9%氯化钠注射液稀释后滴注。成人或十二岁以上儿童每日 1 次，每次 0.2～0.4 g，6 个月以上婴幼儿每次 0.1 g，6 个月以下减半或遵医嘱，7～10 日为一疗程。

【贮藏】遮光，密闭，在阴凉处（不超过 20℃）保存。

【注解】莪术油不溶于水，加入聚山梨酯 80 作为增溶剂。当前有研究认为，聚山梨酯 80 具有一定的溶血作用或过敏反应，基于聚山梨酯 80 是一类混合物，应对其质量和用量进行进一步考察与研究。

（二）助溶

一些难溶于水的药物由于第二种物质的加入而使其在水中溶解度增加的现象，称为助溶。加入的第二种物质称为助溶剂。

助溶的机制一般有三种：① 助溶剂与难溶性药物形成可溶性络合物；② 形成有机分子复合物；③ 通过复分解而形成可溶性盐类。例如难溶的碘在 10%碘化钾水溶液中制成含碘达 5%的水溶液，这是利用形成可溶性络合物（KI_3）增大了碘在水中的溶解度；咖啡因在水中的溶解度为 1∶50，用苯甲酸钠助溶，形成分子复合物苯甲酸钠咖啡因，溶解度增大到 1∶1.2；芦丁在水中溶解度 1∶10 000，可加入硼砂而增大其溶解度。

常用的助溶剂有两类：一类是某些有机酸及其钠盐，如水杨酸及水杨酸钠、苯甲酸及苯甲酸钠、对氨基苯甲酸钠等；另一类是酰胺化合物，如烟酰胺、乙酰胺、乌拉坦、尿素等。

（三）制成盐类

一些难溶性弱酸、弱碱，可制成盐而增加其溶解度。选用盐类时除考虑溶解度因素、满足临床要求外，还需考虑溶液的 pH、稳定性、吸湿性、毒性及刺激性等因素。例如黄芩苷元因脂溶性强影响溶解度、吸收与活性，因此常制备成苷、钠盐、铝盐、有机胺盐及磷酸酯钠盐等使用。

笔记栏

（四）使用潜溶剂

有时溶质在混合溶剂中的溶解度要比其在各单一溶剂中的溶解度大，这种现象称为潜溶（cosolvency），具有这种性质的混合溶剂称为潜溶剂（cosolvent）。常与水组成潜溶剂的有乙醇、丙二醇、甘油、聚乙二醇 300 或 400 等。如苯巴比妥难溶于水，使用聚乙二醇与水的混合溶剂后，由于混合溶剂的极性与其相似，故使其溶解度增加且稳定，可制成注射剂。

潜溶剂能提高药物溶解度的主要原因是混合溶液的介电常数、表面张力、分配系数等与溶解相关的特性参数发生了变化，使其与溶质的相应参数更相近，这也遵循“相似相溶”的原理。

（五）固体分散技术

难溶性药物与适宜载体可以形成固体分散体，由于载体材料的抑晶作用，此时药物以微晶态、无定型态、胶体分散态或分子分散态存在，具有很大的分散度，可增大药物的溶解度。

（六）包合物技术

难溶性药物以分子状态被包裹于包合材料的空穴中，具有很高的分散性，从而使药物得到增溶。常用的包合材料为β-环糊精及其衍生物。如将难溶性药物槲皮素与羟丙基-β-环糊精制成包合物，包合后槲皮素的溶解度由 0.039 2 mg/mL 增加到 34.27 mg/mL，溶解度提高了 874 倍。

此外，提高温度可促进药物的溶解；应用微粉化技术可降低粒径也可提高药物的溶解度。

第四节　真溶液型液体制剂

真溶液型液体制剂系指药物以小分子或离子状态分散在溶剂中制成的可供内服或外用的均相液体制剂。溶液的分散相的质点一般小于 1 nm，均匀、透明并能通过半透膜。主要包括溶液剂、芳香水剂、甘油剂、醑剂等剂型，常用溶剂有水、乙醇及脂肪油等。真溶液型液体制剂为澄明液体，药物的分散度高，因而药物吸收快。

一、溶液剂

溶液剂(solutions)系指药物溶解于溶剂中所形成的澄明液体制剂，供内服或外用。根据需要，溶液剂中可加入助溶剂、抗氧剂、矫味剂、着色剂等附加剂。

溶液剂的制备方法有：溶解法、稀释法与化学反应法。

1. *溶解法*　系指将固体药物直接溶于溶媒的制备方法。一般配制程序为称量、溶解、滤过，再加溶剂至足量，搅匀，即得。适用于稳定的化学药物，直接与溶媒混合时溶液的质量容易控制，特别在药房实践中操作简便，因而多采用此法来制备。

2. *稀释法*　系指将某些药物预先配制成浓溶液，临用前稀释至所需浓度。操作时须注意浓溶液的性质与浓度以及所需稀溶液的浓度。挥发性与侵蚀性较大的浓溶液稀释时操作要迅速，量取后应立即倒入已备好的溶剂中，密塞，轻微振动，以免过多的挥散。

3. *化学反应法*　系指通过化学反应的方法制备，适用于原料药物缺乏或质量不符合要求的情况。配制时除有特殊规定外，应先将相互反应的药物分别溶解在适量的溶剂中，然后将其中之一慢慢地加入到另一种药物溶液中，边加边搅拌，待化学反应完成，滤过，自滤器上添加适量的溶剂使成足量，搅匀，即得。

举例

例 6-2　*复方碘溶液*

【处方】碘 5 g，碘化钾 100 g，蒸馏水适量。

【制法】取碘与碘化钾，加蒸馏水 100 mL 溶解后，再加蒸馏水至 1 000 mL，搅匀即得。

【功能与主治】调节甲状腺功能，用于甲状腺功能亢进的辅助治疗。外用黏膜消毒剂。

【用法用量】口服，一次 0.1～0.5 mL，一日 0.3～0.8 mL。极量，一次 1 mL，一日 3 次。

笔记栏

【注解】碘在水中极微溶解(1∶2 950),而且具有挥发性。本品中,碘化钾为助溶剂,可与碘生成易溶性络合物而溶解,且生成络合物后可降低碘的刺激性。制备时,应先用少量水溶解碘化钾配成浓溶液,有利于碘与之络合形成络合物而溶解。

二、芳香水剂与露剂

芳香水剂(aromatic waters)系指挥发油或其他挥发性芳香药物的饱和或近饱和澄明水溶液。个别芳香水剂可用水和乙醇的混合液作溶剂。一般情况下,多制成浓芳香水剂,临用时再稀释。芳香水剂应澄明,必须具有与原药物相同的气味。

露剂(distillates)含挥发性成分的饮片用水蒸气蒸馏法制成的芳香水剂,亦称药露。露剂应澄清,一般应检查 pH。

芳香水剂的制备方法因原料的不同而异。纯净的挥发油或化学药物多用溶解法或稀释法,含挥发油成分的植物药材多用蒸馏法。

举例

例 6-3　薄荷水

【处方】薄荷油 2 mL,滑石粉 15 g,蒸馏水适量。

【制法】取薄荷油,加滑石粉,置研钵中研匀,移至细口瓶中,加入蒸馏水,加盖,振摇 10 min 后,滤过至澄明,再由滤器上添加适量蒸馏水,使成 1 000 mL,即得。

【性状】本品为无色澄明或几乎澄明的液体;有薄荷的香气,味辛凉。

【功能与主治】芳香矫味与祛风。用于胃肠胀气。

【用法用量】口服,一次 10～15 mL,一日 3 次。

【贮藏】密封保存。

【注解】本品为薄荷油的饱和水溶液,处方用量为溶解量的 4 倍,配制时不能完全溶解。滑石粉可增加挥发油或挥发性物质的分散度,以加速其溶解,并可吸附剩余的挥发油或挥发性物质及杂质,以利于溶液的澄明。滑石粉起到分散剂、吸附剂和助滤剂作用。但所用的滑石粉不宜过细,以免滤液浑浊。

三、甘油剂

甘油剂(glycerita)系指药物溶于甘油中制成的专供外用的溶液剂。

甘油具有黏稠性、防腐性和吸湿性,对皮肤黏膜有柔润和保护作用,附着于皮肤黏膜能使药物滞留患处而起延效作用,且具有一定的防腐作用。常用于口腔、鼻腔、耳腔与咽喉患处。甘油对一些药物如碘、酚、硼酸、鞣酸等有较好溶解能力,制成的溶液也较稳定。甘油剂的引湿性较大,故应密闭保存。

甘油剂的制备可用溶解法,如碘甘油;或化学反应法,如硼酸甘油。

举例

例 6-4　硼酸甘油

【处方】硼酸 310 g,甘油适量。

【制法】取甘油 460 g,置于已知重量的蒸发皿中,在砂浴上加热至 140～150℃。将硼酸分次加入,随加随搅拌,使硼酸溶解,待重量减至 520 g,再加甘油至 1 000 g,趁热倾入干燥容器中。

【性状】本品为无色的稠厚液体;味甜。

【功能与主治】消炎,杀菌。用于慢性中耳炎。

【用法用量】滴耳、鼻、喉部,一日 2～3 次。

【贮藏】密闭保存。

笔记栏

【注解】本品一般系以硼酸与甘油为原料通过化学反应法制备而成，含硼酸甘油酯为 47.5%～52.5%(g/g)。

硼酸与甘油发生反应时产生的水应加热除去，因此加热搅拌除水，使反应顺利进行。

$$C_3H_5(OH)_3 + H_3BO_3 \longrightarrow C_3H_5BO_3 + 3H_2O$$

但加热超过 150℃，甘油则分解成丙烯醛，使产品呈黄色或黄棕色，并具刺激性。

$$C_3H_5(OH)_3 \xrightarrow{150℃} CH_2{=}CHCHO + 2H_2O$$

四、酊剂

酊剂(spirits)系指挥发性药物的浓乙醇溶液，可供内服或外用。凡用于制备芳香水剂的药物一般都可以制成酊剂。除用于治疗外，酊剂也可作为芳香矫味剂，如复方橙皮酊、薄荷酊。挥发性药物在乙醇中的溶解度比在水中大，所以酊剂中挥发性成分浓度较芳香水剂大，一般为 5%～10%。乙醇浓度一般为 60%～90%。

酊剂应贮藏于密闭容器中，置冷暗处保存。由于酊剂中的挥发油易氧化、酯化或聚合，久贮易变色，甚至出现黏性树脂物沉淀，故不宜长期贮藏。

酊剂常用溶解法及蒸馏法制备。由于酊剂是高浓度醇溶液，所用器械应干燥，滤器与滤纸宜先用乙醇润湿，以防挥发性成分析出而使滤液浑浊。

举例

例 6－5　樟脑酊

【处方】樟脑 100 g，乙醇适量。

【制法】取樟脑，溶于 800 mL 乙醇中，滤过，自滤器上加乙醇制成 1 000 mL，即得。

【性状】本品为无色液体；有樟脑的特臭。

【功能与主治】局部刺激药，外用于神经痛、肌肉痛或关节痛等。

【用法用量】局部外用，取适量涂搽于患处，并轻轻揉搓，每日 2～3 次。

【贮藏】置遮光容器内，密封，在阴凉处保存。

【注解】

(1) 天然樟脑系从樟科植物樟树[*Cinnamomum camphora* (L.) presl]中提取而得，为右旋体。现供药用多数为人工合成品，为消旋体，两者性质与用途相同。樟脑微溶于水(1∶800)，易溶于乙醇(1∶1)。

(2) 樟脑为白色结晶性粉末或无色半透明状硬块，有刺激性芳香特臭，常温易挥发，加热易升华。因此本品宜密闭、低温贮存，且放置时间不宜过长。

第五节　胶体溶液型液体制剂

一、概述

胶体溶液型液体制剂系指质点大小在 1～100 nm 范围的分散相分散在适宜分散介质中制成的液体制剂。胶体溶液型液体制剂的分散介质一般多为水，少数为非水溶剂。高分子化合物以单分子形式分散于溶剂中形成的溶液称为高分子溶液，又称亲水胶体，如蛋白质、酶、纤维素类溶液及淀粉浆、胶浆、右旋糖酐、聚维酮溶液等。分散相质点以多分子聚集体(胶体微粒)分散于溶剂中则称为溶胶，又称疏水胶体，如氧化银溶胶、氯化银溶胶等。

笔记栏

二、高分子溶液剂

1. 高分子溶液剂(polymer solutions)　系指高分子化合物溶解于分散介质中制成的均匀分散的液体制剂。亲水性强的高分子化合物以水为溶剂时能与水发生水化作用,水化后以分子状态分散于水中形成高分子溶液,称为亲水性高分子溶液,如蛋白质类、酶类、纤维素衍生物等。亲水性弱的高分子化合物溶解于非水溶剂中形成高分子溶液,称为非亲水性高分子溶液,如玉米朊乙醇溶液。高分子溶液剂属于热力学稳定体系。

2. 高分子溶液剂的性质

(1) 荷电性:许多高分子化合物在溶液中由于某些基团的解离而带电,有的带正电,有的带负电。高分子化合物所带电荷受溶液 pH 的影响,如蛋白质分子中含有羟基和氨基,当溶液 pH 大于等电点时,蛋白质带负电荷;当 pH 小于等电点时,蛋白质带正电荷;当 pH 与等电点一致时,蛋白质不带电。带正电荷的高分子溶液有琼脂、血红蛋白、明胶、血浆蛋白、碱性染料等;带负电荷的高分子溶液有淀粉、阿拉伯胶、西黄芪胶、鞣酸、树脂、磷脂、海藻酸钠、酸性染料等。高分子溶液的这种荷电性质在剂型设计中具有重要的意义。

(2) 稳定性:高分子溶液的稳定性与高分子的水化膜和荷电性有关。高分子化合物含有大量亲水基,能与水形成牢固的水化膜,可阻止高分子化合物之间的相互凝聚,使其处于稳定状态。高分子的水化膜及电荷发生变化时,高分子溶液可以出现聚集沉淀的现象。如:① 向高分子溶液中加入大量的电解质,由于电解质的强烈水化作用破坏高分子的水化膜,使高分子聚集沉淀,这一过程称为盐析;② 向高分子溶液中加入脱水剂,如乙醇、丙酮等,能破坏水化膜而使溶液发生聚集;③ 向高分子溶液中加入絮凝剂或改变溶液 pH 等均会使高分子化合物聚集沉淀;④ 将带有相反电荷的两种高分子溶液混合,由于相反电荷被中和而产生聚集沉淀。高分子溶液放置过久也会自发地聚集而沉淀,称为陈化现象。

(3) 胶凝性:一些亲水性高分子溶液,如明胶水溶液、琼脂水溶液等,在温热条件下是一种可流动的黏稠性液体,温度降低后,溶液的黏度会逐渐增大,最后形成具有网状结构的不流动的半固体凝胶。形成凝胶的过程叫胶凝。将凝胶放置一段时间,一部分液体会自动从凝胶中分离出来,凝胶的体积也逐渐缩小,形成干燥固体,称干胶。

(4) 高分子溶液的其他性质:亲水性高分子溶液与溶胶不同,有较高的渗透压,渗透压的大小与高分子溶液的浓度有关。高分子溶液是黏稠性流体,其黏度与分子量大小有关。

3. 高分子溶液剂的制备　可以采用溶解法制备高分子溶液,包括有限溶胀和无限溶胀两个过程。

(1) 有限溶胀:先将高分子化合物用水浸泡,由于高分子化合物分子大、扩散慢,水分子单方向渗入到高分子化合物分子间的空隙中,与高分子的亲水基团发生水化作用而使体积膨胀,结果使高分子空隙间充满了水分子,这一过程称为有限溶胀。

(2) 无限溶胀:由于高分子空隙间存在水分子,降低了高分子化合物分子之间的作用力(范德华力),溶胀过程继续进行,最后高分子化合物完全分散在水中而形成高分子溶液,这一过程称为无限溶胀。无限溶胀过程常需要经过搅拌或加热等过程才能完成。高分子化合物的溶解过程亦称为胶溶。制备明胶溶液时,先将明胶碎成小块,放在水中浸泡 3～4 h,使其吸水膨胀,这是有限溶胀过程,然后加热并搅拌使其形成明胶溶液,这是无限溶胀过程。胶溶过程的快慢取决于高分子的性质以及工艺条件。

笔记栏

4. 举例

例 6-6　胃蛋白酶合剂

【处方】胃蛋白酶 20 g,单糖浆 100 mL,5%羟苯乙酯乙醇液 10 mL,橙皮酊 20 mL,稀盐酸 20 mL,纯化水加至 1 000 mL。

【制法】将稀盐酸、单糖浆加入约 800 mL 纯化水中，搅匀；再将胃蛋白酶撒在液面上，待自然溶胀、溶解；将橙皮酊缓缓加入溶液中；另取约 100 mL 纯化水溶解羟苯乙酯乙醇液后，缓缓加入于上述溶液中；再加纯化水至全量，搅匀，即得。

【性状】本品为微黄色的胶体溶液，有橙皮芳香气，味微甜。

【功能与主治】本品为助消化药，消化蛋白质。用于缺乏胃蛋白酶或病后消化功能减退引起的消化不良。

【用法用量】口服，一次 10 mL，一日 3 次。饭前服。

【贮藏】密封。

【注解】

(1) 影响胃蛋白酶活性的主要因素是 pH，一般 pH 1.5～2.5。含盐酸的量不可超过 0.5%，否则使胃蛋白酶失去活性。

(2) 须将胃蛋白酶撒在液面上，待溶胀后，再缓缓搅匀，且不得加热以免失去活性。

(3) 本品不宜过滤，因胃蛋白酶等电点为 pH 2.75～3.00，在该液中 pH 小于等电点，胃蛋白酶带正电荷，而润湿的滤纸或棉花带负电荷，过滤时则吸附胃蛋白酶。必要时，可将滤材润湿后，用稀盐酸少许冲洗以中和滤材表面电荷，消除吸附现象。

三、溶胶剂

1. 溶胶剂(sols)　系指固体药物以多分子聚集体分散于水中形成的非均相的液体制剂，又称疏水胶体溶液。溶胶剂中分散的微细粒子大小与高分子溶液剂一样，均在 1～100 nm 之间，溶胶剂是多分子聚集体，有极大的分散度，属热力学不稳定体系。将药物分散成溶胶状态，会出现吸收增大的异常现象，其药效会出现显著变化。如硫粉末在肠道不吸收，但胶体硫在肠道极易吸收，以致中毒导致死亡。

2. 溶胶剂的性质

(1) 溶胶剂的双电层构造：溶胶剂中胶体微粒由于本身的解离或吸附溶液中某种离子而带电荷，带电的微粒表面必然吸引带相反电荷的离子，称为反离子。吸附的带电离子和反离子构成了吸附层；少部分反离子扩散到溶液中，形成与吸附层电荷相反的扩散层。吸附层和扩散层分别是带相反电荷的带电层称为双电层，亦称扩散双电层，双电层之间的电位差称 ζ 电位。双电层 ζ 电位的高低取决于反离子在吸附层和溶液中分布量的多少，吸附层中反离子愈多则溶液中反离子愈少，ζ 电位就愈低；反之，吸附层中反离子愈少，ζ 电位愈高。由于胶粒电荷之间排斥作用和在胶粒周围形成的水化膜，可阻止胶粒因碰撞而发生聚集，ζ 电位愈高斥力愈大，溶胶也就愈稳定，所以大多数情况下可用 ζ 电位作为评价溶胶稳定性的指标。ζ 电位降至 20～25 mV 以下时，溶胶剂易产生聚结而不稳定。

(2) 光学性质：当强光线通过溶胶剂时，由于胶粒粒度小于自然光波长引起光散射，从侧面可见到圆锥形光束，称为丁达尔(Tyndall)效应，这是溶胶剂区别于真溶液的一个基本特征。溶胶剂的混浊程度可用浊度表示，溶液的浊度越大，丁铎尔效应越明显。不同溶胶剂对不同波长的光线有特定的吸收作用，使溶胶剂呈现不同的颜色，如蛋白银溶胶呈棕色，碘化银溶胶呈黄色等。

(3) 电学性质：溶胶剂由于存在双电层结构，胶粒或分散介质可带不同性质的电荷。在电场的作用下，胶粒或分散介质会发生移动，在移动过程中产生电位差，这种现象称为界面动电现象。溶胶的电泳现象即是由界面动电现象所引起的。

(4) 动力学性质：溶胶剂中的胶粒受分散介质的不规则撞击而产生不规则运动，称为布朗(Brown)运动。胶粒愈小，布朗运动越剧烈，其动力学稳定性就越大。溶胶粒子的扩散速度、沉降速度及分散介质的黏度等都与溶胶的动力学性质有关。

(5) 稳定性：溶胶剂属于热力学不稳定体系，主要表现为胶粒的聚结现象，但胶粒表面电荷产

笔记栏

生的静电斥力及胶粒荷电所形成的水化膜均可增加溶胶的聚结稳定性。溶胶胶粒受到重力作用而产生沉降现象，但由于胶粒的布朗运动，使胶粒能克服重力作用而使其沉降速度减慢，增加了溶胶的动力学稳定性。溶胶剂的稳定性主要受以下 3 种因素的影响：① 电解质的作用：溶胶剂对电解质极其敏感，将电解质加入溶胶剂中，由于电荷被中和使 ζ 电位降低，同时又减少了水化膜的保护，使溶胶剂产生聚结进而产生沉降；② 溶胶的相互作用：将带相反电荷的溶胶剂混合，由于电荷被中和使 ζ 电位降低，也会产生沉降。当两种溶胶所带的相反电荷量相等时，才会完全沉降；③ 保护胶体的作用：向溶胶剂中加入亲水性高分子溶液，使溶胶剂具有亲水胶体的性质而增加稳定性，这种胶体称为保护胶体。

3. 溶胶剂的制备　可采用分散法和凝聚法制备溶胶剂。

(1) 分散法：系把药物的粗大粒子分散达到溶胶粒子的分散范围。分散法制备溶胶剂包括以下几种方式：① 机械分散法：常采用胶体磨进行制备。适用于脆而易碎的药物，将药物、分散介质和附加剂从投入口处加入至胶体磨中，在转速 10 000 r/min 条件下可将药物粉碎至胶体粒子范围，该方法可以制备质量很高的溶胶剂；② 胶溶法：系指使新生成的粗分散相粒子重新分散的方法，如新生成的 AgCl 粗分散相粒子加稳定剂，经再分散可制得 AgCl 溶胶剂；③ 超声波分散法：系指利用频率大于 20 kHz 的超声波所产生的能量使粗分散相粒子分散成溶胶剂的方法。

(2) 凝聚法：① 物理凝聚法：系指改变分散介质的性质使溶解的药物凝聚成为凝胶的方法；② 化学凝聚法：系指借助于氧化、还原、水解、复分解等化学反应制备溶胶的方法。

第六节　乳状液型液体制剂

一、概述

乳剂系指互不相溶的两相液体混合，其中一相液体以液滴状态分散于另一相液体中形成的非均相的液体分散体系，又称乳状液型液体制剂。一种液体以细小液滴的形式分散在另一种液体中，被分散的液滴称为分散相、内相或不连续相；包在液滴外面的另一种液体称为分散介质、外相或连续相。一般分散相液滴的直径在 0.1～100 μm 之间。

1. 乳剂的组成　乳剂由水相(W)、油相(O)和乳化剂组成，三者缺一不可。乳剂中一相为水或水性溶液称为水相，用 W 表示；另一与水不相混溶的相称为油相，用 O 表示。根据乳化剂的种类、性质及相体积比形成水包油(O/W)型或油包水(W/O)型，也可制备复乳，如 W/O/W 型或 O/W/O 型。水包油(O/W)或油包水(W/O)型乳剂的主要区别方法见表 6－4。

表 6－4　水包油(O/W)或油包水(W/O)型乳剂的区别

	O/W 型乳剂	W/O 型乳剂
外观	通常为乳白色	接近油的颜色
稀释	可用水稀释	可用油稀释
导电性	导电	不导电或几乎不导电
水溶性染料	外相染色	内相染色
油溶性染料	内相染色	外相染色
滤纸润湿法	液滴迅速铺展、中心留有油滴	不能铺展

笔记栏

2. 乳剂的分类　根据乳滴的大小，可以将乳剂分类为普通乳、亚微乳、纳米乳。① 普通乳：普通乳为乳白色不透明的液体，液滴大小一般在 1～100 μm 之间；② 亚微乳：亚微乳常作为胃肠外给药的载体，液滴大小一般在 0.1～0.5 μm 之间，静脉注射乳剂应为亚微乳，粒径可控制在 0.25～0.4 μm 范围内；③ 纳米乳：当液滴小于 100 nm 时，乳剂粒子小于可见光波长的 1/4，这时光线通过乳剂时不产生折射而是透过乳剂，肉眼可见乳剂为透明液体，这种乳剂称为纳米乳或微乳或胶团乳，纳米乳粒径在10～100 nm范围。

3. *乳剂的特点*　乳剂可以口服、外用、肌肉和静脉注射，中药药剂学中液体制剂、注射剂、栓剂、软膏剂和气雾剂等都有乳剂型制剂存在，所以乳剂在理论上和制备方法上对中药药剂学中相关剂型都有指导意义。乳剂的特点为：① 乳剂中液滴的分散度很大，药物的吸收和药效的发挥较快，生物利用度高；② 油性药物制成乳剂能保证剂量准确，并且使用方便；③ O/W型乳剂可掩盖药物的不良臭味，并可加入矫味剂，使其易于服用；④ 外用乳剂能改善对皮肤、黏膜的渗透性，减少刺激性；⑤ 静脉注射乳剂注射后分布较快、药效高、具有靶向性；⑥ 乳剂中的液滴具有很大的分散度，其总表面积大，表面自由能高，属于热力学不稳定体系。

二、乳剂的形成理论

乳剂是由水相、油相和乳化剂三部分组成的液体制剂，乳剂的稳定性差，属于热力学不稳定体系，乳剂形成的理论主要有界面张力学说和乳化膜学说。

1. *界面张力学说*　当水相与油相混合时，用力搅拌即可形成液滴大小不同的乳剂，但很快会合并分层。这是因为形成乳剂的两种液体之间存在界面张力，两相间的界面张力愈大，界面自由能也愈大，形成乳剂的能力就愈弱。两种液体形成乳剂的过程，也是两相液体间新界面形成的过程，乳滴愈细小新增加的界面就愈多，而乳剂粒子的界面自由能也就越大。此时乳剂就有降低界面自由能的趋势，该趋势促使乳滴变大甚至分层。为保持乳剂的分散状态和稳定性，必须降低界面张力：一是乳剂粒子自身形成球体，因为体积相同时以球体表面积最小；其次在保持乳剂分散度不变的前提下，必须加入乳化剂，最大限度地降低界面张力和界面自由能，使乳剂保持一定的分散状态。

2. *乳化膜学说*　乳剂中加入乳化剂时，乳化剂被吸附于乳滴的表面上，在降低油水之间的界面张力和表面自由能的同时，乳化剂也在乳滴周围有规律地定向排列成界面膜而阻止乳滴的合并。乳化剂在乳滴表面上排列越整齐，乳化膜就越牢固，乳剂也就越稳定。常见的乳化膜主要有单分子乳化膜、多分子乳化膜、固体微粒乳化膜及复合凝聚膜4种类型，一般多分子乳化膜和复合凝聚膜的作用强于单分子乳化膜。

(1) 单分子乳化膜：表面活性剂类乳化剂被吸附于乳滴表面，有规律地定向排列成单分子乳化剂层，称为单分子乳化膜，增加了乳剂的稳定性；若乳化剂是离子型表面活性剂，那么形成的单分子乳化膜是离子化的，乳化膜本身带有电荷，由于电荷互相排斥，阻止乳滴合并，有利于乳剂的稳定。

(2) 多分子乳化膜：亲水性高分子化合物类乳化剂，如明胶、阿拉伯胶、蛋白质等，在乳剂形成时被吸附于乳滴的表面，形成多分子乳化剂层，称为多分子乳化膜；强亲水性多分子乳化膜不仅阻止乳滴的合并，也会增加分散介质的黏度，有利于乳剂的稳定。

(3) 固体微粒乳化膜：固体微粒作为乳化剂对水相和油相有不同的亲和力，因而对油、水两相表面张力有不同程度的降低，在乳化过程中固体微粒被吸附于乳滴表面，在乳滴表面上排列成固体微粒膜，起阻止乳滴合并的作用，有利于乳剂稳定性的增加，这样的固体微粒层称为固体微粒乳化膜，如硅皂土、氢氧化镁等都可作为固体微粒乳化剂使用。

(4) 复合凝聚膜：由两种或两种类型以上的不同乳化剂组成的乳化膜，更牢固，制成的乳剂也更稳定，如胆固醇与十二烷基硫酸钠、阿拉伯胶与硬脂酸钠等。

三、乳化剂

笔记栏

在乳剂中能使一相液体以细小液滴的形式分散在与其不相混溶的另一相液体中形成乳状液的附加剂，称为乳化剂。乳化剂是乳剂的重要组成部分，可以降低界面张力，增加乳剂的黏度。在乳剂形成、增加稳定性以及药效发挥等方面起重要作用。

加入乳化剂的目的：① 乳化剂被吸附于乳滴的界面，使乳滴在形成过程中有效地降低界面张力或界面自由能，有利于形成和扩大新的界面，使乳剂保持一定的分散度和稳定性；② 在乳剂制备过程不必消耗更大的能量，可以用简单的振摇或搅拌的方法制备乳剂。所以选择适宜的乳化剂，是制备符合要求的乳剂的必要条件。

乳化剂应该具备的条件：① 应有较强的乳化能力，并能在乳滴周围形成牢固的乳化膜；② 应有一定的生理适应能力，不应对机体产生近期的和远期的毒副反应，也不应该有局部的刺激性；③ 受各种因素的影响小；④ 稳定性好，不与乳剂处方中的药物及其他成分发生作用。

（一）乳化剂的类型

1. *表面活性剂类乳化剂*　这类乳化剂分子中有较强的亲水基和亲油基，乳化能力强，性质比较稳定，容易在乳滴周围形成单分子乳化膜，混合使用效果更佳。

（1）阴离子型表面活性剂：如硬脂酸钠、油酸钠、硬脂酸三乙醇胺皂、十二烷基硫酸钠或十六烷基硫酸钠等，后两者常与鲸蜡醇合用作为乳化剂。

（2）阳离子型表面活性剂：许多含有高分子烃链或稠合环的胺和季铵化合物，有不少还具有抗菌活性，与鲸蜡醇合用形成阳离子型混合乳化剂，同时还具有防腐作用。

（3）非离子型表面活性剂：如脂肪酸甘油酯类、聚山梨酯类、脂肪酸山梨坦类、泊洛沙姆等，这类物质在水溶液中不解离，不易受电解质和溶液 pH 的影响，能与大多数药物配伍。由于品种不同，可得到不同的 HLB 值。HLB 值可决定乳剂的类型：HLB 值为 8～16 者，形成 O/W 型乳剂；HLB 值为 3～8 者，形成 W/O 型乳剂。

2. *天然乳化剂*　系指天然高分子材料，亲水性较强，黏度较大，可形成多分子乳化膜，稳定性较好，可制成 O/W 型乳剂。天然乳化剂无毒，但质量不易控制，使用这类乳化剂需加入防腐剂。

（1）阿拉伯胶：是阿拉伯酸的钠、钙、镁盐的混合物，可形成 O/W 型乳剂。阿拉伯胶因羧基解离，膜带负电，可形成物理障碍和静电斥力而阻止分散相聚集，适用于制备植物油、挥发油的乳剂，可供内服用。使用浓度为 10%～15%，在 pH 4～10 范围内乳剂稳定。阿拉伯胶内含有氧化酶，使用前应在 80℃加热以破坏氧化酶的活性。阿拉伯胶乳化能力强，但黏度较小，常与西黄芪胶、果胶或琼脂等混合使用。

（2）明胶：可作为 O/W 型乳剂的乳化剂和稳定剂，用量一般为油量的 1%～2%，易受溶液的 pH 及电解质的影响产生凝聚作用。使用时需加防腐剂，常与阿拉伯胶合并使用。若与阿拉伯胶合用，pH 在明胶的等电点下可产生聚集而影响乳化作用。

（3）西黄芪胶：可形成 O/W 型乳剂，加水溶解后溶液具有较高的黏度，pH 为 5 时黏度最大，0.1%溶液为稀胶浆，0.2%～2.0%溶液呈凝胶状；西黄芪胶乳化能力较差，并且形成的乳剂颗粒粗大易于聚结，一般与阿拉伯胶合并使用以增加乳剂的黏度。

（4）杏树胶：为杏树分泌的胶汁凝结而成的棕色块状物，用量为 2%～4%，杏树胶的乳化能力和黏度均超过阿拉伯胶，可作为阿拉伯胶的代用品。

（5）卵黄：含有 7%的卵磷脂，为强 O/W 型乳化剂，可供内服。1 g 卵黄磷脂相当于 10 g 阿拉伯胶的乳化能力，但应加防腐剂。

（6）胆固醇：为高级动物的主要甾醇，存在于动物的脑、脊髓等组织及羊毛或植物油脂中。胆固醇为白色、类白色固体，不溶于水，但可溶于胆酸盐溶液中，微溶于乙醇，易溶于乙醚、石油醚或油脂中，熔点为 147～156℃。胆固醇是一种优良的 W/O 型乳化剂，与其他酯类合用时，乳化能力增强。

笔记栏

3. *固体粉末乳化剂*　不溶性的固体粉末可用作油水两相的乳化剂。由于这类固体粉末能被油水两相润湿到一定程度，因而聚集在两相间形成膜，防止分散相液滴彼此接触合并，且不受电解质的影响。常用的 O/W 型固体粉末乳化剂有氢氧化镁、氢氧化铝、二氧化硅、硅皂土等；W/O 型固体粉末乳化剂有氢氧化钙、氢氧化锌、硬脂酸镁等。

4. 辅助乳化剂 系指与乳化剂合并使用能增加乳剂稳定性的乳化剂。辅助乳化剂的乳化能力一般很弱或无乳化能力，但能提高乳剂的黏度，并能增强乳化膜的强度，防止乳滴合并等作用。辅助乳化剂多为黏性较大的高分子化合物，主要有以下两类。

(1) 增加水相黏度的辅助乳化剂：甲基纤维素、羧甲基纤维素钠、羟丙基纤维素、海藻酸钠、琼脂、西黄芪胶、阿拉伯胶、黄原胶、果胶、皂土等。

(2) 增加油相黏度的辅助乳化剂：鲸蜡醇、蜂蜡、单硬脂酸甘油酯、硬脂酸、硬脂醇等。

(二) 乳化剂的选择依据

乳化剂的选择应根据乳剂的使用目的、药物的性质、处方的组成、欲制备乳剂的类型、乳化方法等综合考虑并适当选择。

1. 根据乳剂的类型选择 在乳剂的处方设计时应先确定乳剂类型，然后根据乳剂的类型选择适宜的乳化剂，如制备 O/W 型乳剂应选择 O/W 型乳化剂，制备 W/O 型乳剂应选择 W/O 型乳化剂。乳化剂的 HLB 值为这种选择提供了重要的依据。

2. 根据乳剂给药途径选择 不同给药途径的乳剂在选择乳化剂时主要考虑其刺激性、毒性等，如口服乳剂应选择无毒的天然乳化剂或某些亲水性高分子乳化剂，外用乳剂应选择无刺激性、长期应用无毒性的乳化剂，注射用乳剂应选择磷脂、泊洛沙姆等生物相容性好的乳化剂。

3. 根据乳化剂性能选择 应选择乳化性能强、性质稳定、受外界因素影响小、无毒无刺激性的乳化剂。

4. 混合乳化剂的选择 为了使乳化剂发挥较好的效果，通常可将几种乳化剂混合使用。混合乳化剂使用时应注意：① 非离子型乳化剂可以混合使用，如聚山梨酯和脂肪酸山梨坦等；② 非离子型乳化剂可与离子型乳化剂混合使用；③ 由于混合后通常能形成溶解度很小的化合物沉淀析出，阴离子型乳化剂和阳离子型乳化剂不能混合使用。乳化剂混合使用的目的：① 改变 HLB 值，以改变乳化剂的亲油亲水性，使其具有更大的适应性，如磷脂与胆固醇混合比例为 10∶1 时可形成 O/W 型乳剂，比例为 6∶1 时则形成 W/O 型乳剂；② 增加乳化膜的牢固性，如油酸钠为 O/W 型乳化剂，与鲸蜡醇、胆固醇等亲油性乳化剂混合使用，可形成络合物，增强乳化膜的牢固性，并增加乳剂的黏度及其稳定性。乳化剂混合使用，必须符合油相对 HLB 值的要求，乳化油相所需 HLB 值列于表 6-5。若油的 HLB 值为未知，可以通过实验加以测定。

表 6-5 乳化油相所需 HLB 值

名称	油相所需 HLB 值		名称	油相所需 HLB 值	
	W/O 型	O/W 型		W/O 型	O/W 型
液状石蜡(轻)	4	10.5	鲸蜡醇	—	15
液状石蜡(重)	4	10～12	硬脂醇	—	14
棉籽油	5	10	硬脂酸	—	15
植物油	—	7～12	精制羊毛脂	8	10
蓖麻油	8	10	蜂蜡	5	9
凡士林	5	12	石蜡	4	10.5

四、乳剂的稳定性

(一) 乳剂的不稳定现象

乳剂属热力学和动力学均不稳定的非均相的分散体系，乳剂常发生的变化主要有分层、絮凝、转相、合并、破裂和酸败等。

1. 分层 系指乳剂放置过程中出现分散相液滴上浮或下沉的现象，又称乳析。乳剂的分层主

笔记栏

要是由于分散相和分散介质之间的密度差造成的。O/W 型乳剂一般出现分散相液滴上浮，而 W/O 型乳剂的分散相液滴一般则下沉，乳滴上浮或下沉的速度符合 Stoke's 公式。通常减小乳滴的半径，减小分散相和分散介质之间的密度差，增加分散介质的黏度，均可减小乳剂分层的速度。另外，乳剂分层也与分散相的相容积有关，通常分层速度与相容积成反比，相容积低于 25%时乳剂很容易分层，达 50%时分层速度明显减慢。分层现象是可逆的，此时乳剂并未完全破坏，分层的乳剂经振摇后仍能恢复成均匀的乳剂。但分层后乳剂外观较粗糙，容易引起絮凝甚至破坏。优良的乳剂分层过程应十分缓慢。

2. 絮凝　系指乳剂中分散相的乳滴发生可逆的聚集现象。但由于乳滴荷电以及乳化膜的存在，阻止了乳剂絮凝时乳滴的合并。如果乳滴的电荷减少，ζ 电位降低，乳滴将聚集而产生絮凝。乳剂絮凝状态仍保持乳滴及其乳化膜的完整性。乳剂中的电解质和离子型乳化剂的存在是产生乳剂絮凝的主要原因，同时乳剂絮凝与其黏度、相容积比以及流变性有密切关系。由于乳剂的絮凝作用，限制了乳滴的移动并产生网状结构，可使乳剂处于高黏度状态，有利于乳剂的稳定。乳剂絮凝状态与乳滴的合并是不同的，但絮凝状态进一步变化将会引起乳滴的合并。

3. 转相　系指乳剂由于某些条件的变化而改变乳剂的类型，使乳剂由 O/W 型转变为 W/O 型或由 W/O 型转变为 O/W 型。乳剂转相的出现主要是由于乳化剂的性质改变而引起的，如硬脂酸钠是 O/W 型乳化剂，遇氯化钙后生成硬脂酸钙，变为 W/O 型乳化剂，乳剂则由 O/W 型转变为 W/O 型。向乳剂中加入相反类型的乳化剂也可使乳剂转相，特别是两种乳化剂的量接近或相等时，更容易转相。转相时两种乳化剂的量比称为转相临界点，在转相临界点上乳剂不属于任何类型，处于不稳定状态，可随时向某种类型乳剂转变。

4. 合并与破裂　系指乳剂中的乳滴周围有乳化膜存在，但当乳化膜破裂后导致乳滴变大，称为合并。合并进一步发展使乳剂分为油、水两相称为破裂。乳剂发生破裂时乳滴界面消失，虽经振摇也不可能恢复到原来的分散状态，故破裂是不可逆的变化。乳剂的稳定性与乳化剂的理化性质和乳滴的大小有密切关系，乳化剂形成的乳化膜愈牢固，就愈能防止乳滴的合并和破裂，乳滴愈小乳剂就愈稳定。乳剂中乳滴大小是不均一的，小乳滴通常填充于大乳滴之间，使乳滴的聚集性增加，容易引起乳滴的合并，所以为了保证乳剂的稳定性，制备乳剂时尽可能地保持乳滴均匀一致。此外增加分散物质的黏度，也可使乳滴合并速度减慢。乳剂的合并与破裂还受多种外界因素的影响，如温度的过高过低、加入相反类型乳化剂、添加电解质、离心力的作用等均可导致乳剂的合并与破裂。

5. 酸败　系指乳剂受外界因素（光、热、空气）及微生物等的影响，使乳剂中油相或乳化剂等发生变化而引起变质的现象，如水相霉变、油相酸败、乳化剂水解、氧化等均可引起乳剂的酸败，所以乳剂中通常需要加入抗氧剂和防腐剂，防止氧化或酸败。

（二）影响乳剂稳定性的因素

1. 乳化剂的性质及用量　适宜 HLB 值的乳化剂是乳剂形成的关键，任何改变原乳剂中乳化剂 HLB 值的因素均影响乳剂的稳定性。乳化剂的用量一般应控制在 0.5%～10%，用量不足则乳化不完全，用量过大则形成的乳剂过于黏稠，不易倾倒。

2. 分散相的浓度与乳滴大小　一般乳剂分散相的浓度应该控制在 50%左右，过低（25%以下）或过高（74%以上）均不利于乳剂的稳定。乳剂的稳定性还与乳滴的大小有关，乳滴越小、粒径越均一，乳剂就越稳定。

3. 分散介质的黏度　适当增加分散介质的黏度可提高乳剂的稳定性，但黏度越大，乳化时所需要的做功越大。

笔记栏

4. 乳化及贮藏时的温度　乳剂乳化时黏度与界面张力均随着温度的提高而降低，故提高温度有利于乳化，一般认为适宜的乳化温度为 50～70℃。乳剂贮藏期间过冷或过热均不利于乳剂的稳定。

五、乳剂的制备

(一) 乳剂的制备

1. 制备方法

(1) 干胶法：先将乳化剂(胶)和油相置于干燥的乳钵中，研匀后加水相制备成初乳，加水将初乳稀释至全量。在初乳中油、水、乳化剂(胶)的比例视油相的种类不同而有所不同。如油相为植物油时，则比例为4∶2∶1；挥发油做油相时，比例为2∶2∶1；若液状石蜡作为油相，比例为3∶2∶1。本法适用于阿拉伯胶或阿拉伯胶与西黄芪胶的混合胶。操作时按照上述比例混合后，研磨成初乳，再加水将初乳稀释至全量，混匀即得。

(2) 湿胶法：先将乳化剂分散于水相中研匀，再加入油相，用力搅拌使成初乳，然后加水将初乳稀释至全量，混匀即得。初乳中油水胶的比例与干胶法相同。

(3) 新生皂法：将油水两相混合时，两相界面上生成的新生皂类产生乳化的方法。植物油中含有硬脂酸、油酸等有机酸，加入氢氧化钠、氢氧化钙、三乙醇胺等，在高温下(70℃以上)生成的新生皂为乳化剂，经搅拌即形成乳剂。生成的一价皂则为O/W型乳化剂，生成的二价皂则为W/O型乳化剂。这种方法适用于乳膏剂的制备。

(4) 两相交替加入法：向乳化剂中每次少量交替地加入水相或油相，边加边搅拌，最终形成乳剂的方法。这种方法适用于天然胶类、固体微粒乳化剂的制备。当乳化剂用量较多时，本法是一个很好的方法，需要注意每次应少量加入油相和水相。

(5) 机械法：将油相、水相、乳化剂混合后用乳化机械制备乳剂的方法。机械法制备乳剂时可不用考虑混合顺序，借助于机械提供的强大能量，很容易制成乳剂。

(6) 纳米乳的制备：中药中的挥发油，如薄荷油、丁香油等均可制成纳米乳。纳米乳的乳化剂主要是表面活性剂，其HLB值应在15～18的范围内，乳化剂和辅助成分应占乳剂的12%～25%，通常选用聚山梨酯60和聚山梨酯80等。

2. 乳剂中药物的加入方法　乳剂中药物的加入方法主要有：① 油溶性药物可先溶于油相中，再制成乳剂；② 水溶性药物可先溶于水相中，再制成乳剂；③ 若药物不溶于油相也不溶于水相时，可用亲和性大的液相研磨药物，再将其制成乳剂，或将药物制成细粉后，再与乳化剂混匀；④ 大量生产时，药物能溶于水的，可先溶于水，能溶于油的，可先溶于油，然后将油水两相混合进行乳化。

(二) 乳化设备

1. 乳钵和杵棒　用于手工制备少量乳剂的工具，所制备的乳剂粒径较大且不均匀。

2. 搅拌乳化装置　分为低速搅拌乳化装置和高速搅拌乳化装置。低速搅拌制备的乳剂粒径范围较宽；高速搅拌器在一定范围内，转速愈高，搅拌时间愈长，乳剂粒径愈小。组织捣碎机为常用的高速搅拌乳化装置。

3. 高压乳匀机　借助强大推动力将两相液体通过乳匀机的细孔形成乳剂。制备时先用其他方法初步乳化，再用乳匀机乳化，效果较好。

4. 胶体磨　利用高速旋转的转子和定子之间的缝隙产生的强大剪切力使液体乳化。制备的乳剂质量不如高压乳匀机或超声波乳化机好，但适宜于制备比较黏稠的乳剂。

5. 超声波乳化装置　利用10～50 kHz高频振动制备乳剂具有乳化时间短、液滴细而匀的特点，但不适宜于制备黏度大的乳剂，且超声波乳化装置因能量大可引起某些药物分解。

(三) 举例

笔记栏

例6-7　鱼肝油乳剂

【处方】鱼肝油500 mL，阿拉伯胶细粉125 g，西黄芪胶细粉7 g，糖精钠0.1 g，挥发杏仁油

1 mL，羟苯乙酯 0.5 g，纯化水加至 1 000 mL。

【制法】将阿拉伯胶与鱼肝油研匀，一次加入 250 mL 纯化水，用力沿一个方向研磨制成初乳。加糖精钠水溶液、挥发杏仁油、羟苯乙酯醇液，再缓缓加入西黄芪胶胶浆，加纯化水至全量，搅拌均匀，即得。

【性状】本品为黄色乳状液体，味甜香。

【功能与主治】用于预防和治疗成人维生素 A 和维生素 D 缺乏症。

【用法用量】口服，一次 20 mL，一日 3 次，温开水调服。

【贮藏】密封。

【注解】处方中鱼肝油为药物、油相；阿拉伯胶为乳化剂；西黄芪胶可以增加连续相黏度，作为稳定剂；糖精钠、杏仁油为矫味剂；羟苯乙酯为防腐剂。

例 6－8　松节油搽剂

【处方】松节油 650 mL，软肥皂 75 g，樟脑 50 g，蒸馏水加至 1 000 mL。

【制法】软肥皂溶于适量蒸馏水中；取樟脑溶于松节油后，缓缓加入肥皂液中，边加边搅拌，再加蒸馏水至 1 000 mL，强力振荡或加速搅拌成乳剂，即得。

【性状】本品为乳白色的稠厚液体，松节油及樟脑的臭味，与水振摇起多量的泡沫。

【功能与主治】本品为镇痛类药品，用于减轻肌肉痛、关节痛、神经痛以及扭伤。

【用法用量】外用，用脱脂棉蘸取少量，涂搽患处，并搓揉。

【贮藏】密封。

【注解】软肥皂为乳化剂，使松节油乳化为 O/W 型乳剂。

六、乳剂的质量评价与检查

乳剂给药途径不同，其质量要求也各不相同，很难制定统一的质量标准。但对乳剂的质量必须符合最基本的评定。

1. 乳剂粒径大小　乳剂粒径大小是衡量乳剂质量的重要指标。不同用途的乳剂对粒径大小要求不同，如静脉注射乳剂，其粒径应在 0.5 μm 以下，其他用途的乳剂粒径也都有不同要求。乳剂粒径的测定方法有显微镜测定法、库尔特计数器测定法、激光散射光谱法、透射电镜法等。

2. 分层现象的观察　乳剂经长时间放置，粒径变大，进而产生分层现象，这一过程的快慢是衡量乳剂稳定性的重要指标。为了在短时间内观察乳剂的分层，可用离心法加速其分层：用 4 000 r/min 离心 15 min，如不分层可认为乳剂质量稳定，此法可用于比较各种乳剂间的分层情况，以估计其稳定性。也可将乳剂以 3 750 r/min 离心 5 h，相当于放置 1 年产生的自然分层效果。用加速试验法，将乳剂放于 5℃、35℃温度下，12 h 改变一次温度，共 12 天进行比较观察，结果可用于评价乳剂的稳定性。

3. 乳滴合并速度的测定　乳滴合并速度符合一级动力学规律，其直线方程用式(6－6)表示

$$\lg N = \lg N_0 - \frac{Kt}{2.303} \qquad (6-6)$$

式(6－6)中，N 为 t 时间的乳滴数；N_0 为 t_0 时间的乳滴数；K 为合并速度常数；t 为时间。如果乳滴合并成大滴所需的平均时间短，即 K 值大，说明乳剂不稳定。测定随时间 t 变化的乳滴数 N，求出合并速度常数 K，估计乳滴合并速度，用以评价乳剂稳定性大小。

4. 稳定常数的测定　乳剂离心前后光密度变化百分率称为稳定常数，用 K_e 表示，其表达式用式(6－7)表示

$$K_e = \frac{A_0 - A}{A} \times 100\% \qquad (6-7)$$

式(6－7)中，K_e 为稳定常数；A_0 为未离心乳剂稀释液的吸光度；A 为离心后乳剂稀释液的吸光

笔记栏

度。稳定常数具体的测定方法：取适量乳剂于离心管中，以一定速度离心一定时间，从离心管底部取出适量乳剂，稀释一定倍数，以纯化水为对照，用比色法在可见光波长下测定吸光度 A，同法测定原乳剂稀释液吸光度 A_0，代入式(6-6)计算 K_e，离心速度和波长的选择可通过实验加以确定。K_e 值愈小说明乳剂愈稳定，本法是研究乳剂稳定性的定量方法。

第七节　混悬液型液体制剂

一、概述

混悬剂(suspensions)系指难溶性固体药物以微粒状态分散于分散介质中形成的非均相的液体制剂。混悬剂中药物微粒一般在 0.5～10 μm 之间，小者可为 0.1 μm，大者可达 50 μm 或更大。混悬剂是一种热力学和动力学均不稳定的粗分散体系。制备混悬剂的液体介质大多数为水，也可用植物油作为水溶性固体药物的分散介质。

当难溶性药物的溶解度不能满足剂量的要求时；临床所需药物的剂量超过了溶解度而不能以溶液剂形式应用时；两种溶液混合时药物的溶解度降低而析出固体药物时；为了使药物产生缓释作用时，都可以考虑将药物制成混悬剂。混悬剂中药物的分散度较大，药物的胃肠道吸收迅速，有利于提高药物的生物利用度，但为了安全起见，对于剂量小或毒性大的药物不宜制成混悬剂。大多数混悬剂为液体制剂，但为了解决混悬剂的稳定性问题，可将药物制成干混悬剂。

混悬剂除具有一般制剂的质量要求外，还应符合如下几点规定：① 药物本身的化学性质应稳定，在使用或贮存期间含量应符合要求；② 混悬剂中微粒大小根据用途不同而有不同要求；③ 粒子的沉降速度应缓慢、沉降后不应有结块现象，经振摇后有良好的再分散性；④ 混悬剂应有一定的黏度；⑤ 外用混悬剂应容易涂布。

二、混悬剂的稳定性

混悬剂中药物微粒粒径大，微粒微弱的布朗运动难以克服其自身重力的影响，同时药物微粒具有较高的表面自由能，所以混悬剂中药物微粒容易聚集沉降，存在物理稳定性问题。疏水性强的难溶性药物的混悬剂比有一定亲水性的难溶性药物存在更大的稳定性问题。

1. 混悬微粒的沉降　混悬剂属于动力学不稳定的非均相的粗分散体系，微粒受重力作用，静置时会自然沉降，沉降速度服从 Stoke's 定律，用式(6-8)表示

$$V=\frac{2r^2(\rho_1-\rho_2)g}{9\eta} \tag{6-8}$$

式(6-8)中，V 为沉降速度，r 为微粒半径，ρ_1、ρ_2 为微粒和分散介质的密度，g 为重力加速度，η 为分散介质的黏度。由 Stoke's 公式可见，微粒沉降速度与微粒半径的平方、微粒和分散介质的密度差成正比，与分散介质的黏度成反比。用混悬剂微粒沉降速度 V 来评价混悬剂的稳定性，V 愈小说明体系动力学稳定性愈大，反之体系不稳定。增加混悬剂的动力学稳定性、减小沉降速度的主要方法是：① 通过使固体药物最大程度的微粉化，尽量减小微粒粒径；② 增加分散介质的黏度；③ 通过向混悬剂中加入高分子助悬剂，减小固体微粒与分散介质间的密度差，同时微粒可以吸附助悬剂分子而增加亲水性，这是增加混悬剂稳定性采取的重要措施。

2. 微粒的荷电与水化　混悬剂中的微粒可因本身解离或吸附分散介质中的离子而带电，具有双电层结构，即具有 ζ 电位。微粒因带电产生排斥力，阻止了微粒间的聚结。由于微粒表面荷电，水分子可在微粒周围形成水化膜，这种水化作用的强弱随双电层厚度的变化而改变，水化膜的存在，阻止了微

笔记栏

粒间的相互聚结，从而使混悬剂稳定。混悬剂中若加入少量的电解质，可使双电层的扩散层变薄，ζ电位降低，混悬剂的稳定性降低。疏水性强的难溶性药物的混悬剂微粒水化作用很弱，对电解质更敏感；有一定亲水性的难溶性药物的混悬剂微粒除带电荷外，本身具有水化作用，受电解质的影响较小。

3. 絮凝与反絮凝 絮凝(flocculation)系指混悬剂中因加入电解质，ζ电位降低到一定程度后，混悬的微粒形成疏松的絮凝状聚集体而沉降的现象，加入的电解质称为絮凝剂。混悬剂中的微粒由于分散度大而具有很大的界面表面积，因而微粒具有很高的界面自由能，这种高能状态的微粒具有降低界面自由能的趋势。为了得到稳定的混悬剂，一般应控制ζ电位在20～25 mV范围内，使其恰好能产生絮凝作用，形成质地疏松、不易结块，而且易于分散的絮凝物。絮凝剂主要是具有不同价数的电解质，其中阴离子絮凝剂的絮凝作用大于阳离子絮凝剂。常用的絮凝剂有枸橼酸盐、酒石酸盐、磷酸盐等。反絮凝系指向处于絮凝状态的混悬剂中加入电解质，使絮凝状态变为非絮凝状态的过程，加入的电解质称为反絮凝剂。反絮凝剂所用的电解质与絮凝剂相同。

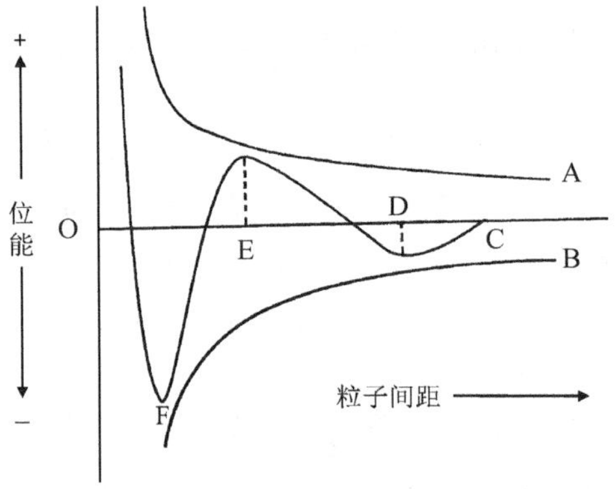

图6-8 混悬剂中粒子间吸引与排斥位能曲线

4. 静电斥力与引力 混悬剂中的微粒间有静电斥力，同时也存在着引力，即范德华力。当两个运动的混悬微粒接近时，电荷的斥力增大，同时引力也增大。斥力和引力以微粒间相互作用能表示，见图6-8，斥力的相互作用能用正号表示，即A线；引力的相互作用能用负号表示，即B线；两种相互作用能之和为C线。当混悬剂中两个微粒间的距离缩短至D点时，引力稍大于斥力，这是粒子间保持的最佳距离，这时粒子形成絮凝状态。当粒子间的距离进一步缩短时，斥力明显增加，当距离达到E点时斥力最大，微粒间无法达到聚集而处于非絮凝状态。受外界因素影响粒子间的距离很容易进一步缩短达到F点。在此点微粒之间产生强烈的相互吸引，以至于在强引力的作用下挤出粒子间的分散介质而使粒子结饼，这时就无法再恢复混悬状态。

5. 结晶增长与转型 混悬剂中的微粒大小不可能完全一致，当大小共存的混悬剂在放置过程中，微粒的大小在不断地变化，小的微粒不断溶解而数目不断减少，大的微粒由于过饱和而粒径不断增大，微粒的沉降速度加快，大微粒沉降到底部后紧密排列，致使混悬剂的稳定性降低。所以制备混悬剂时不仅要考虑微粒的粒度，同时也要考虑微粒粒度分布的均匀性。

许多有机药物结晶内部结构具有不同的晶型，成为多晶型药物。同一药物的多晶型中，只有一种晶型是最稳定的，而其他亚稳定型都会在一定时间内转化为稳定型。但亚稳定型比稳定型溶解度大，从剂型中溶出速度快，吸收好。混悬剂中如具有多晶型药物，易出现亚稳定型不断向稳定型的转变，从而产生结块、沉降，不仅破坏了混悬剂的稳定性，还可能降低药效。可以通过增加分散介质黏度和加入抑制剂等方法克服之。

6. 分散相的浓度和温度 在同一分散介质中分散相的浓度增加，混悬剂的稳定性降低。温度对混悬剂的影响更大，温度变化不仅改变药物的溶解度和溶解速度，还能改变微粒的沉降速度、絮凝速度、沉降体积，从而改变混悬剂的稳定性。

三、混悬剂的稳定剂

为了增加混悬剂的物理稳定性，在制备时需加入能使混悬剂稳定的附加剂，称为稳定剂。稳定剂包括助悬剂、润湿剂、絮凝剂和反絮凝剂等。

笔记栏

(一) 润湿剂

润湿剂系指能够降低药物微粒与分散介质间的界面张力，改善疏水性药物微粒表面被介质润湿性能的附加剂。许多疏水性难溶性药物如硫黄、甾醇类、阿司匹林等不易被水润湿，加上微粒表面吸附有空气，在制备混悬剂时药物微粒不被润湿而漂浮于液体表面，加入润湿剂后，润湿剂可被吸附于微粒表面，增加了微粒的亲水性，产生较好的分散效果。润湿剂的选择是否恰当直接影响混悬效果及制剂稳定性，最常用的润湿剂是 HLB 值在 7～9 之间的表面活性剂，如聚山梨酯类、聚氧乙烯脂肪醇醚类、聚氧乙烯蓖麻油类、泊洛沙姆等。还有低分子溶剂，如甘油、乙醇等。

（二）助悬剂

助悬剂系指能增加分散介质的黏度以降低微粒的沉降速度或增加微粒亲水性的附加剂。助悬剂的种类很多，其中有低分子化合物、高分子化合物、硅酸盐类和触变胶等。甚至有些表面活性剂也可作助悬剂用。在制备混悬剂时，通常可根据混悬液中药物微粒的性质和含量选择不同的助悬剂，常用的助悬剂如下。

1. 低分子助悬剂　如甘油、山梨醇、糖浆剂等低分子溶液，可增加分散介质的黏度，也可增加微粒的亲水性。在外用混悬剂中常加入甘油或山梨醇，亲水性难溶性药物的混悬剂可少加，疏水性难溶性药物的混悬剂应多加，如复方硫黄洗剂中就有甘油。糖浆剂主要用于内服的混悬剂，具有助悬和矫味作用，不仅可以增加混悬剂黏度而且还能增加分散介质的密度，从而减小微粒与分散介质间的密度差。

2. 高分子助悬剂　按照来源不同主要分为天然、半合成和合成三类高分子助悬剂。

（1）天然高分子助悬剂：主要是多糖类，如阿拉伯胶、西黄芪胶、桃胶、白及胶、角叉菜胶、海藻酸钠、淀粉浆等。阿拉伯胶可用其粉末或胶浆，用量可为 5%～15%；西黄芪胶用其粉末或胶浆，用量可为 0.5%～1%。此外还有蛋白质类如琼脂、明胶等。天然高分子助悬剂易被微生物或酶类分解而失去黏性，故使用时需要添加防腐剂。

（2）半合成高分子助悬剂：为纤维素类衍生物，如甲基纤维素、羧甲基纤维素钠、羟丙纤维素等。此类助悬剂大多数性质稳定，受 pH 影响小，但应注意某些助悬剂能与药物或其他附加剂有配伍变化。

（3）合成的高分子助悬剂：常用的主要有卡波姆、聚乙烯吡咯烷酮等。

3. 硅酸盐类　常用的有硅皂土、硅酸镁铝、硅酸铝等。这类助悬剂不溶于水或酸，但在水中可以吸水膨胀，形成高黏度的聚合物，阻止微粒的聚集。硅皂土为天然产硅胶状的含水硅酸铝，为灰黄或乳白色极细粉末，直径为 1～150 μm，不溶于水或酸，但在水中可膨胀，体积增加约 10 倍，形成高黏度并具触变性和假塑性的凝胶，在 pH>7 时，膨胀性更大，黏度更高，助悬效果更好，如炉甘石洗剂中加有硅皂土，助悬效果极好。

4. 触变胶　有些高分子助悬剂属于触变胶，利用其触变性，即凝胶与溶胶恒温转变的性质，在静置时形成凝胶防止微粒沉降，振摇后变为溶胶有利于混悬剂的使用，故使用具有触变性的助悬剂有利于混悬剂的稳定。如 2%单硬脂酸铝溶解于植物油中可形成典型的触变胶。

（三）絮凝剂与反絮凝剂

制备混悬剂时常需要加入絮凝剂，使混悬剂处于絮凝状态，以增加混悬剂的稳定性。同一种电解质因用量不同，在混悬剂中可以作为絮凝剂，也可以作为反絮凝剂。常用的絮凝剂有枸橼酸盐、枸橼酸氢盐、酒石酸盐、酒石酸氢盐、磷酸盐及氯化物等。絮凝剂和反絮凝剂的使用较复杂，除应考虑电解质种类、浓度及分散微粒的电荷外，还应考虑混悬剂中是否存在荷电的聚合物。

四、混悬剂的制备

笔记栏

制备混悬剂时，应使混悬微粒有适当的分散度，并应尽可能分散均匀，以减小微粒的沉降速度，使混悬剂处于稳定状态。混悬剂的制备分为分散法和凝聚法两种。

1. 分散法　系指将粗颗粒的药物粉碎成符合混悬剂微粒要求的分散程度，再分散于分散介质中制备混悬剂的方法。分散法制备混悬剂与药物的亲水性有密切关系，小量制备可用乳钵，大量生产可用乳匀机、胶体磨等机械。处方中的液体可以是水，也可是其他液体成分。采用分散法制备混悬液时：① 亲水性药物，如氧化锌、炉甘石等，一般先将药物粉碎到一定细度，再加处方中的液体适量，研磨到适宜的分散度，最后加入处方中的剩余液体至全量；② 疏水性药物不易被水润湿，必须先加一定量的润湿剂与药物研匀后再加液体研磨混匀。

固体药物在粉碎时，加入适当液体研磨（称为加液研磨法），可以减小药物分子间的内聚力，使药物容易粉碎得更细，微粒可达到 0.1～0.5 μm。对于质重、硬度大的药物，可采用中药制剂常用的"水飞法"制备，该法可使药物研磨到极细的程度。

2. 凝聚法　系指通过化学或物理的方法使分子或离子状的药物凝聚成不溶性药物微粒的方法。包括物理凝聚法和化学凝聚法两种。

(1) 物理凝聚法：系指将分子或离子状态分散的药物溶液加入于另一不溶的分散介质中凝聚成混悬液的方法。一般将药物制成热饱和溶液，在搅拌下加至另一种药物不溶的液体中，使药物快速结晶，可制成 10 μm 以下（占 80%～90%）微粒，再将微粒分散于适宜介质中制成混悬剂。醋酸可的松滴眼剂就是用物理凝聚法制备的。

(2) 化学凝聚法：系指用化学反应法使两种药物生成难溶性的药物微粒，再混悬于分散介质中制备混悬剂的方法。化学反应在稀溶液中进行并应急速搅拌，可使制得的混悬剂中药物微粒更细小更均匀。胃肠道透视用硫酸钡($BaSO_4$)就是用此法制成的。

3. 举例

例 6-9　复方硫黄洗剂

【处方】沉降硫黄 30 g，硫酸锌 30 g，樟脑醑 250 mL，甲基纤维素 50 g，甘油 100 mL，纯化水加至 1 000 mL。

【制法】取沉降硫黄，加甘油研磨成细腻糊状；硫酸锌溶于 200 mL 水中；另将甲基纤维素用 200 mL 水制成胶浆，在搅拌下缓缓加入，研匀，移入量器中；搅拌下加入硫酸锌溶液，搅拌均匀，在搅拌下以细流加入樟脑醑，加纯化水至全量，搅拌均匀，即得。

【性状】本品为黄色稠厚液体。

【功能与主治】本品用于治疗痤疮、疥疮、皮脂溢出及酒糟鼻。

【用法用量】外用。

【贮藏】密封。

【注解】处方中硫黄为强疏水性药物；甘油为润湿剂，可使硫黄能在水中均匀分散；甲基纤维素为助悬剂，可增加混悬液的黏度；樟脑醑为 10%樟脑乙醇液，加入时应急剧搅拌，以免樟脑因溶剂改变而析出大颗粒。

五、混悬剂的质量评价与检查

1. 粒径大小及其分布的测定　混悬剂中微粒的大小不仅关系到混悬剂的质量和稳定性，也会影响混悬剂的药效和生物利用度。所以测定混悬剂中微粒大小及其分布，是评定混悬剂质量的重要指标。混悬剂中粒子大小及其分布可采用显微镜法、库尔特计数法、浊度法、光散射法、漫反射法等方法测定。

2. 沉降体积比的测定　沉降体积比系指沉降物的体积与沉降前混悬剂的体积之比，用 F 表示。F 的数值在 0～1 之间，F 值愈大混悬剂愈稳定。沉降体积比的测定方法：将混悬剂放于量筒中，混匀，测定混悬剂的总容积 V_0，静置一定时间后，观察沉降面不再改变时沉降物的容积 V。沉降体积比 F 的计算用式(6-9)表示

笔记栏

$$F=\frac{V}{V_0}=\frac{H}{H_0} \tag{6-9}$$

式(6-9)中,沉降体积比也可用高度表示,H_0为沉降前混悬液的高度;H 为沉降后沉降面的高度。混悬微粒开始沉降时,沉降高度 H 随时间而减小,所以沉降体积比是时间的函数。以 H/H_0 为纵坐标,沉降时间 t 为横坐标作图,可得沉降曲线,曲线的起点最高点为 1,以后逐渐缓慢降低并与横坐标平行。根据沉降曲线的形状可以判断混悬剂处方设计的优劣,沉降曲线比较平和地缓慢地降低可认为该处方设计优良,但较浓的混悬剂不适用于绘制沉降曲线。

3. 絮凝度的测定　絮凝度系指由絮凝所引起的混悬物体积增加的倍数,是比较混悬剂絮凝程度的重要参数,用式(6-10)表示

$$\beta=\frac{\mathrm{F}}{\mathrm{F}_{\infty}}=\frac{V/V_{\infty}0}{V/V_0}=\frac{V}{V_{\infty}} \tag{6-10}$$

式(6-10)中,F 为絮凝混悬剂的沉降容积比;F_{∞}为去絮凝混悬剂的沉降容积比;β 为由絮凝所引起的沉降物容积增加的倍数。β 值愈大,絮凝效果愈好。例如,去絮凝混悬剂的 F_{∞} 值为 0.15,絮凝混悬剂的 F 值为 0.75,则 $\beta=5.0$,说明絮凝混悬剂沉降容积比是去絮凝混悬剂沉降容积比的 5 倍。用絮凝度评价絮凝剂的效果、预测混悬剂的稳定性,有重要价值。

4. 重新分散试验　优良的混悬剂经过贮存后再振摇,沉降物应能很快重新分散,以保证服用时的均匀性和分剂量的准确性。重新分散试验的测定方法为:将混悬剂置于 100 mL 量筒内,以20 r/min的速度转动,经过一定时间的旋转,量筒底部的沉降物应重新均匀分散,说明混悬剂再分散性良好。

5. ζ 电位测定　混悬剂中微粒具有双电层,即 ζ 电位。ζ 电位的大小可表明混悬剂存在状态,一般 ζ 电位在 25 mV 以下,混悬剂呈絮凝状态;ζ 电位在 50～60 mV 时,混悬剂呈反絮凝状态。可用电泳法测定混悬剂的 ζ 电位,ζ 电位与微粒电泳速度的关系用式(6-11)表示

$$\zeta=4\pi\frac{\upsilon\eta}{\varepsilon E} \tag{6-11}$$

式(6-11)中,υ 为微粒电泳速度;η 为混悬剂的黏度;ε 为介电常数;E 为外加电场强度。测出微粒的电泳速度,即能计算出 ζ 电位。

6. 流变学测定　用旋转黏度计测定混悬液的流动曲线,由流动曲线的形状,确定混悬液的流动类型,评价混悬液的流变学性质。若为触变流动、塑性触变流动和假塑性触变流动,能有效地减缓混悬剂微粒的沉降速度。

第八节　不同给药途径用液体制剂

液体制剂在医疗上的作用和用途十分广泛,除常规用于口服外,还可用于皮肤、五官科及人体腔道部位,包括眼用液体制剂、滴耳剂、滴鼻剂、灌肠剂、灌洗剂、洗剂、搽剂、含漱剂等。不同给药途径的液体制剂在制备时分别具有特殊的要求。

一、眼用液体制剂

眼用液体制剂(ocular liquid preparation)系指直接用于眼部发挥治疗作用的无菌液体制剂。主要用于消炎、杀菌、散瞳、治疗青光眼、降低眼压、冲洗、清洁等。但在启用后最多可使用 4 周。

眼用液体制剂包括滴眼剂、洗眼剂、眼内注射溶液等,也可以固态形式包装、另备溶剂在临用前配成溶液或混悬液。滴眼剂系指原料药物与适宜辅料制成的供滴入眼内的无菌液体制剂,分为溶液、混悬液或乳状液。洗眼剂是指由原料药物制成的无菌澄明水溶液,供冲洗眼部异物或分泌液、中和外来化学物质的眼用液体制剂。眼内注射溶液系指由原料药物与适宜辅料制成的无菌液体,供眼周围组织(包括球结膜下、筋膜下及球后)或眼内注射(包括前房注射、前房冲洗、玻璃体内注

笔记栏

射、玻璃体内灌注等)的无菌眼用液体制剂。眼用液体制剂的制备工艺可参考注射剂等。

除无菌要求外,眼用液体制剂还要考虑等渗、pH 等方面。滴眼剂中可加入调节渗透压、pH、黏度以及增加原料药物溶解度和制剂稳定的辅料,除另有规定外,滴眼剂应与泪液等渗;洗眼剂应尽可能与泪液等渗并具有相近的 pH;眼内注射溶液、眼内插入剂、供外科手术用和急救用的眼用制剂,均不得加抑菌剂或抗氧剂或不适当的附加剂,且应采用一次性使用包装。

二、滴耳剂

滴耳剂(ear drops)系指由药物与适宜辅料制成的水溶液,或由其他适宜溶剂制成的澄明溶液、混悬液或乳状液,供滴入耳腔内的外用液体制剂。用于耳部的消毒、止痒、收敛、消炎、润滑等。滴耳剂的分散介质常用水、稀乙醇、甘油、丙二醇、聚乙二醇等。水溶液作用缓和,但穿透力差;乙醇溶液穿透力和杀菌作用强,但对内耳有刺激性;甘油溶液无刺激性,局部滞留时间较长,但穿透力较差。所以滴耳剂常使用混合溶剂。慢性中耳炎患者,由于黏稠分泌物的存在,使药物很难达到中耳部,制剂中加入溶菌酶、透明质酸等,能淡化分泌物,促使药物分散。外耳道有炎症时,pH 一般为 7.1~7.8,用于外耳道的滴耳剂宜呈弱酸性。用于手术、耳部伤口或耳膜穿孔的滴耳剂应该无菌。

三、滴鼻剂

滴鼻剂(nasal drops)系指由药物与适宜辅料制成的澄明溶液、混悬液或乳状液,供滴入鼻腔的液体制剂。滴鼻剂具有消毒、消炎、收缩血管和麻醉等作用,同时通过鼻腔给药也能起全身治疗作用。滴鼻剂的溶剂可用水、丙二醇、液状石蜡、植物油等。药物的水溶液易与鼻黏液混合,易分散于黏膜表面,但作用时间短;油溶液刺激性小,作用持久,但不与鼻腔黏液混合。滴鼻剂应调节 pH、渗透压及黏度,以促进药物吸收,防止黏膜水肿。正常人鼻黏液 pH 一般为 5.5~7.5,鼻腔发炎或过敏时则呈碱性,有时 pH 可高达 9,易使细菌繁殖,并影响正常纤毛运动,因此,滴鼻剂的 pH 一般应为 5.5~7.5,且应具有一定的缓冲能力。滴鼻剂应与鼻黏液等渗或偏高渗;不改变鼻黏液的正常黏度;不影响纤毛活动及分泌液的离子组成。

四、灌肠剂

灌肠剂(enemas)系指经肛门灌注于直肠的水性、油性溶液或混悬液,以治疗、诊断或营养为目的的一种液体制剂。按用药目的分为泻下灌肠剂、含药灌肠剂与营养灌肠剂。大量灌肠剂使用时应加热至体温。中药微型灌肠剂是近年来出现的新剂型,系将中药复方经提取纯化制成一定浓度的水性液体制剂。

五、灌洗剂

灌洗剂(irrigating solutions)系指用于阴道、尿道、膀胱等灌洗的液体制剂,主要用于黏膜部位的清洗和洗除某些病理异物等。灌洗剂具有防腐、收敛、清洁等作用。一般以水为溶剂,多在临用前配制,使用时应加热至体温。如 2%硼酸溶液、0.02%~0.1%高锰酸钾溶液、生理盐水等。

笔记栏

六、洗剂

洗剂(lotions)系指专供涂抹、敷于皮肤的外用液体制剂。洗剂一般以水或乙醇为分散介质,使用时一般轻轻涂于皮肤或用纱布蘸取敷于皮肤上,有消毒、消炎、止痒、收敛、保护等局部作用。洗剂可以分为溶液型、乳剂型、混悬型等，其中以混悬型为多。混悬型洗剂中的水分或乙醇在皮肤上蒸发，具有冷却和收缩血管的作用，可减轻急性炎症。混悬型洗剂中常加入甘油和助悬剂，当分散介质蒸发后可形成保护膜，保护皮肤免受刺激，如复方水杨酸洗剂、复方硫黄洗剂等。

七、搽剂

搽剂(liniments)系指药物用乙醇、油或其他适宜溶剂制成的供无破损患处揉擦用的液体制剂。涂后揉擦或涂于敷料上贴于患处，具有镇痛、收敛、保护消炎、杀菌和抗刺激的作用。搽剂的分散介质随其作用不同而有所差异。用于镇痛、抗刺激的搽剂多用乙醇为分散介质，使用时用力揉擦，有利于药物的穿透。保护性搽剂多用油、液状石蜡为分散介质，具有润滑作用，并防止皮肤干燥。搽剂也可涂于敷料上贴于患处。搽剂可分为溶液型、乳剂型、混悬型等。

八、含漱剂

含漱剂(gargles)系指用于咽喉、口腔清洗的液体制剂。具有口腔的清洗、防腐、杀菌、消毒及收敛等作用。含漱剂中常加适量着色剂，以示外用，不可咽下。含漱剂多为药物的水溶液，也可含少量乙醇或甘油。为了方便，有时配成浓溶液，临用时稀释，也可制成固体粉末，临用时加水溶解。含漱剂的 pH 应呈微碱性，以利于除去微酸性分泌物和溶解黏液蛋白。

（廖　婉　李学涛）

笔记栏

第七章 注射剂

本章要点

注射剂的含义、特点、分类及一般质量要求。

热原的定义、性质、污染途径、除去方法及检查方法。

注射用溶剂的种类及质量要求，注射用水的制备，常用附加剂的种类和作用。

注射剂的制备过程及工艺关键。

注射用溶剂和容器的种类和处置方法。

中药注射剂的主要质量问题及质量控制方法。

第一节 概 述

一、注射剂的含义和特点

注射剂(injections)系指原料药物或与适宜的辅料制成的供注入体内的无菌制剂。注射剂具有以下特点。

1. 药效迅速、作用可靠　注射剂在临用时均以液体状态直接注入人体，药物吸收快或直接进入体循环、作用迅速、剂量准确、作用可靠。

2. 适用于不宜口服给药的药物　对于易被消化液降解破坏、胃肠道刺激性较强以及口服吸收差、生物利用度低或变异性大的药物，制成注射剂更为有利。

3. 适用于不宜口服给药的患者　对于术后禁食、昏迷、吞咽困难或有肠梗阻等消化系统疾病而不能口服的患者，宜采用注射给药。

4. 可发挥长效、定位的作用　一些长效注射剂可在注射部位形成药库，缓慢释放药物达到长效作用；对一些仅需要在确定的局部位置产生作用的药物，可进行准确的局部定位注射。

5. 给药不便、依从性差　一般需要专业人员使用特定注射器和设备给药，且注射时疼痛。随着现代制药技术的发展，诸如无针注射剂、无痛注射技术等的发明和应用正在逐步缓解和弥补上述不足。

6. 生产成本及质量要求高　注射剂生产过程复杂，对环境、设备和人员要求高，因而成本较高。质量要求比其他剂型严格，使用不当更易发生危险。

二、注射剂的分类

笔记栏

注射剂可分为注射液、注射用无菌粉末与注射用浓溶液等。

1. 注射液　系指原料药与适宜的辅料制成的供注入人体内的无菌液体制剂，包括溶液型、乳状液型或混悬型等注射液。其中，供静脉滴注用的大容量注射液又称为输液，一般注射量≥100 mL

(生物制品一般≥50 mL)。

(1) 溶液型：将药物溶解于适宜溶剂中制成的澄清注射液，包括水溶液、油溶液和胶体溶液，如葡萄糖注射液、氯化钠注射液等。

(2) 乳状液型：将药物溶解或分散在适宜的介质中制成的乳状液型注射液，如鸦胆子油乳注射液、维丁胶性钙乳状液型注射液等。乳状液型注射液不得有相分离现象，不得用于椎管内注射。静脉用乳状液型注射液中 90%的乳滴粒径应在 1 μm 以下，且不得有大于 5 μm 的乳滴。

(3) 混悬型：将固体药物混悬在适宜液体介质中制成的混悬型注射液。水难溶性或注射后要求药效延长的药物，可制成水或油的混悬液，如醋酸可的松混悬型注射液、喜树碱静脉注射液等。其药物粒径应控制在 15 μm 以下。混悬型注射液不得用于静脉注射或椎管内注射。

2. 注射用无菌粉末　又称粉针剂，系指原料药与适宜的辅料制成的供临用前用无菌溶液配制成注射液的无菌粉末或无菌块状物，一般采用无菌分装或冷冻干燥法制得。

3. 注射用浓溶液　系指原料药与适宜的辅料制成的供临用前稀释后静脉滴注用的无菌浓溶液。

三、注射给药途径

基于医疗需要，注射剂有不同的给药途径(图 7－1)；相应地，其给药部位、作用特点和质量要求也存在差异。

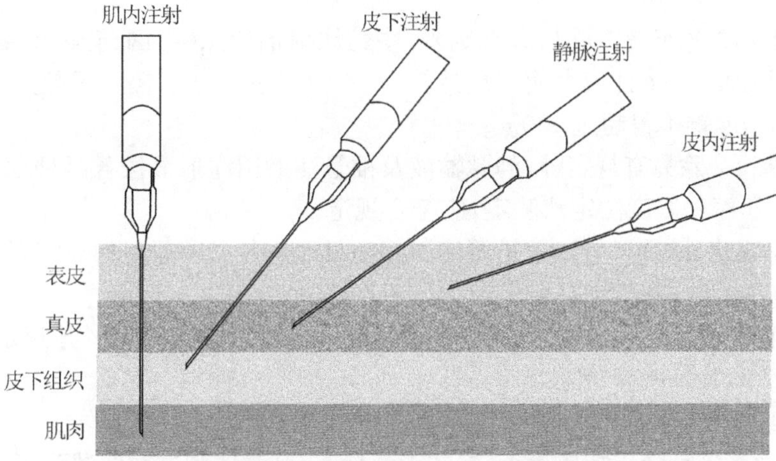

图 7－1　注射剂的给药途径示意图

1. 静脉注射(intravenous injection, IV)　注射于静脉内，起效最快，常用于急救、补充体液和提供营养。分为静脉滴注和静脉推注。静脉滴注一次注射量可达数千毫升，静脉推注一次注射量一般为 5～50 mL。静脉注射多为水溶液，粒径<1 μm 的乳剂、纳米粒、脂质体等微粒分散体系也可。但油溶液、一般混悬液和乳状液易引起毛细血管栓塞，不宜静脉注射。凡能导致溶血和白蛋白沉淀的药液也不宜静脉注射。静脉注射用制剂的质量要求较高，尤其对无菌、热原的控制要求严格。

2. 肌内注射(intramuscular injection, IM)　注射于肌肉组织中，起效比静脉注射缓慢、但持续时间较长。一次注射量一般为 1～5 mL。药物的水溶液、油溶液、混悬液和乳状液均可供肌内注射，其中混悬液和乳状液具有一定的延效作用，且乳状液具有一定的淋巴靶向性。

3. 皮下注射(subcutaneous injection, SC；hypodermic, Hypo)　注射于真皮与肌肉之间的松软组织内。因皮下组织血流较慢，药物吸收速度更趋缓慢。一次注射量一般为 1～2 mL。皮下注射多为水溶液，混悬液可能导致硬结或肿胀，具有刺激性的药物混悬液不宜皮下注射。

4. 皮内注射(intracutaneous injection, ID)　注射于表皮和真皮之间，一般位于前臂。该部位药物吸收少而缓慢，故常用于过敏性试验或疾病诊断，如青霉素皮试、白喉诊断毒素等。一次注射

笔记栏

量<0.2 mL。

5. 脊椎腔内注射(intraspinal injection) 注射于脊椎四周蛛网膜下腔内。一次注射量不得超过 10 mL。由于神经组织较敏感,且脊椎液缓冲容量小、循环慢,故脊椎腔注射剂必须等渗,不得加入抑菌剂,pH 在 5.0～8.0 范围内,且注入时应缓慢。

6. 动脉内注射(intra-arterial injection, IA) 注入靶区动脉末端,如诊断用动脉造影剂、肝动脉栓塞剂等。

此外,还有穴位注射(acupoint injection)、心内注射(intracardiac injection)、关节内注射(intra-articular injection)、滑膜腔内注射(intrasynovial injection)等途径。

四、注射剂的一般质量要求

1. 无菌 注射剂必须无菌。

2. 细菌内毒素或热原 除另有规定外,静脉用注射剂按各品种项下的规定,依照《中国药典》现行版四部细菌内毒素检查法或热原检查法测定,应符合规定。

3. 可见异物 除另有规定外,依照《中国药典》四部可见异物检查法检查,应符合规定。

4. 不溶性微粒 除另有规定外,用于静脉注射、静脉滴注、鞘内注射、椎管内注射的溶液型的注射液、注射用无菌粉末及注射用浓溶液依照《中国药典》四部不溶性微粒检查法检查,均应符合规定。

5. 中药注射剂有关物质 按各品种项下规定,依照《中国药典》四部注射剂有关物质检查法检查,应符合有关规定。

6. 重金属及有害元素残留量 除另有规定外,中药注射剂依照《中国药典》四部铅、镉、砷、汞、铜测定法测定,按各品种项下每日最大使用量计算,铅不得超过 12 μg,镉不得超过 3 μg,砷不得超过6 μg,汞不得超过 2 μg,铜不得超过 150 μg。

7. 渗透压摩尔浓度 除另有规定外,静脉输液及椎管注射用注射液按各品种项下的规定,依照《中国药典》四部渗透压摩尔浓度测定法测定,应符合规定。

8. 装量 除另有规定外,静脉输液及椎管注射用注射液按各品种项下的规定,依照《中国药典》四部渗透压摩尔浓度测定法测定,应符合规定。

9. 装量差异 除另有规定外,注射用无菌粉末的装量差异应符合规定。凡规定检查含量均匀度的品种,一般不再进行装量差异检查。

10. pH 注射剂的 pH 应接近体液,一般控制在 4～9 范围内。

此外,有些品种尚需进行降压物质检查、异常毒性检查、刺激性和过敏性试验等。

第二节 热 原

一、热原的含义与组成

热原(pyrogens)是指一种能够引起恒温动物体温异常升高的致热物质,含热原的注射剂注入人体内后,会产生发冷、寒战、体温升高、身痛、发汗、恶心呕吐等不良反应,有时体温可升至 40℃左右,严重者甚至还会昏迷、虚脱,基至危及生命,这种现象在临床上被称为“热原反应”。广义的热原包括细菌性热原、内源性热原、内源性低分子热原及化学性热原等,药剂学上的“热原”通常指细菌性热原,是微生物产生的代谢产物。大多数细菌和许多霉菌甚至病毒都能产生热原,热原主要由革兰阴性杆菌产生,且产生的热原致热作用最强。

在微生物代谢产物中,存在于细菌细胞膜与固体膜之间的内毒素是产生热原反应的最主要致热物质。内毒素由磷脂、脂多糖和蛋白质所组成的复合物,其中脂多糖具有特别强的致热活性。不

笔记栏

同的菌种脂多糖的化学组成也有差异，一般脂多糖的分子量越大其致热作用越强。

二、热原的基本性质

1. 水溶性　热原能溶于水，其浓缩的水溶液往往带有乳光。

2. 耐热性　热原一般经 60℃加热 1 h 不受影响，100℃也不会分解，但在 180℃ 3～4 h，250℃ 30～45 min 或 650℃ 1 min 可彻底破坏热原。虽然现已发现某些热原也具有热不稳定性，但必须注意的是，在通常采用的注射剂灭菌条件下，热原往往不可能被破坏。

3. 滤过性　热原体积较小，约在 1～5 nm 之间，一般滤器均可通过，不能截留去除，但活性炭可吸附热原，纸浆滤饼对热原也有一定的吸附作用。有报道，采用适宜的超滤膜对溶液进行超滤处理，可有效去除溶液中的热原。

4. 不挥发性　热原本身不挥发，但因溶于水，在蒸馏时，可随水蒸气雾滴进入蒸馏水中，故蒸馏水器均应有完好的隔沫装置，以防止热原污染。

5. 其他性质　热原能被强酸、强碱所破坏，也能被强氧化剂如高锰酸钾或过氧化氢所氧化，超声波也能使之失活。热原在水溶液中带有电荷，也可被某些离子交换树脂所吸附。

三、注射剂污染热原的途径

热原是微生物的代谢产物，注射剂中污染热原的途径与微生物的污染直接相关。

1. 由溶剂带入　这是注射剂出现热原的主要原因。注射剂的溶剂主要由注射用水及注射用油组成。如注射用水制备时操作不当或蒸馏水器结构不合理，都有可能使蒸馏水中带有热原。此外，长时间的贮存也会使溶剂被热原污染。

2. 由原辅料带入　原辅料本身质量不佳、贮藏时间过长或包装不符合要求以至破损，均能受到微生物污染而产生热原。中药原料药含有大量的微生物，处理不当则更容易引入热原。

3. 由容器或用具带入　注射剂制备时所用的用具、管道、装置、灌装注射剂的容器，在使用前如没有按规定严格清洗和灭菌，均易使药液污染而产生热原。

4. 由制备过程带入　生产环境不合格、工作人员未严格执行操作规程、生产周期过长，产品灌封后没有及时灭菌或灭菌不彻底，均可能污染微生物而产生热原。

5. 由使用过程带入　注射剂尤其是输液剂在临床使用时，若注射器具被污染则可能产生热原，因此，注射剂尤其是输液剂在临床使用所用的相关器具，必须做到无菌无热原。

四、除去注射剂中热原的方法

(一) 除去药液或溶剂中热原的方法

1. 吸附法　常用的吸附剂有活性炭，用量一般为溶液体积的 0.1%～0.5%。使用时，将一定量的针用活性炭加入溶液中，煮沸，搅拌 15 min 即能除去液体中大部分热原。此外，利用硅藻土和活性炭进行配合应用，是一种提高去除热原效果的手段。

2. 离子交换法　热原分子上含有磷酸根与羧酸根，带有负电荷，可以被碱性阴离子交换树脂吸附。已有报道应用离子交换树脂吸附法除去注射剂中的热原，并在大生产中采用。

3. 凝胶滤过法　也称分子筛滤过法，是利用凝胶物质作为滤过介质，当溶液通过凝胶柱时，分子量较小的成分渗入到凝胶颗粒内部而被阻滞，分子量较大的成分则沿凝胶颗粒间隙随溶剂流出。

4. 超滤法　利用高分子薄膜的选择性与渗透性，在常温条件下，依靠一定的压力和流速，而除去溶液中的热原。用于超滤的高分子薄膜孔径可控制在 50 nm 以下，其滤过速度快，除热原效果明显。

5. 反渗透法　本法通过三醋酸纤维素膜或聚酰胺膜除去热原，效果好，具有较高的实用价值。

笔记栏

（二）除去容器上热原的方法

1. 高温法　对于耐高温的容器，如注射用针筒及其他玻璃器皿，在洗涤干燥后，经 180℃加热 2 h或 250℃加热 30 min，可以破坏热原。

2. 酸碱法　对于耐酸碱的玻璃容器、瓷器或塑料制品，用强酸强碱溶液处理，可有效地破坏热原，常用的酸碱液有重铬酸钾硫酸洗液、硝酸硫酸洗液或稀氢氧化钠溶液。

在注射剂制备过程中，应该采取有效的综合措施，从预防热原的污染着手，以真正确保临床用药的安全。

五、热原的检查方法

（一）热原检查法

家兔实验是《中国药典》规定的热原检查方法。本法是将一定剂量的供试品，通过静脉给药的方式注入家兔体内，在规定的时间内，观察家兔体温升高的情况，以判断供试品中是否含有热原，若家兔体温升高超过规定的限度，即认为此供试品有热原反应。具体实验方法和结果判断标准见《中国药典》现行版。

（二）细菌内毒素检查法

鲎试验法是《中国药典》规定的细菌内毒素检查方法。本法系利用鲎试剂来检测或量化由革兰阴性菌产生的细菌内毒素，以判断供试品中细菌内毒素的限量是否符合规定的一种方法。鲎试剂为鲎科动物东方鲎的血液变成细胞溶解物的无菌冷冻干燥品。鲎试剂中含有能被微量细菌内毒素激活的凝固酶原和凝固蛋白原。凝固酶原经内毒素激活转化成具有活性的凝固酶，进一步促使凝固蛋白原转变为凝固蛋白而形成凝胶。鲎试验法检查细菌内毒素的方法敏感，专属性强，具体操作见《中国药典》现行版。

鲎试验法优点有：反应灵敏、操作简单、结果迅速可得、试验费用低。但由于鲎试验法对革兰阴性菌以外的内毒素敏感性较差，故不能完全代替家兔致热试验法。

第三节　注射剂的溶剂

一、注射用水

（一）注射用水的质量要求

注射用水是应用最广泛的一种注射剂溶剂，具有良好的生理适应性，对化学物质的溶解性、其质量要求在《中国药典》现行版中有严格规定。除一般蒸馏水的检查项目如酸碱度、氯化物、硫酸盐、钙盐、硝酸盐、亚硝酸盐、氨盐、二氧化碳、易氧化物、不挥发物及重金属等应符合规定外，还需进行热原检查。配制注射剂时，应使用新鲜制备的注射用水作为溶剂，以减少微生物污染。

（二）原水的预处理与净化

笔记栏

1. 原水的预处理　根据原水的质量，选择适宜的方法进行预处理。常用方法有滤过吸附法、凝聚澄清法。经过预处理的原水应进行色度、浊度、臭气、pH、氨、易氧化物、比电阻、细菌总数、大肠杆菌指数等检查。

2. 净化处理　原水经离子交换法或电渗析法进一步净化处理获得纯水，主要供蒸馏法制备注射用水用，也可用来洗涤注射用器皿及容器，但不能用来配制注射液。

（1）离子交换法：本法是原水净化处理的基本方法之一，主要特点是制得的水化学纯度高，设备简单，节约燃料和冷却水，成本低。

离子交换法是通过离子交换树脂来完成净化处理原水的。常用的离子交换树脂有两种，一种是732型苯乙烯强酸性阳离子交换树脂，其极性基团是磺酸基，解离度大，酸性强，在酸性或碱性溶液中均能起交换反应，除去水中的阳离子，这类树脂可用简化式 $RSO_3^- H^+$ 和 $RSO_3^- Na^+$ 表示，前者称为氢型，后者称为钠型，钠型为出厂形式。另一种是717型苯乙烯强碱性阴离子交换树脂，其极性基团是季铵基团，解离度大，碱性强，在酸性或碱性溶液中也均能起交换反应，除去水中的阴离子（强酸根与弱酸根），这类树脂可用简化式 $R-N^+(CH_3)_3OH^-$ 和 $R-N^+(CH_3)_3Cl^-$ 表示，前者称为OH型，后者称为氯型，氯型为出厂形式。

离子交换法净化处理原水的工艺，一般可采用阳床、阴床，混合床的串联组合形式，即通过阳离子交换树脂柱-阴离子交换树脂柱-阳、阴离子交换树脂混合柱的联合床系统，如图7－2所示，混合床为阳树脂和阴树脂以一定比例混合而成。

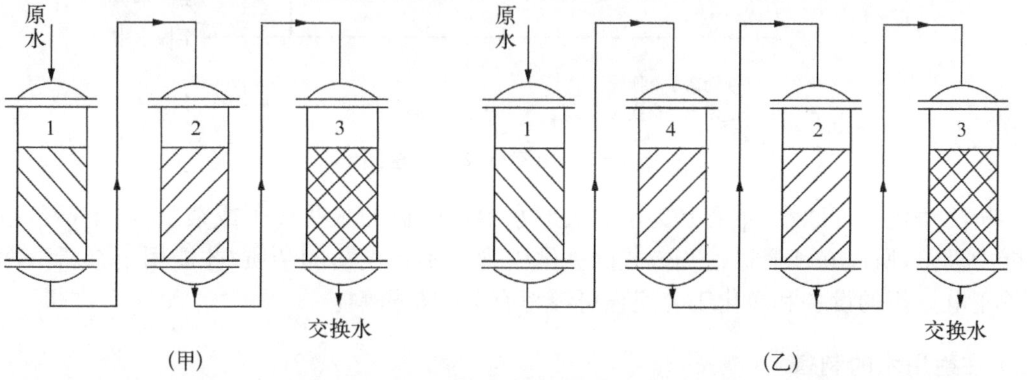

图7－2 离子交换树脂联合床系统示意图

1. 强酸性阳树脂交换柱 2. 强碱性阴树脂交换柱 3. 强酸强碱混合树脂交换柱 4. 弱碱性阴树脂交换柱

上述联合床系统在实际生产中被普遍应用。当原水中碱度较高（≥50 mg/L）时，可在阳床后加一脱气塔，除去经过阳树脂的酸性水中所含的 CO_2，以减轻阴离子交换树脂的负担；当原水中 SO_4^{2-}、Cl^- 等强酸根含量较高（100 mg/L）时，可在阴床前加用弱酸型阴离子交换树脂柱，以除去大部分强酸根离子，延长强碱型阴离子交换树脂的使用时间。

一般自来水通过上述离子交换树脂联合床系统来处理并除去水中绝大部分的阳离子与阴离子，对于热原与细菌也有一定的清除作用。目前生产过程中，通常通过测定比电阻来控制去离子水的质量，测定比电阻的仪器常用DDS－Ⅱ型电导仪，一般要求比电阻值在100万Ω·cm以上。

离子交换法通常使用电渗析法处理所得的净化水，以减轻离子交换树脂的负担，延长其使用周期。

（2）电渗析法：电渗析净化处理原水是一种制备初级纯水的技术。电渗析法对原水的净化处理较离子交换法经济，节约酸碱，特别是当原水中含盐量较高（≥300 mg/L）时，离子交换法已不适用，而电渗析法仍然有效。但本法制得的水比电阻较低，一般在5万～10万Ω·cm，因此常与离子交换法联用，以提高净化处理原水的效率。

电渗析技术净化处理原水的基本原理，是依靠外加电场的作用，使原水中含有的离子发生定向迁移，并通过具有选择透过性阴、阳离子交换膜，使原水得到净化，如图7－3所示。

当电渗析器的电极接通直流电源后，在电场作用下，原水中的离子发生迁移，阳离子膜显示强烈的负电场，排斥阴离子，而允许阳离子通过，并使阳离子向负极运动；阴离子膜则显示强烈的正电场，排斥阳离子，只允许阴离子通过，并使阴离子向正极运动。在电渗析装置内的两极间，多组交替排列的阳离子膜与阴离子膜，形成了除去离子区间的“淡水室”和浓聚离子区间的“浓水室”，以及在电极两端区域的“极水室”。原水通过电渗析设备就可以合并收集从各“淡水室”流出的纯水。

笔记栏

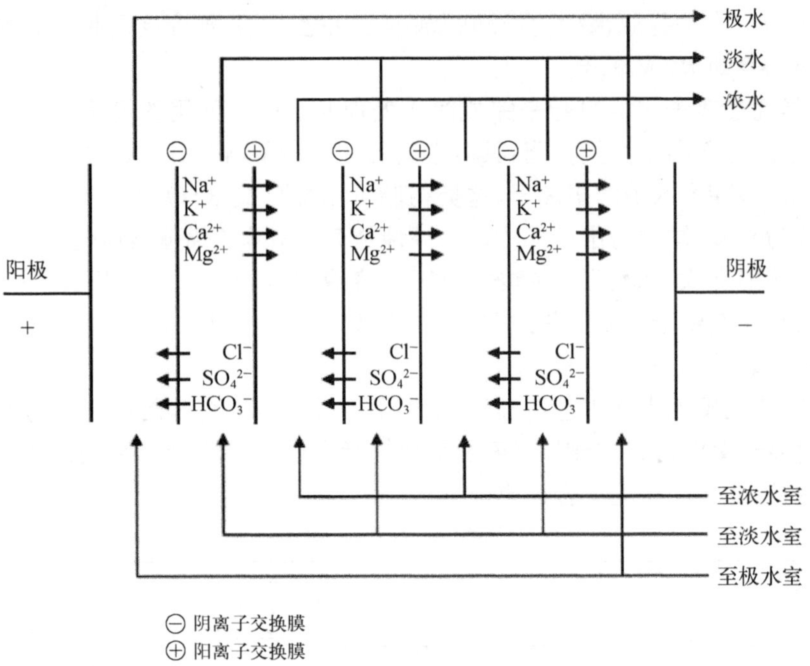

图 7－3　电渗析原理示意图

电渗析法净化处理原水，主要是为了除去原水中带电荷的某些离子或杂质，由于不带电荷的物质除去能力极差，所以必须通过适当方式除去水中含有不带电荷的杂质，才能用电渗析法净化处理原水。关于电渗析的设备和净化工艺流程可参考有关文献资料。

（三）注射用水的制备

1. *蒸馏法制备注射用水*　本法是《中国药典》规定的制备注射用水的方法，系将蒸馏水或纯水进一步蒸馏而制得的注射用水。蒸馏法制备注射用水的蒸馏设备，主要有下列几种。

（1）塔式蒸馏水器：主要由蒸发锅、隔沫器（也称挡板）和冷凝器三个部分组成，其基本结构如图 7－4 所示，塔式蒸馏水器的生产能力大，并有多种不同规格，其生产能力可达 50～200 L/h，可根据实际情况选用。

（2）多效蒸馏水器：多效蒸馏水器的最大特点是节能效果显著，热效率高，能耗仅为单蒸馏水器的三分之一，并且出水快、纯度高、水质稳定、配有自动控制系统，目前多效蒸馏水器成为药品生产企业制备注射用水的重要设备，其基本结构如图 7－5 所示。

多效蒸馏水器由 5 只圆柱形蒸馏塔和冷凝器以及一些控制元件组成。在前四级塔内装有盘管，并互相串联起来，蒸馏时，进料水（一般为去离子水）先进入冷凝器，由塔 5 进来的蒸汽预热，然后依次分别进入 4 级塔、3 级塔、2 级塔、1 级塔，此时进料水温度达到 130℃甚至更高，在 1 级塔内，进料水在加热时再次受到高压蒸汽加热，一方面蒸汽本身被冷凝为回笼水，另一方面进料水迅速被蒸发，蒸发的蒸汽进入 2 级塔加热室供 2 级塔热源，并在其底部冷凝为蒸馏水，而 2 级塔的进料水是由 1 级塔底部在压力作用下进入。同样的方法供给了 3 级塔、4 级塔和 5 级塔，各塔生成的蒸馏水加上 5 级塔蒸汽被第一、第二冷凝器冷凝后生成的蒸馏水，都汇集于蒸馏水收集器，最后废气则从废气排出管排出。

多效蒸馏水器的出水温度在 80℃以上，有利于蒸馏水的保存。

多效蒸馏水器的性能取决于加热蒸汽的压力和级数，压力越大，产量越高，效数越多，热的利用效率也越高。多效蒸馏水器的选用，应根据实际生产需要，结合出水质量、能源消耗、占地面积等因素综合考虑，一般以四效以上较为合理。

笔记栏

（3）气压式蒸馏水器：主要由自动进水器、热交换器、加热室、蒸发室、冷凝器及蒸汽压缩机等组成，目前国内已有生产。该设备具有多效蒸馏器的优点，利用离心泵将蒸汽加压，提高了蒸汽利用率，而且不需要冷却水，但使用过程中电能消耗较大。

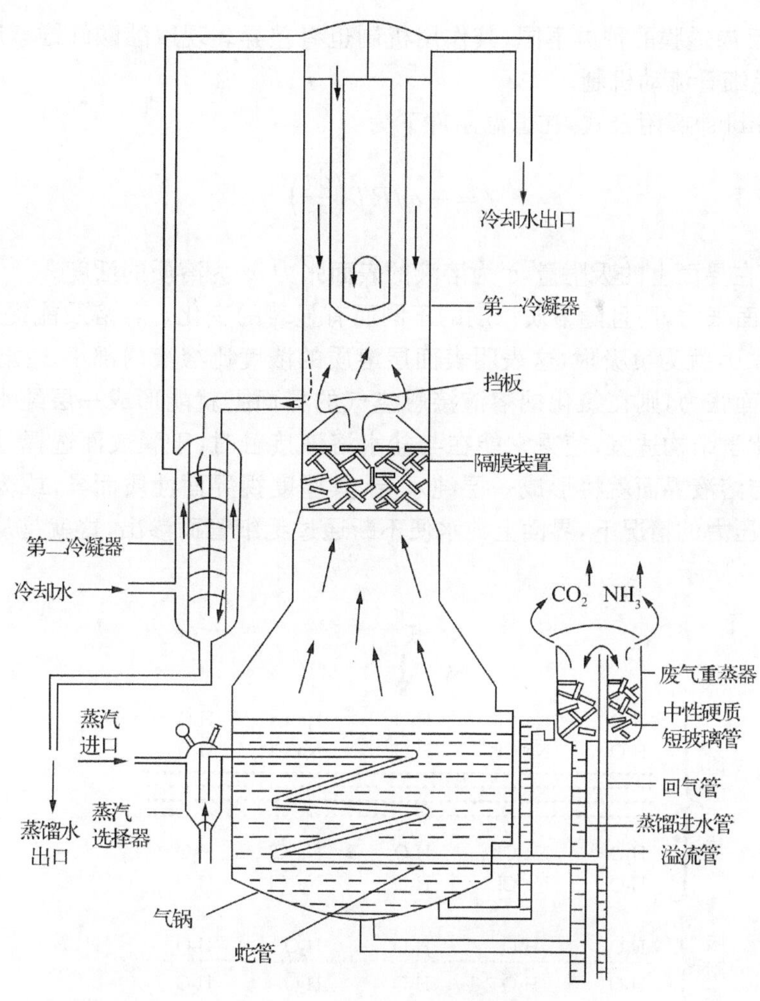

图 7-4 塔式蒸馏水器示意图

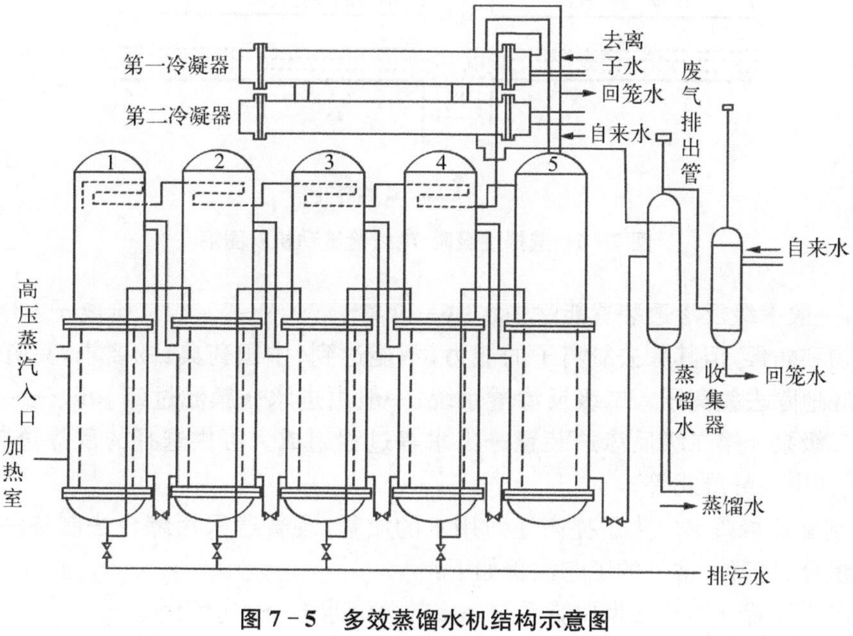

图 7-5 多效蒸馏水机结构示意图

2. 反渗透法制备注射用水 1975 年《美国药典》19 版首次收载，并将该方法作为制备注射用水的法定方法之一。反渗透法制备注射用水，具有耗能低、水质好、设备使用与保养方便等优点。

反渗透法制备注射用水常选择的反渗透膜有醋酸纤维素膜和聚酰胺膜，膜孔大小在 0.5～

笔记栏

10 nm之间。由于反渗透膜的种类不同，其作用机制也有差异。现以醋酸纤维素膜处理盐水为例，介绍选择性吸附-毛细管流动机制。

根据吉布斯(Gibbs)吸附公式，在恒温条件下为

$$\gamma=-a/RT\left(\frac{d\sigma}{d\alpha}\right)$$

式中 γ 为溶质在界面上的吸附量，σ 为溶液的表面张力，α 为溶质的活度。

水有一定的表面张力，而且随溶质浓度的不同而有显著的变化。若溶质能提高水的表面张力，使 $d\sigma/d\alpha>0$，则 $\gamma<0$，就为负吸附，这表明表面层溶质的浓度比溶液内部小。据此，氯化钠和其他盐类能增加水的表面张力，则在氯化钠溶液接触空气的界面上就能形成一层纯水层。根据上述概念，若多孔性膜的化学结构适宜，使得它能在与盐水溶液接触时，于膜表面选择性吸附水分子而排斥溶质，这样在膜与溶液界面就将形成一层纯水层，其厚度视界面性质而异，或为单分子下层或为多分子层。在施加压力的情况下，界面上纯水便不断通过毛细管而渗出，这就是从盐水中分离出纯水的过程，如图 7－6 所示。

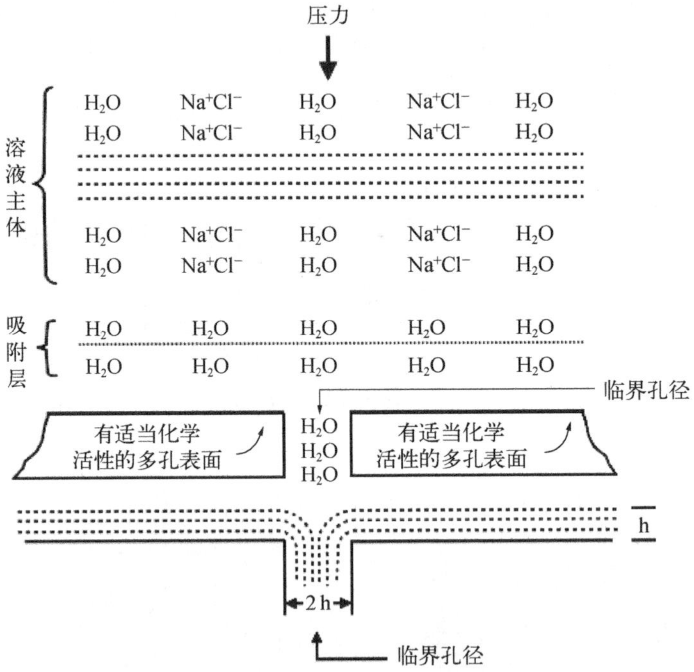

图 7－6 选择性吸附-毛细管流动机制图解

由此可见，一般一级反渗透装置能除去水中一价离子 90%～95%，二价离子 98%～99%，同时还能除去微生物和病毒，但其除去氯离子的能力，不能达到《中国药典》的要求，只有二级反渗透装置才能比较彻底地除去氯离子。二级反渗透系统，一般由进水→膜滤过(5 μm)→一级泵→第一级反渗透装置→二级泵→第二级反渗透装置→出水等过程组成。可供选择的反渗透装置有板框式、管式、螺旋卷式和中空纤维式等。

3. 综合法制备注射用水　为了提高注射用水的质量，现普遍采用综合法制备注射用水。综合法的具体工艺组合有多种，常见的工艺流程如下：

常水→电渗析装置→离子交换树脂系统→多效蒸馏水器→注射用水。

笔记栏

（四）注射用水的贮存

用蒸馏法制备注射用水时，应弃去初馏液，检查合格后，方能正式收集，收集过程中，应采用密闭收集系统，防止空气中灰尘或其他杂质污染。配制注射剂，应采用新鲜制备的注射用水，若注射

用水从制备到使用超过 12 h 必须采取适当措施，如 80℃以上保温，65℃以上循环或 2～10℃贮存等。贮存时间以不超过 24 h 为宜。

二、注射用油

（一）注射用油的质量标准

注射用油应无异臭、无酸败味；色泽不得深于黄色 6 号标准比色液；在 10℃时应保持澄明。酸值、皂化值与碘值是评价注射用油质量的重要指标，通常其皂化值为 185～200，碘值为 79～128，酸值不大于 0.56，并不得检出矿油。凡符合上述要求，并对人体无害、能为机体组织吸收代谢者，均可作为注射用油选用。常用注射用大豆油、麻油、茶油等植物油。

知识链接

酸值、皂化值和碘值

酸值（acid value）系指中和脂肪、脂肪油或其他类似物质 1 g 中含有的游离脂肪酸所需氢氧化钾的重量（mg）。酸值越高，说明油液中含有酸性物质越多，精制程度越低。

皂化值（saponification value）系指中和并皂化脂肪、脂肪油或其他类似物质 1 g 中含有的游离酸类和酯类所需氢氧化钾的重量（mg）。皂化值表示油中游离的和结合成酯的脂肪酸总量。

碘值（iodinc value）系指脂肪、脂肪油或其他类似物质 100 g，当充分卤化时所需的碘量（g）。碘值反映油中油中不饱和键的多少。碘值过高，说明不饱和键多，容易氧化酸败。

（二）注射用植物油的精制方法

一般植物油含有少量游离脂肪酸，各种色素和植物蛋白等，在贮存过程中，又常受到空气、阳光和微生物的影响，容易引起酸败变质，因而不能直接用来配制注射剂，必须采用适当的方法，进行精制处理，常见的处理方法步骤如下。

1. 中和植物油中的游离脂肪酸　一般在蒸气夹层锅中先将油加热至 30～50℃，然后根据预先测定的植物油酸值，加入适量的氢氧化钾（钠）溶液（加入量一般比理论计算量多 20%左右），边加边搅拌，中和游离的脂肪酸，并继续缓缓升温至 60～70℃，继续搅拌保温半小时，至油与肥皂颗粒分开，静置 6～8 h，待皂粒沉降后，取样测定油的酸值，降低至 0.3 以下即可滤过。

2. 除臭　将上述滤过澄清的油，直接通蒸汽 3～6 h，使油的臭味尽量随蒸汽挥发，然后将油置于分液器中分去水层。

3. 脱水　除臭后的油中加入 3%～5%的无水氯化钙或无水硫酸钠脱水，放置 24 h 后，滤除脱水剂。

4. 脱色　将上述脱水后的油，搅拌加热至 50℃左右，再加入油量 8%～10%的酸性陶土（也可以加入 3%的活性陶土或 0.5%的活性炭），继续加热至 80～90℃，不断搅拌 30 min，趁热滤过除去脱色剂，并滤至油液完全澄清。

5. 灭菌　经精制处理后的油，应在 150～160℃干热灭菌 1～2 h，备用。

（三）注射用油的贮存

注射用油应贮存于避光密闭的洁净容器中，避免接触空气、日光以及铁、铜等金属。为防止注射用油因含有不饱和脂肪酸而产生氧化酸败，必要时可考虑加入抗氧剂如没食子酸丙酯、生育酚等，以增加其稳定性。

笔记栏

三、注射用其他溶剂

1. 乙醇　本品与水、甘油、挥发油等可任意混合，毒性较小，对小白鼠的 LD_{50} 静脉注射为 1.973 g/kg，皮下注射为 8.285 g/kg。采用乙醇为注射溶剂时，浓度可高达 50%，可供肌内注射或静脉注射，但当浓度超过 10%时，肌内注射就有疼痛感。

2. 甘油　本品与水、乙醇、丙二醇等可任意混合。由于甘油的黏度、刺激性等原因，不能单独作为注射剂的溶剂，常与乙醇、水等组成复合溶剂应用。甘油对许多药物具有较大的溶解度，可供肌内注射或静脉注射，常用量为 15%～20%，某些注射剂可高达 55%。其毒性，对小白鼠 LD_{50} 皮下注射为 10 mL/kg，肌内注射为 6 mL/kg。对大白鼠的 LD_{50} 静脉注射为 5～6 g/kg。

3. 丙二醇　即 1,2-丙二醇，本品与水、乙醇、甘油相混溶。丙二醇性质稳定，能溶解多种挥发油及多种类型药物，广泛用作注射剂的溶剂，可供肌内注射或静脉注射。其毒性，对小白鼠的 LD_{50} 腹腔注射为 9.7 g/kg，皮下注射为 18.5 g/kg，静脉注射为 5～8 g/kg。此外，不同浓度的丙二醇水溶液有冰点下降的特点，可用以制备各种防冻注射剂。

4. 聚乙二醇(PEG)　本品为环氧乙烷的聚合物，分子量 200～700 为液体，1 000 以上为固体。PEG300 和 PEG400 能与水、乙醇、甘油、丙二醇混溶，可用作注射剂的溶剂，在注射液中最大浓度为 30%，超过 40%则产生溶血作用。其毒性，PEG300 对大白鼠的 LD_{50} 腹腔注射为 19.125 g/kg，静脉注射为 7.979 g/kg，PEG400 对小白鼠的 LD_{50} 腹腔注射为 4.2 g/kg。

此外，还有油酸乙酯、苯甲酸苄酯、二甲基乙酰胺、乳酰胺、肉豆蔻异丙基酯、乳酸乙酯等可选作注射剂的混合溶剂。

第四节　注射剂的附加剂

为了确保注射剂的安全、有效与稳定，注射剂中除主药以外，根据药品的性质还可以加入其他适宜的物质，这些物质统称为“附加剂”。

一、增加主药溶解度的附加剂

这类附加剂包括增溶剂与助溶剂，添加的目的是为了增加主药在溶剂中的溶解度。常用的品种有。

1. 聚山梨酯 80(吐温 80)　本品为中药注射剂常用的增溶剂，肌内注射液中应用较多，因有降压作用与轻微的溶血作用，在静脉注射液中应慎用。常用量为 0.5%～1%。

含鞣质或酚性成分的注射液，若溶液偏酸性，加入聚山梨酯 80 后可致使溶液变浊；含酚性成分的注射剂，加入聚山梨酯 80，可降低杀菌效果；聚山梨酯 80 也能使注射剂中苯甲醇、三氯叔丁醇等抑菌剂的作用减弱。此外，含有聚山梨酯 80 的注射液，在灭菌过程中会出现起浊现象，必须趁热振样才能保持注射剂的澄明。上述情况，应在制备中药注射剂时充分注意，要合理拟定配方和确定工艺流程。

使用聚山梨酯 80 时，一般先将其与被增溶物混匀，然后加入其他溶剂或药液稀释，这样可提高增溶效果。聚山梨酯类的其他品种在注射剂中也有作为增溶剂使用的报道。

2. 胆汁　动物胆汁所含主要成分是胆酸类的钠盐，具有较强的界面活性，常用量为0.5%～1%。

常用的胆汁有牛胆汁、猪胆汁、羊胆汁等，胆汁除含胆酸盐类外，还含有胆色素、胆固醇及其他杂质成分，故不能直接用来作为注射剂的增溶剂，通常要经过加工处理成胆汁浸膏后才能应用。

笔记栏

以胆汁为增溶剂时，要注意药液的 pH、一般溶液 pH 在 6.9 以上时，性质稳定；而溶液 pH 在6.0

以下时，胆酸易析出，不仅降低增溶效果，同时影响注射剂的澄明度。

3. 甘油 甘油是鞣质和酚性成分良好的溶剂，一些以鞣质为主要成分的中药注射剂，用适当浓度的甘油作溶剂，可有效提高溶解度，保持药液的澄明度，用量一般为15%～20%。

4. 其他 一些“助溶剂”也可用于中药注射剂的配制，以提高药物的溶解度，如有机酸及其钠盐、酰胺与胺类，也有通过复合溶剂系统的应用，达到提高药物的浓度、确保注射剂澄明度的目的。

二、帮助主药混悬或乳化的附加剂

这类附加剂主要是指混悬剂和乳化剂，添加的目的是为了使注射用混悬剂和注射用乳状液具有足够的稳定性，保证临床用药的安全有效。

用于注射剂的助悬剂或乳化剂，应具备的基本条件包括：① 无抗原性，无热原、无毒性、无刺激性、不溶血；② 有高度的分散性和稳定性，使用剂量小；③ 能耐热，在灭菌条件下不改变助悬和乳化功能；④ 粒径小，不妨碍正常注射给药。常用于注射剂的助悬剂有明胶、聚维酮、羧甲基纤维素钠及甲基纤维素等。常用于注射剂的乳化剂有聚山梨酯 80、油酸山梨坦（司盘 80）、普流罗尼克(pluronic)F-68、卵磷脂、豆磷脂等，后三种还可用作静脉注射用乳状液的制备。

三、防止主药氧化的附加剂

这类附加剂包括抗氧剂、惰性气体和金属络合剂，添加的目的是为了防止注射剂中由于主药的氧化产生的不稳定现象。

1. 抗氧剂 抗氧剂为一类易氧化的还原剂。当抗氧剂与药物同时存在时，抗氧剂首先与氧发生反应，从而保护药物免遭氧化，保证药品的稳定。

注射剂中抗氧剂的选用应综合考虑主药的理化性质和药液的 pH 等因素，并经过实验考察决定。注射剂中常用抗氧剂的性质、用量及其适用范围见表 7-1。

表 7-1 注射剂中常用的抗氧剂

名称	溶解性	常用量(%)	适用范围
亚硫酸钠	水溶性	0.1～0.2	水溶液偏碱性，常用于偏碱性药液
亚硫酸氢钠	水溶性	0.1～0.2	水溶液偏酸性，常用于偏酸性药液
焦亚硫酸钠	水溶性	0.1～0.2	水溶液偏碱性，常用于偏碱性药液
硫代硫酸钠	水溶性	0.1	水溶液呈中性或微碱性，常用于偏碱性药液
硫脲	水溶性	0.05～0.2	水溶液呈中性，常用于中性或偏酸性药液
维生素 C	水溶性	0.1～0.2	水溶液呈中性，常用于偏酸性或偏碱性药液
二丁基苯酚(BHT)	油溶性	0.005～0.02	油性药液
叔丁基对羟基茴香醚(BHA)	油溶性	0.005～0.02	油性药液
维生素 E(α-生育酚)	油溶性	0.05～0.075	油性药液，对热和碱稳定

2. 惰性气体 采用高纯度的 N_2 或 CO_2 置换药液和容器中的空气，可避免主药的氧化。惰性气体可在配液时直接通入药液，或在灌注时通入容器中。

供注射剂用的惰性气体 N_2 或 CO_2，必须经过预处理。一般 N_2 的含量在 99.9%以上时，通过蒸馏水洗涤即可；N_2 的含量低于 99.5%时，需通过浓硫酸、碱式焦性没食子酸、1%高锰酸钾和注射用水洗涤后方可使用。而 CO_2 使用前应通过浓硫酸、硫酸铜、高锰酸钾溶液的洗涤处理，以除去其中含有的硫化物、水分、氧及细菌、热原等杂质。同时，使用时还应注意 CO_2 对药液 pH 的改变可能产生的影响。

3. 金属络合剂 加入金属络合剂，使之与药液中微量金属离子生成稳定的络合物，避免金属离

笔记栏

子对药物成分氧化的催化作用，从而产生抗氧化的效果。注射剂中常用的金属络合剂有乙二胺四乙酸（EDTA）、乙二胺四乙酸二钠（EDTA－Na_2）等，常用量为0.03%～0.05%。当然，控制注射剂中金属离子的存在，首先应注意杜绝生产过程中金属离子的带入。

四、抑制微生物增殖的附加剂

这类附加剂也称为抑菌剂，添加的目的是防止注射剂制备过程中或多次使用过程中微生物的污染和生长繁殖。一般多剂量注射剂、无菌操作法制备的注射剂，均需加入一定量的抑菌剂，以确保用药安全。而用于静脉注射或脊椎腔注射的注射剂不得添加抑菌剂，剂量超过5 mL的注射液在选用添加抑菌剂时，应当特别审慎。

注射剂常用的抑菌剂见表7－2。

表7－2　注射剂常用的抑菌剂

名称	溶解性	常用量（%）	适用范围
苯酚	室温时少溶于水，65℃以上能与水互溶	0.5	偏酸性药液
甲酚	难溶于水，易溶于脂肪油	0.25～0.3	与一般生物碱有配伍禁忌
氯甲酚	极微溶于水	0.05～0.2	与少数生物碱以及甲基纤维素有配伍禁忌
三氯叔丁醇	微溶于水	0.25～0.5	偏酸性药液
苯甲醇	溶于水	1～3	偏碱性药液，对热稳定
苯乙醇	溶于水	0.25～0.5	偏酸性药液

五、调整pH的附加剂

调整注射剂的pH，应根据药物的性质和临床用药的要求，结合药物的溶解度、稳定性、人体生理的耐受性以及局部刺激性等多方面因素综合考虑，原则上尽可能使药液接近中性，一般应控制在pH 4.0～9.0之间。

注射剂中常用的pH调整剂有盐酸、枸橼酸、氢氧化钾（钠）、枸橼酸钠及缓冲剂磷酸二氢钠和磷酸氢二钠等。

六、减轻疼痛的附加剂

这类附加剂也称为止痛剂，添加目的是为了减轻使用注射剂时由于药物本身对机体产生的刺激或其他原因引起的疼痛。

应当明确注射剂使用时产生的刺激性疼痛，是由多种因素造成的，添加减轻疼痛的附加剂不能从根本上解决问题，因而要通过研究，针对产生问题的原因，采取针对性的有效措施，才能真正消除或减轻药物注射带来的疼痛或刺激。

目前，注射剂中常用的减轻疼痛的附加剂有如下。

1. 苯甲醇　常用量为1%～2%，注射时吸收差，连续注射可使局部产生硬块。同时也会影响药物的吸收。

2. 盐酸普鲁卡因　常用量为0.2%～1%，使用时作用时间较短，一般可维持1～2 h，在碱性溶液中易析出沉淀。个别患者注射时可出现过敏反应，应予以注意。

3. 三氯叔丁醇　常用量为0.3%～1%，既有止痛作用，又有抑菌作用。

4. 盐酸利多卡因　常用量为0.2%～0.5%，止痛作用比普鲁卡因强，作用也较持久，而且过敏反应的发生率低。

笔记栏

七、调整渗透压的附加剂

正常人的血浆有一定的渗透压平均值约为 750 kPa。渗透压与血浆渗透压相等的溶液称为等渗溶液，如 0.9%的氯化钠溶液和 0.5%的葡萄糖溶液即为等渗溶液。高于或低于血浆渗透压的溶液相应地称为高渗溶液或低渗溶液。无论是高渗溶液还是低渗溶液注入人体时，均会对机体产生影响。肌内注射时人体可耐受的渗透压的范围相当于 0.45%～2.7%氯化钠溶液所产生的渗透压，即相当于 0.5～3 个等渗浓度。在静脉注射时当大量低渗溶液注入血液后，水分子穿过细胞膜进入红细胞内，使红细胞胀破，造成溶血现象，这将使人感到头胀、胸闷，严重的可发生麻木、寒战、高烧、尿中出现血红蛋白。一般正常人的红细胞在 0.45%氯化钠溶液中就会发生溶血，在 0.35%氯化钠溶液中可完全溶血。而当静脉注入高渗溶液时，红细胞内水分因渗出而发生细胞萎缩，尽管只要注射速度缓慢，机体血液可自行调节使渗透压恢复正常，但在一定时间内也会影响正常的红细胞功能。因而静脉注射也必须注意渗透压的调整。至于脊椎腔内注射，由于脊椎液量少，循环缓慢，渗透压的紊乱很快就会引起头痛、呕吐等不良反应，所以必须使用等渗溶液。

常用的渗透压调整剂有氯化钠、葡萄糖等。渗透压的调整方法有冰点降低数据法和氯化钠等渗当量法。

(一) 冰点降低数据法

血浆的冰点为－0.52℃，因此任何溶液，只要其冰点降低为－0.52℃，即与血浆等渗。一些药物 1%水溶液的冰点降低数据见表 7－3。根据这些数据可以计算并配制药物的等渗溶液。

例 7－1　用氯化钠配制等渗溶液 100 mL，需用氯化钠多少？

从表 7－3 查得，氯化钠溶液的冰点降低为 0.58℃，设氯化钠等渗溶液的浓度为 $x\%$，则

$$1\% : x\% = 0.58 : 0.52$$

$$x\% = (0.52 \times 1\%)/0.58 = 0.9\%(\text{g/mL})$$

即配制氯化钠等渗溶液 100 mL，需氯化钠 0.9 g。

例 7－2　配制 2%盐酸普鲁卡因溶液 100 mL，需加氯化钠多少，才能使之成为等渗溶液？根据公式

$$W = (0.52 - a)/b \tag{7-1}$$

式(7－1)中：W 为配制成等渗溶液所需加入等渗调整剂的量(%，g/mL)；a 为未经调整的药物溶液的冰点下降度；b 为用以调整等渗的调节剂 1%(g/mL)溶液的冰点下降度。

从表 7－3 查得，本例 $a = 0.12 \times 2 = 0.24$℃，$b = 0.58$℃

代入式(7－1)得：$W = (0.52 - 0.24)/0.58 = 0.48\%(\text{g/mL})$

即需添加氯化钠 0.48 g，才能使 2%的盐酸普鲁卡因溶液 100 mL 成为等渗溶液。

表 7－3　一些药物 1%水溶液的冰点降低数据

名称	1%(g/mL)水溶液冰点降低(℃)	每 1 g 药物氯化钠等渗当量 E 值(g)	等渗浓度溶液的溶血情况		
			浓度(%)	溶血(%)	pH
硼酸	0.28	0.47	1.9	100	4.6
盐酸乙基吗啡	0.19	0.15	38	38	4.7
硫酸阿托品	0.08	0.13	8.85	0	5.0
盐酸可卡因	0.09	0.14	6.33	47	4.4
氯霉素	0.06				
依地酸钙钠	0.12	0.21	4.50	0	6.1
盐酸麻黄碱	0.16	0.28	3.2	96	5.9
无水葡萄糖	0.10	0.18	5.05	0	6.0

笔记栏

续 表

名称	1%(g/mL)水溶液冰点降低(℃)	每1 g药物氯化钠等渗当量E值(g)	等渗浓度溶液的溶血情况		
			浓度(%)	溶血(%)	pH
葡萄糖(含水)	0.091	0.16	5.51	0	5.9
氢溴酸后马托品	0.097	0.17	5.67	97	5.0
盐酸吗啡	0.086	0.15			
碳酸氢钠	0.381	0.65	1.39	0	8.3
氯化钠	0.58		0.9	0	6.7
青霉素G钾		0.16	5.48	0	6.2
硝酸毛果芸香碱	0.133	0.22			
聚山梨酯80	0.01	0.02			
盐酸普鲁卡因	0.12	0.18	5.05	91	5.6
盐酸狄卡因	0.109	0.18			

(二) 氯化钠等渗当量法

氯化钠等渗当量是指1 g药物呈现的等渗效应相当于氯化钠的克数，用E表示。一些药物的E值见表7-3。如硫酸阿托品的E值为0.13，即1 g硫酸阿托品于溶液中，能产生与0.13 g氯化钠相同的渗透压效应。通过查阅文献，了解药物的E值，也能计算出配制该药物等渗溶液所需添加的氯化钠克数。

例7-3　取硫酸阿托品2.0 g，盐酸吗啡4.0 g，配制成注射液200 mL，需加氯化钠多少，才能使之成为等渗溶液。

从表7-3查知，硫酸阿托品的E值为0.13，盐酸吗啡的E值为0.15。

处方中硫酸阿托品与盐酸吗啡相当于氯化钠的量为$0.13\times2+0.15\times4=0.86$ g，使上述注射液200 mL成为等渗溶液时所需添加氯化钠的克数为1.8 g−0.86 g=0.94 g。

上述计算可归纳成下列公式

$$X=0.009V-G_1E_1-G_2E_2-\cdots \tag{7-2}$$

式(7-2)中：X为药液V mL中应加氯化钠克数；G_1、G_2为药液中溶质的克数；E_1、E_2分别是G_1、G_2的E值。

(三) 等渗溶液与等张溶液

等渗溶液是指渗透压与血浆渗透压相等的溶液，因为渗透压是溶液的依数性之一，可用物理化学实验方法求得，因而等渗是一个物理化学概念。但是按这个概念计算出某些药物的等渗浓度，如表7-4所示的硼酸、盐酸麻黄碱、盐酸可卡因、盐酸乙基吗啡等，配制成等渗溶液，依然会出现不同程度的溶血现象。这就说明，不同物质的等渗溶液不一定都能使红细胞的体积和形态保持正常。因此需要提出等张溶液的概念。

所谓等张溶液是指与红细胞膜张力相等的溶液，在等张溶液中红细胞能保持正常的体积和形态，更不会发生溶血，因而等张溶液是一个生物学的概念。

红细胞膜对于很多药物的水溶液来说可以看作是理想的半透膜，即它只能让溶剂分子出入，而不让溶质分子通过，因此，这些药物的等渗浓度与等张浓度相同或接近。但红细胞并非典型的半透膜，对有些药物的水溶液来说，不仅溶剂分子能出入，而且溶质分子也能自由通过细胞膜，这样即使是等渗浓度，也不能避免出现溶血现象。调整注射液的渗透压时引入等张浓度的概念，更接近正常的生理状态。

笔记栏

一个药物的等张浓度，可用溶血法进行测试。将人的红细胞放在各种不同浓度(0.36%～0.45%)的氯化钠溶液中，则出现不同程度的溶血；同样，将人的红细胞放入某种待测药物的不同浓度的溶液中，也将出现不同程度的溶血。把两种溶液的溶血情况进行比较，凡溶血情况相同的则认为其渗透压也相同，根据渗透压的大小与摩尔浓度成正比的原理，可列出下式

$$P_{\mathrm{NaCl}} = i_{\mathrm{NaCl}} \cdot C_{\mathrm{NaCl}}; P_{\mathrm{D}} = i_{\mathrm{D}} \cdot C_{\mathrm{D}} \quad (7-3)$$

式(7-3)中：P 为渗透压；C 为摩尔浓度；i 为渗透系数；D 为被测药物。

如果待测药物的渗透压与氯化钠的渗透压相等，即 $P_{\mathrm{NaCl}} = P_{\mathrm{D}}$，则

$$i_{\mathrm{NaCl}} \times A/\mathrm{NaCl}\text{的分子量} = i_{\mathrm{D}} \times B/\text{被测药物的分子量} \quad (7-4)$$

式(7-4)中：A 为溶液 100 mL 中氯化钠的克数；B 为溶液 100 mL 中被测药物的克数；i_{NaCl} 为 1.86。

根据式(7-4)，可以计算出药物的 i 值。已知药物的 i 值，则可推算出药物的等张浓度。

例 7-4　求相当于 0.9%氯化钠的无水葡萄糖的等张浓度。

已知葡萄糖的 i 值为 0.55，氯化钠的 i 值为 1.86，氯化钠分子量以 58 计算，葡萄糖分子量以 180 计算，代入式(7-4)得

$$1.86 \times 0.9\%/58 = 0.55 \times B/180$$

$$B = 1.86 \times 0.9\% \times 180/(58 \times 0.55) = 9.4\%$$

计算结果表明，相当于 0.9%氯化钠的无水葡萄糖的等张溶液为 9.4%。

一些药物的溶血法 i 值见表 7-4。

表 7-4　一些药物的溶血法 i 值

药物名称	溶血法 i 值	相当于 0.9%氯化钠的百分浓度(无水药物)
硫酸阿托品	1.91	10.16
氯化钙	2.76	1.15
葡萄糖酸钙	2.77	4.45
葡萄糖	0.55	9.39
盐酸麻黄碱	0.58	9.98
乳糖	1.20	8.16
氯化镁	2.90	0.94
硫酸镁	1.99	1.73
甘露醇	1.37	3.83
氯化钠	1.77	1.20
苯甲酸钠	1.85	2.24
枸橼酸钠	4.02	1.84
硫酸钠	3.19	1.27
山梨醇	1.36	3.83
蔗糖	1.37	7.16
溴化钠	1.95	1.51

同一药物的溶血 i 值与 i 值(即用物理化学方法求得的系数)相等或相近时，该药物的等张浓度与等渗浓度相等或相近；溶血 i 值大于物化 i 值时，药物的等张浓度低于等渗浓度；溶血 i 值小于物化 i 值时，药物的等张浓度高于等渗浓度。

第五节　注射剂的制备

注射剂的生产过程包括原辅料的准备与处理、配制、灌封、灭菌、质量检查和包装等步骤，一般工艺流程及环境区域的洁净度要求如下(图 7-7)。

笔记栏

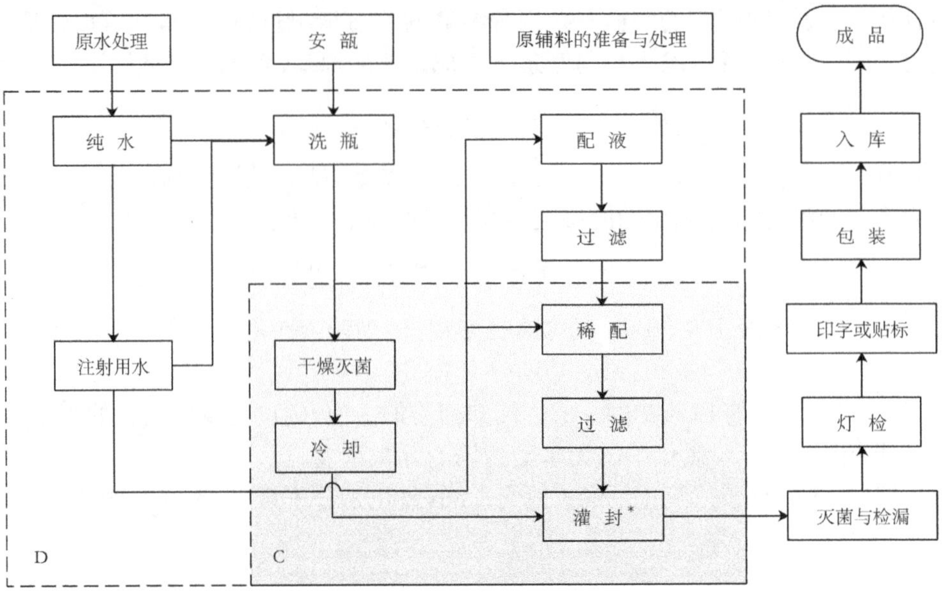

图 7－7　中药注射剂生产工艺流程及区域分布图

*：不同的产品有不同的洁净度要求

一、中药注射剂的原料准备

中药注射剂配制的原料有三类：① 中药有效成分单体；② 中药有效部位；③ 中药总提取物。以中药总提取物为原料配制注射剂时，需要对总提取物进行较彻底的除杂，才能制得符合要求的注射剂。

（一）中药的预处理

选用的中药原料必须检验合格，还要进行预处理如挑选、洗涤、切制、干燥、灭菌等。

（二）中药注射用原液的制备

对于处方中药材的有效成分尚不清楚，或某一有效部位并不能体现原方药效的组方，应在中医药理论指导下，根据处方中药材所含有效成分的基本理化性质，考虑该处方的传统用法、用量，以及制成注射剂后使用方法等因素，选择合适的溶剂，确定提取与纯化方法，以最大限度地除去杂质，保留有效成分，制成可供配制注射剂成品用的原液或相应的提取物。目前常用的制备方法如下：

1. 蒸馏法　本法是提取挥发性成分的常用方法，适用于处方中有含挥发油或其他挥发性作为活性成分的药材。收集的馏出液可视情况再蒸馏一次以提高挥发性成分的浓度。也可以分出挥发油作为配制注射剂的原液。馏出液配液时不容易滤清，可加适量的增溶剂如聚山梨酯 80 以增加挥发油的溶解度，同时可加入滑石粉、硅藻土等使挥发油易于分散溶解在注射用水中，并能吸附多余的挥发油，有利于药液的滤清。馏出液基本不含电解质，处于明显低渗的状态，需加氯化钠或葡萄糖调节至等渗或等张。

2. 水醇法　本法较普遍地用于中药注射用原液的制备。一般需要比制备口服制剂所需的醇沉浓度要高，应该分次处理，逐步提高醇沉的浓度，以提高醇沉效果且能减少醇沉时沉淀包裹有效成分而损失。鞣质、水溶性色素、树脂等杂质用醇沉法不能除尽，需配合其他方法去除。

3. 醇水法　本法也存在不能除尽鞣质的问题，需采用其他方法去除鞣质。

4. 双提法　本法是蒸馏法和水醇法的结合。一般采用共水蒸馏法收集馏出液，水煎液按醇水法除杂。

5. 超滤法　本法是利用分子分离的膜滤过方法纯化注射用原液。中药中有效成分的分子量较

笔记栏

小可以利用超滤膜与大分子物质分开，一般选用截留分子量1万～3万的超滤膜能有效去除药液中的蛋白、鞣质等杂质，且能保持较大的通量。

一般以水提法提取有效成分得提取液，提取液浓缩至适当体积，进行适当的处理（如调pH、离心、滤过等除去不溶性物质），选合适截留分子量的超滤膜进行超滤，得注射用原液。

除上述方法外，还可根据实际情况，采用透析法、离子树脂交换法、有机溶剂萃取法、大孔树脂吸附法、酸碱沉淀法等方法来纯化制备中药注射用原液。

（三）除去注射剂原液中鞣质的方法

鞣质是植物性中药中广泛存在的复杂的多元酚的衍生物，在水及乙醇都有较好的溶解度，在酸、碱、光、酶、强氧化剂存在或加热条件下，可发生水解、氧化、缩合反应，生成水不溶性物质。一般中药提取纯化方法制成的中药注射用原液，都不易将鞣质除尽，配制成注射剂经灭菌后就可能产生沉淀，使注射剂的可见异物及不溶性微粒超标。同时，当含有一定量鞣质的注射剂肌内注射后，其中的鞣质能与机体的组织蛋白质形成不溶性的鞣酸蛋白，局部形成硬块，导致刺激疼痛。因而，中药注射用原液中必须除尽鞣质。目前常用的除鞣质方法有如下。

1. 明胶沉淀法　本法利用蛋白质可与鞣质在水溶液中形成不溶性鞣酸蛋白沉淀而滤除鞣质。具体操作时，一般可在中药提取液中，加适量2%～5%的明胶溶液，边加边搅拌，直至溶液中不再产生明显沉淀为止，静置滤过，滤液适当浓缩，加乙醇使乙醇含量达75%以上，以沉淀滤除溶液中存在的过量明胶。研究表明，溶液的pH在4～5时，鞣质与蛋白质反应最完全，所以最好将提取液调到pH 4～5时加明胶液。

在提取液pH 4～5时溶解度比较小的有效成分（如黄酮类和蒽醌类等）用此法处理会有较大的吸附损失。可以用改良明胶法处理以减少损失，即提取液调到pH 4～5时加明胶液后不滤过，而直接加入乙醇处理，然后滤除沉淀。

2. 醇溶液调pH法　本法也称碱性醇沉法，利用鞣质可与碱形成盐，在高浓度乙醇中难溶而析出的原理，沉淀除去鞣质。具体操作时，一般在中药水提浓缩液中加入适量乙醇，使溶液的醇浓度达80%以上，冷藏，滤除沉淀，再用40%氢氧化钠溶液调节滤液的pH至8.0，滤液中的鞣质因生成钠盐不溶于醇而析出，再次放置滤除沉淀即可。此法除鞣质较完全，且醇浓度与pH越高，鞣质除去越彻底。但也应注意，中药中其他有效成分若也能与氢氧化钠反应成盐而在乙醇中溶解度较小者，同样会因产生沉淀而被滤除。故醇溶液调pH不宜超过8.0。

3. 聚酰胺吸附法　本法是利用聚酰胺分子中存在的酰胺羰基，与酚类化合物形成较强的氢键吸附作用而除去鞣质。具体操作时，一般在中药水提浓缩液中，加适量乙醇除去蛋白质、多糖，然后将此醇溶液通过聚酰胺柱，在醇溶液中的鞣质分子中的羟基与酰胺羰基形成氢键而被牢固吸附，而黄酮类成分在醇溶液中一般不被吸附。

应当注意，聚酰胺分子中存在的酰胺羰基与硝基化合物、酸类成分、醌类成分也能形成氢键而产生吸附作用。因此，必须考虑应用聚酰胺吸附法可能对中药注射用原液中其他有效成分产生的影响。

4. 其他方法　除去提取液中的鞣质还可采用酸性水溶液沉淀法、超滤法、铅盐沉淀法等。

二、注射剂的容器与处理

注射剂的容器同药物直接接触，为保证注射剂的质量与稳定性，注射剂生产时必须重视容器的选择与处理。

笔记栏

（一）注射剂容器的种类

注射剂容器的材料以玻璃为主，由于塑料工业的发展，也有采用塑料容器者。

单剂量容器也称安瓿，通常由硬质中性玻璃材料制成，式样有粉末安瓿、有颈安瓿、曲颈安瓿等，规格分为1、2、5、10、20 mL等数种。安瓿一般为无色，盛装避光药物，也有琥珀色安瓿，琥珀色玻璃中含有氧化铁，如药物成分遇铁易变质的注射剂不宜选用。

目前我国规定小容量注射剂用的安瓿须用易折安瓿（又叫刻痕色点曲颈易折安瓿），安瓿上有一刻痕，使用时很易折断，使用方便，又不易产生玻璃碎屑。

玻璃结构（包括玻璃的化学组成及熔合情况）决定玻璃容器的理化性质。常用于安瓿制备的有中性玻璃、含钡玻璃和含锆玻璃三种。中性玻璃是低硼硅酸盐玻璃，化学稳定性较好，可作为pH接近中性或弱酸性注射剂的容器如Vc注射液等，但遇碱性较强的注射液会起反应；含钡玻璃是在中性玻璃中添加了适量氧化钡，耐碱性能好，可作为碱性较强的注射液的容器，如5-氟尿嘧啶注射液，但熔点高，封口时废品率较高；含锆玻璃是含少量氧化锆的中性玻璃，有更高的化学稳定性，耐酸耐碱性能均较好，不易受药液侵蚀。

安瓿也可由塑料制成，常用的材质为PP或PE，PP材质透明度好，强度高，可耐受121℃高温灭菌，常用于终端灭菌的注射剂。PE材质不能耐受110℃以上的高温灭菌，常用于非终端灭菌的注射剂。由于塑料材质的延展性高，不会产生碎屑，故能克服玻璃安瓿某些缺点。塑料安瓿产生的不溶性微粒要明显少于玻璃安瓿。但由于塑料容器可能会析出某些添加剂而污染药液，且具有一定的通透性，对易氧化的药物可能因透气而不稳定，故使用受到一定的限制。

（二）注射剂容器的质量要求

注射剂的容器不仅要盛装各种不同性质的注射剂，而且还要经受高温灭菌和各种不同环境条件下的长期贮藏。

常用的注射剂玻璃容器应符合下列要求：

(1) 所用玻璃应无色透明，以便于检查注射剂的可见异物、杂质以及变质情况；

(2) 应具有低膨胀系数和优良的耐热性，及能耐受洗涤和灭菌过程中产生的冲击，在生产过程中不易冷爆破裂；

(3) 要有足够的物理强度，能耐受热压灭菌时所产生的压力差，并避免生产、运输、贮存过程中造成破损；

(4) 应具有较高的化学稳定性，有较好的耐水解作用，不改变溶液的pH，也不易被药液侵蚀；

(5) 熔点较低，易于熔封；

(6) 不得有气泡、麻点与砂粒等。

（三）安瓿的质量检查

为了保证注射剂的质量，安瓿使用前要经过一系列的检查，检查项目与方法，除《中国药典》的通则规定外，大部分是根据生产上的需要而制定的，一般必须通过物理和化学检查。

1. 物理检查　主要检查外观，包括尺寸、色泽、表面质量、清洁度及耐热耐压性能等。

2. 化学检查　主要检查安瓿的耐酸性能、耐碱性能及中性检查等。

3. 相容性试验　当安瓿用料变化或盛装新研制的注射剂时，经一般理化性能检查后，仍需作必要的相容性试验，以进一步考察容器与药物有无相互作用。

（四）安瓿的洗涤

安瓿洗涤前的处理：先灌去离子水蒸煮进行热处理，使玻璃表面附着的微量碱质及污染物脱落。清洁度差的安瓿可灌满0.1%～0.5%的盐酸或0.5%醋酸水溶液以100℃蒸煮30 min，使污染物溶解或软化，便于洗涤干净。同时也可让玻璃表面的硅酸盐水解，使安瓿的化学稳定性提高。安瓿的洗涤方法一般有甩水洗涤法和加压喷射气水洗涤法两种。

笔记栏

1. 甩水洗涤法　操作时，安瓿先经灌水机灌满滤净的水，再用甩水机将水甩出，如此反复3次左右，即可达到清洗目的。本法设备简单，操作方便，洗涤质量不如加压喷射气水法好，适用于5 mL以下安瓿的清洗。

2. 加压喷射气水洗涤法　本法是目前生产上效果较好的洗瓶方法，适用于大安瓿的洗涤。操作时，利用已滤净的纯水与已滤净的压缩空气通过针头喷入安瓿内交替喷射洗涤。压缩空气的压力一般为294.2～392.3 kPa，按气-水-气-水-气的顺序，冲洗4～8次，即可达到洗涤目的。洗涤用水一般用纯水，最后一次洗涤，应采用经微孔滤膜滤过的注射用水。压缩空气要先经冷却，再经过微孔滤膜以除去灰尘、油气等，避免出现“油瓶”现象，最好采用无油空压机。

加压喷射气水洗涤可与超声波洗涤结合起来使用。也可以将加压喷射气水洗涤装置与安瓿灌封机相结合，组成洗、灌、封联动机，使洗涤、灌装、封口等操作过程联动完成，提高注射剂的生产效率。

（五）安瓿的干燥与灭菌

安瓿洗涤后立即使用可不经干燥。若不立即使用或者用于灌装与水不相混溶的药液时，安瓿应进行干燥。

安瓿一般可在烘箱中用120～140℃干燥2 h以上。灌装无菌操作的药物或低温灭菌的药物，安瓿则需用180℃干热灭菌1.5 h。

采用隧道式烘箱进行干燥时，安瓿由传递装置缓缓通过隧道，隧道内平均温度在200℃左右，一般容器较小的安瓿10多分钟即可烘干，可连续化生产。

有的隧道式烘箱有局部层流装置，安瓿在连续的层流洁净空气保护下，经过350℃的高温，5 min即可达到干热灭菌且除热原的目的，洁净程度很高，可用于非终端灭菌的注射剂。

经灭菌处理的空安瓿应妥善保管，存放空间应有洁净空气保护，存放时间不应超过24 h。

三、注射剂的配液与滤过

中药注射剂处方中药材经适当方法提取纯化后，所得的中药有效成分、有效部位或总提取物作为原料配制注射剂，可按一般注射剂的制备工艺与方法进行操作。

（一）注射剂的配液

以中药有效成分或有效部位为原料配制注射剂时，所用原料的含量、溶解性能、杂质检查等质量指标应符合相应的要求；以中药总提取物为原料配制注射剂时，除严格规定原药材的品种、产地、规格和提取纯化方法以外，还应严格规定总提取物中相关指标成分的含量，一般总固体中可测成分的量不低于20%（供静脉注射用的不低于25%）。所有溶剂或附加剂均应符合有关标准的要求。

1. 原料投料量的计算　以中药的有效成分或有效部位投料时，可按规定浓度或限（幅）度计算投料量；以总提取物投料时，可按提取物中指标成分含量限（幅）度计算投料量。若被测定成分在灭菌后有所下降的，则应适当增加投料量。

投料量可如下计算

$$\text{原料实际用量} = \frac{\text{原料理论用量} \times \text{成品标示量的百分数}}{\text{原料实际含量}}$$

$$\text{原料理论用量} = \text{实际配液数} \times \text{成品含量}\ \%$$

$$\text{实际配液数} = \text{实际灌装数} \times \text{实际灌装时损耗量}$$

2. 配液用具的选择与处理　配液用具必须采用化学稳定性好的材料制成，如玻璃、搪瓷、不锈钢、耐酸耐碱陶瓷及无毒聚氯乙烯、聚乙烯塑料等。

配液用具在使用前要用洗涤剂或清洁液处理，洗净并沥干。临用时，再用新鲜注射用水荡洗或

笔记栏

灭菌后备用。每次用具使用后，均应及时清洗，玻璃容器中也可加入少量硫酸清洁液或75%乙醇放置，以免长菌。使用时再按规定方法清洗。

3. 配制方法　小量配制注射剂时，一般可在中性硬质玻璃容器或搪瓷桶中进行。大量生产时，常以带有夹层装置或盘管的配液罐为容器配制注射剂，以利于在配制时需加热或冷却降温用。配液方式有两种：

(1) 稀配法：将原料加入所需的溶剂中一次配成注射剂所需浓度，本法适用于原料质量好的注射剂的配制。

(2) 浓配法：将原料先加入部分溶剂配成浓溶液，采用热处理冷藏法处理，使胶体凝聚，滤过除去沉淀，再稀释至所需体积。或将处方各分别处理的药液分别加入不同 pH 的部分溶剂中，除去沉淀，再混合后加溶剂至规定量。本法适用于原料质量一般，需进一步纯化原料的注射剂的配制。

配液时常需要加入活性炭以脱色、吸附除杂、除热原、助滤等，减少注射剂的可见异物、改善色泽等。操作前常需将针用活性炭在150℃干燥3～4 h，进行活化处理，将药液量的0.1%～1%活性炭，加入药液中加热煮沸一定时间，并适当搅拌，稍冷后即滤过。活性炭的用量需视不同品种而定。

配液所用注射用水，贮存时间不得超过12 h。配液所用注射用油，应在使用前经150～160℃灭菌1～2 h，待冷却后立即进行配制。

药液配制后，应进行半成品质量检查，检查项目主要包括 pH、相关成分含量测定等，检验合格后才能进一步滤过和灌封。

(二) 注射剂的滤过

注射剂的滤过一般先初滤后精滤。操作时应根据不同的滤过要求，结合药液中沉淀物的多少，选择合适的滤器与滤材。

如果药液中沉淀较多，特别是加了活性炭的溶液必须先经初滤再精滤。初滤可选滤纸，用布氏漏斗减压滤过，生产上则通常采用滤棒加压滤过。精滤常用垂熔玻璃滤器、微孔滤膜滤过。

注射剂的滤过通常有高位静压滤过、减压滤过及加压滤过等方法，其具体装置有以下几种。

1. 高位静压滤过装置　在生产量不大，缺乏加压或减压设备的情况下应用。特别适合在楼上配制药液，在楼下灌封，利用药液本身的静压差通过管道进行滤过，该法压力稳定，滤过质量好，但滤速较慢。

2. 减压滤过装置　适用于各种滤器，设备要求简单，但压力不够稳定，操作不当时易引起滤层松动，影响滤过质量。该装置的整个系统都处于密闭状态，滤过的药液不易被污染，但该法操作时管道出现缝隙时不易被发现，所以不宜作无菌滤过。

3. 加压滤过装置　此种装置在药厂大生产时普遍采用，其特点是压力稳定，滤速快，由于全部装置保持正压，操作过程对滤层的影响较小，外界空气不易进入滤过系统，滤过质量好而且稳定。

四、注射剂的灌封

注射剂的灌封包括药液的灌注与容器的封口，这两部分操作应在同一室内进行，操作室的环境要严格控制，达到尽可能高的洁净度，一般终端灭菌工艺的产品在C级背景下的局部A级，非终端灭菌工艺的产品在B级背景下的A级。

注射剂滤过后，经检查合格应立即灌装和封口，以避免污染。

(一) 注射剂的灌装

笔记栏

注射剂的灌装，力求做到剂量准确，药液不沾瓶颈口，不受污染。灌入容器的药液量可按规定适当多于标示量，以补偿注射剂使用时药液在容器壁黏附和注射器及针头吸留而造成的药量损失。具体增加量可见表7-6。

表 7-6 注射剂灌装量增加表

标示装量(mL)		0.5	1	2	5	10	20	50
增加量(mL)	易流动液	0.10	0.10	0.15	0.30	0.50	0.60	1.0
	黏稠液	0.12	0.15	0.25	0.50	0.70	0.90	1.5

为使药液量灌装准确，每次灌注前，必须用精确的量筒校正灌注器的容量，并试灌若干次，然后按《中国药典》现行版四部通则注射剂装量检查法检查，符合装量规定后再正式灌装。

小量研制时可使用竖式或横式单针灌注器手工灌装。生产时，药液的灌装多在自动灌封机上进行，灌装与封口由机械联动完成。

(二) 安瓿的封口

安瓿灌入药液后，应立即进行封口。安瓿封口要做到严密不漏气，顶端圆整、光滑，无尖头或小泡。一般均采用拉封封口的方法以保证封口的质量。

小量研制时可采用手工熔封。手工封口时常用双火焰法封口，此法速度快，封口后安瓿的长短一致，顶端也圆整。封口火焰可用煤气、汽油汽化产生，同时吹以压缩空气或氧气助燃。

大生产时由机器熔封，由安瓿自动灌封机完成，操作方便，生产效率高。条件好的单位可以选用将多个生产工序在一台机器上联动完成的洗、灌、封联动机，此设备大大提高了生产效率和产品质量。

对于一些含有遇空气易氧化的成分的注射剂，在灌装与封口过程中，还要通入惰性气体以置换溶液中及安瓿中的空气。常用的惰性气体有氮气和二氧化碳，所用气体的纯度应达到相关要求。1～2 mL 的安瓿可先灌装药液后通气，5～10 mL 的安瓿应先通气，后灌装药液，最后再通气，必要时还需先对药液进行通气以驱除溶解在药液中的空气。惰性气体的选择，要根据药物品种而确定，一般以氮气为好，二氧化碳因存在易使安瓿爆裂、碱性药液或钙制剂与之发生反应、改变药液 pH 等缺点选用时应注意。

灌装与封口过程中，因操作方法或生产设备的原因，常可能出现如下问题：① 灌装剂量不准确，可能是剂量调节装置的螺丝松动。② 安瓿封口不严密出现毛细孔，通常是熔封火焰的强度不够。③ 安瓿出现大头(鼓泡)或瘪头现象，前者多是火焰太强，后者则是安瓿受热不均匀。④ 安瓿产生焦头，往往是药液灌装时沾染瓶颈所致，其原因可能是药液灌装太急，溅起的药液黏附在瓶颈壁上；灌装针头往安瓿中注药后未能及时回药，尖端还带有药液水珠，黏于瓶颈；灌装针头安装位置不正，尤其是安瓿口粗细不匀，注药时药液沾壁；压药与针头打药的动作配合不好，造成针头刚进瓶口就注药或针头临出瓶口才注完药液；针头升降轴不够润滑，针头起落迟缓等。上述问题的存在，均会影响注射剂的质量，应根据具体情况，分析原因，改进操作方法或调整设备运行状态，从根本上解决问题。

五、注射剂的灭菌与检漏

灌封后的注射剂应及时灭菌。一般注射剂的配制到灭菌，应在 12 h 内完成。灭菌方法和条件主要根据药物的性质来确定，其原则是既要保持注射剂中相关药物的稳定，又必须保证成品达到完全无菌的要求，必要时可采取几种灭菌方法联用。在避菌条件较好的情况下生产的注射剂，一般 1～5 mL 的安瓿可用流通蒸汽 100℃灭菌 30 min。10～20 mL 的安瓿 100℃灭菌 45 min，灭菌温度和时间还可根据药品的具体情况作适当调整。凡对热稳定的产品，也可采用热压灭菌方法进行灭菌处理。灭菌效果的 F_0 值应大于 8.0。

注射剂灭菌后，要进行检漏，其目的是将熔封不严，安瓿顶端留有毛细孔或裂缝的注射剂检出剔除。安瓿有泄漏情况，药液容易流出，微生物或污物也可由此进入安瓿，将直接导致药液变质，故

笔记栏

检漏处理对于保证注射剂质量也是十分必要的。

大量生产时，检漏一般应用灭菌检漏两用器。使用灭菌检漏两用器，在灭菌过程完成后，可稍开锅门，从进水管放进冷水淋洗安瓿使温度降低，然后关闭锅门并抽气，使灭菌器内压力逐渐降低，此时安瓿如有漏气，安瓿内的空气也会随之被抽出，当真空度达到 85.12～90.44 kPa 时，停止抽气，将有色溶液（如 0.05%曙红或酸性大红 G 溶液）吸入灭菌锅中，待有色溶液浸没安瓿后，关闭色水阀，开放气阀，再将有色溶液抽回贮液器中，开启锅门，将锅内注射剂取出，淋洗后检查，即可剔除带色的漏气安瓿。

小量研制时，也可在灭菌过程完成后，立即将注射剂取出，趁热置于装有有色溶液的容器内，使安瓿因遇冷而降低内部压力，有色溶液即可从毛细孔或裂缝中进入安瓿而使漏气安瓿被检出。

六、注射剂的质量评价与检查

注射剂的质量评价包括杂质或异物检查、安全性检查、所含成分的检测等项目，应根据具体品种的要求，制订相应的质量控制标准。详见本章第六节中药注射剂的质量控制。而一般注射剂成品，则应进行下列项目检查。

1. 装量检查　按《中国药典》现行版四部通则规定的方法进行。注射剂的标示量不大于 2 mL 者，取供试品 5 支（瓶）；2 mL 以上至 50 mL 者，取供试品 3 支（瓶）。开启时注意避免损失，将内容物分别用相应体积的干燥注射器及注射针头抽尽，然后缓慢连续地注入经标化的量入式量筒内（量筒的大小应使待测体积至少占其额定体积的 40%，不排尽针头中的液体），在室温下检视。测定油溶液、乳状液或混悬液时，应先加温（如有必要）摇匀，再用干燥注射器及注射针头抽尽后，同前法操作，放冷（加温时），检视。每支（瓶）的装量均不得少于其标示量。

2. 可见异物检查　除另有规定外，依照可见异物检查法（《中国药典》现行版四部通则）检查，应符合规定。在规定条件下目视可以观测到的不溶性物质，其粒径或长度通常大于 50 μm。可见异物检查不仅可以确保注射剂的质量和用药安全，而且还可以通过发现异物，寻找原因，改进生产操作过程。除特殊规定外，注射剂不得含有任何肉眼可见的不溶性微粒异物。可采用人工灯检，检查时取供试品，在黑色背景、20 W 照明荧光灯光源下，用肉眼检视。也可用相关设备进行检测。

3. 细菌内毒素或热原检查　除另有规定外，静脉用注射剂按各品种项下的规定，依照《中国药典》现行版四部通则细菌内毒素检查法或热原检查法检查，应符合规定。细菌内毒素检查是利用内毒素与鲎试剂反应形成凝胶的原理进行检查。热原检查是将一定剂量的注射剂静脉注入家兔体内，观察家兔在一定时间内体温升高的情况来判断是否符合规定。

4. 无菌检查　任何注射剂灭菌后都必须抽取一定数量的样品进行无菌检查，以确保成品的灭菌质量。检查方法和结果判断标准按《中国药典》现行版四部通则规定执行。有直接接种法与薄膜滤过法，首选薄膜滤过法。

七、注射剂的印字与包装

注射剂经质量检查合格后即可进行印字与包装。每支注射剂上应标明品名、规格、批号等。

注射剂的包装既要避光又要防止破损，一般用纸盒，内衬瓦楞纸分割成行包装。也可以用塑料热塑包装或发泡包装。包装盒外应贴标签，标明品名、规格、生产批号、生产厂名及药品生产批准文号等信息。包装盒内应放注射剂详细使用说明书，说明药物的含量或处方、应用范围、用法用量、禁忌、贮藏、有效期及药厂名称等。

笔记栏

药厂大批量生产时，采用印字、装盒、贴签及包装等联成一体的印包联动机，可大大提高印包工序效率。

八、举例

例 7-5 鱼腥草注射液

【处方】鲜鱼腥草 2 000 g,氯化钠 7 g,聚山梨酯 80 5 g,注射用水加至 1 000 mL。

【制法】取鲜鱼腥草进行水蒸气蒸馏,收集初馏液 2 000 mL,再进行重蒸馏,收集重蒸馏液约 1 000 mL,加入氯化钠、聚山梨酯 80,混匀,加注射用水至 1 000 mL,滤过,灌封于 2 mL 安瓿中,灭菌 30 min 即得。

【性状】本品为微黄色或几乎无色的澄明液体。

【功能与主治】清热、解毒。用于肺脓疡,痰热咳嗽,白带,尿路感染,瘙痒等症。

【用法与用量】肌内注射,每次 1～2 支,一日 1～2 次。静脉滴注,一次 20～100 mL,加于 5%～10%葡萄糖注射液稀释后应用,或遵医嘱。

【贮藏】密封,遮光,置阴凉处。

【注解】本品为鲜鱼腥草提取物的灭菌水溶液。理化鉴别鱼腥草中主要有效成分。本品每 1 mL 含甲基正壬酮($C_{11}H_{22}O$)不得少于 0.8 μg。

例 7-6 参麦注射液

【处方】红参 100 g,麦冬 200 g,注射用水加至 1 000 mL。

【制法】取红参、麦冬,用 80%乙醇 600 mL,置水浴上回流提取二次,每次 2 h,滤过,药渣用 80%乙醇 200 mL 分次洗涤,合并上述滤液和洗涤液,冷藏,静置 12 h,滤过,于滤液中按体积加入 1%活性炭,搅拌 1 h,滤过,滤液减压回收乙醇至无醇味,添加注射用水至约 1 000 mL,于 100℃灭菌 30 min,加 10%氢氧化钠溶液调节 pH 至 7.5,冷藏 48 h 以上,滤过,滤液加聚山梨酯 80 适量,并调 pH 至 7.5,加注射用水至 1 000 mL,滤过,灌封,100℃流通蒸汽灭菌,即得。

【性状】本品为微黄色至淡棕色的澄明液体。

【功能与主治】益气固脱,养阴生津,生脉。用于治疗气阴两虚型休克,冠心病,病毒性心肌炎,慢性肺源性心脏病,粒细胞减少症。

【用法与用量】肌内注射,每次 2～4 mL,一日 1 次。静脉滴注,一次 20～100 mL,用 5%葡萄糖注射液稀释后应用,或遵医嘱。

【贮藏】密封,避光。

【注解】本品为红参、麦冬等提取物的灭菌水溶液。TLC 及 HPLC 鉴别人参和麦冬。每 1 mL 含红参以人参皂苷 Rg1($C_{42}H_{72}O_{14}$)、人参皂苷 Re($C_{48}H_{82}O_{18}$)的总量计,应不得少于 0.10 mg,以人参皂苷 Rb1($C_{54}H_{92}O_{23}$)计,应不得少于 0.10 mg,以人参皂苷 Rg1($C_{42}H_{72}O_{14}$)、人参皂苷 Re($C_{48}H_{82}O_{18}$)、人参皂苷 Rb1($C_{54}H_{92}O_{23}$)的总量计,应为 0.20～0.90 mg。

例 7-7 艾迪注射液

【处方】斑蝥 1.5 g,人参 50 g,黄芪 100 g,刺五加 150 g,注射用水加至 1 000 mL。

【制法】以上四味,人参切片,用 50%乙醇加热回流提取 2 次,第一次 3 h,第二次 1.5 h,合并提取液,滤过,回收乙醇,药液备用;药渣与其余斑蝥等三味加水煎煮三次,第一次 3 h,第二次 1.5 h,第三次 1 h,合并煎液,滤过,滤液与人参提取液合并,以石硫法沉淀处理二次,所得上清液加乙醇使含醇量达 80%,静置过夜,取上清液减压回收乙醇至无醇味,加注射用水 100 mL 并灌封于相应容器内,热压(115℃)灭菌二次,每次 30 min,冷却后纸浆抽滤,滤液用注射用水稀释至 1 000 mL,通过垂熔滤球滤过,灌封,115℃再灭菌 30 min,即得。

【性状】本品为浅棕色的澄明液体。

【功能与主治】清热解毒,消瘀散结。用于原发性肝癌,肺癌,直肠癌,恶性淋巴瘤,妇科恶性肿瘤等。

【用法与用量】静脉滴注,一次 50～100 mL,以 0.9%氯化钠或 5%～10%葡萄糖注射液 400～

笔记栏

450 mL 稀释后使用，一日一次。30 天为一疗程。

【贮藏】密封，避光，置阴凉处。

【注解】本品为斑蝥、人参等提取后制成的灭菌水溶液。TLC 鉴别斑蝥和人参。本品每支(10 mL)含斑蝥素($C_{10}H_{12}O_4$)为 0.008 0～0.030 mg；含人参以人参皂苷 Re($C_{48}H_{82}O_{18}$)计，不得少于 2.0 mg。

例 7-8 丹香冠心注射液

【处方】丹参 1 000 g，降香 100 g，注射用水加至 1 000 mL。

【制法】以上二味，降香加水浸润后，加水蒸馏，收集蒸馏液约 700 mL，冷藏 24 h 分去油层，滤过，水溶液另器收集。丹参加水煎煮三次，每次 2 h，合并煎液，滤过，滤液浓缩至约 500 mL，加入乙醇使含醇量达 75%，冷藏 48 h，滤过，滤液回收乙醇，浓缩至 200 mL，再加入乙醇使含醇量达 85%，冷藏 48 h，滤过，滤液回收乙醇，浓缩至 120 mL，加入注射用水至 1 000 mL，冷藏 16 h，滤过，滤液浓缩至约 250 mL，冷藏 72 h，用 10%氢氧化钠溶液调节 pH 至 6.0～6.8，按药材量 0.1%～0.4%加入活性炭，煮沸 30 min，滤过，滤液再用盐酸调节 pH 至 4，按药材量的 0.1%～0.4%加入活性炭，煮沸 30 min，冷藏 24 h 以上，滤过，滤液再用 10%氢氧化钠溶液调节 pH 至 6.5～7.0，加入降香蒸馏液，加注射用水至规定量，滤过，灌封，灭菌，即得。

【性状】本品为棕色的澄明液体。

【功能与主治】活血化瘀，理气开窍。用于心绞痛，亦可用于心肌梗死等。

【用法与用量】肌内注射，一次 2～4 mL，一日 1～2 次；静脉注射，一次 4 mL，用 5%葡萄糖 20 mL 稀释后应用，一日 1 次；静脉滴注，一次 10～16 mL，用 5%葡萄糖注射液 100～500 mL 稀释后应用，一日 1 次。

【贮藏】密封，避光。

【注解】本品为丹参、降香等提取后制成的灭菌水溶液。TLC 法鉴别丹参和降香。本品每1 mL 含丹参以丹参素($C_9H_{10}O_5$)计，不得少于 2.0 mg；以原儿茶醛($C_7H_6O_3$)计，不得少于 0.40 mg。

第六节 中药注射剂的质量控制

一、注射剂的质量控制项目

中药注射剂应符合《中国药典》现行版四部通则注射剂项下的质量要求。

(一) 杂质或异物检查

注射剂的可见异物检查是考察注射剂中是否存在杂质或异物的一种方法。除此以外，还可进行下列项目的检查。

1. 色泽检查 按《中国药典》现行版四部规定的方法检查应符合规定。

2. pH 检查 中药注射剂的 pH 一般应在 4～9 之间，但同一品种的 pH 允许差异范围一般不超过±1.0。

3. 蛋白质检查 中药注射剂中如蛋白质未除尽，注射后由于异性蛋白的缘故易引起过敏反应。按《中国药典》现行版四部规定的方法检查应符合规定。取注射剂 1 mL，加新鲜配制的 30%磺基水杨酸试液 1 mL，混匀，放置 5 min，不得出现浑浊。注射剂中如含有遇酸能产生沉淀的成分，可改加鞣酸试液 1～3 滴，不得出现浑浊。

笔记栏

4. 鞣质检查 中药注射剂中如含有鞣质，将会对人体产生刺激，引起疼痛，故应检查鞣质。按《中国药典》现行版四部规定的方法检查应符合规定。除另有规定外，取注射剂 1 mL，加新配制的含 1%鸡蛋清的生理氯化钠溶液 5 mL[必要时，用微孔滤膜(0.45 μm)滤过]，放置 10 min，不得出现浑浊或沉淀。如出现浑浊或沉淀，取注射剂 1 mL，加稀醋酸 1 滴，再加氯化钠明胶试液 4～5 滴，不得出现浑浊或沉淀。

含有聚乙二醇、聚山梨酯等聚氧乙烯基物质的注射剂，虽有鞣质也不产生沉淀，对这类注射剂应当取未加附加剂前的半成品依法检查。

5. 重金属及有害元素残留量检查　除另有规定外，照《中国药典》现行版四部规定的方法测定，中药注射剂按各品种项下每日最大使用量计算，铅不得超过 12 μg，镉不得超过 3 μg，砷不得超过 6 μg，汞不得超过 2 μg，铜不得超过 150 μg。

6. 草酸盐检查　中药注射剂如含有草酸盐，进入血液可使血液脱钙，产生抗血凝作用，甚至引起痉挛，并由于生成不溶于水的草酸钙，可引起血栓，故供静脉注射用注射剂应检查草酸盐。草酸盐检查可按《中国药典》现行版四部规定的方法进行：除另有规定外，取溶液型静脉注射剂适量，用稀盐酸调节 pH 至 1～2，滤过，取滤液 2 mL 滤液调节 pH 至 5～6，加 3%氯化钙溶液 2～3 滴，放置 10 min，不得出现浑浊或沉淀。

7. 钾离子检查　中药注射剂中如钾离子含量过高，可引起明显的局部刺激，疼痛反应和心肌损害。用于静脉注射时会引起患者血钾离子浓度偏高，使电解质平衡失调，故应对供静脉注射用注射剂中钾离子进行限量检查。钾离子检查可采用四苯硼酸钠法。具体操作可按《中国药典》现行版四部规定的方法进行。

8. 树脂检查　中药注射剂中如含有树脂，会引起疼痛等，故应检查树脂。除另有规定外，取注射剂 5 mL，加盐酸 1 滴，放置 30 min，不得出现沉淀。如出现沉淀，另取注射剂 5 mL，加三氯甲烷 10 mL 振摇提取，分取三氯甲烷液，置水浴上蒸干，残渣加冰醋酸 2 mL 使溶解，置具塞试管中，加水 3 mL，混匀，放置 30 min，不得出现沉淀。

9. 炽灼残渣检查　按《中国药典》现行版四部规定的方法检查应符合规定。一般规定注射剂的炽灼残渣应在 1.5%(g/mL)以下。

（二）安全性检查

为了确保临床用药的安全，中药注射剂除按要求进行无菌检查和热原检查外，还应进行相关的安全性检查。

安全性检查的项目较多，对于一般中药注射剂常做的项目有急性毒性试验、刺激性试验、溶血试验和过敏试验，必要时还可进行异常毒性试验、慢性毒性试验、降压试验以及血象检查等。应根据注射剂的具体品种，考虑药物的性质、作用用途、用药办法及剂量等情况，选择适当的项目进行评价。

1. 急性毒性试验　按常规方法进行。一般认为，中药注射剂的小鼠最大耐受量应为人用剂量的 100 倍以上，若在 100 倍以下，则应考虑是否可以其他途径给药。

2. 刺激性试验　中药注射剂注射后可引起血管、肌肉、黏膜等刺激性，甚至可以使用药部位的组织坏死或变性，因而有必要进行血管刺激性试验、肌肉刺激性试验。可参照相关指导原则进行试验并判断是否具有刺激性及刺激性的强弱。

3. 溶血试验　有些中药注射剂由于含有的成分或由于物理、化学与生物学方面的原因，在注入血管后可产生溶血或血细胞凝聚作用，给机体带来严重危害。因此，中药注射剂尤其是供静脉注射用者必须作溶血试验。试验方法照《中国药典》现行版四部进行检查并进行结果判断应符合规定。

4. 过敏反应检查　照《中国药典》现行版四部进行检查并进行结果判断应符合规定。

（三）所含成分的检测

笔记栏

中药注射剂中有效成分的含量高低直接影响着疗效和用药安全。只有建立严格的质量标准和采用科学的测定方法，才能切实保证中药注射剂的质量。根据不同品种的特点，含量测定方法可采用理化方法，也可采用生物测定法或其他方法。目前常用的理化方法有比色法、荧光法、重量法、中和法、紫外分光光度法、薄层色谱法、气相色谱法、高效液相色谱法等。

1. 总固体含量测定　精密量取注射剂 10 mL，置于恒重的蒸发皿中，于水浴上蒸干后，在 105℃干燥 3 h，移至干燥器中冷却 30 min，迅速称定重量，计算出注射剂中含总固体的量（mg/mL），应符合限度范围的要求。

2. 有效成分或有效部位含量测定　以有效成分为原料制成的注射剂，主药成分含量不低于 90%，以有效部位为原料制成的注射剂，有效部位的量应不低于总固体量的 80%（静脉注射剂不低于 85%）。

3. 指标成分含量测定　以净药材或总提取物为原料配制的注射剂，根据所含成分的性质，应选择适宜的方法，测定其代表性的有效成分、指标成分或总类成分的含量。扣除注射剂中附加剂的加入量，所测成分的总含量应不低于总固体量的 20%（静脉注射剂不低于 25%）。

4. 含量表示方法　以有效成分或有效部位为原料的注射剂含量均以标示量表示；以净药材为原料的注射剂含量以限量标示；含有毒性药材时，必须确定有毒成分的限量范围，注射剂的原料中含有化学药品的，应单独测定该化学药品的含量，并从总固体内扣除，不计算在含量测定的比例数内。

（四）中药注射剂的指纹图

中药注射剂指纹图谱是指中药注射剂经适当处理后，采用一定的分析手段，得到的能够标示该注射剂特性的共有峰的图谱。国家食品药品监督管理总局在 2000 年 8 月颁布了《中药注射剂指纹图谱研究的技术要求（暂行）》，率先要求中药注射剂推行指纹图谱的质控管理，并于 2004 年全面执行。国家药典委员会也于 2004 年推出了中药色谱指纹图谱相似度评价系统供下载，可用于研究（2004A）及检验（2004B），以优化、方法验证，细化参数、明确要求，及解决手工计算“共有峰”“非共有峰”面积工作中大量的人为因素，改变“只见树木不见森林”的局面力求反映整体质量特性。分析手段可采用高效液相色谱法、气相色谱法、薄层色谱法等技术。中药注射剂采用指纹图谱控制，可以减小批间差异。

二、中药注射剂的质量问题讨论

中药注射剂是中医临床治疗危急重症的一种较好的速效剂型。近年来，随着中医药事业的发展，中药注射剂的制备技术和成品质量有了新的提高。临床对中药注射剂的应用也提出了更加迫切的要求和更高的标准。但由于中药注射剂原料成分的复杂性，中药材品种、产地、所含成分的不确定性，处方组分和剂量的特殊性，以及和制备工艺和分析技术的不规范性等原因，目前，在生产和应用中还存在一些问题。这些问题从一定程度上限制了中药注射剂应用范围的扩大和临床疗效的提高，主要表现如下。

（一）可见异物及不溶性微粒超标问题

中药注射剂在灭菌后或在贮藏过程中产生浑浊或沉淀，出现可见异物及不溶性微粒超标，导致产品不合格。一般解决的方法如下。

1. 除尽杂质　未除尽的杂质是产生浑浊、沉淀，引起可见异物及不溶性微粒不合格的因素。通常被视为杂质的高分子化合物如鞣质、淀粉、树胶、果胶、黏液质、树脂和色素等杂质，在提取精制过程中未被除尽，是放置过程中会产生浑浊、沉淀的主要原因。比如，中药中大量存在的缩合鞣质，注射剂刚制备好时鞣质还没有缩合，分子比较小，能溶于水，在热处理及放置过程中会氧化、缩合成溶解度更小的高分子化合物，呈浑浊的胶体状或产生沉淀，鞣质还能与其他有效成分结合产生沉淀。

这些高分子物质在注射剂中一般呈胶体分散状态，在注射剂灭菌处理时，受温度影响，稳定性下降，出现凝集，导致浑浊、沉淀现象，采取热处理冷藏措施（高浓度的药液在灌装前先用适当温度经一定时间灭菌，然后低温放置一定时间）可以加速药液中胶体杂质的凝结，以及可缩合鞣质的缩合，被滤过除去，然后再稀释，灌封。

也可以应用超滤技术选择截留分子量在1万～3万的超滤膜进行超滤，以除去药液中的大分子杂质而保留小分子的有效成分。

2. 调节药液的pH　药液的pH与注射剂的可见异物及不溶性微粒超标关系较大。一方面，有些有效成分的溶解性能与溶液的pH有关，若pH调节不当或由于灭菌过程中导致的药液pH变化，易使注射剂产生沉淀。一般碱性的有效成分，药液宜调至偏酸性，酸性的、弱酸性的有效成分，药液宜调至偏碱性。这样在适宜的pH条件下药液中的成分可保持较好的溶解性能。另一方面，有些容易水解的成分，水解后往往溶解度会降低而出现浑浊、沉淀，水解的快慢与pH有关，应尽可能调整pH至pH_m（易水解药物最稳定的pH值），以使这些成分处于水解最慢的状态。调节药液pH时，还应考虑到灭菌前后药液pH的变化。

3. 添加抗氧剂或充填惰性气体　中药注射剂中的成分被氧化后也往往出现溶解度下降，导致药液发生浑浊，出现沉淀等现象。因此，根据药液的性质选择合适的抗氧剂以及通入惰性气体（二氧化碳或氮气），驱除药液中的氧气及安瓿空间的氧气，也可以避免在贮存期间因其中成分氧化而出现可见异物及不溶性微粒超标。

4. 除去金属离子或加入金属离子络合剂　有些金属离子（铜离子、铁离子等）能非常显著地加速药物的氧化反应，除去金属离子或者加入依地酸钙钠络合这些金属离子，可以避免在贮存期间因其中成分氧化而出现可见异物及不溶性微粒超标。

5. 加助溶剂或增溶剂　有些中药注射剂本身含有的成分溶解度小，经灭菌和放置后，也可能部分析出，加入合适的增溶剂、助溶剂使有效成分的溶解度增大。

6. 选择合适的溶剂系统　在采用水作溶剂不能解决问题时可以考虑使用潜溶剂来增加溶解度，改善产品的质量。

7. 严格控制灭菌温度与时间　注射剂既要彻底灭菌以确保用药安全，又要防止过渡灭菌导致氧化、水解、缩合等反应过渡而出现可见异物及不溶性微粒超标。

8. 严格控制贮存条件　一般阴凉，避光贮存，有利于推迟因贮存期间降解反应或缩合导致的可见异物及不溶性微粒超标。

（二）刺激性问题

中药注射剂使用过程中产生的刺激性问题，也是限制中药注射剂应用范围扩大的重要原因。引起中药注射剂刺激性的原因很多，一般解决的方法如下。

1. 降低有效成分本身的刺激性　注射剂中的某些成分（如皂苷类、蒽醌类、酚类等），注射时对机体组织有一定的刺激性，对此，在不影响疗效的情况下，可通过降低药物浓度、酌加止痛剂或改变注射方式等途径降低其刺激性。

2. 去除杂质　注射剂中存在的鞣质是引起疼痛的主要原因，鞣质与机体组织中的蛋白结合形成不溶性的鞣酸蛋白，而出现注射部位肿痛或硬结。注射了含蛋白质注射剂也会因吸收困难而导致注射部位疼痛。注射剂中钾离子浓度较高，也会产生刺激性。应除尽这些杂质。

3. 调整药液pH　注射剂的pH应尽可能接近人体生理pH，过高或过低，均可产生刺激性，应在配制药液时注意调节。还应注意灭菌后pH的变化。

4. 调整药液渗透压　注射剂应尽可能调成等渗，过高或过低的渗透压的注射剂注射后都会产生刺激性。

笔记栏

（三）疗效问题

中药注射剂的疗效不稳定，往往使临床治疗效果受到影响。影响中药注射剂疗效的因素，除原药材的质量差异外，组方的配伍、用药剂量、特别是提取与纯化方法的合理与否都与之相关。一般解决的方法如下。

1. 控制原料质量　由于中药来源、产地、采收、加工炮制等方面的差异，使中药注射剂的原料存在差异，直接导致成品中有效成分的含量不同，应从控制原料入手，保证每批注射剂的质量稳定。

2. 调整剂量优化工艺　由于制备工艺的问题，一般注射剂的用药量都较小，导致临床疗效不明显，应当从提取纯化工艺入手，采用新技术、新方法提高中药注射剂中有效成分的含量，保证临床疗效的发挥。

3. 提高有效成分溶解度　有些中药的有效成分水溶性较小，不能保证注射剂中有足够的浓度，可通过增溶、助溶或其他增加溶解度的方法，提高相关成分的溶解度，以满足临床治疗的需要。

总之，中药注射剂存在的问题，可以通过分析原因，进行相关的实验研究，从原料质量的控制，处方组成的调整，工艺条件的改进等方面入手，寻找合理的途径与方式解决。

(四) 致敏问题

中药常见的过敏反应有全身瘙痒、皮疹、发热、面色苍白、意识不清、过敏性休克等。过敏反应往往是由于某些杂质未除尽，或者有一些致敏性的物质存在。一般解决的方法如下。

1. 除尽抗原性物质　中药注射剂中存在的抗原性物质与机体作用后可引起过敏反应。如注射剂中的蛋白质，还有一些能引起过敏的成分(如银杏酸等)应除尽。

2. 增加过敏试验　处方中有花粉为原料的中药注射剂注射后出现过敏的可能性较大，应增加过敏试验。

第七节　大容量注射液

一、大容量注射液的含义和特点

大容量注射液(large volume injections)又称输液剂(infusions)，是指供静脉滴注用的注射液，一般输注量不少于 100 mL，生物制品一般不少于 50 mL。大容量注射液由于用量大且直接输入血液，而具有以下主要特点。

1. 类别与给药途径受限　不宜采用混悬液及油制溶液，一般都制成澄明的水性注射液。多以静脉滴注给药，但粒径<1 μm 的乳状液、纳米粒、脂质体等微粒分散体系也可用于静脉输注。

2. 剂量大　在 100 mL 以上，一般为 500 mL，最大者可达 1 000 mL。

3. 处方及工艺限定　多以水为溶剂，且不得加入抑菌剂、增溶剂、止痛剂等附加剂。从配制到灭菌须控制在 4 h 以内完成。

4. 质量要求严格　对热原、无菌、可见异物、不溶性微粒、pH、渗透压等项目的要求比小容量注射液更严格。pH 应接近体液，以免引起酸碱中毒；渗透压应尽可能与血液等渗。不含有引起过敏反应的异性蛋白和降压物质。

5. 具有特定包装、用法和用途　通常包装于玻璃瓶或塑料瓶、软袋中，使用时通过输液器持续滴注输入静脉。常用于临床急救、补充体液和营养。

二、大容量注射液的分类

笔记栏

按照产品功能和临床用途，可将大容量注射液分为以下 5 类。

1. 体液平衡用输液　用于维护机体的水、电解质与酸碱平衡。包括电解质输液(electrolyte

infusions)和酸碱平衡输液(acid-base balance infusions)。前者主要用于补充水分、电解质,纠正体内水和电解质代谢紊乱,维持体液渗透压和恢复机体正常生理功能,常用的有氯化钠注射液等。后者主要用于纠正体内酸碱平衡,常用的有碳酸氢钠注射液等。

2. *营养输液*　用于为不能口服吸收营养的患者提供营养成分。包括糖类输液(如葡萄糖输液)、氨基酸输液、脂肪乳输液、维生素和微量元素输液等。

3. *胶体输液*　用于提高血浆渗透压、维持血压和增加血容量,以防患者休克,又称为血容量扩张用输液或代血浆。但不能代替全血应用。包括多糖类、明胶类、高分子聚合物等,如右旋糖苷、明胶及其衍生物、聚维酮等。

4. *含药输液*　将临床常用的静脉滴注药物直接制成输液,能避免临用配制时可能产生的污染和配伍变化。如苦参碱注射液、甘露醇注射液等。

5. *透析类输液*　用于临床血液净化治疗,包括腹膜透析液、血液滤过置换液等。

三、大容量注射剂的质量要求

与注射剂基本一致但更严格,还需注意:pH 应在保证疗效和稳定的基础上,应力求接近人体血液 pH;渗透压应为等渗;不得添加任何抑菌剂,并在贮存过程中质量维持稳定;不含有引起过敏反应的异性蛋白和降压物质。其中代血浆应能在血中维持较长时间,半衰期在 5～7 h,无利尿作用;在血中停留期内对内脏和血液的功能无不良影响,不妨碍红细胞的携氧功能、血型分类和不干扰血液的凝固。

四、大容量注射剂的制备

(一) 生产环境要求

大容量注射剂对生产环境洁净度的要求比小容量注射剂更高,且不同工艺过程对环境洁净度的要求存在差异。对于最终灭菌的大容量注射液,其生产环境分为一般生产区、D 级洁净区、C 级及 C 级背景下的局部 A 级洁净区。一般生产区进行瓶外洗、灭菌、灯检、包装等;D 级洁净区进行瓶粗洗、轧盖等;C 级洁净区进行瓶精洗、配制、滤过、灌装、压塞,其中瓶精洗后到灌封工序的暴露部分需局部 A 级洁净区进行。

(二) 容器及其处理方法

大容量注射液的容器主要有玻璃瓶、塑料瓶和塑料软袋。其应用特点和处理方法如下。

1. *玻璃瓶*　是最传统的输液容器。一般采用硬质中性玻璃制成,其性质稳定、可耐受热压灭菌、不变形,但口部密封性差、耐碱性差、质重易碎。依据玻璃瓶原有的洁净程度,可选用酸洗、碱洗、直接水洗等方法进行处理。

(1) 酸洗法:一般采用硫酸重铬酸钾清洁液的洗涤效果较佳,还能杀灭微生物和热原,中和瓶壁的游离碱,但对设备腐蚀性强、操作不便、劳动保护要求高。

(2) 碱洗法:可采用 2%氢氧化钠溶液(50～60℃)或 1%～3%碳酸钠溶液冲洗,但应注意接触时间(数秒内)以免腐蚀。碱洗法效果弱于酸洗法,适于洗涤新瓶及洁净度较高的输液瓶。

酸碱处理后的输液瓶再依次采用常水、纯化水、注射用水洗净后备用。

(3) 直接水洗法:适于制瓶间洁净度较高、瓶子出炉后立即密封的情况下,只需用注射用水冲洗即可。

2. *塑料包装*　与传统的玻璃瓶相比,塑料容器耐水、耐腐蚀、机械强度高、化学稳定性好、可热压灭菌,且不易破损、轻便耐用、便于运输和使用。此外,塑料容器的制瓶、灌封程序均在洁净区内完成,可避免中间污染,一次性使用、避免交叉污染。但塑料容器的透湿性和透气性较大,可能影响

笔记栏

贮存期内输液的质量；透明性较差，不便于灯检；耐热性较差，仅能中低温灭菌，强烈振荡可产生轻度乳光。

（1）塑料瓶：现已广泛应用。主要材质为聚乙烯（polyethylene，PE）或聚丙烯（polypropylene，PP）等无毒塑料；前者为挤吹瓶，后者分为挤吹瓶和拉吹瓶。新型设备可在无菌条件下完成制瓶、灌装、密封工序，有利于控制产品质量。但塑料瓶与玻璃瓶一样，在药液输注时需要瓶内外空气形成回路、药液方能滴出，外界空气中的微粒、细菌可能通过空气回路进入药液。

（2）塑料软袋：始于 20 世纪 90 年代初，现已发展成为第三代输液容器。材质有聚氯乙烯（polyvinyl chloride，PVC）和非 PVC 两种。其中 PVC 软袋因未聚合单体和增塑剂迁移至输液中产生毒性等问题，已于 2010 年淘汰。非 PVC 软袋由 PP 和 PE 等多层共挤膜组成，多为三层结构：内层、中层以 PP 和不同比例弹性材料混合制成，使内层无毒、惰性、热封性和弹性良好；外层则为机械强度较高的聚酯或 PP 材料，阻湿性、阻氧性、稳定性高，透气性、吸附性低，可降解、生物相容性良好。

塑料软袋不仅柔软透明、质轻耐压、加工运输便利，而且采用无菌材料压制、无须洗涤。更重要的是，塑料软袋可实现封闭的输液系统，输液过程中袋内液体不与外界空气接触，而是在大气压的作用下随着液体持续输出逐渐变扁，避免了二次污染。

（3）橡胶塞：作为容器的密封部件，橡胶塞对输液的澄明度影响较大。其质量要求包括：① 弹性柔软，刺入和拔出针头后应立即闭合，多次穿刺而无碎屑脱落，可耐受高温灭菌；② 耐溶性和化学稳定性良好，不增加药液中的杂质，不与药液成分发生相互作用，也不吸附或极少吸附药液成分；③ 无毒、无溶血作用。

目前我国规定使用合成橡胶塞，如丁基橡胶塞。为了确保药液的稳定性，可在胶塞内缘附加惰性涂层；某些易与橡胶塞发生反应的药物，可加装覆膜。丁基橡胶塞可直接用蒸馏水动态漂洗，再经注射用水漂洗或再用二甲硅油处理表面，以防胶塞内容物脱落，最后以热空气（不超过 121℃）吹干。

（三）制备工艺

输液的一般生产流程如图 7－8 所示。但不同包装形式的输液所用的具体工艺、设备及质量控制点不同，通常采用玻璃瓶、塑料瓶及塑料软袋包装。

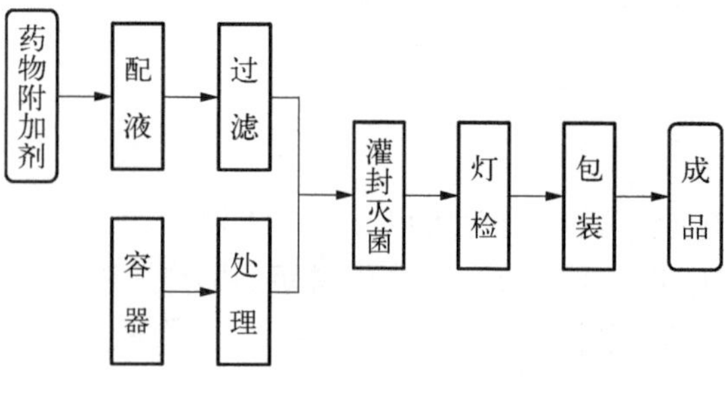

图 7－8　输液的一般生产流程图

玻璃瓶的输液工艺流程及环境区划见图 7－9；塑料瓶和塑料软袋的输液工艺与玻璃瓶类似，仅在容器的前处理及灌封方式上略有不同。

1. *原辅料的质量要求*　输液用原辅料应符合注射用质量要求，并着重关注纯度、有关物质、微生物、热原或细菌内毒素等的质量控制。注射用活性炭还应重点监测铁盐、锌盐等金属离子，避免影响药液质量。注射用水应新鲜制备。

2. *配液*　可根据原料的质量选用稀配法或浓配法，操作方法同小容量注射液。多采用浓配法，大量生产时可采用加热方式促进溶解。当原料质量好、药液浓度不高、配液量不太大时也可采用稀配法，一般不加热。

3. *滤过*　药厂多采用加压三级滤过，使药液一次通过孔径为 10 μm（或 5 μm）、0.45 μm、0.22 μm 的微孔滤膜；或经微孔滤膜滤过后再进行超滤、除去尘粒和细菌、甚至热原，提高输液质量。

笔记栏

4. *灌封*　是输液生产的关键步骤，目前多用旋转式自动灌封机、盖塞机、落盖轧口机联动完成。完成后应检查轧口，剔除不紧或松动者，以免灭菌过程中冒塞或贮存时变质。

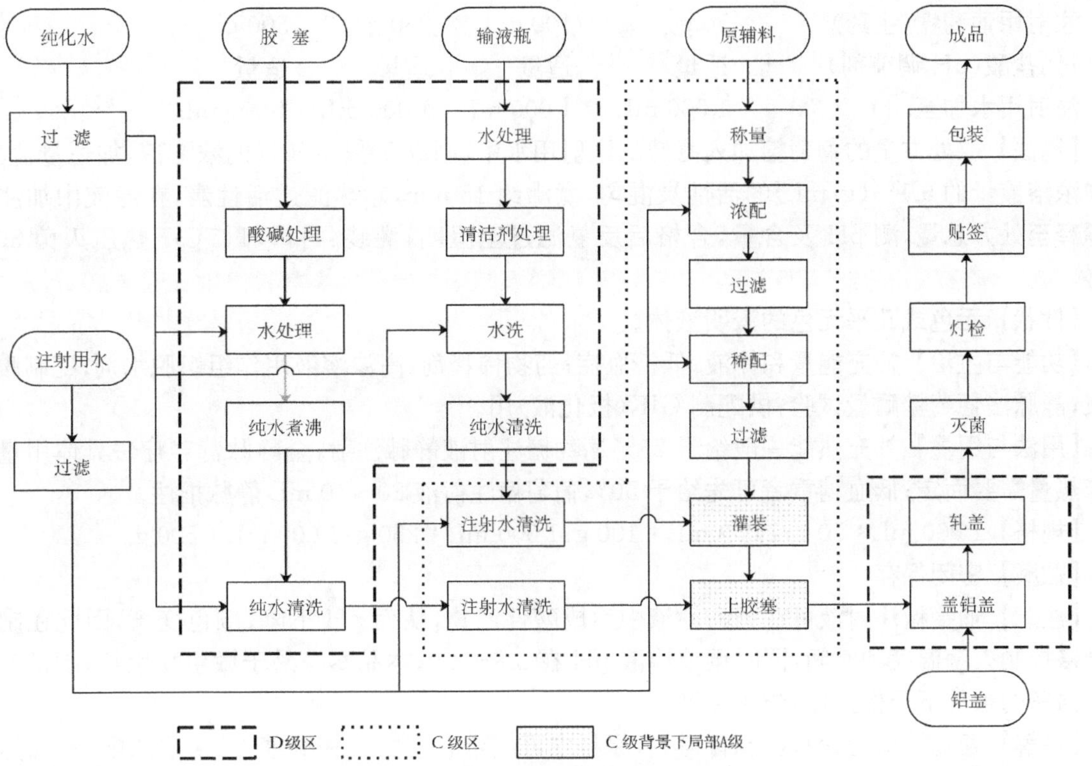

图 7－9　玻璃瓶装输液的生产流程

5. 灭菌　灌封后的输液应立即灭菌，一般输液从配制到灭菌不应超过 4 h。常用热压灭菌，优先采用过度灭菌法，即 $F_0 \geqslant 12$，灭菌参数一般为 121℃ 15 min；其次采用残存概率法，即 $F_0 \geqslant 8$，灭菌参数一般为 115℃ 30 min 或 121℃ 8 min。塑料软袋装的输液可采用 109℃ 45 min 灭菌，并有加压装置避免爆破。一般选用大输液水浴式灭菌器，灭菌均匀无死角，间接冷却、避免爆瓶，同时避免了灭菌后冷却水对输液的再污染现象。

6. 包装　经灯检、检验合格后，贴上标签、装箱。标签应印有品名、规格、批号、有效期、使用事项、生产日期等；包装箱应印有品名、规格、生产厂家等。

五、大容量注射剂的质量评价

由于输液类产品的注射量较大，其质量要求与注射液基本一致大，而对热原、无菌、可见异物和不溶性微粒的检查更加严格。

1. 可见异物与不溶性微粒　可见异物是指在规定调教下目视可以观测到的不溶性物质，其粒径或长度>50 μm。根据《中国药典》现行版四部通则灯检法或光散射法检查，应符合规定。

对于目视无法检出的小粒径不溶性微粒，还应依照《中国药典》现行版四部通则要求进行检查。对于标示装量 100 mL 及以上的静脉用注射液要求每 1 mL 中含 10 μm 及以上的微粒不得超过 25 粒，含 25 μm 及以上的微粒不得超过 3 粒。

2. 热原、内毒素与无菌检查　每批输液均需按照《中国药典》现行版有关规定进行检查，应符合规定。

3. 含量、pH 及渗透压检查　根据品种，按照《中国药典》现行版有关规定检查。

六、举例

笔记栏

例 7－9　葡萄糖注射液

【处方】　5%　10%　25%　50%

注射用葡萄糖(主药)	50 g	100 g	250 g	500 g
1%盐酸(pH 调节剂)	适量	适量	适量	适量
注射用水加至	1 000 mL	1 000 mL	1 000 mL	1 000 mL

【制法】取处方量的葡萄糖加入煮沸的注射用水中,制成 50%～60%的浓溶液,加适量盐酸,同时加浓溶液量的 0.1%(g/mL)的活性炭混匀,煮沸约 15 min,趁热滤过活性炭,在滤液中加注射用水稀释至处方总量,测 pH 及含量,合格后反复滤过至澄明,灌装、封口,115℃下热压灭菌 30 min 即得。

【性状】无色或几乎无色的澄明液体。

【功能与主治】补充能量和体液;低糖血症;药物稀释剂;高渗溶液用作组织脱水剂;配制腹膜透析液;静脉法葡萄糖耐量试验;供配制 GIK(极化液)用。

【用法与用量】补充热能一般给予 25%葡萄糖注射液静脉注射;全静脉营养疗法具体用量依据临床热量需要而定;低血糖重者可先给予 50%葡萄糖注射液 20～40 mL 静脉推注。

【规格】1 000 mL∶50 g;1 000 mL∶100 g;1 000 mL∶250 g;1 000 mL∶500 g。

【贮藏】密闭保存。

【注意】葡萄糖注射液可在弱酸性液中生成酸性产物,从而 pH 下降、颜色变黄,因此在制备时要严格控制灭菌温度和时间,同时调节溶液 pH 在 3.8～4.0;本品本身易于微生物生长,制备时需在避菌洁净的条件下严格操作,防止污染。

【注解】葡萄糖由淀粉水解制备得到,原料中可能带有蛋白质和糊精,故采取浓配法,加热煮沸使糊精继续水解成为葡萄糖,并加速蛋白质凝固,同时加入适量盐酸中和蛋白质胶粒上的电荷使其凝聚,加入活性炭吸附,采用滤膜滤过使之除去。

例 7-10 右旋糖酐注射液

【处方】右旋糖酐(主药)60 g,氯化钠(渗透压调节剂)9 g,注射用水加至 1 000 mL。

【制法】取处方量的右旋糖酐加入加热至沸的注射用水中,搅拌使其溶解,配制成 12%～15%的溶液,加入 1.5%的活性炭,保持微沸 1～2 h,加压滤过脱炭,加注射用水稀释至 6%,然后加入氯化钠使其溶解,冷却至室温,测量含量及 pH,pH 应控制在 4.4～4.9,再加 0.5%的活性炭,加热至 70～80℃,滤过至药液澄明后灌装,在 112℃下灭菌 30 min 即得。

【性状】无色、稍带黏性的澄明液体,有时显轻微的乳光。

【功能与主治】为血容量扩充药,有提高血浆胶体渗透压、增加血浆容量和维持血压的作用,能阻止红细胞及血小板聚集,降低血液黏滞性,从而有改善微循环的作用。

【用法与用量】静滴每次 250～500 mL,或视病情而定。

【规格】6 g∶100 mL;15 g∶250 mL;30 g∶500 mL。

【贮藏】25℃以下密闭保存。

【注意】本品灭菌一次,分子量下降 3 000～5 000,灭菌后应尽早移出灭菌锅,以免色泽变黄,应该严格控制灭菌温度和灭菌时间。

【注解】右旋糖酐是经生物合成法制得,易夹带热原,故活性炭的用量较大;本品溶液黏度高,需在较高温度下加压滤过;分子量越低越容易析出结晶。

第八节 注射用无菌粉末与其他注射剂

笔记栏

一、注射用无菌粉末

注射用无菌粉末(sterile powders for injection),系指原料药与适宜的辅料制成的供临用前用无菌溶液配制成注射液的无菌粉末或无菌块状物。可用适宜的注射用溶剂配制后注射,也可用静脉输液配制后静脉滴注。凡在水溶液中不稳定的药物，包括某些抗生素、酶制剂及血浆等生物制剂均须制成注射用无菌粉末。

注射用无菌粉末的质量要求与注射剂基本一致，此外其装量差异应符合要求，冷冻干燥工艺制得的产品还应控制水分含量，以确保药物稳定性。注射用无菌粉末应标明配制溶液所用的溶剂种类，必要时还应标注溶剂量。

（一）注射用无菌粉末的制备

注射用无菌粉末一般采用无菌分装或冷冻干燥法制备，所得产品分别称为注射用无菌分装制品、注射用冷冻干燥制品。

1. 注射用无菌分装制品　其制备工艺流程如图 7－10 所示。

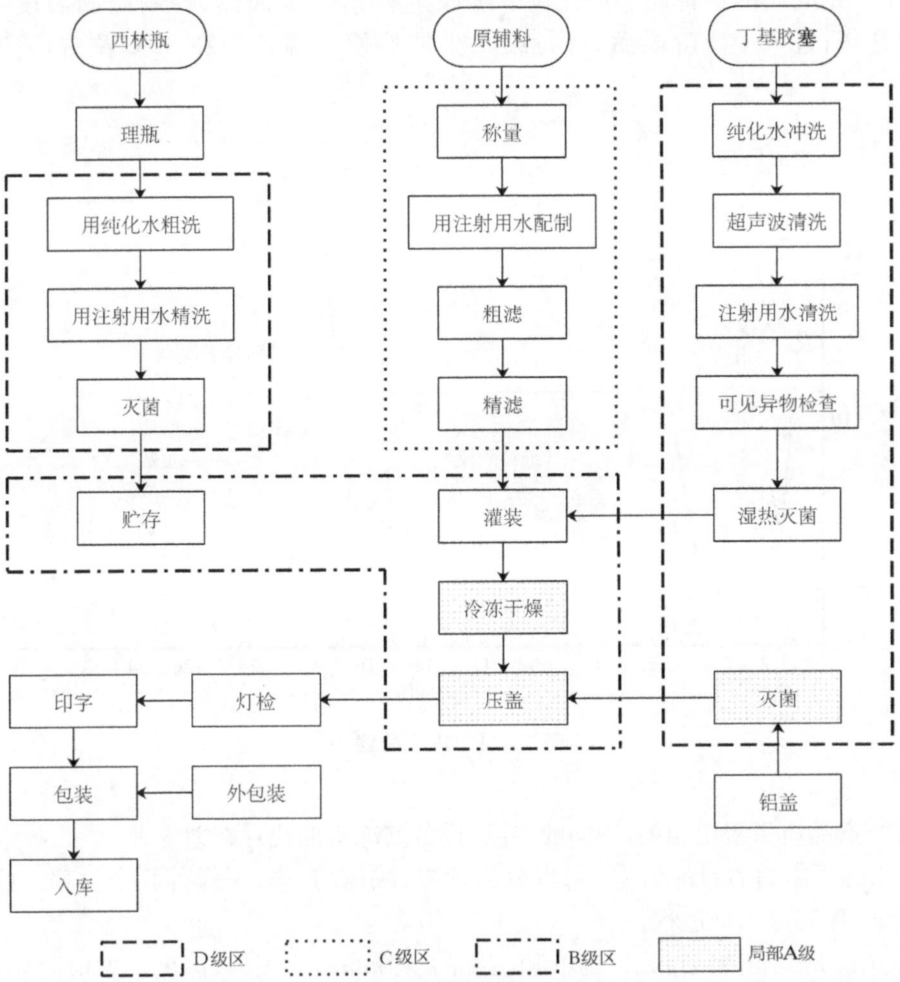

图 7－10　注射用无菌分装制品的制备工艺流程

(1) 原材料的准备：应用结晶法或喷雾干燥法在无菌条件下制备无菌原料，必要时应在无菌条件下进行粉碎、过筛等操作，制备晶型、粒度、密度符合分装要求的注射用无菌粉末。

(2) 容器的处理：安瓿、玻璃瓶、胶塞等的处理和质量要求同注射剂。经洗涤、灭菌后的空瓶应在净化空气下存放，一般存放时间不超过 24 h。

(3) 分装：在洁净环境中按无菌操作法进行分装。一般最终灭菌工艺产品的生产操作为 C 级背景下的局部 A 级，非最终灭菌产品的无菌生产操作为 B 级背景下的 A 级。分装好的小瓶应立即加塞并用铝盖密封，分装后的安瓿应立即用火焰熔封。

笔记栏

(4) 灭菌：对于耐热的品种，可选用适宜的灭菌方法进行补充灭菌，以确保无菌水平。不耐热的品种则不再灭菌，必须全程严格执行无菌操作、避免无菌分装过程中的污染。

无菌分装制品可能出现的质量问题包括装量差异、可见异物和不溶性微粒、染菌、吸潮变质等，应采取相应的措施进行处理。如调整物料的洁净形态、粒度、比容等，提高其流动性，进而减小装量差异。通过控制环境湿度、确保封口严密等方法避免粉末吸湿。

2. 注射用冷冻干燥制品　是指将药物配制成无菌水溶液或均匀的混悬液，分装于容器中，经冷冻干燥法除去水分，密封后得到的无菌注射用粉末。特别适用于对热敏感或在水中不稳定的药物，如蛋白质、酶等生物制品。采用冷冻干燥法制备的生物制品注射用无菌粉末，有时又称为注射用冻干制剂。

(1) 冷冻干燥曲线：如图 7－11 所示，冷冻干燥过程中，产品温度和板温随时间的变化绘制而成的曲线称为冷冻干燥曲线。先将制品放入预先降温至－50～－40℃的冻干室内，然后在高真空条件下完成制品中冰的升华；升华阶段进行第一步加热，控制制品温度不超过共熔点，使冰大量升华；进入干燥阶段后，进行第二步加热使板温控制在 30℃左右，直至制品温度与板温重合。

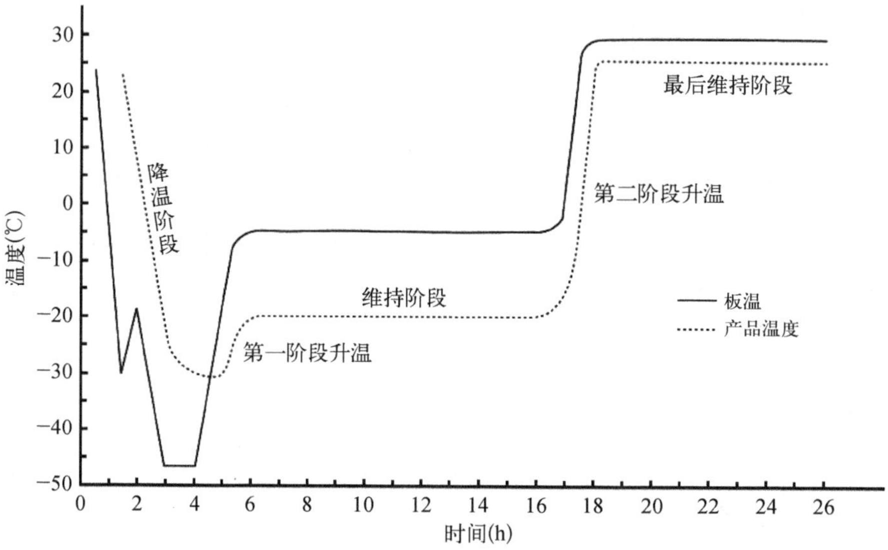

图 7－11　冻干曲线

冻干曲线与产品质量密切相关，不同的产品、设备其冻干曲线存在差异。

(2) 注射用冻干制剂的制备工艺：可以分为预冻、减压、升华、干燥等几个过程。此外，药液在冻干前需经过滤、灌装等处理过程。

1) 预冻：预冻是恒压降温过程。药液随温度的下降冻结成固体，温度一般应降至产品共熔点以下 10～20℃以保证冷冻完全。如果预冻不完全，在减压过程中可能产生沸腾冲瓶的现象，导致制品表面不平整。预冻方法包括速冻法和慢冻法。

2) 升华干燥：将冷冻体系进行恒温减压至一定真空后关闭冷冻机，缓缓加热，用以供给制品在升华过程中所需的热量，使体系中的水分基本除去。对于结构较复杂、黏度大及熔点低的制品，可采用反复预冻升华法。

笔记栏

3) 再干燥：升华完成后，温度继续升高至 0℃或 25℃，并保持一段时间，使残留的水分与水蒸气被进一步抽尽。

本法制得的产品可能会出现含水量偏高、外形萎缩或不饱满、喷瓶等问题，可通过改进工艺条件或添加适宜的填充剂予以解决。

(二) 举例

例 7-11 注射用双黄连(冻干)

【处方】金银花(主药)2 000 g,连翘(主药)2 500 g,黄芩(主药)2 500 g,10%氢氧化钠(pH 调节剂)0.3 g,注射用水加至 1 000 mL。

【制法】取黄芩提取物,加入适量的水,加热,用 10%氢氧化钠溶液调节 pH 至 7.0 使溶解,加入上述金银花提取物和连翘提取物,加水至 1 000 mL,加入活性炭 5 g,调节 pH 至 7.0,加热至沸并保持微沸 15 min,冷却,滤过,加注射用水至 1 000 mL,灭菌,冷藏,滤过,灌装,冷冻干燥,压盖,即得。

【性状】本品为黄棕色的无定形粉末或疏松固体状物;有引湿性。

【功能与主治】清热解毒,疏风解表。用于外感风热所致的发热、咳嗽、咽痛;上呼吸道感染、轻型肺炎、扁桃体炎见上述证候者。

【用法与用量】静脉滴注。每次每千克体重 60 mg,一日 1 次;或遵医嘱。临用前,先以适量灭菌注射用水充分溶解,再用氯化钠注射液或 5%葡萄糖注射液 500 mL 稀释。

【规格】每支装 600 mg。

【贮藏】遮光,密闭,置阴凉处。

【注意】本品与氨基糖苷类(庆大霉素、卡那霉素、链霉素)及大环内酯类(红霉素、吉他霉素)等配伍时易产生浑浊或沉淀,请勿配伍使用。

二、其他注射剂

(一) 混悬型注射剂

将不溶性固体药物分散于液体分散介质中制成的,供注射用的无菌制剂称为混悬型注射剂。但混悬型注射液不得用于静脉注射或椎管内注射。凡无适宜溶剂可溶解的药物,或采取提高溶解度的措施仍不能达到有效治疗浓度的药物,或在水中不稳定而制成的水不溶性衍生物,或需要缓控释或靶向给药的药物均可制成混悬型注射剂。

1. 混悬型注射剂的制备 与一般混悬剂的制法相似,但在混悬型注射剂制备过程中应着重考虑微粒的粒径及其在分散介质中的稳定性。水性混悬剂中常加入 0.1%~0.2%的聚山梨酯 80 作为润湿剂,并加入 0.5%~1%的助悬剂(如羧甲基纤维素钠、甲基纤维素、海藻酸钠等)。羧甲基纤维素钠在灭菌加热时容易结块,因此目前倾向于用羟丙基甲基纤维素和聚乙烯吡咯烷酮(需控制单体含量)。

2. 混悬型注射剂的质量要求 除了溶液型注射剂的基本要求之外,混悬型注射液中原料药物粒径应控制在 15 μm 以下、颗粒大小应均匀,含 15~20 μm(间有个别 20~50 μm)者,不应超过 10%;若有可见沉淀,振摇时应容易分散均匀;应具有良好的通针性和再分散性。

3. 举例

例 7-12 喜树碱混悬注射液

【处方】喜树碱(主药)2.5 g,聚山梨酯 80(增溶剂)10 mL,注射用水加至 1 000 mL。

【制法】称取喜树碱置于容器中,加入 250 mL 蒸馏水,在搅拌下缓缓加入 1 mol/L 氢氧化钠液 15 mL,置水浴加热至 60~80℃,待全部溶解后,经 4 号垂熔玻璃漏斗滤过。滤液中加 10 mL 的聚山梨酯 80,控制温度在 25℃,搅拌下滴加 1 mol/L 盐酸液 15 mL,使喜树碱全部析出。此时药液 pH 为 2 左右,用布氏漏斗滤过,以蒸馏水洗去沉淀中过量的酸,至洗液 pH 为 5.5 左右,静置。收集沉淀物,加注射用水 500 mL,搅拌使沉淀物分散均匀,经超声波处理 5~10 min。取样进行含量测定及颗粒检查,根据测定结果,用注射用水稀释至每毫升含有 2.5 mg 喜树碱,搅匀后用 3 号垂熔玻璃漏斗滤过,在通氮气下灌封,80℃下灭菌 40 min 即得。

【性状】黄色澄明液体。

【功能与主治】用于各类癌症的治疗。

笔记栏

【用法与用量】取 4～6 mg，用 0.9%氯化钠注射液 20 mL 溶解后，缓缓注射，或遵医嘱。

【规格】2 mL：5 mg。

【贮藏】避光、密闭，阴凉处保存。

【注意】本品用药期间应严格检查血常规；不宜用葡萄糖等酸性药液溶解和稀释；限用 0.9%氯化钠注射液稀释；静脉给药时，药液切勿外溢，否则引起局部疼痛及炎症。

【注解】喜树碱不溶于水，有内酯结构，可在碱性条件下开环，溶于水，酸性下闭环析出，故先加入碱后又调节 pH 至酸性；为降低喜树碱毒性，延长疗效，故制备成混悬剂注射剂。

（二）乳状液型注射剂

以难溶于水的挥发油、植物油或其他油溶性药物为原料，加入乳化剂和注射用水经乳化制成的供注射用的无菌制剂称为乳状液型注射剂。常见的有 O/W 或 W/O/W 型。乳状液型注射剂可加快油溶性药物在体内的吸收，并赋予其一定的靶向性能，如淋巴靶向性等。但乳状液型注射液不得用于椎管内注射。

1. 乳状液型注射剂的制备　多采用湿胶法，即先将乳化剂制成胶浆，然后加入油，通过适宜的乳化设备制成乳状液，经滤过、分装、灭菌即得。一般先经高速剪切分散器制备初乳，然后通过高压均质机等反复匀化获得粒度小而均匀的乳状液。

在制备过程中应着重考虑乳状液的稳定性问题，包括物理稳定性和化学稳定性。可通过调整乳化剂种类和浓度、油相种类和比例，选择适宜的助乳化剂及制备方法等提高乳状液的稳定性。

2. 乳状液型注射剂的质量要求　乳状液型注射液不得有相分离现象。静脉用乳状液型注射液中 90%的乳滴粒径应在 1 μm 以下，且不得有大于 5 μm 的乳滴；应能耐受热压灭菌，并在灭菌的贮存期间保持各成分稳定不变。

3. 举例

例 7－13　静脉注射用脂肪乳

【处方】注射用大豆油（主药）100 g，注射用中链甘油三酸酯（主药）100 g，注射用卵磷脂（乳化剂）12 g，注射用甘油（等渗调节剂）25 g，油酸钠（稳定剂）适量，氢氧化钠（pH 调节剂）适量，注射用水加至 1 000 mL。

【制法】

(1) 在一定量的热注射用水中加入处方量的甘油、适量的油酸钠，搅拌溶解，制备成水相。

(2) 在通氮气的情况下，加入处方量的大豆油、中链甘油三酸酯，加热后，加入处方量的卵磷脂，高速剪切使其均匀分散，制备成油相。

(3) 在通氮气下，将油相转移加入至水相中，高速剪切搅拌，加入注射用水至全量，开启高速剪切机搅拌，制成初乳。

(4) 在密闭容器和氮气保护下，将制得的初乳移入高压均质机中，进行多次均质至粒度符合要求（一般小于 1 μm），乳液冷却后，经垂熔漏斗滤过，灌装充氮，加塞，铝盖密封，用 121℃旋转灭菌器灭菌 15 min，F_0 值应大于 12 min，缓慢冲入冷水，逐渐冷却，在 4～10℃下贮存。

【性状】白色乳状液体。

【功能与主治】能量补充药，为机体提供能量和必需脂肪酸。

【用法与用量】成人静脉滴注，滴注速度 40 滴/分，一日 250～500 mL。

【规格】100 g：1 000 mL；200 g：1 000 mL；300 g：1 000 mL。

【贮藏】25℃以下，不得冰冻。

【注意】静脉乳剂短时间内可与等渗糖液、氨基酸液配伍，但在滴注过程中不能任意添加其他药物，尤其禁忌和电解质溶液和血浆代用液等配伍，以免破坏乳剂，造成危害。

【注解】本品处方中的中链甘油三酸酯（中链油）和大豆油（长链油）为油相，卵磷脂为乳化剂。

（刘利根　王文革　施　峰）

笔记栏

第八章 散 剂

本章要点

散剂的含义、特点及分类。

一般散剂和特殊散剂的制备方法，散剂的包装与贮藏。

散剂的质量评价与主要检查项目。

第一节 概 述

一、散剂的含义与特点

散剂(powders)是指原料药或与适宜的辅料经粉碎、均匀混合制成的干燥粉末状制剂，可供口服或外用。

知识链接

散剂的历史沿革

散剂为中药传统剂型之一，其应用可追溯到战国以前，最早记载于《五十二病方》中，《黄帝内经》《伤寒论》《金匮要略》等均记载了多种散剂。《黄帝内经》早有记载："散者，散也，去急病而用之。"《本草经集注》序录上记载了散剂的粉碎方法："凡丸、散药，亦先细切，曝燥乃捣之。又有各捣者，有合捣者，随方所言"，该方法至今仍被遵循沿用。

散剂具有以下特点。

(1) 分散度大，奏效迅速，因散剂分散度高、比表面积较大，与丸剂、片剂等固体剂型相比，起效更为迅速。

(2) 制法简便，剂量可随症增减，便于用药个体化。适于婴幼儿及老人服用，尤其适于不宜或不便吞服其他固体剂型的患者。

(3) 外用覆盖面积大，对创伤面可起到保护、收敛的作用。

(4) 散剂为固体制剂，相对于液体制剂，其稳定性较高。

(5) 贮藏、运输、携带方便，成本较低。

但散剂也有其不足之处。因比表面积大，其嗅味、刺激性、吸湿性和化学活性也相应增加，挥发性成分也较易损失，所以腐蚀性强、易吸湿或风化的药物一般不宜制成散剂，以免影响药物的贮存和使用。另外，剂量较大的散剂，服用时不如丸剂、片剂等方便。

二、散剂的分类

1. 按给药途径 可分为口服散剂和局部用散剂。

笔记栏

(1) 口服散剂：一般溶于或分散于水、稀释液或其他液体中服用，可分为直接服用散剂（如乌贝散等）和煎煮散剂（如三子散等）。

(2) 局部用散剂：主要供皮肤、口腔、咽喉、腔道等处应用，可分为撒布散剂、调敷散剂和吹入散剂。

撒布散剂是指专供治疗、预防和润滑皮肤的散剂，撒布于皮肤或黏膜创伤表面，或另用消毒纱布或外用贴膏固定，以达到解毒消肿、提腐拔脓、生肌敛疮的功效，如九一散等。

调敷散剂是指使用时用酒或醋调和成稠糊，敷于患处以治疗皮肤或黏膜创伤的散剂，如小儿腹泻外敷散等。

吹入散剂是指使用时用小管装载药物粉末，吹入内耳、鼻、喉等部位的散剂，如珠黄吹喉散等。

此外，有些散剂既可以口服，也可以外用，如七厘散等。

2. 按药物组成　可分为单方散剂和复方散剂。

(1) 单方散剂：由一种药物组成，常被称为“粉”，如珍珠粉等。

(2) 复方散剂：由两种或两种以上药物组成，如川芎茶调散等。

3. 按药物性质　可分为一般散剂和特殊散剂。

(1) 一般散剂：制备工艺无特殊要求的散剂，如如意金黄散等。

(2) 特殊散剂：包括含毒性药物散剂（如九分散等）、含液体组分散剂（如蛇胆川贝散等）、含低共熔混合物散剂（如痱子粉等）和眼用散剂（如珍珠八宝眼药散等）。

4. 按剂量　可分为单剂量散剂和多剂量散剂。

第二节　散剂的制备

一、一般散剂的制备

（一）工艺流程

一般散剂的制备工艺流程如图 8－1，特殊散剂制备时则需要作特殊处理。

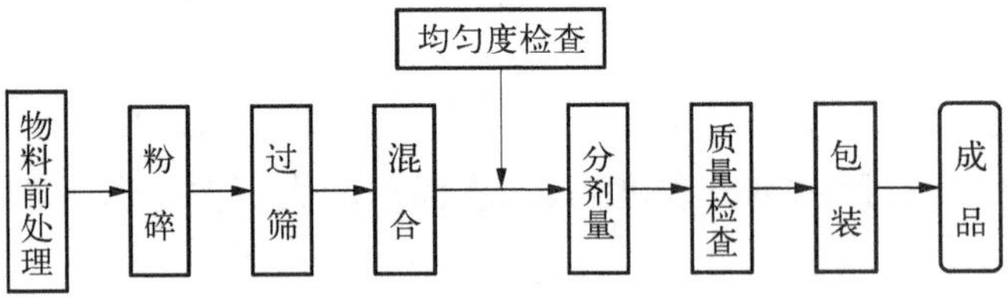

图 8－1　一般散剂的制备工艺流程

（二）制备方法

一般散剂制备的主要步骤为物料前处理、粉碎、过筛、混合、分剂量、质量检查、包装，即得成品。一般来说，散剂在制备前需要进行物料前处理，物料是指在固体制剂中药物与辅料的总称。物料前处理是指将物料处理到符合粉碎要求的程度，如将中药材进行净选、炮制、干燥，使之成为干燥的净药材以待下一步的粉碎处理。制备散剂时，根据制剂的需要，可选择加或不加辅料。口服散剂需要时亦可加入矫味剂、芳香剂、着色剂等。

笔记栏

1. 粉碎与过筛　应根据药物的组成、性质、用药要求等，选择适宜的方法和设备进行粉碎与过筛。

2. 混合　混合是散剂制备的关键工艺过程，应使处方中各药物均匀分散、色泽一致，以保证散剂的剂量准确和用药安全。

(1) 散剂在混合时,应注意以下问题。

1) 混合器械的表面常常容易吸附少量药物粉末,混合前可先加入量大、不易吸附的药物粉末或辅料垫底,再加入量小、易吸附的其他组分以减少吸附损耗。

2) 粉末粒子在混合过程中摩擦能产生表面电荷,可引起粒子间的相互排斥而造成混合不均匀,这一现象在长时间的混合过程中更加明显,所以需要对混合时间加以控制,也可加入少量表面活性剂或润滑剂作为抗静电剂。

3) 如果处方中含有氧化性、还原性或混合后易发生化学反应的药物,应分别将其独立包装,服用时再混合,或将其包衣后再与其他组分混合均匀。

(2) 散剂的混合主要遵循以下两个原则。

1) 打底套色法:当两种组分的色泽相差较大时,混合可采用打底套色法。所谓"打底",是指先将量小、色深的组分加入研钵中作为基础,再逐步分次加入量大、色浅的组分,研磨使其混合均匀,即为"套色"。

2) 等量递增法:两种物理状态、粒度和数量相近的组分较容易混合均匀,如果组分比例相差悬殊,则应采用等量递增法混合。等量递增法又称为等体积递增配研法,或简称配研法,是指先将量小的组分与等体积的量大组分混合,然后再加入与混合物等体积的量大组分混合,如此倍量增加量大的组分,始终保持等体积量,直至全部混合均匀。如果药物粉末按等量递增法的要求混合到最后,混合物与剩余的量大组分无法保持等体积量,但已接近1∶1的比例,此时可将二者视为等体积量处理。在实际操作中,如果两种组分的密度相近,或由于其物理状态所限,难以用体积计量时(如低共熔混合物),亦可用质量代替体积计量进行等量递增混合。等量递增法较一般混合方法虽工序有所增加,但混合效果好,混合均匀度明显提高,适用于含有毒性药物、贵重药物、小剂量药物的散剂,尤其在倍散的调配中更为重要。

打底套色法是药物粉末混合的一种传统经验方法,该法只注重色泽,讲究颜色由深到浅的混合顺序,有利于对混合均匀性的观察,但没有强调药物粉末等量容易混匀的原则。等量递增法则是根据两种物理状态和粒度均相近的药物粉末等体积容易混匀的机制设计的,混合效率高,较打底套色法更具科学性。

3. 分剂量　分剂量是将混合均匀的散剂,按临床需要剂量分成等质量份数的过程,使每一份代表一个剂量。分剂量是散剂制备的重要步骤之一,因为分剂量准确与否,不仅会影响到散剂的疗效,而且可保证含毒性药物散剂的剂量准确,防止超剂量而引起中毒。多剂量包装的散剂应附分剂量的用具,含毒性药物的口服散剂应单剂量包装。常用的分剂量方法有以下三种。

(1) 目测法:又称为估分法,是指将总量的散剂,根据目测分成所需的若干等份,一般以每次3~6包横列分包为宜,以便于比较。此法简便易行,适用于药房小量调配,但误差较大,对含有贵重细料药和毒性药物的散剂不宜使用,也不适合大生产。

(2) 重量法:是采用适宜的称量工具,如天平、戥称等,将散剂逐一称量后包装。此法剂量准确,适用于含有贵重细料药和毒性药物的散剂。但此法的不足之处是操作麻烦,效率低,不适合大生产,且此法必须严格控制散剂的含水量,否则易造成剂量误差。

(3) 容量法:是采用适宜的体积量具,如分量器,将散剂逐一称量后包装。散剂分量器一般是以木质、牛角、金属或塑料制成的容量药匙,有的在药匙内安有活动锲子,用以调节所需剂量。此法适用于0.5~2 g的散剂分剂量,操作简便、效率高,误差可控制在允许范围内。大生产普通使用的散剂自动包装机、散剂定量分包机等,均是利用容量法分剂量的原理设计的。由于药物粉末的疏密程度、铲粉用力的轻重、快慢及方向等条件的不同,均会影响分剂量的准确性,所以容量法分剂量必须注意粉末特性,尤其是混合的均一性,并保持铲粉条件一致,以减少误差。

笔记栏

（三）包装与贮藏

散剂由于粉碎得较细，其比表面积通常比原料药大，吸湿性较强，容易出现潮解、结块、流动性下降等物理变化，有的还会发生变色、有效成分降解等化学变化。潮湿的环境还有利于微生物生长，甚至可使散剂产生霉变。这不仅降低了药物的稳定性，也影响散剂的疗效和用药安全。所以，防潮是保证散剂质量的一项重要措施，选用适宜的包装材料和贮存条件可有效地减少散剂的吸湿。

散剂的包装应根据其吸湿性的强弱选用不同的包装材料，包装材料的透湿性将直接影响散剂在贮存期间的物理、化学和生物稳定性。另外，包装材料由于直接接触药物，必须符合国家食品药品监督管理总局制订的药品包装材料标准，同时还要考虑包装材料与药物的相容性。常用于散剂的包装材料有如下。

1. 包装纸　是以包装为目的的一类纸的统称，具有一定的物理强度、韧性及抗水性。不同材质的包装纸具有不同的用途。

（1）玻璃纸：质地柔软透明，易折，不能透过油脂，但能透过水蒸气和可溶于水的气体，如 CO_2、NH_3、H_2S 等。适合包装含有挥发性、油脂性药物的散剂，不适合包装易吸湿、易风化、易被 CO_2 等气体分解的散剂。

（2）有光纸：表面光滑，不易吸附药物，价廉易得，但不牢固，能透过油脂和气体，易被水和水蒸气浸透。适合包装不易吸湿和挥发、性质稳定的散剂。

（3）蜡纸：是用蜡质材料处理过的包装纸，不易透过气体和水蒸气，有防潮、防风化、防 CO_2 侵入的作用。其用途与玻璃纸相反，适合包装易吸湿、易风化及在 CO_2 等气体作用下易变质的散剂，也可包装含有毒性药物的散剂以减少吸附损耗。由于蜡质材料可吸附挥发性物质，并在接触处形成低熔点物质而黏附在一起，故不适合包装含有挥发性和油脂性药物的散剂。

2. 玻璃瓶　性质稳定，透气透湿性小，密封性好，适合包装各类散剂，尤其适合包装含有挥发性、引湿性药物及毒剧、贵重细料药的散剂，含有光敏性药物的散剂应选用棕色玻璃瓶包装。包装时应加盖软木塞，并用蜡封固，或加盖塑料内塞。但其缺点是玻璃易破碎，且体积较大，携带不方便。

3. 塑料薄膜袋　主要成分为聚丙烯、聚乙烯、聚氯乙烯等高分子聚合物，质地柔软透明，携带方便，但其透气透湿性较强，在低温下长时间放置易老化脆裂，故应用受到一定的限制，常用于包装性质稳定的散剂。

4. 铝箔袋　是由塑料薄膜涂以铝层而制成的包装材料，具有良好的密封性和避光性，性质稳定，方便携带，广泛应用于各类散剂的包装。但其折叠后铝层易断裂，引起漏气、吸潮等问题，故在使用中应尽量不要折叠铝箔袋。

5. 复合膜袋　是指各种塑料与纸、金属（如铝）等基材通过层合挤出贴面、共挤塑等工艺而形成的多层膜，将其热合即可制成复合膜袋。复合膜袋具有高度防潮、阻隔气体、保持香味、避光等功能，且力学性能优良，易成型，对药品具有很强的保护作用，适合包装大多数散剂，是目前最常用的包装材料。与其他包装材料相比，其综合保护性能好，且费用低廉，包装成本较低。

药品的贮藏主要由运输和贮存两部分组成。运输过程中，由于不可避免的振动，多剂量包装的散剂常发生均匀度的变化，所以瓶装散剂应装满压实，袋装散剂封口应牢固。一般散剂应密闭贮存，含挥发性、易吸湿性药物的散剂应密封贮存。在贮存期间，除了采取必要的防潮措施外，还应注意避免高温、强光照射、微生物等对散剂质量的不良影响。

例 8-1　银翘散

【处方】金银花 100 g，连翘 100 g，桔梗 60 g，薄荷 60 g，淡豆豉 50 g，淡竹叶 40 g，牛蒡子 60 g，荆芥 40 g，芦根 100 g，甘草 40 g。

笔记栏

【制法】以上十味，粉碎成细粉，过筛，混匀，即得。

【性状】本品为棕黄色的粉末；气特异，味微甘而凉。

【功能与主治】辛凉透表，清热解毒。用于外感风寒，发热头痛，口干咳嗽，咽喉疼痛，小便短赤。

【用法与用量】温开水吞服或开水泡服。一次1袋，一日2～3次。

【规格】每袋装6 g。

【贮藏】密闭，防潮。

【注解】

(1) 本品为《中国药典》现行版一部新增的散剂之一。显微鉴别法鉴别金银花、连翘、桔梗、薄荷、淡竹叶、牛蒡子、荆芥、甘草；薄层色谱法鉴别金银花、连翘；高效液相色谱法测定牛蒡子中牛蒡苷的含量，本品每1 g含牛蒡子以牛蒡苷($C_{27}H_{34}O_{11}$)计，不得少于3.7 mg。

(2) 本品为一般散剂，处方中不含特殊性质的药物，且药味比例接近，制备较为简单，只需将十味药物各自粉碎、过筛成细粉，再混合均匀即可。

例8-2 九圣散

【处方】苍术150 g，黄柏200 g，紫苏叶200 g，苦杏仁400 g，薄荷200 g，乳香120 g，没药120 g，轻粉50 g，红粉50 g。

【制法】以上九味，除轻粉、红粉外，其余苍术等七味粉碎成最细粉；将轻粉、红粉分别水飞成极细粉，与上述粉末配研，过绢筛(不得用金属筛)，混匀，即得。

【性状】本品为棕黄色至浅棕色的粉末；气清香。

【功能与主治】解毒消肿，燥湿止痒。用于湿毒瘀阻肌肤所致的湿疮、臁疮、黄水疮，症见皮肤湿烂、溃疡、渗出脓水。

【用法与用量】外用，用花椒油或食用植物油调敷或撒布患处。

【注意】不可内服。

【贮藏】密闭，防潮。

【注解】

(1) 显微鉴别法鉴别乳香、紫苏叶、苍术、黄柏、苦杏仁。

(2) 本品虽为局部用散剂，但红粉、轻粉仍需采用水飞法粉碎成极细粉，是为了使药物分散，以减轻使用后的疼痛感。《疡科纲要》中曾记载："颐尝以新炼之丹试用，研必极细，用时以新棉花蘸此药末，轻轻弹上薄贴，止见薄薄深黄色已足，如多用之则痛矣。"

(3) 本品处方中轻粉、红粉占比较小，可先将二者混合，再按等量递增法与其余七味已混好的药物粉末混匀。

(4) 绢筛常为圆形，用竹片做成圆框，过筛部分用绢线或蚕丝组成。因红粉、轻粉所含的硝酸汞、氯化亚汞等成分，易与金属筛中的金属如锌、铜等发生化学反应，故本品过筛时不可用金属筛。

二、特殊散剂的制备

(一) 含毒性药物散剂

毒性药物或药理作用强的药物临床用药剂量小，称取困难，与其他药物难以混合均匀，且服用时易产生损耗，所造成的剂量误差可对散剂的药效产生影响。因此，可添加一定比例的辅料至毒性药物中稀释，配制成不同倍数的倍散，增加其容量，以确保药物剂量的准确性，并利于服用。若处方中含有毒性药物，而其他药物的量较大时，可将毒性药物单独粉碎后再与处方中其他药物粉末以等量递增法混匀。倍散制备时，制备器具(如研钵)应先用稀释剂或其他量大的药物饱和，再加入量小的毒性药物，然后采用等量递增法与其余组分混匀。临床用药剂量小的麻醉药品和精神药品亦可使用此方法制成倍散。

倍散的稀释倍数可根据毒性药物的剂量而定，剂量在0.01～0.1 g时，可配制成十倍散(即药物与辅料比例为1∶9)；剂量在0.001～0.01 g时，可配制成百倍散；剂量在0.001 g以下时，可配制成千倍散。

若毒性药物的颜色较浅，可在倍散处方中添加一定量的着色剂，一方面可以区分成品与原药，或通过粉末颜色的深浅识别倍散的稀释倍数，另一方面随着稀释剂的增加，倍散的颜色逐渐变浅，这样有利于观察毒性药物是否与稀释剂混合均匀。制备时，可先将少量胭脂红、靛蓝、苋莱红等着

笔记栏

色剂依次与部分稀释剂、药物混匀，再按照等量递增法混入剩余的稀释剂。

稀释剂应选用本身性质稳定的惰性物质，不与药物发生反应，没有显著的药理作用，并且不影响主药的含量测定。常用的稀释剂有乳糖、淀粉、葡萄糖、蔗糖、糊精，以及一些无机物如碳酸钙、硫酸钙、氯化镁等。其中乳糖味甜，溶解度大，且不易吸湿，稀释效果较佳，但价格较其他辅料昂贵。

某些含有毒性成分的中药材，因产地、采收季节及炮制方法等不同而导致含量相差悬殊，为确保用药安全，并充分发挥疗效，需要在配制散剂前测定这些药材的主要成分含量，用稀释剂调至规定要求。

例 8-3　硫酸阿托品散

【处方】硫酸阿托品 1 g，乳糖 98 g，胭脂红乳糖 1 g。

【制备】取少量乳糖置研钵中研磨，使研钵内壁饱和后倾出，将硫酸阿托品与胭脂红乳糖混合均匀，再与乳糖配研，待粉末色泽一致，即得。

【性状】本品为淡红色粉末。

【功能与主治】用于胃肠痉挛疼痛。

【用法与用量】疼痛时口服，每次 0.1 g。

【注意】本品含有毒性药物，不可多服；孕妇禁用。

【规格】每瓶装 0.1 g。

【贮藏】密封。

【注解】

(1) 硫酸阿托品是一种毒性药物，所用剂量较小，可添加一定比例的乳糖，采用等量递增法配制成倍散，便于称取和服用。

(2) 本品在配制时，先用乳糖饱和研钵内壁，可减少硫酸阿托品的吸附损失；为确保其混合均匀，可添加适量的着色剂，通过观察散剂颜色深浅一致性判断混合效果。

(3) 胭脂红乳糖的配制方法：取胭脂红 1 g，置研钵中，加 90%乙醇 10～20 mL，研磨使溶解，再与 99 g 乳糖研磨均匀后，50～60℃干燥，过筛，即得。

例 8-4　九分散

【处方】马钱子粉(调制)250 g，麻黄 250 g，乳香(制)250 g，没药(制)250 g。

【制备】以上四味，麻黄、乳香、没药粉碎成细粉；马钱子粉与上述粉末配研，过筛，混合均匀，即得。

【性状】本品为黄褐色至深黄褐色的粉末，遇热或重压易黏结；气微香，味微苦。

【功能与主治】活血散瘀，消肿止痛。用于跌打损伤，瘀血肿痛。

【用法与用量】口服，一次 2.5 g，一日 1 次，饭后服用；外用，创伤青肿未破者以酒调敷患处。

【注意】本品含有毒性药物，不可多服；孕妇禁用；小儿及体弱者遵医嘱服用；破伤出血者不可外敷。

【规格】每袋装 2.5 g。

【贮藏】密闭，防热，防潮。

【注解】

(1) 该方出自清代孟文瑞《春脚集》，因每次服一包，每包九分(约 2.5 g)，故称为九分散。显微鉴别法鉴别马钱子、乳香、麻黄、没药；薄层色谱法鉴别马钱子；薄层色谱法测定马钱子中士的宁的含量，本品按干燥品计算，每袋含马钱子以士的宁($C_{21}H_{22}N_2O_2$)计，应为 4.5～5.5 mg。

(2) 马钱子毒性大，且不同炮制品中的士的宁含量相差较大，为控制其质量，可取调制好的马钱子粉与其他药物混匀。《中国药典》现行版一部规定了马钱子粉的制法：取制马钱子，粉碎成细粉，按要求测定士的宁含量后，加入适量的淀粉，混合均匀，使含量符合规定，即得。按马钱子粉的干燥品计算，含士的宁($C_{21}H_{22}N_2O_2$)应为 0.78%～0.82%，马钱子碱($C_{23}H_{26}N_2O_4$)不得少于 0.5%。

(3) 乳香、没药为树脂类药物，其生品味苦气浊，对胃有刺激性，易致恶心呕吐，醋制后可缓和其刺激性，矫嗅矫味，便于粉碎，并且可增强活血止痛、消肿生肌的功效。

笔记栏

(二) 含液体组分散剂

若散剂处方中存在挥发油、非挥发性液体药物、流浸膏、酊剂、药材提取液等液体组分时，配制方法应根据液体组分的性质、用量及处方中其他固体组分的比例而定。具体处理方法有以下几种。

(1) 当散剂中的液体组分含量较少时，可将处方中其他固体药物粉碎成细粉，吸收完液体组分后混合均匀。

(2) 当散剂中的液体组分含量较多，内含挥发性或不稳定成分，不适宜加热浓缩，且不能被处方中其他药物粉末完全吸收时，可以添加适量辅料(如淀粉、葡萄糖、乳糖、磷酸钙等)吸收液体至不湿润为度。

(3) 当散剂中的液体组分含量过大，且为非挥发性成分时，可通过加热浓缩除去大部分水分，使其呈稠膏状，再加入处方中其他固体药物粉末或适量辅料吸收剩余水分，低温干燥后研磨均匀。

例 8-5　乌贝散

【处方】海螵蛸(去壳)850 g，浙贝母 150 g，陈皮油 1.5 g。

【制法】以上三味，海螵蛸、浙贝母粉碎成细粉，加入陈皮油，混匀，过筛，即得。

【性状】本品为黄白色的粉末；气微香，味咸、微苦。

【功能与主治】制酸止痛，收敛止血。用于肝胃不和所致的胃脘疼痛、泛吐酸水、嘈杂似饥；胃及十二指肠溃疡见上述证候者。

【用法与用量】饭前口服。一次 3 g，一日 3 次；十二指肠溃疡者可加倍服用。

【规格】每瓶装 45 g。

【贮藏】密闭，防潮。

【注解】

(1) 显微鉴别法鉴别海螵蛸、浙贝母；薄层色谱法鉴别浙贝母；高效液相色谱法测定浙贝母中贝母素甲和贝母素乙的含量，本品每 1 g 含浙贝母以贝母素甲($C_{27}H_{45}NO_3$)和贝母素乙($C_{27}H_{43}NO_3$)的总量计，不得少于 0.1 mg。

(2) 处方中的液体组分陈皮油用量较小，以海螵蛸和浙贝母的粉末充分吸收后，混匀即可，不需另加其他辅料。

例 8-6　紫雪散

【处方】石膏 144 g，滑石 144 g，玄参 48 g，沉香 15 g，甘草 24 g，芒硝(制)480 g，水牛角浓缩粉 9 g，人工麝香 3.6 g，北寒水石 144 g，磁石 144 g，木香 15 g，升麻 48 g，丁香 3 g，硝石(精制)96 g，羚羊角 4.5 g，朱砂 9 g。

【制法】以上十六味，石膏、北寒水石、滑石、磁石砸成小块，加水煎煮三次，玄参、木香、沉香、升麻、甘草、丁香用石膏等煎液煎煮三次，合并煎液，滤过，滤液浓缩成稠膏；芒硝、硝石粉碎，兑入稠膏中混合均匀，干燥，粉碎成细粉；羚羊角锉研成细粉；朱砂水飞成极细粉；将水牛角浓缩粉、人工麝香研细，与上述粉末配研，过筛，混匀，即得。

【性状】本品为棕红色至灰棕色的粉末；气芳香，味咸、微苦。

【功能与主治】清热开窍，止痉安神。用于热入心包、热动肝风证，症见高热烦躁、神昏谵语、惊风抽搐、斑疹吐衄、尿赤便秘。

【用法与用量】口服。一次 1.5～3 g，一日 2 次；周岁小儿一次 0.3 g，五岁以内小儿每增一岁递增 0.3 g，一日 1 次；五岁以上小儿酌情服用。

【注意】孕妇禁用。

【规格】① 每瓶装 1.5 g。② 每袋装 1.5 g。

【贮藏】密封，置阴凉处。

【注解】

(1) 显微鉴别法鉴别朱砂；薄层色谱法鉴别升麻、甘草；气相色谱法鉴别人工麝香中的麝香酮。

(2) 本品多味药材需加水煎煮提取，液体量较大，因此可先将煎液浓缩成稠膏状，再加入芒硝、硝石吸收水分，以缩短干燥时间。根据处方中的药物性质采用不同的粉碎方法，如朱砂采用水飞法可粉碎成极细粉，便于配制及服用，同时还可除去其主要毒性成分水溶性汞盐；而羚羊角质硬且具有一定弹性，常法不易粉碎，可先锉成粗末，再研磨成细粉。水牛角浓缩粉、人工麝香、羚羊角细粉、

笔记栏

朱砂在处方中用量较小，可将其先行混合，再按照等量递增法与其余药物粉末混合均匀。

（3）本品处方中矿物药占较大比例，含有较多对人体有害的重金属，需根据《中国药典》现行版四部通则“原子吸收分光光度法”测定铅、镉、砷、汞、铜的含量，铅不得超过 5 mg/kg，镉不得超过 0.3 mg/kg，砷不得超过 2 mg/kg，铜不得超过 10 mg/kg。

（4）本品由于含中药浸膏，易吸潮结块，需注意密封贮藏。

（三）含低共熔混合物散剂

两种或两种以上药物按一定比例混合后，在室温条件下如出现润湿或液化现象，称为低共熔现象，出现低共熔现象的混合物称为低共熔物。在研磨混合时，低共熔现象有时出现较快，有时需放置一定时间后才会出现。所得混合物的熔点随各组分所占比例而变化，其中熔点最低的混合物称为低共熔混合物，低共熔混合物的熔点称为低共熔点，该熔点低于混合物中每一种组分的熔点。混合后易出现低共熔现象的常见药物主要有：薄荷脑与樟脑、樟脑与水杨酸苯酯、薄荷脑与冰片等。

低共熔组分在混合时，只要室温高于低共熔点，即会出现低共熔现象，但可能会出现润湿、液化或仍保持干燥等不同程度的变化，这主要取决于药物混合的比例，该比例越接近低共熔混合物的比例，低共熔现象越明显。双组分重量组成与其液化状态的关系，可用图 8－2 表示。T_A、T_B分别表示两种纯组分 A 和 B 的熔点；T_{Ae}表示随着 B 的加入 A 熔点逐渐降低的曲线；T_{Be}表示随着 A 的加入 B 熔点逐渐降低的曲线；E 为低共熔混合物的重量组成；T_e为低共熔点；T_K为室温；阴影部分表示固-液共存区域。当室温高于低共熔点时，两种药物形成的混合物比例在 CD 范围内可全部液化，如 C_1 组分的混合。若两种药物形成的混合物比例在 AC 或 BD 间时，在室温条件下仅表现为润湿或干燥状态，不会全部液化，如 C_2组分的混合。混合物比例距离 CD 范围越远（即越接近 A、B 点），其润湿现象越不明显。

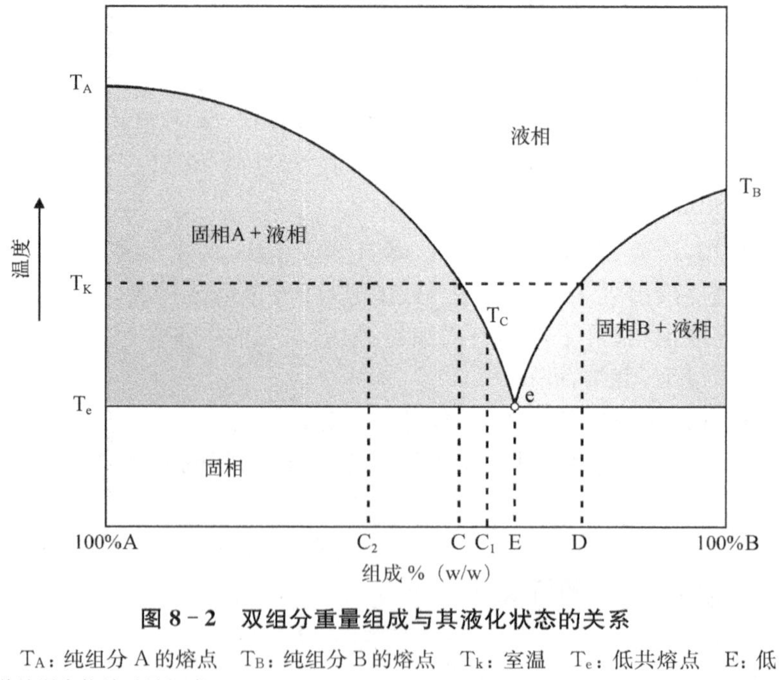

图 8－2 双组分重量组成与其液化状态的关系

T_A：纯组分 A 的熔点 T_B：纯组分 B 的熔点 T_k：室温 T_e：低共熔点 E：低共熔混合物的重量组成

含低共熔组分散剂的配制方法，应根据低共熔对散剂药理作用的影响和处方中所含其他固体组分的比例进行选择，一般可分为以下几种情况。

笔记栏

（1）药物形成低共熔物后，药理作用不变或增强，则宜采用低共熔法，先形成低共熔物，再与其他固体粉末混合均匀，这样有利于低共熔组分的混合。处方中存在挥发油或其他能够溶解低共熔物的液体时，可先将低共熔物溶解在其中，再与其他固体粉末混合均匀。药理作用增强者，其剂量应通过药理实验重新确定。

(2) 药物形成低共熔物后，药理作用明显减弱，则应避免低共熔现象的产生，先用其他固体粉末分别稀释各低共熔组分，再轻研使其混合均匀。

(3) 处方中的药物与辅料发生低共熔，若有利于提高药物的稳定或生物利用度，应采用低共熔法混合；若无明显有利或毒副反应增加、疗效降低者，则应改用其他更适宜的辅料。

例 8-7 痱子粉

【处方】滑石粉 12 g，樟脑 0.1 g，氧化锌 2 g，薄荷脑 0.1 g，硼酸 2.5 g。

【制法】取薄荷脑与樟脑共同研磨使液化，加适量滑石粉研匀，依次加入氧化锌、硼酸研磨，最后加入剩余的滑石粉配研，过筛，即得。

【性状】本品为白色的粉末；气香。

【功能与主治】清风祛湿，清凉止痒。用于汗疹，痱毒，湿疮痛痒。

【用法与用量】外用适量，扑擦患处。

【规格】每瓶装 50 g。

【贮藏】密闭，置阴凉干燥处。

【注解】

(1) 樟脑与薄荷脑属低共熔组分，在室温下共同研磨后产生液化，药理作用没有明显变化，可先以适量滑石粉吸收液体至其呈粉末状，然后与其他固体粉末配研。

(2) 本品含有挥发性药物，需注意密闭贮藏。

例 8-8 避瘟散

【处方】檀香 156 g，白芷 42 g，姜黄 18 g，甘松 18 g，木香 36 g，冰片 138 g，薄荷脑 138 g，零陵香 18 g，香排草 180 g，玫瑰花 42 g，丁香 42 g，人工麝香 1.4 g，朱砂 662 g，甘油 276 g。

【制法】以上十四味，除人工麝香、冰片、薄荷脑外，朱砂水飞成极细粉；其余檀香等九味粉碎成细粉，过筛，混匀；将冰片、薄荷脑共研至液化，另加入甘油，搅匀。将人工麝香研细，与上述粉末配研，过筛，混匀，再与液化的冰片和薄荷脑研匀，即得。

【性状】本品为朱红色的粉末；气香，味凉。

【功能与主治】祛暑辟秽，开窍止痛。用于夏季暑邪引起的头目眩晕、头痛鼻塞、恶心、呕吐、晕车晕船。

【用法与用量】口服。一次 0.6 g。外用适量，吸入鼻孔。

【规格】每盒装 0.6 g。

【贮藏】密封，置阴凉干燥处。

【注解】

(1) 薄层色谱法鉴别冰片、薄荷脑；高效液相色谱法测定朱砂中硫化汞(HgS)的含量，本品每 1 g 含朱砂以硫化汞(HgS)计，含量为 0.3～0.4 g。

(2) 本品中的人工麝香是一种贵重药物，用量较小，与其他药物粉末混合时应采用等量递增法；薄荷脑与冰片共同研磨后液化，产生低共熔现象，药理作用没有明显变化，可使其溶于甘油后再与其他药物混匀。甘油能令本品保持适度湿润，使药物易于吸附在作用部位，同时也能减少药物吸入鼻腔时对鼻黏膜的刺激。

(四) 眼用散剂

眼用散剂是一种施于眼部的散剂，其粉末粒度要求为通过九号筛的极细粉，且均匀细腻，以减少对眼睛的机械刺激性，一般采用超微粉碎法、水飞法或其他适宜的方法对原料进行粉碎。此外，该类散剂要求无致病菌，否则易引起严重的不良反应，用于眼部损伤或手术后的散剂，必须绝对无菌。配制前所用器具均应灭菌，并在清洁、避菌的环境下进行操作。成品亦需进行灭菌，常采用紫外线灭菌、微波灭菌、辐照灭菌等方法，灭菌后应避光密封保存。

笔记栏

例 8－9　珍珠八宝眼药散

【处方】珍珠 10 g，人工牛黄 10 g，冰片 50 g，硼砂(煅)100 g，石蟹(煅)66 g，黄连干浸膏 1 g，硇砂(制)3 g，炉甘石(煅)105 g。

【制法】以上八味，除冰片、人工牛黄、黄连干浸膏外，珍珠、炉甘石、石蟹水飞成极细粉，硼砂、硇砂粉碎成极细粉，混匀；冰片、人工牛黄、黄连干浸膏研细，与上述粉末配研，过筛，混匀，即得。

【性状】本品为淡棕色的粉末。

【功能与主治】消障明目，止痛退肿。用于红筋，白障，赤肿烂眼，畏光羞明，迎风流泪。

【用法与用量】眼用，洗净患处，将药粉少许点入眼角，合眼片刻。一日 3 次。

【规格】每瓶装 1.2 g。

【贮藏】密封。

【注解】

(1) 薄层色谱法鉴别人工牛黄、黄连；理化鉴别法鉴别珍珠、冰片、炉甘石。

(2) 黄连干浸膏的制法：取黄连加水浸渍 1 h，煎煮 3 次，每次 45 min，合并煎液，滤过，滤液浓缩至稠膏状，减压干燥，研细，即得。

例 8－10　障翳散

【处方】丹参 111 g，茺蔚子 111 g，决明子 222 g，没药 111 g，昆布 111 g，木通 111 g，牛胆干膏 12 g，珍珠 40 g，天然冰片 80 g，硼砂 20 g，盐酸小檗碱 20 g，山药 100 g，荸荠粉 160 g，红花 111 g，青葙子 111 g，蝉蜕 222 g，黄芪 111 g，海藻 111 g，炉甘石(水飞)111 g，羊胆干膏 18 g，琥珀 30 g，人工麝香 40 g，海螵蛸 200 g，维生素 B_2 40 g，无水硫酸钙 40 g。

【制法】以上二十五味，人工麝香、天然冰片分别研成极细粉，备用；将茺蔚子、青葙子用纱布包扎，与丹参、红花、决明子、蝉蜕、没药、黄芪、昆布、海藻、木通用水浸渍 3 h 后，加水煎煮二次，每次 1.5 h，合并煎液，滤过，滤液浓缩至约 1 400 mL，加乙醇使含醇量达 75%，冷藏 24 h，取上清液，浓缩至相对密度为 1.16～1.18(20℃)的清膏，加入炉甘石，混匀，烘干，粉碎成极细粉，药粉备用；其余牛胆干膏等十一味，烘干，分别研成极细粉，加入上述炉甘石等极细粉与无水硫酸钙适量，混匀，过筛，与上述人工麝香等极细粉配研，混匀，制成 1 000 g，即得。

【性状】本品为黄色的粉末；气芳香。与滴眼用溶液混合后为浅棕黄色混悬液。

【功能与主治】行滞祛瘀，退障消翳。用于老年性白内障及角膜翳属气滞血瘀证。

【用法与用量】外用。临用时，将本品倒入滴眼用溶液瓶中，摇匀后滴入眼睑内，一次 2～3 滴，一日 3～4 次，或遵医嘱。

【注意】孕妇禁用。

【规格】每瓶装 0.3 g。

【贮藏】密封。

【注解】

(1) 薄层色谱法鉴别丹参、大黄、盐酸小檗碱、牛胆干膏、羊胆干膏；高效液相色谱法测定维生素 B_2 的含量，本品每 1 g 含维生素 B_2($C_{17}H_{20}N_4O_6$)应为 32～48 mg；气相色谱法测定人工麝香中麝香酮的含量，本品每 1 g 含人工麝香以麝香酮($C_{16}H_{30}O$)计，不得少于 0.47 mg。

(2) 珍珠和炉甘石可采用水飞法粉碎成极细粉。人工麝香为贵重药物，用量较少，应先将其研细，再与其他药粉配研。

第三节　散剂的质量评价与检查

笔记栏

一、性状

散剂外观应干燥、疏松、混合均匀、色泽一致；

外观均匀度检查：取供试品适量，置光滑纸上，平铺约 5 cm^2，将其表面压平，在明亮处观察，应色泽均匀，无花纹与色斑。

二、粒度

依照《中国药典》现行版四部通则“粒度和粒度分布测定法”检查。除另有规定外，口服散剂应为细粉，局部用和儿科用散剂应为最细粉，眼用散剂应为极细粉，用于烧伤或严重创伤的中药局部用散剂及儿科用散剂，除另有规定外，通过六号筛的粉末重量不得少于 95%。

三、水分

依照《中国药典》现行版四部通则“水分测定法”测定，除另有规定外，水分不得超过 9.0%。

四、装量差异

单剂量包装的散剂，除另有规定外，取供试品 10 袋(瓶)，分别精密称定每袋(瓶)内容物的重量，求出内容物的装量与平均装量。每袋(瓶)装量与平均装量相比较[凡有标示装量的散剂，每袋(瓶)装量应与标示装量相比较]，按表 8-1 中的规定，超出装量差异限度的散剂不得多于 2 袋(瓶)，并不得有 1 袋(瓶)超出装量差异限度的 1 倍。

表 8-1 散剂的装量差异限度要求

平均装量或标示装量	装量差异限度
0.1 g 及 0.1 g 以下	±15%
0.1 g 以上至 0.5 g	±10%
0.5 g 以上至 1.5 g	±8%
1.5 g 以上至 6.0 g	±7%
6.0 g 以上	±5%

五、装量

多剂量包装的散剂，除另有规定外，依照《中国药典》现行版四部通则“最低装量检查法”检查，取供试品 5 个(50 g 以上者 3 个)，除去外盖和标签，容器外壁用适宜的方法清洁并干燥，分别精密称定重量，除去内容物，容器用适宜的溶剂洗净并干燥，再分别精密称定空容器的重量，求出每个容器内容物的装量与平均装量，均应符合表 8-2 的有关规定。如有 1 个供试品装量不符合规定，则另取 5 个(50 g 以上者 3 个)复试，应全部符合规定。

表 8-2 散剂的装量限度要求

标示装量	平均装量	每个容器装量
20 g 以下	不少于标示装量	不少于标示装量的 93%
20 g 至 50 g	不少于标示装量	不少于标示装量的 95%
50 g 以上	不少于标示装量	不少于标示装量的 97%

笔记栏

六、无菌

除另有规定外，用于烧伤[除程度较轻的烧伤(Ⅰ°或浅Ⅱ°外)]、严重创伤或临床必需无菌的局部用散剂，依照《中国药典》现行版四部通则“无菌检查法”检查，应符合规定。

七、微生物限度

除另有规定外，依照《中国药典》现行版四部通则非无菌产品微生物限度检查法检查，应符合规定。

（王　岩）

笔记栏

第九章 丸　剂

本章要点

丸剂的含义、特点和类型。

水丸、蜜丸、浓缩丸和滴丸的制备方法及工艺关键。

丸剂包衣的目的与种类。

丸剂的质量评价与主要检查项目。

第一节　概　　述

一、丸剂的含义与特点

丸剂(pills)系指原料药物与适宜的辅料制成的球形或类球形固体制剂。丸剂是中成药的主要剂型之一。常见的市售丸剂有传统丸剂和中药滴丸。

知识链接

丸剂的历史沿革

传统丸剂历史悠久。我国现存的最早的中医学专著《黄帝内经》中就记载了丸剂。在长沙马王堆汉墓中出土的《五十二病方》中也有关于丸剂的名称、处方、规格、剂量以及服用方法的记载。现代的丸剂形式始于汉代张仲景时期(公元 142～219 年),《金匮要略》中已有用蜂蜜、糖、淀粉糊、动物药汁作为丸剂黏合剂的记载,这些制备方法基本一直沿用至今。随着新辅料的应用和制剂技术的进步,丸剂也在不断地发展,如中药滴丸、缓控释小丸等。

丸剂的主要特点如下。

1. 丸剂作用迟缓,多用于治疗慢性病　“丸者缓也,不能速去病,舒缓而治之也”(金代李杲),传统的中药丸剂服用后在胃肠道中溶散缓慢,药效缓和,作用持久,临床治疗慢性疾病或久病体弱、病后调和气血者多用丸剂。

2. 可缓和药物的毒副反应　“大毒者须用丸”(宋代《苏沈良方》),含有刺激性、毒性药物或某些峻猛的药物的方剂,可选用不同糊粉或蜂蜡,制成糊丸、蜡丸,延缓药物的释放、吸收,降低毒性和不良反应。

3. 可减缓药物挥发性成分的挥散　有些芳香性药物或有特殊不良气味的药物,可泛在丸剂中层,减缓挥散。

4. 某些新型丸剂可用于急救　例如苏冰滴丸、复方丹参滴丸等,由于药物的有效成分或有效部位高度分散在水溶性基质中,溶出快,奏效迅速。

丸剂也存在一些不足之处:服用剂量大,小儿服用困难,原料多以原粉入药,易染菌等。

笔记栏

二、丸剂的分类

丸剂按制法可分为泛制丸、塑制丸和滴制丸等。根据丸剂所使用的赋形剂，可分成水丸、蜜丸、水蜜丸、糊丸、蜡丸、浓缩丸等。

三、丸剂的制备方法

传统丸剂的制备方法常用泛制法、塑制法，而滴丸皆采用滴制法制备。

1. 泛制法　系指在转动的适宜的容器或机械中，将饮片细粉与赋形剂交替润湿、撒布，不断翻滚，逐渐增大的一种制丸方法。主要用于水丸、水蜜丸、糊丸、浓缩丸的制备。

2. 塑制法　系指饮片细粉加适宜的黏合剂，混合均匀，制成软硬适宜、可塑性较大的丸块，再依次制丸条、分粒、搓圆而成丸粒的一种制丸方法。用于蜜丸、糊丸、蜡丸、浓缩丸、水蜜丸的制备。

3. 滴制法　系指中药或中药中提取的有效成分或化学物质与水溶性基质、非水溶性基质制成溶液或混悬液，滴入一种与之不相混溶的液体冷凝剂中，冷凝而成丸粒的一种制丸方法。用于滴丸剂的制备。

随着科技的进步，新设备与新辅料的应用，传统制丸方法有了改进，同时也出现了一些新型制丸方法，如压缩式制丸、层积式制丸、旋转式制丸、熔融法制丸、球形化制丸和液体介质中制丸等。

第二节　水　　丸

一、水丸的含义与特点

水丸(watered pills)系指饮片细粉以水(或根据制法用黄酒、醋、稀药汁、糖液、含5%以下炼蜜的水溶液等)为黏合剂制成的丸剂。主要用于解表、清热及消导方剂的制丸。

水丸以水性液体为黏合剂，服用后易溶散，吸收比蜜丸、糊丸、蜡丸快，起效快；药粉可分层泛入，易挥发、有刺激气味、性质不稳定的药物泛入中层，可掩盖药物的不良气味，提高芳香挥发性成分的稳定性；但药物含量的均匀性及溶散不易控制。

传统水丸以实物比拟，如芥子大、梧桐子大、赤小豆大。现代统一以重量为标准。如安神补心丸每15丸重2 g，麝香保心丹每丸重22.5 mg。胃肠安丸小丸每20丸重0.08 g，大丸每4丸重0.08 g。

二、水丸的赋形剂

赋形剂的作用：润湿药粉，诱导药粉的黏性；增加主药中某些有效成分的溶解度；辅药合一。水丸常用的赋形剂有如下。

1. 水　水是水丸中应用最多的赋形剂。水本身无黏性，但能润湿溶解药粉中的黏液质、糖、淀粉、胶质等产生黏性。应选用蒸馏水、新鲜的冷开水或去离子水。凡临床上对赋形剂无特殊要求，药物遇水不变质者，皆可用水泛丸，泛成后应立即干燥。

2. 酒　酒润湿药粉、产生黏性的能力较水弱，当以水泛丸黏性太强时，可用酒代替。酒穿透力强，有活血通络，祛风散寒作用，故活血通络类方药，常以酒作赋形剂泛丸。常用黄酒(含醇量12%～15%)及白酒(含醇量约在50%～70%)。不同含醇量的酒能溶解药材中的树脂、油脂等成分而增加药物细粉的黏性。酒有助于药粉中生物碱、挥发油等溶出，提高疗效；酒还具有防腐作用，使药物在泛制过程中不霉变，易挥发，使制品容易干燥。

笔记栏

3. 醋　醋能散瘀活血，消肿止痛，入肝经。散瘀止痛的处方制丸常以醋作赋形剂。常用米醋，含乙酸 3%～5%。醋能使药材中生物碱转变成盐，增加生物碱的溶解，增强疗效。

4. 药汁　处方中某些药材不易制粉，或体积过大，可制成液体作赋形剂泛丸，有利于减小剂量，保存药性，提高疗效，也便于泛丸操作。此类药材有：① 处方中富含纤维的药物(大腹皮、丝瓜络)、质地坚硬的药物(磁石、自然铜)；树脂类(如阿魏、乳香、没药)、浸膏类(如儿茶、芦荟)、黏性大(如大枣、熟地)、胶质类(如阿胶、龟胶、鳖甲胶)、可溶性盐类(如芒硝、青盐)等，可取其煎汁或加水溶化后泛丸；② 新鲜药材捣碎榨汁或煎汁，如生姜、大葱；③ 液体药物：加适量水稀释泛丸，如乳汁(麦门冬丸)、牛胆汁(牛黄苦参丸)、熊胆(梅花点舌丹)。

三、水丸的制备

水丸一般用泛制法制备，其工艺流程见图 9-1。

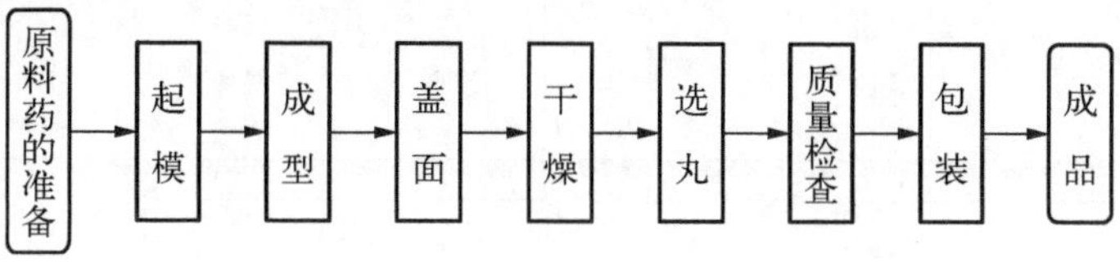

图 9-1　泛制法制备水丸的一般工艺流程

1. 原料的准备　不同水丸工序所用的药粉细度不同。起模、盖面、包衣用药粉应过 6～7 号筛，泛丸用药粉应过 5～6 号筛。需煎取药汁的药材应按规定提取，浓缩。

2. 起模　系指将药粉制成直径为 1 mm 大小丸粒的操作，也称起母。这是制备丸粒基本母核的操作，是泛制法操作的关键。模子的形状直接影响丸剂的圆整度，模子的粒径和数目影响丸剂成型过程中筛选的次数及丸粒的规格。应选用黏性适中的药粉。起模方法如下。

(1) 粉末泛制起模：在泛丸锅(即包衣锅)中喷少量水润湿，撒布少量药粉，转动泛丸锅，刷下锅壁附着的粉粒，再喷水、撒粉，如此反复循环多次，粉粒逐渐增大，至直径约为 1 mm 左右的球形时，筛取 1 号筛与 2 号筛之间的颗粒为丸模。该法制得的丸模较紧密，但较费工时。

(2) 湿法制粒起模：将起模用粉用润湿剂制软材，过 2 号筛制得颗粒，颗粒再经泛丸机旋转摩擦，撞去棱角成为丸模。该方法制备的模子成型率高，大小较均匀，但较松散，适用于批量生产。

起模用粉量应适宜，以保证制得丸模大小、数量符合要求，保证各批次丸剂的生产数量及规格。生产中起模用粉量用式(9-1)计算

$$X = \frac{0.625\,0 \times D}{C} \tag{9-1}$$

式(9-1)中，C 为成品水丸 100 粒干重(g)；D 为药粉总量(kg)；X 为一般起模用粉量(kg)；0.625 0 为标准模子 100 粒重量(g 湿重)。

3. 成型　系指将筛选均匀的丸模逐渐加大至近成品的操作。即在丸模上反复加水润湿，撒粉，滚圆，筛选。操作中应注意：① 每次加水加粉量应适宜，分布均匀；② 在泛制水蜜丸、糊丸、浓缩丸时，黏合剂的浓度应随着丸粒的增大而提高；③ 在增大成型的过程中，注意适当保持丸粒的硬度和圆整度，滚动时间应适宜，以丸粒坚实致密而不影响溶散为度；④ 成型过程中产生的歪粒，粉块过大、过小粒应随时用水调成糊状(浆头)，泛在丸上；⑤ 处方中若含有芳香性、特殊气味以及刺激性较大的药物时，应分别粉碎，泛于丸粒中层。

4. 盖面　系指将已经筛选合格的丸粒，继续在泛丸锅内进行表面处理的操作。用药材细粉或清水继续在泛丸锅内滚动，以达到成品丸粒表面致密、光滑、色泽一致的要求。常用的方法有：① 干粉盖面，即丸粒充分润湿，一次或分次将盖面的药粉均匀洒在丸上，滚动一定时间，至丸粒湿润

笔记栏

光亮；② 清水盖面，即加清水使丸粒充分润湿，滚动一定时间，立即取出，干燥；③ 清浆盖面，即用药粉或废丸粒加水制成的药液为清浆，洒于丸粒充分润湿，滚动一定时间，立即取出，干燥。

5. 干燥　泛制丸盖面后应及时干燥。干燥温度一般在 80℃以下，含挥发性成分的药丸应控制在 50～60℃。采用烘箱、烘房干燥，干燥的时间较长。也可采用沸腾干燥和微波干燥。目前生产企业多用微波干燥，有单层或多层微波干燥机，可以连线连续操作。也有箱式真空微波干燥间歇操作。水丸的含水量不得超过 9%。

6. 选丸　系指通过筛选获得丸粒圆整、大小均一成品的操作。大生产时采用的设备为滚筒筛、检丸器。

(1) 滚筒筛：由布满筛孔的三节金属圆筒组成，进料端至出料端孔径由小到大，可用于筛选干丸和湿丸，自动完成对药丸直径大小的分选，见图 9－2。

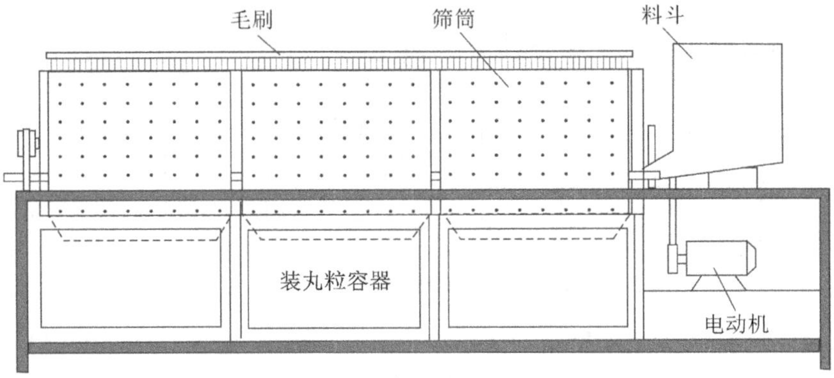

图 9－2　滚筒筛

(2) 检丸器：分上下两层，每层装三块斜置玻璃板，玻璃板间相隔一定的距离。当丸粒由加丸漏斗朝下滚动时，由于丸粒越圆整，滚动越快，能越过全部间隙到达“好粒”容器。而畸形丸粒滚动速度慢，不能越过间隙漏于“坏粒”容器。检丸器适用于筛选体积小，质硬的丸剂，见图 9－3。

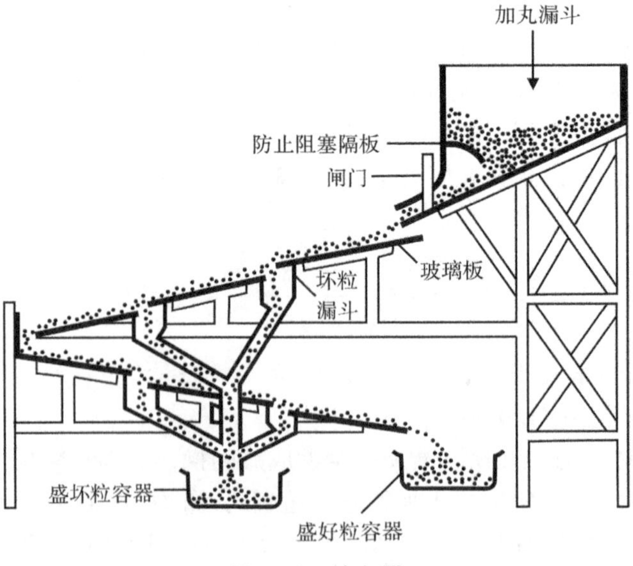

图 9－3　检丸器

四、举例

笔记栏

例 9－1　补中益气丸(水丸)

【处方】炙黄芪 200 g，党参 60 g，炙甘草 100 g，炒白术 60 g，当归 60 g，升麻 60 g，柴胡 60 g，陈

皮 60 g，生姜 20 g，大枣 40 g。

【制法】以上十味，除生姜、大枣外，其余炙黄芪等八味粉碎成细粉，过筛，混匀。另取生姜、大枣，加水煎煮两次，滤过。取上述细粉，用煎液泛丸，干燥，即得。

【性状】本品为黄棕色至棕色的水丸；味微甜、微苦、辛。

【功能与主治】补中益气，升阳举陷。用于脾胃虚弱、中气下陷所致的泄泻、脱肛、阴挺。症见体倦乏力、食少腹胀、便溏久泻、肛门下坠或脱肛，子宫垂脱。

【用法用量】口服。一次 6 g，一日 2～3 次。

【贮藏】密封。

【注解】本品为黄棕色至棕色的水丸；味微甜、微苦、辛。TLC 法鉴别炙甘草、当归和陈皮。制备中生姜、大枣煎液用作泛丸的黏合剂。本品每 1 g 含炙黄芪以黄芪甲苷($C_{41}H_{68}O_{14}$)计，不得少于 0.20 mg。

第三节 蜜 丸

一、蜜丸的含义与特点

蜜丸(honeyed pills)系指饮片细粉以炼蜜为黏合剂制成的丸剂。每丸重量在 0.5 g(含 0.5 g)以上的称大蜜丸，每丸重量在 0.5 g 以下的称小蜜丸。以炼蜜和水为黏合剂制成的丸剂称为水蜜丸。

蜜丸溶散慢，作用持久，是多用于镇咳祛痰、补中益气的方药。蜜丸在北方用得多，因南方天气潮湿，蜜丸不易保存，故常以蜜水为黏合剂制成水蜜丸。

知识链接

蜂蜜的特性

蜂蜜是蜜丸的主要赋形剂，蜂蜜营养丰富，除含有果糖、葡萄糖外，还含有少量蔗糖、有机酸、挥发油、多种无机盐(钙、磷、铁、镁、硫、钾、钠、碘)、维生素(B_1、B_2、B_6、A、D、E、K、H)、微量元素及酶类(淀粉酶、转化酶、过氧化酶、酯酶等)等营养成分，能益气补中，缓急止痛，润肺止咳，润肠通便；还有解毒、缓和药性、矫味矫臭等作用。

二、蜂蜜的选择及炼制

(一) 蜂蜜的选择

为保证蜜丸的质量，使制成的蜜丸柔软、滋润，并在贮存期内不变质，蜂蜜的选择很重要。合格的蜂蜜应为半透明、带光泽、浓稠的液体，白色至淡黄色，气芳香，味极甜，其相对密度不得低于1.349(25℃)，含还原糖不得少于 64.0%，不含淀粉和糊精。但需特别注意，以曼陀罗花、雪上一枝蒿等有毒花为蜜源所酿制的蜜味苦、有毒，不得药用及食用。

(二) 蜂蜜的炼制

蜂蜜的炼制系指将生蜜加热熬炼至适宜程度的操作。蜂蜜炼制的目的是为了除去杂质；杀灭微生物，破坏酶类；降低水分含量以增加黏合性。

炼蜜的规格有三种：嫩蜜、中蜜、老蜜，应根据中药处方中药粉的性质选用。

1. 嫩蜜 炼蜜温度在 105～115℃，含水量为 17%～20%，相对密度为 1.35 左右，色泽无明显变

笔记栏

化，略有黏性，适用于含油脂、黏液质、淀粉、胶质及糖类较多、黏性强的药粉。

2. 中蜜　炼蜜温度在116～118℃，含水量为14%～16%，相对密度为1.37左右，出现浅黄色光泽均匀的细气泡，适用于黏性中等的药粉。

3. 老蜜　炼蜜温度在119～122℃，含水量为10%以下，相对密度为1.40左右，出现红棕色大气泡，用手指捻之能拉出白丝，滴入水中呈珠状，适用于黏性差的矿物药或富含纤维的药粉。

三、蜜丸的制备

(一) 蜜丸的制备

制备蜜丸多采用塑制法，其一般工艺流程见图9-4。

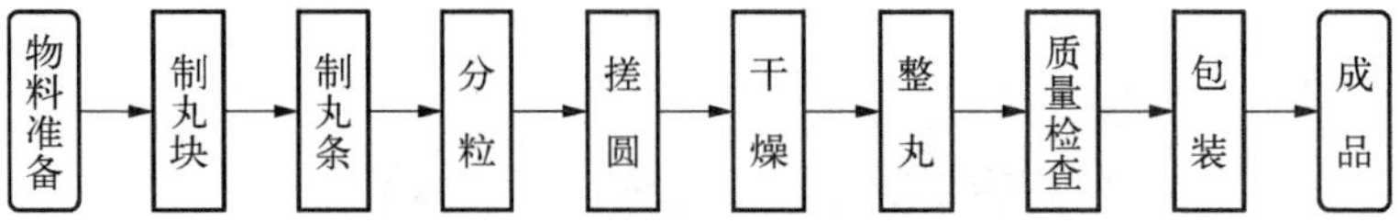

图9-4　塑制法制备蜜丸的一般工艺

1. 物料准备　根据处方将药材依法炮制后，粉碎成细粉或最细粉(贵重细料药)，备用。将蜂蜜按处方中药材的性质，炼制成适宜程度的炼蜜。

2. 制丸块　也称和药，系指将已混匀的药粉与适宜的炼蜜混合制成软硬适宜、可塑性较大的丸块的操作。优良的丸块应能随意塑形不开裂，手搓捏不黏手，不黏附器壁。一般操作是将已混匀的中药细粉加入适宜的炼蜜用混合机充分混匀，和药后应放置适当时间，使丸块滋润，便于制丸。

制丸块是塑制法制丸的关键工序，影响丸块质量的因素有如下。

(1) 炼蜜程度：应根据药粉性质、粉末粗细、药粉含水量等选择不同程度的炼蜜。蜜过嫩，则粉末黏合不好，丸粒搓不光滑；蜜过老，则丸块发硬，难以搓丸。

(2) 和药蜜温：应根据药粉的性质而定，一般处方用热蜜和药。处方中含多量树脂、胶质、糖、油脂类的药材，以60～80℃温蜜和药；含有冰片、麝香等芳香挥发性药物，也宜用温蜜和药。含大量的叶、茎、全草或矿物性药等黏性差的药粉，使用老蜜趁热和药。

(3) 用蜜量：药粉与炼蜜的比例一般为1∶1～1∶1.5。一般含糖类、胶类及油脂类等黏性大的药粉，用蜜量宜少；含纤维质多或质地泡松而黏性差的药粉，用蜜量宜多，有的可高达1∶2以上。

3. 制丸条、分粒和搓圆　丸块应制成一定粗细的丸条以便于分粒，丸条要求粗细均匀一致，表面光滑，内部充实而无空隙。大量生产采用机器制丸，自动化程度高。常见的机械有如下。

(1) 三轧辊大蜜丸机：具有生产能力大、适应性强等特点，是大蜜丸生产的主要成型设备。

工作原理：将已混合均匀的丸块间断投入到机器的进料口中，在螺旋推进器的连续推动下，经可调式出条嘴，变成直径均匀的药条，送到滚子输送带上，由光电开关控制长度，在推杆的作用下进入由二个轧辊和一个托辊组成的制丸成型机构，制成大小均匀、剂量准确、外形光亮的药丸。

(2) 中药自动制丸机：是目前国内外生产中药丸剂(特别是中药小丸)的主要设备，可制备蜜丸、水丸、水蜜丸、浓缩丸、糊丸等，见图9-5。

工作原理：将混合均匀的药料投于锥形料斗中，在螺旋推进器的挤压下，推出一条或多条直径相同的药条，在自控导轮的控制下同步进入制丸刀后，连续制成大小均匀的蜜丸。

4. 干燥　蜜丸制成后一般应立即分装，以保证丸药的滋润状态。使用嫩蜜或偏嫩中蜜制成的蜜丸，需在60～80℃干燥，可采用微波、远红外辐射干燥，可达到干燥和灭菌的双重效果。

笔记栏

(二) 水蜜丸的制备

水蜜丸(water-honeyed pills)系指饮片细粉以炼蜜和水为黏合剂制成的丸剂。水蜜丸具有丸粒小、易吞服、成本低、利贮存等特点。

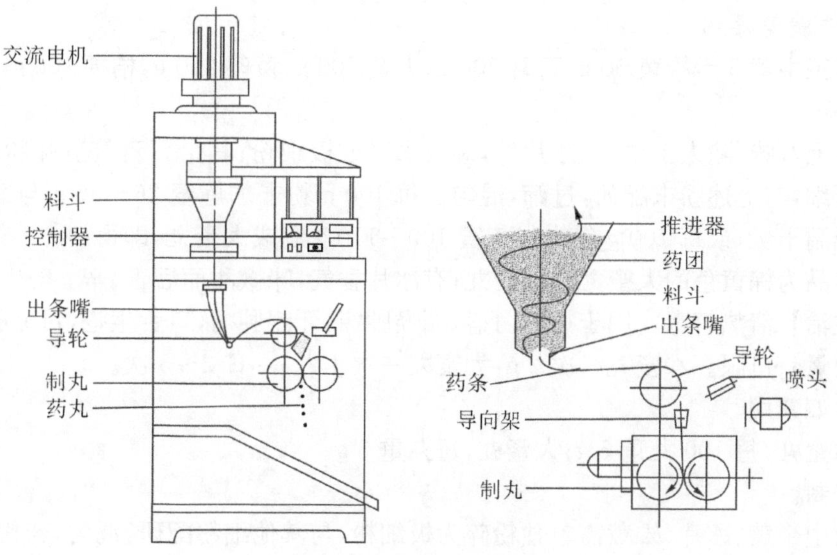

图 9-5　中药自动制丸机

水蜜丸可用塑制法和泛制法制备。以塑制法制备时需注意炼蜜和水的比例，应根据药粉性质来定。一般黏性中等的药粉每 100 g 用炼蜜 40 g，加水量为炼蜜：水＝1：2.5～3.0，将炼蜜加水搅匀，煮沸，滤过即可。含糖、黏液质、淀粉、胶质类多且黏性强的药粉，炼蜜用量少，药粉每 100 g 加炼蜜 10～15 g。含纤维和矿物质多且黏性差的药粉，每 100 g 加炼蜜 50 g 左右。

采用泛制法制备时，需注意起模时用冷开水，以免黏结。成型中先用低浓度蜜水泛丸，浓度逐渐增高，成型后，再用低浓度蜜水撞光。成丸后应立即干燥，防止霉变。用泛制法时，炼蜜应用沸水稀释后使用。

四、举例

例 9-2　乌鸡白凤丸

【处方】乌鸡（去毛爪肠）540 g，鹿角胶 108 g，鳖甲（制）54 g，牡蛎（煅）40 g，桑螵蛸 40 g，人参 108 g，黄芪 27 g，当归 122 g，白芍 108 g，香附（醋制）108 g，天冬 54 g，甘草 27 g，地黄 216 g，熟地黄 216 g，川芎 54 g，银柴胡 22 g，丹参 108 g，山药 108 g，芡实（炒）54 g，鹿角霜 40 g。

【制法】以上二十味，熟地黄、地黄、川芎、鹿角霜、银柴胡、芡实、山药、丹参八味粉碎成粗粉，其余乌鸡等十二味，分别酌予碎断，置罐中，另加黄酒 1 500 g，加盖封闭，隔水炖至酒尽，取出，与上述粗粉混匀，低温干燥，再粉碎成细粉，过筛，混匀。每 100 g 粉末加炼蜜 30～40 g 与适量的水，制丸，干燥，制成水蜜丸；或加炼蜜 90～120 g 制成小蜜丸或大蜜丸，即得。

【性状】本品为黑褐色至黑色的水蜜丸、小蜜丸或大蜜丸；味甜、微苦。

【功能与主治】补气养血，调经止带。用于气血两虚，身体瘦弱，腰膝酸软，月经不调，崩漏带下。

【用法与用量】口服。水蜜丸一次 6 g，小蜜丸一次 9 g，大蜜丸一次 1 丸，一日 2 次。

【规格】大蜜丸每丸重 9 g。

【注解】

(1) 本方源于明朝《普济方》。

(2) 乌鸡等十二味药加黄酒炖至酒尽，此过程为蒸罐，可增加药物的温补功效，并有利于乌鸡的干燥、粉碎。

(3) 禁忌：① 忌食寒凉、生冷食物；② 服药期间不宜喝茶和吃萝卜，不宜同时服用藜芦、五灵脂、皂荚或其制剂；③ 感冒时不宜服用本药。

笔记栏

例 9－3　牛黄解毒丸

【处方】人工牛黄 5 g，雄黄 50 g，石膏 200 g，大黄 200 g，黄芩 150 g，桔梗 100 g，冰片 25 g，甘草 50 g。

【制法】以上八味，除人工牛黄、冰片外，雄黄水飞成极细粉；其余石膏等五味粉碎成细粉；将冰片、人工牛黄研细，与上述粉末配研，过筛，混匀。每 100 g 粉末加炼蜜 26～36 g 与适量的水，泛丸，制成水蜜丸，低温干燥；或每 100 g 粉末加炼蜜 100～110 g 制成大蜜丸，即得。

【性状】本品为棕黄色的大蜜丸或水蜜丸；有冰片香气，味微甜而后苦、辛。

【功能与主治】清热解毒。用于火热内盛，咽喉肿痛，牙龈肿痛，口舌生疮，目赤肿痛。

【用法与用量】口服。水蜜丸一次 2 g，大蜜丸一次 1 丸，一日 2～3 次。

【注意】孕妇禁用。

【规格】水蜜丸，每 100 丸重 5 g；大蜜丸，每丸重 3 g。

【贮藏】密封。

【注解】方中牛黄、冰片、雄黄需单独粉碎为极细粉，与其他细粉配研，混匀，药粉黏性适中，故采用炼蜜制丸，即得。

第四节　糊丸与蜡丸

一、糊丸与蜡丸的含义与特点

（一）糊丸

糊丸（pasted pills）系指饮片细粉以米粉、米糊或面糊等为黏合剂制成的丸剂。

糊丸的黏合剂有糯米粉、黍米粉、面粉和神曲粉等，常用的是糯米粉和面粉。此类黏合剂黏性较强，干燥后坚硬，在胃内溶散迟缓，释药缓慢，可延长药效，故有“糊丸取其迟化”之说。糊丸可降低药物对胃肠道的刺激，含有毒性药或刺激性较强的药物的处方常制成糊丸。但若糊粉选择不当或制备技术不良时，会出现溶散时间超限及霉败现象。

（二）蜡丸

蜡丸（waxed pills）系指饮片细粉以蜂蜡为黏合剂制成的丸剂。

蜂蜡含软脂酸蜂酯约 80%，游离的二十七酸约 15%，芳香性有色物质虫蜡素约 4%，主要成分极性小，不溶于水。蜡丸服用后药物在体内释放极慢，可延长药效，防止药物中毒或对胃肠道的强烈刺激。

二、糊丸与蜡丸的制备

（一）糊丸的制备

糊丸可用泛制法和塑制法制备。由于泛制丸溶散快，因此泛制法更常用。

1. 制糊方法

（1）冲糊法：糊粉加少量温水调匀，冲入沸水，不断搅拌成半透明糊状。糊粉占药粉量 30%以下时用冲糊法。

（2）煮糊法：糊粉加适量水混合均匀制成块状，置沸水中煮熟，呈半透明状。糊粉占药粉量 40%时用煮糊法。

（3）蒸糊法：糊粉加适量水混合均匀制成块状，置蒸笼中蒸熟后使用。糊粉占药粉 50%以上时用蒸糊法。

笔记栏

2. 糊丸的制备

(1) 泛制法：以稀糊为黏合剂泛丸。制备中应注意：① 取黏性中等的药粉以水起模，成丸中将稀糊泛入；② 滤除糊中块状物，加糊要均匀，以防泛丸时粘连；③ 泛制法中糊粉只需药粉总量的5%～10%冲糊，多余糊粉应炒熟拌入药粉中泛丸。

(2) 塑制法：制法与蜜丸相似，以糊代替炼蜜。制备时先将糊制好，稍凉后与饮片细粉混合，充分搅拌，揉搓成丸块，再制丸条，分粒，搓圆即成。制备中应注意：① 需保持丸块的润湿。糊丸的丸块极易变硬而难以搓丸。每次和药量要适宜，丸块用湿布覆盖，或搓揉中补充水以保持湿润状态，尽量缩短操作时间；② 糊粉用量要适宜。一般认为糊粉为药粉总量的30%～35%较适宜。处方中多余的糊粉可炒熟后拌入药粉中制丸。

(二) 蜡丸的制备

蜡丸以塑制法制备。将精制的蜂蜡，加热熔化，冷却至60℃左右，蜡液表面有结膜时，加入药粉，迅速搅拌混匀，趁热制丸条，分粒，搓圆。蜡丸无须干燥。制备中应注意：① 蜂蜡需精制。天然蜂蜡为黄色，熔点为62～67℃，含杂质需除去。杂质去除方法是将蜂蜡加适量水加热熔化，搅拌使杂质下沉，静置。放冷后取出上层蜡块，刮去底部杂质，反复几次即可。② 制备温度。制丸操作须保温在60℃。温度过高或过低，药粉与蜡易分层，无法混匀。③ 蜂蜡用量。药粉与蜂蜡比例一般为1∶0.5～1。处方中植物性药材多，药粉黏性小，用蜡量适当增加；当含结晶水的矿物药多(如白矾、硼砂等)时，用蜡量应适当减少。

三、举例

例 9-4　小金丸

【处方】麝香或人工麝香 30 g，木鳖子(去壳去油)150 g，制草乌 150 g，枫香脂 150 g，醋乳香 75 g，醋没药 75 g，五灵脂(醋炒)150 g，酒当归 75 g，地龙 150 g，香墨 12 g。

【制法】以上十味，除麝香或人工麝香外，其余木鳖子等九味粉碎成细粉，将麝香或人工麝香研细，与上述粉末配研，过筛。每 100 g 粉末加淀粉 25 g，混匀，另用淀粉 5 g 制稀糊，泛丸，低温干燥，即得。

【性状】本品为黑褐色的糊丸；气香，味微苦。

【功能与主治】散结消肿，化瘀止痛。用于痰气凝滞所致的瘰疬、瘿瘤、乳岩、乳癖，症见肌肤或肌肤下肿块一处或数处，推之能动，或骨及骨关节肿大，皮色不变，肿硬作痛。

【用法用量】打碎后口服。一次 1.2～3 g，一日 2 次；小儿酌减。

【注意】孕妇禁用。

【规格】① 每 100 丸重 3 g；② 每 100 丸重 6 g；③ 每 10 丸重 6 g；④ 每瓶(袋)装 0.6 g。

【贮藏】密封。

例 9-5　三黄宝蜡丸

【处方】藤黄 120 g，天竺黄 90 g，雄黄 90 g，大戟 120 g，血竭 90 g，刘寄奴 90 g，儿茶 90 g，朴硝 30 g，归尾 45 g，黑铅 9 g，水银 9 g，琥珀 6 g，乳香 9 g，麝香 9 g。

【制法】以上十四味，藤黄用豆腐制，或将藤黄用荷叶包好，用麻线扎紧，放入罐或铜锅内，再加水、加豆腐煮 2 h，取出，去豆腐、荷叶，干燥，研细，过筛；黑铅置锅中炒热，加入水银不断共炒，至不见银白色水银粒子成砂状，取出放冷，研细；朴硝风化脱水；乳香炒去油；雄黄水飞或研细成极细粉；麝香与琥珀共研成细粉；其余各药混匀研成极细粉，再与以上各细粉陆续配研，混匀。另取纯黄蜡 720 g，加热熔化，和药粉，制蜡丸，每丸重 3 g，蜡壳封固。

【性状】为黄棕色蜡丸。气芳香，味苦，具雄黄味。

【功能与主治】活血祛瘀，解毒消疔。用于跌打损伤，恶疮疔疮，破伤风，瘀血阻滞，外敷治蛇虫

笔记栏

咬伤。

【用法与用量】口服，一次 1 丸，一日 2 次，黄酒趁热送服。外用，用麻油适量，炖化调敷患处。

【贮藏】密封并置阴凉干燥处贮存。

【注解】

(1) 本处方含多量毒性药，如藤黄、雄黄、黑铅、水银等，宜制成蜡丸。

(2) 水银为有毒液态金属，表面张力大，难于分散，因此先与已加热熔化的黑铅混合成铅汞剂，冷后易于粉碎。

(3) 本品含黑铅、水银、雄黄等含重金属有毒药，为使混合均匀，操作中应严格按照等量递增法混匀，过筛，同时为使用安全，应按规定对成品作可溶性汞盐、铅盐和砷盐的限量检查。

(4) 服药后忌凉水、生冷、烧酒。

第五节　浓缩丸

一、浓缩丸的含义与特点

浓缩丸(concentrated pills)系指饮片或部分饮片提取浓缩后，与适宜的辅料或其余饮片细粉，以水、炼蜜或炼蜜和水为黏合剂制成的丸剂。

浓缩丸中部分或全部药材经提取处理，其服用量小，易于服用和吸收，便于贮存、携带。但若药材提取或制丸过程处理不当，浓缩丸的有效成分会有损失，影响崩解或疗效。

根据所用黏合剂的不同，浓缩丸可分为浓缩水丸、浓缩蜜丸和浓缩水蜜丸。

二、中药处理的原则

根据方药的性质、质地、成分及疗效，确定方中需制膏部分及打粉部分。质地坚硬、体积大、黏性大、富含纤维的药材，宜提取制膏，提取方法根据药材性质而定；质地一般或易碎、体积小、含淀粉多的药材、贵重药材、量小或作用强烈的药材，宜粉碎制粉。

三、浓缩丸的制备

浓缩丸可用泛制法和塑制法制备。

1. 泛制法　水丸型浓缩丸采用泛制法制备。存在的情况有：① 处方中部分药材提取或煎出后浓缩成膏，做黏合剂，其余药材粉碎成细粉，用浓缩液(或再加炼蜜)泛制成丸；② 将稠膏与细粉混匀制成块状物，干燥，粉碎成细粉，再以水、蜜水或不同浓度的乙醇为润湿剂泛制成丸。方中膏少粉多时用①法；膏多粉少时用②法。

2. 塑制法　蜜丸型浓缩丸采用塑制法制备。取处方中部分药材提取浓缩成膏，加入剩余部分药材粉碎成的细粉，再加入适宜炼蜜、混合均匀，制丸条，分粒，搓圆。

四、举例

笔记栏

例 9－6　安神补心丸

【处方】丹参 300 g，五味子(蒸)150 g，石菖蒲 100 g，安神膏 560 g。

【制法】以上四味，丹参、五味子、石菖蒲粉碎成细粉，与安神膏混合制丸，干燥，打光或包糖衣，即得。

【性状】本品为棕褐色的浓缩水丸或为包糖衣的浓缩水丸，除去糖衣后显棕褐色；味涩、微酸。

【功能与主治】养心安神。用于心血不足、虚火内扰所致的心悸失眠、头晕耳鸣。

【注意】孕妇慎用。

【规格】每 15 丸重 2 g。

【用法与用量】口服。一次 15 丸，一日 3 次。

【贮藏】密封。

【注解】

(1) 本品为浓缩水丸，采用泛制法制备。

(2) 安神膏系取合欢皮、菟丝子、墨旱莲各 3 份及女贞子(蒸)4 份、首乌藤 5 份、地黄 2 份、珍珠母 20 份，混合，加水煎煮两次，第一次 3 h，第二次 1 h，合并煎液，滤过，滤液浓缩至相对密度为 1.21 (80～85℃)。

(3) 现代药理研究证实：安神膏水煎液对实验动物有镇静、降低或调节血压的作用，有利于药物吸收。

第六节　滴　丸

一、滴丸的含义与特点

滴丸(dripping pills)系指原料药物与适宜的基质加热熔融混匀，滴入不相混溶、互不作用的冷凝介质中制成的球形或类球形制剂。

滴丸的特点：① 药物在基质中呈分子、胶体或微粉状态分散，形成固体分散体，基质为水溶性时，可增加药物的溶出、吸收速度，提高生物利用度，达到高效和速效作用；② 工艺简单、生产效率高，质量稳定，剂量准确；③ 药物与基质熔合后，与空气接触面积减小，不易氧化和挥发，非水性基质不易引起水解，增加药物的稳定性；④ 使液态药物固体化，在滴制成丸型后包薄膜衣或肠溶衣，达到不同用药目的；⑤ 除口服外，亦适用于耳、鼻、口腔等局部用药；⑥ 含药量低，服用剂量较大。可供选择的滴丸基质和冷却剂品种少。

滴丸的分类：① 根据形状分球形丸剂和异形丸剂；② 根据给药途径分为口服滴丸、外用滴丸及其他途径应用滴丸；③ 根据释放速度分为速效滴丸和缓释、控释滴丸；④ 将滴丸制备技术与其他制剂技术结合，可生产不同类型的滴丸，包衣滴丸、栓剂滴丸、脂质体滴丸、干压包衣滴丸等。

二、滴丸的基质及冷凝剂

(一) 滴丸基质的要求与分类

滴丸中主药以外的赋加剂称为基质。基质应具备的要求：① 不与主药发生任何化学反应，不影响主药的疗效和检测；② 对人体无害；③ 熔点较低或加一定量热水(60～100℃)能熔化成液体，遇骤冷凝成固体，在室温下保持固体状态，与主药混合后仍保持上述物理状态。

基质分为水溶性基质和非水溶性基质。常用水溶性基质有聚乙二醇类、泊洛沙姆、硬脂酸聚烃氧(40)酯、明胶等；非水溶性基质有硬脂酸、单硬脂酸甘油酯、蜂蜡、虫蜡、氢化油、植物油等。

(二) 滴丸冷凝剂的要求与分类

笔记栏

用于冷凝滴出的药液液滴，使之冷凝成为固体丸剂的物质称为冷凝剂。冷凝剂应符合的要求：① 必须安全无害，不溶解主药与基质，且与药物、基质不发生化学反应；② 密度与液滴密度相近，使滴丸在冷却液中缓缓下沉或上浮，充分凝固，丸形圆整。

常用的冷凝剂分两类：① 水溶性基质可用液状石蜡、甲基硅油、植物油、煤油等；② 非水溶性基质可用水、不同浓度乙醇、无机盐溶液等。

三、滴丸的制备

滴丸的制备皆采用滴制法，滴制法制备滴丸的一般工艺流程见图 9－6。

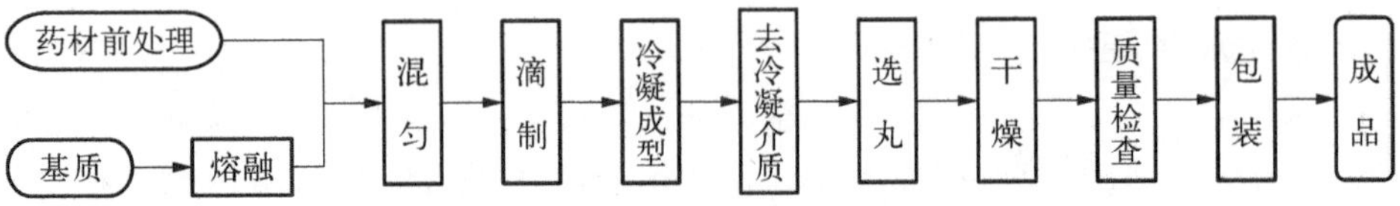

图 9－6 滴制法制备滴丸的一般工艺流程

1. 药材处理　因滴丸载药量小，饮片须提取、纯化，干燥后粉碎备用。

2. 基质熔融　根据药物的性质和临床需要，选择适宜的基质，与药物加热熔融混匀。

3. 滴制法制备　将混匀的药液，保温(80～100℃)，经过一定大小管径的滴头，匀速滴入冷凝介质中，凝固形成的丸粒，徐徐沉于器底或浮于冷凝介质的表面，取出，洗去冷凝介质，干燥后即得滴丸。根据药物的性质与使用、贮藏的要求，可在滴丸制成后包衣。

滴丸自动化生产线由滴丸机、集丸离心机和筛选干燥机组成。药液由贮液罐泵入药液滴罐，经滴头滴入冷凝介质中收缩冷凝，并随冷凝介质沉落后由螺旋循环接收系统直接进入集丸机，实现不间断连续生产。目前针对中药黏度大等特点，可采用气压脉冲滴制和自动控制滴制，以解决丸重小、载药量低等缺点，实现每粒滴丸重达 100 mg 以上。

四、影响滴丸成型的因素

原辅料与基质的性质、配方比例、料液黏度、料液相对密度、滴制温度、速度、滴管口径、冷凝介质的相对密度、黏度、温度、冷凝柱高度、滴管口与冷凝液液面之间的距离等均会影响滴丸的成型，需要在制剂生产过程中加以严格控制，特别应注意以下主要因素：

1. 液滴在冷凝液中的移动速度　移动速度受重力(或浮力)的影响，速度太快易呈扁形；液滴与冷凝介质的密度相差大或冷凝介质的黏度小都能增加移动速度，影响其圆整度。

2. 冷凝介质的温度　一定范围内降低冷凝介质的温度，有利于滴丸迅速散热凝固。在较低的温度下，冷凝介质的比重增大，黏滞度提高，滴丸运动速度减缓，利于滴丸的圆整度的提高。冷凝介质最好呈梯度冷却，上部温度一般控制在 40～60℃，使滴丸有充分收缩和释放气泡的时间。

3. 液滴的大小　液滴的大小不同，所产生单位重量面积也不同，小丸的单位重量面积大于大丸，收缩成球体的力量就较大，因而小丸的圆整度比大丸好。

4. 料液温度　料液温度过低，易出现拖尾，圆整度差；料液温度过高，挥发性药物会产生挥发现象，发生局部焦糊现象，易使滴丸表面皱褶严重，圆整度降低。解决办法：可减少每批次的投料量，缩短药液受热时间。

五、举例

例 9－7　复方丹参滴丸

笔记栏

【处方】丹参、三七、冰片。

【制法】以上三味，冰片研细；丹参、三七加水煎煮，煎液滤过，滤液浓缩，加入乙醇，静置使沉淀，取上清液，回收乙醇，浓缩成稠膏，备用。取聚乙二醇适量，加热使熔融，加入上述稠膏和冰片细粉，混匀，滴入冷凝剂液状石蜡中，制成滴丸，或包薄膜衣，即得。

【性状】本品为棕色的滴丸，或为薄膜衣滴丸，除去包衣后显黄棕色至棕色；气香，味微苦。

【功能主治】活血化瘀，理气止痛。用于气滞血瘀所致的胸痹，症见胸闷、心前区刺痛；冠心病心绞痛见上述证候者。

【用法用量】吞服或舌下含服。一次 10 丸，一日 3 次。28 天为一个疗程；或遵医嘱。

【注意】孕妇慎用。

【规格】① 每丸重 25 mg；② 薄膜衣滴丸每丸重 27 mg。

【贮藏】密封。

第七节 丸剂的包衣

在丸剂的表面包裹一层物质，使之与外界隔绝的操作称为包衣。包衣后的丸剂称为包衣丸剂。

一、包衣的目的与种类

(一) 丸剂包衣的目的

(1) 掩盖不良臭味，使丸面美观，便于吞服。
(2) 防止主药氧化、变质或挥发。
(3) 防止吸湿或虫蛀。
(4) 根据医疗需要，将处方中部分药物包于丸粒表面先行发挥药效。
(5) 包肠溶衣，使丸剂在肠内溶散。

(二) 丸剂包衣的主要种类

1. *药物衣* 包衣材料是丸剂处方组成部分，包衣可先行发挥药效，又可保护丸粒、增加美观。常见的有：① 朱砂衣，如七珍丸、梅花点舌丸；② 甘草衣，如羊胆丸；③ 黄柏衣，如四妙丸等；④ 雄黄衣：如痢气丹、化虫丸等；⑤ 青黛衣：如当归龙荟丸、千金止带丸等；⑥ 百草霜衣，如六神丸、麝香保心丸等；⑦ 滑石衣：如防风通圣丸、分清五苓丸等；⑧ 其他，如礞石衣（竹沥达痰丸）、牡蛎衣（海马保肾丸）、金箔衣（局方[1]至宝丹）、杜仲炭衣（金嗓开音丸）、地榆炭衣（狼疮丸）等。

2. *保护衣* 选用处方以外，不具明显药理作用、性质稳定的物质为包衣材料，使药物与外界物质隔绝而起保护作用。这类包衣材料有：① 糖衣，如安神补心丸、木瓜丸；② 薄膜衣，如胃肠安丸、补肾固齿丸。

3. *肠溶衣* 选用肠溶衣材料将丸剂包衣后在胃液中不溶，而在肠液中溶散。肠溶衣材料主要有虫胶、邻苯二甲酸醋酸纤维素（CAP）、丙烯酸树脂等。

二、包衣的方法与设备

(一) 包衣原材料的准备

1. *包衣材料* 为使丸面光滑，包衣材料应粉碎成极细粉。

2. *素丸要求* 需包衣的素丸应充分干燥，使之有一定的硬度，以免在包衣旋转滚动中碎裂变形。由于蜜丸表面有一定的黏性，撒布包衣药粉经撞击滚转即能黏着于丸粒表面，无须干燥。

笔记栏

① 局方：《太平惠民和剂局方》（简称《局方》）是宋代著名方书之一，也是我国历史上第一部成药典。

3. 黏合剂　除蜜丸外，其他丸剂包衣需用黏合剂。常用的黏合剂有 10%～20%的阿拉伯胶浆或桃胶浆、10%～20%的糯米粉糊、单糖浆及胶糖混合浆等。

(二) 包衣方法

1. 药物衣

(1) 蜜丸以朱砂粉末包衣为例，将蜜丸放入适宜容器中，往复摇动，逐步加入朱砂极细粉，借助蜜的黏性，使朱砂黏于丸粒表面而成衣，如七味广枣丸。朱砂用量为干丸重的 5%～17%。小蜜丸表面积大，用量较多。

(2) 水丸(水蜜丸、糊丸、浓缩丸)包衣多用滚转包衣法。将干燥的水丸置包衣锅，转动，加黏合剂均匀润湿，缓缓撒入药物极细粉。反复操作数次，至规定量的丸粒包严为止。取出，晾干。再置于包衣锅内打光，并加入适量虫蜡粉，转动包衣锅，使丸粒在锅内相互撞击摩擦，至表面光亮。

2. 糖衣、薄膜衣、肠溶衣　包衣方法与片剂相同。详见第十二章。

第八节　丸剂的质量评价与检查

一、性状

丸剂外观应圆整，大小、色泽应均匀，无粘连现象。蜜丸应细腻滋润，软硬适中。蜡丸表面应光滑无裂纹，丸内不得有蜡点和颗粒。滴丸表面应无冷凝介质黏附。

二、水分

按照《中国药典》现行版四部通则水分测定法测定。除另有规定外，蜜丸、浓缩蜜丸中所含水分不得超过 15.0%；水蜜丸、浓缩水蜜丸不得超过 12.0%；水丸、糊丸和浓缩水丸不得超过 9.0%。蜡丸不检查水分。

三、重量差异

除另有规定外，除滴丸以外的丸剂照下述方法检查，应符合规定。以 10 丸为 1 份(丸重 1.5 g 及 1.5 g 以上的以 1 丸为 1 份)，取供试品 10 份，分别称定重量，再与每份标示量(每丸标示量×称取丸数)相比较(无标示重量的丸剂，与平均重量比较)，按表 9-1 的规定，超出重量差异限度的不得多于 2 份，并不得有 1 份超出限度一倍。

表 9-1　丸剂(不含滴丸)重量差异限度表

标示重量或平均重量	重量差异限度
0.05 g 及 0.05 g 以下	±12%
0.05 g 以上至 0.1 g	±11%
0.1 g 以上至 0.3 g	±10%
0.3 g 以上至 1.5 g	±9%
1.5 g 以上至 3 g	±8%
3 g 以上至 6 g	±7%
6 g 以上至 9 g	±6%
9 g 从上	±5%

笔记栏

除另有规定外，滴丸剂重量差异照下述方法检查，应符合规定。取供试品 20 丸，精密称定总重量，求得平均丸重后，再分别精密称定每丸的重量。每丸重量与标示丸重相比较（无标示丸重的，与平均丸重比较），按表 9－2 中的规定，超出重量差异限度的不得多于 2 丸，并不得有 1 丸超出限度的 1 倍。

表 9－2 滴丸（含单剂量包装小丸）重量差异限度表

平均丸重	重量差异限度
0.03 g 及 0.03 g 以下	±15%
0.03 g 以上至 0.1 g	±12%
0.1 g 以上至 0.3 g	±10%
0.3 g 以上	±7.5%

单剂量包装小丸的重量差异，可以取 20 个剂量单位进行检查，其重量差异限度应符合表 9－2 规定。

包糖衣的丸剂应检查丸芯的重量差异并符合规定，包糖衣后不再检查重量差异。其他包衣丸剂应在包衣后检查重量差异并符合规定；凡进行装量差异检查的单剂量包装丸剂及进行含量均匀度检查的丸剂，一般不再进行重量差异检查。

四、装量差异

单剂量包装的丸剂，按照下述方法检查，应符合规定。取供试品 10 袋（瓶），分别称定每袋（瓶）内容物的重量，每袋（瓶）装量与标示装量相比较，按表 9－3 的规定，超出装量差异限度的不得多于 2 袋（瓶），并不得有 1 袋（瓶）超出限度 1 倍。

表 9－3 单剂量包装丸剂的装量差异限度表

标示重量或平均重量	装量差异限度
0.5 g 及 0.5 g 以下	±12%
0.5 g 以上至 1 g	±11%
1 g 以上至 2 g	±10%
2 g 以上至 3 g	±8%
3 g 以上至 6 g	±6%
6 g 以上至 9 g	±5%
9 g 从上	±4%

五、装量

以重量标示的多剂量包装丸剂，按照《中国药典》四部通则最低装量检查法检查，应符合规定。以丸数标示的多剂量包装丸剂，不检查装量。

六、溶散时限

按照《中国药典》现行版四部通则崩解时限检查法片剂项下的方法加挡板进行检查。除另有规定外，小蜜丸、水蜜丸和水丸应在 1 h 内全部溶散；浓缩丸和糊丸应在 2 h 内全部溶散。滴丸剂不加挡板检查，除另有规定外，应在 30 min 内全部溶散，包衣滴丸应在 1 h 内全部溶散。操作过程中如供试品黏附挡板妨碍检查时，应另取供试品 6 丸，以不加挡板进行检查。

蜡丸按照《中国药典》现行版四部通则崩解时限检查法片剂项下的肠溶衣片检查法检查，应符

笔记栏

合规定。

以明胶为基质的滴丸，可在人工胃液中进行崩解时限检查。

除另有规定外，大蜜丸及研碎、嚼碎等或用开水、黄酒等分散后服用的丸剂不检查溶散时限。

七、微生物限度

按照《中国药典》四部通则非无菌产品微生物限度检查法检查，应符合规定。

第九节　丸剂的包装与贮藏

除蜜丸外，中药丸剂包装形式目前常见的有两种：瓶装丸剂和袋装丸剂。瓶装丸剂常用玻璃瓶、塑料瓶、瓷瓶包装。为减轻运输中的撞击，常用棉花、纸充填瓶内空隙，再以软木塞浸蜡或塑料内衬浸蜡为内盖再加外盖密封。袋装丸剂适用于小丸剂，按重量分装于铝塑袋中，类似于颗粒剂的包装，每次以一袋为服用剂量。

大蜜丸的包装分为每粒一个单独包装或多粒一板铝塑泡罩包装。蜜丸可先用蜡纸包裹，装于浸过蜡的纸盒内，封盖后再浸蜡，密封防潮；或将药丸装于两个螺口相嵌形成的塑料小盒内，外面再浸蜡包封蜡衣，封严封口。

贵重中药丸剂或含有多量芳香性药物的丸剂传统采用蜡壳包装。先将40%蜂蜡和60%石蜡制成一个圆形空壳，割开成两个相连的半球形蜡壳，装入丸剂，再用蜡密封而成。此包装密封性好，可隔绝空气、光线、水分，防止丸剂氧化、虫蛀、吸潮及有效成分的挥发，可确保丸剂在贮存期内不发霉、不变质。

滴丸常用固体药用聚烯烃塑料瓶、玻璃瓶包装。小丸可用管制抗生素瓶、聚酯/铝/聚乙烯药品包装用复合膜、袋包装；小丸填充入胶囊后可采用塑料瓶、玻璃瓶、铝塑泡罩等包装，目前上述包装的生产均已实现机械化。

丸剂应密封贮存，防止受潮、发霉、变质。蜡丸应密封并置阴凉干燥处贮藏。滴丸应密封贮藏。

（郑杭生）

笔记栏

第十章 颗粒剂

本章要点

颗粒剂含义、特点与分类。

颗粒剂的制备方法及工艺关键。

颗粒剂的质量评价与主要检查项目。

第一节 概 述

一、颗粒剂的含义与特点

颗粒剂(granules)系指原料药物与适宜的辅料混合制成具有一定粒度的干燥颗粒状制剂。颗粒剂又习称冲剂,冲服剂。凡单剂量颗粒压制成块状的习称块形冲剂。

知识链接

中药颗粒剂的历史沿革

中药颗粒剂是借鉴干糖浆的有关技术并结合汤剂、酒剂、糖浆剂的特点,在此基础上发展起来的新剂型,我国创制与应用于20世纪70年代。1990年版《中国药典》称为冲剂,1995年版改称为颗粒剂。由于新技术、新辅料、新工艺、新设备的不断发展应用,中药颗粒剂的品种不断增加,质量也明显提升。现已发展成为中成药主要的固体剂型之一。日本以中药复方制成的冲剂有100种左右,我国已有200多种。

颗粒剂目前临床应用十分广泛,具有以下主要特点:① 既保持了汤剂作用迅速的特点,又克服了汤剂临用时煎煮不便、久置易霉败变质的缺点;② 适于工业生产,产品质量稳定;③ 颗粒剂中的有效成分全部或大部分经过提取精制,使体积缩小,其服用、贮藏及运输均较方便;④ 制成肠溶颗粒可耐胃酸而在肠液中释放活性成分或控制药物在肠道内定位释放,防止药物在胃内分解失效,避免对胃的刺激;⑤ 制成缓释、控释颗粒剂可达到缓释、控释的目的;⑥ 必要时进行包衣可增加防潮性,亦可掩盖药物的不良气味。

但颗粒剂易吸潮,甚至潮解,必须注意包装和保存。

二、颗粒剂的分类

颗粒剂可分为可溶颗粒(通称为颗粒)、混悬颗粒、泡腾颗粒、肠溶颗粒、缓释与控释颗粒等。根据成品形状,尚有块状冲剂,即块状颗粒剂。

1. 可溶颗粒　目前市售的可溶颗粒剂绝大多数为水溶性颗粒剂,如感冒退热颗粒剂、板蓝根颗粒

笔记栏

剂等。另外，还有酒溶性颗粒剂，如养血愈风酒冲剂，每包颗粒剂加一定量饮用酒，溶解后即成药酒。

2. 混悬颗粒　系指难溶性原料药物与适宜辅料混合制成的颗粒剂，如橘红颗粒剂、复脉颗粒剂等。临用前加水或其他适宜的液体振摇即可分散成混悬液。

3. 泡腾颗粒　系指含有碳酸氢钠和有机酸，遇水可放出大量气体而呈泡腾状的颗粒剂，如山楂泡腾冲剂。泡腾颗粒中的原料药物应是易溶性的，加水产生气泡后应能溶解。有机酸一般用枸橼酸、酒石酸等。

4. 肠溶颗粒　系指采用肠溶材料包裹颗粒或其他适宜方法制成的颗粒剂，耐胃酸而在肠液中释放活性成分。

5. 缓释与控释颗粒　缓释颗粒系指在规定的释放介质中缓慢地非恒速释放药物的颗粒剂。控释颗粒系指在规定的释放介质中缓慢地恒速释放药物的颗粒剂。

三、颗粒剂的赋形剂

目前最常用的赋形剂为糖粉和糊精。此外还根据应用需要选择使用β-环糊精和泡腾崩解剂等。

1. 糖粉　糖粉是可溶颗粒剂的优良赋形剂，并有矫味及黏合作用。应选择结晶性蔗糖(俗称白砂糖)，于60℃干燥数小时，粉碎，过四号筛，即得糖粉。糖粉易吸湿结块，应现配现用或制成糖粉后密封贮存，临用前于60℃烘1～2 h，以提高吸水率。糖粉用量应视膏中所含药物成分的性质及膏中含水量而定，为了减少糖粉的用量，可酌用部分高溶性糊精，一般清膏、糖粉、糊精的比例为1∶3∶1。也可单用糖粉，一般稠膏和糖粉的比例为1∶3～4。

2. 糊精　糊精系淀粉的水解产物。颗粒剂宜选用可溶性糊精。糊精1份能在3份热水中溶解成胶体溶液，在醇中不溶，使用前应低温干燥，过筛。用量不宜过多，否则易使颗粒过硬，形成胶体溶液影响澄明度。

3. 乳糖　易溶于水，无吸湿性，但价格较高。

知识链接

无糖型颗粒剂

无糖型颗粒剂一般指"不含蔗糖"。无糖一般是指进入体内后不会降解出"葡萄糖"。市面上已有很多无糖型的口服制剂都是用无糖型辅料乳糖、木糖醇等作为赋形剂，如乳糖进入肠胃分解成半乳糖和葡萄糖，但是分解的速度很慢，所以对体内血糖浓度影响不大。无糖型颗粒剂的发展与应用，不仅进一步缩小了剂量，而且能够满足糖尿病及肥胖病等不宜多食糖患者的需要。

4. 乙醇　乙醇为半极性润湿剂，当原料含浸膏较多时，用水润湿易结块，故常用不同浓度乙醇作润湿剂。

5. β-环糊精　β-环糊精(β-CD)能将芳香挥发性成分制成包合物，再混匀于其他药物制成的颗粒中，可使液体药物粉末化，且增加油性药物的溶解度和颗粒剂的稳定性。

6. 泡腾崩解剂　系泡腾颗粒剂必须使用的赋形剂，由有机酸与碳酸氢钠或碳酸钠等组成。

第二节　颗粒剂的制备

笔记栏

一、颗粒剂制备的工艺流程

中药颗粒剂的生产过程通常包括提取、精制、制粒、整粒、质检、包装等步骤。不同类型的颗粒剂，其制备的具体操作方法和生产条件存在一定的差异，一般的工艺流程如图 10－1 所示。

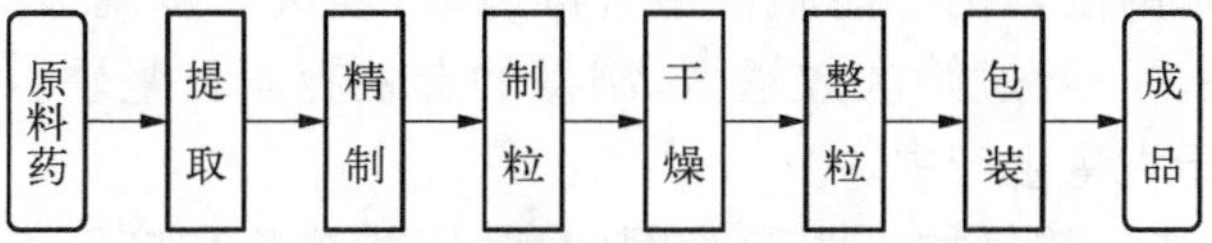

图 10－1　颗粒剂制备的一般工艺流程

二、可溶颗粒的制备

(一) 水溶性颗粒剂的制备

1. 提取　提取工艺是制剂工艺中最重要的环节之一，将直接影响到产品的质量。根据药材含有效成分不同及对颗粒剂溶解性的要求不同，可采用不同的溶剂和方法进行提取。常用的提取方法有煎煮法、浸渍法、渗漉法、回流提取法等。含挥发性成分的药材常用“双提法”。目前，煎煮法仍然是最常用的提取工艺。

2. 精制　为保证制剂的溶解性，减少颗粒剂的服用量和降低引湿性，常用水提醇沉法、吸附澄清法、超速离心法或超滤法除去大分子杂质。其中吸附澄清法、超速离心法、超滤法相比水提醇沉法，成分保留较完全，有利于保证药效，提高制剂质量。水提醇沉淀法是将水煎煮液浓缩至一定浓度时，加入适量 95％乙醇使药液达一定的含醇量，充分混合均匀，静置冷藏 12 h 以上，滤过除去沉淀物，收集滤液回收乙醇，再继续浓缩成稠膏，或继续干燥成干浸膏备用。

3. 制粒　系将药物(稠膏或干浸膏粉)与适量赋形剂混合均匀，采用适宜的方法制成颗粒的过程。目前，生产中常用的有挤出制粒、高速搅拌制粒、流化喷雾制粒、干法制粒等方法。

(1) 挤出制粒法：属于湿法制粒技术，一般可分为制软材、制湿粒、干燥三个过程。

1) 制软材：系将药物与适量赋形剂混合均匀，制成具有一定干湿度或软硬度物料(习称“软材”)的过程。目前，中药生产中，药物多以提取的稠膏或浸膏粉投料制软材。采用中药稠膏制软材时，由于膏的含水量较高，赋形剂的用量较大，但一般要求其总量不超过稠膏量的 5 倍。采用干膏粉制软材时，赋形剂(如糊精等)用量可相对减少(一般约占混合物料的30％～50％)，但需要加入适量润湿剂(如 80％～95％乙醇)或黏合剂(如 1％～3％聚维酮的无水乙醇溶液)。

制软材是湿法制粒的关键工序。软材的质量将直接影响制粒的难易和颗粒的质量，常以软硬度为指标进行评价。根据经验，软材的软硬度一般以“手捏成团，轻按即散”为度，若软材过软，制粒时易黏附在筛网中或压出来颗粒成条状物，可加入适当辅料或药物粉末调整湿度；若软材过黏，则形成团块，不易压过筛网，可适当加入高浓度乙醇调整并迅速过筛；若软材太干，黏性不足，通过筛网后呈疏松的粉粒或细粉过多，可加入适量的黏合剂增加黏度。

2) 制湿粒：挤出制粒系将软材用挤压方式通过 10～14 目筛网(板)制成均匀的颗粒。小量制备可用手工制粒筛；大生产多用摇摆式制粒机，而黏性较差的药料宜选用旋转式制粒机制粒。

摇摆式制粒机如图 10－2 所示，加料斗的底部与一个半圆形的筛网相连，筛网内有一按正、反方向旋转的转子(转角为 200°左右)，在转子上固定有若干个棱柱形的转动轴。把湿料投于加料斗，借助转子正、反方向旋转时转动轴对物料的挤压与剪切作用，使物料通过筛网而成粒。其筛网采用金属丝网，装拆简易，松紧可调，其与转动轴接触的松紧程度应适当。软材加入加料斗中的量与筛网装置的松紧对所制成湿粒的松紧、粗细有关。如加料斗中软材

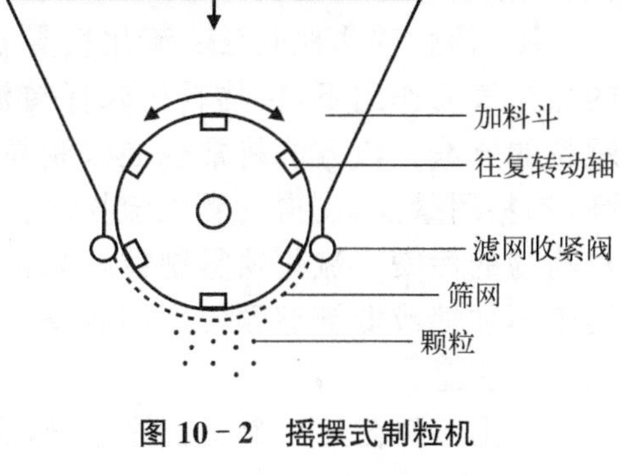

图 10－2　摇摆式制粒机

笔记栏

存量多而筛网装的比较松，转动轴往复转动搅拌时可增加软材的黏性，制得的湿粒粗而紧，反之制得的湿粒细而松；若调节筛网松紧仍不能制得适宜湿粒时，应进一步调节稠浸膏与辅料的用量，或增加通过筛网次数来解决。一般过筛次数越多，制得的湿粒越紧且坚硬。摇摆式制粒机由于产量较高和清理方便，故常用于大量生产中。

旋转式制粒机是将制备好软材加入圆形筛网内，利用搅拌桨和挤压刀与圆形筛网之间的挤压作用，将软材挤压出筛网而制成均匀的颗粒。因为刮板与圆筒状筛网间没有弹性，制成的颗粒较紧。如果软材通过筛孔后呈长条状，表明软材过软，黏合剂或润湿剂用量过多；软材通过筛网后呈粉状，则表明软材过干，黏合剂或润湿剂用量过少；应适当调整黏合剂或润湿剂用量。旋转式制粒机示意图见图 10－3、图 10－4。

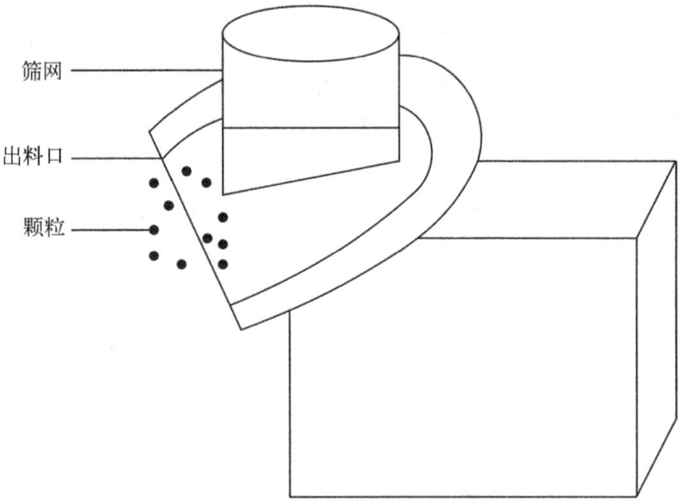

图 10－3　旋转式制粒机外观简图

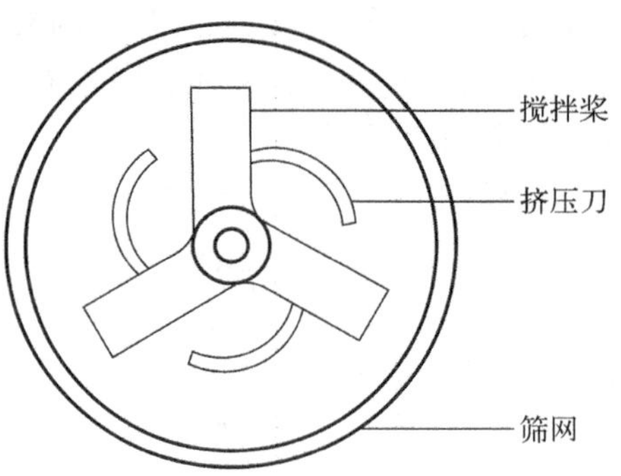

图 10－4　旋转式制粒机俯视图

3）干燥：湿颗粒应迅速干燥，放置过久湿粒易结块或变形。干燥温度一般以 60～80℃为宜，若含对热不稳定的成分或挥发性成分，则温度应控制在 60℃以下。干燥时，温度应逐渐上升，否则颗粒的表面干燥过快，易结成一层硬壳而影响内部水分的蒸发，且颗粒中的糖粉骤遇高温时会熔化，使颗粒变得坚硬；尤其是糖粉与柠檬酸共存时，温度稍高更易黏结成块。

颗粒的干燥程度应适宜，含水量一般控制在 2%以内。生产中常用的干燥设备有烘箱、烘房、沸腾干燥床、振动式远红外干燥机等。

（2）高速搅拌制粒法：是将药物粉末、辅料和黏合剂加入一个容器内，靠高速旋转的搅拌器的作用迅速完成混合并制成颗粒的方法。特点是在一个容器内进行混合、捏合、制粒过程，与传统的挤压制粒相比较具有省工序、操作简单、快速等优点。但需将制成的湿颗粒从搅拌容器中移送到干燥器中进行干燥，这些过程增加了药物与人、物接触的机会，器壁上、搅拌桨叶上黏着的残留物的处理较费工时，可造成颗粒被污染的机会。为了克服高速搅拌制粒机没有干燥设施的弱点，有研制带干燥功能的搅拌制粒机。即在搅拌制粒机的底部开孔通热风。物料在搅拌下完成制粒操作之后，从底部孔隙通热风边搅拌边干燥。

（3）流化喷雾制粒法：流化喷雾制粒法又称沸腾制粒法或一步制粒法，是在自下而上通过的热空气的作用下，使物料粉末保持流化状态的同时，喷入含有黏合剂的溶液，使粉末结聚成颗粒的方法。该方法将常规湿法制粒的混合、制粒、干燥等操作在一台设备内完成，生产效率高；辅料用量少，制得的颗粒疏松多孔，粒度均匀，流动性好；生产在密封环境中进行，避免外界对药物的污染。流化喷雾制粒机如图10－5所示。流化床制粒一般选择顶喷流化床。目前多用于不加糖或低糖型颗粒剂的制备。有糖粉时，温度高易使糖粉结成块状，造成花粒，制粒时应密切注意。

笔记栏

流化床制粒是一个复杂的过程，受到很多因素的影响，可归纳为设备因素、工艺因素、处方因素等。设备因素与制粒机的构造有关，工艺因素与实际的操作条件（进风温度、流化风量、雾化空气压力、黏合剂的流速等）密切相关，处方因素则与物料性质和黏合剂的种类与浓度有关。总之，生产过程中需要综合考虑各个方面的因素，才能找出最佳操作参数，制得符合要求的颗粒。

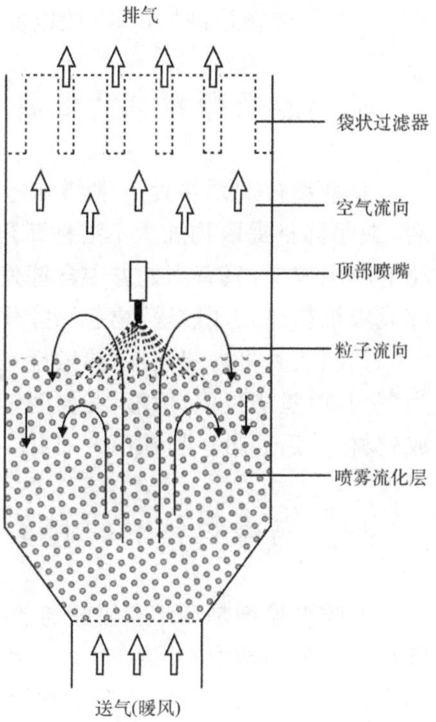

图 10-5 流化喷雾制粒机示意图

（4）喷雾干燥制粒法：是将原料、辅料与黏合剂混合，不断搅拌制成含固体量约为50%～60%的药物溶液或混悬液，再用泵通过高压喷雾器喷雾于干燥室内的热气流中，雾滴水分迅速蒸发，直接得到球状干燥细颗粒的方法。该方法的特点是由液体直接得到固体粉状颗粒，雾滴比表面积大，热风温度高，干燥速度非常快，物粒的受热时间极短，干燥物料的温度相对较低，适合于热敏性物料的处理。缺点是设备费用高、能量消耗大、操作费用高。近年来在抗生素粉针的生产、微型胶囊的制备、固体分散体的研究以及中药提取液的干燥中都利用了喷雾干燥制粒技术。一般要求药液的相对密度控制在1.15～1.20范围内，若密度太高则易黏结及堵塞喷头，若密度太低则操作费时，且制得的颗粒偏小，影响成品率。

（5）干法制粒法：干法制粒技术可通过滚筒平压制粒机完成。具一定相对密度的药材提取液，经喷雾干燥得到干浸膏粉，添加一定辅料后，以干挤制粒机压成薄片，再粉碎成颗粒。该法所需辅料少，可防止有效成分损失，有利于提高颗粒的稳定性、崩解性和溶散性。一般干浸膏粉加0.5～1倍辅料即可。然而亦应注意，经喷雾干燥所得干浸膏引湿性强。因此，应用该法的关键是寻找适宜的辅料，辅料既要有一定的黏合性，又不易吸潮，如乳糖、预胶化淀粉、甘露醇、水溶性的丙烯酸树脂及纤维素衍生物等。

4. 整粒　湿粒用各种干燥设备干燥后，可能有结块、粘连等，须再通过摇摆式颗粒机一号筛（10～14目）整粒，大颗粒磨碎，再通过四号筛（60目）除去细小颗粒或细粉。筛下的细小颗粒和细粉可重新制粒，或并入下次同一批号药粉中，混匀制粒。

颗粒剂处方中若含有挥发性成分，一般宜溶于适量乙醇中，用雾化器均匀地喷洒在干燥的颗粒上，然后密封放置一定时间，待均匀吸收后，方可进行包装。也可以制成包合物后混入。

5. 包装　整粒后的颗粒剂中含有浸膏和糖粉，极易吸潮软化，故应及时包装、密封和干燥贮藏。目前生产上多用自动颗粒分装机进行分装，包装材料多用复合铝塑袋分装，不易透湿、透气，贮存期内一般不会出现吸潮、软化现象。目前，国外颗粒剂比较先进的是采取充惰性气体的真空包装，更有利于制剂的稳定性。

（二）酒溶性颗粒剂的制备

酒溶性颗粒剂加入白酒后即溶解成为澄清的药酒，可代替药酒服用。一般采用渗漉法、浸渍法或回流法等方法提取有效成分，以60%左右乙醇为溶剂（或欲饮白酒的含醇度数），提取液回收乙醇后，浓缩至稠膏状备用。制粒、干燥、整粒及包装等同水溶性颗粒剂。

制备酒溶性颗粒剂要求如下。

（1）处方中药材的有效成分应易溶于稀乙醇中。

（2）提取时所用溶剂为乙醇，但其含醇量应与欲饮白酒的含醇量相同，方能使颗粒剂溶于白酒后保持澄明。一般以60°左右的白酒计算。

（3）所加赋形剂应能溶于欲饮白酒中，通常加糖或其他可溶性物质或兼有矫味物质。

笔记栏

(4) 每包颗粒剂的量，一般以能冲泡成药酒 0.25～0.5 kg 为宜，由患者根据规定用量饮用。

三、混悬颗粒剂的制备

混悬颗粒剂系将处方中部分药材提取制成稠膏，另一部分药材粉碎成极细粉加入制成的颗粒剂，或是药材提取物加入不溶性赋形剂制成的，用水冲后不能全部溶解，而成混悬性液体。这种颗粒剂应用较少，只有当处方中含挥发性或热敏性成分药材量较多，且是主要药物，将这部分药材粉碎成极细粉加入，既是药物起治疗作用，又是赋形剂，节省其他的赋形剂，降低成本。

其制法为将含挥发性、热敏性或淀粉较多的药材粉碎成细粉，过六号筛备用；一般性药材以水为溶剂，煎煮法提取，煎液(必要时需浓缩)浓缩成稠膏备用。稠膏与药材细粉及部分糖粉混匀，制成软材，然后通过一号筛(10～14 目)制颗粒，60℃以下干燥，干颗粒再通过一号筛整粒，分装即得。

四、泡腾颗粒剂的制备

泡腾颗粒剂是利用有机酸与弱碱遇水作用产生二氧化碳气体，使药液产生气泡呈泡腾状态的颗粒剂。酸与碱中和反应产生二氧化碳，使颗粒快速崩散，具速溶性，药物起效迅速，生物利用度高，携带方便且成本低，故近年发展较快。二氧化碳溶于水呈酸性，能刺激味蕾，达到矫味的作用；若再配以芳香剂和甜味剂等，可得到碳酸饮料的风味。常用泡腾剂有枸橼酸、酒石酸与碳酸氢钠、碳酸钠的混合物，一般不宜采用一种酸，单用枸橼酸黏性太大，制粒困难，单用酒石酸硬度不够，颗粒易碎。两种酸的比例可以变动，只要它们总量达到中和碳酸氢钠放出二氧化碳即可。

其制法为将处方药料按水溶性颗粒提取、精制得清膏或干膏细粉，分成二份，一份加入有机酸及其他适量辅料制成酸性颗粒，干燥备用；另一份中加入弱碱及其他适量辅料制成碱性颗粒，干燥备用。再将两种颗粒混合均匀，整粒，包装即得。应严格控制干燥颗粒水分，以免服用前酸碱发生反应。

五、颗粒剂生产中常见的质量问题及解决办法

(一) 制粒成型困难，颗粒粒度不符合规定

(1) 浸膏黏性大，解决方法：① 优选提取与精制工艺，减小浸膏的黏性。② 选用适宜的辅料种类、用量及加入方法。③ 将浸膏进一步浓缩成稠浸膏或者制成干浸膏后制粒。④ 浸膏用量小时，在加入润湿剂之前，浸膏应与辅料充分搅拌均匀，从而防止搅拌不均匀产生细小团块及颗粒花斑。⑤ 浸膏用量较大时，物料易聚成团块，制粒成型困难，且制得的颗粒易产生花斑。可采用二次制粒法，即先取半量以上的浸膏与全量的辅料混合制粒，烘干后粉碎，再与余下的浸膏混合制粒。⑥ 改变制粒方法，如采用一步制粒法或喷雾制粒法制粒。

(2) 润湿剂乙醇含量偏高，造成开始制得的颗粒易散，细粉多，而后部分乙醇挥散，软材黏性增加，制粒困难且湿粒常成条状。解决办法：降低乙醇浓度，适当增加辅料用量，快速制粒；控制筛网的松紧度和软材加料速度，使湿颗粒完整。当制出的湿颗粒呈条状，或制粒困难时，可更换筛网。

(3) 整粒筛规格选择不当或筛网有破损，解决办法：适当缩小选用筛号规格，可选用二号筛(24 目)和四号筛(65 目)整粒。

(4) 湿法制粒时，湿颗粒没有得到及时干燥，或在干燥过程中，颗粒流化状态不好，颗粒结块，烘干后大颗粒或团块较多。解决办法：对湿颗粒及时干燥，干燥过程中保持颗粒呈流化状态，应定时翻动。

笔记栏

(二) 颗粒色泽深浅不匀，有杂色点花斑

(1) 浸膏与辅料未能充分混匀。解决办法：① 先将辅料搅匀后徐徐加入膏料边加边搅，使其混

匀；② 适当延长搅拌时间；③ 加入适量高浓度的乙醇作润湿剂，充分搅拌降低黏性；④ 选择适合的提取与精制工艺，除去杂质，降低浸膏黏性。

(2) 辅料含水量偏高，或放置一段时间后吸湿而引起辅料结块、吸潮、制粒后易产生杂色斑点。解决办法：制粒前辅料应先充分干燥，且现粉现用。

(3) 设备、容器等卫生清场不彻底造成颗粒杂色点，要求设备、容器等清场卫生合格。

(4) 颗粒干燥时，干燥床未及时勤翻，颗粒黏结底板，造成颗粒花斑。应注意干燥床内物料应处于沸腾状态，干燥温度掌握先低温后高温，特别是在用糊精、木糖醇、山梨醇等辅料制粒时，开始温度控制在60℃以下，待颗粒变硬后，方可升温，否则物料极易黏结底板。

(5) 筛网安装松紧不均匀，造成在制粒过程中，松的地方颗粒颜色深，紧的地方颜色浅而产生花斑。解决办法：筛网安装松紧均匀一致。

(三) 颗粒剂吸潮、结块现象

对颗粒剂的吸潮、结块问题，主要的解决方法：① 采用提取、分离纯化技术降低或除去制剂原料中易吸湿且无效的成分；② 优选适宜的防潮辅料，少用具有引湿性的辅料；③ 采用先进的成型、干燥及防潮包衣技术，降低物料吸潮速率，从而显著提高防潮效果；④ 采用防湿包装，改进包装材料或加入干燥剂等措施使成品制剂具有较好的防潮性能，此外，长期贮存还应避免高温、高湿、曝晒等，确保适宜的贮存条件。

六、举例

例 10-1　小青龙颗粒

【处方】麻黄 154 g，桂枝 154 g，白芍 154 g，干姜 154 g，细辛 77 g，炙甘草 154 g，法半夏 231 g，五味子 154 g。

【制法】以上八味，细辛、桂枝提取挥发油，蒸馏后的水溶液另器收集；药渣与白芍、麻黄、五味子、炙甘草加水煎煮二次，第一次 2 h，第二次 1.5 h，合并煎液，滤过，滤液与蒸馏后的水溶液合并，浓缩至约 1 000 mL；法半夏、干姜粉碎成粗粉，用 70% 乙醇作溶剂，浸渍 24 h 后进行渗漉，收集渗漉液，回收乙醇，与上述药液合并，静置，滤过，滤液浓缩至适量，喷雾干燥，加乳糖适量，混匀，喷加细辛和桂枝的挥发油，混匀，制成颗粒 461.5 g；或滤液浓缩至适量，加入蔗糖粉适量，混匀，制成颗粒，干燥，喷加细辛和桂枝的挥发油，混匀，制成 1 000 g，即得。

【性状】本品为浅棕色至棕色的颗粒；或为棕色至棕褐色的颗粒(无蔗糖)；气微香，味甜、微辛。

【功能与主治】解表化饮，止咳平喘。用于风寒水饮，恶寒发热，无汗，喘咳痰稀。

【用法与用量】开水冲服。一次 1 袋，一日 3 次。

【贮藏】密封。

【注解】

(1) 本品为浅棕色至棕色的颗粒；或为棕色至棕褐色的颗粒(无蔗糖)；气微香，味甜、微辛。TLC 法检测麻黄、芍药、干姜、炙甘草和五味子。本品每袋含麻黄以盐酸麻黄碱($C_{10}H_{15}NO \cdot HCl$)和盐酸伪麻黄碱($C_{10}H_{15}NO \cdot HCl$)的总量计，不得少于 4.0 mg。

(2) 方中细辛、桂枝挥发油含量高，且含有效成分。采用双提法，先水蒸气蒸馏提取挥发油备用，药渣再与余药加水煎煮，共制成稠膏。最后，颗粒喷加细辛、桂枝挥发油混匀制得。该方法最大限度地保留了有效成分。

笔记栏

例 10-2　养血愈风酒颗粒

【处方】防风 600 g，秦艽 600 g，蚕沙 600 g，萆薢 600 g，羌活 300 g，陈皮 300 g，苍耳子 600 g，当归 600 g，杜仲 900 g，川牛膝 600 g，红花 300 g，白茄根 1 200 g，炙鳖甲 300 g，炒白术 600 g，枸杞子

1 200 g，白糖 24 000 g。

【制法】取白糖单独粉碎，过四号筛（60 目），制得糖粉备用。

将防风等 15 味药粉碎成粗粉，用 5 倍量 50%乙醇按渗漉法提取，漉液回收乙醇并浓缩成稠膏约 2 400 g。取稠膏与白糖搅拌均匀，过一号筛（14～16 目），制成颗粒，晾干或低温干燥。整粒时喷洒食用香精，密封桶内，2 日后分装。每袋 50 g。

【性状】本品为橙黄色的澄清液体：气香，味甘，微苦。

【功能与主治】养血祛风。用于感受风湿，血脉不利，四肢酸麻，筋骨疼痛。

【用法与用量】每袋白酒 0.5 g 溶解，适量服用，但每次不超过 120 g。

例 10－3　阿胶泡腾颗粒

【处方】由阿胶、白糖、小苏打、柠檬酸等组成。

【制法】将阿胶、白糖粉碎，过筛，分成两等份。一份加入小苏打等混匀，制成碱性颗粒，干燥；另一份中加入柠檬酸等混匀，制成酸性颗粒，干燥。将两种干燥颗粒混匀，喷入香精，密封一定时间后，分装，每袋重 6 g，铝塑袋装。

【性状】本品为黄棕色颗粒；味酸甜。

【功能与主治】补血滋阴，润燥，止血。用于血虚萎黄，眩晕心悸，心烦不眠，肺燥咳嗽。

【用法与用量】温开水冲服，一次一袋，一日三次或遵医嘱。

【注解】

（1）阿胶传统的服用方法是加水烊化后趁热服用，极不方便，且味道较腥，口感差，其应用受到很大影响。而阿胶泡腾片具有适口性好、崩解迅速、剂量准确、服用和携带方便等优点。

（2）泡腾崩解剂选用酸碱系统。为避免系统遇水相互起反应，影响颗粒剂稳定性，采用分别制备和干燥酸碱颗粒，再混匀、包装的制备方法。

第三节　颗粒剂的质量评价与检查

一、性状

颗粒剂成品应干燥，外观均匀、色泽一致，无吸潮、结块、潮解等现象。

二、粒度

除另有规定外，依照《中国药典》现行版四部粒度和粒度分布测定法检查，不能通过一号筛与能通过五号筛的总和不得过 15%。

测定法为取单剂量包装的 5 袋（瓶）或多剂量包装的 1 袋（瓶），称定重量，置药筛内，保持水平状态过筛，左右往返，边筛动边拍打 3 min。不能通过一号筛与能通过五号筛的总和不得超过 15%。

三、水分

中药颗粒剂依照《中国药典》现行版四部水分测定法测定，除另有规定外，水分不得过 8.0%。

笔记栏

四、溶化性

除另有规定外，颗粒剂照下述方法检查，溶化性应符合规定。

可溶颗粒检查法：取供试品 10 g（中药单剂量包装取 1 袋），加热水 200 mL，搅拌 5 min，立即观察，可溶颗粒应全部溶化或轻微浑浊。

泡腾颗粒检查法：取供试品 3 袋，将内容物分别转移至盛有 200 mL 水的烧杯中，水温为 15～25℃，应迅速产生气体而呈泡腾状，5 min 内颗粒均应完全分散或溶解在水中。

颗粒剂按上述方法检查，均不得有异物，中药颗粒还不得有焦屑。

混悬颗粒以及已规定检查溶出度或释放度的颗粒剂可不进行溶化性检查。

五、溶出度

除另有规定外，混悬颗粒剂应进行溶出度检查。

六、释放度

缓释颗粒和控释颗粒应符合缓释制剂和控释制剂的有关要求，并应进行释放度检查。肠溶颗粒应进行释放度检查。

七、装量差异

取供试品 10 袋(瓶)，除去包装，分别精密称定每袋(瓶)内容物的重量，求出每袋(瓶)内容物的装量与平均装量。每袋(瓶)装量与平均装量相比较，凡无含量测定的颗粒剂或有标示装量的颗粒剂，每袋(瓶)装量应与标示装量比较，超出装量差异限度的颗粒剂不得多于 2 袋(瓶)，并不得有 1 袋(瓶)超出装量差异限度 1 倍。颗粒剂装量差异限度的规定详见表 10－1。

表 10－1 单剂量包装颗粒剂的装量差异限度

标示装量(或平均装量)	装量差异限度
1.0 g 或 1.0 g 以下	±10%
1.0 g 以上至 1.5 g	±8%
1.5 g 以上至 6.0 g	±7%
6.0 g 以上	±5%

凡规定检查含量均匀度的颗粒剂，一般不再进行装量差异检查。

八、微生物限度

以动物、植物、矿物质来源的非单体成分制成的颗粒剂，生物制品颗粒剂，依照《中国药典》现行版非无菌产品微生物限度检查法检查，应符合规定。规定检查杂菌的生物制品颗粒剂，可不进行微生物限度检查。

（周　群）

笔记栏

第十一章 胶囊剂

本章要点

胶囊剂的含义、特点与类型。

胶囊剂的制备方法及工艺关键。

胶囊剂的质量评价与主要检查项目。

第一节 概 述

一、胶囊剂的含义与特点

（一）胶囊剂的含义

胶囊剂(capsules)系指将原料药物或与适宜辅料充填于空心胶囊或密封于软质囊材中制成的固体制剂，主要供口服用。

知识链接

胶囊剂的历史沿革

“capsule”一词出自拉丁“capsula”，意思是“a small box”。1834 年，第 1 粒由明胶制成的一节式胶囊在法国获得专利；1846 年，第 1 粒由明胶制成的两节式硬胶囊在法国获得专利；1872 年，第一台胶囊制造填充机在法国诞生；1874 年，美国开始了硬胶囊的工业化制造。胶囊剂已成为最常用的剂型之一。

（二）胶囊剂的特点

1. 优点

(1) 药物具有较高的生物利用度：胶囊剂中的药物多以粉末或颗粒形式填装，因此药物在胃肠道中分散、崩解快，生物利用度比片剂、丸剂等剂型高。

(2) 能提高药物的稳定性：将药物尤其是对光、湿、热等敏感的药物填充于胶囊壳中，有利于与光线、空气和水分的隔绝，从而提高了药物的稳定性。

(3) 能掩盖药物的不良气味：制成胶囊剂后，药物的不良气味得以掩盖，便于服用。

(4) 可定时定位释放药物：可将药物制成肠溶胶囊，使其不溶于胃液而在肠液中释放；或制成缓释、控释胶囊，使药物恒速或非恒速释放。

(5) 可弥补其他剂型某些不足：一些液态尤其是水溶性较差的药物，不宜制成颗粒剂、丸剂、片剂时，可以制成胶囊剂尤其是软胶囊。

此外，制备胶囊的设备成熟，生产效率高。

笔记栏

2. 缺点　并不是所有的药物都适宜制成胶囊剂。

(1) 不宜制成硬胶囊的药物主要有：① 药物水溶液或稀乙醇溶液（容易使胶囊壳溶解）；② 易溶、刺激性强药物（如易溶性的盐类药物碘化物、溴化物、氯化物，在胃中会快速释放使局部浓度过高，对胃黏膜产生刺激性）；③ 吸湿性较大药物（容易使胶囊壳干燥而变脆）；④ 易风化药物（容易使胶囊壳壁变软）。

(2) 不宜制成软胶囊的药物主要有：① 含水量较高的药物溶液、低分子量的水溶性或挥发性有机物如乙醇、丙酮、羧酸、胺或酯类等（容易使胶囊壳软化或溶解）；② O/W 型乳剂（容易使乳剂失水）；③ 醛类（容易使明胶变性）。

此外，还存在填充液体药物的胶囊不易稳定等问题，如软胶囊贮存期间，其囊皮易出现老化变硬而难于崩解的现象。

二、胶囊剂的分类

胶囊剂可分为硬胶囊（通称为胶囊）、软胶囊（胶丸）、缓释胶囊、控释胶囊和肠溶胶囊。

（一）硬胶囊

硬胶囊（hard-shell capsules）系指采用适宜的制剂技术，将原料药物或加辅料制成的均匀粉末、颗粒、小片、小丸、半固体或液体等，充填于空心胶囊中的胶囊剂。硬胶囊在胶囊剂中应用最广。如胃康灵胶囊。

（二）软胶囊

软胶囊（soft-shell capsules）系指将一定量的液体药物直接包封，或将固体原料药物溶解或分散在适宜的辅料中制备成溶液、混悬液、乳状液或半固体，密封于软质囊材中的胶囊剂。如十滴水软胶囊。

（三）缓释胶囊

缓释胶囊（sustained-release capsules）系指在规定的释放介质中缓慢地非恒速释放药物的胶囊剂。如茶碱缓释胶囊、布洛芬缓释胶囊。

（四）控释胶囊

控释胶囊（controlled-release capsules）系指在规定的释放介质中缓慢地恒速释放药物的胶囊剂。如吲哚美辛控释胶囊。

（五）肠溶胶囊

肠溶胶囊（enteric-coated capsules）系指用肠溶材料包衣的颗粒或小丸充填于胶囊而制成的硬胶囊，或用适宜的肠溶材料制备而得的硬胶囊或软胶囊。肠溶胶囊不溶于胃液，但能在肠液中崩解而释放活性物质。如三七通舒胶囊、阿司匹林肠溶胶囊。

第二节　胶囊剂的制备

一、硬胶囊剂的制备

笔记栏

硬胶囊制备一般可分为空心胶囊制备、药物的处理、填充与套合、硬胶囊的除粉或抛光等工艺过程。

(一) 空心胶囊的制备

1. 空心胶囊的组成　空心胶囊一般是胶囊用明胶加辅料制成的质硬且有弹性空心硬胶囊，也有预胶化羟丙基淀粉加辅料制成的羟丙基淀粉空心胶囊。

明胶空心胶囊的主要原料是明胶。《中国药典》现行版四部中收载了“胶囊用明胶”，为动物的皮、骨、腱与韧带中胶原蛋白不完全酸水解、碱水解或酶降解后纯化得到的制品，或为上述三种不同明胶制品的混合物。但是明胶属于蛋白质，容易污染，所以要注意制备、包装和贮存环境的温湿度等。

制备空心胶囊时，常常添加适宜的辅料。主要包括：① 增塑剂，如甘油可增加胶囊的韧性与弹性，羧甲基纤维素钠可增加明胶液的可塑性；② 增稠剂，如琼脂，可增加胶液的黏度，使蘸模后明胶的流动性减小；③ 着色剂，如胭脂红、柠檬黄，可使胶囊美观，便于识别；④ 防腐剂，如羟苯酯类，可防止胶囊霉变；⑤ 矫味剂，如乙基香草醛，可调整胶囊的口感；⑥ 遮光剂，如二氧化钛，可防止光敏药物的氧化；⑦ 表面活性剂，如十二烷基硫酸钠，可增加胶囊的光泽。

知识链接

植物胶囊

以动物骨骼为原料制得的称为骨明胶；以动物皮为原料制得的称为皮明胶，其较为常见。猪皮价格低廉、来源广泛，因而成为皮明胶的主要生产原料。近年来，从天然植物中提取出羟丙基纤维素等制成的植物胶囊，具有污染小、稳定性高、应用范围广的优点，但生产成本较高。以植物胶囊代替动物胶囊，不仅可以很好解决动物源胶囊病疫的安全性问题，也可以使胶囊在一些禁食猪肉的人群（如伊斯兰教、犹太教、回族等）流通、应用，扩大胶囊应用区域，具有较好的市场前景。

2. 空心胶囊的制备工艺与质量要求　空心胶囊一般经过溶胶、蘸模、干燥、拔壳、切割、整理等工序制成。空心胶囊呈圆筒状，由可套合或锁合的囊体和囊帽两节组成，要求囊体光洁、色泽均匀、切口平整、无变形、无异臭。其质量应符合《中国药典》的规定。空心胶囊应密闭，并在10～25℃、相对湿度35%～65%的条件下保存。

3. 空心胶囊的规格与选择　空心胶囊有透明（两节均不含遮光剂）、半透明（仅一节含遮光剂）和不透明（两节均含遮光剂）三种。其规格主要有8种（表11-1），目前较常用的是0～3号。

表11-1　空心胶囊的规格

大小	000	00	0	1	2	3	4	5
容积(mL)	1.42	0.95	0.75	0.55	0.40	0.30	0.25	0.15

内容物的填充一般由容积来控制，而内容物的密度、粒度、晶态等不同，容积也不一样，所选用的空胶囊规格也不相同。因此，一般先按内容物所占容积来选择最小规格的空心胶囊，然后通过试装来确定。

(二) 硬胶囊的制备工艺

硬胶囊制备的工艺流程见图11-1。

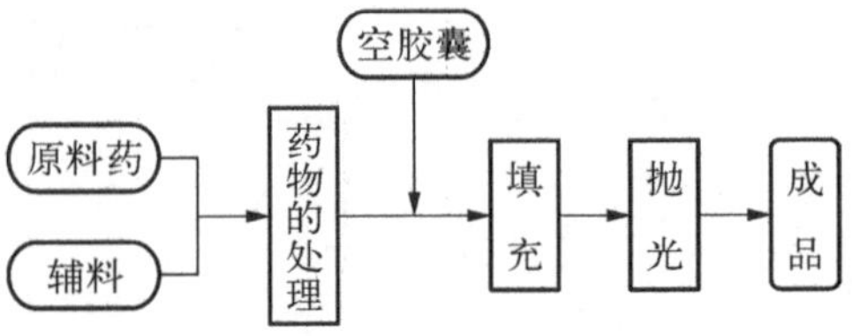

图11-1　硬胶囊制备工艺流程图

1. 药物的处理

(1) 药物原料的前处理：中药饮片一般经提取、纯化、浓缩、干燥后打粉或浓缩成稠膏，有时可将饮片（比如贵重药、小剂量药)直接打粉,备用。化学药物一般是粉碎成适宜的粉末,过筛,混合,备用。

(2) 充填内容物的制备:一般将原料药物加适宜的辅料如稀释剂、助流剂、崩解剂等制成均匀的粉末、颗粒、小丸、小片或半固体、液体形式,其中最常见的形式是颗粒。

为了提高内容物的流动性,原辅料混合后一般先制成颗粒或小丸,再填充于空胶囊中。

如果药物粉碎至适宜粒度即能满足要求,可直接填充胶囊。但粉末一般容易吸潮、流动性差,因此可加适宜的辅料如润滑剂等改善流动性后填充。

如果内容物是小片,须用特殊设备来填充。一般用于对含量要求更高、装量更准确或含有易氧化原料的高端产品。

溶液、混悬液、乳状液等也可采用特制灌囊机填充于空心胶囊中,必要时密封。但内容物以这种形式填充比较少见。

(3) 注意事项:① 毒性药、麻醉药、贵重药等小剂量药物,应先用适宜的辅料稀释,并混合均匀;② 质地疏松的药物,可加适量乙醇或其他液体混匀;③ 易吸湿或混合后易产生低共熔现象的药物,应视情况加入适宜的辅料混合;④ 必要时,可将原料药物制成包合物、固体分散体、微囊或微球。比如挥发油,一般先用吸收剂或处方中其他药粉吸收,或用倍他环糊精(β-CD)等处理制成包合物;⑤ 将普通小丸、速释小丸、缓释小丸、控释小丸或肠溶小丸单独填充或混合填充,必要时加适量空白小丸作填充剂;⑥ 胶囊剂内容物不论其活性成分或辅料,均不应造成胶囊壳的变质。

2. 填充与套合　小量制备硬胶囊时,可用硬胶囊板等手工填充内容物。但手工填充易造成胶囊的装量差异大,生产效率低。

大生产中,内容物采用全自动胶囊填充机进行填充,其操作流程是:空心胶囊供给→空心胶囊纵向排列→囊帽、囊体校正方向(囊帽在上、囊体在下)→囊帽、囊体分开→内容物填充→残品剔除→囊帽、囊体重新套合→成品排出(图 11-2)。

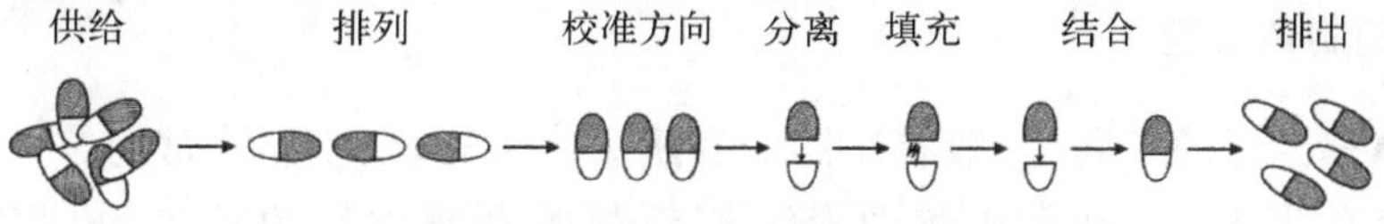

图 11-2　全自动硬胶囊填充机操作流程示意图

填充内容物时,应根据内容物的性质来选择适宜的填充方式。填充方式主要包括(图11-3):

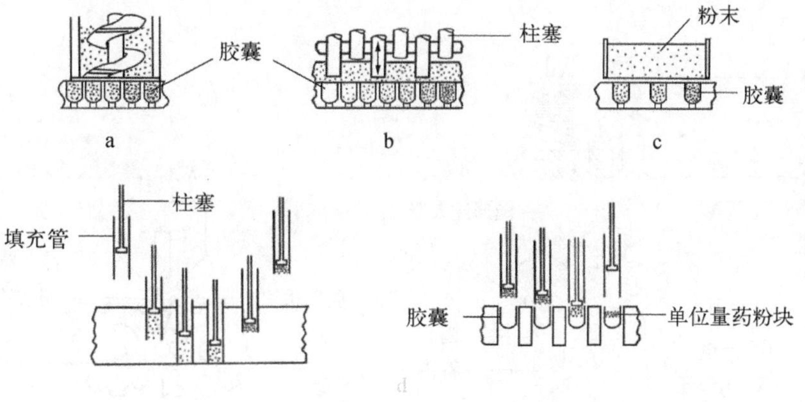

图 11-3　全自动胶囊填充机物料填充的类型示意图

a. 螺旋钻推进内容物进入囊体(适用于不易分层的内容物)。
b. 柱塞上下往复将内容物压进囊体(适用于流动性较好的内容物)。
c. 内容物自由流入囊体(适用于流动性较好的内容物)。
d. 在填充管内先将内容物压成单位剂量的小圆柱,再填充入囊体(适用于易吸潮、聚集性较强或流动性较差的内容物)。

笔记栏

内容物填充后，囊帽和囊体要重新套合在一起，此操作在胶囊填充机上完成。套合方式有平口和锁口两种。锁口式的囊体、囊帽套合更紧密，内容物不易泄漏。

3. 硬胶囊的除粉或抛光　硬胶囊填充后，少量粉末会黏附在囊壳外。因此在包装前，需进行除粉或抛光处理，使硬胶囊外观光洁。

4. 包装　硬胶囊常用铝塑、铝铝、瓶装三种包装。当内容物容易吸潮或氧化变质时，可采用铝包装或胶囊单个包装的形式。用瓶装胶囊时，常加入袋装防潮剂(多为氯化钙、碳酸钙)，必要时在瓶口封蜡。但玻璃瓶包装现已少用。

胶囊剂应密封贮存，其存放环境温度不高于30℃，湿度应适宜，防止受潮、发霉、变质。

二、软胶囊剂的制备

(一) 囊壳的组成与大小

软胶囊的囊材主要由胶料(明胶等)、水、增塑剂(甘油、山梨醇或二者混合物等)和附加剂(遮光剂、着色剂等)组成。

与硬胶囊相比，软胶囊的弹性大、可塑性强，故软胶囊又称为胶丸。而囊壳的弹性主要与明胶、增塑剂和水的比例有关，如果增塑剂用量过大则囊壳过软，增塑剂用量过小则囊壳过硬。通常的比例为干明胶：水：增塑剂＝1.0：1.0～1.6：0.4～0.6。

明胶对软胶囊的密封性、透明度的影响较大，所以在明胶的选择上要注意其冻力和黏度大小，通常用冻力作为明胶规格型号。在保证所填充的药物达到治疗量的前提下，软胶囊的容积应尽可能小，一般是5.5～7.8 mL。当内容物为混悬剂时，可计算基质吸附率(指1 g固体药物制成填充软胶囊剂的混悬液时所需液体基质的克数，基质吸附率＝基质质量/固体药物质量)来确定软胶囊的大小。

(二) 软胶囊的制备工艺

根据内容物填充方法的不同，一般有压制法和滴制法两种，以压制法常用。

1. 压制法　系将明胶、甘油和水等混合溶解后制成厚薄均匀的胶带，再将药物溶液置于两层胶带之间，用钢板模或旋转模压制备软胶囊的一种方法(图11－4)，其工艺流程如图11－5。用压制法制成的软胶囊，中间有压缝，故又称有缝胶丸。生产上多采用旋转模压法制备软胶囊。

笔记栏

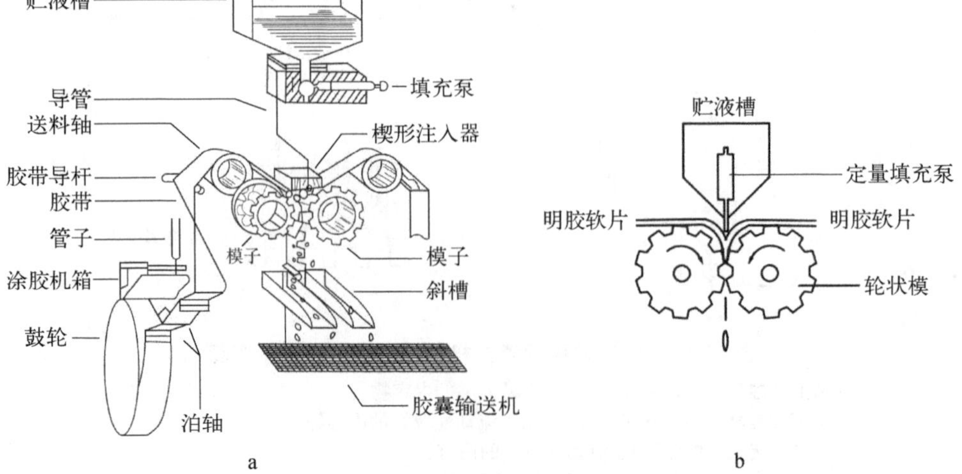

图11－4　软胶囊压制法示意图

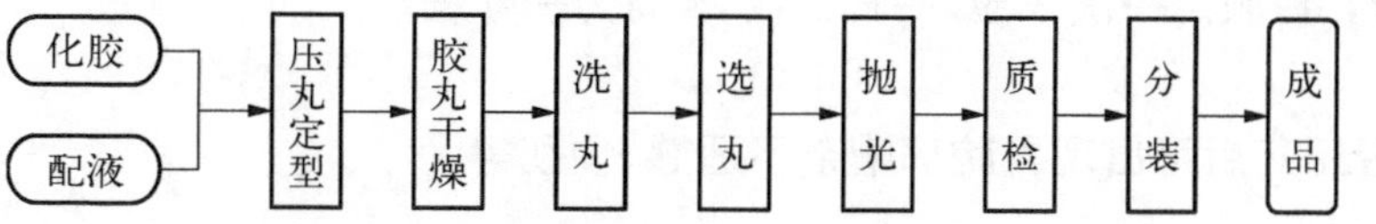

图 11-5 软胶囊压制法制备工艺流程

2. 滴制法 系由具双层滴头的滴丸机完成。以明胶为主的软材囊材（又称胶液）与药液，分别在双层滴头的外层与内层以不同速度流出，使定量的胶液包裹定量的药液后，滴入与胶液不相混溶的冷却液中，由于表面张力的作用使之形成球形，并逐渐冷却、凝固成软胶囊。其滴制过程如图 11-6 所示。

采用滴制法制备软胶囊时，应当注意胶液与药液的温度、滴头的大小与滴制的速度、冷却液的温度等影响软胶囊质量的因素，应通过实验优化适宜的工艺条件。

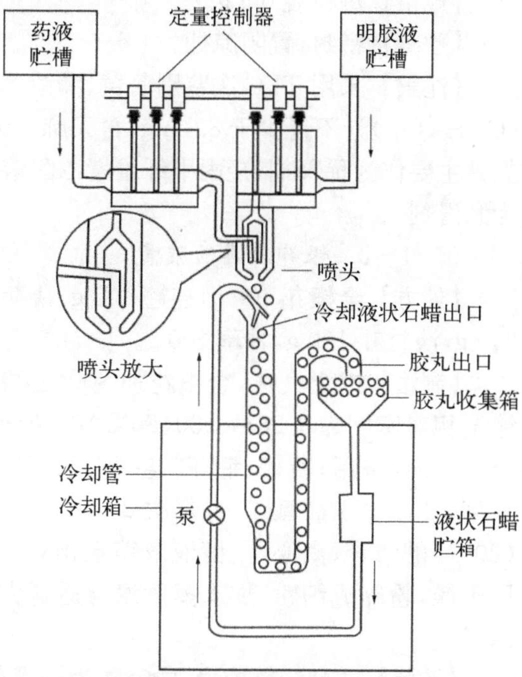

图 11-6 软胶囊滴制示意图

三、肠溶胶囊

制备肠溶胶囊时，一般将物料用适宜的肠溶材料包衣后，再填充于空心胶囊中。也可在空心胶囊表面用适宜的肠溶材料包衣后，再填充内容物。常用的肠溶材料有醋酸纤维素酞酸酯（CAP）、聚丙烯酸树脂Ⅱ和Ⅲ等。

下列情况下，药物宜制成肠溶胶囊：① 遇胃液不稳定的药物（可防止药物在胃内分解失效）；② 对胃刺激性较强的药物（可防止药物对胃的刺激）；③ 作用于肠道的驱虫药、肠道消毒药（可控制药物在肠道内定位释放）；④ 需在肠道保持较久时间以延长作用的药物（可治疗结肠部位疾病等）。

四、举例

例 11-1 脑栓通胶囊

【处方】蒲黄 890 g，赤芍 635 g，郁金 510 g，天麻 255 g，漏芦 380 g。

【制法】以上五味，赤芍加 70%乙醇加热回流提取二次，每次 1 h，合并提取液，滤过，滤液回收乙醇并浓缩至适量，干燥，粉碎，加入磷酸氢钙适量，混匀，干膏粉备用；郁金加 80%乙醇加热回流提取二次，每次 1 h，合并提取液，滤过，滤液备用；药渣与蒲黄（布袋装）、天麻、漏芦加水煎煮二次，每次 1 h，合并煎液，滤过，滤液浓缩至相对密度 1.04～1.10（40℃）的清膏，加乙醇使含醇量达 70%，冷藏 48 h，取上清液与郁金的醇提液合并，回收乙醇，浓缩至适量，干燥，粉碎，加入磷酸氢钙适量，与赤芍干膏粉合并，用羟丙甲纤维素乙醇溶液制粒，干燥，加入滑石粉、二氧化硅、硬脂酸镁适量，混匀，装入胶囊，制成 1 000 粒，即得。

【性状】本品为硬胶囊，内容物为棕色至棕褐色的粉末和颗粒；气微，味微苦。

【功能与主治】活血通络，祛风化痰。用于风痰瘀血痹阻脉络引起的缺血性中风中经络急性期和恢复期。症见半身不遂，口舌歪斜，语言不利或失语，偏身麻木，气短乏力或眩晕耳鸣，舌质暗淡或暗红，苔薄白或白腻，脉沉细或弦滑。脑梗死见上述证候者。

笔记栏

【用法与用量】口服。一次 3 粒，一日 3 次，4 周为一疗程。

【注意】

(1) 少数患者用药后可出现胃脘部嘈杂不适感、便秘等。

(2) 产妇慎用。

(3) 孕妇禁用。

【规格】每粒装 0.4 g。

【贮藏】密封，置阴凉处。

【注解】采用 TLC 法鉴别蒲黄、漏芦。采用 HPLC 法进行含量测定，本品每粒含赤芍以芍药苷($C_{23}H_{28}O_{11}$)计不得少于 8.0 mg，含天麻以天麻素($C_{13}H_{18}O_7$)计不得少于 0.35 mg。处方中的磷酸氢钙主要作为稀释剂，羟丙甲纤维素乙醇溶液主要作为黏合剂，滑石粉、二氧化硅、硬脂酸镁主要作为润滑剂。

例 11-2 银翘解毒软胶囊

【处方】金银花 400 g，连翘 400 g，薄荷 240 g，荆芥 160 g，淡豆豉 200 g，牛蒡子(炒) 240 g，桔梗 240 g，淡竹叶 160 g，甘草 200 g。

【制法】以上九味，金银花加 80%乙醇回流提取二次，每次 1 h，滤过，合并滤液，回收乙醇，浓缩至相对密度为 1.28～1.30(80℃)的稠膏；淡豆豉加水煮沸后，于 80℃温浸二次，每次 2 h，滤过，合并滤液，备用；薄荷、荆芥、连翘提取挥发油，蒸馏后的水溶液另器收集；药渣与牛蒡子、淡竹叶、甘草、桔梗加水煎煮二次，每次 2 h，滤过，合并滤液；合并以上药液，浓缩至相对密度 1.18～1.20(80℃)的清膏，离心，上清液浓缩至相对密度为 1.28～1.30(80℃)的稠膏，与金银花稠膏合并，减压干燥，粉碎成细粉，加入挥发油与适量大豆油及辅料适量，混匀，过筛，压制成软胶囊 1 000 粒，即得。

【性状】本品为软胶囊，内容物为棕褐色油膏状物；气香，味苦。

【功能与主治】疏风解表，清热解毒。用于风热感冒，症见发热头痛、咳嗽口干、咽喉疼痛。

【用法与用量】口服，一次 2 粒，一日 3 次。

【规格】每粒装 0.45 g。

【贮藏】密封，置阴凉干燥处(不超过 20℃)。

【注解】本品采用压制法制备。采用 TLC 法鉴别荆芥、连翘、牛蒡子，HPLC 鉴别甘草，GC 鉴别薄荷。采用 HPLC 法进行含量测定，本品每粒含金银花以绿原酸($C_{16}H_{18}O_{19}$)计，不得少于 1.8 mg。处方中的大豆油主要作为分散介质，将药粉等制成混悬剂。

例 11-3 三七通舒胶囊

【处方】三七三醇皂苷 100 g。

【制法】取三七三醇皂苷，加淀粉 100 g，混匀，制粒，干燥，加入硬脂酸镁 2 g，混匀，装入胶囊，制 1 000 粒，即得。

【性状】本品为肠溶胶囊，内容物为浅棕黄色的颗粒和粉末；无臭，味苦。

【功能与主治】活血化瘀，活络通脉，改善脑梗死、脑缺血功能障碍，恢复缺血性脑代谢异常，抗血小板聚集，防止血栓形成，改善微循环，降低全血黏度，增加颈动脉血流量。主要用于心脑血管栓塞性病症，主治中风、半身不遂、口舌歪斜、言语謇涩、偏身麻木。

【用法与用量】口服。一次 1 粒，一日 3 次。

【注解】采用 HPLC 鉴别三七皂苷 R_1、人参皂苷 Rg_1、人参皂苷 Re，采用 HPLC 法检测指纹图谱。采用 HPLC 法进行含量测定，本品每粒含人参皂苷 Rg_1($C_{42}H_{72}O_{14}$)不得少于 50 mg，含人参皂苷 Re($C_{48}H_{82}O_{18}$)不得少于 6.0 mg，含三七皂苷 R_1($C_{47}H_{80}O_{18}$)不得少于 11 mg。处方中的淀粉主要作为稀释剂，硬脂酸镁主要作为润滑剂。

笔记栏

第三节 胶囊剂的质量评价与检查

一、性状

胶囊剂外观应整洁、不得有黏结、变形、渗漏或囊壳破裂等现象，并应无异臭。

二、水分

中药硬胶囊剂应进行水分检查。取供试品内容物，依照《中国药典》现行版四部水分测定法测定，除另有规定外，不得过9.0%。硬胶囊内容物为液体或半固体者不检查水分。

三、装量差异

除另有规定外，取供试品20粒(中药取10粒)，分别精密称定重量，倾出内容物(不得损失囊壳)，硬胶囊囊壳用小刷或其他适宜用具拭净，软胶囊或内容物为半固体或液体的硬胶囊囊壳用乙醚等易挥发性溶剂洗净，置通风处使溶剂挥尽，再分别精密称定囊壳重量，求出每粒内容物的装量与平均装量。每粒装量与平均装量相比较(有标示装量的胶囊剂，每粒装量应与标示装量比较)，超出装量差异限度的不得多于2粒，并不得有1粒超出限度1倍。有关胶囊剂装量差异限度的规定见表11-2。

表11-2 胶囊剂装量差异限度

平均装量	装量差异限度
0.30 g以下	±10%
0.30 g及0.30 g以上	±7.5%(中药±10%)

凡规定检查含量均匀度的胶囊剂，一般不再进行装量差异的检查。

四、崩解时限

除另有规定外，依照《中国药典》现行版四部崩解时限检查法检查，应符合规定。凡规定检查溶出度或释放度的胶囊剂，一般不再进行崩解时限的检查。

五、微生物限度

以动物、植物、矿物质来源的非单体成分制成的胶囊剂，生物制品胶囊剂，依照《中国药典》现行版四部非无菌产品微生物限度检查法检查，应符合规定。规定检查杂菌的生物制品胶囊剂，可不进行微生物限度检查。

六、其他

根据原料药物和制剂的特性，除来源于动、植物多组分且难以建立测定方法的胶囊剂外，溶出度、释放度、含量均匀度等应符合要求，必要时，内容物包衣的胶囊剂应检查残留溶剂。

笔记栏

(陈卫卫)

第十二章 片 剂

本章要点

片剂的含义、特点和类型。

片剂辅料的种类与性质，主要辅料的特点和应用。

湿法制颗粒压片法、干法制颗粒压片法及粉末直接压片法及其工艺要点。

片剂包衣的目的、种类、方法及常用包衣物料。

压片和包衣设备的工作原理。

片剂的质量评价与主要检查项目。

第一节 概 述

一、片剂的含义与特点

片剂(tablets)系指原料药物或与适宜的辅料制成的圆形或异形的片状固体制剂。中药片剂包括全浸膏片、半浸膏片、全粉末片和提纯片等。

知识链接

片剂的历史沿革

片剂出现于19世纪40年代，当时是为了简化丸剂的制备工序，仅使用简单的手工器械进行制备。19世纪末，单冲、多冲和旋转式压片机相继出现并不断改进，片剂的产量和质量得到迅速提高。近20多年来生产技术与设备等方面更有较大的发展，例如流化喷雾制粒、全粉末直接压片、薄膜包衣自动化高速压片机、全自动程序控制的包衣设备、新型包装方法与设备及生产工序联动化等。

中药片剂的研究与生产自20世纪50年代开始，多半是在汤剂、丸剂基础上改进而成。随着中药化学、药理、制剂、临床等的综合研究与现代工业药剂学的发展，中药片剂的品种、产量及类型不断增加，质量日益提高，工艺技术不断进步，逐步摸索出一套适合于中药片剂生产的工艺条件，例如对含脂肪油、挥发油片剂的制备，如何提高中药片剂硬度、改善崩解度的方法，适合中药片剂的包衣工艺等。此外，对中药片剂质量标准的制订，中药片剂溶出度与生物利用度的研究、稳定性考察等已在逐步深入地开展。总之，片剂目前已成为品种多、产量大、用途广、服用和贮运方便、质量稳定的剂型之一，片剂在世界各国制剂生产中占了重要地位，并在各国药典中都收载有较多的品种。

笔记栏

片剂有如下的特点：① 通常片剂的溶出度及生物利用度较丸剂好；② 性状稳定，剂量准确，片剂内药物含量差异较小；③ 质量稳定，片剂为干燥固体，且某些易氧化变质及潮解的药物可借包衣加以保护，所以光线、空气、水分等对其影响较小；④ 机械化生产，产量大，成本低，卫生标准也容易达到；⑤ 携带、运输、服用较方便；⑥ 制成不同类型的片剂，可满足临床或预防的不同需求。

但片剂也有不少的缺点：① 制备或贮藏不当会影响片剂的崩解、吸收；② 某些易引湿吸潮；含挥发性成分的片剂贮存较久时含量下降；③ 片剂中需加入若干赋形剂，并经过压缩成型，药物的溶出速率较散剂及胶囊剂为慢，其生物利用度稍差些；④ 儿童和昏迷患者不易吞服。

二、片剂的分类

片剂以口服普通片为主，另有含片、舌下片、口腔贴片、咀嚼片、分散片、可溶片、泡腾片、阴道片、阴道泡腾片、缓释片、控释片、肠溶片与口崩片等。

1. 口服普通片　有素片和包衣片。

(1) 素片：又称普通压制片(compressed tablets)系指药物与赋形剂混合后，经加工压制而成的片剂，一般不包衣的片剂多属此类，应用最广。如安胃片，参茸片等。

(2) 包衣片(coated tablets)：系指压制片(常称为片芯)外面包有衣膜的片剂，按照包衣物料或作用的不同，可分为糖衣片、薄膜衣片、肠溶衣片等。如牛黄解毒片、银黄片、盐酸小檗碱片等。

2. 含片(buccal tablets)　系指含于口腔中缓慢溶化产生局部或全身作用的片剂。含片中的原料药物一般是易溶性的，主要起局部消炎、杀菌、收敛、止痛或局部麻醉等作用。

3. 舌下片(sublingual tablets)　系指置于舌下能迅速溶化，药物经舌下黏膜吸收发挥全身作用的片剂。舌下片中的原料药物应易于直接吸收，主要适用于急症的治疗。

4. 口腔贴片(buccal patches)　系指粘贴于口腔，经黏膜吸收后起局部或全身作用的片剂。

5. 咀嚼片(chewable tablets)　系指于口腔中咀嚼后吞服的片剂。咀嚼片一般应选择甘露醇、山梨醇、蔗糖等水溶性辅料作填充剂和黏合剂。咀嚼片的硬度应适宜。咀嚼片的生产一般用湿法制粒，但不需加入崩解剂，即使在缺水情况下也可按时用药。药品嚼碎后便于吞服，并能加速药物溶出，提高疗效，多用于维生素类及治疗胃部疾患的药物。

6. 分散片(dispersible tablets)　系指在水中能迅速崩解并均匀分散的片剂。分散片中的原料药物应是难溶性的。分散片可加水分散后口服，也可将分散片含于口中吮服或吞服。这种片剂的处方组成，除药物外尚有崩解剂(如羧甲基淀粉钠、低取代羟丙基纤维素等)、遇水形成高黏度的溶胀辅料(如瓜耳树胶、苍耳胶、藻酸盐等)。服用方法既可像普通片那样吞服，又可放水中迅速分散后送服，还可咀嚼或含吮。

7. 可溶片(soluble tablets)　系指临用前能溶解于水的非包衣片或薄膜包衣片。可溶片应溶解于水中，溶液可呈轻微乳光。可供口服、外用、含漱等用。

8. 泡腾片(effervescent tablets)　系指含有碳酸氢钠和有机酸，遇水可产生气体而呈泡腾状的片剂。泡腾片中的原料药物应是易溶性的，加水产生气泡后应能溶解，有机酸一般用枸橼酸、酒石酸、富马酸等。这种片剂特别适合于儿童、老年人和不能吞服固体制剂的患者。又因可以溶液形式服用，药物奏效迅速、生物利用度高，而与液体制剂相比携带更方便。可供口服或外用。

9. 阴道片(vaginal tablets)与阴道泡腾片(vaginal effervescent tablets)　系指置于阴道内使用的片剂。阴道片和阴道泡腾片的形状应易置于阴道内，可借助器具将阴道片送入阴道。阴道片在阴道内应易溶化、溶散或熔化、崩解并释放药物，主要起局部消炎杀菌作用，也可给予性激素类药物。具有局部刺激性的药物，不得制成阴道片。

10. 缓释片(sustained-release tablets)　系指在规定的释放介质中缓慢地非恒速释放药物的片剂。

11. 控释片(controlled-release tablets)　系指在规定的释放介质中缓慢地恒速释放药物的片剂。

12. 肠溶片(enteric-coated tablets)　系指用肠溶性包衣材料进行包衣的片剂。为防止原料药物在胃内分解失效、对胃的刺激或控制原料药物在肠道内定位释放，可对片剂包肠溶衣；为治疗结

笔记栏

肠部位疾病等，可对片剂包结肠定位肠溶衣。

13. 口崩片(orally disintegrating tablets)　亦称口腔崩解片，系指在口腔内不需要用水即能迅速崩解或溶解的片剂。一般适合于小剂量原料药物，常用于吞咽困难或不配合服药的患者。可采用直接压片法制备。口崩片应在口腔内迅速崩解或溶解、口感良好、容易吞咽，对口腔黏膜无刺激性。

三、中药片剂的类型

中药片剂按原料和制法不同分为下述四种类型，即半浸膏片、全浸膏片、全粉末片、提纯片。

1. 半浸膏片　系指药材提取物浸膏与药材细粉混匀制成的片剂，如银翘解毒片、藿香正气片等。此类型片剂在中药片剂中占的比例最大。

2. 全浸膏片　系指将全部药材提取制得的浸膏制成的片剂，如通塞脉片、穿心莲片等。

3. 全粉末片　系指全部药材粉碎成细粉，加赋形剂制成的片剂，如参茸片。

4. 提纯片　系以药材提取的单体或有效部位为原料，加赋形剂制成的片剂，如银黄片。

第二节　片剂的辅料

药物要制成优良的片剂，须具备以下性质：① 容易流动；② 有一定的黏着性；③ 不黏冲头和模圈；④ 遇液体迅速崩解、溶解、吸收而产生应有的疗效。但实际上很少有药物完全具备这些性能。因此，必须另加辅料或适当处理使之达到上述要求。

片剂的辅料系指除主药以外的一切附加物料的总称，亦称赋形剂。制备片剂时，加入辅料的目的是为了确保压片物料的流动性、润滑性、可压性及其成品的崩解性等。辅料选用不当或用量不适，不但可影响片剂的制备过程，而且对片剂的质量、稳定性及其疗效的发挥有一定甚至重要的影响，因此应重视辅料的选择。

片剂辅料必须具有较高的物理和化学稳定性，不与主药及其他辅料起反应，不影响主药的释放、吸收和含量测定，对人体无害，且价廉易得。片剂辅料按其用途一般可分为稀释剂和吸收剂、润湿剂和黏合剂、崩解剂及润滑剂。

一、稀释剂和吸收剂

稀释剂和吸收剂(diluents and absorbents)统称为填充剂。稀释剂适用于主药剂量小于 0.1 g，或含浸膏量多，或浸膏黏性太大而制片困难者。吸收剂适用于原料药中含有较多挥发油、脂肪油或其他液体，而需制片者。常用的稀释剂与吸收剂品种如下：

1. 淀粉(starch)及可压性淀粉　淀粉为白色细腻的粉末，属多糖类，由支链淀粉和直链淀粉组成，性质稳定，与大多数药物不起作用，含水量一般为 12%～15%。淀粉不溶于冷水及乙醇，但在水中加热到 62～72℃可糊化。淀粉吸湿而不潮解，遇水膨胀，遇酸或碱在潮湿或加热情况下可逐渐水解而失去膨胀作用。其水解产物为还原糖，在用还原法测定主药含量时对测定结果有干扰作用。淀粉的种类较多，其中以玉米淀粉较为常用，具有色洁白、吸湿性弱、来源广、价廉的优点。

淀粉价廉易得，是片剂最常用的稀释剂、吸收剂和崩解剂。淀粉的可压性不好，用作稀释剂时，使用量不宜太多，否则压成的药片易松散。必要时与具有较强黏合力的糊精、蔗糖等合用，可改善其可压性。

笔记栏

可压性淀粉又称预胶化淀粉(pregelatinized starch)，有良好的可压性、流动性和自身润滑性，制成的片剂硬度、崩解性均较好，尤适于粉末直接压片。

2. 糊精(dextrin)　为白色或微带黄色细腻的粉末，不溶于醇，微溶于水，能溶于沸水成黏胶状溶液，并呈弱酸性。糊精是淀粉水解的中间产物，其中成分除糊精外，尚含有可溶性淀粉及葡萄糖等，因水解的程度不同而有若干规格，其黏度也各有不相同。

糊精常与淀粉配合用作填充剂，兼有黏合作用。糊精黏性较大，用量较多时宜选用乙醇为润湿剂，以免颗粒过硬。应注意糊精对某些药物的含量测定有干扰，也不宜用作速溶片的填充剂。

3. 糖粉　为优良的稀释剂，并有矫味和黏合作用，多用于口含片和咀嚼片。中药中凡质地疏松或纤维性较强的药物制片，可以糖粉作稀释剂。糖粉具有一定的黏性，可减少片剂的松散现象，并能使片剂表面光洁，增加片剂的硬度；糖粉常与淀粉、糊精配合使用，三者选择适当比例配合，可作为乳糖的代替品，用作主药含量少的片剂稀释剂。

糖粉易溶于水，易吸潮结块；具引湿性，用量过多会使制粒、压片困难，久贮使片剂硬度增加；酸性或强碱性药物能促使蔗糖转化，增加其引湿性，故不宜配伍使用。

4. 乳糖(lactose)　为白色结晶性粉末，由等分子葡萄糖及半乳糖组成。乳糖略带甜味，易溶于水，难溶于醇，性质稳定，可与大多数药物配伍而不起化学反应；无引湿性，有良好的可压性，制成的片剂光洁美观，不影响药物的溶出，对主药的含量测定影响较小，久贮不延长片剂的崩解时限，尤其适用于引湿性药物，是一种优良的片剂稀释剂(或填充剂)。

乳糖有数种规格，如普通乳糖、喷雾干燥乳糖及无水乳糖等。普通乳糖是由结晶法制成，结晶多呈楔形；喷雾干燥乳糖的粒子多呈球形，其流动性较好，但杂质含量较多、易变色。乳糖是自动物乳中提取制成的，国内乳糖产量较少，价格贵，因此在片剂生产中应用不多。国内多用淀粉、糊精、糖粉三者不同比例的混合物代替乳糖，其可压性尚好，但片剂的外观、片剂中药物溶出性不及用乳糖的好。其混合比例则需结合主药性质、当地的温度、湿度及设备条件而决定，一般用淀粉 7 份、糊精 1 份、糖粉 1 份的混合物，制成的片剂有一定的硬度，表面光洁，并能很快崩解。

5. 糖醇类　常见的有甘露醇(mannitol)和山梨醇(sorbitol)，二者为同分异构体，分子式和分子量分别为 $C_6H_{14}O_6$ 和 182.17。为白色结晶性粉末，清凉味甜，易溶于水，微溶于乙醇，甜度约为蔗糖的一半，热值与蔗糖近似。山梨醇依结晶条件的不同，熔点在 88～102℃内变化，相对密度为 1.49，可压性好，是咀嚼片、口含片的主要稀释剂和矫味剂。

6. 硫酸钙(calcium sulfate)　为白色或微黄色粉末，不溶于水，性质稳定，对药物无吸附作用，可与大多数药物配伍；无引湿性，防潮性能好，制成的片剂外观光洁，硬度、崩解度均好；对油类有较强的吸收能力，常作为稀释剂和挥发油的吸收剂。

硫酸钙有无水物、半水物和二水物三种形态，作为片剂填充剂一般采用二水物。硫酸钙半水物遇水易固化硬结，不宜选用，无水物亦很少用。使用二水物以湿法制粒压片时，湿颗粒干燥温度应控制在 70℃以下，以免温度过高失去 1 个分子以上的结晶水后，遇水硬结。

7. 磷酸钙类　磷酸氢钙(calcium phosphate dibasic)为白色细微粉末或晶体，呈弱酸性，具良好的稳定性和流动性。磷酸钙与其性状相似，两者均为中药浸出物、油类及含油浸膏的良好吸收剂，压成的片剂较坚硬。两者均无引湿性，且与易引湿药物同用有减低引湿作用。

8. 其他　氧化镁、碳酸钙、碳酸镁、氢氧化铝凝胶粉及活性炭等均可作为吸收剂，尤适于含挥发油和脂肪油较多的中药制片。其用量应视药料中含油量而定，一般为 10%左右。应注意酸性药物不适用，因它们碱性较强。以上各吸收剂吸油能力不甚相同，且稳定性、酸碱性亦不一样，应根据处方中组成药物特性试验选用。应用方法：① 吸收剂先与含油类药物混合，使其先吸油，再与其他药物混合；② 将吸收剂制成空白颗粒，干燥后与挥发油混合，吸油后再与其他颗粒混匀。吸收剂的用量视药物中含油量而定，一般用量为 10%左右。

笔记栏

二、润湿剂和黏合剂

润湿剂和黏合剂(moistening agents and binders)在制片中具有使固体粉末黏结成型的作用。

本身无黏性，但能润湿并诱发药粉黏性的液体称为润湿剂，适用于具有一定黏性的药料制粒压片。本身具有黏性，能增加药粉间的黏合作用，以利于制粒和压片的辅料称为黏合剂，适用于没有黏性或黏性不足的药料制粒压片。

黏合剂有固体和液体型两类，一般液体型的黏合作用较大，固体型（也称“干燥黏合剂”）往往兼有稀释剂的作用。润湿剂和黏合剂的合理选用及其用量的恰当控制关系到片剂的成型，影响到有效成分的溶出及片剂的生物利用度。常用的润湿剂与黏合剂有以下品种。

1. 水　水为润湿剂。凡药物本身具有一定黏性，如中药半浸膏粉或其他黏性物质，用水润湿即能黏结制粒，但用水作润湿剂时，因干燥温度较高，故对不耐热、遇水易变质或易溶于水的药物不宜应用。另外，由于水易被物料迅速吸收，难以分散均匀，造成结块、溶解等现象，制成的颗粒松紧不匀，而影响片剂的质量。因此很少单独使用，往往采用低浓度的淀粉浆或不同浓度的乙醇代替。一般多用蒸馏水或去离子水。

2. 乙醇　乙醇为润湿剂。凡具有较强黏性的药物，如某些中药浸膏粉等遇水或淀粉浆后，易结成块，不易制成颗粒；或在加热干燥时易引起变质的药物；或药物在水中溶解度大，使制粒操作困难；或颗粒干燥后太硬，压片产生花斑，崩解超时限等，均应采用乙醇作润湿剂，以克服制粒时困难，并缩短干燥受热时间。此外，用大量淀粉、糊精和糖粉作赋形剂时，亦常用乙醇作润湿剂。乙醇浓度视药物和赋形剂的性质、气温高低而定，一般浓度为30%～95%。药物水溶性大、黏性大、气温高，乙醇浓度可高些，反之，则浓度可稍低。乙醇浓度愈高，粉料被润湿后黏性愈小。用乙醇作润湿剂时应迅速搅拌，并应立即制粒，迅速干燥，以免乙醇挥发而使软材结团或使已制得的颗粒变形结团。用乙醇作润湿剂时应注意防火。

3. 淀粉浆　淀粉浆俗称淀粉糊，为最常用的黏合剂。系由淀粉加水在70℃左右糊化而成的稠厚胶体，放冷后呈胶冻样。淀粉浆的优点是：能均匀地湿润片剂粉料，因为胶冻中包含有大量水分，遇粉料后水逐渐扩散到粉料中，分布均匀润湿一致；淀粉浆本身有一定的黏合作用；制出的片剂崩解性能好；对药物溶出的不良影响小。本品适用于对湿热较稳定的药物，而药物本身又不太松散的品种。一般浓度为8%～15%，以10%为最常用，亦有低于5%或高于20%者，可根据主辅药的黏性、水中可溶性及颗粒松紧要求等适当选用。

淀粉浆的制法有冲浆法和煮浆法二种：① 冲浆法，淀粉用少量冷水混悬后，再加沸水或冲入蒸汽使糊化制成，这种浆有一部分淀粉未能完全糊化，因此，黏性不如煮浆强，但制粒时较易操作。此法适用于大生产，目前药厂多采用此法。制粒时，淀粉浆的加入应控制浆温在85℃左右较为适宜，温度太高不利于药物及淀粉等成分的稳定，温度太低则成块，不易分散搅匀，在搅拌过程中逐渐冷却，黏性增大，使各组分黏合成软材；热不稳定的药物宜在50℃以下加入。② 煮浆法，将淀粉混悬于冷水中，置夹层容器内加热糊化，这种浆所有淀粉粒几乎都糊化，故黏性较强。此法不宜用直火加热，以免底部焦化混入黑点影响片剂外观，在生产中已少用。

4. 糊精　主要作为干燥黏合剂，亦有配成10%糊精浆与10%淀粉浆合用。糊精浆黏性介于淀粉浆与糖浆之间，其主要使粉粒表面黏合，不太适用于纤维性大及弹性强的中药制片。

5. 糖浆　为蔗糖的水溶液，其黏合力强，适用于纤维性强、弹性大以及质地疏松的药物。使用浓度多为50%～70%，常与淀粉浆或胶浆混合使用。不宜用于酸、碱性较强的药物，以免产生转化糖而增加引湿性，不利制片。

液状葡萄糖、饴糖、炼蜜都具有较强的黏性，适用的药物范围与糖浆类似，但均具一定引湿性，应控制用量。

6. 胶浆类　具有强黏合性，多用于可压性差的松散性药物或作为硬度要求大的口含片的黏合剂。使用时应注意浓度和用量，若浓度过高、用量过大会影响片剂的崩解和药物的溶出。此类中的阿拉伯胶浆和明胶浆主要用于口含片及轻质或易失去结晶水的药物。

7. 微晶纤维素　可作黏合剂、崩解剂、助流剂和稀释剂。因具吸湿性，故不适用于包衣片及某些对水敏感的药物。

8. 纤维素衍生物 羧甲基纤维素钠、羟丙基甲基纤维素和低取代羟丙基纤维素均可作黏合剂，都兼有崩解作用。可用其溶液，也可用其干燥粉末，加水润湿后制粒。纤维素衍生物溶液常用浓度为5%左右，配方中加入量一般为1%～4%。纤维素衍生物的聚合度和取代度不同，其黏度等性质亦不同。

乙基纤维素溶于乙醇而不溶于水，可用作对水敏感的药物的黏合剂。但对片剂的崩解和药物的释放有阻碍作用，有时用作缓释制剂的辅料。

9. 其他 聚维酮(PVP)溶于乙醇或水，可用其10%左右的水溶液作为某些片剂的黏合剂。或用3%～15%的乙醇溶液，作为对水敏感药物的黏合剂。其水溶液适用于咀嚼片；其干粉为直接压片的干燥黏合剂，能增加疏水性药物的亲水性，有利片剂崩解；其无水乙醇溶液可用于泡腾片的制粒；而5%～10% PVP水溶液是喷雾干燥制粒时的良好黏合剂。

海藻酸钠、聚乙二醇及硅酸铝镁等也可用为黏合剂。中药稠膏，既是药物原料，能起治疗作用，又有黏性起黏合剂作用。

三、崩解剂

崩解剂(disintegrants)系指加入片剂中能促使片剂在胃肠液中迅速崩解成小粒子的辅料。由于药物被较大压力压成片剂后，孔隙率很小，结合力很强，即使在水中易溶解的药物在压成片剂后，其在水中溶解或崩解也需要一定的时间。因此，片剂中水难溶性药物的溶出速度便成为体内药物吸收速度的限制因素，而片剂的崩解一般是药物溶出的第一步。为使片剂能迅速发挥药效，除需要药物缓慢释放的口含片、舌下片、植入片、长效片等外，一般均需加入崩解剂。而中药半浸膏片含有药材细粉，其本身遇水后能缓缓崩解，故一般不需另加崩解剂。

(一) 片剂的崩解机制

崩解剂的主要作用在于消除因黏合剂或由于加压而形成的片剂黏合力使片剂崩解。片剂的崩解机制因制片所用原、辅料的性质不同而异，主要有如下几种。

1. 毛细管作用 这类崩解剂在片剂中能保持压制片的孔隙结构，形成易于润湿的毛细管通道，并在水性介质中呈现较低的界面张力，当片剂置于水中时，水能迅速地随毛细管进入片剂内部，使整个片剂润湿而促进崩解。属于此类崩解剂的有淀粉及其衍生物和纤维素类衍生物等。

2. 膨胀作用 有些崩解剂除了毛细管作用外，自身还能遇水膨胀而促使片剂崩解。如淀粉衍生物羧甲基淀粉钠，在冷水中能膨胀，其颗粒的膨胀作用十分显著，致使片剂迅速崩解。这种膨胀作用还包括由润湿热所致的片剂中残存空气的膨胀作用。

3. 产气作用 产生气体的崩解剂，主要用于那些需要迅速崩解或快速溶解的片剂，如泡腾片、泡沫片等。在泡腾崩解剂中常用枸橼酸或酒石酸加碳酸钠或碳酸氢钠，遇水产生二氧化碳气体，借助气体膨胀而使片剂崩解。

(二) 片剂常用崩解剂

1. 干燥淀粉 干燥淀粉是毛细管形成剂，是亲水性物质，可增加孔隙率而改善片剂的渗水性。淀粉是一种天然的高分子聚合体混合物，这些聚合体是由许多脱水葡萄糖基连接起来的长链，其中20%左右呈直链状，称直链淀粉，这部分溶于热水；80%左右呈树枝状连接，又称支链淀粉，这部分在冷水中不溶解，但能吸水膨胀，使片剂崩解。因此，淀粉在片剂中起崩解作用主要是由于其毛细管吸水作用和本身吸水膨胀。本品为最常用的崩解剂，主要用玉米淀粉，用量一般为配方总量的5%～20%，用前以100℃干燥1 h。本品较适用于不溶性或微溶性药物的片剂，对易溶性药物的片剂作用较差。淀粉用作片剂崩解剂的缺点：① 淀粉的可压性不好，用量多时可影响片剂的硬度；② 淀粉的流动性不好，外加淀粉过多会影响颗粒的流动性。

笔记栏

2. *羧甲基淀粉钠*(CMS－Na)　为白色粉末，取代度一般为 0.3～0.4。由于羧甲基的引进使淀粉粒具有较强的吸水性和膨胀性，能吸收其干燥体积 30 倍的水，充分膨胀后体积可增大 200～300 倍。吸水后粉粒膨胀而不溶解，不形成胶体溶液，故不会阻碍水分的继续渗入而影响药片的进一步崩解。本品可用作不溶性药物及可溶性药物片剂的崩解剂，其崩解作用好；流动性好，可直接压片；用量少，不影响片剂的可压性。研究及生产实践表明，全浸膏片用 3%的 CMS－Na，疏水性半浸膏片用 1.5%的 CMS－Na，能明显缩短崩解时限，增加素片硬度。

3. *低取代羟丙基纤维素*(L－HPC)　为白色或类白色结晶性粉末，在水中不易溶解，但有很好的吸水性，这种性质大大增加了它的膨润度(膨润度＝膨润增加的体积×100/原来体积)。在 37℃条件下，1 min 内吸湿后的膨润度较淀粉大 4.5 倍，在胃液和肠液中的膨润度几乎相同，是一种良好的片剂崩解剂。另一方面它的毛糙结构与药粉和颗粒之间有较大的镶嵌作用，使黏性强度增加，可提高片剂的硬度和光洁度。本品的用量一般为 2%～5%，L－HPC 具有崩解黏结双重作用，对崩解差的丸、片剂可加速其崩解和增加崩解后粉粒的细度；对不易成型的药物，可促进其成型，提高药片的硬度。

其他纤维素衍生物，如羧甲基纤维素，以聚合度高而取代度低的羧甲基纤维素钠崩解作用好；羧甲基纤维素钙亦有良好的崩解作用。

4. *泡腾崩解剂*(effervescent disintegrants)　为一种遇水能产生二氧化碳气体达到崩解作用的酸碱系统，最常用的是碳酸氢钠和枸橼酸或酒石酸。泡腾崩解剂的作用很强，在生产和贮存过程中要严格控制水分，一般在压片时临时加入或将两种成分分别加入两部分颗粒中，临压片时混匀。泡腾崩解剂可用于溶液片等，局部作用的避孕药也常制成泡腾片。用泡腾崩解剂制成的片剂，应妥善包装，避免与潮气接触。

5. *表面活性剂*(surfactants)　为崩解辅助剂，能增加药物的润湿性，促进水分透入，使片剂容易崩解。一般疏水性或不溶性药物对水缺乏亲和力，其孔隙中不易为水所透入，若加入适量表面活性剂则能较好地解决。常用的表面活性剂，如聚山梨酯 80(吐温 80)、溴化十六烷基三甲铵、十二烷基硫酸钠等。用量一般为 0.2%。表面活性剂的使用方法：① 溶解于黏合剂内；② 与崩解剂混合后加于干颗粒中；③ 制成醇溶液喷在干颗粒上。以第三种方法最能缩短崩解时间。单独使用表面活性剂崩解效果不好，必须与干燥淀粉等混合使用。

(三) 片剂崩解剂的加入方法

1. *内加法*　崩解剂与处方粉料混合在一起制成颗粒，崩解作用起自颗粒的内部，使颗粒全部崩解。但由于崩解剂包于颗粒内，与水接触较迟缓，且淀粉等在制粒过程中已接触湿和热，因此崩解作用较弱。

2. *外加法*　崩解剂与已干燥的颗粒混合后压片。此法虽然片剂的崩解速度较快，但其崩解作用主要发生在颗粒与颗粒之间，崩解后往往呈颗粒状态而不呈细粉状。

3. *内外加法*　一部分与处方粉料混合在一起制成颗粒，另一部分加在已干燥的颗粒中，混匀压片。此种方法可克服上述两种方法的缺点，是较为理想的方法。至于在制粒时和压片时崩解剂的用量，可按具体品种而定，一般加入比例为内加 3 份，外加 1 份。

4. *特殊加入法*

(1) 泡腾崩解剂的加入：一般应将其酸、碱组分分别与处方药料或其他赋形剂制成干燥颗粒后，再行混合。压片颗粒或成品均应妥善贮藏、包装，避免与潮气接触。

(2) 表面活性剂的加入：一般制成醇溶液喷在干颗粒上，或溶解于黏合剂内，或与崩解剂混合后加于干颗粒中。

笔记栏

四、润滑剂

药物颗粒(或粉)在压片前必须加入一定量的具有润滑作用的物料，以增加颗粒(或粉)的流动性，减少颗粒(或粉)与冲模之间的摩擦力，以利于将片剂推出模孔，使片剂的剂量准确，片面光洁美观，此类物料一般称为润滑剂(lubricants)。按其作用不同，润滑剂可分为以下3类：① 主要用于增加颗粒流动性，改善颗粒的填充状态者，称为助流剂(glidants)；② 主要用于减轻原料对冲模的黏附性者，称为抗黏着(附)剂(anti-adherent)；③ 主要用于降低颗粒间以及颗粒与冲头和模孔壁间的摩擦力，可改善力的传递和分布者，称为润滑剂。一般将具有上述任何一种作用的辅料都统称为润滑剂。但实际上三种辅料的使用目的、作用及品种都不相同。

润滑剂主要有以下几方面的作用：① 液体润滑作用：当在粗糙颗粒表面包裹上一层液体润滑剂(如某些矿物油)的连续液层后，有可能降低颗粒与冲模壁之间的摩擦力，且颗粒自身的滑动性也有所增加；② 边界润滑作用：固体润滑剂，特别是一些长链的脂肪酸及其盐类润滑剂，既能定向排列覆盖在颗粒表面形成一薄粉层，填平了粒子表面的微小凹陷，降低了颗粒间的摩擦力，同时其极性端又能吸附于金属冲模表面，起到润滑、助流和抗黏附作用；③ 薄层绝缘作用：一些药物在压制过程中可能产生静电吸附，有绝缘作用的润滑剂薄膜可阻止静电荷的聚集，避免了黏冲或流动性降低现象，而具有助流和抗黏着作用。润滑剂一般可分为以下三类。

(一) 疏水性及水不溶性润滑剂

1. *硬脂酸、硬脂酸钙和硬脂酸镁* 为白色粉末，细腻轻松，有良好的附着性，与颗粒混合后分布均匀而不易分离，仅用少量即能显示出良好的润滑作用，且片面光滑美观，为广泛应用的润滑剂。硬脂酸钙和硬脂酸镁的颗粒比硬脂酸小而比容大，其颗粒有较大的包裹性，所以用量也略少。碱金属硬脂酸镁盐呈碱性反应，故对某些维生素及多数有机碱盐等不宜使用，因碱性可降低这些药物的稳定性。由于此类润滑剂为疏水性物质，故用量过大会导致片剂不易崩解或产生裂片，一般用量为0.3%～1%。

2. *滑石粉(talc)* 其成分为含水硅酸镁，为白色结晶粉末，有较好的润滑性，用后可减少压片物料黏附于冲头表面的倾向，且能增加颗粒的润滑性和流动性。本品不溶于水，但有亲水性，对片剂的崩解作用影响不大。与大多数药物合用不发生反应，且价廉易得。滑石粉对胃肠道有一定刺激性，用量不宜太大。本品颗粒细而比重大，附着力较差，在压片过程中可因振动而与颗粒分离并沉在颗粒底部，往往出现上冲黏冲现象。由于滑石粉在颗粒中往往分布不匀，片剂的色泽和含量容易出现较大差异，故现已较少单独使用。但它有亲水的优点，为改善疏水性润滑剂(如硬脂酸镁等)对片剂崩解的不良影响而联合应用。

3. *氢化植物油(hydrogenated vegetable oils)* 系由氢化植物油经过精制、漂白、脱色及除臭后，以喷雾干燥制得的粉末。将本品溶于热轻质液状石蜡或已烷中，然后喷于颗粒上，以利于分布均匀，已烷可在减压条件下除去。本品润滑性能好，凡不宜用碱性润滑剂的品种，都可用本品。

4. *液状石蜡* 以轻质者为宜，常与滑石粉同用以增加滑石粉的润滑作用，使用时一般液状石蜡为0.5%～1%、滑石粉为3%。本品亦可单独应用于有色药物(如药用炭)的片剂，不影响片剂的颜色，其用量亦为0.5%～1%。使用时，可将液状石蜡溶于醚中成为50%溶液，然后喷于颗粒表面，待醚挥发后即可压片，但使用时掌握不好，也易产生油斑，故较少使用。

5. *高熔点蜡* 常用浓度为3%～5%，润滑性很好，抗黏附性不好，无助流性。

(二) 水溶性润滑剂

由于疏水性润滑剂对片剂的崩解及药物的溶出有一定的影响，同时为了满足制备水溶性片剂(如口含片、泡腾片等)的要求，需选用水溶性或亲水性的润滑剂。常用的水溶性润滑剂有：

1. *聚乙二醇(PEG)* 聚乙二醇4 000及6 000的分子量分别为3 000～3 700、6 000～7 500，熔点分别为53～56℃、60～63℃。本品为水溶性，溶解后可得到澄明溶液，与其他润滑剂相比粉粒较小，50 μm以下的颗粒压片时可达到良好的润滑效果。当可溶性片剂中不溶性残渣发生溶解困难时，为提高其水溶性往往也使用此类高分子聚合物。

笔记栏

2. 十二烷基硫酸镁(magnesium lauryl sulfate) 为水溶性表面活性剂，具有良好的润滑作用。本品能增强片剂的机械强度，并能促进片剂的崩解和药物的溶出。实验证明，在相同条件下压片，十二烷基硫酸镁的润滑作用较滑石粉、PEG及十二烷基硫酸钠更好。片剂中加入硬脂酸镁，往往使崩解时间延长，但如果加入适量十二烷基硫酸镁，不但不阻碍崩解，反而可加速其崩解。但如果用量过多，因过分降低介质的表面张力，反而不利于崩解。

(三) 助流剂

助流剂的作用是促进物料的流动性。助流剂可黏附在颗粒或粉末的表面将粗糙表面的凹陷处填满，并将颗粒隔开，降低了颗粒间的摩擦力，故可改善其流动性。

1. 微粉硅胶(colloidal silicon dioxide) 常用作粉末直接压片的助流剂。本品为轻质的白色粉末，无臭无味，不溶于水及酸，而溶于氢氟酸及热碱溶液中；化学性质稳定，与绝大多数药物不发生反应。微粉硅胶的比表面积大，可达100～350 m^2/g，特别适宜于油类和浸膏类等药物，与1～2倍的油混合仍呈粉状。本品有良好的流动性，对药物有较大的吸附力，其亲水性能强，用量在1%以上时可加速片剂的崩解，有利于药物的吸收。本品作助流剂的用量一般仅为0.15%～3%。

由于润滑剂或助流剂的作用效果与其比表面积有关，所以固体润滑剂的粒度应越细越好。而润滑剂的用量在达到润滑作用的前提下，原则上用量越少越好，一般在1%～2%，必要时可增加到5%。一般助流作用较好的辅料，其润滑作用往往较差。如滑石粉等助流剂可使硬脂酸镁的润滑作用降低，在硬脂酸镁用量相同时，滑石粉的加入量越多其推片力越大。所以压片时往往既需在颗粒中加入润滑剂，又需加入助流剂，如将滑石粉与硬脂酸镁配合应用，滑石粉能减轻硬脂酸镁疏水性的不良影响，但也能削弱硬脂酸镁的润滑作用。

2. 滑石粉 具有良好的润滑性和流动性，与硬脂酸镁合用兼具助流抗黏作用。

必须指出，一些辅料往往兼具多种作用，例如药用淀粉可用作稀释剂或吸收剂，同时也是良好的崩解剂，淀粉加水加热糊化后又可用为黏合剂；糊精可用作稀释剂，也是良好的黏合剂。中药片剂的原料药物，既起治疗作用，有时也兼起辅料的作用，例如含淀粉较多的药物细粉可用作稀释剂和崩解剂；药物的稠膏也可用作黏合剂。在片剂处方设计时可以根据各类辅料和原料药物的特点，灵活运用。

五、粉末直接压片的辅料

直接压片处方中的赋形剂，尤其是填充剂和黏合剂的作用比在湿法制颗粒压片中的作用更为重要。常用于直接压片的辅料如下。

(一) 干燥黏合剂

1. 微晶纤维素 由木纤维或棉纤维经强酸水解后，除去其中的无定形纤维，剩下聚合度较低的针状微小晶体，即为微晶纤维素。本品有多种规格，其粉粒特性有区别。微晶纤维素为白色或稍带黄色、无臭、无味的粉末，不溶于水，有良好的可压性，且兼具黏合、助流、崩解等作用；对药物有较大的容纳量，为粉末直接压片的干燥黏合剂和良好的稀释剂。微晶纤维素压缩时，粒子间借氢键结合，有较强的结合力，压成的药片有较大的硬度，崩解作用也好。微晶纤维素价格较淀粉、糊精、糖粉等高，故不单独用作稀释剂，而作为稀释-黏合-崩解多功能的赋形剂使用。本品有吸湿性，应贮放于干燥处。

2. 改性淀粉 本品由玉米淀粉经部分水解而得，其中一部分是完整的淀粉颗粒，另一部分则是水解后破坏而凝聚成的球粒。流动性和可压性较普通淀粉为好，多用于粉末直接压片，既可作为填充剂又可兼作黏合剂和崩解剂。

笔记栏

3. 其他 聚乙二醇4 000或6 000可用作干燥黏合剂；糊精、糖粉、羧甲基纤维素钠、氢氧化铝

凝胶粉等亦可用作干燥黏合剂。

(二) 助流剂

1. 微粉硅胶　见本节上述。

2. 氢氧化铝凝胶　本品为极轻的凝胶粉末，在显微镜下观察其形状为极细小的球状聚合体，表面积大，并有良好的可压性，和原辅料混合后以无数小球体分布于原辅料周围而起助流作用，并使原来疏松的原辅料排列紧密，体积缩小，而且增加了黏性。所以本品常作为粉末直接压片的助流剂和干燥黏合剂。

此外，氧化镁也可用作某些片剂的助流剂，用量约1%～2%。

(三) 崩解剂

除干燥淀粉、羧甲基淀粉钠、微晶纤维素等以外，生产上常用羧甲基纤维素钠作崩解剂。

小剂量药物直接压片可采用下列混合辅料：① 糊精2份，淀粉2份，糖粉1份，氢氧化铝凝胶（总量的3%）；② 糊精25份，糖粉12份，淀粉9份，微晶纤维素8份，氢氧化铝凝胶（总量的3%），滑石粉（总量的6%），硬脂酸镁（总量的1%）。以上成分充分混合均匀，可得流动性、可压性较好的辅料。当氢氧化铝凝胶对片剂药物分析发生干扰时，可用微粉硅胶（0.05%～0.2%）代替。

第三节　片剂的制备

片剂制备是将粉状或颗粒状物料通过压片机压缩成形的过程。中药片剂的制备方法主要分为颗粒压片法和直接压片法两大类。颗粒压片法根据主药性质及制备颗粒的工艺不同，又可分为湿法制颗粒压片法和干法制颗粒压片法两种。直接压片法又因主药性状不同分为粉末直接压片法和半干式颗粒（空白颗粒）压片法。

为获得合格片剂，一般要求物料具有好的流动性、压缩成型性以及润滑性。制颗粒是改善物料流动性和压缩成型性的最有效方法之一，因此颗粒压片法是最基本的片剂制备方法，也是最常用的方法。

一、湿法制颗粒压片法

湿法制颗粒压片法是将物料经湿法制颗粒干燥后进行压片的方法。本法适用于药物不能直接压片，且遇湿、热不起变化的片剂制备。一般生产工艺流程如图12－1所示。

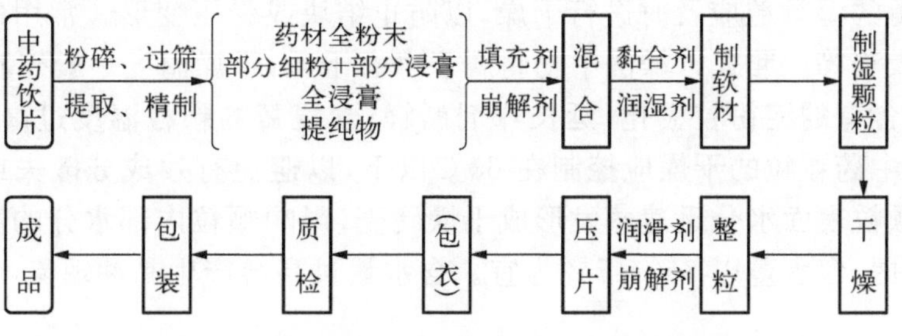

图12－1　湿法制颗粒压片法的一般工艺流程

(一) 中药原料及辅料的前处理

中药片剂制备前，须先对中药原料及辅料进行处理。辅料一般均需经过粉碎、过筛、混合等操作，与颗粒剂的制备相同。中药原料品种多、性质各异、成分复杂，故一般均需经处理后才可用于片剂的制备，这样既可保留有效成分的同时，去除无效杂质，从而缩小体积，减少服用剂量，还能提高

笔记栏

制剂的稳定性，方便制备，有利于制剂成型。

中药原料前处理应遵循的一般原则包括如下。

(1) 含淀粉较多的饮片、贵重药、剧毒药、树脂类药及受热有效成分易破坏的中药原料，一般将其粉碎成100目左右的细粉，以原粉入药。如桔梗、山药、浙贝母、雄黄、牛黄、大黄、木香等。

(2) 含水溶性有效成分，或含纤维较多、黏性较大、质地泡松或坚硬的中药原料，以水煎煮，浓缩成稠膏。必要时可采用高速离心或加乙醇沉淀等纯化方法去除杂质，再制成稠膏或干浸膏，或经喷雾干燥制成细粉。如大腹皮、丝瓜络、茅根、熟地、磁石等。

(3) 含挥发性成分较多的中药原料一般采用双提法，即先用水蒸气蒸馏法提取挥发性成分，药渣再加水煎煮，并与蒸馏后的药液共制成稠膏或干浸膏粉。

(4) 含醇溶性成分的中药原料，可用适宜浓度的乙醇或其他溶剂，以回流、渗漉、浸渍等方法提取后，再浓缩成稠膏。

(5) 有效成分明确的中药原料，一般采用特定的方法和溶剂提取有效成分后制片。

（二）制颗粒

1. 制颗粒的目的　制颗粒是湿法制颗粒压片法的关键性操作，其目的主要包括如下。

(1) 改善物料的流动性，保证片剂剂量准确，减小片重差异　原辅料粉末的休止角一般较大，特别是中药材粉末，流动性差。制成颗粒后，可增加物料的流动性，颗粒的休止角一般在40°以下。

(2) 减少细粉吸附和容存的空气，避免片剂松裂　细粉具有较大的比表面积，易吸附和容存较多的空气，压片时，部分空气来不及逸出而被压在片剂内，压力撤销后，片剂内的空气膨胀，以致容易产生松片、顶裂等问题。

(3) 防止各成分的离析，保证片剂含量均匀　处方中一般含有多种原辅料，且密度不同，若混合后直接压片，由于振动等原因，密度大者容易下沉，密度小者容易上浮，进而产生粉末分层现象，致使主药含量不均。

(4) 避免细粉飞扬及黏冲、拉模等现象　细粉压片时极易起尘，造成环境污染；细粉还具有极强的吸附力，易黏附于冲头表面或模壁，造成黏冲、拉模等现象。

2. 制颗粒的步骤

(1) 制软材：将药物和适宜的辅料混合均匀后，加入适当的黏合剂或润湿剂，采用适当的方法混匀后即得软材。黏合剂或润湿剂的用量是操作的关键，常按照“手握成团、轻压即散”的标准来确定黏合剂或润湿剂的用量。

(2) 制湿颗粒：通常采用传统的过筛挤压制粒法制备湿颗粒。近年来，流化床制粒、喷雾干燥制粒、高速搅拌制粒等现代化的制粒技术逐渐被广泛应用。

(3) 干燥：制得的湿颗粒应及时进行干燥，以防止结块或受压变形。常用的干燥方法有厢式干燥法、流化床干燥法等。厢式干燥法中物料属于静态干燥，干燥温度一般控制在60～80℃。温度过高可使颗粒中含有的淀粉粒糊化，延长片剂崩解；含浸膏的颗粒温度过高会软化结块；含挥发性及苷类成分的中药颗粒的干燥应控制在60℃以下，以避免有效成分散失或破坏。干燥温度应逐步上升，以防颗粒表面水分迅速蒸发形成干燥硬壳，影响颗粒内部水分的散发。颗粒干燥的程度一般凭经验掌握，含水量以3%～5%为宜。含水量过高会产生黏冲现象，含水量过低则易出现顶裂现象。

(4) 整粒：将干燥后的颗粒通过筛分法进行整粒，使其中结块、粘连的颗粒散开，从而获得均匀的颗粒。整粒所用筛网的规格一般与制湿颗粒时相同；若颗粒较疏松，应选用孔径稍大的筛网；若颗粒较粗硬，应选用孔径稍小的筛网。

笔记栏

3. 不同中药原料的制颗粒方法　根据中药原料的性质不同，可采用不同形式入药来制备颗粒，主要包括如下。

(1) 药材全粉末制颗粒：将处方中全部药材粉碎成细粉后，混匀，加适量的黏合剂或润湿剂制成软材，然后制颗粒。应根据药粉的性质选择合适的黏合剂或润湿剂，若处方中含有较多黏性成分，则选用水或不同浓度的乙醇等润湿剂即可；若处方中含有较多纤维性、矿物质性成分时，由于黏性不足，故应选用黏性强的黏合剂。此法仅适用于剂量小的贵重细料药、毒性药及几乎不具有纤维性的药材细粉，如参茸片、安胃片等。本法具有简便、快速、经济等优点，但必须同时注意：药材粉碎时，不得随意丢弃难粉碎部分，以防处方剂量改变；注意药粉的灭菌，以确保片剂卫生达标。

（2）部分浸膏与部分药材细粉混合制颗粒：将处方中部分药材粉碎成细粉，其余药材提取制成稠浸膏，将细粉和浸膏两者混合，若混合后黏性适中则直接制软材、制颗粒；若混合后黏性不足，则另加适量黏合剂制粒；若混合后黏性太大难以制粒，或制成的颗粒试压时出现花斑、麻点，则将稠浸膏与药材细粉混匀，烘干后，粉碎成细粉，再加润湿剂制软材、制颗粒。药材细粉与浸膏的比例主要根据药材性质及出膏率决定，还应考虑使片剂能快速崩解，力求使稠浸膏与药材细粉混合后正好能制成适宜的软材。与全粉末制颗粒及全浸膏制颗粒相比，该法最大优点是：除具有治疗作用外，稠浸膏起黏合剂的作用，药材细粉具有稀释剂、崩解剂的作用。因此，该法可节省辅料，适用于大多数中药片剂的制备。

（3）全浸膏制颗粒：先将处方中全部药材提取制成浸膏，再制颗粒。全浸膏制颗粒所得颗粒质量好，压出的药片外观光滑，色泽均匀，服用量少，但工序复杂，费工时。本法适用于处方量大，不含贵重药的品种，尤其适用于有效成分含量较低的药材制片。

（4）提纯物制颗粒：将提纯物细粉（有效成分或有效部位）与适量稀释剂、崩解剂等混匀后，加入黏合剂或润湿剂，制颗粒。

（三）压片

1. 压片前干颗粒的处理　压片前要将处方中的挥发性成分、其他液体成分及崩解剂、润滑剂等成分，加入到干颗粒中并混匀。加挥发性成分及液体物料时，从干颗粒中用五号筛筛出部分细粉或细粒吸收挥发油或液体药物，再以等量递增法与颗粒混匀。若挥发油量超过0.6%时，先以吸收剂吸收，再与颗粒混匀。油溶液或挥发性固体，先用少量乙醇溶解，再均匀喷入颗粒中混匀。已加入挥发性成分的干颗粒应立即放置桶内密闭贮存数小时，使挥发性成分在颗粒中渗透均匀，以免由于挥发油吸附于颗粒表面，压片时产生裂片。为减少挥发油在制备贮存过程中的挥发损失，也可将挥发油制成环糊精包合物，再加入颗粒进行制粒压片。外加崩解剂应先干燥，过筛，在整粒时加入干颗粒中，充分混合。润滑剂常在整粒后筛入干颗粒中混匀，混匀后移至容器内密闭。

2. 片重的计算

（1）处方中规定了每批药料应制得的片数及片重时，则干颗粒总重量（主药加辅料）应等于片数乘以片重。当干颗粒总重量小于片数乘片重时，应补加淀粉等辅料使两者相等。片重可按式(12-1)计算

$$\text{片重}=\frac{\text{干颗粒重}+\text{压片前加入的辅料重}}{\text{应压片数}} \tag{12-1}$$

（2）中药片剂试制过程中，处方药料的片数与片重未定时，可按式(12-2)计算片重

$$\text{片重}=\frac{\text{单服颗粒重}}{\text{单服片数}}=\frac{\text{干颗粒总重量}\div\text{单服次数}}{\text{单服片数}} \tag{12-2}$$

（3）生产中部分药材提取浓缩成膏，另一部分药材粉碎成细粉，混合后压片的片重，可由式(12-3)求得

$$\begin{aligned}\text{片重}&=\frac{\text{干颗粒重}+\text{压片前加入的辅料重}}{\text{理论片数}}\\&=\frac{\text{成膏固体重}+\text{原粉重}+\text{压片前加入的辅料重}}{\text{原中药总重量}\div\text{每片原中药量}}\\&=\frac{\text{中药重量}\times\text{收膏率}+\text{原粉重}+\text{压片前加入的辅料重}}{\text{原中药总重量}\div\text{每片原中药量}}\end{aligned} \tag{12-3}$$

笔记栏

(4) 若已知每片主药含量时,可通过测定颗粒中主药含量再确定片重

$$片重=\frac{每片含主药量(标示量)}{干颗粒中主药的实测百分含量}$$

3. 压片机

按结构可将常用压片机分为单冲压片机和旋转式压片机两类。单冲压片机的产量小,一般用于小量生产,目前工业生产上主要使用旋转式压片机。

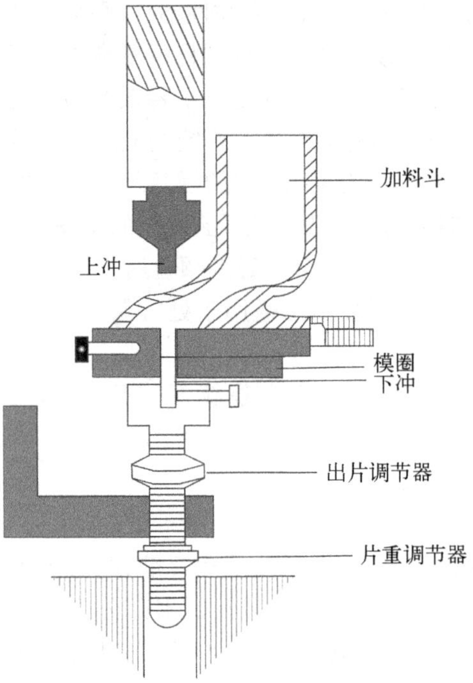

图 12-2　单冲压片机结构示意图

(1) 单冲压片机:结构示意图如图 12-2 所示,主要由转动轮、冲模系统、三个调节器(压力、片重、出片)和一个能左右移动的加料斗四部分组成。冲模系统包括上、下两个冲头和一个模圈,是压片机的压片部分,模圈嵌入模台上,上下冲头固定于上下冲杆上。下冲连接一个出片调节器和一个片重调节器。片重调节器用来调节下冲下降的深度,实际上是调节颗粒在模孔中的填充量而调节片重,下冲在模圈内位置越低,模孔的容积越大,颗粒填充量越多,片子越重;反之则轻。出片调节器用于调节下冲上升的位置,使恰与模圈上缘相平,将压成的片剂从模孔中顶出。上冲连接一个压力调节器,用于调节上冲下降的位置,下降的位置越低,上下冲间距离越近,压力越大,所得的片剂越硬且越薄,反之越松而厚。单冲压片机的产量约为每分钟 80～100 片,多用于新产品的试制或小量生产;压片时由单侧加压(由上冲加压),所以压力分布不够均匀,易出现裂片,噪声较大。

单冲压片机压片过程如图 12-3 所示:① 上冲抬起,加料斗移动到模孔之上;② 下冲下降到适宜的深度(根据片重调节,使容纳的颗粒重恰等于片重),加料斗在模孔上面摆动,颗粒填满模孔;③ 加料斗由模孔上移开,使模孔中的颗粒与模孔的上缘相平;④ 上冲下降并将颗粒压缩成片;⑤ 上冲抬起,下冲随之上升到与模孔上缘相平,加料斗再次移到模孔之上,将压好的药片推开,并进行第二次饲粒,如此反复进行。

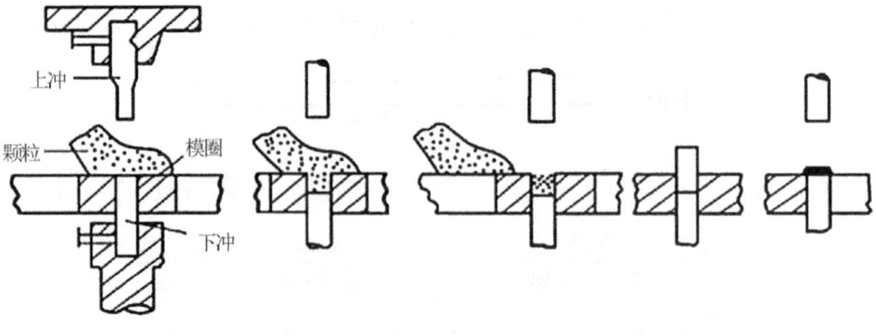

图 12-3　单冲压片机压片过程示意图

(2) 旋转式压片机:是目前生产中广泛使用的压片机,其结构示意图与工作原理如图 12-4 所示,主要工作部分有机台、压轮、片重调节器、压力调节器、加料斗、刮粉器、吸尘器、保护装置等。机台分为三层,机台的上层装有若干上冲,在中层的对应位置装上模圈,在下层的对应位置装着下冲。上冲与下冲各自随机台转动并沿着固定的轨道有规律地上、下运动,当上冲与下冲随机台转动,分别经过上、下压轮时,上冲向下、下冲向上运动,并对模孔中的物料加压;机台中层的固定位置上装有刮粒器,加料斗的出口对准刮粉器,颗粒可源源不断地流入刮粉器中,由此充填

笔记栏

入模孔；压力调节器用以调节下压轮的高度，以增加上下冲间的距离，而调节压片压力；片重调节器装于下冲轨道的刮粉器所对应的位置，用以调节下冲经过刮粉器时的高度，以调节模孔的容积。

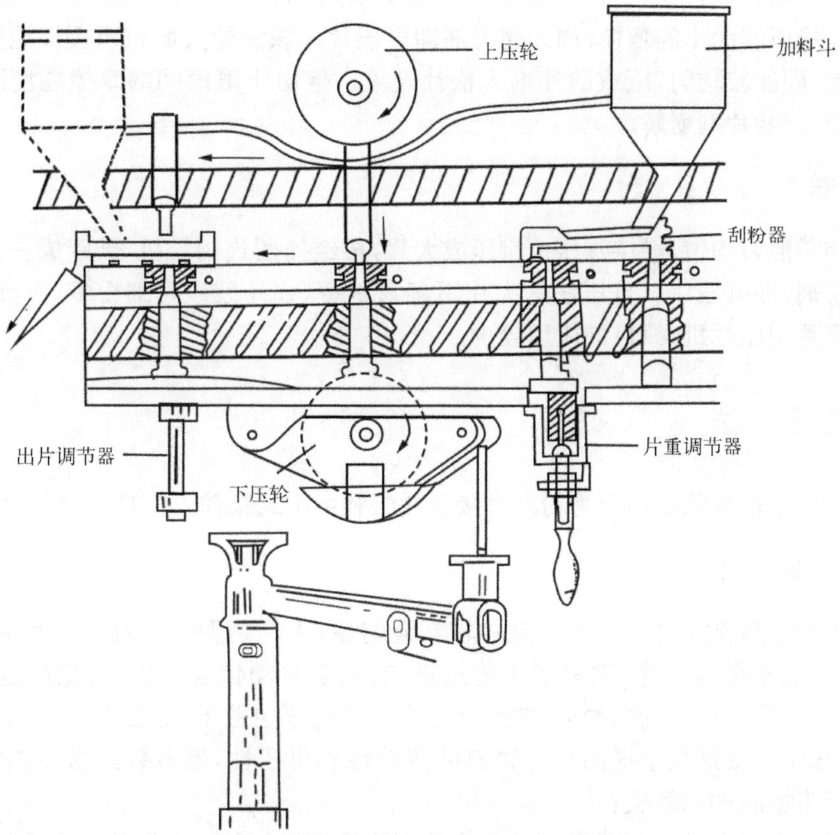

图 12－4 旋转式压片机工作原理示意图

旋转式压片机有多种型号，按冲头数分为 16 冲、19 冲、27 冲、33 冲、55 冲以及 75 冲等。按流程分单流程和双流程两种，单流程仅有一套上、下压轮，旋转一周每个模孔仅压出一个药片；双流程有两套压轮、加料斗、刮粉器、片重调节器和压力调节器等，均装于对称位置，中盘转动一周，每副冲压制两个药片。

旋转式压片机具有饲粉方式合理、片重差异小；由上、下冲同时加压，压力分布均匀；生产效率高等优点。全自动旋转式压片机都装有自动剔除废片（片重及压力不合格），以及自动调节片重等部件，除能将片重差异控制在一定范围外，对缺角、松裂片等不合格片剂也能自动鉴别并剔除。

片剂的形状和大小取决于冲头和模圈的形状和直径。冲模通常为圆形，圆形冲头有不同的弧度，深弧度的一般用于包糖衣的双凸片的压制。另外还有压制异形片的冲模如三角形、椭圆形等。冲头上可刻有药品的名称、主药含量或通过直径的线条，使片剂易于识别或折断。冲模的直径随片重而定。

二、干法制颗粒压片法

干法制颗粒压片法是指不用润湿剂或黏合剂，将物料通过干法制成颗粒后进行压片的方法。该法在制备过程中，物料不经过湿和热的处理，能提高对湿、热敏感药物的产品质量，且省时，但干法制颗粒需采用特殊制粒设备，同时各种物料的性质不一，并非所有中药原料都适合采用干法制颗粒压片，因此主要用于遇水、遇热不稳定药物的片剂生产。常用的干法制粒主要有滚压法制粒和重

笔记栏

压法制粒。

(一) 滚压法

将药物粉末和辅料混合均匀后，通过转速相同的两个滚动圆筒的缝隙压成所需硬度的薄片，再通过制粒机破碎成所需大小的颗粒，加入润滑剂即可压片。该法能大面积而缓慢地加料，压成的薄片厚度较易控制，硬度较均匀，压成的片剂无松片现象。但由于滚筒间的摩擦能使温度上升，有时制成的颗粒过硬，影响片剂崩解。

(二) 重压法

将药物与辅料混合均匀，经特殊压片机压成大片，再经摇摆式制粒机，破碎成一定大小的颗粒，颗粒中加入润滑剂，即可压片。重压法的大片不容易制备，大片破碎时细粉多，需反复重压、击碎，耗时、费料，且需重型压片机，故目前应用较少。

三、直接压片法

直接压片法因主药性状不同分为粉末直接压片法和半干式颗粒(空白颗粒)压片法。

(一) 粉末直接压片法

粉末直接压片法系指药物粉末与适宜的辅料混匀后，不经制颗粒而直接压片的方法。粉末直接压片省去了制粒、干燥等工序，缩短了工艺过程，有利于自动化连续生产；生产过程中无湿热过程，特别适用于对湿热不稳定的药物；片剂崩解后为药物的原始粒子，比表面积大，有利于药物的溶出，提高药效。该法的关键在于提高压片物料的流动性和可压性，但多数药物不具备这些特性，目前常通过采用以下措施加以解决：

1. 改善压片物料的性能　通常采用的方法是在压片物料(药粉)中添加适宜适量的可压性和流动性好的辅料，以改善压片物料的性能。可用于粉末直接压片的常用辅料包括：微晶纤维素、乳糖、改性淀粉、微粉硅胶、甘露醇等。

2. 改进压片机的性能　粉末直接压片时，加料斗内粉末常出现空洞或流动时快时慢的现象，以致片重差异较大。生产上一般采用加装振荡器予以克服，即利用上冲转动时产生的动能来撞击物料，使粉末均匀流入模孔。粉末直接压片时，易吸附较多空气，压片时易产生顶裂，为此可适当加大压力；或改进装备，增加预压过程(分次加压的压片机)；或减慢转速，使受压时间延长等方法来克服。为防止药粉飞扬和漏粉，可安装自动密闭加料设备，并安装吸粉器加以回收。

(二) 半干式颗粒(空白颗粒)压片法

半干式颗粒(空白颗粒)压片法是将药物粉末和预先制好的辅料颗粒(空白颗粒)混合进行压片的方法。该法适合于对湿、热敏感不宜制粒，而且压缩成形性差的药物，可借助辅料的优良压缩特性顺利制备成片剂。

四、片剂成形的影响因素

(一) 物料的压缩成形性

笔记栏

压缩成形性是物料被压缩后形成一定形状的能力。片剂的制备过程就是将药物和辅料的混合物压缩成具有一定形状和大小的坚固聚集体的过程。多数药物在受到外加压力时产生塑性变形和弹性变形，其塑性变形产生结合力，易于成形；其弹性变形不产生结合力，趋向于恢复到原来的形状，从而减弱或瓦解片剂的结合力，甚至发生裂片和松片等现象。如纤维性成分易产生弹性变形，故含纤维多的物料在预处理时应尽量去除纤维性成分或选用黏性大的黏合剂。

（二）药物的熔点及晶型

压片时，物料瞬间受压产生的热，致使局部温度升高而使某些低熔点组分熔融，当压力解除后又结晶，在粒子间形成“固体桥”。药物的熔点低有利于“固体桥”的形成，但熔点过低，压片时容易黏冲。药物的晶型对成型也有一定影响，立方晶系的结晶对称性好、表面积大，压缩时易于成形；鳞片状或针状结晶容易形成层状排列，所以压缩后的药片容易裂片；树枝状结晶易发生变形且相互嵌接，可压性较好，易于成形，但缺点是流动性极差。

（三）辅料

凡对药物颗粒或粉末黏结力产生影响的辅料，对片剂的成形及质量均有影响。黏合剂能增强颗粒间的结合力，易于压缩成形，但使用品种不当或用量过多时易于黏冲，使片剂的崩解、药物的溶出受影响。常用润滑剂为疏水性物质（如硬脂酸镁），减弱颗粒间的结合力，在其常用的浓度范围内，对片剂的成形影响不大，但疏水性润滑剂用量过多会使粒子间结合力减弱，造成片剂的硬度降低。

（四）水分

颗粒中含有适量的水分，在压缩时水分被挤到表面形成薄膜，使颗粒易于互相靠近，易于成形，但过量的水分易造成黏冲。另外，水分可使颗粒表面的可溶性成分溶解，当药片失水时发生重结晶而在相邻颗粒间架起“固体桥”，有利于片剂成形，从而使片剂的硬度增大。

（五）压力

一般情况下，压力愈大，颗粒间的距离愈近，结合力愈强，压成的片剂硬度也愈大，有利于成形，但当压力超过一定范围后，压力对片剂硬度的影响减小，易出现裂片，同时压力过大，片剂过硬，会影响片剂的崩解。

五、压片时可能发生的问题与解决的办法

在压片过程中，因物料性质，环境温湿度，压片机性能等原因，有时会出现松片、裂片、黏冲、片重差异超限、崩解迟缓、变色或表面斑点、引湿受潮、含量不均匀及微生物污染等问题，从而影响压片操作和片剂质量，应及时查找原因，并进行处理。

（一）松片

片剂硬度不够，稍微施加压力即碎裂的现象称为松片。松片产生的主要原因和解决办法如下。

1. *物料的压缩成形性差* 中药原料中若含纤维较多，或矿物、角质类药的用量较大时，则物料缺乏黏性且具有弹性，易导致颗粒松散不易压片；中药原料的质地疏松，则流动性较差，易导致填充量不足而产生松片。针对以上情况，可添加干燥的黏合剂，或选用黏性较强的黏合剂，或增大黏合剂的用量。

中药原料中含较多的挥发油、脂肪油等脂溶性液体组分时，易引起松片。若油为有效成分，可选用适当的吸收剂先吸附油性成分，如磷酸氢钙、碳酸钙和氢氧化铝凝胶粉等，也可先将其制成微囊或包合物等。若油为无效成分，可用压榨法或脱脂法去除。

2. *制剂工艺不当* 制颗粒时，其含水量太低，导致颗粒过干，弹性变形较大，压片时易产生松片。因此在颗粒干燥时，应控制适宜的干燥温度和时间，调节颗粒中的含水量。

笔记栏

制颗粒时黏合剂或润湿剂的品种选用不合适或者用量不足，从而使得制备的颗粒中含有过多细粉，压片时空气不能及时排出，解除压力后，空气体积膨胀而导致松片。针对以上情况，应选用合适的黏合剂，或增大黏合剂的用量。

中药提取液浓缩时温度过高，时间过长，使得部分浸膏炭化，从而降低了黏性；或浸膏粉碎度不够，致使黏性变小；制颗粒时乙醇浓度过高；润滑剂的种类或者用量不合适等。应针对产生的原因采用相对应的解决办法，也可采用新技术改进制剂工艺。

3. 压片机使用不当　压片时，转速过快易导致物料受压时间过短，或压片机压力过小易导致物料受到压力过小，从而引起松片，可适当减慢转速或增大压力。因磨损等原因，导致冲头变短，则模孔中的颗粒所受压力变小，或下冲下降不灵活，致模孔中颗粒填充不足，均会产生松片，这种情况下应及时更换冲头。

（二）裂片

片剂受到震动或经放置后从腰间开裂或从顶部脱落一层的现象，称为裂片。检查方法为取数片置小瓶中轻轻振摇或自高处投入硬板地面，应不产生裂片；或取 20～30 片置于手掌中，两手相合，用力振摇数次，检查是否有裂片现象。裂片的原因及解决方法如下。

（1）物料本身弹性较强，如含纤维性成分多的药物，或油类成分的量较多时易引起裂片。可加入糖粉以减少物料弹性，加强黏合作用，或添加油类药物的吸收剂予以克服。

（2）制粒时黏合剂或润湿剂选择不当或用量不足，致细粉过多，或颗粒过粗过细，压片时黏着力差，产生裂片。可选择适当的黏合剂或加入干燥黏合剂予以解决

（3）颗粒过分干燥，过分干燥的颗粒具有较大的弹性；含有结晶水的药物在颗粒干燥过程中失去较多的结晶水，使颗粒松脆，均易引起裂片。可喷洒适量稀乙醇润湿，或与含水量较大的颗粒掺和，或在地上洒水使颗粒从空气中吸收适当水分后压片。

（4）冲模不符合要求，如模圈使用日久因摩擦而造成中间孔径大于口部直径，片剂顶出时易裂片；冲头磨损向内卷边，可使片剂顶出时造成裂片；上冲与模圈不吻合，压力不均匀，使片剂部分受压过大而造成裂片。应及时更换冲模或冲头予以解决。

（5）压片机压力过大，导致反弹力大而产生裂片，或转速过快，颗粒中空气来不及逸出造成裂片。应调节压片机压力或转速予以解决。

（三）黏冲

压片时，片剂的表面被冲头黏去一薄层或一小部分，造成片面粗糙不平或有凹痕的现象称黏冲。黏冲产生的原因及解决办法主要包括：

（1）颗粒干燥时温度太低和时间太短导致含水量偏高；中药浸膏易吸湿或处方中含有易吸湿的其他辅料；压片时环境的湿度过高等原因均易产生黏冲。应调整合适的干燥条件，重新干燥颗粒，并严格控制室内的温湿度。

（2）润滑剂选用不当或用量不足时易产生黏冲。应增加润滑剂用量或选用合适润滑剂，并与颗粒充分混匀。

（3）冲模冲头表面锈蚀、粗糙或不洁净，冲头刻字（线）太深，均易产生黏冲。应及时更换或清洁冲模冲头。

（四）崩解迟缓

笔记栏

片剂崩解时间超过《中国药典》规定的时限称为崩解迟缓或崩解超限。崩解迟缓的原因及解决办法如下。

（1）崩解剂品种及加入方法不当、用量不足时，可影响片剂的崩解。应调整崩解剂的品种或用量，或改进加入方法。

(2) 黏合剂黏性太强或用量过多时，崩解时间会延长。应选用适宜的黏合剂，并调整用量，或适当增加崩解剂的用量。

(3) 当疏水性润滑剂用量过多时会导致崩解迟缓。此时应调整处方，减少润滑剂的用量。

(4) 颗粒干燥温度太高，如用淀粉或糖粉，温度过高时易引起糊化或熔化，使颗粒坚硬，且片剂不易崩解。此时应降低干燥温度，严格控制颗粒水分在工艺要求范围内。

(5) 颗粒干燥不充分，含水量较多，造成黏性太强和降低崩解剂作用，影响片剂崩解；反之，颗粒干燥时间太长，含水量太低，也会影响片剂的崩解。此时应调整干燥时间，控制好颗粒水分。

(6) 压片压力愈大，片剂的硬度越大，也越容易导致崩解迟缓，所以压片时选择适宜的压力，在片剂崩解时限合格情况下，适当加大压力以保证足够的硬度，在运输中不致松片。

(五) 溶出超限

片剂在规定时间内未能溶出规定的药物量，即为溶出度不合格或溶出超限。产生溶出超限的主要原因是片剂崩解迟缓和药物难溶。片剂崩解后能形成很多小颗粒，表面积大幅度增加，药物的溶出速率也随之增大，所以，能够影响崩解的因素，一定会影响药物溶出。因此我们可以针对造成崩解迟缓的原因，采用相对应的解决办法。

有不少难溶性药物的片剂虽可迅速崩解，而药物溶出却很慢，因此崩解度合格并不一定能保证药物快速溶出。对于难溶性药物来说，可采取以下方法来改善溶出。

(1) 将难溶性药物微粉化，或制备成固体分散体，增大其比表面积，将有利于药物溶出。

(2) 疏水性药物单独粉碎时，表面自由能增大，粒子易发生重新聚集的现象；同时，疏水性药物比表面积增大，会使片剂的疏水性增强，不利于片剂的崩解和溶出。将疏水性药物与大量水溶性辅料共同研磨粉碎制成混合物，则药物与辅料的粒径都可以降低到很小，又可以防止药物粒子相互聚集。当水溶性辅料溶解时，细小的药物粒子便直接暴露于溶出介质中，所以溶出速度大大加快。

(3) 将难溶性药物溶于能混溶的无毒溶剂(如 PEG400)中，然后用多孔性载体(如硅胶等)将其吸附，最后制成片剂。由于药物以分子状态吸附，所以接触到溶出介质时，很容易溶解，大大加快了药物的溶出速度。

(六) 片重差异超限

片剂的重量差异超过药典规定的限度时，称为片重差异超限。产生的原因及解决办法如下。

(1) 颗粒粗细分布不匀，压片时颗粒流速不同，致使填入模孔内的颗粒粗细不均匀，如粗颗粒量多则片轻，细颗粒量多则片重；或黏性、引湿性强的药物颗粒流动性差，致使压片时模孔中颗粒填入量忽多忽少，使片重差异增大。应将颗粒混匀，或重新制粒，或筛去过多细粉。

(2) 润滑剂用量不足或混合不匀，可使颗粒的流速不一，致片重差异变大，应适量增加润滑剂，并充分混匀。

(3) 加料斗不平衡，如双轨压片机的前后两只加料斗高度不同，颗粒的流速不一；或加料斗堵塞；或下冲塞模时下冲不灵活，致颗粒填充量不一，应停止检查，调整机器正常后再压片。

(七) 含量不均匀

所有影响片剂重量差异的因素，都能造成片剂中药物含量不均匀，其中粉体混合不均匀和可溶性成分迁移是造成片剂含量不均匀的两个主要原因。其解决的主要方法如下。

(1) 主药与辅料的量相差悬殊时，一般不易混匀，此时应采用等量递加法进行混合，或者将小剂量的药物先溶于适宜的溶剂中再均匀地喷洒到大量的辅料中，由于大颗粒的孔隙率较高，小颗粒的孔隙率较低，吸收的药物溶液量有较大差异，所以此时辅料的粒径大小应尽可能一致，以确保混合均匀。

(2) 主药与辅料的粒径大小相差悬殊时，极易造成混合不均，所以应将主药和辅料分别进行粉

笔记栏

碎，并力求各组分的粒径大小尽可能一致，以确保混合均匀。

(3) 采用箱式干燥时，应经常翻动颗粒，以减少颗粒间的可溶性成分迁移，但这样做仍不能有效防止颗粒内部的迁移。实际生产中，采用总混以防止片剂的含量不均匀。

知识链接

可溶性成分迁移

可溶性成分迁移是指物料干燥前，水分均匀分布于物料中，随着干燥的进行，表面的水分发生汽化，内外形成湿度差，因而内部的水分会逐渐向外表面扩散，此时水溶性成分也随水分被转移到外表面的过程。

湿颗粒干燥时，颗粒内部的可溶性成分迁移，主要造成颗粒内外含量不均匀，易造成片面的色斑或花斑，对片剂的含量均匀度影响不大，但颗粒之间的可溶性成分迁移，将大大影响片剂的含量均匀度。尤其是采用箱式干燥时，颗粒在盘中铺成薄层，底部颗粒中的水分将向上扩散到上层颗粒的表面进行汽化，这就将底层颗粒中的可溶性成分迁移到上层颗粒之中，使上层颗粒中的可溶性成分含量增大。当使用这种上层含药量大、下层含药量小的颗粒压片时，必然造成片剂的含量不均匀。

(八) 变色或表面斑点

变色或表面斑点是指片剂表面出现花斑或色差，使片剂外观不符合要求。产生的主要原因及解决办法如下。

(1) 物料混合不均匀；中药浸膏制成的颗粒过硬；有色颗粒松紧不匀；或润滑剂未经过筛混匀等，均易造成花斑。解决办法为将颗粒重新粉碎，充分混合均匀；用合适的润滑剂重新制粒，润滑剂细筛后加入，并与颗粒充分混匀。

(2) 处方中含有的挥发性成分渗吸分散不均匀，而导致油斑。此时应增加密闭闷吸时间，或改进加入方法。

(3) 上冲润滑油过多落入颗粒产生油斑，或冲头与模圈磨损产生金属屑混入颗粒造成斑点。可在上冲头装一橡皮圈防止油垢滴入颗粒，并经常擦拭机械，或调整机械避免摩擦。

(4) 湿颗粒干燥时，可溶性成分迁移易造成片面的色斑或花斑。应选择合适的干燥条件避免可溶性成分迁移。

(九) 引湿受潮

中药片剂，尤其是浸膏片，由于其中含有易引湿性组分，如黏液质、蛋白质等，在制备过程及压成片剂后，极易引湿受潮，以致黏结、霉坏、变质。解决的主要方法如下。

(1) 干浸膏中加入适宜的辅料，如磷酸氢钙、氢氧化铝凝胶粉、淀粉、糊精、活性炭等。

(2) 提取液加乙醇沉淀，除去其中部分水溶性杂质。

(3) 加入部分中药细粉，为原药总量的 10%～20%。

(4) 片剂包糖衣或薄膜衣，可减少引湿性。

(5) 改进包装，在包装容器中放入干燥剂。

六、举例

笔记栏

例 12-1 三七片

【处方】三七 500 g。

【制法】取三七，粉碎成细粉，加辅料适量，制成颗粒，压制成1 000片，或包薄膜衣（大片）；或压制成2 000片（小片），即得。

【性状】本品为灰黄色至棕黄色的片；或为薄膜衣片，除去包衣后显灰黄色至棕黄色；味苦而微甜。

【功能与主治】散瘀止血，消肿止痛。用于咯血，吐血，衄血，便血，崩漏，外伤出血，胸腹刺痛，跌仆肿痛。

【用法与用量】口服。小片：一次4～12片，大片：一次2～6片，一日3次。

【规格】每片含三七① 0.25 g（小片）；② 0.5 g（大片）。

【贮藏】密封。

例12-2　小儿消食片

【处方】炒鸡内金4.7 g，山楂93.3 g，六神曲（炒）85.5 g，炒麦芽85.5 g，槟榔23.3 g，陈皮7.8 g。

【制法】以上六味，山楂粉碎成细粉；槟榔、陈皮加水煎煮二次，每次2 h，合并煎液，滤过；炒鸡内金、六神曲、炒麦芽加水温浸提取二次，每次2 h，合并提取液，滤过，滤液与上述滤液合并，减压浓缩成稠膏，加入上述细粉及适量糖粉，制成颗粒，干燥，压制成1 000片；或压制成750片，包薄膜衣，即得。

【性状】本品为浅棕色的片；或为异型薄膜衣片，除去包衣后显浅棕色；气微，味甘、微酸。

【功能与主治】消食化滞，健脾和胃。用于食滞肠胃所致积滞，症见食少、便秘、脘腹胀满、面黄肌瘦。

【用法与用量】口服或咀嚼。规格①：一至三岁一次2～4片，三至七岁一次4～6片，成人一次6～8片。规格②：一至三岁一次2～3片，三至七岁一次3～5片，成人一次5～6片。一日3次。

【规格】① 每片重0.3 g；② 薄膜衣片每片重0.4 g。

【贮藏】密封。

例12-3　小建中片

【处方】桂枝1 110 g，白芍2 220 g，炙甘草740 g，生姜1 110 g，大枣1 110 g。

【制法】以上五味，桂枝蒸馏提取挥发油，蒸馏后的水溶液另器收集；药渣与炙甘草、大枣水煎煮二次，每次2 h，合并煎液，滤过，滤液与蒸馏后的水溶液合并，浓缩至相对密度为1.02～1.04（65℃）；白芍、生姜用稀乙醇作溶剂，浸渍24 h后进行渗漉，收集渗漉液10倍量，回收乙醇后与上述药液合并，浓缩至相对密度为1.082～1.10（65℃），静置，滤过，喷雾干燥，制粒，加入桂枝挥发油，混匀，密闭2 h，压片，包薄膜衣，制成1 000片，即得。

【性状】本品为薄膜衣片，除去包衣后显棕褐色至黑褐色；气微香，味甜、微辛。

【功能与主治】温中补虚，缓急止痛。用于脾胃虚寒，脘腹疼痛，喜温喜按，嘈杂吞酸，食少；胃及十二指肠溃疡上述证候者。

【用法与用量】口服。一次2～3片，一日3次。

【规格】薄膜衣片每片重0.6 g。

【贮藏】密封。

【注解】桂枝为樟科植物肉桂的干燥嫩枝，具有发汗解肌、温通经脉、助阳化气、平冲降气的作用。桂枝中含有挥发性有效成分，如桂皮醛等，故采用双提法提取。

例12-4　心血宁片

【处方】葛根提取物150 g，山楂提取物25 g。

【制法】以上二味，加淀粉适量，混匀，制成颗粒，干燥，压制成1 000片，包糖衣或薄膜衣，即得。

【性状】本品为糖衣片或薄膜衣片，除去包衣后显棕褐色至黑棕色；味苦、微涩。

【功能与主治】活血化瘀，通络止痛。用于瘀血阻络引起的胸痹，心痛，眩晕；冠心病心绞痛，高血压，高脂血症等见上述证候者。

【用法与用量】口服。一次4片，一日3次，或遵医嘱。

笔记栏

【规格】① 糖衣片片芯重 0.2 g;② 薄膜衣片每片重 0.21 g。

【贮藏】密封。

【注解】

(1) 本制剂为葛根和山楂浸膏粉入药而制备成全浸膏片。

(2) 葛根提取物为葛根经加工制成的提取物：取葛根，用 80%～90%乙醇加热回流提取三次，第一、二次各 4 h，第三次 3 h，滤过，滤液合并，回收乙醇并浓缩至相对密度为 1.30～1.33(60℃)的稠膏，干燥，即得。

(3) 山楂提取物为山楂经加工制成的提取物：取山楂，加水煎煮二次，第一次 2 h，第二次 1 h，滤过，合并滤液，浓缩至相对密度为 1.20～1.22(80℃)的清膏，加入清膏量 20%的盐酸，边加边搅拌，升温至 90℃，保温 2 h，静置，吸出上清液，沉淀物用水洗至无明显的酸性，过滤至干，取出沉淀物干燥，即得。

例 12-5　双黄连片

【处方】金银花 1 875 g，黄芩 1 875 g，连翘 3 750 g。

【制法】以上三味，黄芩加水煎煮三次，第一次 2 h，第二、三次各 1 h，合并煎液，滤过，滤液浓缩至相对密度为 1.03～1.08(80℃)的清膏，于 80℃用 2 mol/L 盐酸溶液调 pH 至 1.0～2.0，保温 1 h，静置 24 h，滤过，沉淀用水洗至 pH 为 5.0，再用 70%乙醇洗至 pH 为 7.0，低温干燥，备用；金银花、连翘加水温浸 30 min 后，煎煮二次，每次 1.5 h，合并煎液，滤过，滤液浓缩至相对密度为 1.20～1.25(80℃)的清膏，冷至 40℃，加乙醇使含醇量达 75%，充分搅拌，静置 12 h，取上清液，残渣加 75%乙醇适量，搅匀，静置 12 h，滤过，合并二次滤液，回收乙醇至无醇味，浓缩成相对密度为 1.34～1.40(60℃)的稠膏，减压干燥，加入上述黄芩提取物，粉碎成细粉，加入微晶纤维素、羧甲淀粉钠，混匀，制成颗粒，干燥，加入硬脂酸镁，混匀，压制成 1 000 片，包薄膜衣，即得。

【性状】本品为薄膜衣片，除去薄膜衣后显棕黄色至棕红色；气微，味苦涩。

【功能与主治】疏风解表，清热解毒。用于外感风热所致的感冒，症见发热、咳嗽、咽痛。

【用法与用量】口服。1 次 4 片，一日 3 次；小儿酌减或遵医嘱。

【规格】每片重 0.53 g。

【贮藏】密封。

【注解】

(1) 方中金银花、连翘既能疏散风热以解表，又能清热解毒以利咽；再加苦寒之黄芩清肺火及上焦之实热以止咳。三味药共奏解表，清热，解毒之功。

(2) 处方中中药药量大且均为普通药材，因此制备成全浸膏片。

例 12-6　正清风痛宁片

【处方】盐酸青藤碱 20 g。

【制法】取盐酸青藤碱，粉碎成细粉，加淀粉或预胶化淀粉等辅料适量，混合均匀，制粒，干燥，压制成 1 000 片，包肠溶薄膜衣，即得。

【性状】本品为肠溶薄膜衣，除去包衣后显白色或类白色；味苦。

【功能与主治】祛风除湿，活血通络，消肿止痛。用于风寒湿痹病，症见肌肉酸痛，关节肿痛、疼痛、屈伸不利、僵硬，肢体麻木；类风湿性关节炎及风湿性关节炎见上述症候者。

【用法与用量】口服，一次 1～4 片，一日 3 次，两个月为一个疗程。

【规格】每片含盐酸青藤碱 20 mg。

【贮藏】遮光，密闭保存。

【注解】

笔记栏

(1) 本制剂为中药原料以提纯物(盐酸青藤碱，含量不低于 97%)的形式入药而制备的提纯片。盐酸青藤碱为防己科植物青风藤或毛青藤的藤茎中提取得到的单体生物碱，其制法为：取青风藤，粉碎成粗粉，加 15%的氢氧化钙粉末和一倍量的水，搅拌均匀，使药材湿润，碱化堆放 4 h。碱化后的药材加三氯甲烷于多功能提取罐，密闭回流提取三次，每次加 2 倍量三氯甲烷，第一、二次回流 3 h，第三次回流 2 h。提取液回收三氯甲烷并浓缩至相对密度为 1.2，冷却至室温，放置 24 h，离心，干燥得粗品。取粗品，加入 2.5～3 倍量水，稍加热；加入盐酸调节 pH 至 2～3；加热至完全溶解（水温约 80℃）；加入 4%活性炭，80℃保温搅拌 30 min；趁热滤过，滤液冷却至室温，放置 24 h，结晶，离心，甩干，用适量 5℃以下水冲洗至冲洗液无色，取出，加 2～3 倍量水重结晶 1～2 次，离心，70℃以下减压干燥，即得。

(2) 本品用药剂量偏大，可引起皮疹，对胃有一定刺激性。制成肠溶片，可减少其不良反应。支气管哮喘、肝肾功能不全者禁用，如出现皮疹或发生白细胞减少等不良反应时，应立即停药。

第四节 片剂的包衣

片剂包衣是在压制片（片芯或素片）表面包裹适宜材料的衣层或衣料的一种单元操作。被包的压制片称为片芯，包成的片剂称为包衣片。

一、片剂包衣的目的

片剂包衣的主要目的包括如下。

1. 提高药物的稳定性 片剂经过包衣后就能起到避光、防潮、隔离空气的作用，从而提高了药物的稳定性。

2. 掩盖药物的不良气味 一些药物具有特殊的不良气味，经包衣后，能掩盖药物的不良气味，提高患者顺应性。

3. 控制药物的释放部位 有的药物对胃刺激作用很强，或容易被胃液（或胃酶）破坏，或需要到达小肠释放，将这些药物包裹肠溶衣，从而可以控制药物在胃肠道的释放部位。临床治疗中，有时需要在胃和肠道同时释放不同药物，则可将需在肠内起作用的成分制成片芯，在胃内起作用的成分作为衣层包于片芯外层制成多层片，口服后，外层先在胃内崩解，而片芯则到达肠道后崩解，从而实现不同药物分别在胃和肠道发挥疗效。

4. 控制药物的释放速率 需要缓慢释放的药物，可包裹上难溶性包衣材料，达到缓释或控释的效果。

5. 防止药物的配伍变化 有配伍禁忌的处方，采用包衣技术可隔离配伍禁忌成分，避免相互作用，有助于复方配伍。

6. 改善片剂的外观，便于识别 给片剂包不同颜色的衣层，不仅可使片剂美观，患者乐于服用，而且便于识别片剂的种类，增加用药的安全性。

二、包衣的种类和要求

根据包衣材料不同，片剂的包衣通常分为糖包衣和薄膜包衣，薄膜包衣又分为普通型、肠溶型和不溶型三类。过去以糖包衣为主，但糖包衣具有包衣时间长，所需辅料量多，防吸潮性差，片面上不能刻字，受操作熟练程度的影响较大等缺点，现逐步被薄膜包衣所代替。

对于包衣片，为确保包衣质量，片芯除符合一般片剂的质量要求外，必须具有适宜的弧度，棱角小，以保证衣料能够全部覆盖于片芯表面。此外，硬度比一般片剂要大些，脆性应小些，以免因片芯硬度不够，在多次滚转时破碎而造成废片。同时在包衣前需将破碎片或片粉筛去。衣层应均匀牢固，与片芯无相互作用，崩解度应符合有关要求，在较长的贮藏时间内保持光亮美观、色泽一致、无裂纹等。

笔记栏

三、包衣工序与物料

(一) 糖衣

糖衣(sugar coating)为中药包衣片中应用最早的包衣类型，是以蔗糖、滑石粉为主要包衣材料，需要多个包衣程序，辅料用量多，包衣时间长。

1. 糖衣的物料　主要包衣材料包括糖浆、有色糖浆、胶浆、滑石粉、白蜡等。

(1) 糖浆：采用含转化糖较少的干燥粒状蔗糖制成，浓度为65%～75%(g/g)，主要用于包粉衣层与糖衣层。因蔗糖浓度高，衣层能迅速干燥析出晶体，致密地黏附于片剂表面。为了使糖浆能在片剂表面均匀分布，应保温使用。糖浆宜新鲜配制，因久储后转化糖含量增高，衣层不易干燥。

(2) 有色糖浆：在糖浆中加入可溶性食用色素，即得有色糖浆，主要用于包有色糖衣层。常用可溶性食用色素包括柠檬黄、胭脂红、苋菜红、姜黄、亮黄和靛蓝等，用量一般为0.03%左右，可单独或配合使用。

(3) 胶浆：常用作黏结剂，可增加衣层的黏性、塑性和牢固性，保护含有酸性、易溶或吸潮成分的片芯，但防潮性能较差，主要用于包隔离层。常用品种有15%明胶浆、35%阿拉伯胶浆、4%白及胶浆等。另外，玉米朊、虫胶、邻苯二甲酸醋酸纤维素(CAP)的乙醇溶液也可用于包隔离层。

(4) 滑石粉：应选用白色或微黄色滑石粉细粉，用前过100目筛，主要用于包粉衣层。为了增加片剂的洁白度和对油类成分的吸收，可在其中加入10%～20%碳酸钙、碳酸镁(酸性药物不能用)或适量淀粉。

(5) 川蜡：又名虫蜡或白蜡，主要用作糖衣片打光。用前应精制处理，即以80～100℃加热使熔化后，过六号筛除去悬浮杂质，并加入约2%的二甲基硅油混匀，冷却后粉碎成细粉备用。

2. 包衣工序　糖衣需要经过多个包衣步骤，其一般工序为：隔离层→粉衣层→糖衣层→有色糖衣层→打光。各步骤的目的和使用的材料不同，根据不同药物的需要，有的工序可以省略或合并。

(1) 隔离层：是指在片芯外层起隔离作用的衣层，它将片芯与糖衣层隔离，可防止药物吸潮变质或糖衣被破坏。对于一般片剂，不需要包隔离层，但片芯中含有引湿性、易溶性或酸性药物时，则需包隔离层。包隔离层的物料通常用胶浆或胶糖浆，另加少量滑石粉。

包隔离层时首先将药片置包衣锅中滚转，加入少量胶浆或其他包隔离层的液体，使均匀黏附于片芯上，吹风，加入少量滑石粉至恰好不粘连为止，重复数次至达到规定厚度，一般需包3～5层，每层充分干燥后再包下一层，干燥温度一般为30～50℃。

(2) 粉衣层：又称粉底层，主要是为了消除片芯原有的棱角，为包好糖衣层打基础，其主要材料是糖浆和滑石粉。包粉衣层时，片芯在包衣锅中滚转，加入糖浆使表面均匀润湿，然后加入适量滑石粉，使黏着在片剂表面，继续滚转加热并吹风干燥，重复操作15～18次，直至片芯的棱角全部消失。片芯的形状应为边缘很薄的双面凸形片，这样可减少增重且美观。

包粉衣层时应注意以下几点：① 每层一定要充分干燥；② 干燥温度控制在35～50℃，开始时温度逐渐升高，包平后开始下降；③ 要掌握好糖浆和滑石粉的用量，最初几层滑石粉量随糖浆量逐步增加，到基本包平时糖浆量相对固定，而滑石粉大幅度减少，以便过渡到糖衣层。中药片剂表面不平整，因此在开始几层糖浆与滑石粉量均应相应增加；④ 一般在第1～4层粉衣层，加入糖浆搅拌均匀后，立即加入滑石粉，否则易使水分渗入片芯，增加干燥难度，包完4层后可适当放慢。

(3) 糖衣层：包完粉衣层的片芯表面比较粗糙、疏松，利用糖浆在片剂表面缓缓干燥，蔗糖晶体联结而成坚实、细腻的糖衣层，可增加衣层的牢固性和美观度。包衣材料只用糖浆，包糖衣层的方法与包粉衣层基本相同。操作要点是加入稍稀的糖浆，逐次减少用量(湿润片面即可)，每次加入糖浆后先停止吹风，待片剂表面略干后再加热吹风，干燥温度约为40℃，一般包制10～15层。

笔记栏

(4) 有色糖衣层：包衣物料是添加食用色素的有色糖浆。其目的是使片衣有一定的颜色，以便于识别和美观，对光敏性药物还可起到保护作用。具体操作方法与包糖衣层类似，一般需包制8～

15层。

(5) 打光：是指在包衣片表面擦上极薄的一层虫蜡，其目的是使片衣表面光亮美观，同时增加疏水性，起到防潮作用。打光时，片剂含水量应适中。一般采用“闷锅打光”，即加完最后一次有色糖浆接近干燥时，停止包衣锅转动，锅口加盖并定时转动数次，使片面微量的水分慢慢散失，然后开启包衣锅把所需蜡粉的 2/3 量撒入片中，随包衣锅转动即产生光滑表面，再慢慢加入剩余的蜡粉，转动锅直至衣面极为光亮，将片剂取出，移至石灰干燥橱内放置 12～24 h 或硅胶干燥器内放置 10 h 吸湿干燥，以除去残余水分，即可包装。蜡粉的用量一般每 1 万片不超过 3～5 g。

3. 包衣过程中可能出现的问题及解决办法

(1) 糖浆黏锅：由于糖浆量过多，黏性过大，或搅拌不均匀，或包衣锅温度较低等原因所致。包衣操作时要搅拌均匀，保持糖浆浓度恒定，用量适宜，锅温不宜过低。

(2) 糖浆不黏锅：锅壁表面的蜡未除尽时，可出现糖浆不黏锅的现象，应洗净锅壁或再涂一层热糖浆，撒一层滑石粉。

(3) 脱壳或掉皮：片芯水分含量过高；包衣时未及时充分干燥，水分渗入片芯；或衣层与片芯膨胀系数差别太大均可能导致掉皮现象。除保证片芯干燥外，还要严格控制加料量和速度，注意干燥温度和程度。

(4) 片面裂纹：片面裂纹产生的主要原因包括：① 糖浆与滑石粉用量不当，干燥温度过高，干燥速率过快，析出粗糖晶体使片面产生裂缝；应注意糖浆与滑石粉的用量，控制合适的干燥温度与速率。② 衣层过脆，缺乏韧性；此时可加入适量增塑剂。

(5) 花斑或色泽不匀：导致花斑或色泽不匀的主要原因及解决方法为：若由于片面粗糙不平，粉衣层和糖衣层未包匀，或粉衣层过薄，片面着色不均，则可适当增加粉衣层厚度；有色糖浆用量过少，未搅拌均匀，则选用浅色糖浆，分散均匀；若衣层未干就打光，则洗去蜡料，重新包衣；若因中药片受潮稳定性下降，则调整处方或改善工艺。

(二) 薄膜衣

薄膜衣(film coating)系指在片芯外包一层比较稳定的高分子聚合物衣膜。由于聚合物衣膜比糖衣薄，所以称薄膜衣，又称保护衣。相对于糖包衣，薄膜衣具有以下优点：衣层薄，片芯增重少(薄膜衣片重仅增加 2%～4%，而糖衣可使片重增大 50%～100%)，节省物料；操作简单，便于生产工艺的自动化，生产周期短且成本低；衣层牢固光滑，对片剂崩解影响小；包衣后原来标记仍可显出等。但薄膜衣包衣也存在有机溶剂的挥发性、易燃性、易爆性以及毒性等一系列问题，以及不易完全掩盖片芯原来的颜色等缺点。为此，可采用水分散体包衣法代替有机溶剂包衣法；另外，由于衣层薄，在包薄膜衣前可以先在片芯上包几层粉衣层，消除片剂棱角和色泽差异，然后包薄膜衣，此法为糖衣和薄膜衣两种工艺的结合，生产上称“半薄膜衣”。

知识链接

水分散体包衣

20 世纪 70 年代出现了将水不溶性的高分子材料制成水分散体包衣液进行包衣。水分散体是指以水为分散介质，水不溶性高分子材料以直径 50 nm～1.2 μm 的胶状颗粒均匀分散于水中，形成的具有良好物理稳定性的非均相体系，其外观呈不透明的乳白色，也称为胶乳。水分散体中固体含量可高达 30%，可显著缩短包衣时间，适用于所有薄膜包衣工艺及设备，也适合于各种固体制剂包衣，且安全性好，无环境污染。因此水分散体具有固体含量高、黏度低、易操作、成膜快、包衣时间短、环保等优点，给包衣工艺带来了一场新的技术革命，被誉为包衣工艺的新里程碑。

笔记栏

1. 薄膜衣的包衣工序　采用滚转包衣法包薄膜衣的一般操作过程如下。

(1) 在包衣锅内装入适当形状的挡板，以利于片芯的转动与翻动。

(2) 将筛出细粉的片芯放入锅内，喷入一定量的包衣液，使片芯表面均匀湿润。

(3) 吹入温和的热风使溶剂蒸发。温度最好不超过 40℃，以免干燥过快，出现“皱皮”或“起泡”现象；也不能干燥过慢，否则会出现“粘连”或“剥落”现象。如此重复上述操作若干次，重复操作时包衣液的用量要逐次减少，直至达到一定厚度为止。

(4) 大多数薄膜衣需要一个固化期，其时间长短因材料、方法、厚度而异，一般是在室温或略高于室温下自然放置 6～8 h 使之完全固化。

(5) 为了完全除尽残余的有机溶剂，一般还要在 50℃下干燥 12～24 h。

2. 薄膜衣的包衣物料　主要由包衣材料、增塑剂、着色剂、遮光剂、释放速度调节剂以及溶剂等辅料组成。

(1) 包衣材料：包衣材料必须具备以下性能：能充分溶解或均匀分散于适宜的介质中，易于包衣操作；在规定的 pH 条件下溶解或崩裂；能形成坚韧连续的薄膜，且美观光洁，对光线、热、湿度均稳定；无毒，无不良的臭味；能与色素及其他材料混合使用等。包衣材料按衣层作用性质不同，可分如下类型。

1) 普通包衣材料：主要用于防潮或防止粉尘污染等，该类材料可以在水或胃液中溶解。

A. 羟丙基甲基纤维素(HPMC)：是广泛应用的薄膜衣包衣材料，具有极优良的成膜性能，膜透明坚韧，包衣时不易黏结与破碎，对片剂的崩解度影响小。本品能溶解于各种 pH 的胃肠液，以及 70%以下的乙醇、丙酮、异丙醇或异丙醇和二氯甲烷的混合溶剂(1∶1)中，不溶于热水及 60%以上的糖浆。

B. 羟丙基纤维素(HPC)：其溶解性能与 HPMC 相似，但包薄膜衣时在干燥过程中易产生较大的黏性，不易控制，且具有一定吸湿性，为此，可加入少量滑石粉改善或与其他包衣材料混合使用。

C. Ⅳ号丙烯酸树脂：丙烯酸树脂是丙烯酸与甲基丙烯酸酯的共聚物，具有多种型号。Ⅳ号丙烯酸树脂与国外产品 Eudragit E 类似，是目前常用的较理想的胃溶型薄膜衣包衣材料。本品可溶于乙醇等有机溶剂，不溶于水，其优点是成膜性、防水性优异；无须加增塑剂；形成的衣膜无色透明、光滑、平整，不易粘连；在胃中溶解迅速。

2) 肠溶包衣材料：是指具有耐酸性，在胃液中不溶解，但在肠液中或 pH 较高的水溶液中可以溶解的包衣材料。凡遇胃液性质不稳定的药物，如胰酶片；对胃刺激性太强的药物，如口服锑剂；作用于肠道的驱虫药、肠道消毒药；或需要其在肠道保持较久的时间以延长作用的药物，如痢速宁片等，均需包肠溶衣。

A. 丙烯酸树脂类聚合物：一般常将甲基丙烯酸共聚物和甲基丙烯酸酯共聚物统称为丙烯酸树脂，为一大类聚合物。由于化学结构及活性基团不同，所得产品型号、规格和性能也不同，其中国产Ⅱ号、Ⅲ号丙烯酸树脂(国外同类产品 Eudragit L、Eudragit S)，可溶于乙醇、甲醇或异丙醇与二氯甲烷(1∶1)的混合溶剂中，不溶于水，可用作肠溶型包衣材料，其包衣性能良好。

B. 醋酸纤维素酞酸酯(CAP)：不溶于水和乙醇，但能溶于丙酮或乙醇与丙酮的混合溶剂。包衣时一般用 8%～12%的乙醇丙酮混合液，成膜性能好，包衣后的片剂不溶于酸性溶液，但能溶于 pH 5.8～6.0 的缓冲液。

3) 缓释包衣材料：是指在水中不溶解的包衣材料，如乙基纤维素(EC)等。该类材料在丙酮等有机溶剂中可溶解，成膜性能良好。为了改善衣膜通透性，控制衣膜释放速率，可加入水溶性聚合物或其他释放速度调节剂。

笔记栏

(2) 增塑剂：增塑剂能改变高分子薄膜的物理机械性能，增加成膜材料可塑性。增塑剂与包衣材料之间一般具有化学相似性，如水溶性增塑剂甘油、聚乙二醇、丙二醇等带有羟基，可用作纤维素类包衣材料的增塑剂；非水溶性增塑剂蓖麻油、甘油单醋酸酯、甘油三醋酸酯等可作为脂肪族非极性聚合物的增塑剂。

(3) 着色剂与遮光剂：其目的包括便于识别不同片剂，改善产品外观，掩盖片芯色泽，避光以增加稳定性等。常用色素以及二氧化钛等，但着色剂和遮光剂能对衣膜性能产生一些不良影响，因此应控制用量。

(4) 释放速度调节剂：又称为致孔剂。一般为水溶性极好的小分子糖、盐或高分子材料，如蔗糖、氯化钠、PEG 等。

(5) 溶剂：用于溶解或分散成膜材料及其他辅料。常用乙醇、丙酮等有机溶剂。近年来多尝试以水为溶剂制备水分散体，以克服有机溶剂的不足。

四、包衣的方法与设备

(一) 包衣的方法

片剂包衣的方法主要有滚转包衣法、流化包衣法和压制包衣法等。

1. *滚转包衣法* 又称锅包衣法，是将筛去浮粉的片芯置于包衣锅中，在包衣锅不断转动的条件下，包裹上各种包衣材料的方法。它是最常用的片剂包衣方法，可以包糖衣和薄膜衣。运用滚转包衣法包衣的设备主要有倾斜包衣锅、埋管包衣锅、高效包衣机等。

2. *流化包衣法* 又称沸腾包衣法或悬浮包衣法，其原理与流化喷雾制粒相似，利用急速上升的空气流使片芯悬浮于包衣室中，且上下翻动呈沸腾状，同时将包衣液输入流化床并雾化，雾状包衣液黏附在片芯的表面，溶剂遇热空气迅速挥发使包衣材料包裹于片芯表面。流化包衣法具有包衣速率高、工序少、自动化程度高、包衣容器密闭、无粉尘、用料少等优点。本法适用于小片和颗粒包衣，尤其适用于包薄膜衣。

3. *压制包衣法* 又称干压包衣法，是指将包衣材料制成干颗粒，再利用干法包衣压片机把包衣材料的干颗粒压在片芯外层的包衣方法。该法可避免水分、高温对药物的不良影响，可用于长效多层片的制备，或有配伍禁忌药物的包衣。

传统的压制包衣法需要预先压制含药素片，然后将含药素片再转入另一压片机中进行第二步压制包衣。此法需两次压片，步骤烦琐，成本较高，且可能导致无芯片、双芯片、芯片偏离中心等一系列的质量问题，因此，该法没有得到广泛的应用。一步干法包衣压片机可望解决传统干法包衣存在的诸多问题。

一步干法包衣压片机与传统压片机结构不同，它的冲头含有双层结构：上、下中心冲和上、下外周冲，如图 12－5 所示。具体压片过程如图 12－5 中步骤 1～12 所示：在压制第一外包衣层时，下中心冲下降，在与下外周冲的内壁间形成一个空间（步骤 1）；包衣粉末充填该空间（步骤 2）；上中心冲下降，对包衣粉末进行预压（步骤 3）；外包衣层预压完成之后，下中心冲再次向下移动，上中心冲向上移动（步骤 4）；填充含药粉末（步骤 5）；上中心冲下降对含药辅料进行预压（步骤 6）；随后，下外周冲下降，与片芯上表面平齐，上中心冲上升，并上外周冲连接成为上冲（步骤 7）；装填剩余的包衣粉末（步骤 8）；下中心冲上升，将片芯向上推送至包衣粉中间，并与下外周冲平齐连接成为下冲（步骤9～10）；上冲向下压制包衣片（步骤 11）；上冲抬起，下冲向上推片，完成一次压制包衣（步骤 12）。

采用一步干法包衣压片机可简化制备步骤，提高干法包衣片的质量，节省制备时间，降低制备成本，因而具有较好的应用前景。

(二) 包衣的设备

1. *倾斜包衣锅* 倾斜包衣锅为传统的包衣设备，主要由包衣锅、动力部分、加热装置、除尘设备及鼓风系统等组成。包衣锅是用化学性质稳定、导热性能优良的金属材料制成，如紫铜或不锈钢等。包衣锅形状有荸荠形、球形（莲蓬形）等，其中，荸荠形包衣锅（图 12－6）滚动快，锅内片剂相互

笔记栏

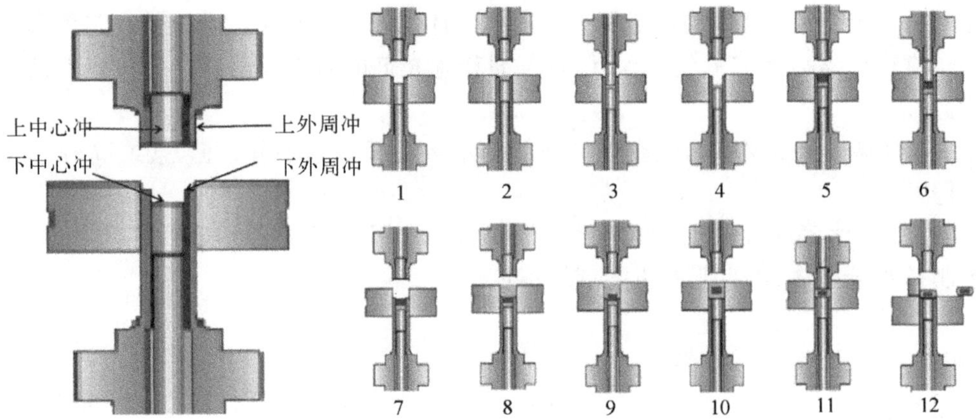

图 12－5　一步干法包衣压片机结构及工作原理示意图

摩擦机会较多，且容易用手搅拌，加蜡后也容易打光；球形包衣锅的容量较大。包衣锅的转轴一般与水平成 30°～45°角，包衣锅的转速应根据锅的大小与包衣物的性质适当调整，以便使片剂在锅内能随锅转动带至高处，成弧线运动而落下，作均匀而有效的翻转。

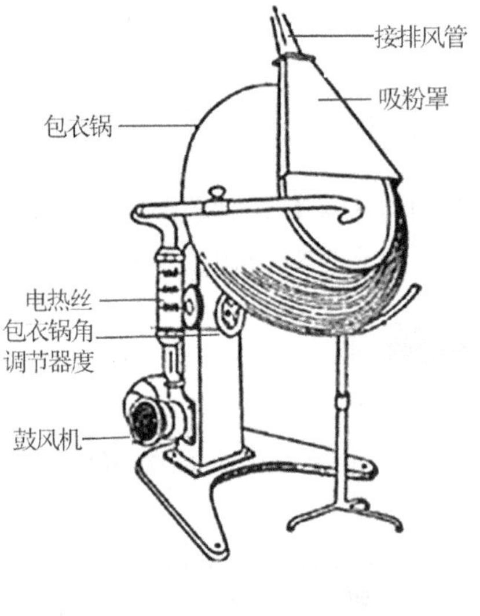

图 12－6　荸荠形包衣锅

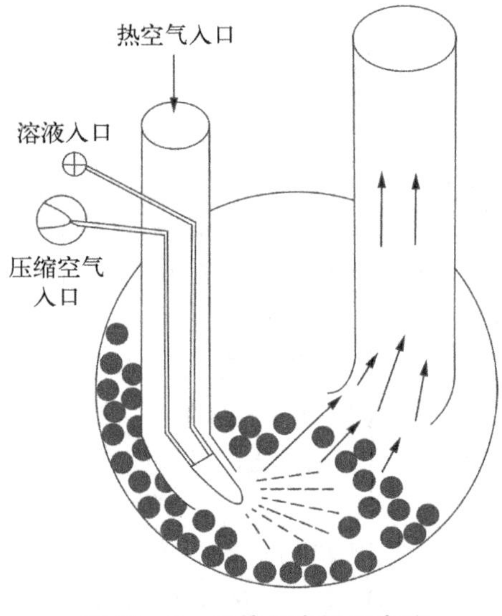

图 12－7　埋管包衣锅示意图

采用倾斜包衣锅包衣的基本过程如下：包衣锅以适宜速度旋转，锅内的片芯随之滚动，在上升到一定高度后沿锅的斜面滚落下来，做反复、均匀而有效地翻转；人工间歇地向锅内喷洒包衣液，使包衣液均匀涂布于片芯表面；热空气连续吹入包衣锅，使片芯逐渐干燥；当包衣达到规定要求时，即停止包衣，出料。倾斜包衣锅包衣时存在锅内空气交换效率低、干燥速率低、气路不能密闭导致有机溶剂污染环境等不利因素，从而影响其广泛应用。

2. 埋管包衣锅　在倾斜包衣锅的物料层内装配埋管装置，装置内配有气流式喷头和热空气入口，包衣液受压缩空气作用由喷头直接喷洒在药片上，同时热空气从埋管吹出穿透整个片床，提高干燥速率，称为埋管包衣锅，如图 12－7 所示。这种包衣方式是包衣液的喷雾在物料层内进行，热空气通过物料层，不仅能防止喷出的包衣液飞扬，且还能加快药片的运动速度和干燥速度。

笔记栏

3. 高效包衣机　高效包衣机为封闭式滚筒，自动喷浆包衣，具有干燥快、包衣效果好等优点，是目前常用的包衣设备。根据滚筒结构形式，高效包衣机可分为有孔和无孔两类。有孔高效包衣机（图 12－8）包衣时，将片芯装入锅内，随转筒的旋转作滚转运动，蠕动泵将包衣液输送至喷雾装置，然后喷洒在片芯表面。排风系统在负压条件下经滚筒上部供给热风，热风穿过片芯，从滚筒底部排出，从而加快包衣液干燥速率。

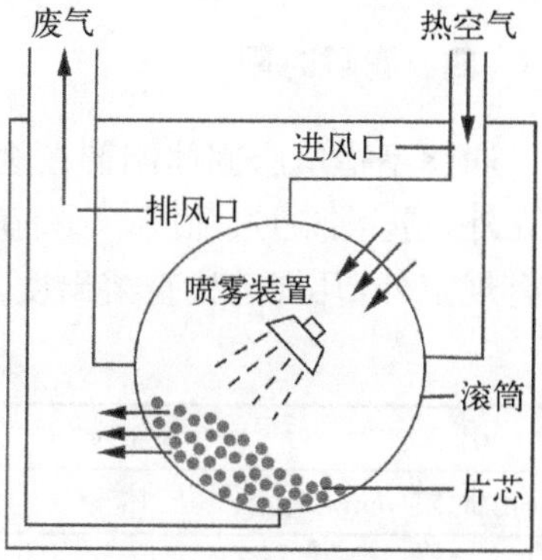

图 12-8　高效包衣机工作原理示意图

4. 流化床包衣机　主要由包衣室、喷嘴、衣料盛装器、加热滤过器及鼓风设备等组成。根据包衣液喷雾方式不同，可分为流化型、喷流型和流化转动型等三种不同类型。

(1) 流化型：喷雾装置设置在流化界面以上，由上向下喷雾。由于喷雾位置较高，包衣效果差，小颗粒容易粘连。

(2) 喷流型：喷雾装置固定在底部的流化床多孔板中心上方，由下向上喷雾。喷雾区域粒子浓度低，速度大，不易粘连，适合小粒子的包衣，但容积效率低。

(3) 流化转动型：在底部设有转动盘，喷雾装置固定在转动盘上，转动盘转动时包衣液由底部以切线方式喷入。粒子运动激烈，不易粘连；干燥能力强，包衣时间短，适合比表面积大的小颗粒的包衣，但设备构造较复杂。

第五节　片剂的质量评价与检查

(一) 性状

片剂外观应完整光洁，色泽均匀，无杂斑，无异物，并在规定的有效期内保持不变。

(二) 重量差异

应该符合《中国药典》现行版四部对片重差异限度的要求，片剂重量差异限度规定见表 12-1。

表 12-1　片剂重量差异限度

平均片重或标示片重	重量差异限度
0.30 g 以下	±7.5%
0.30 g 及 0.30 g 以上	±5%

检查方法：取药片 20 片，精密称定总重量，求得平均片重后，再分别精密称定各片的重量，每片重量与标示片重相比较(凡无标示片重的片剂，与平均片重相比较)，超出重量差异限度的药片不得多于 2 片，并不得有 1 片超出限度的一倍。

除按上述检查法检查外，糖衣片、薄膜衣片与肠溶衣片应在包衣前检查片芯的重量差异，符合表 12-1 规定后，方可包衣，包衣后不再检查重量差异。

(三) 硬度和脆碎度

硬度和脆碎度是片剂的重要质量指标，不仅反映药物的压缩特性，而且对片剂的崩解、药物的溶出以及对片剂的生产、运输和贮存都有影响。片剂的硬度可以用孟山都硬度测定计、片剂四用测定仪等仪器定量测定，虽然《中国药典》对硬度没有明确规定，但一般认为能承受 40～60 N 压力的为合格片剂。脆碎度检查法：片重为 0.65 g 或以下者取若干片，使其总重约为 6.5 g；片重大于 0.65 g者取 10 片。用吹风机吹去片剂脱落的粉末，精密称重，置圆筒中，转动 100 次。取出，同法除去粉末，精密称重，减失重量不得过 1%，且不得检出断裂、龟裂及粉碎的片。本试验一般仅作 1 次。如减失重量超过 1%时，应复测 2 次，3 次的平均减失重量不得过 1%，并不得检出断裂、龟裂及粉碎的片。

笔记栏

（四）崩解时限

崩解系指口服固体制剂在规定条件下全部崩解溶散或成碎粒，除不溶性包衣材料或破碎的胶囊壳外，应全部通过筛网。片剂崩解时限见表 12－2。检查方法见《中国药典》现行版四部通则，除另有规定外，凡规定检查溶出度、释放度、融变时限或分散均匀性的制剂，不再进行崩解时限检查。

表 12－2 《中国药典》规定的片剂崩解时限

片　剂	普通片	分散片可溶片	舌下片泡腾片	薄膜衣片	浸膏片糖衣片
崩解时限(min)	15	3	5	30	60

肠溶片，先在盐酸溶液(9→1 000)中检查 2 h，每片均不得有裂缝、崩解或软化现象；在磷酸盐缓冲液(pH 6.8)中进行检查，1 h 内应全部崩解。如有 1 片不能完全崩解，应另取 6 片复试，均应符合规定。

结肠定位肠溶片，在盐酸溶液(9→1 000)及 pH 6.8 以下的磷酸盐缓冲液中均应不得有裂缝、崩解或软化现象，在 pH 7.5～8.0 的磷酸盐缓冲液中 1 h 内应完全崩解。如有 1 片不能完全崩解，应另取 6 片复试，均应符合规定。

（五）溶出度或释放度

溶出度系指活性药物从片剂、胶囊剂或颗粒剂等普通制剂在规定条件下溶出的速率和程度，在缓释制剂、控释制剂、肠溶制剂及透皮贴剂等制剂中也称释放度。

一般的片剂规定测定崩解时限，对于有下列情况的片剂，须检查其溶出度以控制或评定质量：① 含有在消化液中难溶的药物；② 与其他成分容易相互作用的药物；③ 在久贮后易变为难溶性的药物；④ 剂量小，药效强，不良反应大的药物。

缓释制剂或控释制剂依照普通制剂方法操作，但至少采用三个取样时间点，即：

(1) 开始 0.5～2 h，用于考察药物是否有突释现象；

(2) 中间取样时间点(释药约 50%)，用于确定释药特性；

(3) 最后取样时间点，用于考察药物是否释放完全。

溶出度或释放度的具体检查方法见《中国药典》现行版四部。

知识链接

漏 槽 条 件

漏槽条件(sink condition)，是溶出试验的最佳条件，是指药物所处释放介质的浓度远小于其饱和浓度，生理学解释为药物在体内被迅速吸收，制剂的体外包括释放度等测定需要模仿体内生理条件的，满足药物溶解-吸收的过程，漏槽条件起到了修正作用，一般释放介质的体积为药物饱和溶液所需介质体积的 3～5 倍。一般情况下，选择溶出介质的体积为500 mL、1 000 mL 和 900 mL。

（六）含量均匀度

含量均匀度系指小剂量片剂中每片含量偏离标示量的程度。主药含量较小的片剂，因加入的辅料相对较多，药物与辅料不易混合均匀，而含量测定方法是测定若干片的平均含量，易掩盖小剂量片剂由于原、辅料混合不均匀而造成的含量差异。对此可按照《中国药典》现行版四部含量均匀度检查法进行检查。

笔记栏

（七）微生物限度

以动物、植物、矿物来源的非单体成分制成的片剂，生物制品片剂，以及黏膜或皮肤炎症或腔道等局部用片剂(如口腔贴片、外用可溶片、阴道片、阴道泡腾片等),照《中国药典》现行版四部非无菌产品微生物限度检查法检查,应符合规定。规定检查杂菌的生物制品片剂,可不进行微生物限度检查。

第六节　片剂的包装与贮藏

一、片剂的包装

片剂的包装应满足密封、防潮、防震以及使用方便等基本要求,使片剂免受环境条件(光、热、湿、微生物等)的影响以及因运输引起的摩擦和碰撞,以保证药物制剂到达患者手中时依然保持其稳定性与有效性。片剂包装材料和容器的选择应根据药物性质,结合给药方式、给药剂量和给药途径等来确定,一般可分为多剂量包装和单剂量包装两种形式。

(一) 多剂量包装

多剂量包装一般指几十片甚至几百片合装入一个容器中。容器多为玻璃瓶(管)或塑料瓶(盒),也有用软性薄膜、纸塑复合膜、金属箔复合膜等制成的药袋。

1. 玻璃瓶(管)　其主要优点是密封性好,不透水蒸气和空气,化学惰性,价廉易得,棕色玻璃还有避光作用。其主要缺点是质重、性脆、易于破损。

2. 塑料瓶(盒)　主要原料为聚乙烯、聚氯乙烯和聚苯乙烯等。其优点是质地轻、不易破碎、容易制成各种形状、外观精美。其缺点是密封隔离性能不如玻璃制品,也并非完全的化学惰性,其组分中的某些成分(如稳定剂、增塑剂等)有可能污染药物。另外,塑料容器还会因温度、水蒸气及药物的作用等发生变形或硬化。

(二) 单剂量包装

单剂量包装是将每个片剂单独进行包装。单剂量包装主要有泡罩式(亦称水泡眼)和窄条式两种形式。

1. 泡罩式包装　是用底层材料铝箔和热成型聚氯乙烯塑料薄板,经热压形成的水泡状包装。

2. 窄条式包装　是由两层膜片(铝塑复合膜、双纸铝塑复合膜等)经黏合或热压而形成的带状包装,与泡罩式包装比较,成本较低、工序简单。

二、片剂的贮藏

除另有规定外,片剂应密封贮存,并放置于阴凉、通风、干燥处,防止受潮、发霉、变质。对光敏的片剂应避光保存;受潮后易分解变质的片剂,应在包装容器内放入干燥剂。

(何　宁　王少兵)

笔记栏

第十三章 外用膏剂

本章要点

外用膏剂的含义、特点与分类。

药物的经皮吸收途径及其影响因素。

软膏剂、乳膏剂、膏药、贴膏剂的含义、特点与制备方法。

橡胶膏剂、凝胶剂、凝胶贴膏、透皮贴剂的含义、特点与制备方法。

外用膏剂的质量评价方法。

第一节 概 述

一、外用膏剂的含义与特点

外用膏剂系指采用适宜的方法将基质与原料药物制成主要供外用的半固体或近似固体的一类制剂。外用膏剂涂布或粘贴于皮肤、黏膜或创面上，起保护创面、润滑皮肤和局部治疗作用，有的还可以透过皮肤或黏膜起全身治疗作用。外用膏剂亦称经皮给药系统（transdermal drug delivery system，TDDS）或称经皮治疗系统（transdermal therapeutic system，TTS）。

知识链接

外用膏剂的历史沿革

外用膏剂在我国很早就有记载，《黄帝内经》“痈疽篇”中就有外用膏剂的记载；晋代葛洪所著的《肘后备急方》中也有豕脂、羊脂等与药料炼制膏剂的记载；唐代孙思邈著的《千金翼方》载有“乌麻膏”方，其制法为“纳油铜器中，微火煎至明旦，看油减一分，下黄丹消尽，下蜡令沫消，膏成……”由此可见，当时已有了成熟的膏药制备的方法。外用膏剂到明、清两代更有发展，如明代李时珍的《本草纲目》、清代吴师机的《理瀹骈文》对外用膏剂都有相关记载与归纳。在近代，外用膏剂中的软膏剂与贴膏剂等都有了较快的发展。

外用膏剂的给药方法和作用方式，使其具有以下特点：① 可免受胃肠道内酶、消化液、pH、食物等诸多因素的影响，避免肝脏的首过效应和胃肠道的破坏，提高了药物治疗效果；② 可直接作用于皮肤，发挥独特的局部治疗作用；③ 可提供较长的作用时间，药物可持续扩散进入血液循环，延长给药间隔，减少用药次数，提高患者用药的顺应性；④ 可按需要的速率使药物进入体内，维持恒定的有效血药浓度，避免了口服等方式给药所引起的血药浓度峰谷现象；⑤ 使用方便，操作简单，患者可以自主给药，也可随时中止用药，降低药物副反应，特别适合于婴儿、老人或不宜口服的患者。

笔记栏

二、外用膏剂的分类

中药外用膏剂按基质及形态分为两大类。

1. 软膏剂(ointments) 系指半固体外用膏剂，主要用于皮肤的局部治疗，对皮肤有保护、润滑、止痒及局部治疗等作用。根据基质组成不同，可分为油脂性基质、乳剂型基质和水溶性基质软膏。

2. 硬膏剂(plasters) 系指原料药物与适宜的基质制成的一类近似固体的片状剂型，起局部治疗作用或全身治疗作用。按基质组成可分为如下。

(1) 膏药(plasters)：系指以高级脂肪酸铅盐为基质的外用膏剂，也叫铅硬膏，如黑膏药、白膏药等。

(2) 贴膏剂(adhesive plasters)：系指以适宜的基质和基材制成的供皮肤贴敷的一类片状外用制剂。又分为：① 橡胶贴膏(rubber plasters)(以橡胶为主要基质)；② 凝胶贴膏(gel plasters)(以亲水性高分子材料为基质)；③ 透皮贴剂(transdermal patch)(以高分子材料为基质)。

三、药物的经皮吸收

外用膏剂的经皮吸收系指膏剂中的药物透过皮肤进入血液循环的过程，包括释放、穿透及吸收三个阶段。释放系指药物从基质中脱离出来并扩散到皮肤或黏膜表面；穿透系指药物通过表皮进入真皮、皮下组织，对局部组织起治疗作用；吸收系指药物透过皮肤或黏膜，通过血管或淋巴管进入体循环而发挥全身作用。

(一) 皮肤的结构与生理

皮肤是 TDDS 的给药部位，是影响药物经皮吸收及治疗有效性的关键因素。皮肤由表皮、真皮及皮下组织三部分组成。皮肤的厚度随身体部位不同而异，一般在 0.5～4 mm 之间。结构如图 13-1所示。

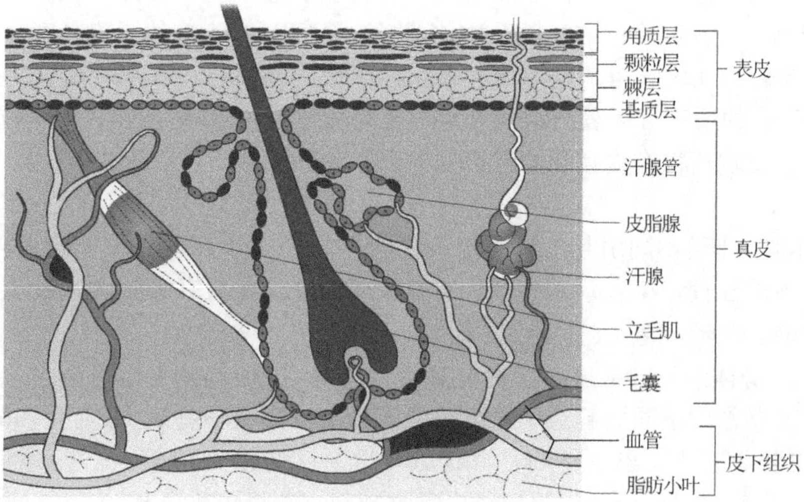

图 13-1 人体皮肤的基本结构

1. 表皮 表皮由上皮细胞构成，从基底层发育而成。由基底层开始向外依次分化成棘层、颗粒层、透明层和角质层，其中透明层只存在于掌跖部位皮肤。角质层，充满了角蛋白或纤维状蛋白的角质层细胞致密交联，成为防止水分蒸发及抵御外来物质进入的重要屏障。一般认为，对于脂溶性较强的药物，可以与角质层脂质相容，角质层的屏障作用较小，其限速因素是由角质层向生长表皮层的转运过程。而对分子量较大、极性药物，在角质层的扩散是其主要限速过程。表皮内无血管，

笔记栏

药物在表皮内不能被吸收。

2. 真皮与皮下脂肪组织　真皮内有丰富的毛细血管、毛细淋巴管、皮脂腺、毛囊及汗腺等。皮下脂肪组织在真皮之下，具有血液循环系统、汗腺和神经。真皮与皮下组织对药物不形成屏障，药物进入真皮及皮下组织后易为血管及淋巴管所吸收。在离体皮肤渗透研究时，脂肪层可能成为药物的贮库，阻止其向接收介质转运。

3. 皮肤附属器　包括汗腺、毛囊、皮脂腺，分布在皮肤表面一直到达真皮层底部。皮脂腺多与毛发并存，开口于毛囊上部。汗腺导管贯穿于真皮中，开口至表皮。在吸收初期药物穿透皮肤附属器比完整表皮快，当吸收达到稳态后，则附属器途径可忽略。

（二）药物的经皮吸收途径

药物应用于皮肤后，首先从制剂中释放至皮肤表面。皮肤表面药物分子先分配进入脂质角质层，再扩散穿过角质层分配进入水性活性表皮，继续扩散通过活性表皮到达真皮，被毛细血管吸收进入体循环。药物通过皮肤吸收进入体循环主要有以下两条途径：

1. 完整的表皮途径　是药物经皮吸收的主要途径。表皮途径又可分为跨细胞途径和细胞间途径，其中后者是药物扩散的主要途径，其类脂膜性质，有利于脂溶性药物以非解离型透过皮肤，而解离型药物较难透过。

2. 皮肤附属器途径　即通过皮脂腺、毛囊及汗腺吸收。由于毛孔、汗腺和皮脂腺开口与整个皮肤表面积相比，仅占1%以下，且其分泌物的扩散方向与药物的扩散方向相反，故多数情况下不是药物主要吸收途径。但大分子药物和离子型药物可能经这些途径转运。

（三）影响经皮吸收的因素

经皮吸收是一个复杂过程，一般认为药物的理化性质、基质的组成、给药部位的特性等是影响药物经皮吸收的主要因素。这些因素与经皮吸收的关系可用公式(13-1)表示

$$dQ/dt = KCDA/T \qquad (13-1)$$

式中，dQ/dt 为达到稳定时的药物透皮速率；K 为药物皮肤/基质分配系数；C 为溶于基质中的药物浓度；D 为药物在皮肤屏障中的扩散系数；A 为给药面积；T 为有效屏障厚度。

分配系数 K 是药物在皮肤与基质中相对分配的指数。当 A、D、T 不变时，C 是透皮药物最重要的理化性质。K、C 的乘积可代表药物的热力学活性，即药物与基质亲和力越弱，在基质中浓度越高，透皮速率越大。影响药物经皮吸收的因素如下。

1. 皮肤条件

(1) 年龄和性别：年龄不同引起皮肤生理条件有差异。老年人皮肤较干燥、萎缩，皮肤附属器功能下降，其皮肤渗透性较青年人差。早产儿的皮肤通透性比足月儿或成人皮肤大近10倍。一般来讲，老人和男性的皮肤较儿童、女性的渗透性差。

(2) 皮肤部位：身体的不同部位皮肤存在渗透性差异，这种差异主要是由于角质层细胞层数、真皮厚度、皮肤附属器密度不同引起。一般角质层厚的部位药物不易透入，毛孔多的部位则较易透入。不同部位的皮肤通透性大小顺序为：阴囊＞耳后＞腋窝区＞前额＞下巴＞头皮＞腹部＞手臂＞腿部＞胸部＞足底。对起全身作用的经皮吸收制剂宜选择角质层薄、施药方便的部位。

(3) 皮肤的温度与湿度：药物在角质层中的扩散属于被动扩散，温度的改变能明显影响药物的渗透系数，皮肤温度提高，药物的经皮渗透速率提高。皮肤湿度大，有利于角质层的水合作用，引起角质层肿胀，细胞间隙疏松，药物渗透性增加。如以亲水性物质为基质制成的巴布剂就有利于角质层的水合作用，使药物经皮渗透率增加。

笔记栏

(4) 皮肤的状况：若皮肤屏障功能受损（如皮肤患湿疹、溃疡或烧伤），皮肤角质层屏障作用下降或丧失，药物易于穿透，吸收速度和吸收程度大大增加，但引起疼痛、过敏等的不良反应概率也增

加。一般来说，溃疡皮肤对许多物质的渗透性为正常皮肤的3～5倍。而硬皮病、银屑病及老年角化病等皮肤病使角质层致密硬化，药物的渗透性降低。

2. 药物性质　药物的理化性质对其经皮吸收的影响是复杂的，理想的经皮吸收药物应该符合以下特征：① 注射给药剂量小于20 mg/天；② 半衰期短，现有的剂型需频繁给药才能满足治疗需求；③ 无皮肤毒性(刺激性和过敏性)；④ 药物分子量小于500；⑤ 药物的油水分配系数对数值在1～4；⑥ 在液状石蜡和水中的溶解度都大于1 mg/mL。

(1) 分子大小：小分子药物易在皮肤中扩散，分子量大于600的药物较难透过角质层。分子量相同的药物，线性分子较非线性分子透皮速率高。

(2) 熔点：熔点越高的药物和水溶性或亲水性药物，在角质层的渗透率较低，低熔点的药物则更容易透过皮肤。

(3) 油水分配系数：是影响药物经皮吸收的最主要因素之一。皮肤细胞膜具有类脂质特性，一般脂溶性药物比水溶性药物易于穿透皮肤，而组织液是极性的，因此既有一定脂溶性又有一定水溶性的药物(分子具有极性基团和非极性基团)更易穿透，所以药物穿过皮肤的渗透系数与油水分配系数往往呈抛物线关系。

(4) 分子形式：分子型药物较离子型药物有较大的透皮性能，很多药物是有机弱酸或有机弱碱性，其药物的分子型比离子型脂溶性大，故易透过皮肤吸收。

3. 基质性质

(1) 基质的种类：可直接影响药物在基质中的理化性质与贴敷处皮肤的生理功能。一般认为药物的吸收在乳剂型基质中最好，油脂性强的基质封闭性强，能阻止皮肤内水分与汗液蒸发，有利于角质层的水合作用，从而增加药物渗透性。而水溶性基质如聚乙二醇虽然能快速释药，但几乎不能阻止水分的蒸发，不利于药物穿透与透皮吸收。

(2) 基质的pH：影响弱酸性和弱碱性药物的穿透与吸收，当基质的pH小于弱酸性药物的p*Ka*或大于弱碱性药物的p*Ka*时，药物的分子型(非解离型)显著增加，脂溶性加大而有利于穿透。故可根据药物的p*Ka*值来调节基质的pH，增加非离子型的比例，提高药物透皮特性。

(3) 基质对药物的亲和力：若两者亲和力大，药物的皮肤/基质分配系数小，药物难以从基质向皮肤转移，不利于吸收。

4. 渗透促进剂　渗透促进剂(penetration enhancers)：系指能加速药物穿透皮肤又不损害皮肤的一类物质。理想的渗透促进剂条件是：① 对皮肤及机体无药理作用，无毒、无刺激性及无过敏反应；② 应用后立即起作用，去除后皮肤能恢复正常的屏障功能；③ 不引起体内营养物质和水分通过皮肤损失；④ 不与药物及其他附加剂产生理化作用；⑤ 无色、无臭；⑥ 与赋形剂和药物相互兼容。但促渗剂能完全满足以上条件的几乎没有，一般只能满足以上条件中的几个。

渗透促进剂作用机制大致可归纳为：① 使角质层细胞内结构蛋白变性，促进角质层蛋白的水合作用；② 破坏角质层细胞间脂质长链的有序排列，增加双分子层的流动性。

常用的透皮吸收促进剂有表面活性剂、月桂氮酮及其类似物、亚砜类、醇类、胺及酰胺类及萜烯类等。

(1) 表面活性剂：它对生物膜的作用复杂，低浓度时能干扰细胞膜的结构，增加药物的渗透速率，而当其浓度超过临界胶束浓度(CMC)时，药物进入胶团内，药物的热力学活性降低，药物的渗透速率降低，故用量以1%～2%为宜。在软膏中加入适量表面活性剂，可增加药物的吸水性、可洗性、易分散性，促进药物穿透，但用量不宜过高，否则药物被增溶在胶团中，不易释放。

(2) 月桂氮酮及其类似物：月桂氮酮(laurocapram)，简称氮酮(azone)，化学名为1-十二烷基氮杂环庚烷-2-酮，为无色强亲脂性澄清油状液体。能与醇、酮、低级烃类混溶而不溶于水，对皮肤、黏膜的刺激小，毒性小。氮酮主要作用于细胞类脂双分子层，增加了双分子层的流动性，降低了相变温度，促进了药物通过细胞间的扩散，同时，氮酮的水化作用，可增加亲水性药物经水性通道的渗透，从而发挥促渗作用。氮酮的透皮作用具有浓度依赖性，常用有效浓度1%～6%。

笔记栏

(3) 亚砜类：二甲基亚砜(dimethyl sulfoxide, DMSO)曾是应用很广泛的经皮渗透促进剂，有强吸水性，可与水、乙醇、丙酮、氯仿、乙醚等任意混溶，应用于皮肤后能被吸收。二甲基亚砜需要高浓度才能产生显著的经皮吸收促进作用，高浓度二甲基亚砜对皮肤有较严重的刺激性，会引起皮肤红斑和水肿，高浓度大面积使用能产生全身毒性反应，因此在有些国家已被限制使用。

其他透皮促进剂尚有丙二醇、甘油、聚乙二醇等多元醇，胺及酰胺类，萜烯类等，一般单独应用效果较差，常配伍使用。

5. 其他因素　制剂中药物浓度、用药面积、应用次数及应用时间等一般与药物的吸收量成正比。其他如气温、相对湿度、局部摩擦、脱脂及离子导入应用等均有助于药物的透皮吸收。

第二节　软膏剂、乳膏剂与凝胶剂

一、软膏剂

（一）软膏剂的含义与特点

软膏剂(ointments)系指中药提取物、饮片细粉与适宜基质均匀混合制成的半固体外用制剂。常用基质分为油脂性、水溶性和乳剂型基质，其中用乳剂型基质制成的软膏又称为乳膏剂(creams)。按乳化类型的不同，可分为水包油型乳膏剂与油包水型乳膏剂。按照分散系统可分为溶液型、混悬型和乳剂型。

软膏剂主要发挥保护创面、润滑皮肤和局部治疗作用，某些药物能通过皮肤吸收进入体循环，产生全身治疗作用。

软膏剂应符合：① 基质应均匀、细腻，涂于皮肤或黏膜上无粗糙感觉；② 具有适当的黏稠度，易涂布于皮肤或黏膜上，不熔化，黏稠度随季节变化小；③ 性质稳定，应无酸败、异臭、变色、变硬，油水分离及胀气现象；④ 有良好的安全性，不引起皮肤刺激反应、过敏反应及其他不良反应；⑤ 用于大面积烧伤或严重创面时，软膏剂应无菌。

（二）软膏剂的基质

软膏剂由药物、基质和附加剂组成。基质不仅是软膏剂的赋形剂和药物载体，而且对软膏剂的质量、理化性质与药物疗效都有着重要的影响。软膏剂基质应具备下列质量要求：① 具有适当稠度，润滑，无刺激性；② 不妨碍皮肤的正常功能，有利于药物的释放吸收；③ 性质稳定，能与多种药物配伍，不发生配伍禁忌；④ 有吸水性，能吸收伤口分泌物；⑤ 易清洗，不污染衣物。但实际应用中，很少有基质能完全符合上述要求，应根据医疗用途及皮肤的生理病理状况，使用混合基质或添加附加剂，以保证制剂的质量。

1. 油脂性基质　油脂性基质包括动植物油脂类、类脂类及烃类等。该类基质的特点是润滑、无刺激性，涂于皮肤能形成封闭性油膜，促进皮肤水合作用，对皮肤有保护作用，适用于慢性皮肤破损和某些感染性皮肤病的早期；能与大多数药物配伍。但油腻性与疏水性大，不易用水洗除，不宜用于急性且有渗出液的皮肤疾病，对药物的释放穿透作用较差。

(1) 油脂类：系指从动物或植物中得到的高级脂肪酸甘油酯及其混合物。因含有不饱和双键，在长期贮存过程中易分解、氧化、酸败，需加入抗氧化剂和防腐剂改善。常用的有动物油、植物油、氢化植物油等。中药油膏常以麻油与蜂蜡熔合为基质。

1) 植物油：常用的植物油，如花生油、大豆油、橄榄油、麻油等，由于存在不饱和键，常温下为液体。常与类脂类混合使用以获得适当稠度。

2) 氢化植物油：系指植物油在催化作用的条件下加氢而成的饱和或部分饱和的脂肪酸甘油酯，较植物油稳定，但仍能被氧化而酸败。

笔记栏

(2) 类脂类：系指高级脂肪酸与高级脂肪醇化合而成的酯及他们的混合物，其物理性质与油脂类似，化学性质较油脂稳定，常与油脂类基质合用。

1) 羊毛脂：又称为无水羊毛脂，为淡棕黄色黏稠状半固体，有良好的吸水性，可吸水150%、甘油140%及70%的乙醇40%。羊毛脂与皮脂组成接近，故有利于药物渗透；但过于黏稠而不宜单用，常与凡士林合用，以提高凡士林的吸水性和渗透性。

2) 蜂蜡：又称黄蜡，是蜜蜂分泌的蜡质，主要成分为棕榈酸蜂蜡醇酯，熔点为62～67℃。蜂蜡不易酸败，为较弱的W/O型乳化剂，常用于调节软膏的稠度。

3) 鲸蜡：由鲸鱼头部获得，经精制而成的蜡质，主要成分为棕榈酸鲸蜡醇酯，并含少量高级脂肪酸酯，有表面活性作用，熔点为42～50℃，为较弱的W/O乳化剂，不易酸败，有较好的润滑性，主要用于调节基质的稠度。

(3) 烃类：系石油分馏得到的各种烃的混合物，大部分为饱和烃类，不易被皮肤吸收，适用于保护性软膏。不溶于水，与多数植物油、挥发油混溶。

1) 凡士林：又称为软石蜡，为液体烃类与固体烃类形成的半固体混合物，有黄、白两种，后者是前者漂白而成，熔点为38～60℃。能与大多数药物配伍，具有适宜的稠度和涂展性，无刺激性，能与蜂蜡、脂肪、植物油(除蓖麻油外)熔合。本品油腻性大，吸水能力差，仅能吸收其重量5%的水，故不适用于有多量渗出液的患处。凡士林中加入适量羊毛脂、某些高级醇类可增加其吸水性，加入适量的表面活性剂，可增加其吸水性和释药性。

2) 固体石蜡与液状石蜡：前者为各种固体烃的混合物，后者为液体烃的混合物。用于调节软膏剂的稠度。其优点是结构均匀，与其他基质熔合后不会析出，故优于蜂蜡。

(4) 硅酮类：为一系列不同分子量的聚二甲基硅氧烷的总称，简称硅油。其分子式通式为$CH_3[Si(CH_3)_2 \cdot O]_n \cdot Si(CH_3)_3$，常用二甲聚硅与甲苯聚硅，黏度随分子量增大而增加。其最大优点是在应用温度范围内(－40～150℃)黏度变化极小，化学性质稳定，无毒性，对皮肤无刺激性，具有良好的润滑作用，易于涂布，能与羊毛脂、硬脂酸、聚山梨酯、脂肪酸山梨坦等混合。因此常用于乳膏中做润滑剂，也可与其他油脂类基质合用制成防护性软膏。本品对眼睛有刺激性，不宜做眼膏基质。

2. 乳剂型基质　乳剂型基质由水相、油相和乳化剂组成。油相含固体或半固体成分，加热液化后与水相在乳化剂的作用下混合乳化，最后在室温下形成半固体的基质。形成基质的类型及原理与乳剂相似。

常用的油相多为固体，主要有硬脂酸、石蜡、蜂蜡、高级醇(如十八醇、十六醇)等。有时为调节稠度需加入液状石蜡、凡士林或植物油等。

常用的水相有甘油、蒸馏水和聚乙二醇等。

常用的乳化剂有皂类、月桂醇硫酸钠、多元醇的脂肪酸酯(如单硬脂酸甘油酯)。聚山梨酯、壬烷基酚、聚乙二醇醚(乳化剂OP)等。

乳剂型基质分为O/W型与W/O型两类，乳化剂在基质成型过程中起关键作用。W/O型基质的内相是水相，外相是油相，能吸收部分水分，水分只能缓慢蒸发，对皮肤有缓和的凉爽感，故称"冷霜"，同时该基质不易从皮肤上被水清洗；O/W型基质能与大量水混合，无油腻感，易于涂布和清洗，色白如雪，故称"雪花膏"。

乳剂型基质不阻止皮肤表面分泌物的分泌和水分蒸发，因此对皮肤的正常功能影响较小。一般乳剂型基质特别是O/W型基质软膏中药物的释放和透皮吸收速度较快。但是采用O/W型基质制成的软膏剂用于分泌物较多的皮肤病(如湿疹)时，其吸收的分泌物可重新进入皮肤(反向吸收)而使炎症恶化，因此需正确选择适应证。通常乳剂型基质适用于亚急性、慢性、无渗出的皮损和皮肤瘙痒症，忌糜烂、溃疡、水疱及化脓性创面。

由于O/W型基质外相含有大量水，在贮存过程中会霉变，因此常需加入防腐剂(如尼泊金类、氯甲酚、三氯叔丁醇等)，同时水分也易蒸发而使软膏变硬，故常需加入保湿剂(如甘油、丙二醇、山梨醇等)，一般用量为5%～20%。遇水不稳定的药物如金霉素、四环素等不宜用乳剂型基质制备软

笔记栏

膏。通常 W/O 型乳膏剂基质 pH 不大于 8.5，O/W 型 pH 不大于 8.3。

乳膏剂基质常用乳化剂及稳定剂如下。

(1) 阴离子表面活性剂

1) 一价皂：系一价金属离子钠、钾、铵的氢氧化物、硼酸盐或三乙醇胺等有机碱与脂肪酸（如硬脂酸或油酸）作用生成的新生皂，HLB 值为 15～18，为 O/W 型的乳化剂，其降低水相表面张力的作用强于降低油相表面张力作用，因此易形成 O/W 型的乳剂型基质，但若处方中油相含量过多时能转相为 W/O 型乳剂型基质。脂肪酸中碳原子数从 12 到 18，一价皂的乳化能力随之递增。但碳原子数大于 18 的脂肪酸的乳化能力反而降低，故碳原子数为 18 的硬脂酸为最常用的脂肪酸，其用量通常为基质总量的 10%～25%，主要作为油相成分，部分与碱反应形成新生皂。未皂化的硬脂酸作为油相被乳化为分散相，并增加基质的稠度。以硬脂酸制成的乳剂型基质，外观光滑美观，涂于皮肤，水分蒸发后在皮肤表面形成一层硬脂酸膜而具保护性。单用硬脂酸为油相制成的乳剂型基质润滑作用小，故常需加入适当的油脂性物质（如凡士林、液状石蜡等）调节其稠度和涂展性。

皂化反应需要的碱性物质能影响乳剂型基质的质量。新生钠皂为乳化剂制成的乳剂型基质较硬，以钾皂为乳化剂制成的基质较软。以新生有机胺皂为乳化剂制成的基质较为细腻、光亮美观。因此后者常与前两者合用或单用作乳化剂。一价皂基质易被酸、碱、钙、镁、铝等离子或电解质破坏，不宜与酸性或强碱性药物配伍。

例 13－1　含有机胺皂的乳膏剂基质

【处方】硬脂酸 120 g，单硬脂酸甘油酯 35 g，液状石蜡 60 g，凡士林 10 g，羊毛脂 50 g，三乙醇胺 4 g，羟苯乙酯 1 g，蒸馏水加至 1 000 g。

【制法】取硬脂酸、单硬脂酸甘油酯、液状石蜡、凡士林、羊毛脂置容器内，水浴加热至熔化，继续加热至 70～80℃；另取三乙醇胺、羟苯乙酯及蒸馏水，加热至 70～80℃，缓缓倒入硬脂酸等油相中，边加边搅拌，至乳化完全，放冷即得。

处方中三乙醇胺与部分硬脂酸形成硬脂酸胺皂，为 O/W 型乳化剂。硬脂酸胺皂的碱性较弱，适用于药用制剂。单硬脂酸甘油酯，乳化能力弱，是 W/O 型辅助乳化剂，能增加油相的吸水能力。

2) 脂肪醇硫酸（酯）钠类：常用十二烷基硫酸钠（sodium lauryl sulfate），又称月桂醇硫酸钠，为优良的 O/W 型乳化剂，HLB 值为 40，通常用量为 0.5%～2%。本品常与 W/O 型乳化剂合用，如十六醇、十八醇、硬脂酸甘油酯和司盘类等，以调整 HLB 值，使其达到油相所需范围。本品不能与阳离子型表面活性剂及阳离子药物（如盐酸苯海拉明、盐酸普鲁卡因等）配伍，其乳化作用的适宜 pH 为 6～7。

例 13－2　含十二烷基硫酸钠的乳膏剂基质

【处方】硬脂醇 250 g，十二烷基硫酸钠 10 g，白凡士林 250 g，甘油 120 g，羟苯乙酯 1 g，蒸馏水加至 1 000 g。

【制法】取十二烷基硫酸钠、甘油、羟苯乙酯、蒸馏水，加热至 70～80℃，缓缓加入已加热至同温度的硬脂醇、白凡士林油相中，随加随向同一方向搅拌，至乳化凝结。

处方中十二烷基硫酸钠为主要乳化剂，能形成 O/W 型乳膏剂基质。硬脂醇既是油相，又起辅助乳化、稳定及增加基质稠度的作用。白凡士林可防止基质水分蒸发并留下油膜，有利于角质层水合而产生润滑作用。甘油为保湿剂，并有助于防腐剂的溶解。

3) 多价皂：系指由钙、镁、锌、铝等二三价的金属氢氧化物与脂肪酸作用形成的多价皂。其 HLB 值小于 6，亲油性强于亲水性，可作为 W/O 型乳剂型基质。新生多价皂较易形成，且油相比例大，黏度较水相高，形成的 W/O 型基质也较一价皂为乳化剂形成的 O/W 型基质稳定。

笔记栏

(2) 非离子表面活性剂

1) 聚山梨酯类：聚山梨酯即吐温类，HLB 值为 10.5～16.7，为 O/W 型乳化剂。对皮肤黏膜刺激性小，并能与电解质配伍。聚山梨酯类能与某些酚类、羧酸类药物（如间苯二酚、麝香草酚、水杨酸等）作用，使乳剂破坏。聚山梨酯类能严重抑制某些消毒剂、防腐剂的效能，如与尼泊金类、季铵盐类、苯甲酸等络合而使之部分失活，但可以适当增加防腐剂用量予以克服。在以非离子型表面活性剂为乳化剂的基质中可加入山梨酸、氯己定碘、氯甲酚等作为防腐剂，用量通常为0.2%。

例 13-3　含聚山梨酯80的乳膏剂基质

【处方】硬脂酸150 g，白凡士林100 g，单硬脂酸甘油酯100 g，聚山梨酯80 50 g，硬脂酸山梨坦60 20 g，羟苯乙酯1 g，蒸馏水479 mL。

【制法】取硬脂酸、白凡士林、单硬脂酸甘油酯水浴上加热熔融，于70℃左右保温，加入硬脂酸山梨坦60与羟苯乙酯使溶解；另取蒸馏水加热至80℃，加入聚山梨酯80溶解混匀。将上述油相缓缓加入水相，边加边搅拌至冷凝，即得。

处方中聚山梨酯80为主要乳化剂，硬脂酸山梨坦60为W/O型乳化剂，用以调节适宜的HLB值而形成稳定的O/W型乳膏剂基质，硬脂酸、单硬脂酸甘油酯为增稠剂与稳定剂，并使制得的基质细腻光亮。

2) 聚氧乙烯醚类

A. 平平加O(peregal O)：为脂肪醇聚氧乙烯醚类非离子型O/W乳化剂，属于非离子表面活性剂类乳化剂，HLB值为15.9。本品在冷水中溶解度比热水中要大，1%水溶液pH 6～7，对皮肤无刺激性，性质稳定，其用量一般为油相的5%～10%。本品单独使用不能形成乳剂型基质，与辅助乳化剂合用才能形成稳定的乳剂型基质。与羟基、羧基化合物形成络合物导致基质破坏，不宜与酚类、水杨酸、苯甲酸等配伍。

B. 乳化剂OP：系以聚氧乙烯(20)月桂醚$(CH_2-CH_2-O)_nH$为主的烷基聚氧乙烯醚的混合物，为非离子O/W型乳化剂，HLB值为14.5，其用量一般为油相的5%～10%。对皮肤无刺激，性质稳定，但当水溶液含大量高价金属离子，如锌、铁、铜、铝时其表面活性作用会降低，不宜与酚羟类化合物(苯酚、间苯二酚、麝香草酚、水杨酸等)配伍。

C. 脂肪酸山梨坦类：脂肪酸山梨坦即司盘类，HLB值为4.3～8.6，为W/O型乳化剂；常与O/W型乳化剂如聚山梨酯类合用于O/W型基质中，用于调节HLB值并使之稳定；或与高级脂肪醇等合用于W/O型基质中，能吸收少量水分，对皮肤黏膜刺激性小。

例 13-4　含聚山梨坦的乳膏剂基质

【处方】白凡士林400 g，硬脂醇180 g，倍半油酸山梨醇酯5 g，羟苯乙酯1 g，尼泊金丙酯1 g，蒸馏水加至1 000 g。

【制法】取白凡士林、硬脂醇、倍半油酸山梨醇酯及尼泊金丙酯置于蒸发皿，水浴上加热至75℃熔化，保温备用。另取羟苯乙酯加入适量蒸馏水，加热至80℃，待溶解后，趁热加至上述油相中，不断搅拌至冷凝。

本品为W/O型乳膏剂基质。透皮性良好，涂展性亦佳，可吸收少量分泌液。

(3) 高级脂肪醇类及其他弱W/O乳化剂

1) 十六醇及十八醇：十六醇，即鲸蜡醇(cetyl alcohol)，熔点45～50℃；十八醇，即硬脂醇(stearyl alcohol)，熔点56～60℃，两者不溶于水而溶于乙醇，无刺激性，吸水后形成W/O乳剂型基质，可增加乳剂的稳定性和稠度。在新生皂为乳化剂的乳剂型基质中，用十六醇及十八醇取代硬脂酸形成的基质光滑、细腻。加入适量的油脂性基质中可以增加其吸水性。

2) 硬脂酸甘油酯(glyceryl monostearate)：是单、双硬脂酸甘油酯的混合物，主要含单硬脂酸甘油酯。本品不溶于水，可溶于热乙醇、液状石蜡及脂肪油中，HLB值为3.8，是W/O型乳化剂，与一价皂或十二烷基硫酸钠等合用，可得O/W型乳剂型基质，常用作乳剂型基质的稳定剂或增稠剂。

例 13-5　含十八醇的乳膏剂基质

【处方】蜂蜡30 g，硬脂醇30 g，胆甾醇30 g，白凡士林加至1 000 g。

【制法】将以上4种基质在水浴上加热熔化混匀，搅拌至冷凝。

本品加等量水后仍稠度适中。与药物水溶液配伍，成为W/O型软膏，可吸收分泌液。可用于遇水不稳定的药物制备软膏。

笔记栏

3. 水溶性基质　水溶性基质由天然或合成的水溶性高分子物质所组成。常用基质有聚乙二醇等。水溶性基质易涂展，能吸收组织渗出液，一般释放药物较快，无油腻性，易洗除。对皮肤、黏膜无刺激性，可用于糜烂创面及腔道黏膜，但其润滑性差。

聚乙二醇(polyethylene glycol，PEG)：为乙二醇的高分子聚合物，药剂中常用平均分子量在300～6 000。PEG700 以下是液体，PEG1 000、PEG1 500 及 PEG1 540 是半固体，PEG2 000 以上是固体，若取不同平均分子量的聚乙二醇以适当比例相混合，可制成稠度适宜的基质。PEG 易溶于水，化学性质稳定，可与多数药物配伍，耐高温，不易霉败。但由于其较强的吸水性，用于皮肤常有刺激感，且长期应用能够引起皮肤干燥，不适用于遇水不稳定的药物，对季铵盐类、山梨糖醇及苯酚等有配伍反应。

【处方 1】聚乙二醇 3 350 400 g，聚乙二醇 400 600 g。

【处方 2】聚乙二醇 3 350 500 g，聚乙二醇 400 500 g。

【制法】称取两种聚乙二醇，在水浴上加热至 65℃熔化，搅拌均匀至冷凝。

处方 2 所制得的软膏较稠。若药物为水煎液或药物水溶液(6%～25%的量)，可用 30～50 g 硬脂酸代替等量的聚乙二醇 30～50 g，以调节稠度。

(三) 软膏剂的制备

1. 制备方法

(1) 研和法：基质为油脂性半固体时，可与药物直接研匀。一般常温下将药物与少量基质或适宜液体通过搅拌或研磨成细腻糊状，采用等量递增法，再加入其余基质混合均匀。适用于软膏基质较软，在常温下通过研磨即可与药物均匀混合；或不宜加热、不溶性及量少的药物的制备。

(2) 熔合法：指将软膏中部分或全部组分熔化混合，在不断搅拌下冷却至凝结。常用于油脂性基质软膏剂的大量制备，特别适用于所含基质及药物各组分的熔点不同，在常温下不能均匀混合的软膏。通常先将高熔点基质加热熔化，再按照熔点高低顺序逐步加入其他成分，熔合成均匀基质，再加入药物，搅拌混合均匀即可。

(3) 乳化法：乳膏剂常采用乳化法制备，系将处方中的油脂性和油溶性组分一起加热至 80℃左右成油相，另将水溶性组分溶于水后一起加热至 80℃成水相，两相混合，搅拌至乳化完全并冷凝，不溶解于水相和油相的组分最后加入，搅匀。乳化法中油、水两相有三种混合方法：① 两相同时混合，适用于连续的或大批量的操作，需要一定的设备，如输送泵、连续混合装置等；② 分散相加到连续相中，适用于含小体积分散相的乳剂系统；③ 连续相加到分散相中，适用于多数乳剂系统，在混合过程中引起乳剂转型，能产生更为细小的分散相粒子。

2. 基质和药物的处理

(1) 基质的处理：油脂性基质应先加热熔融，趁热滤过，除去杂质，再于 150℃灭菌 1 h 并除去水分。忌用直火加热。蒸汽加热，加热器夹层中压力应达到 490.35 kPa 左右。

(2) 药物的处理

1) 不溶性药物或直接加入的药材：预先制成细粉，过六号筛。制备时取药粉先与少量基质或液体成分如液状石蜡、甘油、植物油等研成糊状，再不断递加其余基质；或将药物细粉在不断搅拌下加到熔融的基质中，继续搅拌至冷凝。

2) 可溶于基质的药物：应溶解于基质或基质组分中。中药饮片可以先用适宜方法提取，滤过后将提取液与基质混合。水溶性药物一般先用少量水溶解，以羊毛脂吸收，再与油脂性基质混匀；或直接溶解于水相，再与水溶性基质混合。脂溶性药物加入油相，或用少量有机溶剂溶解后再与油相混合。遇水不稳定的药物不宜选用水溶性基质或 O/W 型乳剂。

3) 中药煎剂、浸膏等：可先浓缩至稠膏状，再与基质混合。固体浸膏可加少量溶剂如水、稀醇等使之软化或研成糊状，再与基质混匀。

4) 共熔组分：应先共熔再与基质混合，如樟脑、薄荷脑、麝香草酚等并存时，可先研磨至共熔

笔记栏

后，再与冷却至40℃左右的基质混匀。

5）挥发性、易升华的药物，或遇热易结块的树脂类药物：应使基质降温至40℃左右，再与药物混合均匀。

举例

例13-6 硝酸甘油软膏

【处方】10%硝酸甘油溶液20 mL，白凡士林800 g，羊毛脂100 g，液状石蜡80 g，共制备1 000 g。

【制法】称取处方量白凡士林、羊毛脂和液状石蜡，置于适宜容器中，加热熔化，孔径0.074 mm(200目)铜筛过滤，滤液于150℃加热1 h，灭菌并去除水分，备用。量取处方量的硝酸甘油溶液加入已冷却至40℃的上述基质中，边加入边搅拌使完全混合均匀，搅拌，自然冷却直到冷凝，分装，即得。

【功能与主治】可用于肛裂。

例13-7 十四味连黄烧伤软膏

【处方】黄连60 g，白芷60 g，虎杖60 g，当归40 g，川芎40 g，地榆(炭)30 g，大黄(炭)30 g，紫草60 g，白及40 g，地龙80 g，赤石脂16 g，冰片3 g，白蔹60 g，炉甘石16 g。

【制法】以上14味，冰片研细，黄连、大黄炭、地榆、炉甘石、赤石脂粉碎成细粉。将麻油1 200 g加热至沸腾(180～200℃)，先投入当归炸5 min后去渣；投入川芎、白芷、虎杖、白蔹、白及、白芷炸15 min至白芷老黄，滤过，去渣；待油温降至140℃时再加入地龙炸10 min，滤过，去渣，待油温降至100℃时，投入紫草炸10 min，滤过，去渣，趁热在药油中投入蜂白蜡，熔化，过8号筛抽滤至配料灌中，加经灭菌处理后的上述细粉，边加边搅拌均匀，待药油冷至40℃以下时加入冰片，搅溶，制成1 000 g，分装，灭菌，即得。

【功能与主治】清热解毒、燥湿、凉血止血、生肌止痛等作用。可用于抗感染，如烧伤。

例13-8 威灵仙软膏

【处方】威灵仙1 000 g，冰片25 g，硬脂酸120 g，单硬脂酸甘油酯40 g，液状石蜡60 mL，凡士林5 g，蜂蜡20 g，三乙醇胺5 mL，甘油50 mL，羧甲基纤维素钠15 g，纯化水适量，共制成软膏1 000 g。

【制法】将威灵仙1 000 g，粉碎成粗粉，第1次加纯化水4 500 mL，煎煮1 h，滤过，得滤液；第2次加纯化水3 500 mL，煎煮1 h，滤过，得滤液。合并2次滤液，浓缩至700 mL，静置冷却滤过，从滤器上加纯化水至660 mL待用。另将冰片用少量95%的乙醇研磨溶解。油相部分：硬脂酸、单硬脂酸甘油酯、液状石蜡、凡士林、蜂蜡置于玻璃烧杯中，水浴加热熔化并保温在80℃左右。水相部分：先取甘油与羧甲基纤维素钠研匀，加入威灵仙提取液中待溶胀完全，再加入三乙醇胺，在水浴上加热至80℃。在保温情况下逐渐将水相慢慢地加入油相中，并不断地急速朝一个方向搅拌，待温度降至40℃时加入冰片的乙醇液搅拌均匀至冷凝，即得。

【功能与主治】抗炎作用。可用于治疗骨质增生症。

(四) 软膏剂的质量评价与检查

除另有规定外，软膏剂，应进行以下相应检查。

1. 性状　软膏剂应均匀、细腻，具有适当的黏稠性，易涂布于皮肤或黏膜上并无刺激性。应无酸败、变色、变硬、熔化、油水分离等变质现象。

2. 装量　依照《中国药典》现行版四部最低装量检查法检查，应符合规定。

3. 无菌　用于烧伤或严重创伤的软膏剂，依照《中国药典》现行版四部无菌检查法检查，应符合规定。

4. 微生物限度　除另有规定外，依照《中国药典》现行版四部无菌产品微生物限度检查法检查，应符合规定。

5. 粒度　除另有规定外，混悬型软膏剂、含饮片细粉的软膏剂按照下述方法检查，应符合规定。

笔记栏

检查方法：取供试品适量，置于载玻片上，涂成薄层，覆以盖玻片，共涂 3 片，按照《中国药典》现行版四部粒度测定法测定，均不得检出大于 180 μm 的粒子。

知识链接

眼 膏 剂

眼膏剂(eye ointments)系指原料药物与适宜基质制成供眼用的灭菌软膏剂，眼膏剂较一般滴眼剂的疗效持久且能减轻对眼球的摩擦。

眼膏剂的原料药物与基质必须纯净。基质应均匀、细腻、无刺激性，并易涂布于眼部，便于药物分散和吸收。常用基质为凡士林、液状石蜡、羊毛脂(8∶1∶1)混合而成。羊毛脂具有较强的吸水性和黏附性，使眼膏与药液及泪液容易混合，并易附着在眼黏膜上，在眼部作用时间持久，促进药物向眼黏膜渗透。

举例：双氯芬酸钠眼膏

【处方】双氯芬酸钠 1 g，蒸馏水适量，眼膏基质(黄凡士林、羊毛脂、液状石蜡)加至 1000 g。

【制法】称取已过 9 号筛的双氯芬酸钠置于灭菌的研钵中，加少量灭菌蒸馏水，研成细腻糊状。添加已 150℃干热灭菌 2 h 并放冷至室温的眼膏基质少量，研匀，再分次加入剩余基质，研匀，使全量成 1 000 g，分装，封口，即得 0.1%双氯芬酸钠眼膏。

【功能与主治】用于眼部手术的术后抗炎，如白内障手术后的抗炎。

二、凝胶剂

(一) 凝胶剂的含义与特点

凝胶剂(gels)系原料药物与能形成凝胶的辅料制成的具凝胶特性的稠厚液体或半固体制剂。除另有规定外，凝胶剂限局部用于皮肤及体腔，如鼻腔、阴道和直肠。

按基质不同，凝胶剂可分为溶液型凝胶、乳状液型凝胶、混悬型凝胶。乳状液型凝胶剂又称为乳胶剂。由高分子基质如西黄芪胶制成的凝胶剂也可称为胶浆剂。小分子无机原料药物如氢氧化铝凝胶剂是由分散的药物小粒子以网状结构存在于液体中，属两相分散系统，也称混悬型凝胶剂。混悬型凝胶剂有可触变性，静止时形成半固体，搅拌或振摇时成为液体。凝胶剂按分散系统分为单相凝胶和两相凝胶。

1. 单相凝胶　单相凝胶系药物以分子分散于凝胶基质中形成的凝胶，分为水性凝胶和油性凝胶。临床上应用得较多的是水性凝胶。外用凝胶剂一般均是有机高分子化合物的单相凝胶。水性凝胶具有以下特点：① 高分子基质以物理交联形成的网络结构，网络中充满不能自由流动的溶剂，表现出弹性或黏弹性的半固体性质；② 对温度等外界条件敏感，温度升高呈液体，冷至一定温度又会可逆地形成凝胶；③ 具有溶胀性、脱水收缩性、触变性、黏合性，利用凝胶的这些性质控制药物的释放和对皮肤或黏膜的黏附；④ 易涂展、舒适感、无油腻易洗除，能吸收组织渗出液，不妨碍皮肤的正常生理作用，并具有一定的保水作用而促进药物透皮，但润滑作用差，易失水和霉变。

2. 两相凝胶　两相凝胶系药物胶体小粒子均匀分散于高分子网状结构的液体中，具有触变性，如氢氧化铝凝胶。

笔记栏

(二) 水性凝胶剂的基质

凝胶剂基质属单相分散系统，有水性与油性之分。水性凝胶基质较常见，其特性与水溶性软膏基质基本一致。水性凝胶基质一般由水、甘油或丙二醇与纤维素衍生物、卡波姆、海藻酸盐、西黄芪胶、明胶、淀粉等构成。必要时可加入保湿剂、防腐剂、抗氧剂、透皮促进剂、增稠剂等附加剂。

水性凝胶基质主要是高分子材料，可分为天然高分子、半合成高分子和合成高分子三类，常用的有：① 天然高分子：淀粉、海藻酸盐、阿拉伯胶、西黄芪胶、琼脂和明胶等；② 半合成高分子：改性纤维素和改性淀粉，如羧甲基纤维素、甲基纤维素等；③ 合成高分子：卡波姆、聚丙烯酸钠等。

1. 卡波姆(carbomer)　系丙烯酸与丙烯基蔗糖交联的高分子聚合物，根据分子量不同，有多种规格，如934(分子量 3×10^6)、940(分子量 4×10^6)和941(分子量 1×10^6)、934P(分子量 4×10^6)。为白色、疏松、酸性、吸湿性强、微有特臭的粉末。由于分子中存在大量的羧酸基团，具亲水性，但不溶解，黏度较低。1%水分散液的 pH 为 2.5～3.0。卡波姆很容易与氢氧化钠、氢氧化钾、氨水、碳酸氢钠、硼砂和三乙醇胺等无机碱或有机碱反应生成树脂盐，中和 1 g 卡波姆可消耗氢氧化钠 0.4 g 或三乙醇胺 1.35 g。中和后在水、醇和甘油中逐渐溶解，黏度很快增大，低浓度时形成澄明溶液，浓度大时形成半透明的凝胶在 pH 6～11 时稠度最大、稳定。强电解质存在，可使凝胶的黏性降低。碱土金属离子和阳离子聚合物可与卡波姆结合成不溶性盐或结合物，强酸也可使之失去黏性。卡波姆凝胶易霉变，常以 0.1%氯甲酚或 0.01%硫柳汞作防腐剂，但苯甲酸及其钠盐、苯扎氯铵会使凝胶黏度减小，甚至产生沉淀。

2. 纤维素衍生物　常用的纤维素衍生物是羧甲基纤维素钠(CMC-Na)、甲基纤维素(MC)与羟丙甲纤维素(HPMC)。CMC-Na 在冷、热水中均能溶解，MC 能溶于冷水，不溶于热水。它们的1%水溶液的 pH 在 6～8，高浓度时呈凝胶状，CMC-Na 在 pH<5 或>10 时，黏度下降，与重金属盐或阳离子型药物配伍会形成不溶性沉淀。MC 在 pH 2～12 中均稳定，与羟苯酯类形成复合物，与酚、鞣酸、硝酸银等有禁忌。此类基质黏性强，黏度随规格而异，较易失水，干燥后有不适感，宜加入10%～15%的甘油作保湿剂，也需要加防腐剂。

3. 其他　水性凝胶基质还有甘油明胶、淀粉甘油、海藻酸钠、壳聚糖等。甘油明胶由 1%～3%明胶，10%～30%甘油与水加热制成。淀粉甘油由 10%淀粉、2%苯甲酸钠、70%甘油及水加热制成。海藻酸钠的浓度一般为 2%～10%，加少量钙盐增加稠度。壳聚糖的浓度一般为 3%～10%，但壳聚糖的价格相对较高，也可将壳聚糖与海藻酸钠混合使用。

(三) 凝胶剂的制备

中药饮片需经适宜方法提取、纯化，以半成品投料制备。先按基质配制方法配成水凝胶基质，注意基质的有限溶胀与无限溶胀阶段。药物若溶于水，先溶于部分水或甘油中，必要时加热制成溶液加于凝胶基质中；若不溶于水，可先用少量水或甘油研细、分散，再与基质搅拌混匀，最后加入保湿剂、防腐剂混匀即得。对有无菌度要求的凝胶剂，应注意无菌操作或采用适宜的方法灭菌。制备时应考虑基质溶胀、溶解条件，加入药物、附加剂对基质凝胶的影响，当使用卡波姆作为基质时，应考虑 pH 对基质稠度的影响等，同时也应注意基质与其他成分的配伍禁忌。

凝胶剂应避光，密闭贮存，并应防冻。

凝胶剂用于烧伤治疗如为非无菌制剂的，应在标签上标明“非无菌制剂”；产品说明书中应注明“本品为非无菌制剂”，同时在适应证下应明确“用于程度较轻的烧伤(Ⅰ度或浅Ⅱ度)”；注意事项下规定“应遵医嘱使用”。

(四) 凝胶剂的质量评价与检查

1. 性状　凝胶剂应均匀、细腻，在常温时保持凝胶状，不干涸或液化。混悬型凝胶剂中胶粒应分散均匀，不应下沉、结块。

2. pH　按《中国药典》现行版四部通则规定的方法检查，应符合规定。

3. 粒度　除另有规定外，混悬型凝胶剂照下述方法检查，应符合规定。检查方法：取供试品适量，置于载玻片上，涂成薄层，薄层面积相当于盖玻片面积，共涂 3 片，依照《中国药典》现行版四部通

笔记栏

则粒度和粒度分布测定法(第一法)测定,均不得检出大于 180 μm 的粒子。

4. *装量* 依照《中国药典》现行版四部通则最低装量检查法(重量法)检查,均应符合规定。

5. *无菌* 除另有规定外,用于烧伤[除程度较轻的烧伤(Ⅰ度或浅Ⅱ度外)]或严重创伤的软膏剂与乳膏剂,按《中国药典》现行版四部通则无菌检查法检查,应符合规定。

6. *微生物检查* 除另有规定外,依照《中国药典》现行版四部通则微生物计数法、控制菌检查法检查,应符合规定。

第三节 贴膏剂

贴膏剂(adhesive plasters)系指将原料药物与适宜的基质制成膏状物、涂布于背衬材料上供皮肤贴敷、可产生全身性或局部作用的一种薄片状制剂。贴膏剂包括橡胶贴膏(原橡胶膏剂)和凝胶贴膏(原巴布膏剂或凝胶膏剂)。

一、橡胶贴膏

(一) 概述

橡胶贴膏(rubber plasters)系指原料药物与橡胶等基质混匀后涂布于背衬材料上制成的贴膏剂。橡胶贴膏黏着力强,可直接贴于患处,用时无须加热软化;不易产生配伍禁忌;携带使用均方便。不含药者可保护伤口、防止皮肤皲裂;含药者常用于治疗风湿痛、跌打损伤等。但由于贴膏剂膏层薄,容纳药物量少,维持时间较短。

(二) 组成

常由膏料层、背衬材料和膏面覆盖物三部分组成。

1. *膏料层* 由药物和基质组成,为橡胶膏剂的主要部分。基质主要由以下成分组成。

(1) 生橡胶:为基质的主要原料,具有良好的黏性、弹性、不透气、不透水。

(2) 增黏剂:常用松香,因松香中含有的松香酸可加速橡胶膏剂的老化,选择软化点 70～75℃(最高不超过 77℃)、酸价 170～175 者。

(3) 软化剂:用于生胶软化,增加可塑性,增加成品柔软性、耐寒性及黏性。常用的软化剂有凡士林、羊毛脂、液状石蜡、植物油等。软化剂的用量应当适量。

(4) 填充剂:常用氧化锌。具有缓和的收敛作用,并能增加膏料层与裱褙材料间的黏着性。氧化锌与松香酸生成的松香酸锌盐,能降低松香酸对皮肤的刺激性。锌钡白(俗称立德粉),常用作热压法制备橡胶膏剂的填充剂,其特点是遮盖力强,胶料硬度大。

2. *背衬材料* 一般用漂白细布。

3. *膏面覆盖物* 多用硬质纱布、塑料薄膜或玻璃纸等,以避免膏片互相黏着及防止挥发性成分的挥散。

(三) 制法

橡胶贴膏常用制法有溶剂法与热压法。

1. *溶剂法* 溶剂法制备橡胶膏剂的一般工艺流程如下。

(1) 药料处理:药料用适当的有机溶剂和方法提取、滤过、浓缩后备用。能溶于橡胶基质中的药物如薄荷脑、冰片、樟脑等可直接加入。

(2) 制备胶浆:胶浆由药物和基质混合制成,一般制法如下。

1) 压胶:取生橡胶洗净,干燥后切成大小适宜的条块,在炼胶机中塑炼成网状胶片,摊开放冷,

笔记栏

去静电。

2) 浸胶：将网状胶片浸入适量汽油中，浸泡 18～24 h(冬季浸泡时间宜长，夏季宜短)至完全溶胀成凝胶状。浸泡时需紧闭，以防汽油挥发引起火灾。

3) 打膏：将胶浆移入打膏机中搅拌 3～4 h 后，依次加入凡士林、羊毛脂、松香、氧化锌等制成基质，再加入药物浸膏或细粉，继续搅拌成均匀胶浆，在滤胶机上压过筛网，即得膏浆。

(3) 涂布膏料：将膏料置于装好细白布的涂料机上，将膏料均匀涂布在缓慢移动的布面上，通过调节上下两滚筒间的距离来控制涂膏量。

(4) 回收溶剂：涂了膏料的胶布，以一定速度进入封闭的溶剂回收装置，经蒸汽加热管加热，溶剂(汽油)经鼓风机送入冷凝系统吸收和排出。

(5) 切割加衬与包装：将膏布在切割机上切成规定的宽度，再移至纱布卷筒装置上，使膏面覆上脱脂硬纱布或塑料薄膜等以避免黏合，最后切成小块后包装。

2. *热压法* 将胶片用处方中的油脂性药物等浸泡，待溶胀后再加入其他药物和立德粉或氧化锌、松香等，炼压均匀，涂膏盖衬。热压法不用汽油，无须回收装置，但成品欠光滑。

(四) 举例

例 13-9 少林风湿跌打膏

【处方】生川乌 16 g，生草乌 16 g，乌药 16 g，白及 16 g，白芷 16 g，白蔹 16 g，土鳖虫 16 g，木瓜 16 g，三棱 16 g，莪术 16 g，当归 16 g，赤芍 16 g，肉桂 16 g，大黄 32 g，连翘 32 g，血竭 10 g，乳香(炒) 6 g，没药(炒)6 g，三七 6 g，儿茶 6 g，薄荷脑 8 g，水杨酸甲酯 8 g，冰片 8 g。

【制法】以上二十三味，除薄荷脑、水杨酸甲酯、冰片外，血竭、乳香、没药、三七、儿茶粉碎成粗粉，用 90%乙醇制成相对密度 1.05 的流浸膏，其余生川乌等十五味，加水煎煮三次，第一、二次各 3 h，第三次 2 h，合并煎液，滤过，滤液浓缩至相对密度为 1.25～1.30(80℃)的稠膏。与上述流浸膏合并，待冷却后加入薄荷脑、水杨酸甲酯、冰片，混匀，另加 8.5～9.0 倍重的由橡胶、松香等制成的基质，制成涂料，进行涂膏，切段，盖衬，打孔，切成小块，即得。

【功能与主治】散瘀活血，舒筋止痛，祛风散寒。用于跌打损伤，腰肢酸麻，腹内积聚，风湿痛。

【用法与用量】贴患处。

(五) 质量评价与检查

1. *性状* 膏面应光洁、色泽一致，贴膏剂应无脱膏、失黏现象；背衬面应平整、洁净、无漏膏现象。涂布中若使用有机溶剂的，必要时应检查残留溶剂。

2. *含膏量* 按照《中国药典》现行版四部通则含膏量第一法检查。

3. *耐热性试验* 按照《中国药典》现行版四部通则耐热性检查方法检查。

4. *黏附力* 除另有规定外，橡胶贴膏按照《中国药典》现行版四部通则黏附力测定法(第二法)测定，均应符合各品种项下的规定。

5. *微生物限度* 除另有规定外，按照《中国药典》现行版四部通则非无菌产品微生物限度检查微生物计数法和控制菌检查法及非无菌药品微生物限度标准检查，橡胶贴膏每 10 cm^2 不得检出金黄色葡萄球菌和铜绿假单胞菌。

二、凝胶贴膏

(一) 概述

凝胶贴膏(gel plasters)，又称巴布剂或巴布膏剂，系指原料药物与适宜的亲水性基质混匀后涂布于背衬材料上制成的贴膏剂。

凝胶贴膏与橡胶贴膏相比，特点有：① 载药量大，尤其适于中药浸膏；② 与皮肤生物相容性

笔记栏

好，亲水高分子基质具透气性、耐汗性、无致敏性、无刺激性；③ 使用方便，不污染衣物，易洗除，反复揭贴仍能保持黏性；④ 释药性能好，有利于药物透皮吸收，与皮肤亲和性强，能提高角质层的水化作用。

（二）组成

凝胶贴膏主要由背衬层、防黏层和膏体三部分组成。

1. 膏体　为凝胶膏剂的主要部分，由基质和药物构成，应有适当的黏性、能与皮肤紧密接触以发挥治疗作用。基质应不影响主药稳定性，无副反应；有适当的黏性和弹性；具有一定稳定性与保湿性，无刺激性等。基质的原料主要有如下。

（1）黏合剂：是基质骨架材料，也是持黏力与剥离强度的主要因素。包括天然、半合成或合成的高分子材料，如海藻酸钠、明胶、西黄芪胶、阿拉伯胶；羧甲基纤维素及其钠盐、甲（乙）基纤维素、聚丙烯酸及其钠盐、聚维酮、聚乙烯醇等。

（2）填充剂：影响膏体成型性，常用微粉硅胶、二氧化钛、碳酸钙、高岭土及氧化锌。

（3）保湿剂：决定基质的柔韧性和初黏力。常用甘油、丙二醇、聚乙二醇、山梨醇及它们的混合物。

（4）渗透促进剂：提高药物经皮渗透性能。可用氮酮、尿素、二甲基亚砜等。氮酮与丙二醇合用能提高氮酮的促渗透作用。芳香挥发性物质如薄荷脑、冰片、桉叶油等也有促渗透作用。

另外，根据药物性质，还可加入表面活性剂等其他附加剂。

2. 背衬层　为基质的载体，常用无纺布、棉布等。

3. 防黏层　起保护膏体作用，常用聚丙烯、聚乙烯及聚酯薄膜、玻璃纸、硬质纱布等。

（三）制法

凝胶贴膏的制备工艺因主药的性质、基质原料类型的不同而有差异。一般是先将高分子物质胶溶，按一定顺序加入黏合剂等其他附加剂，制成均匀基质，与药物混匀，涂布，压合防黏层，分割，包装即得。

（四）举例

例 13－10　川芎贴膏

【处方】甘羟铝，NP－700，甘油，酒石酸，川芎提取液。

【制法】将甘羟铝与 NP－700 混匀，然后向混合物中慢慢加入甘油并不断搅拌得到 A 相。将经浓缩的川芎提取液加入酒石酸水溶液中作为 B 相，混合均匀，然后倒入 A 相，快速搅拌，交联后将其涂于无纺布上，制得凝胶膏剂。

【功能与主治】止痛作用。用于缓解关节炎疼痛。

【注解】NP－700 是一种亲水性高分子辅料，是部分被中和的聚丙烯酸，是丙烯酸和丙烯酸钠的共聚物。

（五）质量评价与检查

1. 外观　膏面应光洁、色泽一致，贴膏剂应无脱膏、失黏现象；背衬面应平整、洁净、无漏膏现象。涂布中若使用有机溶剂的，必要时应检查残留溶剂。

2. 含膏量　按照《中国药典》现行版四部通则含膏量第二法检查。

笔记栏

3. 黏附性试验　除另有规定外，凝胶贴膏按照《中国药典》现行版四部通则黏附力测定法（第一法）测定，应符合规定。

4. 其他　赋形性、重量差异等项检查均应符合《中国药典》现行版四部的有关规定。

第四节　贴　　剂

一、概述

贴剂(patches)系指原料药物与高分子材料制成的供粘贴在皮肤上的可产生全身性或局部作用的一种薄片状制剂。贴剂一般由背衬层、药物贮库、粘贴层及防黏层组成。贴剂可用于完整皮肤表面,也可用于不完整的皮肤表面。其中用于完整皮肤表面,能将药物输送透过皮肤进入血液循环系统起全身作用的贴剂称为透皮贴剂。

透皮贴剂通过扩散而起作用,药物从贮库中扩散直接进入皮肤和血液循环,若有控释膜和粘贴层则通过上述两层进入皮肤和血液循环。透皮贴剂的作用时间由其药物含量及释药速率所决定。透皮贴剂依据药物贮库是否含有控释膜,分为膜控释型、黏胶控释型、骨架控释型和微贮库控释型四类。

透皮贴剂的优点有:① 维持恒定的血药浓度,避免了其他给药方法产生的血药浓度峰谷现象,降低了治疗指数小的药物的不良反应;② 延长作用时间,减少用药次数。

二、材料

透皮贴剂中大多数材料为高分子聚合物,材料的选择、应用直接影响贴剂的药物控释速度、药物相容性、稳定性和外观,也影响制品的安全性。

1. 控释膜聚合物与骨架材料

(1) 乙烯-乙酸乙烯酯共聚物(ethylene vinyl acetate copolymer,EVA):无毒,无刺激性,柔韧性好,与人体组织及黏膜具有良好的相容性,性质稳定,但耐油性较差。常用溶剂有三氯甲烷、二氯甲烷等。乙酸乙烯酯含量低则溶解性差,只能用热熔法加工膜材,且柔软性、渗透性也降低。

(2) 聚氯乙烯(polyvinyl chloride,PVC):系热塑性材料,在一般有机溶剂中不溶,化学稳定性高,机械性能好。用于制取薄膜的聚氯乙烯中常加入30%～70%的增塑剂,称为软聚氯乙烯,耐热性较差,软化点为80℃,130℃开始分解,析出氯化氢,一般推荐使用的温度在−15～60℃。聚氯乙烯渗透性较低,加入增塑剂如苯二甲酸酯可促进渗透。

聚氯乙烯对油性液体相容性强。膜中液体成分达到50%仍能保持稳定分散状态。若药物亲水性强且含量高时,长期贮存后可能析出,释药速度加快,加入适宜的增塑剂可能减少析出,如二(2-乙基己基)-苯二甲酸酯。

(3) 聚丙烯(polypropylene,PP):系结晶度和熔点均较高的热塑性材料,吸水性很差,透气性和透湿性较聚乙烯小,抗拉强度较聚乙烯高,有很高的耐化学品性能,仅在某些氯化烃和高沸点的脂肪烃中发生溶胀和表面溶蚀。聚丙烯薄膜具有优良的透明性、强度和耐热性,可耐受100℃以上的煮沸灭菌。

(4) 聚乙烯(polyethylene,PE):这种热塑性高聚物具有优良的耐低温和耐化学腐蚀性能,较厚薄膜可耐受90℃以下热水,在烃类溶剂中需较高温度才能溶解。聚乙烯安全无毒,防水性能好,气密性较差。根据生产压力的不同可分为高压聚乙烯(低密度PE或支化PE)和低压聚乙烯(高密度PE或线性PE),线性PE的结晶性、熔点、密度和硬度较高,渗透性较低。PE的性能也与分子量有关,高分子量的PE的结晶性、熔点、密度和硬度较高,渗透性较低。PE的性能也与分子量有关,高分子量的PE薄膜强度高,透明度低,低分子量的PE薄膜则更柔软透明。

(5) 聚对苯二甲酸乙二酯(polyethylene terephthalate,PET):室温下机械性能优良,耐酸碱和多种有机溶剂,吸水性能差,有较高的熔点和玻璃化温度,采用双向拉伸工艺能得到具有适宜结晶

笔记栏

度、透气性很小和高拉伸性能的薄膜。PET 性能稳定，加工中加入的其他辅助剂很少，故安全性高。

2. 压敏胶　系指在轻微压力下即可实现粘贴，同时又容易剥离的一类胶黏材料，起着保证释药面与皮肤紧密接触以及药库、控释等作用。贴剂中所用压敏胶应适合皮肤应用，无刺激性、不致敏性、与皮肤相容性好，具有防水性能。压敏胶主要有以下几种。

(1) 聚异丁烯类压敏胶：聚异丁烯为无定形线性聚合物，在烃类溶剂中溶解，一般以溶剂型压敏胶使用。外观色浅而透明，性能稳定，耐热、耐水，用时可不加入另外的增黏树脂及防老化剂。因其非极性强，对极性膜材的黏性较弱，可加入树脂或其他增黏剂予以克服。通常将高低分子量的聚异丁烯混合使用，低分子量的聚异丁烯是黏性半流体，起增黏、改善柔韧性和润湿性的作用，高分子量聚异丁烯则有较高的剥离强度和内聚强度。

(2) 丙烯酸类压敏胶：有溶液型和乳剂型两类，常用的聚合单体有丙烯酸、乙酸乙烯酯及丙烯酸酯等。溶液型压敏胶一般由 30%～50%的丙烯酸酯共聚物及有机溶剂组成，胶层无色透明，对各种膜材有较好的涂布性、剥离强度及初黏性，但黏合力和耐溶剂性较差，在高温时更差，交联及共聚的丙烯酸类压敏胶的黏合力和耐溶剂性有较大改善。

乳剂型压敏胶是各种丙烯酸酯单体以水为分散介质经乳液聚合后加入增稠剂等得到的产品。对热、紫外线稳定，无有机溶剂污染，但耐水耐湿性差。这类压敏胶对极性的高能表面基材亲和性较好，对聚乙烯和聚酯等低能表面基材不能很好地润湿，加入丙二醇、丙二醇单丁醚等润湿剂可得到改善。

(3) 硅橡胶压敏胶：系低分子量硅树脂与线型聚二甲基硅氧烷流体经缩合而成的聚合物。硅树脂与硅氧烷在缩合中形成的硅氧烷键既是黏性调节成分又是内聚强度调节成分。提高硅氧烷的含量，则压敏胶柔软性和黏性增加，增加树脂用量则产品黏性低且易于干燥。

硅橡胶压敏胶玻璃化温度低，透气透湿，耐高温及低温，化学稳定性好，常用其烃类溶液，为一种较好的压敏胶材料，但价格较贵。由于本品的黏着力小，生产透皮贴剂的关键是基材的表面处理及防黏纸的选择。

3. 背衬材料　用于支持药库或压敏胶等的薄膜，应对药物、胶液、溶剂、湿气和光线等有良好的阻隔性能，同时应柔软舒适，并有一定强度。常用多层复合铝箔，即由铝箔、聚乙烯或聚丙烯等膜材复合而成的双层或三层复合膜，提高了机械强度及封闭性，同时适合热合、黏合等工艺。其他如 PET、高密度 PE、聚苯乙烯等也可用作背衬材料。

4. 防黏材料　主要用于黏胶层的保护，为了防止压敏胶从药库或控释膜上转移到防黏材料上，材料的表面能应低于压敏胶的表面能，与压敏胶的亲和性应小于压敏胶与控释膜的亲和性。常用的防黏材料有聚乙烯、聚苯乙烯、聚丙烯、聚碳酸酯等，有时也使用表面经石蜡或甲基硅油处理过的光滑厚纸。

5. 药库材料　可以用单一材料，也可用多种材料配制的软膏、水凝胶、溶液等，如卡波姆、HPMC、PVA 等均较为常用，各种压敏胶和骨架膜材也同时可以是药库材料。

三、透皮贴剂的分类

1. 膜控释型　膜控释型贴剂的基本结构见图 13-2，由背衬层、药物贮库、控释膜、黏胶层及防黏保护层组成。背衬层常为软铝塑材料或不透性塑料薄膜，如聚乙烯、聚苯乙烯、聚酯等，要求封闭性强，对药物、辅料、水分和空气均无渗透性，易与控释膜复合，背面易方便印刷商标及文字。药物贮库可用单一材料或多种材料调制成的油膏、乳剂、水凝胶、油液等，药物溶解或混悬其中。控释膜是由聚合物材料加工成微孔膜或无孔膜，使其对药物有一定渗透性。黏胶层可用各种压敏胶。

2. 黏胶控释型　是将药物直接分散于压敏胶中形成的药物贮库，上面覆盖不含药的、有控释作用的黏合材料形成的主体结构及背衬层、防黏保护层，见图 13-3，通常先将空白压敏胶涂布在背衬

笔记栏

层上以增加压敏胶与背衬层之间的黏结强度，然后覆含药胶，再覆有控释能力的空白压敏胶层。随释药时间延长，药物通过含药胶层的厚度不断增加，释药速度随之下降。为了保证恒定的释药速度，可将黏胶分散型药库按照适宜浓度梯度制成多层含不同药量及致孔剂的压敏胶层。

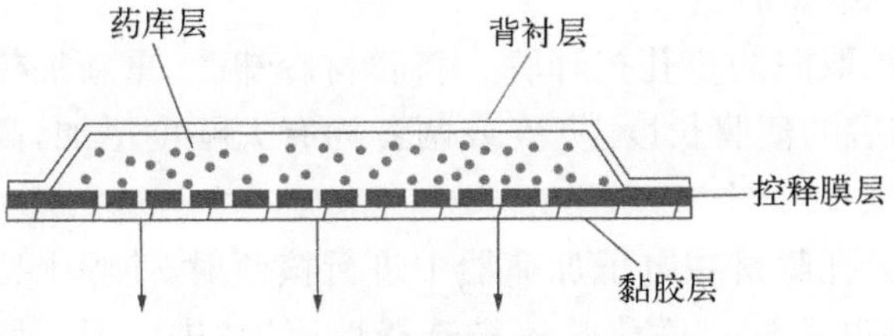

图 13-2　膜控释型贴剂的基本结构

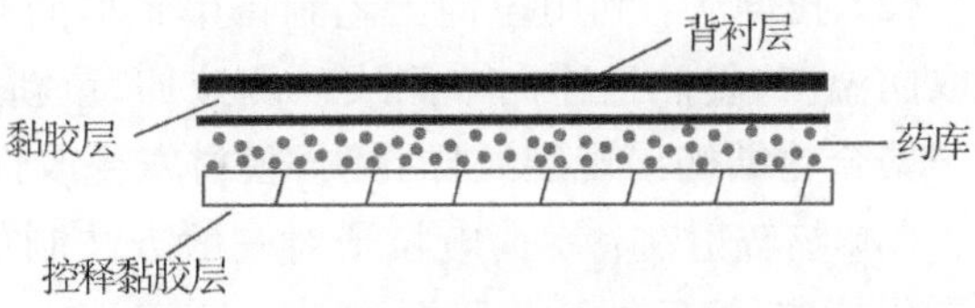

图 13-3　黏胶控释型贴剂的基本结构

3. *骨架控释型*　系指将药物均匀分散或溶解在聚合物骨架中，制成有一定面积与厚度的药物贮库，与压敏胶层、背衬层及防黏层所构成，见图 13-4。含有药物的亲水性或疏水性聚合物骨架起控释作用，用得较多的多聚合物有 PVP、PVA、聚甲基丙烯酸羟乙酯、聚丙烯酸盐、海藻酸钠等。压敏胶可直接涂布在药膜表面，也可涂布在与药膜复合的背衬层。如“Nitro-Dur”硝酸甘油透皮贴剂用骨架分散型，其含药骨架由聚乙烯醇、聚维酮和乳糖形成的亲水性凝胶制成圆形膜片，与涂布压敏胶的背衬层黏合，加防黏保护层即得。

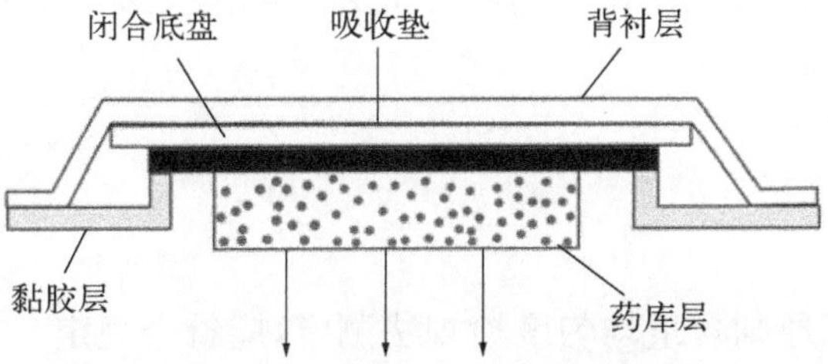

图 13-4　骨架控释型贴剂的基本结构

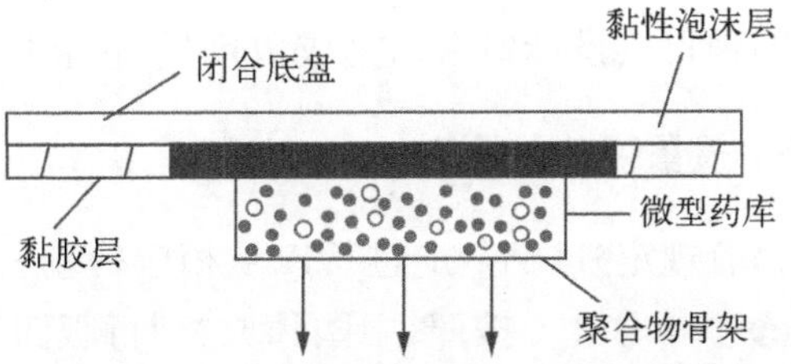

图 13-5　微贮库控释型贴剂的基本结构

4. *微贮库控释型*　为膜控释型和骨架控释型的结合体。一般制备方法是将药物分散在亲水性聚合物(如聚乙二醇)的水溶液中，再将此混悬液均匀分散在疏水性聚合物(如有机硅聚合物)中，然后迅速交联疏水聚合，使之成为稳定的含有球形液滴的分散系统。将此系统药膜置于黏胶层中心，加背衬材料及防黏层即得，见图 13-5。

四、透皮贴剂的制备

透皮贴剂制备一般包括膜材的加工、膜材的改性和膜材的复合与成型三个步骤。

1. *膜材的加工*　根据高分子材料的性质，膜材可分别用作控释膜、药库、防黏层及背衬层等。膜材的加工方法有涂膜法和热熔法两种。实验室中小量制备可用涂膜法，制法同膜剂；热熔法是将高分子材料加热变形，经加工制成一定尺寸膜材的方法，适合于工业生产，加工方法常用挤出法和压延法。

(1) 挤出法：根据使用的方法不同分为管膜法和平膜法。管膜法是将高聚物熔体经环形模头以膜管的形式连续挤出，随后吹胀到所需尺寸并同时用空气或液体冷却的方法；平膜法是利用平缝机头直接挤出所需尺寸薄膜并同时冷却的方法。

(2) 压延法：系将高聚物熔体在旋转辊筒间的缝隙中连续挤压形成薄膜的方法。由于高聚物通过辊筒间的缝隙时，沿薄膜方向在高聚物中产生了高的纵向应力，得到的薄膜较挤压法具有更明显的各向异性。

2. *膜材的改性*　膜材加工后，为了获得膜孔大小适宜或一定渗透性的膜材，还需将加工后的膜材作特殊处理使之改性。膜材改性可用溶蚀法、拉伸法和核辐射法。

笔记栏

(1) 溶蚀法：取膜材用适宜的溶剂浸泡，溶解其中的可溶性成分(如小分子增塑剂等)，即可得到具有一定大小膜孔的膜材，也可以在加工薄膜时加入一定量的可溶性物质(如聚乙二醇、聚乙烯酸等)作为致孔剂，使膜发生改性。膜孔的大小和均匀性取决于所加入物质的用量及其与高分子聚合物的相容性。为避免使用有机溶剂，宜选用水溶性添加剂。

(2) 拉伸法：利用拉伸工艺制备单轴取向和双轴取向的多孔控释膜。将膜材冷却后，重新加热至取向温度，趁热迅速向单侧或双侧拉伸，重新冷却后的薄膜长度、宽度或两者均有大幅度增加，高分子聚合物结构出现裂纹样孔洞，膜材发生改性。

(3) 核辐射法：用荷电粒子对一般方法制得的无孔膜材在电子加速器中进行核照射，使膜上留下敏化轨迹，然后把敏化膜浸泡在蚀刻溶液中(如强碱溶液)，敏化轨迹被选择性腐蚀，进而形成膜孔，使膜发生改性。膜孔的数量与辐射时间有关，膜孔的大小则取决于浸泡时间。有些膜材在强烈紫外线长期照射下也有类似效果。

3. 膜材的复合与成型

(1) 涂布和干燥：涂布和干燥是贴剂制备的基本工艺。常用的涂布液有压敏胶溶液(或混悬液)、药库溶液(或混悬液)、其他成膜溶液及防黏纸上的硅油等。涂布前应确定涂布液的固含量及涂布厚度或增重等。将涂布液涂布在铝箔、膜材或防黏材料等相应材料上，干燥，除去溶剂即得。

(2) 复合：把药物贮库层、背衬层及防黏层等各层复合在一起即形成完整贴剂。复合后得到的黏胶型贴剂再按设计要求切割成单剂量，包装即得。

(五) 质量评价与检查

除另有规定外，贴剂应进行以下相应检查。

1. 含量均匀度　按照《中国药典》现行版四部通则含量均匀度检查法测定，应符合规定。

2. 释放度　按照《中国药典》现行版四部通则溶出度与释放度测定法(第四、五法)测定，应符合规定。

3. 微生物限度　除另有规定外，按照《中国药典》现行版四部通则非无菌产品微生物限度检查法检查，应符合规定。

(六) 举例

例 13-11　东莨菪碱贴剂

【处方】

组成药物	贮库层(份)	黏附层(份)
聚异丁烯 MML-100	29.2	31.8
聚异丁烯 LM-MS	36.5	39.8
矿物油	58.4	63.6
东莨菪碱	15.7	4.6
三氯甲烷	860.2	360.2

【制法】按药物贮库层处方和黏附层处方量称取各成分，分别溶解，将药物贮库层溶液涂布在 65 μm 厚的铝塑膜上，烘干或自然干燥，形成约 50 μm 厚的药物贮库层；将黏附层溶液涂布 200 μm 厚的硅纸上，干燥，制成约 50 μm 厚的黏附层；将 25 μm 厚的聚丙烯控释膜复合到药物贮库层上，将黏附层复合到控释膜的另一面，切成 1 cm^2 的圆形贴剂。所设计的释药量为初始量 150～250 $\mu g/cm^2 \cdot h$，维持量 1～3 $\mu g/cm^2 \cdot h$。

笔记栏

【功能与主治】解除平滑肌痉挛、改善微循环、抑制腺体分泌、解除迷走神经对心脏的抑制、散大瞳孔和兴奋呼吸中枢等。用于防治晕动病及各类呕吐，能减少胃酸分泌，辅助临床麻醉等。

【用法与用量】外用，贴于耳后。

第五节　膏　药

一、概述

膏药(plasters)系指中药饮片、食用植物油与红丹(铅丹)或宫粉(铅粉)炼制成膏料，摊涂于裱褙材料上制成的供皮肤贴敷的外用制剂，前者称为黑膏药，后者称为白膏药。白膏药的制法与黑膏药基本相同，唯下丹时油温要冷却到 100℃左右，缓缓递加宫粉，以防止产生大量二氧化碳使药油溢出。

膏药可发挥局部或全身治疗作用，外治可消肿、拔毒、生肌，主治肌肤红肿、痈疽、疮疡等症；内治可以活血通络、祛风止痛、消痞，主治跌打损伤、风湿痹痛等。膏药属于硬膏剂，为传统剂型。近年以黑膏药居多。清代吴师机的《理瀹骈文》为膏药专著，全面论述了膏药的应用和制备。

二、黑膏药

黑膏药的基质是食用植物油与红丹经高温炼制的铅硬膏，一般为黑色坚韧固体，用前需烘热软化后贴敷于皮肤上。

(一) 基质

1. 植物油　应选用质地纯净、沸点低、熬炼时泡沫少、制成品软化点及黏着力适当的植物油。以麻油最好，棉籽油、豆油、菜油、花生油等亦可应用，但炼制时易产生泡沫。

2. 红丹　又称樟丹、黄丹、铅丹、陶丹，为橘红色粉末，质重，主要成分为四氧化三铅(Pb_3O_4)，含量应在 95%以上。红丹含水分易聚成颗粒，下丹时沉于锅底，不易与油充分反应。为保证干燥，使用前应炒除水分，过五号筛。

(二) 黑膏药的制备方法

黑膏药制备的一般工艺流程：提取药料→炼油→下丹成膏→去火毒→摊涂。

1. 提取药料　药料可分为一般药料和细料药。一般药料系指不具挥发性的动植物药材，如根、茎、皮、叶、花类及动物骨、皮、爪、角等。细料药系指芳香挥发性药物、贵重药物等，如乳香、没药、朱砂、雄黄、冰片、樟脑等。两种药料需分别处理，一般药料用于提取，细料药粉碎成细粉备用。

药料提取时可将一般药料适当切碎，用植物油浸泡一定时间，加热，控制温度在 200℃左右，炸至药料表面深褐色，内部焦黄为宜，捞去药渣，即得药油。细料药或挥发性药物如冰片等摊涂前与膏料混匀；贵重药如麝香等撒于膏药表面。

2. 炼油　将去渣后的药油继续加热熬炼，使油脂在高温下氧化聚合、增稠。炼油温度控制在 320℃左右，炼至“滴水成珠”，即取油少许滴于水中，以药油聚集成珠不散为度。炼油为制备膏药的关键，炼油过“老”则膏药质脆，黏着力小，贴于皮肤易脱落。炼油过“嫩”则膏药质软，贴于皮肤易移动。

3. 下丹成膏　系指在炼成的油中加入红丹反应生成脂肪酸铅盐的过程。红丹投料量为植物油的 1/3～1/2，下丹时将炼成的油送入下丹锅中，当油温达到约 300℃时，在不断搅拌下，缓缓加入红丹，使油与红丹在高温下充分反应，直至成为具有光泽的黑褐色稠厚状液体。膏液可用软化点测定仪测定其老嫩程度。

4. 去火毒　油丹炼合而成的膏药若直接应用，常对皮肤局部产生刺激性，轻者出现红斑、瘙痒，

笔记栏

重者出现发疱、溃疡，这种刺激性的因素俗称“火毒”。传统视为经高温熬炼后膏药产生的“燥性”，在水中浸泡或久置阴凉处可除去。现代认为是油在高温下氧化聚合反应中生成的低分子分解产物，如醛、酮、低级脂肪酸等。通常将炼成的膏药以细流倒入冷水中，不断强烈搅拌，待冷却凝结取出，反复搓揉，制成团块并浸于冷水中去除“火毒”。

5. 摊涂　将去“火毒”的膏药团块用文火熔化，如有挥发性的贵重药材细粉应在不超过70℃温度下加入，混合均匀。按规定量涂于皮革、布或多层韧皮纸制成的裱褙材料上，膏面覆盖衬纸或折合包装，于干燥阴凉处密闭贮藏。

6. 制备中有关问题的讨论

(1) 提取的合理性问题：药料与植物油高温加热，目的是提出有效成分。但植物油只能溶解部分非极性的成分，而水溶性成分多数不溶解于油，且部分有效成分经高温可能被破坏或挥发。将“粗料药”采用适宜的溶剂和方法提取浓缩成膏或部分粉碎成粉加入可减少成分损失。实验表明，油冷浸提不出成分，提示传统工艺将药材炸至“外枯内焦黄”具合理性。

(2) 炼油问题：高温炼制使油发生了热增稠与复杂的氧化、聚合反应，最后形成凝胶而失去脂溶性，并能与药材水煎膏均匀混合。现有用压缩空气炼油或强化器装置炼油，只需45 min或更短时间可达到滴水成珠的程度，且安全不易着火，成品中的丙烯醛也大为减少。倘若持续高温加热，油脂氧化聚合过度，则变成脆性固体，影响炼油质量。

(3) 油与红丹的化合：油与红丹等共同高温熬炼过程生成脂肪酸铅盐，是膏药基质的主要成分，它使不溶性的铅氧化物成为可溶状态，产生表面活性剂作用，增加皮肤的通透性及药物的吸收；同时也是使植物油氧化分解、聚合的催化剂，使之生成树脂状物质，进而影响膏药的黏度和稠度。若反应过度，反应液老化焦枯，会致成品硬脆不合要求。将油丹反应温度控制在320℃左右可解决此问题。

(4) 去“火毒”问题：“火毒”很可能是油在高温时氧化分解产生的刺激性低分子产物，如醛、酮、低级脂肪酸等，其中一部分能溶于水，或有挥发性，故经水洗、水浸或长期放置于阴凉处可以除去。

(5) 安全防护：膏药熬炼过程中，温度高至300℃，操作不当，油易溢锅、起火，同时油的分解、聚合等产生大量的浓烟及刺激性气体，需排入洗水池中，经水洗后排出。选择密闭容器内、郊区空旷场所，配备防火设备、排气管道、操作人员防护用具，可保证安全。

(三) 膏药的质量评价与检查

1. 性状　膏药的膏体应油润细腻、光亮、老嫩适度、摊涂均匀、无飞边缺口，加温后能粘贴于皮肤上且不移动。黑膏药应乌黑、无红斑；白膏药应无白点。

2. 软化点　依照《中国药典》现行版四部通则膏药软化点测定法测定，应符合各品种项下的有关规定。

3. 重量差异限度　取供试品5张，分别称定每张总重量，剪取单位面积(cm^2)的裱背，称定重量，换算出裱背重量，总重量减去裱背重量，即为膏药重量，与标示重量相比较，应符合表13-1的规定。

表13-1　膏药重量差异限度

标示重量	重量差异限度
3 g或3 g以下	±10%
3 g以上至12 g	±7%
12 g以上至30 g	±6%
30 g以上	±5%

笔记栏

(四) 举例

例 13-12　狗皮膏

【处方】生川乌 80 g,生草乌 40 g,羌活 20 g,独活 20 g,青风藤 30 g,香加皮 30 g,防风 30 g,威灵仙 30 g,苍术 20 g,蛇床子 20 g,麻黄 30 g,高良姜 9 g,小茴香 20 g,官桂 10 g,当归 20 g,赤芍30 g,木瓜 30 g,苏木 30 g,大黄 30 g,松节油 30 g,续断 40 g,川芎 30 g,白芷 30 g,乳香 34 g,没药 34 g,冰片 17 g,樟脑 34 g,肉桂 11 g,丁香 15 g。

【制法】以上二十九味,乳香、没药、丁香、肉桂分别粉碎成粉末,与樟脑、冰片粉末配研,过筛,混匀;其余生川乌等二十三味药,酌予碎断,与食用植物油 3 495 g 同置锅内炸枯,去渣,滤过,炼至滴水成珠。另取红丹 1 040～1 140 g,加入油内,搅匀,收膏,将膏浸泡于水中。取膏,用文火熔化,加入上述粉末,搅匀,分摊于兽皮或布上,即得。

【功能与主治】祛风散寒,活血止痛。用于风寒湿邪,气滞血瘀引起的痹病,症见四肢麻痹,腰腿疼痛,经脉拘挛;或跌打损伤,闪腰岔气,局部肿痛;或寒湿瘀滞所致脘腹冷痛,行经腹痛,湿寒带下,积聚痞块。

【用法与用量】外用,用生姜擦净患处皮肤,将膏药加热软化,贴于患处或穴位。

第六节　糊剂、涂膜剂与搽剂

一、糊剂

(一) 糊剂的含义与特点

糊剂(pastes)系指大量的原料药物固体粉末(一般 25%以上)均匀地分散在适宜的基质中所组成的半固体外用制剂。因含有大量固体粉末,所以有较高的硬度和较大的吸水能力以及较低的油腻性。具有收敛、消毒、吸收分泌物作用,适用于亚急性皮炎、湿疹等渗出性慢性皮肤病。

根据基质不同,糊剂可分为: ① 脂肪糊剂,其中所含的粉末有淀粉、氧化锌、白陶土、滑石粉、碳酸钙、碳酸镁等,含量一般在 25%以上,甚至有高达 70%者。以凡士林、羊毛脂或其混合物为基质制成,粉末含量较高。② 单相含水性凝胶糊剂,多以甘油明胶、淀粉、甘油或其他水溶性凝胶为基质制成,其中固体粉末的含量一般较脂肪性糊剂少。赋形剂本身具有辅助治疗作用,适于渗出液较多的创面。中药饮片需粉碎成细粉(过六号筛),或采用适当方法提取制得干浸膏并粉碎成细粉,再与基质拌匀调成糊状。基质需加热时控制在 70℃以下,以免淀粉糊化。

(二) 举例

例 13-13　氯霉素地塞米松糊剂

【处方】氯霉素 10 g,醋酸地塞米松 0.3 g,樟脑 10 g,苯酚 10 g,氧化锌 200 g,药用淀粉 100 g,二甲基亚砜 20 g,液状石蜡 100 g,羊毛脂 50 g,凡士林 500 g。

【制法】取氯霉素、醋酸地塞米松溶于二甲基亚砜,备用。樟脑、苯酚共熔,备用。取羊毛脂、液状石蜡、凡士林加热至 50℃,在搅拌下加入已过六号筛的氧化锌、淀粉及上述备好的各药,继续搅拌至冷凝,每包 30 g,分装即得。

【功能与主治】消炎止痒、抗过敏及收敛吸湿。用于治疗有渗液的急性、亚急性及慢性湿疹。

(三) 糊剂的质量评价与检查

除另有规定外,糊剂应进行以下相应检查。

1. 装量　依照《中国药典》现行版四部通则最低装量检查法检查,应符合规定。

笔记栏

2. 微生物限度　除另有规定外，依照《中国药典》现行版四部通则非无菌产品微生物限度检查法检查，应符合规定。

二、涂膜剂

（一）涂膜剂的含义与特点

涂膜剂（smeared films）系指原料药物溶解或分散于含成膜材料的溶剂中，涂搽患处后形成薄膜的外用液体制剂。涂膜剂用时涂布于患处，溶剂迅速挥发，形成薄膜保护患处，并缓慢释放药物起治疗作用。涂膜剂一般用于无渗出液的损害性皮肤病等。

常用的成膜材料有聚乙烯醇、聚乙烯吡咯烷酮、乙基纤维素和聚乙烯醇缩甲乙醛等；增塑剂有甘油、丙二醇、邻苯二甲酸二丁酯等；溶剂一般为混合溶剂，如丙酮和乙醇单独应用或以一定比例混合使用。必要时可加入适宜附加剂，所加附加剂对皮肤或黏膜应无刺激性。涂膜剂应稳定，根据需要可加入抑菌剂或抗氧剂。

（二）制备

先溶解成膜材料，药物与附加剂若溶于溶剂，可直接加入。中药饮片应先制成乙醇提取液或其提取物的乙醇、丙酮溶液，再加入成膜材料液中，混匀。涂膜剂因含有大量有机溶剂，应密闭贮藏，并注意避热、防火。

（三）举例

例 13－14　洛索洛芬钠涂膜剂

【处方】洛索洛芬钠 3 g，壳聚糖 10 g，甘油 100 g，月桂氮酮 5 g，纯化水加至 1 000 g。

【制法】取纯化水 600 mL，将壳聚糖撒入液体表面，使其自然溶胀，加入月桂氮酮搅匀，得成膜基质。另取甘油、纯化水 300 mL 溶解洛索洛芬钠，加入上述基质中，加纯化水至 1 000 g，充分搅匀，即得。

【功能与主治】镇痛、抗炎、解热作用。主要用于类风湿关节炎、骨性关节炎、腰痛、肩周炎、颈肩腕综合征等疾病。

（四）涂膜剂的质量评价与检查

1. 装量　除另有规定外，依照《中国药典》现行版四部通则最低装量检查法检查，应符合规定。

2. 无菌　除另有规定外，用于烧伤或严重创伤的涂膜剂，依照《中国药典》现行版四部通则无菌检查法检查，应符合规定。

3. 微生物限度　除另有规定外，依照《中国药典》现行版四部通则非无菌产品微生物限度检查法检查，应符合规定。

三、搽剂

（一）搽剂的含义与特点

搽剂（liniments）系指原料药物用乙醇、油或适宜的溶剂制成的液体制剂，供无破损皮肤揉擦用。其中以油为溶剂的又称油剂。有镇痛、收敛、保护、消炎、杀菌作用等。起镇痛、抗刺激性作用的搽剂，多以乙醇为分散剂，使用时用力揉搽，可增加药物的渗透性。起保护作用的搽剂多用油、液状石蜡为分散剂，搽用时有润滑作用，无刺激性。搽剂也可涂于敷料上贴于患处，但不用于破损皮肤。搽剂可为溶液型、混悬型、乳剂型液体制剂。搽剂的制备一般先以合适的溶剂提取中药或溶解药

笔记栏

物，再按其所属的分散系统类型制备。

（二）举例

例 13-15　复方苦参搽剂

【处方】苦参 100 g，黄连 50 g，百部 50 g，川椒 50 g，菖蒲 50 g，明矾 30 g，陈醋 1 000 mL。

【制法】取以上各药材洗净切碎，致有盖容器中，用陈醋浸渍 2 次（第 1 次浸渍 48 h，第 2 次浸渍 24 h，冬季适当延长浸渍时间），合并浸出液，加入明矾，搅拌溶解，过滤，将滤液分装即得。

【功能与主治】清热、利湿、祛风、杀菌的作用。可用于治疗手足癣。

【用法与用量】将患者患处洗净擦干，涂擦本药于患处，每日 3～4 次。

（三）搽剂的质量评价

除另有规定外，搽剂应进行以下相应检查。

1. 装量　除另有规定外，依照《中国药典》现行版四部最低装量检查法检查，应符合规定。

2. 微生物限度　除另有规定外，依照《中国药典》现行版四部非无菌产品微生物限度检查法检查，应符合规定。

第七节　外用膏剂的质量评价方法

经皮吸收的外用膏剂，其质量评价可分为体外和体内评价两部分。体外评价包括含量测定、体外释放度检查、体外经皮渗透性的测定及黏着性能的检查等。体内评价主要涉及生物利用度的测定和体内相关性的研究。

一、体外经皮渗透研究

（一）渗透扩散池

在 TDDS 处方和工艺研究中，主要利用各种渗透扩散池模拟药物在体渗透过程，从而考查药物的释药性质、经皮渗透性质或筛选处方等。渗透扩散池应能保证整个渗透或扩散过程具有稳定的浓度梯度和温度，尽量减少溶剂扩散层的影响等。扩散池由供给室和接收室组成，在两个室之间可夹持皮肤样品、TDDS 或其他膜材料，扩散室一般装入药物及其载体，接收室一般填装接收介质。常用的扩散池有直立式和卧式两种。

1. 直立式单室扩散池　常用于药物制剂或药物饱和溶液的透皮速率测定，该装置由上下两个杯状磨口玻璃容器组件对合而成，上室是供给室，下室是接收室。用不锈钢夹固定。在接收室的一侧连接有一个向上倾斜的取样口，亦供补充接收介质或排除气泡用，接收室外有恒温水夹套或置于恒温水浴锅，底部放置磁力搅拌器。

2. 卧式扩散池　即 Valia - Chien 扩散池，由两个对称的玻璃半室组成，内有供放置磁力搅拌子的凹槽，两个半室外均有恒温水套层，皮肤固定在两个半室之间，该装置适合研究液体介质中成分的经皮扩散，不受重力的影响，可在两侧加上电极，用于离子导入给药系统的研究，这种装置制作较复杂。如图 13-6。

3. 流通扩散池　其中接受介质用泵以一定速率输入并流经接受室，使接受室保持漏槽条件，特别适合于溶解度小的药物，可以自动检测装置连接，连续测定接受介质的药物浓度。

搅拌条件是保证漏槽条件的重要因素之一，速度过小，接收室体积过大或过高都可能造成皮肤下局部浓度过高或整体溶液浓度不均匀，常用的扩散池一般采用电磁搅拌。

笔记栏

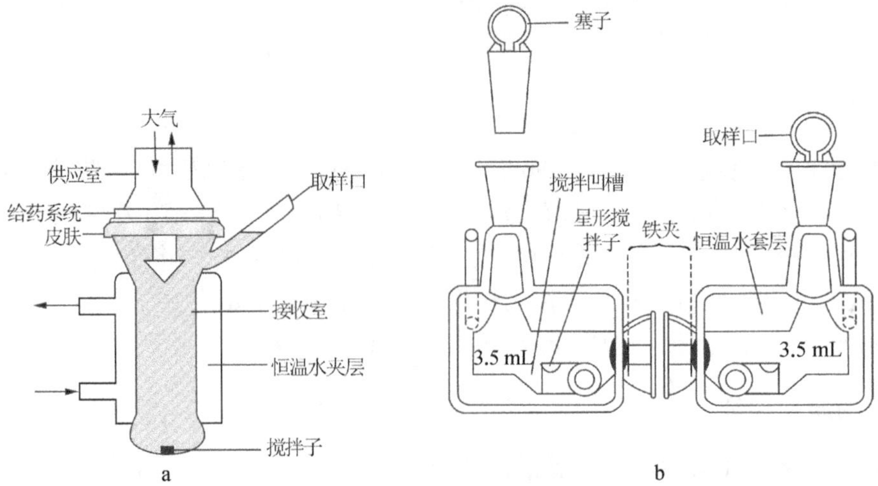

图 13－6 渗透扩散池装置图

a：直立式渗透扩散池 b：卧式渗透扩散池

（二）扩散液与接收液

1. 扩散液 对于难溶性药物一般选择其饱和水溶液作为扩散液，并加入数粒固体药物结晶以维持扩散中的饱和浓度。对于水溶解度较大的药物可选择用其一定浓度溶液，应保证扩散液浓度大于接收液浓度。

2. 接收液 接收液应具有接受通过皮肤的药物的能力，在体内药物渗透通过皮肤能很快被皮肤血流移去，形成漏槽条件，体外实验时接收液亦应提供漏槽条件。接收液应有适宜的 pH(7.2～7.3)和一定的渗透压。常用的接收液有生理盐水、林格液和等渗磷酸盐缓冲液等。

接收液接受药物的能力主要与药物的溶解度有关。对于脂溶性化合物，如油/水分配系数大于10^3以上的药物，由于它们在水中溶解度小，通过皮肤后难于进入水溶液，在体外测得的经皮渗透速率往往会小于体内值。为此需要在接收液中加入一些非生理性成分增加药物的溶解度，如一些醇类和非离子型表面活性剂等，其中 20%～40%聚乙二醇 400 生理盐水较为常用。

体外经皮渗透实验往往需要一天以上时间，因此需要在接收液中加入防腐剂抑制微生物生长。防腐剂的选用原则是：不影响皮肤透过性，不和药物相互作用，不影响药物浓度分析，使用浓度低和在接受介质中稳定的。文献报道中所用的防腐剂有：0.005%～0.01%庆大霉素、0.02%叠氮化钠等，40%聚乙二醇 400 亦有抑制微生物生长的作用。

接收液加入接收室，由于温度的改变会产生气泡，在单室扩散池中气泡上升至皮肤界面影响扩散的进行，因此接收液预先需要脱气。

（三）皮肤种类与皮肤分离技术

1. 皮肤种类 人体皮肤是透皮给药研究的最理想皮肤样品，在－20℃以下贮存的新鲜皮肤，使用时间可维持数月至一年，大多数动物皮肤的角质层厚度小于人体皮肤，毛孔密度高，药物渗透较人体皮肤容易。不同动物差异较大，相同的动物的生长周期对渗透性亦有很大影响。一般认为，以家兔、小鼠、无毛小鼠皮肤的渗透性较大，其角质层厚度大约为人体皮肤的 1/8～1/2，其次为大鼠、豚鼠、猪、狗、猴、猩猩等。亦有采用新鲜蛇蜕以及人工膜为透皮模型进行研究。

2. 皮肤分离技术 皮肤样品如不需要立即用于实验，可真空密闭包装后置－20℃保存，临用时取出，根据研究目的分别制取全皮、表皮、角质层等。人体皮肤和无毛小鼠无须脱毛处理，其他一些长毛动物皮肤，根据不同要求，可分别进行脱毛或剃毛，但必须注意不损伤角质层，经去毛的动物皮肤应立即用生理盐水淋洗并置于 4℃生理盐水中保存备用。

笔记栏

二、体内经皮吸收研究

药物经皮给药后被机体吸收产生治疗作用，则需明确药物被机体吸收的量，体外经皮渗透扩散试验虽能提供相关资料，但与体内吸收有一定的差异，因此，经皮给药系统的开发过程需进行体内研究。生物利用度测定是最常见的体内研究。体内研究的关键是体液中的药物浓度的测定，除常采用的HPLC法、TLC扫描法、GC法外，有时需用^{14}C和^{3}H标记的同位素示踪法、放射性自显影法等。

1. *生物利用度的测定*　TDDS是一类“吸收不完全”的产品。即在规定用药时间内仅有部分药量由系统释放并吸收，而剩余量的药物随TDDS使用后被撕离而弃去。过量的药物是为了保证用药时间内恒定的浓度梯度，维持预先设置的释药速度。如标示量为25 mg的每24 h用药1次的硝酸甘油TDDS大约只有5 mg被吸收。所以TDDS生物利用度往往较口服或注射相同用量药物低得多，但只要系统能维持稳定有效的治疗血药浓度，比普通剂型显著延长作用时间，剂量间无明显的波动性，则可合理降低对绝对吸收量的要求。TDDS的生物利用度测定有血药法，尿药法和血药加尿药法。

2. *皮肤表面药物回收法*　药物被吸收进入体循环的同时，皮肤表面药物量不断减少，药物从皮肤表面减少的速率或量，与机体的吸收速率与量有一定的关系。在任何时间t，药物从皮肤表面减少量M_d、皮肤内的药物量M_s和通过皮肤被机体吸收的量M_a有以下的关系。

$$M_d = M_s + M_a$$

药物经皮吸收的速率慢，短时间内皮肤表面药物量的差异不显著，留在皮肤表面的药物量远远大于被吸收的药物量，因此需要高回收率的操作方法和高准确度的分析方法才能得到有效的数据。

3. *经皮微透析法*(microdialysis，MD)　是由早期神经生化实验室的灌流取样技术发展和延伸而来的一项在体取样技术。系在待取样组织或器官内植入微透析探针，使灌注液流经探针，与组织内物质(药物)发生交换形成透析液，收集流出的透析液，以适当的分析方法进行药物含量测定。取样组织包括血液、大脑及脑脊液、肝脏、眼睛、心脏与皮肤等。微透析能在微创的前提下，达到定性、定量、定位、微分析、连续取样、动态分析的研究要求，应用于经皮吸收研究可直接测定皮肤内和皮下组织中的药物浓度，为经皮给药体内研究提供可靠和全新的手段。

三、其他试验研究

(一) 体外释放度研究

释放度系指药物从缓释制剂、控释制剂、肠溶制剂及透皮贴剂等在规定条件下释放的速率和程度，《中国药典》2015年版二部收载制定了透皮贴剂释放度的测定方法(附录ⅩD第三法)，其仪器装置中的搅拌桨、溶出杯按溶出度测定法(附录ⅩC，第二法)，但另用网碟组成其桨碟装置，用于固定贴片。

测定法：量取经脱气处理的释放介质900 mL，加入溶出杯内，预温至32±0.5℃，将透皮贴剂固定于两层碟片之间，释放面朝上，再将网碟置于烧杯下部，并使贴剂与桨底旋转面平行，两者相距25 mm±2 mm，自供试品接触溶出介质起，立即计时，开始搅拌并定时取样。立即用0.8 μm的微孔滤膜滤过，自取样至滤过应在30 s内完成。取样位置在介质液面与桨叶上端之正中间。离杯壁不得少于1 cm，取样后应补充等体积的空白释放介质，取澄清滤液，按照品种项下规定的方法测定，计算每片的释放量。

结果判定：除另有规定外，符合下述条件之一者，可评判为符合规定：① 6片中，每片在每个时间点测得的释放量按标示量计算，均未超出规定范围；② 6片中。在每个时间点测得的释放量，如有1～2片超出规定范围，但未超出规定范围的10%，且在每个时间点测得的平均释放量未超出规

笔记栏

定范围;③ 6 片中,在每个时间点测得的释放量,如有 1～2 片超出规定范围,其中仅有 1 片超出规定范围的 10%,但未超出规定范围的 20%,且其平均释放量未超出规定范围,应另取 6 片复试;初、复试的 12 片中,在每个时间点测得的释放量,如有 1～3 片超出规定范围,其中仅有 1 片超出规定范围的 10%,但未超出规定范围的 20%,且其平均释放量未超出规定范围。

(二) 黏附力的测定

黏附性是透皮吸收制剂的重要性质之一。一般主要有三种黏附性指标:初黏力、黏附力和内聚力。按《中国药典》现行版一部规定,除另有规定外,巴布膏剂照附录Ⅻ E 黏附力测定法第一法、橡胶膏剂照黏附力测定法第二法、贴剂黏附力测定法第二、第三法测定,应符合规定。

1. *初黏力的测定* 采用斜坡滚球测定。即将一不锈钢球从置于倾斜(倾斜角 15°或 30°)板上的供试品黏性面滚过,根据供试品黏性面能够黏住的最大号钢球,评价其初黏性的大小。供试品中,3 片应有 2 片或 2 片以上能在测试段上黏住钢球,如有一片不能黏住,再用较小一号的钢球试验,应能黏住。如只有 1 片能黏住钢球,而另 2 片只能黏住较小一号的钢球,则应另取 3 片复试,3 片均能黏住钢球为符合规定。

2. *持黏力的测定* 试品黏性面粘贴于试验板表面,垂直放置。沿供试品的长度方向悬挂一规定质量的砝码,记录供试品滑移直至脱落的时间或在一定时间内位移的距离。试验结果以一组供试品的位移量或脱落时间的算术平均值表示。该法主要考察贴剂内聚力。

3. *剥离强度的测定* 用 180°剥离强度试验测定。拉力试验机以 300 mm/min±10 mm/min 速度连续剥离(聚酯薄膜与供试品黏性面),并有自动记录仪绘出剥离曲线。试验结果以剥离强度的算术平均值表示。该法主要考察贴剂黏附力。

(三) 软膏剂对皮肤的刺激性

1. *皮肤测定法* 剃去家兔背上的毛约 2.5 cm^2,休息 24 h,待剃毛产生的刺激痊愈后,取软膏 0.5 g 均匀涂布于剃毛部位。24 h 后观察有无发红、起疹、水疱等。每次试验在三个不同部位同时进行,同时用空白基质作对照。也可做人体刺激性试验,将软膏涂敷于手臂及大腿内侧等柔软的皮肤上,24 h 后观察涂敷部位皮肤的反应。

2. *黏膜测定法* 在家兔眼黏膜上涂敷软膏 0.25 g,初始两小时每半小时观察一次,24 h 后再观察一次。若无黏膜充血、流泪、羞明及骚动不安等现象,说明无刺激性或刺激性很小。

(王利胜)

笔记栏

第十四章 栓 剂

本章要点

栓剂的含义、特点与分类。

栓剂的主要基质和附加剂，置换价的计算。

栓剂的制备方法。

栓剂的质量评价与主要检查项目。

第一节 概 述

一、栓剂的含义与特点

栓剂(suppositories)系指药材提取物或药材细粉与适宜基质制成的供腔道给药的固体制剂。栓剂在常温下为固体，塞入人体腔道后，在体温下迅速软化，熔融或溶解于分泌液，逐渐释放药物而产生局部或全身作用。

栓剂在古代称坐药或塞药，是一种古老的剂型，在东汉张仲景所著《金匮要略》中就载有蛇床子散坐药方，其后在历代医籍中也多有各种用途栓剂的记载。

栓剂的主要特点如下。

(1) 可减少或避免口服药物的首过效应，降低对肝脏毒副反应，提高疗效。

(2) 可避免药物受胃肠 pH 或酶的破坏而失去活性，适用于不能口服的药物。

(3) 可避免刺激性药物对胃肠道的刺激。

(4) 可适合于不能或不愿吞服药物的患者使用。

二、栓剂的分类

栓剂按给药途径不同分为直肠栓、阴道栓、尿道栓。目前，常用的栓剂有直肠栓和阴道栓。这两种栓剂的形状和大小各不相同。直肠栓为圆锥形、圆柱形、鱼雷形等；阴道栓为球形、卵形、鸭嘴形等；尿道栓一般呈棒状。栓剂形状如图 14-1 所示。

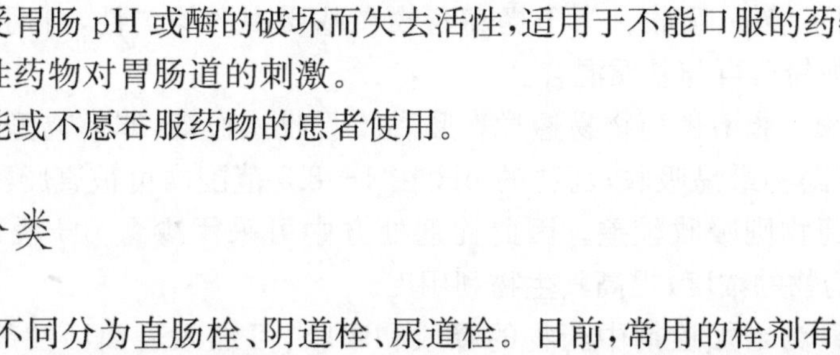

a b

图 14-1 常用栓剂的形状

a：肛门栓外形 b：阴道栓外形

笔记栏

栓剂最初的应用，作为直肠、阴道等部位的用药主要以局部作用为目的。如润滑、收敛、抗菌、杀虫、局麻等作用。但是,后来发现通过直肠给药可以避免肝首过作用且不受胃肠道的影响,而且,适合于口服药物有困难的患者。因此,栓剂的全身治疗作用越来越受到重视。

三、药物的直肠吸收及其影响因素

(一) 全身作用的栓剂

栓剂直肠给药后的吸收途径有三种:① 通过直肠上静脉经门静脉而入肝脏,肝代谢后进入体循环;② 通过直肠中、下静脉和肛门静脉进入髂内静脉,绕过肝脏进入下腔大静脉,再进入体循环;③ 通过直肠淋巴系统进入胸导管,再进入体循环。如果栓剂在应用时被塞入距肛门口约2 cm处时,约有 50%~70%的药物可经直肠中下静脉吸收直接进入体循环,绕过肝脏避免肝首过效应,有利于提高生物利用度,达到全身给药目的。如图 14-2所示。

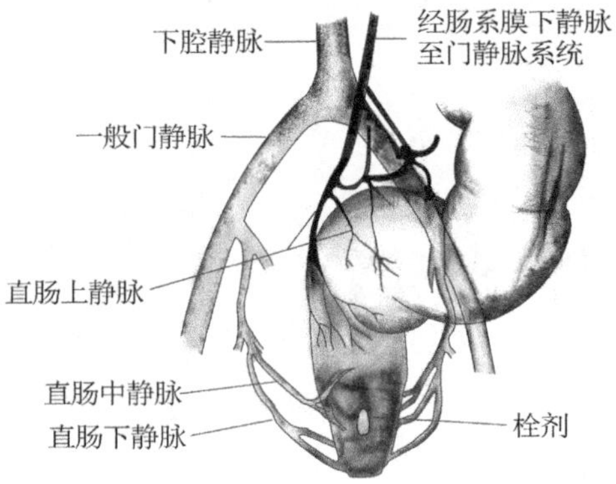

图 14-2 直肠给药的吸收途径

全身作用的栓剂一般要求迅速释放药物,特别是解热镇痛类药物宜迅速释放、吸收。影响全身作用栓剂吸收的因素主要如下。

1. 生理因素 ① 直肠内 pH 微环境对药物吸收有重要影响。直肠内 pH 为 7.4 且无缓冲能力。药物能否吸收以及吸收的程度和速度取决于其从栓剂基质中释放后在直肠 pH 微环境中的溶解度以及溶解后的解离程度;② 直肠黏液层含有的蛋白水解酶和免疫球蛋白一定程度阻碍药物在直肠的吸收并促进药物的水解,但其水解酶活性比小肠低;③ 直肠内如果存有粪便也会影响药物的扩散从而影响药物吸收,因此给药前排便或灌肠可增加药物的吸收。

2. 基质的影响 一般应根据药物性质选择与药物溶解性相反的基质,有利于药物释放,增加吸收。① 如药物是脂溶性的则应选择水溶性基质;② 如药物是水溶性的则选择脂溶性基质,这样溶出速度快,体内峰值高,达峰时间短。

3. 药物分散度的影响 对于以混悬、分散状态存在于栓剂中的药物,其粒度越小、分散度越大,药物释放越快,越有利于溶解、吸收。为了提高药物在基质中的均匀性,可用适当的溶剂将药物溶解或者将药物粉碎成细粉后再与基质混合。

4. 药物性质的影响 脂溶性药物易透过直肠黏膜吸收入血液,非解离型药物比解离型更容易吸收;脂溶性非解离型药物最易吸收;药物的 pH 在 4~8.5 范围内可被直肠黏膜迅速吸收;季铵类化合物等完全解离的药物则吸收较差。因此栓剂处方中可采用少量 pH 缓冲剂改变直肠部位的 pH,由此增加非解离药物的浓度,提高其生物利用度。

5. 附加剂的影响 为增加栓剂中药物的释放和吸收,可加入表面活性剂,能增加药物的亲水性,加速药物向分泌物中转移,有助于药物的释放、吸收。

同时为避免塞入的栓剂逐渐自动进入深部,可以设计延长在直肠下部停留时间的双层栓剂。双层栓的前端由溶解性高、能迅速吸收水分膨润形成凝胶塞而抑制栓剂向上移动的基质组成。这样可达到避免肝首过效应的目的。

(二) 局部作用的栓剂

笔记栏

局部作用的栓剂只在腔道局部起作用,应尽量减少吸收,故应选择融化或溶解、释放速度慢的栓剂基质。水溶性基质制成的栓剂因腔道中的液体量有限,使其溶解速度受限,释放药物缓慢,较脂溶性基质更有利于发挥局部药效。局部作用通常在半小时内开始,要持续约 4 h。但液化时间不宜过长,否则使患者感到不适,而且可能不会将药物全部释出,甚至大部分排出体外。

第二节 栓剂的基质与附加剂

栓剂的处方设计首先要根据所选择主药的药理作用，考虑用药目的，即确定用于局部作用还是全身作用以及用于何种疾病的治疗。而且，根据药物在体内的作用特点的不同可以设计各种类型的栓剂。包括除了常用的普通栓剂外，可以设计成以速释为目的的中空栓剂和泡腾栓剂；以缓释为目的的渗透泵栓剂、微囊栓剂和凝胶栓剂；既有速释又有缓释部分的双层栓剂或加入渗透促进剂或阻滞剂的多种形式的栓剂。还须考虑药物的性质、基质和添加剂的性质以及对药物的释放、吸收的影响。一般情况下，对胃肠道有刺激性，在胃中不稳定或有明显的肝首过作用的药物，可以考虑制成栓剂直肠给药。但难溶性药物和在直肠黏膜中呈离子型的药物不宜直肠给药。选择基质时，根据用药目的和药物性质等来决定。栓剂给药后，基质必须融化药物才能从基质中释放，并分散于直肠黏膜中，最后与黏膜接触而被吸收。因此基质的种类和性质直接影响药物释放的速率。

一、基质

栓剂基质不仅能使药物成型，对剂型特性和药物释放也有重要影响。优良的基质应符合下列要求。

(1) 室温时具有适宜的硬度，当塞入腔道时不变形，不破碎。在体温下易软化、融化，能与体液混合，溶于体液。

(2) 对黏膜无刺激性、无毒性、无过敏性。

(3) 性质稳定，与主药混合后不起反应，不妨碍主药的作用与含量测定。

(4) 具有润湿或乳化能力，能混入较多的水分。

(5) 基质的熔点与凝固点的间距不宜过大，油脂性基质的酸价在 0.2 以下，皂化值应在 200～245 间，碘值低于 7。

(6) 应用于冷压法及热熔法制备栓剂，且易于脱模。

基质不仅赋予药物成型，且影响药物的作用。局部作用要求释放缓慢而持久，全身作用要求纳入腔道后迅速释药。基质主要分油脂性基质和水溶性基质两大类。油脂性基质在体温下可软化、融化，将药物释放；水溶性基质可溶解在体液中，释放药物。

(一) 油脂性基质

油脂性基质的栓剂中，如药物为水溶性的，则药物能很快释放于体液中，机体作用较快。如药物为脂溶性的，则药物必须先从油相中转入水相体液中，才能发挥作用。转相与药物的油水分配系数有关。

1. 天然油脂　系由某些天然植物的种仁提取精制而得。

(1) 可可豆脂(cocoa butter)：可可豆脂是梧桐科(sleruliacence)植物可可树(theobromacocao)种仁中得到的一种固体脂肪。主要是含硬脂酸、棕榈酸、油酸、亚油酸和月桂酸的甘油酯，其中可可碱含量可高达 2%。可可豆脂为白色或淡黄色、脆性蜡状固体。有 α、β、β′、γ 四种晶型，其中以 β 型最稳定，熔点为 34℃。α 及 γ 型为不稳定型，熔点分别为 22℃和 18℃。通常 β 型可可豆脂应缓缓升温加热待熔化至 2/3 时，停止加热，让余热使其全部熔化，以避免加热超过其熔点再凝固时晶型转化影响成型，但放置数天后仍能转变成 β 型，恢复成原来的组成。

每 100 g 可可豆脂可吸收 20～30 g 水，若加入 5%～10%聚山梨酯 61 可增加吸水量，且还有助于药物混悬在基质中。有些药物如樟脑、薄荷脑、冰片、水合氯醛、苯酚等能使本品熔点降低，可加入3%～6%的蜂蜡、鲸蜡等提高其熔点。

(2) 香果脂(oleum linderae)：樟科植物香果树的成熟种仁脂肪油制成。白色结晶性粉末或淡黄色固体块状物，微臭，味淡。熔点 30～34℃，酸值小于 3，皂化值 260～280，碘值 1～5。

笔记栏

(3) 乌桕脂(oleumsapii)：乌桕科植物乌桕树的种子外层固体脂肪精制而成。白色或黄色固体，味特臭而无刺激性。熔点 38～42℃，与可可豆脂相比释药速度较缓慢。

2. 半合成或全合成脂肪酸甘油酯　系由椰子或棕榈种子等天然植物油水解、分馏所得 C_{12}～C_{18} 游离脂肪酸，经部分氢化再与甘油酯化而得的甘油三酯、甘油二酯、甘油一酯的混合物，即称半合成脂肪酸酯。这类基质化学性质稳定，成形性能良好，具有保湿性和适宜的熔点，不易酸败，目前为取代天然油脂的较理想的栓剂基质。国内已生产的有半合成椰油酯、半合成山苍子油酯、半合成棕榈油酯、硬脂酸丙二醇酯等。

(1) 半合成椰油酯：系由椰油加硬脂酸再与甘油酯化而成。本品为乳白色块状物，熔点为 33～41℃，凝固点为 31～36℃，有油脂臭，吸水能力大于 20%，刺激性小。

(2) 半合成山苍子油酯：系由山苍子油水解，分离得月桂酸再加硬脂酸与甘油经酯化而得的油酯。也可直接用化学品合成，称为混合脂肪酸酯。三种单酯混合比例不同，产品的熔点也不同，其规格有 34 型(33～35℃)、36 型(35～37℃)、38 型(37～39℃)、40 型(39～41℃)等，其中栓剂制备中最常用的为 38 型。本品的理化性质与可可豆脂相似，为黄色或乳白色块状物。

(3) 半合成棕榈油酯：系以棕榈仁油经碱处理而得的皂化物，再经酸化得棕榈油酸，加入不同比例的硬脂酸、甘油经酯化而得的油酯。本品为乳白色固体，抗热能力强，酸价和碘价低，对直肠和阴道黏膜均无不良影响。

(4) 硬脂酸丙二醇酯：是硬脂酸丙二醇单酯与双酯的混合物，为乳白色或微黄色蜡状固体，稍有脂肪臭。水中不溶，遇热水可膨胀，熔点 35～37℃，对腔道黏膜无明显的刺激性、安全、无毒。

(二) 水溶性基质

1. 甘油明胶(gelatin glycerin)　甘油明胶系将明胶、甘油、水按一定的比例在水浴上加热融和，蒸去大部分水，放冷后经凝固而制得。本品具有很好的弹性，不易折断，且在体温下不融化，但能软化并缓慢溶于分泌液中缓慢释放药物。其溶解速度与明胶、甘油及水三者用量有关，甘油与水的含量越高则越容易溶解，且甘油能防止栓剂干燥变硬。通常用量为明胶与甘油约等量，水分含量在 10%以下。水分过多成品变软。

本品多用做阴道栓剂基质，明胶是胶原的水解产物，凡与蛋白质能产生配伍变化的药物，如鞣酸、重金属盐等均不能用甘油明胶作基质。

2. 聚乙二醇(polyethylene glycol, PEG)　为结晶性载体，易溶于水，熔点较低，多用熔融法制备成形，为难溶性药物的常用载体。于体温不熔化，但能缓缓溶于体液中而释放药物。本品吸湿性较强，对黏膜有一定刺激性，加入约 20%的水，则可减轻刺激性。为避免刺激还可在纳入腔道前先用水湿润，也可在栓剂表面涂一层蜡醇或硬脂醇薄膜。

PEG 栓剂基质中含 30%～50%的液体，其硬度为 2～2.7 kg/cm^2，接近或等于可可豆脂的硬度，其硬度较为适宜。栓剂在水中的溶解度随液体 PEG 比例的增多而加速。如 PEG 4 000 中加入 PEG 400 时，一般含 30% PEG 400 为最佳。

PEG 基质不宜与银盐、鞣酸、奎宁、水杨酸、乙酰水杨酸、苯佐卡因、氯碘喹啉、磺胺类配伍。

3. 聚氧乙烯(40)单硬脂酸酯类(polyoxyl 40 stearate)　系聚乙二醇的单硬脂酸酯和二硬脂酸酯的混合物，并含有游离乙二醇，呈白色或微黄色，无臭或稍有脂肪臭味的蜡状固体。熔点为 39～45℃；可溶于水、乙醇、丙酮等，不溶于液状石蜡。商品名 Myri52，商品代号为 S－40。S－40 与 PEG 混合使用，可制得崩解、释放性能较好的稳定的栓剂。

4. 泊洛沙姆(poloxamer)　本品为乙烯氧化物和丙烯氧化物的嵌段聚合物(聚醚)，为一种表面活性剂，易溶于水，能与许多药物形成空隙固溶体。本品型号有多种，随聚合度增大，物态从液体，半固体至蜡状固体，易溶于水，可用做栓剂基质。较常用的型号为 188 型，商品名为 Pluronic F68，熔点为 52℃。型号 188，编号的前两位数 18 表示聚氧丙烯链段分子量为 1 800(实际为 1 750)，第三位 8 乘以 10%为聚氧乙烯分子量占整个分子量的百分比，即 8×10%＝80%，其他型号类推。本品

笔记栏

能促进药物的吸收并起到缓释与延效的作用。

5. 聚山梨酯 61　聚氧乙烯脱水山梨醇单硬脂酸酯，为淡琥珀色可塑性固体，熔点为 35～39℃，有一定润滑性，在水中能自行乳化，不易变质。

二、栓剂的附加剂

栓剂的处方中，根据不同目的需要加入一些附加剂。

1. 吸收促进剂　起全身治疗作用的栓剂，为了增加全身吸收，可加入吸收促进剂以促进药物被直肠黏膜的吸收。常用的吸收促进剂有：① 表面活性剂：在基质中加入适量的表面活性剂，能增加药物的亲水性，尤其对覆盖在直肠黏膜壁上的连续的水性黏液层有胶溶、洗涤作用并造成有孔隙的表面，从而增加药物的穿透性，提高生物利用度；② 氮酮类(Azone)：将不同量的 Azone 和表面活性剂基质 S-40 混合后，含 Azone 栓剂均有促进直肠吸收的作用，说明 Azone 直接与肠黏膜起作用，改变生物膜的通透性，能增加药物的亲水性，能加速药物向分泌物中转移，因而有助于药物的释放、吸收。但随 Azone 的含量增加无显著性差异，不含 Azone 的栓剂吸收则较少。此外尚有氨基酸乙胺衍生物，乙酰醋酸酯类，β-二羧酸酯，芳香族酸性化合物，脂肪族酸性化合物也可作为吸收促进剂。

2. 吸收阻滞剂　如海藻酸、羟丙基甲基纤维素、硬脂酸和蜂蜡、磷脂等，可用于缓释栓剂的制备。

3. 乳化剂　当栓剂处方中含有与基质不能相混合的液相，特别是在此相含量较高时(大于 5%)可加适量的乳化剂。

4. 增塑剂　如聚山梨酯 80、脂肪酸甘油酯、蓖麻油、甘油或丙二醇等，加入少量可使脂肪性基质具有弹性，降低脆性。

5. 硬度调节剂　① 硬化剂：白蜡、鲸蜡醇、硬脂酸、巴西棕榈蜡等，可防止栓剂在贮藏或使用过程中变软；② 增稠剂：氢化蓖麻油、单硬脂酸甘油酯等可调节药物释放。

6. 着色剂　分为脂溶性着色剂和水溶性着色剂。水溶性着色剂应注意应用后可能会对 pH 和乳化剂乳化效率产生影响，同时应注意控制脂肪的水解和栓剂中的“色移”现象。

7. 抗氧剂　对易氧化的药物应加入抗氧剂，如叔丁基羟基茴香醚(BHA)，叔丁基对甲酚(BHT)，没食子酸酯类等。

8. 防腐剂　当栓剂中含有植物浸膏或水性溶液时，可添加防腐剂及抗菌剂，如对羟基苯甲酸酯类。使用防腐剂时应验证其溶解度、有效剂量、配伍禁忌以及直肠对它的耐受性。

三、栓剂基质与附加剂的选用

(一) 基质的选用

1. 根据临床治疗目的选用基质

(1) 临床用于局部治疗的栓剂通常要求释药缓慢，因此可选择融化或溶解较慢的基质，但应注意基质液化时间过长栓剂被排出，而导致的药物释放不完全以及患者的不适感增强；

(2) 临床用于全身治疗的栓剂通常要求药物快速释放，因此一般应选择与药物溶解性相反的基质，有利于药物的快速释放。此外，也应考虑采用融化或溶解快的基质。一般而言，直肠液体容量低，水溶性基质所需液化时间长。常用基质进入人体腔道内后的液化时间见表 14-1。

表 14-1　常用基质人体腔道内液化时间

基质名称	可可豆酯	半合成椰油酯	一般脂肪性基质	甘油明胶	聚乙二醇
液化时间(min)	4～5	4～5	10	30～50	30～50

2. 根据药物理化性质选择基质

(1) 有些中药复方栓剂含有稠浸膏，因此可考虑选择水溶性基质或采用适量羊毛脂吸收后与油

笔记栏

脂性基质混合，有利于药物的均匀分散。

(2) 某些中药细粉、浸膏粉、矿物药在制备栓剂时应粉碎成最细粉，选择基质时可考虑易分散的基质，且混合时采用等量递加的方法。

(3) 中药提取物成分复杂，有些可明显改变基质的熔点或在贮存过程中使栓剂变软，可适当加入石蜡或蜂蜡调节硬度。

3. *根据特殊制剂要求选择基质* 如需制备缓释栓剂或控释栓剂，应选择适宜的缓控释材料进行栓剂的制备。

(二) 附加剂的选用

附加剂的选用应根据具体情况而定，一个处方中并不一定需要使用所有种类的附加剂。例如，局部作用的栓剂不需要吸收，因此不需要使用吸收促进剂或具有促进吸收作用的基质；中药某些动物药可能含有较多脂肪，可考虑加入增塑剂降低脂肪的脆性，增加弹性，防止栓剂的断裂；如选用脂肪性基质，应考虑加入抗氧剂以防止脂肪的氧化；再如，女性阴道正常 pH 为 4～5 的弱酸环境，若阴道栓处方中含有的中药材或药材提取物呈酸性或碱性，应在不影响其药效的前提下适当加入 pH 调节剂来保证阴道正常弱酸性环境，避免长期使用对阴道正常菌群带来的影响，从而增加条件致病菌增殖而产生疾病。总之，附加剂的选择应综合考虑药物的性质、给药途径、治疗目的的要求。

(三) 置换价

在制备栓剂时，通常情况下栓剂模型的容量是固定的，当需要计算所需加入的基质量时，由于药物与基质密度有时会差别较大，同体积的药物和基质重量会不相同，故需要加入的基质量不是简单地等于模孔空白基质重量与药物重量之差，就要考虑引入置换价(displacement value, DV)的概念。

药物的重量与同体积基质重量的比值称为该药物对基质的置换价。可以用式(14-1)表示

$$\mathrm{DV}=\frac{W}{G-(M-W)} \tag{14-1}$$

G：纯基质栓平均重量；

M：含药栓的平均重量；

W：每个栓剂的平均含药重量。

例如，以可可豆脂为基质，制备 10 粒纯基质栓，每粒纯基质栓的平均重量为 2.0 g。另取可可豆脂 25 g 和对乙酰氨基酚 5 g，混合加热熔化，注模(制 10 粒左右即可)，冷却、刮削，取出，称重，计算得平均栓重为 1.8 g。求对乙酰氨基酚对可可豆脂的置换价为多少？

解：已知 $G=2.0$ $M=1.8\ \mathrm{g}$ $W=1.8\times 5/(5+25)=0.3\ \mathrm{g}$

$$\mathrm{DV}=\frac{W}{G-(M-W)}=\frac{0.3}{2.0-(1.8-0.3)}=0.6$$

如已知某种药物对基质的置换价，可以方便地计算出制备这种含药栓需要基质的重量 x

$$x=\left(G-\frac{y}{\mathrm{DV}}\right)\cdot n \tag{14-2}$$

式(14-2)中，G：纯基质栓平均重量；y：处方中药物的剂量；n：拟制备栓剂的枚数。

第三节 栓剂的制备

笔记栏

一、普通栓剂的制备

在制备栓剂时，油溶性的药物可以直接混入熔化的油脂性基质中，使之溶解。水溶性的药物如

稠浸膏等可以加入熔化的水溶性基质中,或用少量水制成浓溶液,以适量羊毛脂吸收后与油脂性基质混合。难溶性的药物应制成最细粉,通过六号筛,再与基质混合。

栓剂的制备基本方法有两种,即冷压法与热熔法。

1. 冷压法(cold compression method) 不论是搓捏或模型冷压,均是将药物与基质的锉末置于冷却的容器内混合均匀,然后手工搓捏成形或装入制栓模型机内压成一定形状的栓剂。机压模型成形者较美观。

2. 热熔法(fusion method) 将计算量的基质锉末用水浴或蒸气浴加热熔化,温度不宜过高,然后按药物性质以不同方法加入,混合均匀,倾入冷却并涂有润滑剂的模型中至稍为溢出模口为度。放冷,待完全凝固后,削去溢出部分,开模取出,即得。热熔法应用较广泛,工厂生产一般均已采用机械自动化操作来完成。

栓孔内涂的润滑剂通常有两类:① 脂肪性基质的栓剂,常用软肥皂、甘油各一份与95%乙醇五份混合所得;② 水溶性或亲水性基质的栓剂,则用油性为润滑剂,如液状石蜡或植物油等。有的基质不黏模,如可可豆脂或聚乙二醇类,可不用润滑剂。

二、特殊栓剂的制备

为了更好地适应临床应用或不同药物性质的需要,出现多种类型的新型或特殊栓剂,简述如下。

(一) 中空栓剂

中空栓剂(hollow type suppositories)外层为基质制成的壳,空心可填充固体、液体、混悬剂等各种状态的药物。当外层栓壳融化或溶解后,内部的药物可快速地释放出来。与普通栓剂相比中空栓剂具有释药速度快、起效快、生物利用度高、制剂稳定性好等优点。中空栓剂中心的药物添加适当赋形剂或制成固体分散体也可以实现药物快速或缓慢释放,从而具有速释或缓释作用。中空栓示意图见图14-3。

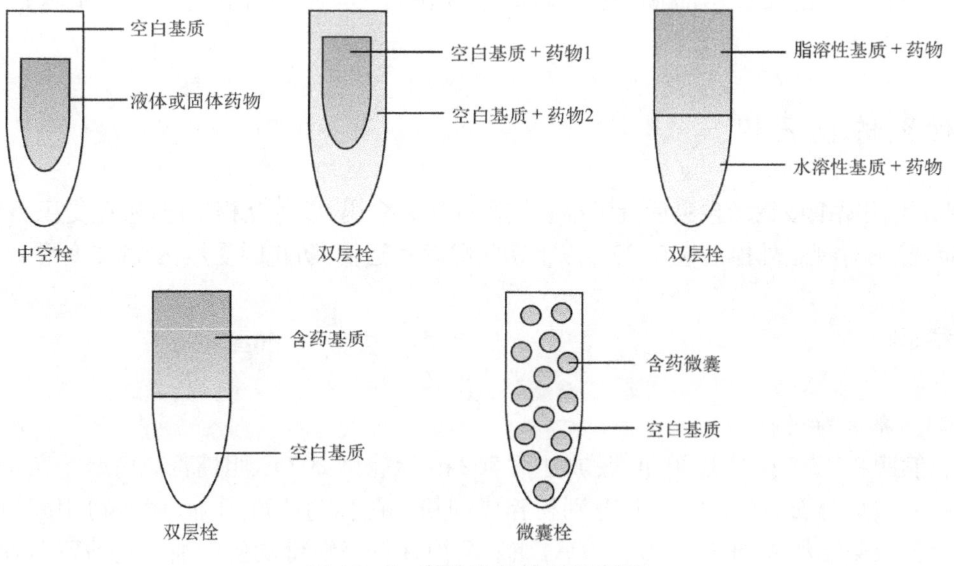

图14-3 部分特殊栓剂示意图

(二) 双层栓剂(two-layer suppositories)

双层栓剂由二层组成,可分为上下双层栓剂和内外双层栓剂(图14-3)。

上下双层栓剂有三种形式:第一种为将内外两层含有不同药物,可先后释放出来,以便于药物的吸收或避免药物发生配伍禁忌。第二种为将一种药物分别分散于脂溶性基质和水溶性基质中,制备成上下两层，使栓剂在使用时同时具有速释和缓释的作用。第三种为用空白基质和含药基质制成上下两层，利用上层空白基质阻止药物的向上扩散，以减少药物自直肠上静脉吸收，此法不但可以提高栓剂的生物利用度，还可以减少药物的不良反应。

（三）微囊栓剂

微囊栓（microcapules suppositories）是将药物预先制备成微囊，然后再将其与基质混合而制成的栓剂（图 14－3）。将药物微囊化可以延缓药物吸收，延长作用时间，减少用药次数，提高药物稳定性等。但其制备工艺较普通栓剂复杂。微囊栓的制备方法与普通栓剂差别不大，只是微囊栓中主药投药量，需根据微囊含药量来折算；同时，若采取热熔法制备，则在制备中应严格控制温度，防止温度过高微囊破裂，影响栓剂的释放。

（四）渗透泵栓剂

渗透泵栓剂（osmotic pump suppositories）是利用渗透压原理研制的一种长效栓剂，其最外层为一层不溶性微孔膜，药物从微孔中慢慢伸出，可维持长时间疗效。

（五）缓释栓剂

缓释栓剂（sustained release suppositories）主要通过基质中加入缓释材料实现药物的缓慢释放，是一种长效制剂。例如由乙烯氧化物交联而成的亲水凝，由于这种材料不溶于水，具有亲水性、生物黏附性和生物学惰性，因此当其失水时较坚硬，可注模、成形，制备成水凝胶栓。遇水后，体积膨胀为原来的 2～4 倍，柔软而富有弹性，较适于制备水溶性或醇溶性药物的缓释栓剂。

（六）泡腾栓

泡腾栓（effervescent suppositories）系在栓剂基质材料中加入发泡剂，使用时由于泡腾作用加速栓剂熔融和药物释放。此类栓剂适合于黏膜皱襞较多的腔道内给药，可将药物很好地附着于褶皱，增加吸收面积，延长作用时间，提高局部药物浓度，进而增强治疗效果，尤其适用于阴道给药。

三、栓剂的包装和贮藏

将栓剂分别用蜡纸或锡纸包裹后置于小硬纸盒或塑料盒内，以免互相粘连，避免受压。现行版《中国药典》规定，除另有规定外栓剂应在 30℃以下密闭贮存和运输，防止因受热、受潮二变形、发霉、变质。

四、举例

例 14－1　熊胆痔灵栓

【处方】熊胆粉 1.05 g，冰片 40 g，煅炉甘石 202 g，珍珠母 202 g，胆糖膏 202 g，蛋黄油 202 g。

【制法】将煅炉甘石、珍珠母、冰片分别粉碎成细粉，混合，过 120 目筛；熊胆粉用配研法加入胆糖膏中；将半合成脂肪酸酯加热至 50～60℃，加入煅炉甘石等细粉及蛋黄油、胆糖膏等，搅拌，混匀，注模，冷却，制成 1 000 粒，即得。

【性状】本品为棕黄色至棕色的栓剂。

【功能与主治】清热解毒，消肿止痛，敛疮生肌，止血。用于痔疮肿痛出血，痔漏，肠风下血，肛窦炎及内痔手术出血。

笔记栏

例 14－2　银翘双解栓

【处方】连翘 1 860.46 g，金银花 930.23 g，黄芩 1 023.26 g，丁香叶 465.12 g。

【制法】以上四味水提醇沉得浓缩液，水浴加热向其加入 14.54 mL 聚山梨酯 80、羊毛脂 58.15 g、山梨醇单棕榈酸酯 46.52 g、半合成脂肪酸甘油酯 774.19 g，溶解后混匀，注入栓剂模中，冷却，制成 1 000 粒（1.5 g/粒）或 1 500 粒（1.0 g/粒），即得。

【性状】本品为黄棕色子弹形栓剂。

【功能与主治】疏解风热，清肺泻火。用于外感风热，肺热内盛所致的发热、微恶风寒、咽喉肿痛、咳嗽、痰白或黄、口干微渴、舌红苔白或黄、脉浮数或滑数；上呼吸道感染、扁桃体炎、急性支气管炎见上述证候者。

例 14－3 雷公藤双层栓

【处方】空白层处方：PEG10 000 356.66 g，PEG4 000 356.66 g，甘油 170 mL。

含药层处方：PEG10 000 356.66 g，PEG4 000 356.66 g，甘油 170 mL，雷公藤提取物 80 g。

【制法】先将空白层基质熔化，按每孔 0.5 g 注模，待冷凝后再将含药层基质预热至 90℃注模，冷凝后取出。共制成栓剂 1 000 粒。每粒栓重 1.5 g，每粒栓剂含药 0.08 g，相当于生药 2.79 g。

【功能与主治】具有抗类风湿性关节炎作用。

【注解】雷公藤属卫矛科植物，具有激素样作用，口服给药不良反应较大，制成栓剂可减少该药对胃肠道的部分不良反应。

第四节 栓剂的质量评价与检查

一、性状

栓剂外形应完整光滑；放入腔道后应无刺激性，应能熔化、软化或溶化，并与分泌液混合，逐步释放出药物，产生局部或全身作用；并应有适宜的硬度，以免在包装、贮存时变形。

二、重量差异

取栓剂 10 粒，精密称定总重量，求得平均粒重后，再分别精密称定各粒的重量。每粒重量与平均粒重相比较，按表 14－2 中规定，超出重量差异限度的药粒不得多于 1 粒，并不得超出限度 1 倍。

表 14－2 栓剂重量差异限度表

平均重量或标示粒重/g	重量差异限度
1.0 及 1.0 以下	±10%
1.0 以上至 3.0	±7.5%
3.0 以上	±5.0%

三、融变时限

依照现行版《中国药典》四部通则融变时限检查法检查，应符合规定。

四、微生物限度

除另有规定外，依照现行版《中国药典》四部非无菌产品微生物限度检查法检查，应符合规定。

（秦 晶）

笔记栏

第十五章 气雾剂、喷雾剂与粉雾剂

本章要点

吸入制剂、气雾剂、喷雾剂和粉雾剂的概念与特点。

肺部吸入给药的吸收特点和影响因素。

抛射剂的含义、特点和应用，气雾剂、粉雾剂和喷雾剂的制备方法和给药装置。

气雾剂、粉雾剂和喷雾剂的质量评价和主要检查项目。

第一节 概 述

气雾剂(aerosols)、喷雾剂(sprays)与粉雾剂(powder aerosols)均是通过特定装置，将药物以雾状气溶胶或干粉等形式喷雾给药于口腔、鼻腔、呼吸道、皮肤、阴道等不同给药部位，起到局部或全身的治疗作用。但三种制剂的雾化机制有所不同，气雾剂需借助抛射剂产生的压力将药物从给药装置中喷出，喷雾剂是借助手动泵、超声或高压气体将药物喷出，而吸入粉雾剂则需要患者主动吸入。由于雾化机制的不同，以上三种剂型的给药装置、处方组成、设计原则以及评价手段均有所区别。

1910 年 Barger 和 Dale 首次报道了肾上腺雾化剂至今，雾化给药方式已成为医疗卫生领域不可或缺的形式，得到了广泛关注。在气雾剂、喷雾剂和粉雾剂的临床应用中，经呼吸道吸入肺部发挥局部或全身治疗作用的吸入制剂因其使用简便、起效迅速、生物利用度高，其上市品种除了较为传统的治疗哮喘和慢性阻塞性肺病等肺局部病变的药物，还包括蛋白多肽药、抗生素、抗病毒药物乃至抗肿瘤药物等。

一、吸入制剂(inhalation)

吸入制剂系指原料药物溶解或分散于合适介质中，以蒸气或气溶胶形式递送至肺部发挥局部或全身作用的液体或固体制剂。

吸入制剂包括吸入气雾剂、吸入粉雾剂、供雾化器用的液体制剂和可转变成蒸气的制剂。吸入制剂中所用给药装置使用的各组成部件均应采用无毒、无刺激性、性质稳定、与原料药物不起作用的材料制备。可被吸入的气溶胶粒子应达一定比例，以保证有足够的剂量可沉积在肺部。吸入制剂中微细粒子剂量应采用相应方法进行表征。吸入制剂中原料药物粒度大小通常应控制在 10 μm 以下，其中大多数应在 5 μm 以下。

笔记栏

二、肺部吸入给药的吸收特点和影响因素

吸入制剂需经由呼吸道到达肺部发挥药效，呼吸系统包括鼻、咽、喉、气管、支气管及肺，气道结

构如图 15－1。

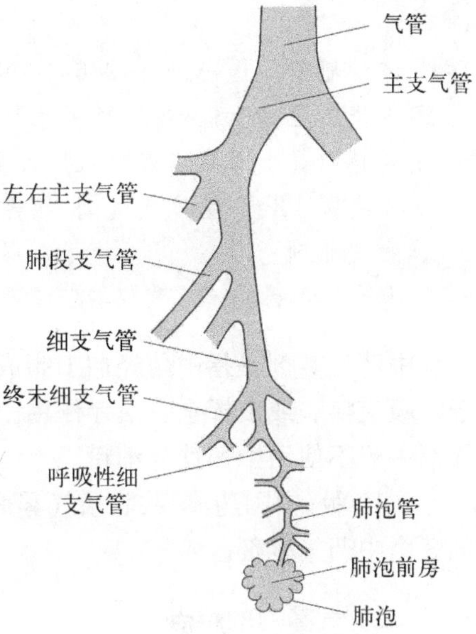

图 15－1 气道结构图

肺部吸收面积大、毛细血管丰富；肺泡上皮细胞和毛细血管的总厚度仅为 0.5～1 μm，药物在肺部的吸收迅速；肺部的生物代谢酶主要分布在肺泡Ⅱ型细胞中，活性较低，药物不易被酶解且吸收后药物可避开肝脏首过效应，直接进入血液循环，生物利用度高。吸入制剂给药后的吸收主要会受到以下因素的影响。

1. 生理环境 呼吸道中纤毛对外来异物的防御功能直接影响到不同粒径粒子包括药物粒子在呼吸道停留的部位和时间，如上呼吸道仅为几小时，支气管部位不到 24 h，而肺泡处因无纤毛，粒子包埋可停留 24 h 以上。呼吸道越向下，纤毛运动越弱；药物到达肺深部的比例越高，被纤毛运动清除的量越少。

患者呼吸量、频率和类型以及呼吸道直径等因素也会影响药物粒子的停留部位，如快而短的呼吸使粒子停留在肺部的气管部位，细而长的吸气可使药物到达肺深部和肺泡；呼吸道直径越小，粒子的滞留比例越大。

2. 粒子大小 吸入药物颗粒的大小和形态影响药物在呼吸道的分布和吸收。吸入制剂多以空气动力学直径表征药物颗粒大小，一般大于 5 μm 的粒子因惯性碰撞机制影响大部分落在口咽部和上呼吸道黏膜上，吸收缓慢；1～5 μm 的粒子多受重力影响停留在支气管、细支气管处，其中 2～3 μm的粒子可以到达肺泡；若粒子过小(＜0.5 μm)又会受布朗运动影响易随呼吸排出。带棱角和细长的粒子更容易被截留，粉末吸入剂中吸湿性强的药物容易在上呼吸道停留。

3. 药物性质 呼吸道上皮为类脂质膜，亲脂性药物一般经跨细胞途径吸收，亲水性药物则多通过细胞间途径吸收，大分子药物则以囊泡转运的方式跨膜转运。通常药物脂溶性越高，吸收越快；小分子药物吸收快，大分子药物吸收慢，当分子量小于 1 000 时，其肺部吸收速率与药物在生理 pH 条件下的水溶性相关。

4. 制剂因素 气雾粒子喷射的初速度对药物粒子在呼吸道中的分布和吸收起到了至关重要的影响作用，一般喷射初速度越大，药物粒子在咽喉部的截留越多，药物在肺部的吸收减少。吸入制剂的处方组成、给药装置结构都直接影响药物雾滴或粒子的大小、特性以及粒子的喷射速度，从而影响药物的吸收。

第二节 气雾剂

一、概述

(一) 气雾剂的含义

气雾剂(aerosols)系指原料药物或原料药物和附加剂与适宜的抛射剂共同装封于有特制阀门系统的耐压容器中，使用时借助抛射剂的压力将内容物呈雾状物喷出，用于肺部吸入或直接喷至腔道黏膜、皮肤的制剂。药物喷出状态多为雾状气溶胶，雾滴一般小于 50 μm；如内容物喷出后呈泡沫状或半固体状，则称之泡沫剂或凝胶剂/乳膏气雾剂。气雾剂可在呼吸道、皮肤或其他腔道起到局部或者全身治疗作用。

知识链接

气雾剂的历史沿革

1862 年，J. D. Lynde 申请了一项阀门专利，将气体的饱和溶液加压包装，通过汲取管将

笔记栏

气体从瓶中发送出来。1946年，Neodesha等推出以氟利昂(CFC)为抛射剂的气雾剂系统并逐步推广应用于医学领域，用于局部应用治疗烧伤和各种皮肤疾病。1957年，第一个肾上腺素和异丙肾上腺素口腔吸入用混悬型压力定量吸入器(pMDI)开始生产。

我国古代中医以蒸气剂、烟熏剂和吸散等熏吸疗法用于治疗各种呼吸道疾病，类似于原始的气雾剂。

中药气雾剂是指中药经加工制成的气雾剂。中药气雾剂不仅用于皮肤病、烫伤和妇科，也可用于呼吸道疾病或发挥全身治疗作用。中药气雾剂是由中药提取物、抛射剂和其他辅料组成，吸入气雾剂一般不使用中药饮片细粉。

2015版《中国药典》共收录气雾剂品种9个，包括复方丹参气雾剂、宽胸气雾剂和麝香祛痛气雾剂3个中药气雾剂。

(二) 气雾剂的特点

气雾剂具有速效和定位作用，用于肺部吸入给药对于呼吸道疾病如哮喘、肺气肿等具有更快、更强的治疗效果；对于疼痛、癫痫、过敏性反应等需要迅速起效的疾病可以达到类似于静脉注射的效果；还可避开胃肠道和肝脏的首过作用，适用于胰岛素等多肽蛋白类药物。气雾剂中的药物密封在耐压容器中，避光、无菌，其稳定性好；定量阀门可准确控制剂量；外用气雾剂对创面的机械刺激性小。

目前，气雾剂应用的主要问题在于生产成本高，抛射剂高度挥发会产生制冷效应，引起不适与刺激；气雾剂遇热或受到撞击后易发生爆炸；抛射剂渗漏会导致失效；吸入气雾剂给药时需要使用者手揿和吸气协调等。

(三) 气雾剂的分类

气雾剂按阀门类型、给药途径、分散系统、处方组成等进行分类。

1. 按阀门类型分类　可分为定量型和非定量型，其中定量型气雾剂(metered dose inhalation, MDI)主要用于肺部、口腔和鼻腔。

2. 按给药途径分类

(1) 吸入气雾剂：系指含药溶液、混悬液或乳液，与合适抛射剂或液化混合抛射剂共同装封于具有定量阀门系统和一定压力的耐压容器中，使用时借助抛射剂的压力，将内容物呈雾状物喷出，经口吸入沉积于肺部发挥局部或全身治疗作用的制剂。揿压吸入气雾剂阀门可定量释放活性物质，通常也被称为压力定量吸入剂(pressurized metered dose inhalation, pMDI)。

(2) 非吸入气雾剂：系指用于皮肤和鼻腔、口腔、阴道等黏膜的气雾剂。其中鼻用气雾剂经鼻吸入沉积于鼻腔，可用于蛋白多肽类药物的全身给药。皮肤用气雾剂多用于创面保护、清洁消毒、局麻止血等。

3. 按分散系统分类

(1) 溶液型气雾剂：固体或液体药物溶解在抛射剂中形成溶液，喷射时抛射剂挥发，药物以固体或液体微粒状态到达给药部位。

(2) 混悬型气雾剂：固体药物以微粒状态分散在抛射剂中形成混悬液，喷射时随抛射剂挥发，药物以固体微粒状态到达给药部位，又称为粉末气雾剂。

笔记栏

(3) 乳剂型气雾剂：液体药物或药物溶液与抛射剂形成W/O或O/W型乳液，O/W型乳液在喷射时随着内相抛射剂的汽化而以泡沫形式喷出，W/O型乳液在喷射时随着外相抛射剂的汽化而形成液流。乳剂型气雾剂内容物喷出后呈泡沫状或半固体状，又称泡沫气雾剂或凝胶/乳膏气雾剂。

4. 按处方组成分类

（1）二相气雾剂：即溶液型气雾剂，由药物与抛射剂形成的均匀液相与抛射剂部分汽化所形成的气相组成。多数为外用或舌下给药的药物，如硝酸甘油、利多卡因气雾剂，吸入用两相气雾剂包括溶液型沙丁胺醇、丙酸倍氯米松气雾剂等。

（2）三相气雾剂：包括乳剂型气雾剂和混悬型气雾剂，分别由液-液或液-固二相与抛射剂部分挥发所形成的气相组成。根据药物物态和乳剂类型，共可分为 W/O 型乳剂与抛射剂蒸气、O/W 型乳剂与抛射剂蒸气、S/O 型混悬剂与抛射剂蒸气三种。制备吸入气雾剂时多选用液体抛射剂中混悬微粉化药物颗粒的三相气雾剂。

二、气雾剂的组成

气雾剂由抛射剂、药物与附加剂和给药装置共同组成。由耐压容器、阀门系统组成的容器密封系统（container closure system，CCS）是气雾剂最具特色之处，给药装置还包括驱动器和喷射装置（计量阀杆、喷嘴、气体膨胀室）。

（一）抛射剂

抛射剂（propellants）是气雾剂的喷射动力来源，也可作为药物的溶剂或稀释剂，高压液化后装于耐压容器内。气雾剂阀门开启时，压力突然降低，抛射剂急剧汽化，与药物一起以雾状喷出至给药部位。抛射剂的种类、性质和用量决定了气雾剂的喷射能力和药物的雾化状态，直接影响到气雾剂的给药效果。为达到理想的抛射效果，抛射剂应符合以下要求：常压下其沸点低于室温，常温下其蒸气压高于大气压；无毒、无致敏反应和刺激性；无色、无臭、无味；性质稳定，不易燃易爆，不与药物等各组分发生理化反应，与容器、阀门等相容；价廉易得。

氟氯烷烃（氟利昂，chlorofluorocarbons，CFC）类抛射剂曾广泛应用于各类气雾剂中，其沸点低，常温下蒸气压略高于大气压，化学性质稳定，不具可燃性且毒性较小，不溶于水，可作为脂溶性药物溶剂使用且价格低廉。但由于氟利昂具臭氧层破坏性，1987 年签订的“蒙特利尔议定书”对 5 种 CFC 提出禁用，我国政府在 1991 年签署该协议。目前在加拿大、日本等发达国家已基本实现 CFC 的全面替代，我国自 2016 年起也不再接受药用吸入式气雾剂 CFC 的必要用途豁免申请。

目前，国际上普遍采用氢氟烷（hydrofluoroalkane，HFA 或 hydronuorocarbon，HFC）作为替代抛射剂，主要包括四氟乙烷（HFC-134a）和七氟丙烷（HFC-227ea）。HFA 与 CFC 一样，在结构上均为饱和烷烃，一般条件下化学性质稳定，几乎不与任何物质产生化学反应，也不具可燃性，室温及正常压力下以任何比例与空气混合不会形成爆炸性混合物。HFA 分子中不含氯原子，不会破坏臭氧层。1995 年，3M 公司以 HFC-134a 作为抛射剂在欧洲上市了世界上第一个 HFA-MDIs 硫酸沙丁胺醇气雾剂。

与 CFC 相比，HFA 的臭氧消耗潜值为 0，温室效应也更小（表 15-1）。但因其理化性质的差异，在气雾剂研发生产中仍存在诸多挑战。HFC-134a 和 HFC-227ea 的饱和蒸气压均较高，对容器耐压性提出了更高要求；它们均须在低温才呈液态，常压下配制需－50℃的条件，制备条件要求高；它们的极性均较 CFC 强，水中溶解度远高于 CFC，会导致混悬型 MDIs 中的药物微粒絮凝和阀门堵塞等问题；常用表面活性剂如油磷脂等在 HFA 中均难溶，直接影响到混悬型 MDIs 稳定性和阀门的润滑以及释药剂量的均一性。

表 15-1　HFC 和 CFC 理化性质对比

参数	CFC-11	CFC-12	CFC-114	HFC-134a	HFC-227ea
分子式	CCl_3F	CCl_2F_2	$C_2Cl_2F_4$	$C_2H_2F_4$	C_3HF_7
沸点℃	23.8	－29.8	3.8	－26.2	－17.3

笔记栏

续 表

饱和蒸气压(bar)	0.89	5.66	1.82	5.72	3.9
介质常数(25℃)	2.33	2.04	2.13	9.51	3.94
水溶解度 ppm(25℃)	130	120	110	2 200	610
可燃性	不可燃	不可燃	不可燃	不可燃	不可燃
臭氧破坏性(CFC-11=1)	1	1	0.7	0	0
温室效应(CO_2=1)	5 000	8 500	9 300	1 300	2 900

除了 HFA,用作药物气雾剂抛射剂 CFC 替代品的还有丙烷、丁烷、异丁烷、戊烷、异戊烷、二甲醚等液体气体抛射剂和二氧化碳、氧化亚氮、压缩空气及氮气等压缩性/溶解性气体抛射剂。

二甲醚(DME)常温下稳定,不易氧化,压力适宜,易于液化,无腐蚀性、致癌性,毒性很弱;其优点是能与大多数极性或非极性溶剂混溶,是唯一与水具有较高互溶性的抛射剂,适用范围广;缺点是易燃,目前主要用于外用气雾剂中 CFC 替代。丙烷、正丁烷、异丁烷等碳氢化合物密度低、沸点低且价廉易得,但其易燃易爆,不宜单独应用,需与其他抛射剂混合使用。二氧化碳、氮气和一氧化氮等压缩气体的化学性质稳定,不易燃易爆,但常温时蒸气压较高,液化后沸点低,对密闭系统的耐压性能要求较高;若充入非液化压缩气体,密闭容器内压力易迅速降低,达不到持久喷射效果,多用于喷雾剂。

抛射剂的蒸气压和用量决定了气雾剂的喷射能力,一般抛射剂蒸气压越高,用量越大,气雾剂喷射能力越强,反之亦然。抛射剂蒸气压越高,雾化效果越好;但蒸气压过高会导致药物粒子在咽喉部位的沉积百分比增高,需体外模拟实验考察筛选最佳蒸气压。一般溶液型气雾剂中抛射剂用量在 20%~70%(w/w)之间;混悬型气雾剂中抛射剂用量较高,腔道给药抛射剂用量为 30%~45%,吸入给药气雾剂中抛射剂用量可达 99%;乳剂型气雾剂抛射剂用量一般在 8%~10%,某些品种可达 25%以上。

(二) 药物与附加剂

液体、半固体和固体药物均可制成气雾剂,其中吸入气雾剂的雾滴(粒)大小应控制在 10 μm 以下,其中大多数应为 5 μm 以下。除抛射剂外,气雾剂常需要添加其他附加剂,如增溶剂、潜溶剂、乳化剂、润湿剂、抗氧剂以及矫味剂、防腐剂等。

气雾剂中增溶剂用于增加药物在两相气雾剂中的溶解度和增加表面活性剂的溶解度。低分子量烷烃或醇类,如丙烷、丁烷、异丁烷、无水乙醇、异丙醇和丙二醇常被用作潜溶剂,其中无水乙醇用量最大,因其可增加多数药物在抛射剂中的溶解度。在 HFA 处方中,也常用乙醇作潜溶剂以增加药物和表面活性剂的溶解度,实际应用中还发现适量乙醇可改善阀门的定量性能。但应注意乙醇被吸入后对呼吸道有刺激作用,哮喘患者尤其敏感;另外乙醇含量过高时,气雾剂蒸气压会低于标准,无法使药物有效雾化分散,同时应严格控制水分以保证稳定性。

表面活性剂有助于药物和辅料的分散或溶解,常用于助悬和阀门的润滑。常用的表面活性剂有磷脂、油酸和聚山梨醇三油酸酯(司盘 85)等。目前乳剂型气雾剂多采用水性基质为外相,抛射剂为内相,这种 O/W 型气雾剂多采用非离子型表面活性剂如聚山梨酯类、脂肪酸山梨坦类、脂肪酸酯类和烷基苯氧基乙醇等。

当药物在抛射剂中不溶或溶解度差,且无合适的潜溶剂使之溶解时,可将其制成混悬型气雾剂。混悬型气雾剂常用的附加剂有:① 固体润湿剂,用于增加混悬剂的物理稳定性,如滑石粉等;② 表面活性剂,低 HLB 值的表面活性剂及高级脂肪醇类可使药物易分散于抛射剂中,常用的有油酸、司盘 85、油醇、月桂醇等,它们同时可润滑阀门系统;③ 水分调节剂,如无水硫酸钙、无水氯化钙、无水硫酸钠等;④ 比重矫正剂,如超细粉末的氯化钠、硫酸钠、亚硫酸氢钠、乳糖和硫酸等。

笔记栏

(三) 给药装置

气雾剂给药装置直接接触药品,对气雾剂的质量控制、制备工艺和功能发挥都至关重要。2012

年国家食品药品监督管理总局发布的《化学药品注射剂与塑料包装材料相容性研究技术指导原则》，要求在进行定量吸入式气雾剂的产品开发过程中增加包材相容性研究。气雾剂给药装置的选择需要确保吸入制剂在进入人体前的安全性。

气雾剂给药装置包括耐压容器、阀门系统和驱动器等。

1. 耐压容器　气雾剂的容器，应能耐受气雾剂所需的压力，各组成部件均不与原料药物或附加剂发生理化作用，其尺寸精度与溶胀性必须符合要求。用于制备耐压容器的材料包括玻璃和金属两大类。玻璃容器的化学性质比较稳定，但耐压性和抗撞击性较差，故需在玻璃瓶外面搪塑防护层；金属材料如铝、铝镁合金、马口铁和不锈钢等耐压性强，但对药物溶液的稳定性不利，故容器内常用环氧树脂、聚氯乙烯或聚乙烯等进行表面处理。

现在比较常用的耐压容器包括外包塑料的玻璃瓶、铝制容器、铝镁合金罐、不锈钢管等。根据不同的产品需要，目前的耐压容器以聚酯涂层、电镀涂层等多种方式以减少特殊药物在耐压容器中的吸附和降解。在选择耐压容器时，不仅要注意其耐压性能、轻便、价格和化学惰性等，还应注意其美学效果。

2. 阀门系统　药用气雾剂阀门系统的基本功能是在密闭条件下控制药物喷射的剂量。阀门系统使用的材料必须对内容物为惰性，所有部件需要精密加工，具有并保持适当的强度，其溶胀性在贮存期内必须保持在一定的限度内，以保证喷药剂量的准确性。阀门一般由金属材料作为阀体的外部，由乙缩醛 POM、聚酯材料 PBT 等材料作为定量杯和阀杆，内部配置不锈钢弹簧和橡胶垫片。气雾阀按喷雾量分为非定量型气雾阀和定量型气雾阀，按结构分为雄型气雾阀和雌型气雾阀，见图 15－2。

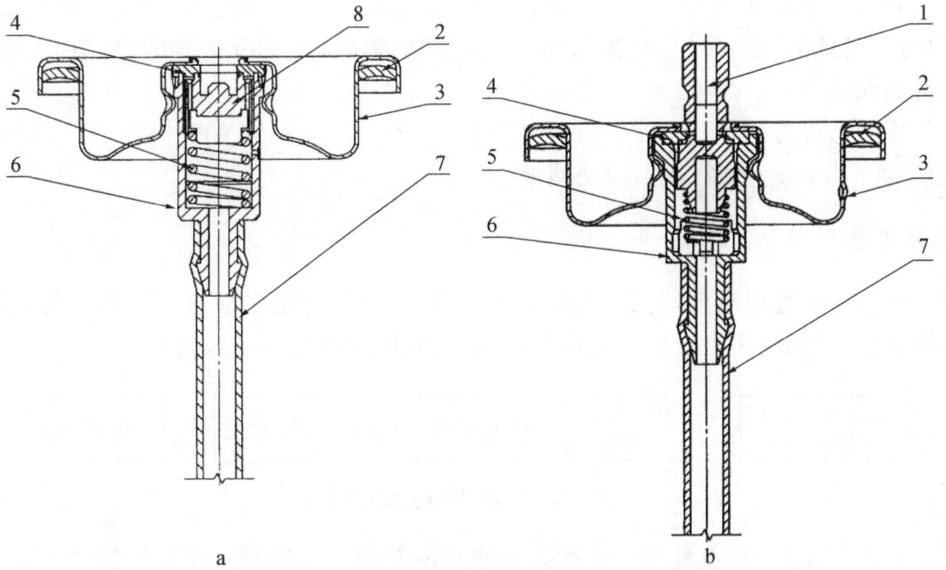

图 15－2　气雾阀结构示意图（GB－T 17447—2012）

a：雌型气雾阀　b：雄型气雾阀

1. 阀杆　2. 外密封圈　3. 固定盖　4. 内密封圈　5. 弹簧　6. 阀体　7. 引液管　8. 阀杆座

3. 驱动器　药用气雾剂驱动器是影响药物递送质量的关键组成部件，该装置一般由塑料材料制成，关键参数为产品喷雾口的孔径和喷雾孔的长度。驱动器的质量差异将会严重影响产品的微细粒子剂量、每揿主要含量、递送剂量均一性、驱动器残留等关键检测参数，从而降低产品的质量。

三、气雾剂的制备

（一）处方研究

为设计合理的气雾剂处方，需考察药物剂量、理化性状包括溶解度、表面张力、晶型、吸湿性和化学稳定性等因素；对于需要制成混悬型气雾剂的药物因大多需要微粉化处理，通常还应考察其粉体学特性。若药物给药剂量较大，制备吸入气雾剂时考虑粒径问题通常应制成三相气雾剂；舌下、

笔记栏

鼻腔给药气雾剂则只要给药剂量均匀性符合要求，两相或三相气雾剂均可采用；对于一些小剂量药物，如能制成两相气雾剂，疗效多好于三相气雾剂。

气雾剂处方按照辅料种类大致分为四类：① 药物、抛射剂系统，药物溶解或混悬在抛射剂中；② 药物、抛射剂、增溶剂系统，少量增溶剂用于改善药物的溶解或混悬状态；③ 药物、表面活性剂、抛射剂系统，表面活性剂可提高药物混悬液的稳定性，同时具润滑作用可改善阀门系统性能；④ 药物、增溶剂、表面活性剂、抛射剂系统，增溶剂提高表面活性剂溶解性，进一步提高处方的物理稳定性。

溶液型气雾剂常将抛射剂作溶剂，必要时可加入适量乙醇。有时为使药物与抛射剂混溶，亦可加丙二醇、聚乙二醇等有机溶媒，但应注意所加入乙醇、丙二醇等的量对肺部的刺激性及气雾剂稳定性的影响。

当药物溶解度达不到给药剂量要求时，常选择制成混悬型气雾剂。混悬型气雾剂的化学稳定性优于溶液型，但物理稳定性较差，体系中微粒会聚集，药物小微晶溶解、大微晶生长，或出现多晶型转换。混悬型气雾剂的处方设计重点在于提高分散系统稳定性，应注意的要点包括：① 水分含量，由于混悬的药物微粒遇水会发生聚结且会导致抛射剂压力降低，因此水分应严格控制在 0.03%以下，通常低于 0.005%；② 粒度控制，混悬型气雾剂微粒大小取决于主药固体颗粒大小及其在处方中的浓度，可采用研磨法或喷雾干燥法对药物进行微粉化处理；③ 晶型和溶剂化物，对于多晶型药物在微粉化处理时，应注意晶型和溶剂化物的影响；④ 密度调节，药物与抛射剂密度的较大差异会导致混悬液中药物颗粒的迅速沉降。

乳剂型气雾剂应重视乳化剂的选用。乳化剂应达到以下性能：振摇时可充分乳化并形成很细的乳滴；喷射时能与药液同时喷出，喷出泡沫均匀、细腻、柔软，并具有需要的稳定性。乳化剂可选用单一或混合表面活性剂。

在给药装置的选择方面，溶液型气雾剂可使用小孔径（如 0.3 mm）的驱动器，混悬型气雾剂则宜选用较大孔径（如 0.5 mm）的驱动器，以防堵塞。

（二）制备工艺

气雾剂主要制备过程包括容器、阀门系统的处理与装配、药物配制与分装和抛射剂填充，如图 15-3。气雾剂配制过程应注意避免微生物污染，吸入液体制剂应为无菌制剂。

图 15-3　气雾剂制备工艺流程

1. 容器、阀门系统的处理与装配　玻璃容器通常需外裹一层高分子树脂搪塑防护层，以提高耐压性和耐撞击性。过程是将玻瓶洗净烘干，预热至 120～130℃，趁热浸入塑料黏浆中，使瓶颈以下黏附一层塑料浆液，倒置，在 150～170℃烘干 15 min，放冷备用。

阀门系统的各种零件需分别处理：橡胶制品在 75%乙醇中浸泡 24 h 除色、消毒后，干燥备用；塑料、尼龙零件洗净后，95%乙醇浸泡备用；不锈钢弹簧可在 1%～3%碱液中煮沸 10～30 min，清洗直至无油腻，95%乙醇浸泡备用。生产时按照阀门结构将已处理好零件装配使用。

2. 药物的配制与分装　首先按处方组成及要求的气雾剂的类型进行配制，溶液型气雾剂应制成澄清药液、混悬型气雾剂应将药物微粉化并保持干燥状态、乳剂型气雾剂应制成稳定的乳剂；而后将配制好的药液定量分装在容器中。

3. 抛射剂的填充　分为压灌法和冷灌法两种。

（1）压灌法：先将配好的药液在室温下灌入容器内，再将阀门装上，轧紧，通过压装机压入定量的抛射剂。本法设备简单，抛射剂损耗少，但气雾剂成品在使用过程中易出现较大压力变化。在固定密封阀前一般需要除去容器中的空气，以免连续喷雾时 MDI 内压改变。

（2）冷灌法：为低温加入过程，即将抛射剂和药液借助冷灌法装置中热交换器冷却至沸点温度以下，使药物和抛射剂保持液体状态后定量加入容器内，装上阀门，轧紧密封。本法生产速度快，对阀门无影响，成品压力稳定，但需制冷设备和低温操作，不适用于含水处方，能耗高。

四、气雾剂的质量评价与检查

按照《中国药典》规定，制成的气雾剂应进行泄漏检查，确保使用安全。定量气雾剂释出的主药含量应准确、均一，喷出的雾滴（粒）应均匀，同时应标明每瓶总揿次和每揿主药含量。吸入气雾剂除符合气雾剂项下要求外，还应符合吸入制剂相关要求如需进行微细粒子剂量检查，微细药物粒子百分比应不少于每吸主药含量标示量的15%；鼻用气雾剂除符合气雾剂项下要求外，还应符鼻用制剂相关要求。主要检查项目如下。

（一）每瓶总揿次

定量气雾剂依照《中国药典》现行版四部通则吸入制剂相关项下方法检查，每瓶总揿次应符合规定。

（二）递送剂量均一性

定量气雾剂依照《中国药典》现行版四部通则吸入制剂相关项下方法检查，递送剂量均一性应符合规定。对于含多个活性成分的吸入剂，各活性成分均应进行递送剂量均一性检测。

（三）每揿主药含量

定量气雾剂每揿主药含量应为每揿主药含量标示量的80%～120%。

（四）喷速率

定量气雾剂喷速率应符合各品种项下的规定。

（五）喷出总量

定量气雾剂每喷出量均不得少于标示装量的85%。

（六）每揿喷量

除另有规定外，定量气雾剂每揿喷量应为标示喷量的80%～120%。凡进行每揿递送剂量均一性检查的气雾剂，不再进行每揿喷量检查。

（七）粒度

平均原料药物粒径应在5 μm以下，粒径大于10 μm的粒子不得过10粒。除另有规定外，中药吸入用混悬型气雾剂若不进行微细粒子剂量测定，应作粒度检查，非定量气雾剂作最低装量检查。

（八）装量

非定量气雾剂依照《中国药典》现行版四部通则最低装量检查法检查，应符合规定。

（九）无菌

除另有规定外，用于烧伤（除程度较轻的烧伤外）、严重创伤或临床必需无菌的气雾剂，依照《中国药典》现行版四部通则无菌检查法检查，应符合规定。

（十）微生物限度

除另有规定外，依照《中国药典》现行版四部通则非无菌产品微生物限度检查应符合规定。

笔记栏

五、举例

例 15－1 麝香祛痛气雾剂

【处方】人工麝香 0.33 g，红花 1 g，樟脑 30 g，独活 1 g，冰片 20 g，龙血竭 0.33 g，薄荷脑 10 g，地黄 20 g，三七 0.33 g。

【制法】以上九味，取人工麝香、三七、红花，分别用 50%乙醇 10 mL 分三次浸渍，每次 7 天，合并浸渍液，滤过，滤液备用；地黄用 50%乙醇 100 mL 分三次浸渍，每次 7 天，合并浸渍液，滤过，滤液备用；龙血竭、独活分别用乙醇 10 mL 分三次浸渍，每次 7 天，合并浸渍液，滤过，滤液备用；冰片、樟脑加乙醇 100 mL，搅拌使溶解，再加入 50%乙醇 700 mL，混匀；加入上述各浸渍液，混匀；将薄荷脑用适量 50%乙醇溶解，加入上述药液中，加 50%乙醇至总量为 1 000 mL，混匀，静置，滤过，灌装，封口，充入抛射剂适量，即得。

【药性分析】方中麝香活血通络为主药；辅以独活祛风除湿，三七、地黄、红花、龙血竭活血散瘀，舒筋活络；冰片、樟脑、薄荷脑消肿止痛。主辅药物合用，以奏活血通络，消肿止痛之功。

【性状】本品为非定量阀门气雾剂，在耐压容器中的药液为橙红色的澄清液体；气芳香。

【功能与主治】活血祛瘀，舒筋活络，消肿止痛。用于各种跌打损伤，瘀血肿痛，风湿瘀阻，关节疼痛。

【用法与用量】外用。喷涂患处，按摩 5～10 min 至患处发热，一日 2～3 次；软组织扭伤严重或有出血者，将药液喷湿的棉垫敷于患处。

例 15－2 复方丹参气雾剂

【处方】丹参 464 g，三七 145.4 g，冰片 8.25 g。

【制法】以上三味，丹参加乙醇回流提取 1.5 h，滤过，滤液回收乙醇并浓缩至适量，备用；药渣加 50%，乙醇回流提取 1.5 h，滤过，滤液回收乙醇并浓缩至适量，备用；药渣加水煎煮 2 h，煎液滤过，滤液合并，浓缩至适量，与上述各浓缩液合并，减压干燥，粉碎成细粉，备用。三七用 70%乙醇回流提取三次，每次 1.5 h，滤过，滤液合并，回收乙醇，减压干燥，粉碎成细粉，与丹参提取物细粉合并，用乙醇625 mL分三次回流提取，每次 1.5 h，提取液放冷后滤过，合并滤液，加入冰片使溶解，加乙醇至 650 mL，加丙二醇 325 mL、香蕉香精 6.25 mL，加乙醇调整总量至 1 000 mL，混匀，放置，滤过，分装，即得。

【性状】本品为红橙色至红褐色的澄明液体；气芳香，味苦而后甜。

【功能与主治】活血化瘀，理气止痛。用于气滞血瘀所致的胸痹，症见胸闷、心前区刺痛；冠心病心绞痛见上述证候者。

【用法与用量】口腔喷射，吸入。一次喷 1～2 下，一日 3 次；或遵医嘱。

第三节 喷雾剂

一、概述

喷雾剂（sprays）系指原料药物与适宜辅料填充于特制的装置中，用时借助手动泵的压力、高压气体、超声振动或其他方法将内容物呈雾状物释出，用于肺部吸入或直接喷至腔道黏膜及皮肤等的制剂。喷雾剂按用药途径分为吸入喷雾剂、鼻用喷雾剂及用于皮肤、黏膜的非吸入喷雾剂；按内容物组成分为溶液型、乳状液型或混悬型喷雾剂；按给药定量与否，喷雾剂还分为定量喷雾剂和非定量喷雾剂，定量吸入喷雾剂系指通过定量雾化器产生供吸入用气溶胶的溶液、混悬液或乳液。

笔记栏

溶液型喷雾剂的药液应澄清；乳状液型喷雾剂的液滴在液体介质中应分散均匀；混悬型喷雾剂应将原料药物细粉和附加剂充分混匀、研细，制成稳定的混悬液。雾化器雾化后供吸入用的雾滴

(粒)大小应控制在 10 μm 以下，其中大多数应为 5 μm 以下。根据需要可加入溶剂、助溶剂、抗氧剂、抑菌剂、表面活性剂等附加剂，所有附加剂应对皮肤和黏膜无刺激性，喷雾剂装置中各组成部件均应采用无毒、无刺激性、性质稳定、与原料药物不起作用的材料制备。

喷雾剂一般以局部用药为主，喷出雾滴较粗；喷雾剂不同于气雾剂，不是加压包装，因而制备方便，成本低；喷雾剂既有雾化给药的特点和优势，又避免了抛射剂使用，安全可靠，特别适用于皮肤、黏膜、关节肢体表面、腔道等部位给药。2015 年版《中国药典》共收载喷雾剂 8 个，包括复方丹参喷雾剂、鼻炎通喷雾剂 2 个中药品种。

二、喷雾剂的装置

非定量喷雾剂的给药装置主要包括容器和喷射用阀门系统，可通过手压触动器产生压力使容器内药物按所需形式喷出。此类阀门系统主要由泵杆、支撑体、密封垫、固定杯、弹簧、活塞、泵体、弹簧帽和浸入管组成。喷雾剂常用容器有塑料和玻璃两种材质。

定量吸入喷雾剂的给药装置为定量雾化器，包括喷射雾化器、超声雾化器和振动筛雾化器等，药物溶液或乳状液、混悬液经雾化器分散为小雾滴喷出，患者通过装置入口端直接吸入药物。

三、喷雾剂的制备

喷雾剂的处方设计和制备过程相比气雾剂、粉雾剂较为简单。根据用药部位不同，喷雾剂的药物和辅料要求不同。如用于呼吸系统的喷雾剂，其药物和辅料应在呼吸道分泌液中有较好的溶解性，并对腔道黏膜无刺激性和过敏性；用于皮肤外部比如治疗烧伤、皮肤病的药物，则要求药物或者辅料有一定的杀菌防腐作用，还可加入适宜的透皮促进剂。

中药喷雾剂主要是以药材提取物为内容物，药材经过水提、醇提等方法提取有效部位，经过分离精制，根据药材提取物性质和给药部位，添加适当的辅料、附加剂，混匀分装，手动泵入或用于雾化吸入。

四、喷雾剂的质量评价与检查

吸入喷雾剂除符合喷雾剂项下要求外，还应符合《中国药典》现行版四部吸入制剂相关项下要求；鼻用喷雾剂除符合喷雾剂项下要求外，还应符合鼻用制剂相关项下要求。喷雾剂主要检查项目如下。

(一) 每瓶总喷次

多剂量定量喷雾剂供试品 4 瓶，分别计算喷射次数，每瓶总喷次均不得少于其标示总喷次。

(二) 每喷喷量

除另有规定外，定量喷雾剂每 10 次喷量的平均值均应为标示喷量的 80%～120%。凡规定测定每喷主药含量或递送剂量均一性的喷雾剂，不再进行每喷喷量的测定。

(三) 每喷主药含量

除另有规定外，定量喷雾剂每喷主药含量应为标示含量的 80%～120%。凡规定测定递送剂量均一性的喷雾剂，一般不再进行每喷主药含量的测定。

(四) 递送剂量均一性

笔记栏

除另有规定外，定量吸入喷雾剂、混悬型和乳液型定量鼻用喷雾剂应检查递送剂量均一性，依照《中国药典》现行版四部吸入制剂或鼻用制剂相关项下方法检查，应符合规定。

（五）微细粒子剂量

除另有规定外，定量吸入喷雾剂应检查微细粒子剂量，依照《中国药典》现行版四部吸入制剂微细粒子空气动力学特性测定法检查，照各品种项下规定的方法，依法测定，计算微细粒子剂量，应符合规定。

（六）装量差异

除另有规定外，单剂量喷雾剂供试品 20 个，照各品种项下规定的方法，求出每个内容物的装量与平均装量。每个的装量与平均装量相比较，超出装量差限度的不得多于 2 个，并不得有 1 个超出限度 1 倍。凡规定检查递送剂量均一性的单剂量喷雾剂，一般不再进行装量差异的检查。

（七）装量

定量喷雾剂照最低装量检查法检查，应符合规定。

（八）无菌

除另有规定外，用于烧伤[除程度较轻的烧伤（Ⅰ°或浅Ⅱ°外）]、严重创伤或临床必需无菌的喷雾剂，依照《中国药典》现行版四部无菌检查法检查，应符合规定。

（九）微生物限度

除另有规定外，依照《中国药典》现行版四部非无菌产品微生物限度检查，应符合规定。

五、举例

例 15－3　鼻炎通喷雾剂(鼻炎滴剂)

【处方】盐酸麻黄碱 5 g，黄芩苷 20 g，山银花 300 g，辛夷油 2 mL，冰片 1 g。

【制法】以上五味，黄芩苷加水适量，搅匀，加 40%氢氧化钠溶液适量使溶解，用稀盐酸调节 pH 至 6.5～7.59 药液备用。山银花加水煎煮两次，滤过，合并滤液，浓缩至相对密度约为 1.05(50℃)的清膏，放冷，加 20%石灰乳，调节 pH 至 12，滤过，沉淀物加乙醇适量，用 50%硫酸溶液调节 pH 至3.5～4.0，搅匀，滤过，滤液用 40%氢氧化钠溶液调节 pH 至 6.5～7.0，密封，冷藏 2～3 天，滤过，滤液回收乙醇，浓缩至约 25 mL，加水搅匀，用活性炭处理，滤过，滤液备用。盐酸麻黄碱加水溶解备用。冰片、辛夷油加乙醇溶解，再加入 21 g 聚山梨酯 80，搅匀，加入上述药液，再加入亚硫酸氢钠 0.8 g、苯甲醇 10 g，混匀，加水至近总量，搅匀，调节 pH 至 6.0～7.0，滤过，加水至 1 000 mL，搅匀，灌装，即得。

【性状】本品喷雾剂，药液为黄棕色至棕褐色的澄清液体。

【功能与主治】散风清热，宣肺通窍。用于风热蕴肺所致的鼻塞，鼻流清涕或浊涕，发热，头痛；急、慢性鼻炎见上述证候者。

【用法与用量】喷入鼻腔内，一次 1～2 揿；一日 2～4 次。1 个月为一疗程。

第四节　粉雾剂

一、概述

笔记栏

粉雾剂(powder aerosols)是指一种或多种药物粉末，经特殊的给药装置使药物以干粉形式到达呼吸道、腔道、黏膜或皮肤，发挥全身或局部作用的一种给药系统。根据给药部位和用途不同，可分为吸入粉雾剂、非吸入粉雾剂和外用粉雾剂，用于不同剂量药物的吸入或喷入给药。

吸入粉雾剂又称干粉吸入剂(dry powder inhalation, DPI)，是固体微粉化药物单独或与合适载体混合后，以胶囊、泡囊或多剂量贮库形式，采用特制的干粉吸入装置，由患者主动吸入雾化药物至肺部的制剂。非吸入粉雾剂系指药物或与载体以胶囊或泡囊形式，采用特制的干粉给药装置，将雾化药物喷至腔道黏膜的制剂。外用粉雾剂系指药物或与适宜的附加剂灌装于特制的干粉给药器具中，使用时借助外力将药物喷至皮肤或黏膜的制剂。本节主要介绍吸入粉雾剂。

吸入粉雾剂使用时不需吸气与按压阀门同步，剂量准确、顺应性好，不含抛射剂、防腐剂和溶剂，药物稳定性好、绿色环保，受到广泛关注。吸入粉雾剂已从单一品种色氨酸钠拓展到哮喘、慢性肺阻塞等肺局部疾病治疗药，从单方制剂到复方制剂，成为多肽蛋白类、抗生素、生物药物和心血管系统药物的全身非侵入性给药的新途径。2015 年版《中国药典》收录吸入粉雾剂品种 2 个，但目前尚没有中药粉雾剂品种上市。

二、粉雾剂的装置

粉雾剂由粉末吸入(或喷入)装置和供吸入或喷入用的干粉组成(图 15 - 4)，处方中不含抛射剂。吸入粉雾剂的剂量准确性、重现性和临床效果很大程度上依赖于合理的给药装置。自 1971 年英国 Bell 研制的首个干粉吸入装置(spinhaler)问世以来，粉末吸入装置经历了从单剂量到多重单元剂量到贮库型多剂量，从被动型向主动型的转变。在粉雾剂处方设计时应根据主药特性选择合适的给药装置，如主药性质不稳定的应选择单剂量给药装置，需长期给药的应选用多剂量贮库型装置。

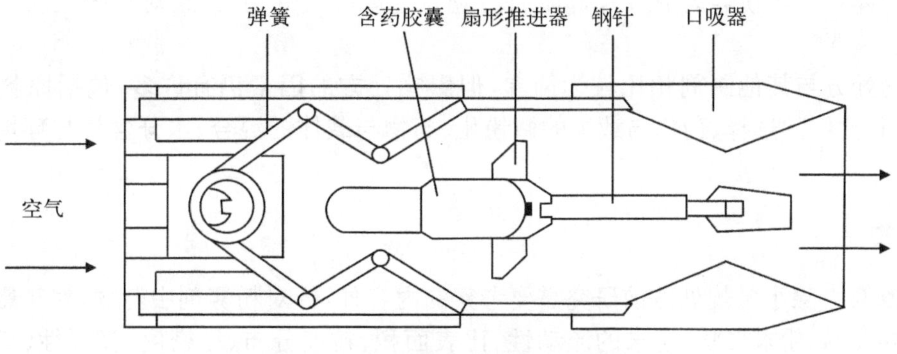

图 15 - 4 干粉吸入装置结构示意图

(一) 被动型 DPI 装置

被动型 DPI 装置是指装置本身不提供能源，使用时靠用药者吸气肌收缩提供能量吸入雾化药粉的装置，又可细分为单剂量装置、预剂量多计量装置和储库型多计量装置。

1. 单剂量装置 将单剂量药物和载体粉末分装于无缝胶囊中，使用时胶囊被刺破或分开，吸入时通过装置运动使药物释放进入气道或给药室，在气流作用下进入患者的口腔。此类装置结构简单、价格便宜，内在阻力低、剂量较准确，适用于性质不稳定的药物；但每次使用时需重新装入胶囊，对于哮喘急性发作、儿童患者有一定困难。

2. 预剂量多计量装置 吸入装置含有多个装载单剂量药物和载体粉末的独立囊泡，可以呈泡罩、碟、条带等不同形状，通过给药装置输送控制，使患者每次吸入一个单剂量。此装置中每个剂量单位都是单独包装并密封，保证了剂量的均一性和药物稳定性，装置上的计数窗可提示患者所剩余的吸药次数，便于长期用药患者。该装置内在阻力较低，适用范围广，但成本较高。

3. 多剂量贮库型装置 此类装置中带有粉末储库，每次使用时药物粉末按体积进行分剂量，供患者吸入。此种方式不需反复装填药物，且可调节每次给药剂量，但对粉末流动性和水分含量要求

笔记栏

很高，存在分剂量准确性、均一性和药物稳定性等风险。装置结构复杂，内在阻力略高，属中阻力型，吸入药量与吸气流速直接相关。

针对哮喘和慢性肺阻塞患者的长期复方用药需求，还设计了具有独立的双储库系统的吸入给药装置。此装置中两种药物独立密封，互不影响；使用时药物各自释放一个药囊的量，雾化成复方制剂，供患者吸入。但无论是何种被动型 DPI 装置，都对递送和分散干粉处方的最低吸入气流有要求，其吸入剂量很大程度上取决于患者的生理、病理状态和顺应性，仅适用于治疗窗较宽的局部用药。

（二）主动型 DPI 装置

主动型 DPI 装置是由给药装置提供不同类型的雾化能量如加载弹簧的动能、压缩空气或电池提供的电能等，同样可分为单剂量装置、预剂量多计量装置和储库型多计量装置。相对于被动式 DPI 装置，主动型 DPI 装置通过输入雾化能量的控制以形成具有最佳粒径分布的气溶胶，使药物可以在肺深部沉积，准确性和重现性均较好，非常适用于肽类和蛋白质类生物技术药物。缺点是装置复杂，成本较高。

三、粉雾剂的制备

根据药物与辅料的组成，粉雾剂的处方一般可分为：① 仅含微粉化药物的粉雾剂；② 药物＋附加剂，以改善粉末之间的流动性，附加剂包括表面活性剂、润滑剂、助流剂等；③ 药物＋载体的均匀混合体，载体用作稀释剂和改善微粉药物流动性；④ 药物、适当的润滑剂、助流剂以及抗静电剂和载体的均匀混合体。吸入粉雾剂中所有附加剂均应为生理可接受物质，且对呼吸道黏膜和纤毛无刺激性、无毒性。

粉雾剂的处方与其他制剂相比较为简单，但影响处方的因素仍有许多，包括原料药的理化性质、辅料种类和比例的选择、药物与载体的微粉化、药物与载体的混合、水分含量与环境湿度的控制等方面。

（一）药物

1. 理化性质　除了常规处方前研究需要考察的内容外，针对粉雾剂中药物，对于影响粉雾剂质量的关键参数，诸如粉末形状、粉末的流动性、比表面积、粒度分布、堆密度、吸湿性、粉末的表面形态、荷电性等理化性质应进行深入研究。对于可能在粉碎或贮存条件下出现转晶现象的药物，还应对其晶型、无定型态、光学异构体、溶剂化或水合状态进行考察，生产过程中也应对其微粉化处理过程予以监控。

2. 微粉化　粉雾剂中药物需要进行微粉化处理，常用微粉化工艺包括研磨法（球磨机、气流粉碎）、喷雾干燥法以及重结晶法。微粉化处理后的药物，其粉体学参数一般包括：① 粉体的粒径分布和形态分析；② 粉体流动性；③ 粉体荷电性的测定；④ 临界相对湿度的测定；⑤ 粉体的比表面积；⑥ 粉体的密度和孔隙率测定。

（二）辅料

1. 载体　乳糖为粉雾剂常用载体，也是 FDA 唯一批准用于粉雾剂的载体。研究结果显示，表面光滑的乳糖可能在气道中较易与药物分离；不同形态的乳糖和无定形态的乳糖，对微粉的吸附力可能不同，有可能导致粉雾剂在质量和疗效上的差异。卵磷脂或磷脂酰胆碱也是粉雾剂常用的载体，因卵磷脂的成分较复杂且不稳定，在用作粉雾剂的载体时，需要严格控制各组分含量。在选择粉雾剂载体时应明确其是否可用于吸入给药，是否对呼吸道上皮细胞以及肺功能具有潜在的危害。

2. 载体和辅料的比例、混合与粉碎　改善粉末流动性最常用的方法就是加入一些粒径较大的

笔记栏

颗粒作为载体或辅料。通常可将 1～5 μm 的药物粒子与 50～100 μm 的载体颗粒混合，使药物吸附于载体颗粒的表面。载体颗粒的加入能提高粉雾剂的流动性，增加排空率，对小剂量的药物又能同时起到稀释剂的作用。对于在处方中加入载体的粉雾剂，需要在处方筛选中考察不同比例的药物与载体对有效部位沉积量的影响；不同的混合方式对粉雾剂有效部位沉积率也有影响。

水分对粉雾剂的质量具有较大的影响，处方中的水分含量较高致使粉雾剂粒度增大、流动性降低，影响产品的质量。在处方筛选过程中，应保证原料药的水分保持一定并对微粉化的药物及辅料的水分进行检查；在混合和灌装过程中，应控制生产环境的相对湿度，使环境湿度低于药物和辅料的临界相对湿度。对于易吸湿的成分，应采用一定的措施保持其干燥。

四、粉雾剂的质量评价与检查

按照《中国药典》规定，吸入粉雾剂中原料药物粒度大小通常应控制在 10 μm 以下，其中大多数应在 5 μm 以下。胶囊型、泡囊型吸入粉雾剂说明书应标明：① 每粒胶囊或泡囊中药物含量；② 胶囊应置于吸入装置中吸入，而非吞服；③ 有效期；④ 贮藏条件。除另有规定，吸入粉雾剂应进行以下检查。

（一）递送剂量均一性

吸入粉雾剂照下述方法测定，应符合规定。胶囊或泡囊型粉雾剂测定 10 个剂量。贮库型粉雾剂分别测定标示揿次前、中、后，共 10 个递送剂量。对于含多个活性成分的吸入剂，各活性成分均应进行递送剂量均一性检测。

（二）微细粒子剂量

按照《中国药典》现行版四部通则吸入制剂微细粒子空气动力学特性测定法检查。除另有规定外，微细药物粒子百分比应不少于每吸主药量标示量的 10%。

（三）多剂量吸入粉雾剂总吸次

在设定的气流下，将吸入剂揿空，记录揿次，不得低于标示的总揿次（该检查可与递送剂量均一性测定结合）。

（四）微生物限度

除另有规定外，按照《中国药典》现行版四部非无菌产品微生物限度检查法检查，应符合规定。

五、举例

例 15－4　色甘酸钠粉雾剂

【处方】色甘酸钠 20 g，乳糖 20 g，制成 1 000 粒。

【制法】色甘酸钠粉碎成极细粉，与乳糖混合均匀，封装与空心胶囊中，每粒胶囊含色甘酸钠 20 mg，即得。

【注释】本品为胶囊型粉雾剂。供患者吸入使用。用于预防各类哮喘的发作。

第五节　供雾化使用的液体制剂

笔记栏

供雾化用的液体制剂系指通过连续或定量雾化产生供吸入用气溶胶的溶液、混悬液和乳液。

连续型和定量雾化均是一类通过高压气体、超声震动或其他方法将液体转化为气溶胶的装置。前者为吸入液体制剂，可使被吸入的剂量以一定速率和合适的粒径大小沉积在肺部；后者即为定量吸入喷雾剂，可使一定量的雾化液体以气溶胶形式在一次呼吸状态下被吸入。如图 15－5，使用压缩空气或氧气、超声波以及电震荡来提供能量形成和释放气溶胶，可喷雾多种药物，剂量可调，还可根据临床需要配伍给药。雾化吸入时，不需特殊吸入技巧或吸气配合，用药者可自然呼吸，患者顺应性好。不足之处在于雾化吸入治疗时间较长，雾化器易污染可能导致交叉感染。随着雾化器的小型化、家用化，雾化治疗近年来发展迅速。

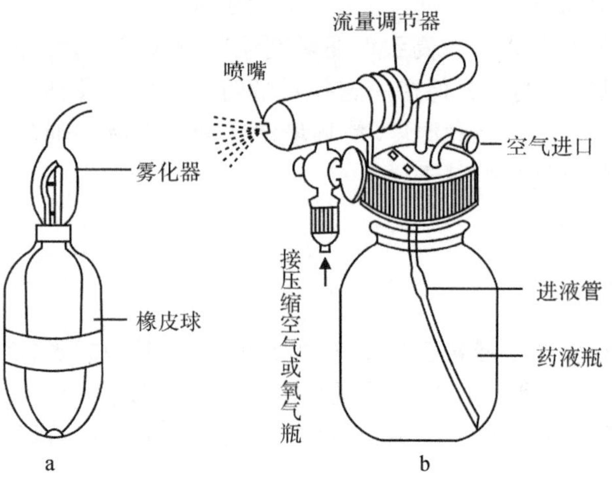

图 15－5 雾化吸入器结构示意图

a：手压式喷雾吸入器；b：医用雾化器

已上市的雾化液大多采用喷射雾化器，一般需要药液的体积大于 2 mL，药液残留量较大，即使药液全部雾化也会有部分液体与容器内壁黏附。超声雾化过程不受患者呼吸行为的影响，还可根据患者的病情调整雾化速率和雾滴大小，近年新发展的声表面波(SAW)技术使用的超声波振幅处于纳米级，雾化性能明显改善；但是超声波产生的气溶胶密度大，吸入后呼吸道内氧分压相对偏低，缺氧或低氧血症的患者不宜使用；同时，超声雾化可能会破坏蛋白质等生物大分子以及热敏性药物的结构，不良反应发生率较高。振动筛雾化器残留量低，能雾化极小体积的剂量(低至 0.5 mL)，更适于雾化生物大分子等稳定性差的药物。氧驱动雾化器是近年来临床应用较多的一类雾化器，雾滴分子小，易于黏膜吸收，排痰效果好，总有效率高；并可在雾化的同时吸氧，维持患者正常的血氧饱和度。

用于连续型雾化器的浓缩液使用前采用规定溶液稀释至处方量体积。雾化液体也可由粉末制得。用于连续型雾化器的吸入液体，使用前其 pH 应在 3～8.5 范围内；混悬液和乳液振摇后应具备良好的分散性，可保证递送剂量的准确性；除非制剂本身具有足够的抗菌活性，多剂量水性雾化溶液中可加入合适浓度的抑菌剂。

除另有规定外，供雾化用的液体制剂应进行以下检查：递送速率和递送总量、微细粒子剂量、无菌检查。

（鲁　莹）

笔记栏

第十六章 其他剂型

本章要点

胶剂、膜剂的特点、辅料、制备方法与质量评价。

丹药、海绵剂的特点与制备方法。

锭剂等传统剂型的特点。

第一节 胶 剂

一、胶剂的含义与特点

(一) 含义

胶剂(glues)系指将动物皮、骨、甲或角用水煎取胶质,浓缩成稠胶状,经干燥后制备的固体块状内服制剂。胶剂一般呈长方块或小方块,其主要成分为动物胶原蛋白及其水解产物,含多种微量元素。依据所用原料的不同可分为皮胶、骨胶、甲胶、其他胶类等。

胶剂主要具有补血、止血、祛风及妇科调经等功效,可用以治疗虚劳、羸瘦、吐血、衄血、崩漏、腰腿酸软等症。

知识链接

胶剂的历史沿革

胶剂为中药特有剂型,临床应用历史悠久。早在《五十二病方》中就有以葵种汁煮胶治疗疾病之记载。汉代《神农本草经》中有“白胶”(即鹿角胶)和“阿胶”(即傅致胶)的应用。李时珍《本草纲目》中称之为“圣药”。

胶剂常见的有阿胶、黄明胶、鹿角胶、鳖甲胶、霞天胶等。以阿胶应用最多。

有关阿胶的记载最早见于《神农本草经》,距今约有二千年,曰:阿胶“生东平郡,煮牛皮作之,出东阿”,可见阿胶最初是用牛皮熬制的。至唐代,人们发现用驴皮熬的阿胶,药用功效更好,便将牛皮改为驴皮,并沿用至今。

陶弘景曰:“出东阿,故名阿胶。”李时珍曰:“阿井,在今山东兖州府阳谷县东北六十里,即古之东阿县也,有官舍禁之。”郦道元《水经注》云:“东阿有井大如轮,深六七丈,岁常煮胶以贡天府者,即此也。其井乃济水所注,取井水煮胶,用搅浊水则清。故人服之,下膈疏痰止吐。盖济水清而重,其性趋下,故治淤浊及逆上之痰也。”

(二) 特点

笔记栏

胶剂是中药传统剂型,制备工艺简单,质量稳定性好,产品易于贮藏和运输,但有些制备工艺环节难以实现自动化。胶剂服用前需烊化，现在也有能直接服用的胶剂口服液或泡腾颗粒。

二、胶剂的原辅料选择

（一）原料的选择

原料的质量是决定胶剂品质的关键，需严格挑选。各种原料均应取自健康强壮的动物。

1. 皮类　剥去皮张的季节不同影响原料的质量。“冬板”，质量最好；“春秋板”，质量次之；“伏板”，质量最差。阿胶所用驴皮以张大毛色灰黑、质地肥厚、伤少无病者为佳，黄明胶所用的黄牛皮以毛色黄、张大质厚、无病的北方黄牛为佳。新阿胶则以张大质厚无病的猪皮为优。

2. 角类　有“砍角”“脱角”之分。“砍角”质重，质地坚硬有光泽，角中含有血质，角尖对光照视呈粉红色，质佳；养殖自然脱落的“脱角”，质轻，表面无光泽，质次；野外自然脱落之角经受风霜侵蚀，质白有裂纹者称“霜脱角”，质最差。

3. 龟甲与鳖甲　以个大、质厚、未经水煮者为佳。龟甲为乌龟的背甲及腹甲，其腹甲习称“龟板”，板大质厚，颜色鲜明者称“血板”，其质佳，而以产于洞庭湖一带者最为著名，俗称“汉板”，对光照之微呈透明，色粉红，又称“血片”。鳖甲为鳖科动物鳖的背甲，活杀勿煮，所取甲优。做食材煮过的鳖甲不能使用。

4. 豹骨与狗骨　以骨骼粗大、质地坚实之新品为佳。

（二）辅料的选择

胶剂所用辅料有糖、油、酒、明矾等。辅料的质量也直接影响胶剂的成型和质量。

1. 冰糖　以色白洁净无杂质者为佳。加冰糖可提高胶剂的透明度和硬度，并矫味。如无冰糖，也可用白糖替代。

2. 油类　以新鲜纯净的植物油为佳，如花生油、豆油、麻油等，酸败者禁用。加植物油可降低胶的黏度，便于切胶，在浓缩收胶时，锅内气泡也容易逸散。

3. 酒类　首选黄酒，白酒次之。加酒的目的是矫味、矫臭；出胶前加入黄酒也有利于气泡逸散。

4. 明矾　以色白洁净者为佳。加明矾可沉淀胶液中的泥砂杂质，提高成品胶的洁净度和透明度。

5. 阿胶　有些胶剂制备在浓缩收胶时，常加入少量阿胶，目的是增加黏度，易于凝固成型，在药效方面也可发挥协同作用。

三、胶剂的制备

一般胶剂的制备工艺流程图 16 - 1。

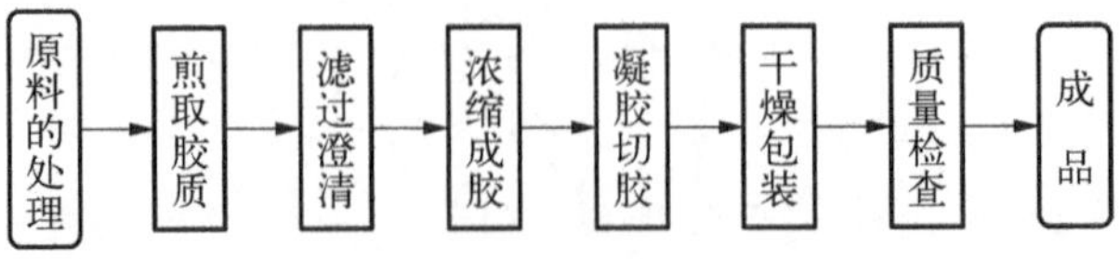

图 16 - 1　胶剂制备工艺流程

（一）原料的处理

笔记栏

原料上附着的毛、脂肪、筋、膜、血等杂质者必须处理去除，才能用于煎胶。原料种类不同，处理方法也有差异。

1. 皮类

(1) 浸泡：为了便于保存，一般将采收的皮类干燥。使用前需浸泡数日（夏季 3 日，冬季 6 日，春秋季 4～5 日)，每日须换水一次，以防止浸泡的皮类发酵变臭，挥发性碱性物质的含量增加，也影响胶剂的质量。

(2) 刮削：待皮质柔软后，用刀刮去腐肉、脂肪、筋膜及毛。大量生产时可用蛋白分解酶除毛。

(3) 洗皮：将刮好的皮切成 20 cm×20 cm 左右的小方块，置滚筒式洗皮机中，加水旋转洗涤适当时间，用清水冲洗去泥沙，再置蒸球中，加投皮量三倍左右 2% 的碳酸钠或 2% 的皂角水，加热至皮皱缩卷起，再用水洗至中性，以除去脂肪及可能存在的驴皮腐败产物，如三甲胺、尸胺、酪胺、色胺、甲基吲哚、吲哚等小分子含氮物质，同时可降低挥发性盐基氮的含量，消除腥臭气味。

2. *骨角类*　使用前可用水浸洗，除去腐肉筋膜(夏季 20 日，冬季 45 日，春秋季 30 日)，每日换水一次，取出后亦可用皂角水或碱水洗除油脂，再以水反复冲洗至净。

(二) 煎取胶汁

1. *直火煎煮法*　加水没过原料，煎胶火力不宜太大，一般以保持锅内煎液微沸即可。须及时补充挥发的水分，以免水分减少而影响胶质的煎出。直火加热生产工具简单，但劳动强度大，卫生条件差，且生产周期长。

2. *蒸球加压煎煮法*　加压煎煮可提高工效，降低能耗，提高出胶率。其操作关键是控制适宜的压力、时间和加水量。

若压力过大，温度过高，氨基酸可部分发生分解反应，挥发性盐基氮(又称挥发性碱性总氮)的含量增高，使臭味增加。若温度过高，水解时间短，胶原蛋白水解程度受到影响，平均分子量偏高，胶液黏度大，凝胶切胶时易发生黏刀现象；同时，由于胶液中混有较多的大质点颗粒，使胶的网状结构失去平衡，干燥后易碎裂成不规则的小胶块。

煎提时间：8～48 h，反复 3～7 次，至煎出液中胶质甚少为止，最后一次可将原料残渣进行压榨，收集全部煎液。

加水量：一般加水应浸没原料。加水量过多会增加能耗，且胶液中金属离子含量增加。

在加压煎煮过程中，还应定时减压排气，以减少挥发性盐基氮的含量。

(三) 滤过澄清

煎出的胶液，应趁热过六号筛滤过后进一步作沉淀处理。由于胶汁黏度较大，杂质不易沉降，一般加入 0.05%～0.1%的明矾(先用水将其溶解后加入)，搅拌，静置数小时，待杂质沉降后，取上层澄清胶汁，用板框压滤机滤过。

(四) 浓缩收胶

取所得澄清胶汁，用薄膜蒸发除去大部分水分，再移至蒸气夹层锅中，继续浓缩，不断搅拌并除去表面浮沫。随着胶液浓度增大，应防止焦糊。至胶液不透纸(将胶液滴于桑皮纸上，四周无水迹)，含水量约 26%～30%，相对密度为 1.25 左右时，加入豆油，搅匀，再加入糖粉，搅拌使全部溶解，至胶液“挂旗”时，在强力搅拌下加入黄酒，此时锅底产生大量气泡，俗称“发锅”，直至胶液无水蒸气逸出时出锅。浓缩时应注意以下问题。

(1) 不断搅拌，防止胶液黏锅，并随时除去上层浮沫。

(2) 胶液浓缩不够，含水分过多，成品胶块在干燥后常出现四周高、中间低的“塌顶”现象。

(3) 各种胶剂的浓缩程度不同，如鹿角胶应防止“过老”，否则成品色泽不够光亮，且易碎裂；龟甲胶浓缩稠度应大于驴皮胶、鹿角胶等，否则不宜凝成胶块。

(4) 浓缩是使胶原蛋白进一步水解及除去杂质和水分的过程。随着胶原蛋白水解，颗粒质点变小，分子量变小，疏水性成分与亲水性成分也逐步分离，混悬于胶液中。由于水分不断减少，胶液中

笔记栏

金属离子浓度增大，离子的电性可中和混悬粒子的微量电荷，使其聚结成疏松的粒子团，相对密度较小而上浮。浓缩过程中不断除沫，可去除此类水不溶性杂质。

（五）凝胶与切胶

浓缩到适宜浓度的胶液，趁热倾入已均匀涂布少量麻油的凝胶盘内，在8～12℃环境下，经12～24 h，即凝成胶块，此过程称为胶凝，得到的固体胶状物称凝胶，俗称胶坨。

将凝胶切成一定规格小片的过程俗称“开片”。要求刀口平，不得留有刀口的痕迹。

（六）干燥与包装

将胶片摊放在晾胶床或竹帘上，置于有空调防尘设备的晾胶室内，在微风阴凉的条件下干燥。一般每隔2～5日将胶片翻动1次，使两面水分均匀散发，以免胶片发生弯曲现象。数日后，胶片干燥至一定程度时装入木箱，密闭，使内部水分向胶片表面扩散，此操作称为“闷胶”，亦称“伏胶”。约2～3日后，再将胶片取出摊晾。数日后，又将胶片置木箱中闷胶2～3日，如此反复2～3次，达到所需干燥程度即可。

晾胶车间采用空调制冷技术，解决了传统方法高温季节不能生产的问题，而且使胶片的干燥时间缩短至原来的一半左右，胶剂的外形改善，洁净度也有很大提高。

胶片充分干燥后，在有紫外线灭菌装置的车间包装。包装前，用酒精或新沸过60℃左右水微湿的布擦拭胶片表面，使之光洁，再晾至表面干燥，经紫外线灭菌后，用朱砂或金箔印上品名，装盒。

胶剂应贮藏于密闭容器内，置阴凉干燥处，防止受潮、受热、发霉变质等；但也不可过分干燥，以免胶片碎裂。

四、胶剂的质量评价与检查

胶剂的质量主要以外观、性状评价为主，同时作水分、总灰分、重金属、砷盐等检查，应符合《中国药典》现行版四部胶剂项下的规定。

1. 性状　应为色泽均匀、无异常臭味的半透明固体。
2. 溶化性　能溶于热水，水溶液近澄清，无不溶物，不应有明显浑浊现象。
3. 水分　依照《中国药典》现行版四部水分测定法（第二法）测定，不得超过15.0%。
4. 总灰分　依照《中国药典》现行版四部灰分检查法检查，应符合各胶剂项下规定。
5. 重金属　应符合各胶剂项下的规定。
6. 砷盐　应符合各胶剂项下的规定。
7. 微生物限度　依照《中国药典》现行版四部非无菌产品微生物限度检查法检查，应符合规定。

五、举例

例16-1　阿胶（驴皮胶）

【处方】驴皮100 kg，冰糖6.6 kg，豆油3.4 kg，黄酒2 kg。

【制法】将驴皮浸泡去毛，切块洗净，分次水煎，滤过，合并滤液，浓缩（可分别加入适量的黄酒、冰糖及豆油）至稠膏状，冷凝，切块，晾干，即得。

笔记栏

【性状】本品呈长方形、方形块或丁状。棕色至黑褐色，有光泽。质硬而脆，断面光亮，碎片对光照视呈棕色半透明状。气微，味微甘。

【功能主治】补血滋阴，润燥，止血。用于血虚萎黄，眩晕心悸，肌痿无力，心烦不眠，虚风内动，肺燥咳嗽，劳嗽咯血，吐血尿血，便血崩漏，妊娠胎漏。

【用法与用量】3～9 g。烊化兑服。

【贮藏】密闭。

【注解】

(1) 本品若受潮变软，不可加热干燥，放入干燥器中吸湿干燥较好。

(2) 阿胶以东阿(古东阿、老东阿和今东阿三个地方)产的阿胶最“道地”，而“九天贡胶”则是东阿道地阿胶的极品。

第二节 膜 剂

一、膜剂的含义与特点

(一) 含义

膜剂(films)是指药物与适宜的成膜材料经加工制成的膜状制剂。

膜剂可用于口服、口腔及腔道黏膜及皮肤给药，可用于黏膜创伤、烧伤及炎症部位的覆盖和局部治疗，也可透过皮肤和黏膜吸收、发挥全身治疗作用。

(二) 特点

膜剂制备工艺简单。制备中成膜材料用量少，生产过程无粉尘，利于劳动保护。药物含量准确，质量稳定，使用方便，能满足多种给药途径，根据成膜材料的性质和制备工艺，可以制备不同释药速度的膜剂及多层膜剂。膜剂质量轻，体积小，便于包装、携带、贮藏、运输。但膜剂载药量小，仅适用于剂量小的药物。

二、成膜材料与附加剂

(一) 成膜材料

理想的成膜材料应具备：① 性质稳定、无毒无刺激；② 对机体生理功能无影响；③ 不影响药效；④ 成膜、脱膜性能好；⑤ 来源广泛，价格低廉。

常用的成膜材料有天然高分子材料和合成高分子材料。天然高分子材料如淀粉、糊精、纤维素、明胶、胶原、虫胶、琼脂、海藻酸、玉米朊、白及胶等。合成的高分子材料如纤维素衍生物(羧甲基纤维素、乙基纤维素、甲基纤维素等)、聚乙烯胺类、乙烯-醋酸乙烯共聚物、PVP、PEG 等，其中聚乙烯醇的成膜性能及膜的抗拉强度、柔韧性、吸湿性、水溶性最为理想。

1. 白及胶(bletillahyacinthine gum)　白及胶是中药白及中提取的黏液质，具有消炎、止血、收敛的作用，用于口腔、鼻腔等溃疡创面较为理想，遇水能迅速膨胀，在患处形成一层保护层。白及与水 1∶8 比例制得的浆液黏度大，制成的膜剂具有较好的柔韧性和抗拉力。

2. 聚乙烯醇(PVA)　本品为白色片状、絮状或粉末状固体，无臭无味。PVA 是由醋酸乙烯酯聚合后经 KOH 醇溶液降解(降解的程度称为醇解度)而得，降解的实质为聚醋酸乙烯酯的水解，水解百分率按取代基的个数计醇解度，一般认为醇解度 88%最好。

PVA 的物理性质受化学结构、醇解度、聚合度的影响。一般聚合度增大，水溶液黏度增大，成膜后的强度和耐溶剂性提高，但水中溶解性、成膜后伸长率下降。制备膜剂常用 PVA05－88 和 PVA17－88 两种规格，分别代表聚合度 500～600、醇解度 88%和聚合度 1 700～1 800、醇解度 88%的 PVA。PVA 的毒性、刺激性很小，消化道吸收很少，仅作为药物载体、释放药物后，80%PVA 可在 48 h 内由肠道排出。

笔记栏

3. 乙烯-醋酸乙烯共聚物(EVA) 为白色或淡黄色粉状或粒状物,具有良好的柔软性和弹性,在-50℃仍具有较好的可绕性、透明性和表面光泽,化学稳定性良好,抗老化和耐臭氧强度好,无毒性。是一种性能优良的水不溶性成膜材料。

(二) 附加剂

1. 增塑剂 增塑剂可增加膜剂的柔韧性,增加膜的抗拉强度。常用的增塑剂有甘油、乙二醇、山梨醇、三醋酸甘油酯等。其质量应符合《中国药典》的要求。

2. 其他附加剂 可根据需要,在膜剂制备时添加着色剂、遮光剂、矫味剂、填充剂、润湿剂等。着色剂如食用色素;遮光剂如二氧化钛;矫味剂如蔗糖、甜叶菊糖等;填充剂如淀粉、碳酸钙、二氧化硅等;润湿剂如聚山梨酯 80、十二烷基硫酸钠、豆磷脂等。质量均应符合《中国药典》的要求。

三、膜剂的制备

药物原料质量规格应符合《中国药典》的规定,药物应能溶解或混悬在成膜体系中。量少的贵重药应粉碎成极细粉,一般中药材应经过提取纯化浓缩成稠膏备用。

膜剂制备时根据给药途径的不同,对环境及设备器具进行适当的洁净和灭菌。多采用涂膜法制备。

涂膜法制备膜剂工艺流程见图 16-2。

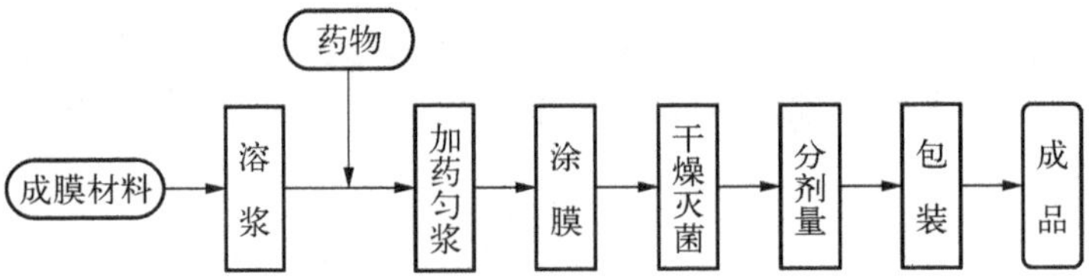

图 16-2 涂膜法制备膜剂工艺流程图

1. 溶浆 取成膜材料用水或适宜的溶剂浸泡溶胀或溶解,必要时加热,溶解后滤过。

2. 加药匀浆 可溶性药物及附加剂可直接加入到浆液中,搅拌溶解;非溶解性药物需制成极细粉或微晶,再与甘油或聚山梨酯研匀,与浆液混合均匀,静置去除气泡。

3. 涂膜 将去除气泡的含药浆液均匀摊涂在载体上,使成一定厚度和宽度的涂层。可手工摊涂,适用于少量制备;大生产用涂膜机。

4. 干燥灭菌 涂层经热风(80～100℃)干燥成膜并灭菌。

5. 分剂量 干燥后的药膜经含量测定,根据临床需要剂量计算药膜面积,按单剂量进行切割或分格,包装即得。

6. 包装 膜剂用包装材料应无毒性、能够防止污染、方便使用,并不能与药物或成膜材料发生理化作用。

四、膜剂的质量评价与检查

1. 性状 膜剂外观应完整光洁、厚度一致、色泽均匀、无明显气泡。多剂量膜剂分格压痕应均匀清晰,并能按压痕撕开。

2. 重量差异 依照《中国药典》现行版四部膜剂项下方法检查,应符合规定。

3. 定性检查 应符合具体品种项下相关规定。

4. 含量测定 按照具体品种项下方法进行测定,应符合规定。

笔记栏

5. 含量均匀度 按照具体品种项下检查方法进行检查，应符合规定。凡进行含量均匀度检查的膜剂，一般不再进行重量差异检查。

6. 微生物限度 按照《中国药典》现行版四部非无菌产品微生物限度检查：微生物计数法和控制菌检查及非无菌药品微生物限度标准检查，应符合规定。

五、举例

例 16-2 养阴生肌膜

【处方】养阴生肌散 40 g，聚乙烯醇（PVA 17-88）200 g，甘油 20 mL，吐温 80 100 滴，蒸馏水 1 000 mL。

【制法】称取 PVA 置于容器中，加蒸馏水 1 000 mL，水浴上加热，使 PVA 熔化成胶液备用。称取养阴生肌散研细，加入甘油、吐温研匀，逐渐加入 PVA 胶液研匀。取玻璃板（5 cm×20 cm）5 块，洗净干燥，用 75%乙醇消毒，并以液状石蜡涂擦。将上述胶液倒于玻璃板上（15 mL/块）摊匀，水平晾至半干，置于烘箱中 60℃干燥后，小心将药膜揭下，封装于塑料袋中即可。

【性状】本品呈薄膜状。表面完整光洁、厚度一致、色泽均匀、无明显气泡。

【功能主治】清热解毒，用于湿热性口腔溃疡、复发性口腔溃疡及疱疹性口腔炎。

【用法与用量】贴敷。

【贮藏】密闭。

【注解】

(1) 养阴生肌散由雄黄 20 g，青黛 20 g，甘草 20 g，冰片 2 g，牛黄 10 g，黄柏 10 g，龙胆草 10 g，粉碎，过七号筛，混匀而成。

(2) 为了便于脱模，一般需在玻璃板或其他支撑体表面均匀涂抹润滑剂，润滑剂应与制膜浆液极性相反，用量不可过多。

第三节 海 绵 剂

一、海绵剂的含义与特点

（一）含义

海绵剂（sponges）系用亲水性胶体溶液经发泡、固化、冷冻及干燥制成的一种海绵状固体灭菌制剂，一般为块状，也有粉状、纸状或颗粒状等。

（二）特点

海绵剂具有很强的吸水性，吸水后膨胀，在创面对血流起到堵塞作用，可用于创面或外壳手术的辅助止血。有的海绵剂还可以携带药物，辅助消炎、止血、伤口愈合等。

常用的海绵剂分为两类：一类是以蛋白质为原料，如明胶海绵等，另一类是以碳水化合物为原料，如淀粉海绵等。明胶海绵质地柔软，止血效果好；淀粉海绵质地松脆易碎。

二、海绵剂的制备

笔记栏

海绵剂制备的过程一般包括：发泡、固化和冷冻、干燥、灭菌、包装等。由于所用的高分子材料不同，工艺过程略有差异。

三、举例

例 16－3　明胶海绵

【处方】明胶 60 g，37％甲醛 6 mL，蒸馏水 550 mL。

【制法】

(1) 配料：称取明胶 60 g，加水 500 mL，浸泡溶胀软化后，水浴 50℃以下加热并搅拌溶解，趁热滤过，将胶液温度保持 35℃左右备用。另取甲醛 6 mL 加入 50 mL 蒸馏水稀释，备用。

(2) 发泡固化：在上述胶液中，加入与甲醛稀释液，用高速搅拌机搅拌 10～15 min，使发泡充分，泡沫均匀细腻，迅速分装于带有麻布衬垫的长方形金属盘中。

(3) 冷冻：将上述金属盘放于－10℃以下冰冻 24～48 h，使完全冰冻。

(4) 干燥：取出冻透的胶液，室温下自然解冻，轻轻挤压除去水分，移至烘箱中 35℃左右干燥 3～4 天。再于石灰干燥箱中干燥，备用。

(5) 灭菌：将干燥的明胶海绵，切去表面边缘较坚实及有气泡的部分，分割成适当大小的小块，或制成粉末或颗粒，装于纸袋中，于 120℃干热灭菌 2 h，再以无菌操作法封装于塑料袋中。

【作用与用途】局部止血。

【用法用量】外用。

【注解】

(1) 本品为白色或淡黄色海绵体，质软多孔，吸水性强，能吸收自身重量近 50 倍的水。

(2) 胶液的浓度一般 10％左右，可根据明胶黏度和环境温度调整，浓度过低不易成型。

(3) 发泡效果影响产品质量。一般体积增大到原来的 8～10 倍。体积过大，成品粉末过轻，影响止血效果。

(4) 明胶的溶解温度一般 40～50℃为宜。温度过高导致胶液黏度降低而使成品松软，温度过低则易导致凝结而不发泡，灭菌温度控制在 140℃以下，以防止明胶蛋白变性。

(5) 甲醛作为明胶交联固化剂，用量应适宜，与胶液混合后必须搅拌迅速。用量过多则固化过度导致产品消化时间过长，脆性增强，易碎裂；用量过少则泡沫不能完全固化，不能形成海绵体。

(6) 固化后冷冻要彻底，使明胶的网状结构固定，如需用烘箱干燥，温度应逐渐上升，且最高不可超过 36℃，否则导致产品外部坚硬，内部松软。

(7) 如制备含药海绵，药物或中药提取物的加入会影响明胶的起泡性与成型性，需对处方进行优化。

第四节　丹　　药

一、丹药的含义与特点

(一) 含义

丹药(pills or powders made of melted or sublimated minerals)系用汞及某些矿物类药物，在高温条件下经烧炼制成的不同结晶形状的无机汞化合物。

“丹”这一含义，古代较为混乱，往往其他多种剂型以“丹”相称，以显该药剂的疗效显著。如“大活络丹”“小活络丹”“九一丹”“紫雪丹”“玉枢丹”“辟瘟丹”“化癖丹”“红灵丹”等沿用至今。本章所涉及丹药专指含汞的无机化合物。

笔记栏

丹药按照制备方法可分为红升丹(HgO)和白降丹($HgCl_2$)；按其色泽可分为红丹(HgO)、黄升丹(HgO)、白丹($HgCl_2$)。

(二)特点

丹药药效剧烈、用量少,但毒性强,且炼制过程产生大量有毒或刺激性气体,导致环境污染,丹药多作外用,一般不可以内服。使用时注意剂量和使用部位,避免引发重金属中毒。

知识链接

丹药的历史沿革

丹药在我国已有2 000多年的应用历史,据考大约于公元前三世纪就已经开始了。古代把炼丹的方法称为炼丹术。《周礼·天官》篇中记载:"疡医疗疡,以五毒攻之",郑玄注曰:"今医方有五毒之药,合黄堥(瓦器)置石胆(胆矾)、丹砂、雄黄、磁石、矾石(白矾)其中,烧三日三夜,其烟上著,以鸡羽扫取之以治疮"说明当时炼丹术已被掌握,并且用于治疗疮疡等病症。

东汉魏伯阳于公元142年著成的第一部炼丹专著《周易参同契》对炼丹术进行了理论上的总结,该著作经历了长期的实践检验,魏伯阳也因此而享有"万古丹王"的称号。

晋代著名道家葛洪著《抱朴子》记录了许多炼丹的经验,有三十余种丹法,并最早发现汞有还原性"丹砂烧成水银、积变又还成丹砂"。对后期的冶金及后代化学贡献巨大。

二、丹药的制备

丹药的制备方法主要有升法和降法等。

升法系指药料经高温反应后,生成物凝附在上覆盖物内侧面而得到结晶状化合物的炼制方法;降法系指药料经高温反应后,生成物降至下方接受容器中,冷却析出结晶状化合物的炼制方法。

三、举例

例16-4　红升丹

【处方】水银333.3 g,火硝333.3 g,明矾333.3 g。

【制法】炭火烧炼升华法制备。装置如图16-3。

1. 配料　按照处方比例准确称取原料,除水银外,均分别粉碎成粗粉。

2. 坐胎　分冷胎法和热胎法,可任选其一。

(1) 冷胎法:将火硝、明矾粗粉置于研钵中,加入水银共研至不见水银珠为度,将混合物铺于锅底,用瓷碗(或硬质烧杯)覆盖,碗口要与锅严密吻合。或将火硝、明矾粗粉混匀,放锅中央摊平,再将水银均匀散布在药面上,覆盖瓷碗。

(2) 热胎法:将火硝、明矾置研钵中研细,移于锅中央摊平,微火加热至有水溢出,待其表面呈蜂窝状时,将锅取下,放冷,再将水银均匀撒布于表面(或用竹签穿若干个孔,将水银注入其中),覆碗。

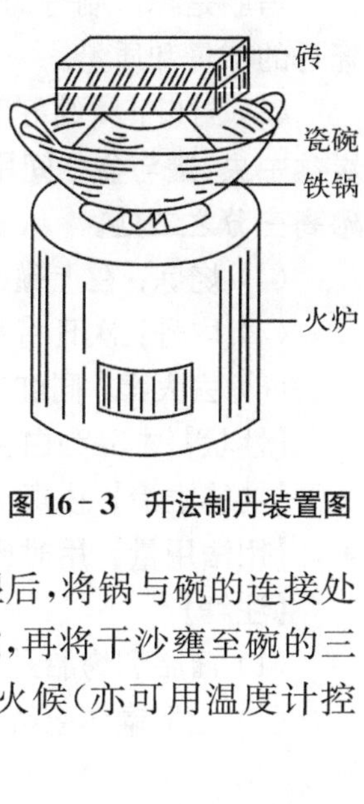

图16-3　升法制丹装置图

3. 封口　覆碗后要及时封口。取约4 cm左右宽的牛皮纸条用盐水浸湿后,将锅与碗的连接处封2～3层,以严密为准。再将盐泥封于纸上,厚约6 cm,按平压紧至无缝隙,再将干沙壅至碗的三分之二部位,使与碗口齐平,或以湿赤石脂封口。碗底放数粒大米,以观察火候(亦可用温度计控

笔记栏

制)，碗底压以重物，以免烧炼时气体膨胀浮动。

4. 烧炼　先用文火(细软无焰火)烧炼约 1 h，至碗底大米呈微黄后逐渐加大火力，武火烧炼至米老黄色，然后再用文火烧大约 2～3 h，至大米呈黑色，停火放冷。

5. 收丹　自然冷却后，轻轻取出泥沙等封口物，小心取下覆碗，刮下碗内红色升华附着物，即为红升丹(HgO)。

6. 去火毒　密闭条件下长时间高温烧炼直接应用对皮肤有刺激性，致皮肤发红发泡，甚至引起溃烂，古人认为是火毒。可采用水煮、水蒸或露置的方法处理。方法：将丹药用细布包裹投入沸水中煮沸 4 h，取出沥干水分，低温干燥，研细；或将丹药用油布或细布包裹，露置潮湿的地面上 3 昼夜，再低温干燥，研细即得。

【性状】本品为橙红色片状或粉末状结晶，片状的一面光滑有光泽，另一面粗糙；粉末状呈橙色，质硬，性脆，无臭，遇光颜色逐渐加深。

【功能主治】拔毒，除脓，去腐，生肌。用于痈疽疔疮，梅毒下疳，一切恶疮，肉暗紫黑，腐肉不去，窦道瘘管，脓水淋漓，久不收口。

【用法用量】外用，适量。单用或与其他药物制成制剂使用，或遵医嘱应用。

【注解】红升丹在炼制过程中发生复杂的氧化还原反应，生成物复杂，其中氧化汞具有升华性，在上罐底部形成结晶；残存的非升华部分残渣称为升底，其主要成分为硫酸铝、硫酸钾等；火毒用现代科学分析应是炼制过程中产生的水溶性小分子杂质和副产物；红升丹还可用电炉加热烧炼升华制备，或用化学合成法制备。

图 16－4　降法制丹装置图

例 16－5　白降丹

【处方】水银 30 g，火硝 45 g，皂矾 45 g，硼砂 15 g，食盐 45 g，雄黄 6 g，朱砂 6 g。

【制法】白降丹($HgCl_2$)采用降法制备。装置如图 16－4。

(1) 配料：火硝、皂矾、食盐研碎，与水银共研，朱砂，雄黄，硼砂按打底套色法混匀再与上述药物混匀。

(2) 结胎：将药物装入阳城罐类似的小罐内，将罐置于炉上，口朝上，文火加热，使罐内药物熔化，至药液成稠糊状时，将罐子作 30°倾斜，并不停转动，使熔浆沿罐内壁均匀贴附，此称溜胎，注意底部不能太厚。继续文火缓缓加热干燥，至胎子里外均坚硬且颜色由黄绿色完全变至红黄色，称为烤胎。

烤胎是降法制丹的关键，切忌火过旺，以罐底朝上不掉落为度。胎老则落，胎嫩则流，都会影响降丹的产量和质量。

(3) 封口：将结好胎的罐子倒扣在另一罐口，罐口结合处用盐水浸的桑皮纸封固，卡在带孔的炭盆中央，罐与盆之间用盐泥固定连接，然后壅砂至上罐口上 4 cm 处，将下罐浸入冷水中，水淹至下罐高三分之二处。

(4) 烧炼：在上罐四周加炭火烧炼，逐渐加炭至与上罐底平，加热 3～5 h(罐底应烧红)，停火。

(5) 取丹：次日将装置卸下，刮取下罐体中的附着物。

(6) 去火毒：同红升丹。

【性状】本品为白色针状结晶，有光泽。

【功能主治】拔毒消肿，用于痈疽发背及疔毒等症。

【用法用量】用时研细，外用，一次 0.09～0.15 g，单用或制成其他制剂使用。

笔记栏

【注解】

(1) 溜胎和烤胎是白降丹制备的关键，胎体应厚薄均匀且牢固的黏附在罐体内壁。

(2) 上下罐体应密封严密，防止气体泄漏。

第五节　其他传统剂型

一、锭剂

（一）概述

锭剂（Lozenges）系药物和细粉用适宜的黏合剂制成不同形状的固体制剂。锭剂的形状有长方形、纺锤形、圆柱形、圆锥形等。应用时以液体研磨或粉碎后与液体混匀供外用或内服，也有整粒吞服者。

锭剂最早在晋代葛洪《肘后备急方》中有用青木香、白芷作“梃”的记载。唐代《备急千金要方》七窍病下有用鹰屎白、白芷等五十味药，末之和以鸡子白，作梃阴干。宋代《太平惠民和剂局方》有紫金锭如圣饼，明代王肯堂《证治准绳》有万应锭等多种锭剂的记载。

（二）举例

例 16－6　万应锭

【处方】胡黄连 100 g，黄连 100 g，儿茶 100 g，冰片 6 g，香墨 200 g，熊胆粉 20 g，人工麝香 5 g，牛黄 5 g，牛胆汁 160 g。

【制法】以上九味，胡黄连、黄连、儿茶、香墨粉碎成细粉，将牛黄、冰片、人工麝香研细，与上述细粉配研，过筛，混匀，取熊胆粉加温水适量溶化，牛胆汁浓缩至适量，滤过，与熊胆液混合，泛制成锭，低温干燥，即得。

【功能与主治】清热，解毒，镇惊。用于邪毒内蕴所致的口舌生疮，牙龈咽喉肿痛、小儿高热、烦躁易惊。

【用法用量】口服，一次 2～4 锭，一日 2 次，三岁以内小儿酌减。

二、灸剂

（一）概述

灸剂（moxibustion formula）系将艾叶捣、碾成绒状，或另加其他药料捻制成卷烟状或其他形状，供熏灼穴位或其他患部的外用药剂。

灸治是中医发明利用“温热刺激”的一种物理疗法，在《内经》已记载，《灵枢・寿夭刚柔》篇有“生桑炭灸巾以熨寒邪所刺之处”，清代《医宗金鉴》有神灯照法。灸制按形状可分为：艾头、艾炷、艾条三种，均以艾绒为原料制得。尚有桑枝灸、烟草灸、油捻灸、硫黄灸和火筷灸等。通过熏烤的热和能量的输入，熏灼经络，引起人体“应激反应”，从而进行肌体自我调节，能安神助眠，祛风散寒、扶正祛邪、温经通络，保养脾胃，预防感冒，增强免疫力，达到防治疾病的目的。艾灸方法简单，易于操作，适合患者自行使用，可配合医师治疗，以巩固疗效，也适合百姓居家保健。

应用时将艾条点燃悬灸于治疗部位，或搭配温灸盒使用，一般每次艾灸时间约 30 分钟，可依身体感觉调整使用时间。

（二）举例

例 16－7　药艾条

【处方】艾叶 20 000 g，桂枝 1 250 g，高良姜 1 250 g，广藿香 500 g，降香 1 750 g，香附 500 g，白芷 1 000 g，陈皮 500 g，丹参 500 g，生川乌 750 g。

【制法】以上十味，艾叶碾成艾绒；其余桂枝等九味粉碎成细粉，过筛，混匀。取艾绒 20 g，均匀

笔记栏

平铺在一张长 28 cm、宽 15 cm 的白棉纸上，再均匀散布上述粉末 8 g，将棉纸两端折叠约 6 cm，卷紧成条，粘合封闭，低温干燥，制成 1 000 支，即得。

【功能主治】行气血，逐寒湿。用于风寒湿痹，肌肉酸麻，关节四肢疼痛，脘腹冷痛。

【用法用量】直射灸法。一次适量，红晕为度，一日 1～2 次。或遵医嘱。

三、香囊

(一) 概述

香囊(袋)剂(aromatic bag formula)系指将含有挥发性成分的药物，装入布囊(袋)中，敷于患处或接触机体的剂型。香囊(袋)中药物的挥发性成分散发，被机体吸入或渗入皮肤、黏膜或刺激穴位，能起到调节气机、疏通经络、安神醒脑、协调脏腑功能、提高机体免疫力等外用内治作用。香囊(袋)形式较多，如药枕、护背、护腰、保健床褥等。应用时将香囊(袋)敷于特定部位，也可挂于室内或随身携带(香袋)。

(二) 举例

例 16－8 良佩桂冰香袋

【处方】良姜 15 g，佩兰 5 g，桂枝 5 g，冰片 2 g。

【制备】以上四味，除冰片外，良姜等三味共研细末备用。冰片单独粉碎后与上述药粉采用配研法混匀，装入布袋，即得。

【功能主治】辟秽，用于预防感冒。

四、熨剂

(一) 概述

熨剂(compression formula)是指铁砂加药材或吸附药材的提取物及辅料制成，乘热贴熨患处的外用剂型。熨剂亦为我国民间习用的一种物理疗法的外用药剂。其作用类似灸剂，但所用药物与方法略异，熨剂主要用铁砂，并配合一些治风寒湿痹的药物，敷患处，可祛风散寒，活血止痛。熨剂制法简便，价廉，易于保存，无其他不良反应。

《黄帝内经》记载："刺布衣者以火碎之，刺大人者以药熨之"。此即用灸用熨有身体强弱之别，其共同点是使热气入内，宣通经络，驱散邪气。

(二) 举例

例 16－9 坎离砂

【处方】当归 3.75 g，川芎 5 g，防风 5 g，透骨草 5 g，铁屑适量。

【制法】以上四味，粉碎成粗粉，加入适量的铁粉、木粉、活性炭和氯化钠，混匀，制成 1 000 g 即得。

【功能与主治】祛风散寒，活血止痛。用于风寒湿痹，四肢麻木，关节疼痛，脘腹冷痛。

【用法与用量】外用。拆开密封袋后，将坎离砂药贴轻轻抖动，然后贴于患处，即可自行发热。一次一袋。

笔记栏

五、沐浴剂

(一) 概述

沐浴剂(bath formula)是药物或药材提取物以表面活性剂和调理剂调制而成，用于洗涤清洁人体皮肤的个人护理用品，使用时浸入到沐浴用的热水或涂抹到身体表面，既可以保健治病，又可以清洁皮肤。此类产品的外观可以是液体、膏体或固体(但不包括香皂类产品)。如黄芩浴剂、小儿肤康浴剂等。

沐浴剂借水的温热以及药物自身的功能，使周身毛孔通达，腠理疏通，起到温经散寒、疏通经络、调和气血、消肿止痛、祛瘀生新等作用。

(二) 举例

例 16-10 浴体天麻散

【处方】天麻末 7 g，全蝎(去毒，为末)17.5 g，朱砂 17.5 g，乌蛇肉(酒浸，焙干)7 g，白矾 7 g，麝香 3.5 g。

【制法】上为细末。

【功能主治】治疗胎肥、胎热、胎怯。小儿 100 日内发搐。

【用法用量】每用 10.5 g，与适量桃枝和叶共煎汁，温热洗浴。勿浴背。

六、线剂

(一) 概述

线剂(thread formula)是将丝线或棉线，置药液中先浸后煮，经干燥制成的一种外用制剂。

线剂在我国外科医疗上应用较早，清代《医宗金鉴》中有“顶大蒂小，用药线勒于痔根，每日紧线，其痔枯落”的记载。近年来，有以线剂结扎治疗法为主，适当辅以药膏来治疗毛细血管瘤。线剂的制备较为简单，又可免除手术的痛苦，故在中西医结合治疗中亦常采用。

(二) 举例

例 16-11 芫花线剂

【处方】芫花、皂矾、地胡椒。

【制法】将丝线与上述药材一起入锅同煎，水尽时取出丝线，阴干即得。

【功能主治】痔漏瘤核。

【用法用量】外用。用线 1 根，双扣系于患处，当微痛，候痔干落。

七、棒剂

(一) 概述

棒剂(club formula)是将药物制成小的棒状直接施用于皮肤或黏膜上的外用固体制剂，以起腐蚀、收敛等作用的外用制剂。以适当的材料制备，可起到缓释作用。棒剂通常用于眼科、牙科等疾病的治疗。

(二) 举例

例 16-12 海螵蛸棒

【处方】海螵蛸适量，黄连适量。

【制法】取海螵蛸，水浸漂 3～4 日，每天换水漂除咸味，取出，刮去表面角质层，置露天日晒夜露 3～5 日，去腥臭气，切成适宜长度，削成略扁的圆锥体，洗去附着物，略干燥，放入 10%黄连水中煎煮 30 min，取出，干燥，即得。

【功能与主治】有抗菌收敛的作用，用于治疗沙眼。

【用法用量】外用，用以磨除沙眼滤泡，配合其他药物使用。本品表面粗糙，能机械的破除沙眼滤泡，使药物渗入滤泡中加速伤口愈合。一般 2～3 日擦一次，待刺激消失再进行第二次擦除。

笔记栏

八、钉剂

（一）概述

钉剂(nail formula)系将药物细粉加糯米粉混匀后加水蒸制成软材，分剂量后搓成纺锤形的外用固体制剂。其长度 2.5 cm，重量 0.06 g。宋代魏岘《魏氏家藏方》有所记载。

钉剂一般供外用插入。钉剂的制法类似糊丸，用法类似栓剂。中医用于治疗瘘管及溃疡性疮疡，如对痔疮、颈淋巴结核、骨髓炎及疮疡等，也有用于治疗早期宫颈癌的报道。

（二）举例

例 16－13　二黄枯痔钉

【处方】黄柏 30 g，大黄 30 g，白及 9 g。

【制法】上述三味药，磨成极细粉末，加入适量开水搅匀，在玻璃板上，用手工搓成头尖底大钉状药条，长约 3～4 cm，底面直径 1～2 mm。阴干装瓶密封，高压消毒。

【功能主治】清热解毒，脱落痔核。主各期内痔及混合痔的内痔。

【用法用量】每痔每次用 4～6 根，插入痔核内。

九、条剂

（一）概述

条剂(stripe formula)，又称药捻，系用桑皮纸或棉纸、拷贝纸等搓捻成细条；或用植物纤维、棉线或丝线合股搓捻成细绳状条；或用纱布条，于表面黏附或内裹药物制成，为中医外科常用制剂。应用时插入疮口或瘘管内，以引流脓液，拔毒去腐，生肌敛口。

条剂的制备较为简单，使用方便，清代《医宗金鉴》中就有用红升丹和白降丹制成捻条，治疗痈疽和青蛇毒等的记载。条剂一般由外科医生自制，未见大量生产，故操作方法尚难统一。近年来，有用羧甲基纤维素钠、聚乙烯、海藻酸钠等可溶性多聚物为基质制备条剂，具有可溶性和适宜的韧性，并能克服纸捻异物残留的缺点。

（二）举例

例 16－14　化管药条

【处方】红升丹 62.5 g。

【制法】冷水浸 1 夜，去水阴干，研成细末，涂于经消毒而粘有米糊的纱纸条上，阴干即成。

【功能主治】拔毒生肌。主痈疽及瘰疬溃后，或肛瘘等。

【用法用量】用时将药条沿瘘管插入深处，每 2～3 天换药 1 次。

十、糕剂

（一）概述

糕剂(cake formula)是指将药物细粉与米粉、蔗糖压制而成的块状固体剂型。糕剂多用于小儿慢性消化不良疾病，如脾胃虚弱、面黄肌瘦等。常见有神曲糕、八珍糕等。糕剂含糖，味甜可口，小儿乐于服用。

笔记栏

（二）举例

例 16－15　八珍糕

【处方】党参 60 g，茯苓 60 g，白术 60 g，白扁豆 60 g，莲子肉 60 g，薏米 60 g，山药 60 g，芡实

60 g，粳米面 3.0 kg，白糖 2.4 kg，糯米面 3.0 kg。

【制法】以上十一味，粳米面、糯米面、白糖预先准备好料，其余八味共同粉碎为细粉，过 100 目筛，与上辅料混匀，加入适量冷开水，揉合制成松散颗粒，放入模具中制成糕剂，蒸熟，晾干、包装，即得。

【功能主治】养胃健脾，益气和中。用于脾胃虚弱，食少腹胀，面黄肌瘦，便溏泄泻。

十一、烟剂

（一）概述

烟剂(smoke formula)也称药烟，系指将中药原料制成烟丝后卷成烟卷状，供患者口吸或鼻吸的制剂。儿童不能吸入者，可由医生吸烟喷入患者口鼻，如破伤风烟等。烟剂燃烧挥发升华成分释放后，被患者吸入呼吸道，可起到较好的治疗作用。

烟剂在我国使用历史悠久，《五十二病方》中载有止哮喘烟。

（二）举例

例 16－16　华山参药烟

【处方】华山参提取物 150 mg，甜料适量，烟丝适量，共制成 1 000 支。

【制法】将华山参提取物、甜料等乙醇溶剂，均匀喷洒到烟丝中，导入卷烟机，以标准卷烟纸制成药烟。

【功能主治】定喘。用于喘息性气管炎。

【用法用量】哮喘发作时，燃吸一支，每日吸量不可超过 10 支。

十二、烟熏剂

（一）概述

烟熏剂(smoke fumigant)是指借助于某些易燃物质，经燃烧产生烟雾达到杀虫、驱虫、灭菌、预防治疗疾病的目的。药物有效成分经引燃加热后，能挥发或升华的，并能弥漫于空气中。烟剂引燃加热后，有效成分若以固体微粒(0.5～5 μm)分散悬浮于空气中的称为烟，以液体微粒(1～50 μm)分散悬浮于空气中的称为雾。若固体原药溶于有机溶剂中，则同时形成烟和雾。

烟熏剂配方基本组成包括药物、燃料、助燃剂、发烟剂、导燃剂、降温剂、阻燃剂、稳定剂、防潮剂、中和剂、黏合剂等。

（二）举例

例 16－17　消毒燃香

【处方】香薷 50 g，木粉 50 g，甲基纤维素适量，助燃剂适量，色素适量。

【制法】上述香薷、木粉，混合均匀，加入甲基纤维素、助燃剂和色素，充分混匀，压制成盘卷状，每盘 20～25 g。

【功能主治】空气消毒，预防感冒等。

【用法用量】每 15 m^3 空间点燃一盘，隔日一次。

（张　华）

笔记栏

第十七章 药物制剂新技术与新剂型

本章要点

环糊精包合技术、固体分散技术、微囊与微球的制备技术、脂质体的制备技术、乳化与微乳化技术和纳米制药技术等的含义、特点、制备方法与质量评价。

缓释制剂、控释制剂和迟释制剂的特点、类型、释药原理与评价。

靶向制剂的特点、类型与评价。

药物新剂型的常用辅料。

第一节 概 述

由于某些药物成分存在水难溶性、稳定性差、治疗窗窄等问题，尤其越来越多的生物大分子与基因药物出现，常规制剂技术已难以满足药物制剂的需求。随着各种新辅料、新设备和新工艺的开发与应用，药物新剂型与新技术得到了快速发展，可望在提高药物疗效、降低毒副反应和减少药源性疾病中发挥愈来愈大的作用。

在制剂技术方面，包合技术、固体分散技术、新型乳化技术、纳米技术以及 3D 打印等各种新技术不断出现并应用于药物制剂领域；在药物新剂型及新型给药系统方面，缓控释给药、靶向给药、脉冲给药、智能给药系统等的研究日益深入，这些都为高端制剂的开发及产业化奠定了基础。

第二节 环糊精包合技术

一、含义与特点

环糊精包合技术系指采用适宜的方法，将某些小分子物质（客分子），包合于环糊精分子（主分子）的空穴结构内，形成环糊精包合物（cyclodextrin inclusion compound）的技术。该技术通常以β-环糊精（β-CD）作为主分子包合挥发性、难溶性或油类小分子成分。

环糊精包合物有如下特点。

1. 增加药物稳定性　通过环糊精包合，可降低某些成分氧化、水解或挥发的速度和程度。其主要机制在于药物分子（或其不稳定结构部位）被包合在环糊精空穴内，切断了其与周围环境的接触，使药物分子得到保护。

2. 增加药物的溶解度　药物经环糊精包合后，其溶解度主要取决于主分子的溶解度。将难溶性药物以可溶性环糊精包合，可制得水溶性载药包合物。

3. 液体药物固体化　液体药物通过包合，可以获得固体粉末形态原料。相比于液体形态，固体原料的稳定性更好，便于加工制成颗粒剂、片剂和胶囊剂等固体剂型。

笔记栏

4. 掩盖不良气味，减少刺激性　对于气味较大，具有一定的黏膜刺激性的药物，如大蒜油，将其制备成β-CD包合物后，可提高患者的顺应性。

5. 提高药物的生物利用度　药物经包合后，由于其溶解度和膜亲和性的改善，生物利用度也可相应提高。

二、环糊精

(一) 环糊精的结构和理化性质

1. 环糊精(cyclodextrin, CD)　系淀粉经嗜碱性芽孢杆菌产生的环糊精葡萄糖转位酶作用后形成，由6～12个D-葡萄糖分子以1,4-糖苷键连接而成的环状低聚糖化合物，为具有一定水溶性的非还原性白色结晶状粉末。其微观三维结构为上宽下窄中空圆筒状结构，筒腔直径为0.6～1 nm，其俯视图见图17-1。常用的环糊精有α、β、γ三种，分别由6、7、8个葡萄糖分子环聚而成，其中又以7个葡萄糖分子环聚的β-CD最为常见。由于葡萄糖的羟基分布在筒的两端并在外部，糖苷键中氧原子位于筒的中部并在筒内，环糊精的两端和外部表现为较强的亲水性，而筒腔内部疏水性较强。因此，大小、形状和极性适宜的药物分子可包合于筒腔中形成超分子化合物。

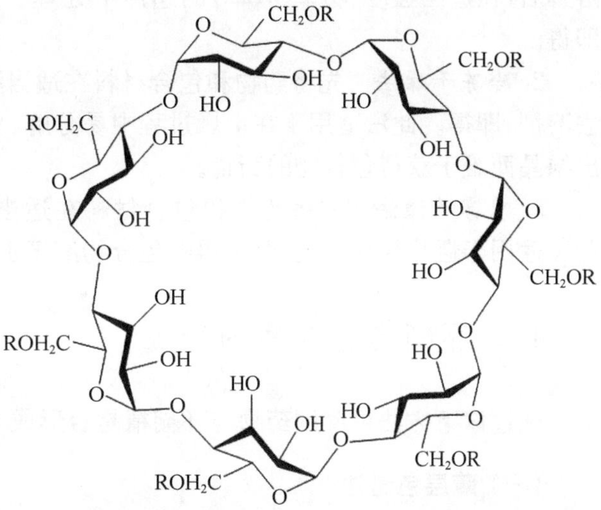

β-环糊精　　R=H

羟丙基-β-环糊精　　R=$CH_2-CHOH-CH_3$

图17-1　环糊精结构图

环糊精对碱、热和机械作用都非常稳定，在酸性环境下可发生水解反应生成线性低聚糖，其开环速率随分子空腔尺寸增大而提高，即γ-CD>β-CD>α-CD。在溶解性方面，β-CD在水中溶解度最小，较易从水中析出结晶，其溶解性随水温的升高而增大，因此可通过饱和水溶液法进行药物包合。

2. 环糊精衍生物　β-CD虽然具有合适的空腔大小，但其水溶性较低，一定程度上限制了其临床应用。β-CD在圆筒两端有7个伯羟基与14个仲羟基，由于分子间或分子内的氢键会阻止其与水分子的水化，使其水溶性较低。基于此，可将甲基、乙基、羟丙基、羟乙基等基团通过烷基化反应引入到β-CD分子中，形成衍生物，影响β-CD分子内的氢键形成，使其理化性质、特别是水溶性显著提高，包合后可使药物溶解度增加。

(二) 环糊精的安全性

环糊精分子可被α-淀粉酶降解形成直链低聚糖，如人唾液淀粉酶和胰淀粉酶。环糊精分子也可被大多数结肠细菌生物降解。

环糊精毒性很低，可作为碳水化合物被人体吸收，无蓄积作用。

三、环糊精包合物的制备

包合物的制备常采用饱和水溶液法和研磨法。

笔记栏

(一) 饱和水溶液法

本法又称重结晶法或共沉淀法。制法如下：先配制环糊精饱和溶液，在搅拌下加入一定比例的药物，使药物迅速均匀分散到水中与环糊精分子接触，搅拌混匀一定时间，使包合物形成，静置、冷藏、滤过得到析出的包合物，用适当溶剂洗去表面的游离药物，干燥，即得环糊精包合物。

（二）研磨法

首先根据药物与环糊精的配比，取环糊精适量，加入 2～5 倍量的水研磨均匀，再如同饱和水溶液法加入药物，继续研磨以包合药物，滤过、洗涤、干燥，即得环糊精包合物。

（三）其他方法

1. *超声波法* 此法是利用超声波来促进药物的包合。将环糊精配制成饱和水溶液，加入药物溶解后，在适当强度（功率、频率）的超声下处理一定时间，使药物被环糊精包合，滤过，洗涤，干燥，即得。

2. *冷冻干燥法* 先将药物和包合材料在适当溶剂中混合，使药物包合后，再采用冷冻干燥法除去溶剂，即得。此法适用于在干燥过程中易分解、易变质，且所制得的包合物溶于水，在水中不易析出结晶而难于获得包合物的药物。

3. *喷雾干燥法* 先将药物和包合材料在适当溶剂中包合，再采用喷雾干燥法除去溶剂即得。此法适用于遇热性质稳定、所制得的包合物溶于水的药物的包合。

四、环糊精包合物的表征

通过以下方法可鉴别药物与环糊精是否形成了包合物。

（一）薄层色谱法

是最简便、常用的验证方法。将药物及其包合物分别用同种溶剂溶解，制成供试液，通过选择适当的溶剂系统，进行薄层色谱展开后，根据药物对应的斑点及其位置（Rf 值）来判断是否形成 β-CD 包合物。

（二）热分析法

包括差示热分析法（differential thermal analysis，DTA）和差示扫描量热法（differential scanning calorimetry，DSC）。通过比较包合材料、药物、包合物及物理（机械）混合物的 DTA 图或 DSC 图的差异，分析比较其吸收峰和温度等的变化，判断包合是否成功。

（三）X 射线衍射法

结晶性药物的 X 射线衍射特性可随药物的晶型改变而变化。可利用此特点鉴别包合物。通过比较包合前后包合物与机械混合物的 X 射线衍射图谱，结合药物及环糊精的衍射图谱，分析相关峰值是否存在消失、减弱或位移情况，分析晶格变化，从而判断包合是否成功。

（四）显微镜和电镜扫描法

由于包合过程中晶体发生变化，在显微镜或扫描电镜下，药物和环糊精的物理混合物及包合物的形状不同，故可通过分析物质形态差异来判断包合是否成功。

（五）红外光谱法

笔记栏

主要用于含羰基结构的药物的包合物检测。通过比较包合前后药物在红外区吸收的特征，即伸缩振动峰是否存在、位移或强度等变化，判断药物是否被包合，并可推测包合物的结构。

另外，还可以用紫外分光光度法、核磁共振法、圆二色谱法等判断是否形成包合物。

五、举例

例 17-1　冰片-β-环糊精包合物

【处方】环糊精 8 g，冰片 1 g。

【制法】称取环糊精 8 g，置于球磨罐中，加入 20 mL 蒸馏水；称取冰片 1 g（过 80 目筛），加 2 mL 无水乙醇溶解后加入球磨罐中，调整转速约 300 r/min，研磨 30 min，取出，于 4℃冰箱中放置过夜，滤过，用 5 mL 无水乙醇洗涤滤饼上未包合的冰片，将洗涤后的滤饼于 50℃真空干燥 6 h，研细，过 80 目筛，即得。

【注解】冰片具有挥发性，制备其环糊精包合物可以防止其挥发散失。本实验采用研磨法制备包合物。冰片为水难溶性物质，因此，先以少量无水乙醇将其溶解，再与环糊精混合。

第三节　固体分散技术

一、含义与特点

固体分散体（solid dispersion）是药物以分子态、胶态、微晶态或无定形态分散于另一种固体材料中形成的分散体系。将药物制成固体分散体所采用的技术称为固体分散技术（solid dispersion technology）。

Sekiguchi 和 Obi 最早提出固体分散物概念，他们以尿素为载体，用熔融法制备了磺胺噻唑固体分散体，口服后药物的吸收与排泄均显著增加。用水溶性、脂溶性、肠溶性材料或联合材料为载体，可制成速释、控释、缓释、肠溶等不同剂型的固体分散体，还可以进一步制成胶囊剂、片剂、滴丸剂、软膏剂、栓剂以及注射剂等。已有灰黄霉素 PEG6 000 固体分散体制剂产品上市。

固体分散体可利用药物在载体材料中的高度分散，可达到速释、缓释、控释等不同的用药目的；使用水溶性载体，可改变药物的溶解度和溶出速率；使用难溶性载体，能延缓或控制药物释放；使用肠溶性载体，可控制药物小肠释放。还可使液体药物固体化，延缓药物的水解和氧化，以及掩盖药物不良气味和刺激性。

固体分散体制备时载体用量往往很大，导致载药量小，对大剂量的药物难以制成易于吞咽的片剂和胶囊；物理稳定性差，长期存放容易产生硬度变大、析出结晶或药物溶出度和生物利用度降低等老化现象；另外，工业化生产困难，往往在高温或大量使用有机溶剂的情况下生产，操作过程复杂，影响质量的关键环节比较多。

二、固体分散体的分类

按照载体材料的性质，可分为速溶、缓释和肠溶型固体分散体。

按固体分散体的制备原理，可分为低共熔物、固体溶液、共沉淀物和玻璃态溶液。

三、固体分散体的载体

固体分散体提高药物溶出速率主要依赖于载体材料的性质。载体材料应符合以下要求：① 无毒、无致癌性；② 不与药物发生反应，不影响主药的化学稳定性、药效与含量测定；③ 能最佳地分散药物或得到缓释效果；④ 具有适宜的理化性质，易于制备固体分散体；⑤ 价廉易得。

常用的载体材料分为水溶性、难溶性和肠溶性材料三大类，此外还有联合载体材料。

笔记栏

（一）水溶性载体材料

1. 聚乙二醇(polyethylene glycol，PEG)类　是常用的水溶性载体材料，一般选用相对分子质量在 1 000～20 000 的 PEG 作为固体分散体载体，其中最常用的是 PEG4 000、PEG6 000 和 PEG20 000，它们的毒性小、熔点低(55～63℃)，适宜用于熔融法制备。

2. 聚维酮(povidone，PVP)类　对热稳定性好，易溶于水和多种有机溶剂，是无定型高分子聚合物，对有些药物有较强的抑晶作用，一般用于溶剂法制备。其成品对湿的稳定性差，易吸湿而析出药物结晶。常用规格有 PVP K15、PVP K30、PVP K90 等。

3. 表面活性剂(surfactant)类　作为载体的表面活性剂大多含有聚氧乙烯基，其特点是溶于水或有机溶剂，载药量大，在蒸发过程中可阻滞药物产生结晶，是较理想的速释载体材料。常用的有泊洛沙姆-188(Poloxamer-188，商品名 Pluronic F68)等。

4. 糖类(saccharides)与醇类(alcohols)　糖类作为载体，常用的有：壳聚糖、果糖、右旋糖酐、半乳糖和蔗糖等；醇类有甘露醇、山梨醇、木糖醇等。这些材料的特点是水溶性强，毒性小，分子中的多个羟基可与药物以氢键结合而成固体分散体。可与 PEG 类高分子聚合物作为联合载体，克服 PEG 溶解时形成富含药物的表面层，妨碍基质进一步溶蚀的缺点。

5. 有机酸(organic acids)类　可作为载体的有枸橼酸、富马酸、酒石酸、琥珀酸、胆酸及去氧胆酸等，分子量较小，均易溶于水而不溶于有机溶剂，多形成低共熔混合物。

6. 尿素(urea)　可溶解于多种有机溶剂，但在去除溶剂时不能阻止药物结晶，所以一般不适用于以溶剂法制备固体分散体。采用熔融法，在与阿司匹林、水杨酸和保泰松等药物混熔时，有氨气逸出并形成缩脲。

除上述载体外，水溶性聚合物聚乙烯醇(PVA)、聚维酮-聚乙烯醇共聚物(PVP-PVA)、纤维素类，如羟丙基纤维素(HPC)、羟丙甲纤维素(HPMC)等，也可作为固体分散体的载体材料。

（二）难溶性载体材料

1. 纤维素类　常用的为乙基纤维素(ethylcellulose，EC)，无毒，能溶于乙醇、丙酮、乙酸乙酯、三氯甲烷等多种有机溶剂，其所含的羟基可与药物形成氢键，有较大黏性，稳定好，不易老化。在 EC 为载体的固体分散体中，常加入 PEG、PVP 等水溶性物质作为致孔剂，调节释药速率。

2. 聚丙烯酸树脂类　聚丙烯酸树脂类(商品名为 Eudragit，如 Eudragit RL 和 RS)在胃液中可溶胀，在肠液中不溶，可用作缓释固体分散体的载体。常用的有 Eudragit E、Eudragit RL、Eudragit RS 等。

3. 脂质类　常用的有胆固醇、β-谷甾醇、棕榈酸甘油酯、胆固醇硬脂酸酯、巴西棕榈蜡及蓖麻油蜡等，均可作为缓释固体分散体的载体材料。因熔点较低，常用熔融法制备。脂质类载体可降低药物溶出速率，延缓药物释放，药物溶出速率随脂质含量增加而降低。通常加入去氧胆酸钠、单硬脂酸甘油酯等表面活性剂，及乳糖、PVP 等水溶性物质改善载体润湿性，增加载体中药物释放孔道，提高药物释放速率。

（三）肠溶性载体材料

1. 纤维素类　常用的有醋酸纤维素酞酸酯(CAP)、羟丙甲纤维素酞酸酯(hydroxypropyl methyl cellulose phthalate，HPMCP，其有两种商品规格：HP-50、HP-55)、羧甲乙纤维素(carboxymethylethyl cellulose，CMEC)等，常采用溶剂法制备。在胃中不稳定的药物，可用此类基质制备，在肠道释放和吸收，提高药物生物利用度。

笔记栏

2. 聚丙烯酸树脂类　常用 Eudragit L100 或 Eudragit S100，分别相当于国产Ⅱ号及Ⅲ号聚丙烯酸树脂，前者在 pH 6 以上的介质中溶解，后者在 pH 7 以上的介质中溶解。将二者联合使用，可制得较理想的缓释或肠溶固体分散体。多采用乙醇为溶剂，以溶剂法进行制备。

（四）联合载体

采用联合载体可优化载体系统的物理化学性质，提高制剂稳定性，调整药物释放速率。如采用 HPMC 与 PVP K30 作联合载体，制备尼莫地平的固体分散体；采用 HPMC 及其酞酸酯（HPMCP）作联合载体，制备驱虫药丙硫咪嗪的固体分散体。

四、固体分散体的增溶速释机制

（一）增加药物分散度

药物在固体分散体中以超细微粒，甚至以分子状态存在，分散度高，可增加难溶性药物的溶出速率。

（二）药物形成高能状态

共沉淀物中的药物一般为无定型的高能状态。在溶出过程中，随着分散物溶出的增加，药物在溶液中形成过饱和溶液。过饱和状态的延续，可析出具有高溶解度的亚稳态多晶型物，有助于提高药物溶出速率。

五、固体分散体的制备

固体分散体的制备过程可分为两个阶段，即药物的分散和固化过程。制备固体分散体的基本方法有熔融法（fusion method）、溶剂法（solvent method）、机械分散法（mechanical dispersion）。

（一）熔融法

将药物与载体材料混匀，加热至熔融，在剧烈搅拌下迅速冷却成固体，或将熔融物倾倒在不锈钢板上，使形成薄层，用冷空气或冰水使其骤冷成固体。再将此固体在一定温度下放置变脆成易碎物。为缩短药物的加热时间，也可将载体材料先加热熔融后，再加入已粉碎的药物。该方法的关键是需要由高温迅速冷却，使药物高度分散于冷却后的固体分散体中。本法简便、经济，适用于对热稳定的药物，多用熔点低、不溶于有机溶剂的载体材料，如 PEG 类、枸橼酸、糖类等。采用熔融法制备固体分散体可直接制成滴丸，即将熔融物滴入冷凝液中使之迅速收缩，凝固成丸。

（二）溶剂法

也称共沉淀法（co-precipitation method）或共蒸发法（co-evaporation method）。该法是将药物与载体材料共同溶解于有机溶剂中，蒸去有机溶剂后，将药物与载体材料同时析出，干燥后可得到药物与载体材料混合而成的共沉淀物。常用的有机溶剂有氯仿、乙醇、丙酮等。该方法适用于对热不稳定或挥发性的药物。可选用能溶于水或熔点高、对热不稳定的载体材料，如 PVP 类、半乳糖、甘露糖、胆酸类等。本法的缺点是使用有机溶剂的量较大，成本高，且有机溶剂难以完全除尽。

（三）溶剂-熔融法

将药物先溶于少量溶剂中，然后将溶液直接加入已熔融的载体材料中均匀混合，再按熔融法冷却处理。该方法适用于液态药物和热稳定性差的药物。凡适用于熔融法的载体材料均可采用。制备过程中，一般不除去溶剂。该方法受热时间短，产品稳定，质量好，但应注意选用毒性小，易与载体材料混合的溶剂。将药物溶液与熔融载体材料混合时，必须搅拌均匀，以防止固相析出。

笔记栏

（四）机械分散法

主要为研磨法（trituration），是将药物与较大比例的载体材料混合后，强力而持久地研磨一段时间，不需加溶剂而借助机械力降低药物的粒度，使药物与载体材料以氢键相结合，形成固体分散体。研磨时间的长短因药物而异。由于需要用较大比例的载体材料，其适用于对热不稳定或挥发性药物。常用的载体材料有微晶纤维素、乳糖、PVP 类、PEG 类等。大规模的工业生产可用双螺旋挤压法。

（五）喷雾或冷冻干燥法（spray drying or freeze drying）

是将药物与载体共溶于溶剂中，以喷雾干燥或冷冻干燥而制成固体分散体的方法。常用的溶剂有 $C_1 \sim C_4$ 的低级醇及其混合物。喷雾干燥法干燥时间短，适用于对热敏感的药物。冷冻干燥法适用于易分解或氧化或对热敏感的药物。该法污染少，产品含水低，制备的固体分散体稳定性好。喷雾干燥和冷冻干燥可以联合使用，即喷雾冷冻干燥法，可制备出更稳定的固体分散体。

除以上制备方法外，还有超临界抗溶解法，双螺旋挤压法，静电旋压法等用于制备固体分散体。

六、质量评价

（一）固体分散体的表征

药物在固体分散体中的分子态、微晶态或无定形态，以及药物与载体的相互作用，决定了药物的溶出释放行为，同时也影响了药物在固体分散体中的稳定性。常用于固体分散体物相鉴别的方法有热分析法、X 射线衍射法、红外光谱法，以及拉曼光谱法（Raman spectroscopy）、核磁共振（^1H-NMR）波谱法和扫描电镜法等。

1. 热分析法　主要测试是否有药物晶体的吸热峰，或测量其吸热峰面积的大小，并与物理混合物比较，可考察药物在载体中的分散状态和分散程度。

2. 粉末 X-射线衍射法　物质晶体经 X-射线衍射可在衍射图上呈现该受试晶体的特征性指纹区，故而可以将药物晶体从载体中分辨出来。

3. 红外光谱法　在药物与高分子载体之间发生某种反应时，即产生红外伸缩振动峰位移或峰强度的改变，从而鉴别固体分散体的形成与否。

（二）溶解度及溶出速度

难溶性药物形成固体分散体后，溶出速率改变，因此可通过溶出实验判定固体分散体的形成。对于以改善药物溶出为目的制备的固体分散体，溶出速率是非常重要的评价指标。

（三）稳定性

药物以无定型、部分无定型或过饱和固态溶液等形式存在于固体分散体中，属于热力学上的不稳定状态，有转化为稳定的药物结晶的趋势。药剂学上将固体分散体长时间贮存后，出现的硬度变大、析出结晶或结晶粗化、药物溶出速率降低的现象称为“老化”。“老化”现象与贮存期内载体的性质变化、载体中药物的含量有关。环境与体系中的水分也可能影响制剂稳定性，制备好的固体分散体最好保持干燥状态，在干燥环境中贮存。

七、举例

例 17-2　姜黄素-PEG6 000 固体分散体

【处方】姜黄素 0.2 g，PEG6 000 2.0 g。

【制法】将药物与辅料置于蒸发皿中，混匀，置 65℃水浴上加热熔融，搅拌均匀；将熔融液迅速倾倒于预冷的培养皿中，涂成薄层；将培养皿置冰箱中冷却一段时间，取出置干燥器中干燥，然后取出，刮下固体物，研磨粉碎，过 80 目筛，即得。

【注解】姜黄素热稳定性较好，因此可采用加热熔融法制备固体分散体，其关键是熔融物骤冷成固体。

第四节　微囊与微球制备技术

一、含义与特点

微囊(microcapsule)系指固态或液态药物被高分子材料包裹，形成的微小囊状粒子。微球(microspheres)指药物溶解或分散在高分子材料中，形成的骨架型微小球状或者类球状实体粒子。制备微囊或微球的技术称为微型包裹技术(microencapsulation)，即微囊化，即利用高分子材料作为载体，制备粒径在 1～250 μm 的微米级载药粒子。

知识链接

微囊技术的历史沿革

早在 20 世纪 30 年代，国外就已经将微囊化技术应用于鱼肝油-明胶微囊的制备。我国中药微囊化制剂的研究从 20 世纪 70 年代开始，经过数十年的发展，已经具有较好的应用基础。微囊化技术在药剂学上的发展可分为 3 个阶段：20 世纪 80 年代以前为第一代，主要研制粒径为 5 μm～2 mm 的微囊(球)；20 世纪 80 年代发展了粒径为 0.01～10 μm 的第二代制剂，此类产品可通过非胃肠道途径给药，延长药物作用时间，降低毒性，提高活性和生物利用度；第三代产品主要是纳米级(如纳米球、纳米囊)靶向制剂，常具有更好的靶向性和体内特性。

微囊和微球具有以下特点：药物制备成微囊或微球后，可以掩盖药物的不良气味和口感；减轻药物的刺激性；减少复方的配伍反应；避免药物与空气直接接触，增强药物的稳定性。也可以改善某些药物的物理性质，如可压性、流动性等；使液态药物固态化，便于保存及应用。此外，将生物活性物质微囊化，使其在体内发挥生物活性作用，具有良好的生物相容性。

二、微囊和微球的载体材料

用于微囊与微球的辅料应具有性质稳定，有适宜的释药速率或靶向性能，无毒、无刺激性，能与药物配伍，不影响药物的药效发挥和含量测定，具有一定的强度和可塑性，能完全包裹药物，具有符合要求的黏度、亲水性、溶解性、生物相容性和降解性等性能。

(一) 天然高分子材料

此类材料因无毒、稳定、成膜性或成球性好，是最常用的载体材料。缺点是规格难定，批与批之间差异较大。

1. 明胶(gelatin)　是由动物结缔组织中的胶原部分水解而成的白色或淡黄色、半透明、微带光泽的薄片或粉粒状天然高分子材料，无挥发性，可溶于热水，不溶于冷水，可以缓慢吸收自体重量 5～10 倍水膨胀软化。明胶分子量一般为 15 000～250 000 Da，分为 A 型明胶(酸水解产物)和 B 型

笔记栏

明胶(碱水解产物)。A 型明胶的等电点为 pH 7～9,B 型明胶的等电点为 pH 4.7～5。A 型明胶和 B 型明胶的成囊性无明显差别,均可生物降解,可以根据药物对不同 pH 的敏感程度,选择使用 A 型或者 B 型明胶。

2. 阿拉伯胶(acacia) 又名阿拉伯树胶,主要成分是高分子多糖类以及钙、镁和钾盐。天然的阿拉伯胶略透明,呈琥珀色,无味;精制的阿拉伯胶粉为白色,约由 98%的多糖和 2%的蛋白质组成。5%阿拉伯胶水溶液的 pH 为 4.5～5.0。阿拉伯胶作为囊材的用量一般为 20～100 g/L,常与明胶配合使用,也可以与白蛋白、壳聚糖等联用。如以壳聚糖和阿拉伯胶为囊材制备丹参酮ⅡA 微囊。

3. 白蛋白(albumin) 主要指血清白蛋白,是血浆中含量最丰富的蛋白质。白蛋白微球通常是通过化学交联或在高温下加入有机溶剂和稳定剂制备而成,注射后其体内分布与粒径大小密切相关,1～3 μm 的白蛋白微球易被网状内皮系统摄取,并在肝、脾以及实体瘤部位聚集;15～50 μm 的稍大微球具有肺毛细血管床靶向功能,并适合靶向栓塞肾脏血管;50～150 μm 的微球则具有更好的肝脏栓塞靶向性。

4. 壳聚糖(chitosan) 又称为脱乙酰甲壳素,是甲壳素脱 N-乙酰基的产物,为白色或灰白色半透明的片状或粉末状固体,无臭、无味、无毒,可溶于酸或酸性水溶液,具有良好的生物降解性和成膜性。壳聚糖作为药物载体具有控制药物释放,延长药效,降低毒副反应,提高疏水性药物稳定性,改变给药途径等作用。

5. 海藻酸盐(alginate) 是一种多糖类高分子材料,海藻酸钠作为海藻酸盐的一种,具有良好的溶解性、稳定性和安全性。海藻酸钠可溶于不同温度的水,不溶于大部分有机溶剂,可溶于碱性溶液,使溶液具有黏性。使用海藻酸钠制备的微球具有一定的 pH 敏感性,可防止突释,口服无毒。

(二) 半合成高分子材料

此类载体材料多为纤维素衍生物,其特点是黏度大、毒性小、成盐后溶解度增大。

1. 乙基纤维素 是纤维素的乙基醚,是将纤维素的三个活性羟基基团全部或部分被乙氧基取代的水不溶性高分子聚合物,为白色或浅灰色的流动性粉末,不溶于水、甘油或丙二醇,可溶于乙醇、甲醇、丙酮和二氯甲烷。它是目前应用最广泛的水不溶性纤维素衍生物之一。乙基纤维素无毒、可降解,在医药领域应用广泛,是一种良好的药物辅助材料。如用乙基纤维素为载体制备的黄芩苷乙基纤维素微球,具有良好的圆整度,载药量以及包封率。

2. 羧甲基纤维素盐 是阴离子型高分子材料,如羧甲基纤维素钠,是目前应用广泛的纤维素衍生物之一,为白色或乳白色纤维状粉末或颗粒,无臭无味,具有吸湿性,在水中易分散成透明胶状液,不溶于有机溶剂。羧甲基纤维素钠常与明胶合用作为复合囊材,羧甲基纤维素铝则常单独作为囊材使用。

3. 羟丙基甲基纤维素 是纤维素在碱作用下与环氧丙烷、氯甲烷共同醚化而成,为白色或微黄色的颗粒,无臭无味,无毒,对热、光、湿均有稳定性,能溶于水,在冷水中可以溶胀形成胶体溶液。

(三) 合成高分子材料

按降解性能可分为生物可降解材料和非生物降解材料。其中,非生物降解且不受 pH 影响的材料有聚酰胺、硅橡胶等;非生物降解但在一定的 pH 条件下能溶解的材料有聚乙烯醇、聚丙烯酸树脂等。

笔记栏

人工合成的生物可降解高分子材料主要有聚酯、聚酰胺及相关共聚物等。一般具有无毒无刺激性,成囊(球)性好,化学性质稳定,生物相容性好,可控性强等特点,在药剂学领域受到高度重视。如以乙交酯丙交酯共聚物为囊材制备的青蒿琥酯乙交酯丙交酯共聚物微球,稳定性良好,体外释药特性符合长效制剂特征。

三、微囊与微球的制备

(一) 微囊

微囊的制备方法大致可分为三种，即物理化学法、物理机械法和化学法。一般需根据药物与囊材的性质，微囊的粒径大小，囊心物的释放和靶向设计要求等，选择不同的制备方法。

1. 物理化学法　以该法制备微囊需在液体中进行，工艺如图17-2所示，具有处理方法简便、条件易于控制等优点。该法将囊心物和囊材在一定条件下形成新相析出，所以又称为相分离法，其微囊化的步骤可分为4步，即囊心物的分散、囊材的加入、囊材的沉积与囊材的固化。

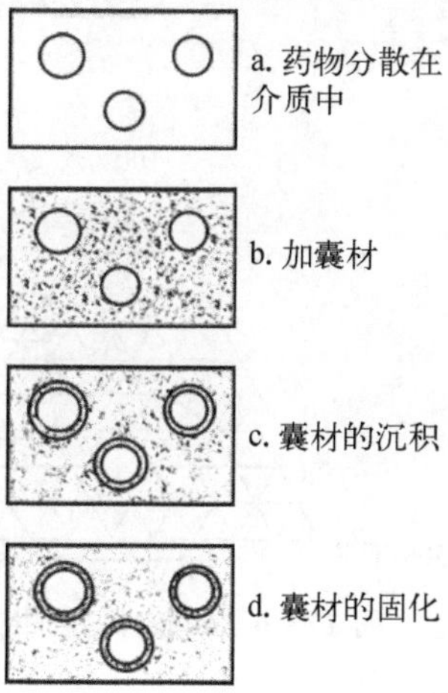

图 17-2　相分离法微囊化步骤示意图

(1) 单凝聚法(simple coacervation)：是指将药物分散在高分子囊材水溶液中，以电解质或者强亲水性非电解质为凝聚剂，使囊材凝聚包覆于药物表面，形成微囊。单凝聚法是可逆的，如解除凝聚条件即可发生解凝聚反应。单凝聚法工艺如图 17-3。

凝聚剂一般分为两类，第一类是强亲水性非电解质，如乙醇、异丙醇、丙酮等；另一类是强亲水性电解质，如 Na_2SO_4、$(NH_4)_2SO_4$等，常见的阴离子胶凝作用的顺序如下：SO_4^{2-} ＞ $C_6H_5O_7^{3-}$＞ $C_4H_4O_6^{2-}$＞ CH_3COO^-＞Cl^-＞NO^{3-}＞Br^-＞I^-。阳离子也具有胶凝作用，一般来说电荷数越高，胶凝作用越强。

单凝聚法可以用三元相图确定成囊系统中各组分比例范围，如图17-4所示，为明胶-水-硫酸钠的三元相图。

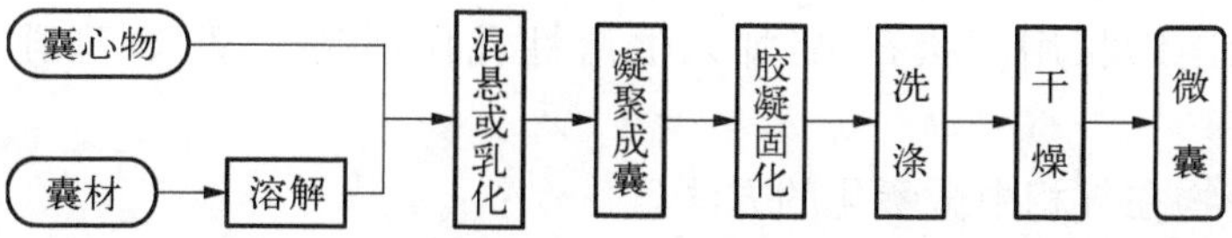

图 17-3　单凝聚法制备微囊的工艺流程图

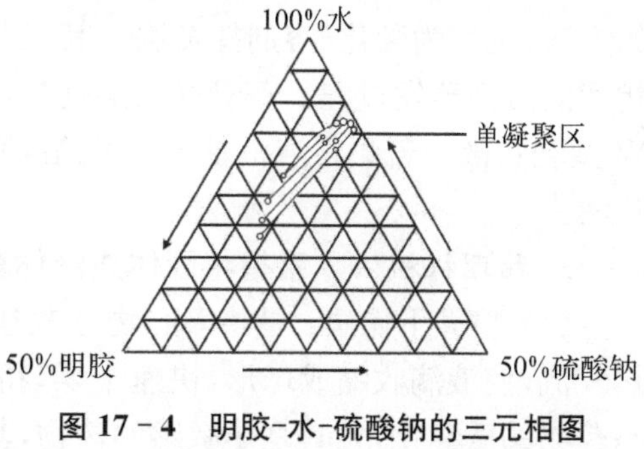

图 17-4　明胶-水-硫酸钠的三元相图

单凝聚法在水中成囊，要求药物难溶于水。若药物是固态，则需将其微粉化，均匀分散在囊材溶液中形成混悬液；若药物为液态，则需将其加入囊材溶液中乳化制成乳状液。一般来说，药物同囊材的亲和力强时，易于被微囊化。

成囊的好坏与成囊温度、pH 以及凝聚囊与水相间的界面张力等密切相关，囊材的浓度越高，胶凝温度上限越高，通常使用明胶胶凝时，应该在 37℃以上制备微囊，成囊后在较低温度下胶凝。如用 A 型明胶作为成囊材料时，控制溶液 pH 在 3.2～3.8 之间，可以使明胶分子中带有较多的$-NH_3^+$离子，降低囊材与水相间的界面张力，从而得到体积更小，更为均匀的球形囊；B 型明胶不调整 pH 也能成囊。制备微囊加入增塑剂可以提高囊体可塑性和分散性，同时可以降低囊壁的厚度，加入增塑剂的量与释药速度正相关。常用的增塑剂有山梨醇、聚乙二醇、甘油等。

(2) 复凝聚法(complex coacervation)：是以两种或者多种带有相反电荷的高分子材料，将囊心乳化、分散或混悬于囊材水溶液中，通过静电作用形成复凝聚物，在溶液中析出成囊。本法适用于难溶性药物的微囊化。复凝聚法常用的复合囊材有明胶-阿拉伯胶，明胶-邻苯二甲基化合物，海藻酸钠-壳聚糖等。复凝聚法工艺简图如图 17-5。

笔记栏

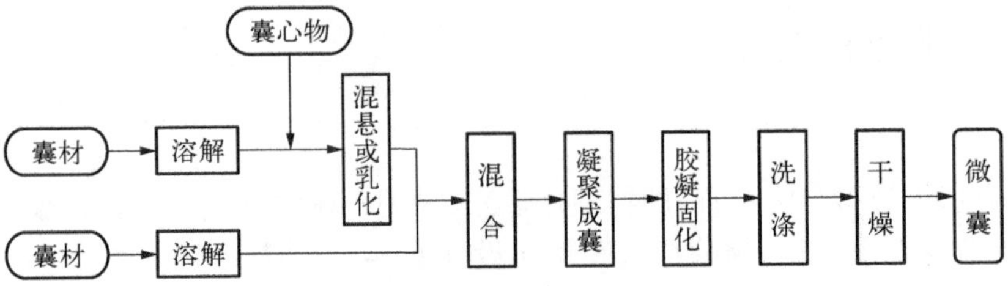

图 17－5 复凝聚法制备微囊的工艺流程图

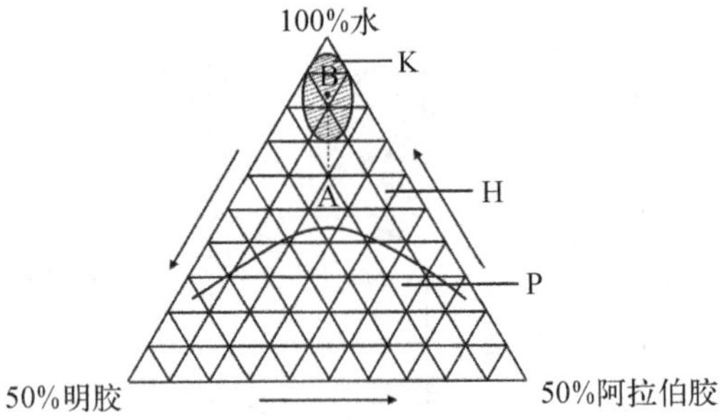

图 17－6 明胶-阿拉伯胶-水的三元相图

复凝聚法囊材溶液仅在一定的浓度范围内可以成囊，可利用三元相图确定成囊系统中各组分比例范围。以明胶-阿拉伯胶为例，可将难溶性液体或固体药物通过混悬或乳化分散于阿拉伯胶溶液中，将明胶溶液与含药的阿拉伯胶溶液在搅拌下混合均匀，混合温度在50℃左右，再以稀醋酸调 pH 至明胶的等电点以下，使明胶带正电荷，阿拉伯胶带负电荷，正负电荷相互吸引形成络合物析出后成囊。如图 17－6 所示，为明胶-阿拉伯胶-水的三元相图。

(3) 溶剂-非溶剂法(solvent-non-solvent)：是指在囊材溶液中加入一种囊材非溶剂，引起相分离，从而将药物包裹成囊的方法。药物可以是固体或液体，但是必须不易溶解于溶剂和非溶剂中，也不能发生反应。一般来说，疏水囊材要用有机溶剂溶解，疏水的药物可以与囊材混合溶解；亲水药物不溶于有机溶剂，可混悬或乳化在囊材溶液中，再加入非溶剂使材料的溶解度降低从溶液中分离，过滤，除去有机溶剂后即可成囊。

(4) 液中干燥法(in-liquid drying)：是指从乳状液中除去分散相中的挥发性溶剂从而制得微囊的方法，也称为乳化-溶剂挥发法。其工艺分为两个基本过程：液相间的溶剂萃取过程和液相与气相间的溶剂蒸发过程。若囊材的溶剂与水不相溶，则多用水做连续相，加入亲水性乳化剂，制成 O/W 型乳状液。若囊材溶液能与水混溶，则连续相用液状石蜡，加入油溶性乳化剂制成 W/O 型乳状液。

2. *物理机械法*　系指将固体或液体药物在气相中微囊化的方法。

(1) 喷雾干燥法：是将囊心物分散在囊材溶液中，形成混悬液或乳状液，再将混合物喷入惰性热气流，使液滴收缩成球形，快速干燥，得到微囊的方法。该方法适用于水溶性或难溶性固态或液态药物的微囊化，尤其是热敏感的药物，其粒径通常在 5 μm 以上，采用纳米喷雾干燥机也可获得粒径更小的微粒。

(2) 喷雾凝冻法(spray congealing)：系指将囊心物分散于熔融的囊材中，再喷入冷气流中，凝聚成囊的方法。常用囊材为在室温下为固态，在高温下能熔融的材料，如脂肪酸、脂肪醇、蜡等。

(3) 空气悬浮法(air suspension)：又称为流化床包衣法，囊心物通常是固体粉末药物，利用垂直强气流使囊心物悬浮在包衣室中，将囊材溶液通过喷嘴喷射于囊心物表面，热气流挥干溶剂，囊心物表面形成囊材薄膜从而形成微囊。囊材可以是多聚糖、树脂、纤维素衍生物等。为防止喷雾过程中发生黏结，可加入抗黏剂如滑石粉，硬脂酸镁等。

3. *化学法*

(1) 界面聚合法(interface polycondensation)：又称为界面缩聚法，系指在分散相与连续相的界面上发生单体缩聚反应后成囊。

笔记栏

(2) 辐射交联法(radiation crosslinking)：系指将明胶在乳化状态下，经 γ 射线照射发生交联，再处理得到粉末状微囊的制备方法。该方法工艺简单，但一般适用于水溶性药物，并且需要一定辐射条件。

（二）微球

微球的制备原理和方法与微囊大致相同，以下为几种常见微球的制备方法。

1. 明胶微球　通常采用乳化交联法制备，具有无免疫原性、靶向性、缓释性、生物可降解等特点，是一种理想的药物控制和释放的载体。

2. 白蛋白微球　可以通过乳化交联法、液中干燥法或喷雾干燥法等方法制备。用液中干燥法制备白蛋白微球以加热交联替代化学交联，加热温度不同，微球的粒径不同。喷雾干燥法制备微球的原理方法与制备微囊基本相同。

3. 淀粉微球　淀粉上的羟基可与交联剂适度交联而制得微球，常以界面缩聚法等制备，反应常在W/O型反相乳液中进行。常用交联剂有环氧氯丙烷、$POCl_3$、$Na_3P_3O_3$、对苯二甲酰氯等，油相可选用纯植物油如大豆油。

4. 聚酯类微球　常用液中干燥法制备，以药物与聚酯类材料组成挥发性有机相，加至含乳化剂的水相中搅拌乳化，形成O/W型乳状液，加水萃取（亦可同时加热），挥发除去有机相即得微球。

5. 磁性微球　磁性微球要同时包裹药物与磁流体，成型方法可依据囊材与药物性质不同加以选择，磁流体的制备一般通过共沉淀反应制得。

四、微囊与微球的质量评价

（一）形态、粒径及其分布

利用光学显微镜或电子显微镜观察，微囊与微球外观应形态圆整。可用校正过的带目镜测微仪的光学显微镜，采用电感应法或光感应法测定微囊与微球粒径及其分布。

（二）载药量与包封率

测定微囊、微球的载药量时，对于混悬于液态介质中的微囊或微球，应先将其分离，分别测定介质和微囊（球）的含药量，再计算载药量和包封率，计算方法如下

$$载药量=(微囊、微球含药重量/微囊、微球总重量)\times 100\% \tag{17-1}$$

$$包封率=(微囊、微球含药量/微囊、微球和介质总药量)\times 100\% \tag{17-2}$$

$$包封产率=(微囊、微球含药量/投药总量)\times 100\% \tag{17-3}$$

包封产率通常用于评价工艺，不作为质量评价的标准。用喷雾干燥法和流化床法制得的微囊，微球的包封产率可达95%以上，但相分离法制得的微囊的包封产率一般为20%～80%。

（三）释放速率

将样品放置于透析管内，利用溶出度测定法的浆法、转篮法或流通池法测定。在进行体外释放实验时，表面吸附的药物会快速释放，称为突释效应，故要求开始0.5 h的释放量低于40%。

（四）稳定性考察

根据《中国药典》现行版四部通则“原料药物与制剂稳定性试验指导原则”，通过加速试验和长期试验，对微囊与微球的外观、形态、粒径及载药量等进行稳定性考察。

（五）有机溶剂残留量

微囊与微球中有机溶剂残留量的测定须按照《中国药典》现行版四部通则“残留溶剂测定法”测定，结果应当符合规定限度。凡未规定者，应根据生产工艺的特点制定相应的限度。

笔记栏

五、举例

例 17-3 牡荆油微囊

【处方】明胶 10 g，桃胶 11 g，牡荆油 10 g，淀粉 7 g。

【制法】取桃胶 5 g 置于乳钵中，加牡荆叶挥发油 10 g，研磨均匀，制成初乳，另取桃胶 6 g 加水 1 000 mL，浸润片刻，放置于 60℃水浴中，使之溶解，用 10% NaOH 溶液调节 pH 至 7.5，以桃胶溶液将初乳释为乳剂。取明胶 10 g 于 1 000 mL 烧杯中，加水 100 mL，浸润膨胀后于 60℃水浴上，使之溶解。将上述牡荆油乳剂，转移至明胶溶液中，分次洗涤乳钵，直至转移完全。并将此混合乳液搅拌均匀，边搅拌边加水 360 mL，置水浴上保持 45℃恒温，继续搅拌，再加 5%盐酸溶液调节 pH 至 4.1～4.4 之间，在显微镜下检查，可见完整的球形微囊，而无散状微滴，证明已产生凝聚作用。再加入 18 mL 37%甲醛溶液，继续搅拌，加入冷蒸馏水 300 mL，并进一步降温，使微囊形成液降温至 3～5℃，再加 10% NaOH 溶液调 pH 至 6.5～7.0 之间，使凝胶的网状结构空隙缩小。继续搅拌，加入 10%生淀粉充分散开，在微囊之间形成一层隔离层。维持温度 10℃以下，搅拌。将上述微囊与水分离开，干燥后得牡荆油微囊。

【性状】本品为圆球形微粒，微苦、辛。

【功能与主治】具有祛痰、镇咳、平喘作用。用于慢性支气管炎。

【用法用量】口服，每日 2 次，每次服用量按微囊中含挥发油量计算，即每次含牡荆油 30 mg，不得少于 25 mg。

【贮藏】密封保存。

【注解】明胶和桃胶为囊材，甲醛为固化剂，制备方法为单凝聚法，微囊化调节 pH 时，可一次性加入醋酸，以减少挥发。

例 17-4 阿魏酸挥发油微囊

【处方】阿魏挥发油 1 mL，阿拉伯胶 2.255 g，明胶 2.255 g。

【制法】将明胶和阿拉伯胶溶液混匀，作为复合囊材，吸取阿魏挥发油加入 4.1%的复合囊材溶液（110 mL）中，置于组织捣碎机中乳化 1 min，使其成乳状液，40℃下搅拌并滴加 10%醋酸调至 pH 4，保温 15 min，冰浴使体系降温至 10℃以下，并用 10% NaOH 溶液调至 pH 6，加入 37%甲醛，维持低速搅拌，使微囊固化，得到微囊分散液，静置、分离、干燥，得微囊。

【功能主治】本品具有镇静、保护心血管作用。用于心血管系统疾病。

【贮藏】密封保存。

【注解】等量等浓度的明胶和阿拉伯胶为复合囊材，甲醛为固化剂，制备方法为复凝聚法。

第五节 脂质体的制备技术

一、含义与特点

脂质体（liposomes）系将药物包封于类脂质双分子层内而形成的微型小囊，也称为类脂小球或液晶微囊。其粒径大小可从几十纳米到几十微米，双分子层的厚度约 4 nm。由于其结构类似生物膜，脂质体又被称为"人工生物膜"，结构如图 17-7，可包封水溶性和脂溶性药物。

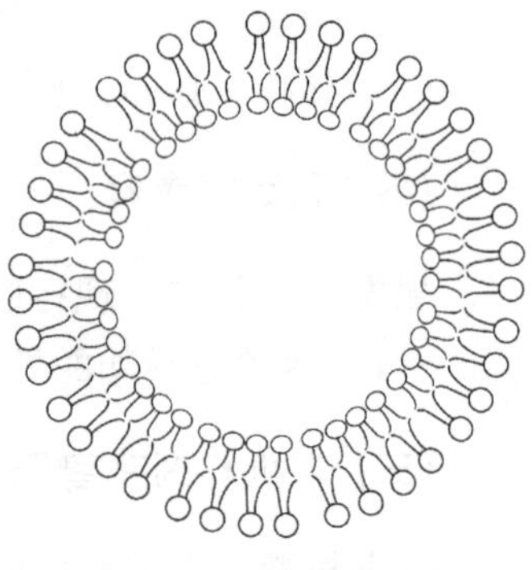

图 17-7 脂质体囊泡结构示意图

笔记栏

知识链接

脂质体的历史沿革

脂质体最早于1965年由英国Bangham等提出，他们发现当磷脂分散在水中时可自发形成多层封闭囊泡，类似洋葱结构。

第一个上市的脂质体是用于治疗真菌感染的注射用两性霉素B脂质体，于1990年底在爱尔兰获批上市，该制剂可以有效地降低两性霉素B引起的急性肾毒性。

第一个抗癌药物脂质体——阿霉素脂质体于1995年底在美国获得FDA批准，此脂质体的组成中含有亲水性聚合物聚乙二醇(PEG)与二硬脂酸磷脂酰乙醇胺(DSPE)的衍生物(DSPE-PEG)，其作用是在体内阻止血浆蛋白吸附于脂质体表面，阻止其调理化作用，从而避免单核巨噬细胞系统快速吞噬脂质体，延长血循环时间，有利于增加脂质体达到病变部位的相对聚集量，这种脂质体称为长循环脂质体(long circulation liposomes)，也称为隐形脂质体(stealth liposomes)。

在中国上市的脂质体制剂有紫杉醇脂质体、两性霉素B脂质体和多柔比星脂质体。

(二) 脂质体的特点

1. 靶向性和淋巴定向性　这是脂质体作为药物载体最突出的特征。脂质体能选择性地分布于某些组织和器官，增加药物对淋巴系统的定向性，提高药物在靶部位的浓度。因此，以脂质体为载体的药物，可提高疗效，减少剂量，降低毒性。

2. 缓释性　将药物包封于脂质体中，可减少经肾脏排泄和代谢，延长药物在血液中的滞留时间，使某些药物在体内缓慢释放，从而延长药物作用时间。

3. 降低药物毒性　药物被脂质体包封后，主要由网状内皮系统的吞噬细胞所摄取，在肝、脾和骨髓等网状内皮细胞较丰富的器官中浓集，使药物在心、肾中累积量比游离药物低得多，从而降低药物的毒性。

4. 细胞亲和性和组织相容性　脂质体结构与生物膜相似，对正常细胞和组织无损害和抑制作用，有细胞亲和性与组织相容性，可增加被包封药物透过细胞膜的功能，增强疗效。

5. 提高药物的稳定性　某些不稳定的药物被脂质体包封后受脂质体双层膜的保护，可提高稳定性。

(三) 脂质体的组成、结构

脂质体是以类脂质(如磷脂和胆固醇)构成的双分子层为膜材包合而成的微粒。磷脂与胆固醇都是两亲性物质，磷脂类含有一个磷酸基团和一个含氮的碱基(季铵盐)，均为亲水基团，还有两个较长的烃链为亲油基团。胆固醇的亲油性强于亲水性。以它们作为膜材时，其中磷脂分子的亲水基团呈弯曲的弧形，形如手杖，与胆固醇分子的亲水基团结合，在亲水基团的上边两侧上端各连接有一个亲油基团，形如"U"形结构(图17-8)，两组U形结构疏水链相对，形成双分子层结构的薄膜。薄膜形成后，加入磷酸盐缓冲液振荡或搅拌使磷脂膜水化，即可形成单室或多室的脂质体。在不断搅拌中，水膜内可容纳大量的水溶性药物，而脂溶性药物则可容纳在双分子层的亲油基部分。在电镜下脂质体常见的是球形或类球形。

(四) 脂质体的分类

1. 按结构和粒径分类

(1) 单室脂质体：凡由一层类脂质双分子层构成者，称为单室脂质体，它又分为大单室脂质体(large unilamellar vesicles, LUVs，粒径在0.1～1 μm)和小单室脂质体(single unilamellar vesicles, SUVs，粒径在0.02～0.08 μm)，亦称纳米脂质体(nanoliposomes)。单室脂质体中水溶性药物溶液只被一层类脂质双分子层所包封，脂溶性药物则分散于双分子层中(图17-9)。

笔记栏

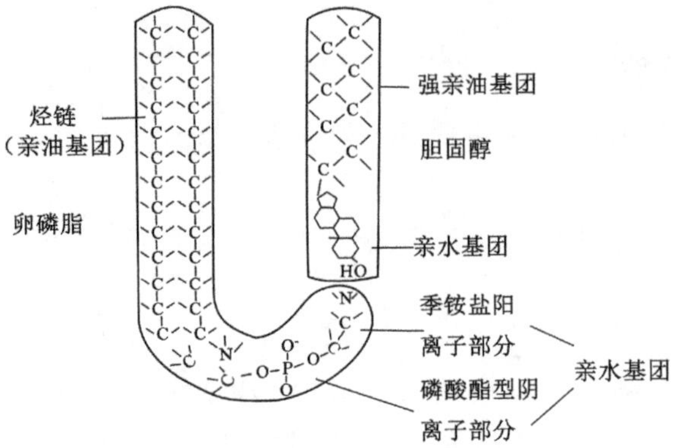

图 17－8 卵磷脂与胆固醇在脂质体中的排列形式

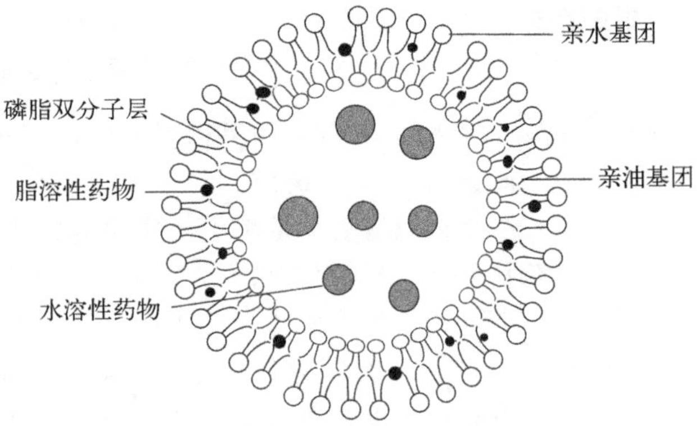

图 17－9 单室脂质体结构示意图

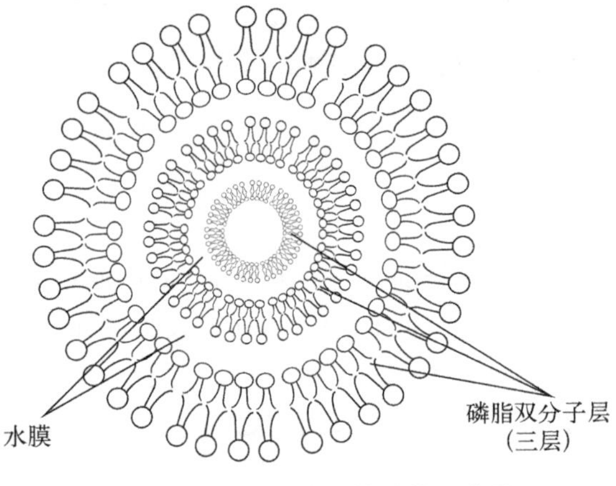

图 17－10 多室脂质体结构示意图

(2) 多室脂质体：系由多层类脂质双分子层构成，其粒径在 1～5 μm 之间。多室脂质体(multilamellar vesicles，MLVs)中双分子层被含药物(水溶性药物)的水膜隔开，形成不均匀的聚合体，脂溶性药物则分散于多层双分子层中(图 17－10)。

2. 按脂质体性能分类

(1) 一般脂质体：包括单室脂质体、多室脂质体。

(2) 特殊性能脂质体：包括① 热敏脂质体，为具有稍高于体温的相变温度的脂质体，其药物的释放对热具有敏感性；② pH 敏感脂质体，指对 pH(特别是低 pH 条件)敏感的脂质体；③ 多糖修饰脂质体，为表面结合了天然或人工合成的糖脂的脂质体；④ 免疫脂质体，为类脂膜表面被抗体修饰的具有免疫活性的脂质体。另外还有超声波敏感脂质体、光敏脂质体和磁性脂质体等。

3. 按脂质体荷电性分类 磷脂头部基团带有不同的电荷，带正电荷的脂质形成的脂质体称为正电荷脂质体或阳离子脂质体，带负电荷的脂质形成的脂质体称为负电荷脂质体或阴离子脂质体，不带电荷的脂质体形成的脂质体称为中性脂质体。

(五) 脂质体的理化性质

1. 相变温度 脂质体膜的物理性质与介质温度有密切关系，当温度升高时，脂质双分子层中酰基侧链从有序排列变为无序排列，这种变化引起膜的物理性质发生一系列变化，可由"胶晶"态变为"液晶"态。此时，膜的横切面增加，双分子层厚度减小，膜的流动性增加，这种转变时的温度称为相变温度(phase-transition temperature)，一般酰基侧链越长或链的饱和度越高，相变温度越高；反之链短或饱和度低，则相变温度越低。当磷脂发生相变时，可有液态、液晶态和胶晶态共存，出现相分离，使膜的流动性增加，易导致内容物的泄露。脂膜的相变温度可借助差示扫描量热法、电子自旋共振光谱(electron spin resonance，ESR)等测定。

2. 荷电性 改变脂质体脂质材料种类，可使脂质体表面电荷改变，如含磷脂酸和磷脂酰丝氨酸等酸性脂质的脂质体荷负电，含碱基(胺基)脂质如十八胺等脂质体荷正电，不含离子的脂质体显电中性。脂质体表面的电性对其包封率、稳定性、靶器官分布及对靶细胞的作用均有影响。

3. 粒径和粒度分布 脂质体粒径大小和分布均匀程度与其包封率和稳定性有关，直接影响脂质体在机体组织的行为和处置。

笔记栏

(六) 脂质体的作用机制

脂质体在体内的组织分布及在细胞水平上的作用机制，有吸附、交换、内吞、融合、渗漏和扩散等。

1. 吸附　吸附是脂质体作用的开始，在适当条件下，脂质体通过静电等作用非特异性吸附到细胞表面，或通过脂质体特异性配体与细胞表面结合而吸附于细胞表面。吸附使细胞周围药物浓度增高，并使药物缓慢渗透到细胞内。

2. 脂质交换(lipid exchange)　是指脂质体膜上的脂质成分与细胞膜的脂质成分进行交换，脂质体内包载药物在交换过程中进入细胞。

3. 内吞/吞噬　内吞(endocytosis/phagocytosis)是脂质体作用的主要机制。具有吞噬活动的细胞摄取脂质体进入吞噬体(endosomes)，质膜内陷形成亚细胞空泡，由于膜结合质子泵的作用，使空泡内 pH 变为 5.0～5.5，这些吞噬体与溶酶体融合形成次级溶酶体(局部环境的 pH 约 4.5)，发生细胞消化，溶酶体溶解脂质体，释放药物。磷脂被水解成脂肪酸，重新循环。内吞作用与脂质体的粒径有关。

4. 融合(fusion)　是指脂质体的膜插入细胞膜的脂质层中，而将内容物释放到细胞内。

二、组成材料

1. 磷脂类　包括天然的卵磷脂、脑磷脂、大豆磷脂以及合成磷脂。其中合成磷脂分为饱和磷脂与不饱和磷脂，常用的饱和磷脂包括二硬脂酰磷脂酰胆碱(DSPC)、二棕榈酰磷脂乙醇胺(DPPE)等。就水溶性药物而言，饱和磷脂相对于不饱和磷脂排列更加紧密，所制备的脂质体更加稳定，药物泄漏少。

2. 胆固醇类　胆固醇具有调节膜流动性的作用，故可称其为脂质体“流动性缓冲剂”(fluidity buffer)。当低于相变温度时，胆固醇可减少膜的有序排列，从而增加膜的流动性；高于相变温度时，可增加膜的有序排列，从而减少膜的流动性。胆固醇的参与可提高脂质体膜的稳定性和药物的包封率。

三、制备方法

脂质体的制备方法很多，根据药物装载机制的不同，可分为主动载药与被动载药。主动载药是先制成空白脂质体，然后通过脂质体内外水相的不同离子或化合物梯度进行载药，两亲性物质常采用这种方法。被动载药是首先把药物溶于水相(水溶性药物)或有机相(脂溶性药物)中，然后按所选择的脂质体制备方法制备含药脂质体。本节介绍的 pH 梯度法属于主动载药，其他制备方法则属于被动载药。

1. 薄膜分散法　系将磷脂、胆固醇等类脂质及脂溶性药物溶于乙醇(或其他有机溶剂)中，然后将上述有机溶液在烧瓶中低温旋转蒸发，使其在瓶的内壁上形成薄膜；将水溶性药物溶于缓冲盐溶液中，加入烧瓶中不断搅拌水化，即得。药物在有机相中的浓度越高，则包封率越高。所制脂质体通常粒度分布不均，为几微米至十几微米的多层脂质体。

2. 注入法　将磷脂与胆固醇等类脂物质及脂溶性药物共溶于有机溶剂(多采用乙醚)中，然后将此药液经注射器缓缓注入搅拌中的 50～60℃的缓冲盐溶液(可溶入水溶性药物)，不断搅拌直至有机溶剂除尽为止，即制得大多室脂质体。其粒径较大，不宜静脉注射。也可进一步处理，如将脂质体混悬液通过高压乳匀机两次，则成品大多为单室脂质体，粒径可在 2 μm 以下。

3. 逆向蒸发法　系将磷脂等膜材溶于有机溶剂中，加入待包封的药物水溶液进行短时超声，直至形成稳定的 W/O 型乳状液，然后减压蒸发除去有机溶剂，达到胶态后滴加缓冲液，旋转冲刷使凝

笔记栏

胶脱落，在减压下继续蒸发，制得水性混悬液，通过分离，除去未包入的游离药物，即得大单室脂质体。本法适合于包载水溶性药物及大分子生物活性物质。

4. *超声波分散法* 将水溶性药物溶于磷酸盐缓冲液，加入磷脂、胆固醇及脂溶性药物的有机溶剂中，搅拌蒸发除去有机溶剂，残留液经超声波处理，然后分离出脂质体，再混悬于磷酸盐缓冲液中，即得。该法所得脂质体大多为单室脂质体，可制成脂质体混悬型注射剂。

5. *冷冻干燥法* 将磷脂(亦可加入胆固醇)超声波处理，使其高度分散于含药缓冲盐溶液中，加入冻干保护剂(如甘露醇、葡萄糖、海藻糖等)冷冻干燥。使用时将干燥物分散到注射用水或其他水性介质中，即得。该法适合于包封对热敏感的药物。

6. *pH梯度法* 根据弱酸、弱碱性药物在不同pH介质中的解离度不同，通过控制脂质体膜内外pH梯度，可使药物以离子形式包封于脂质体的内水相中。该法包封率高，可适应于工业化生产。

7. *高压乳匀法* 系指利用高压流通过规定的微细通道，流体立刻被加速到极高速度，并在特制的反应室内受到强大的剪切、冲击和空化作用，形成均一的脂质体。该法优点是重复性好，能大规模生产，均匀、稳定性好。

此外，还有二次乳匀法、喷雾干燥法等。

四、脂质体的质量评价

(一) 粒径与形态

可用高倍光学显微镜观察较大脂质体的粒径大小与形态，小于2 μm时须用扫描电镜或透射电镜。也可用库尔特法(Coulter)、激光散射法(常用方法)测定脂质体的粒径大小及其分布。

(二) 包封率

测定脂质体中的总药量后，采用适当的方法(如葡聚糖凝胶柱法、超速离心法、透析法、超滤膜滤过法等)分离脂质体与游离药物，分别测定脂质体包封的药量和未包封的药量，按公式(17-4)计算包封率(作为产品开发时，包封率不得低于80%)

$$包封率=\frac{药物总量-介质中未包封的药量}{药物总量}\times 100\% \qquad (17-4)$$

(三) 渗漏率

表示脂质体产品在贮存期包封率的变化情况，是反映脂质体稳定性的主要指标。可根据给药途径的不同，将脂质体分散贮存在一定的介质中，保持一定的温度，于不同时间进行分离处理，测定介质中的药量，与贮藏前包封的药物量比较，按公式(17-5)计算渗漏率。

$$渗漏率=\frac{贮存后渗漏到介质中的药量}{贮存前包封的药量}\times 100\% \qquad (17-5)$$

(四) 药物含量

可采用适当的方法通过提取、分离处理后测定脂质体中药物的含量(包括游离药物和包封药物)。

笔记栏

(五) 释放度

体外释放度是脂质体制剂的一项重要质量指标。通过测定体外释药速率可初步了解脂质体通透性，以便调整释药速率，达到预期要求。

（六）药物体内分布

将脂质体静注给药，取血测定不同时间的血药浓度，或定时将动物处死，取脏器组织，匀浆分离取样，以同剂量药物溶液作对照，比较各组织中的经时药量，并进行药动学统计处理，评价脂质体在动物体内的分布情况。

（七）磷脂的氧化程度

磷脂易被氧化是脂质体制剂的突出问题。在含有不饱和脂肪酸的脂质混合物中，磷脂的氧化分3个阶段：单个双键的偶合、氧化产物的形成、乙醛的形成及键断裂。因为各阶段产物不同，氧化程度很难用一种试验方法评价。

（八）有机溶剂残留量

由于脂质体生产过程中常使用有机溶剂，应测定其有机溶剂残留量，可以采用顶空法进行测定。

五、举例

例 17-5　紫杉醇脂质体

【处方】胆固醇 0.5 g，大豆磷脂 0.5 g，紫杉醇 0.01 g。

【制法】称取胆固醇、大豆磷脂、紫杉醇，充分溶解于二氯甲烷中，置于 250 mL 圆底烧瓶中，将烧瓶置旋转蒸发仪中，于 40℃水浴下减压回收溶剂，彻底挥去有机溶剂，用含 5%乳糖的 pH 7.4 磷酸盐缓冲液 10 mL 水化，探针超声 6 min 后分别过 0.45 μm 和 0.22 μm 的聚碳酸酯膜各 3 次，即得紫杉醇脂质体分散液。

【注解】紫杉醇为有效成分，大豆磷脂和胆固醇为载体材料。制备方法为薄膜分散法。能制备出粒径小、包封率高稳定性较好的紫杉醇脂质体。

第六节　微乳与亚微乳

一、含义与特点

微乳（microemulsion）指由水、油、乳化剂和助乳化剂在一定条件下自发形成的，粒径为 10～100 nm 的乳滴分散在另一种液体介质中形成的胶体分散系统。其乳滴一般为大小均匀的球形，外观呈透明或半透明状，属于热力学稳定体系，可经热压灭菌或离心仍不分层。从结构的差异可将微乳分为水包油型（O/W）、油包水型（W/O）及双连续型，如图 17-11 所示。微乳作为药物载体，可提高药物的分散度，改善难溶性药物和脂溶性药物的溶出速率，促进大分子药物在体内的吸收，增强药物的稳定性。

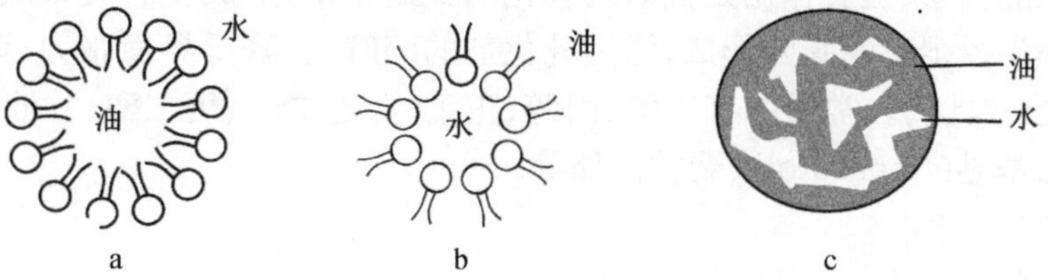

图 17-11　微乳基本结构类型示意图

a：O/W 型微乳；b：W/O 型微乳；c：双连续型微乳

笔记栏

亚微乳（submicroemulsion）乳滴粒径在 100～600 nm 范围，外观不透明，呈浑浊或乳状，其稳定性介于微乳和普通乳(乳滴大小 1～100 μm)之间,可热压灭菌,但灭菌时间太长或两次灭菌可能产生分层。通常可用高压乳匀机制备。亚微乳可供静脉注射,给药方便,安全性好,无刺激性,能在体内被降解代谢,目前常作为胃肠外给药的载体。

知识链接

纳米乳、微乳与自微乳

纳米乳(nanoemulsion)是一种需要较多能量输入而形成的透明乳液,液滴粒径分布一般在 200 nm 以下。与微乳不同的是,纳米乳属于乳剂(emulsion),为热力学不稳定体系,而微乳为热力学稳定体系,并非严格意义上的乳剂。纳米乳与微乳的概念曾经被混淆,但近年来,药剂学界已倾向于将其加以区分,如国外著名药剂学教材《Aulton's Pharmaceutics: The Design and Manufacture of Medicines》专门探讨了纳米乳与微乳的区别,并将纳米乳列入乳剂范畴。

自微乳,即自乳化药物传递系统(self-emulsifying drug delivery system, SEDDS)是一新型药物传递系统,始见于 20 世纪 80 年代,主要组成为药物、油相、乳化剂和助乳化剂。在环境温度(体温 37℃)下、在胃肠道内水分稀释和蠕动的环境下,SEDDS 会自发乳化形成粒径较小的水包油(O/W)型微乳。处方中油的黏度、表面活性剂的 HLB 值和油相与水相的混溶性等是决定自动乳化法制备微乳的重要因素。微乳化过程的自发性主要由界面张力、油水界面黏度和体积黏度、微乳相变区域、表面活性剂的浓度和结构等因素来决定。

二、常用乳化剂与助乳化剂

(一) 乳化剂(surfactant)

可降低油水界面张力,形成牢固的乳化膜,增加难溶性药物的溶解度。乳化剂选择时,不仅要求能在较宽的范围内形成微乳和亚微乳,还要求药物载体无毒、无刺激性、无不良药理作用并具有生物相容性,此外应对主药具有良好的增溶作用,同时不影响主药的药效和稳定性。常用乳化剂包括天然乳化剂和合成乳化剂两大类。

1. 天然乳化剂　降低界面张力的能力不强,但它们易形成高分子膜而使乳滴稳定。常用天然乳化剂有阿拉伯胶、西黄芪胶及明胶、白蛋白和酪蛋白、大豆磷脂、卵磷脂及胆固醇等。由于不同批次天然乳化剂之间差异较大,对大量生产很不利。

2. 合成乳化剂　常分为离子型和非离子型两大类。微乳的制备常选用非离子型乳化剂。一般认为非离子型乳化剂口服没有毒性或毒性小,但用于静脉给药时有一定的毒性,因此制备时需根据不同给药途径选择合适的乳化剂种类及用量。

(二) 助乳化剂(co-surfactant)

有效的助乳化剂使用可大大减少乳化剂的用量。助乳化剂一般为药用短链醇或适宜 HLB 值的非离子型表面活性剂。其主要作用是插入到乳化剂界面膜中,形成复合凝聚膜,提高膜的牢固性和柔顺性,促进曲率半径很小的膜的形成;增大乳化剂的溶解度,降低界面张力;调节表面活性剂的 HLB 值,使形成更小的乳滴。常用的有乙醇、丙醇、正丁醇、乙二醇、丙二醇、甘油、聚乙二醇(300 或 400)、二乙二醇单乙基醚(transcutol)、聚甘油酯等。

笔记栏

三、制备方法

(一) 微乳

1. 形成条件　微乳的形成需要油-水界面的界面张力较低,乳化剂与助乳化剂形成的界面膜流动性较好，油相与界面膜上的表面活性物质分子间可渗透并相互联系。助乳化剂的使用可使其插入到乳化剂界面膜中，提高牢固性和柔顺性的同时，增大乳化剂的溶解度，进一步降低界面张力。助乳化剂还可调节乳化剂的 HLB 值，使符合油相的要求。一般不同的油对乳化剂的 HLB 值有不同的要求。有人认为，制备 W/O 型微乳时，大体要求乳化剂的 HLB 值为 3～6，制备 O/W 型微乳一般用 HLB 值为 8～18 的乳化剂。但是，微乳的类型对乳化剂 HLB 值的相关性不像普通乳那样固定。同一乳化剂，有时既可制备 W/O 型微乳，又可制备 O/W 型微乳。此外，由于微乳的粒径小表面积大，一般需要乳化剂用量较大才能成乳。

2. 制备方法　微乳制备的关键是选择合适的处方组分（水相、油相、乳化剂和助乳化剂）及确定恰当的比例。处方组成及比例不恰当，就不能形成微乳或生成的微乳区域小，达不到难溶性药物增溶作用及提高药物稳定性和生物利用度的目的。

当油、乳化剂和助乳化剂被确定之后，可通过绘制三元相图找出微乳区域，从而确定它们的用量。当处方中含有油、水、乳化剂和助乳化剂 4 个组分时，一般可固定乳化剂及其用量，然后以水、油、助乳化剂分别作为正三角形的三个顶点，通过恒温滴定法制作相图。对于四组分和四组分以上的体系，也可采用变量合并法，如固定两组分的配比使实际变量不超过 3 个，从而仍可使用三元相图来表示，这样所得的相图一般称为伪三元相图或拟三元相图。

根据相图确定处方后，将各成分按比例搅拌混合即可制得微乳。一般而言，各成分加入的次序不会影响制剂的最终性质，少数情况下，加入次序不同，获得微乳所需的时间会有所不同。

微乳中的油、水仅在一定比例范围内混溶，在水较多的某一范围内形成 O/W 型微乳，在油较多的某一范围内形成 W/O 型微乳。

（二）亚微乳

常采用高压乳匀法制备，即药物和/或乳化剂溶于水相或油相中，将水相及油相加热到适宜温度后，在高速搅拌下制得粗乳，再用两步高压乳匀机乳化，调节 pH 7～8，过 0.45 μm 滤膜除去粗乳滴及碎片，最后热压灭菌，即得细分散的亚微乳。如有对热不稳定的成分时，可采用无菌操作。

亚微乳制备过程中，载药往往会使界面膜发生改变，常需加入能定位在界面膜中的稳定剂。常用稳定剂有油酸及其钠盐、胆酸及胆盐等。混合乳化剂的加入也可影响亚微乳的形成，其主要作用是在分散相液滴界面形成致密的乳化膜，复合凝聚膜可形成致密的界面膜，提高稳定性。此外，根据不同的制备需求还可加入不同的附加剂。常用的附加剂有 pH 调节剂、等张调节剂、化学稳定剂等。静脉注射用亚微乳一般需要加入等张调节剂，以甘油最常用。

知识链接

静脉注射用亚微乳

静脉注射用亚微乳始于营养型静脉注射乳剂的研发。近年来在市场上销售的含药静脉注射用乳剂多以瑞典 KabiVitrum 公司生产的 Intralipid 静脉脂肪乳为基本处方，加以改进制得。静注用亚微乳制备时应符合以下要求：无菌、等张、无热原、无毒、生物降解、生物相容、理化性质稳定等。原辅料使用中应主要考虑油相及乳化剂。油相主要用植物来源的长链甘油三酯，如大豆油、藏红花油（safflower）、玉米油等，须精制并于 4℃ 长期存放以除去蜡状物，并尽可能少含氢化油及饱和脂肪酸等。值得注意的是，已知合成乳化剂大多有溶血作用，因此选择乳化剂时应慎重。静脉注射亚微乳最常用的乳化剂是卵磷脂、大豆磷脂和 poloxamer，有时也用乙酸单甘油酯。

笔记栏

四、微乳与亚微乳的质量评价

(一) 粒径及其分布

乳滴粒径及其分布是微乳和亚微乳的重要质量指标之一。通常，静脉注射用亚微乳的乳滴应不造成毛细血管阻塞或肺栓塞。已报道的静脉注射用亚微乳产品的粒径均匀，平均粒径小于 1 μm，无聚集合并现象，在一滴乳液中(0.05 mL)，10～15 μm 的乳滴不多于 2 粒，无大于 15 μm 的乳滴。测定乳滴粒径的方法有透射电镜、扫描电镜，以及光子相关光谱法和计算机调控的激光衍射测定法。

(二) 结构类型

微乳的微观结构类型常采用离心法、染色法、电泳法进行鉴别。离心法可取微乳适量，4×10^3 r/min离心 10 min，结果未见分层，仍为澄明微乳。染色法是利用油溶性染料苏丹红(红色)和水溶性染料亚甲蓝(蓝色)在微乳中扩散的快慢来判断微乳的类型，若红色扩散快于蓝色则为 W/O 型，反之则为 O/W 型微乳。电泳法以 0.01 mol/L 电极缓冲液、pH 7.4 磷酸盐缓冲液、150 V 电压电泳 50 min，支持介质为聚乙酸纤维膜，O/W 型微乳带电荷，W /O 型乳为电中性。较新的 FT-PGSE 法可通过测定微乳组分的扩散系数来判断油相与水相的连续性。

(三) 药物的含量

微乳和亚微乳中药物含量的测定一般采用溶剂提取法。溶剂的选择原则，主要应使药物最大限度地溶解在其中，溶剂本身也不应干扰测定。

(四) 稳定性

由于亚微乳的热力学不稳定性，其在制备及贮存过程中乳滴都有增大的倾向；微乳虽是热力学稳定系统，但有些微乳在贮存过程中粒径也会变大，甚至分层。目前还没有评价微乳和亚微乳稳定性的完善方法，可以参照我国新药评审乳剂(普通乳剂)指导原则(乳剂稳定性重点考察项目为形状、分层速率、色谱检查降解产物及其含量等)对制备的微乳及亚微乳进行稳定性考察。

(五) 黏度和折光率

黏度和折光率可以区别或检查微乳和亚微乳的纯杂程度。折光率一般使用阿贝折光仪测定，黏度用旋转式黏度计测定。微乳和亚微乳的黏度对其应用特别是注射给药方式有一定影响，黏度过大不利于制备和使用。

五、举例

例 17-6 环孢素自微乳

【处方】环孢素 100 mg，无水乙醇 100 mg，聚氧乙烯(40)氢化蓖麻油 380 mg，1，2-丙二醇 320 mg，精制植物油 320 mg。

【制法】将环孢素粉末溶于无水乙醇中，加入乳化剂聚氧乙烯(40)氢化蓖麻油、助乳化剂 1，2-丙二醇，混匀得透明液体，测定乙醇含量合格后，加入精制植物油混合均匀得透明油状液体。由胶皮轧丸机制得环孢素自微乳胶丸。

【注解】环孢素自微乳经口服后遇胃肠液可自动形成 O/W 型微乳，对不同的剂量水平，生物利用度可提高 74%～139%。

笔记栏

例 17-7　静脉注射用脂肪亚微乳

【处方】注射用大豆油 100 g，注射用卵磷脂 12 g，中链甘油三酯 100 g，注射用甘油 22 g，注射用水加至 1 000 mL。

【制法】将中链甘油三酯、卵磷脂、注射用甘油及适量水加入高速捣碎机中，在氮气流下分散，然后将混合后的液体加入乳匀机，并缓慢加入 90℃的大豆油，在氮气流下乳化至乳滴粒径小于 1 μm 后，加入足量的水，用 5～15 μm 的玻砂漏斗过滤，最后灌装、充氮、轧盖、高压灭菌(121℃，15 min)即得。贮藏时应置于 25℃以下(避免冷冻)。临床上规定静脉注射用亚微乳的渗透压应与血浆渗透压保持一致。

【注解】静脉注射用脂肪亚微乳可提供大量热能(30%脂肪乳注射液可达 12.6 MJ/L)与人体必需的脂肪酸。

第七节　纳米制剂技术

一、概述

纳米制剂技术(pharmaceutical nanotechnology)是指以纳米级高分子纳米粒、固体脂质纳米粒、微乳、纳米乳、胶束、纳米囊泡等为载体，与药物以一定方式结合在一起后制成的制剂，其粒径可能超过 100 nm，但通常应小于 500 nm；也可以直接将原料药物加工制成纳米混悬液等。纳米技术可增加药物溶解度，改善药物吸收，减少药物用量，减轻毒副反应，提高生物利用度与药物靶向作用等。

二、常见纳米制剂技术

(一) 纳米混悬液

1. 含义与特点　纳米混悬液(nanosuspension)是一种由纳米药物颗粒组成的表面活性稳定的分散体系，可经进一步制剂加工成各类剂型，供口服和注射使用。主要用于提高难溶性药物的饱和溶解度和溶出速率，提高生物利用度，改善对黏膜组织的黏附性，减少用药量，降低不良反应，提高药物制剂的稳定性等。

知识链接

纳　米　晶

纳米晶(nanocrystalline)是胶体分散药物传递系统，由药物晶体及少量稳定剂形成，其粒径在纳米尺寸范围。通常采用的制备方法有：① 自下向上法(bottom-up method)是将药物粉末溶解到适宜溶剂中形成溶液，然后将其加入到另一不良溶剂中而析出结晶，通过搅拌及超声来控制药物的成核及结晶过程促进药物分子的扩散，从而控制粒径，同时也需加入防止纳米晶继续生长的稳定剂。② 自上向下法(top-down method)将药物分散于水(含有稳定剂)中形成药物的粗混悬液，然后将其加入研磨腔内含有研磨珠的研磨机中，依靠药物颗粒与研磨珠剪切碰撞来减小药物粒径。

笔记栏

2. 制备方法

(1) 沉淀法(precipitation)：将药物粉末溶解到适宜溶剂中形成溶液，然后将其加入到另一不良溶剂中而析出结晶，即得。

(2) 高压匀质法(high-pressure homogenization)：将药物微粉化制成混悬液，在高压匀质机的高压泵作用下，强行通过匀质阀的狭缝，制得。

(3) 研磨法(milling)：将药物粉末溶解在溶液中(含有表面活性剂)，并与研磨介质一起放入研磨机内粉碎制得。

(二) 纳米粒

1. 含义与特点　纳米粒(nanoparticles)包括纳米球和纳米囊，为粒径在 10～1 000 nm 之间的固态胶体颗粒。因纳米粒可使药物的体内分布特征改变，故在缓控释和靶向给药多有应用，可以增加药物稳定性，提高药物生物利用度。纳米粒的材料包括天然材料如白蛋白、明胶、壳聚糖等，以及合成的如乙交酯丙交酯共聚物(PLGA)、聚氰基丙烯酸酯(PCA)、聚氰基丙烯酸烷基酯(PAPC)等。纳米粒表面结构可进行修饰和改性，如长循环纳米粒为其聚乙二醇化制得，细胞靶向纳米粒是通过单抗体或配体修饰得到，穿透血脑屏障的纳米粒主要采用表面活性剂修饰制备而得，磁靶向纳米粒通过包裹磁性 Fe_3O_4 制备。纳米粒给药途径有静脉给药、胃肠道给药、黏膜给药等，几乎包括各种途径。

2. 制备方法

(1) 乳化聚合法：将单体分散于水相乳化剂中的乳滴中，遇引发剂分子发生聚合，聚合反应终止后经分离得到呈固态的纳米粒。

(2) 天然高分子凝聚法：由高分子材料经过加热变性、化学交联或盐析脱水等方法使其凝聚制得纳米粒。

(3) 液中干燥法：由含高分子材料和药物的油相溶解于含乳化剂的水相中制成 O/W 型乳状液，油相中的有机溶剂被蒸发除去而油相成为纳米粒。

(4) 自动乳化法：在一定条件下，乳状液中的乳滴因界面能下降和界面骚动而形成更小的纳米级乳滴，然后交联固化，分离得到纳米粒。

(三) 固体脂质纳米粒

1. 含义与特点　固体脂质纳米粒(solid lipid nanoparticles，SLNs)是以固态的天然或合成的类脂如卵磷脂、三酰甘油等为载体的纳米载药系统。与聚合物纳米粒相比，SLNs 的突出优点是其采用的类脂材料，生理相容性好，可实现工业化生产。

2. 制备方法

(1) 高压乳匀法：是目前一种可靠的制备方法，在脂质体的制备方法中已有论述。

(2) 溶剂乳化蒸发法：将亲脂性药物溶于与水不相混溶的有机溶剂中，加入到含有乳化剂的水溶液中，形成 O/W 型乳剂，然后将有机溶剂蒸发，脂质逐渐从水溶液中析出而得。

(3) 溶剂分散凝聚法：通过调节 pH 而改变粒子的 Zeta 电位，使其发生凝聚，从而与有机溶剂分离。

(四) 聚合物胶束

1. 含义与特点　聚合物胶束(polymeric micelles)是一类两亲性共聚物形成的新型纳米载药系统，可使难溶性药物有效增溶，能够使药物增溶达 15～5 000 倍之多，并且载药量大，可修饰性强，稳定性与生物相容性好，且具有缓控释、靶向性等特点。

2. 制备方法

(1) 透析法：将药物和嵌段共聚物溶于有机溶剂中，该有机溶剂可与水互溶，之后在不断地搅拌下，在有机溶剂中加入少量水，再用透析法除去有机溶剂。

笔记栏

(2) O/W 溶剂挥发法：将药物和嵌段共聚物溶于有机溶剂中，该有机溶剂与水不相溶，再将混合液缓慢加入于激烈搅拌的蒸馏水中，形成 O/W 型乳剂，嵌段共聚物经重排形成聚合物胶束，将上述乳剂敞口放置并继续搅拌使有机溶剂挥发。

(3) 固体分散法：药物和嵌段共聚物溶于有机溶剂中，经过减压挥发除去有机溶剂得到固体聚合物，将少量水加入预热的固体聚合物中制得。

(4) 微相分离法：将药物和嵌段共聚物溶于有机溶剂中，在不断搅拌下将溶剂滴入蒸馏水中，经过减压挥发而除去有机溶剂。

(五) 树状大分子

1. 含义与特点　树状大分子(dendrimers)是一类高度有序排列的三维的，并且可以从分子水平对其大小、结构、形状、功能基团进行设计的新型纳米载药系统，具有生物相容性好、无免疫原性、易溶于水、末端氨基可修饰等特点。

2. 制备方法

(1) 发散法(divergent synthesis method)：从所需的树状大分子的中心点开始进行合成反应，向外扩展。其缺点是易造成不完全反应，且使分子中结构缺陷。

(2) 收敛法(convergent synthesis method)：由树枝形聚合物的外围逐步向内合成的方法。其缺点为位阻影响大，反应慢产率低。

(3) 发散收敛结合法：先用发散法制备出低代数的树状分子，作为活性中心，再用收敛法制得一定代数的扇形分子，然后再将其接到活性中心上制得。该方法结合了发散法和收敛法的优点。

(六) 无机-有机复合纳米材料药物载体

1. 含义与特点　无机-有机复合纳米材料是有机相和无机相在纳米范围内复合而成，两相之间界面面积非常大，且界面之间存在化学结合，具有良好的粘接性能，产生许多新性能，展现出诱人的应用前景。

2. 制备方法

(1) 共混法：该方法是制备纳米复合材料最简单的方法，通常共混法可分为熔融共混法、溶液共混法和机械共混法，适用于各种形态的纳米粒子。

(2) 纳米微粒直接分散法：将无机纳米微粒直接溶解于有机聚合物基质中制备无机-有机纳米复合材料，该方法基于物理吸附理论，无机纳米粒子通过机械铰合和次价键的作用与有机基体的界面结合。

(3) 插层复合法：是以层状无机物为主体，以有机高聚物为客体，将客体插入主体的层间制得。

(4) 溶胶-凝胶法：易水解的无机盐或金属醇盐在某种溶剂中与水发生反应，经过水解与缩聚过程而逐渐凝胶化，再经过干燥、烧结等后处理制得。

三、质量评价

1. 形态、粒径及其分布　一般通过电镜观察形态，应为球形或类球形，无粘连。粒径分布可通过激光散射粒度分析仪测定，或者用计算机软件分析电镜照片，从而绘制出粒径分布图或直方图。其粒径分布应在规定范围，范围狭窄，并符合使用要求。

2. 包封率与渗透率　冻干品需要分散在液体介质后再测定，测定时，可以通过透析、低温超速离心、凝胶柱等方法分离，然后分别测定体系中游离药量和总药量，从而计算出包封率。其中纳米粒应贮存一定时间后再测定包封率，计算贮存后的渗透率。

3. 再分散性　冻干品的外观应为细腻疏松块状物，且色泽均匀，加适量液体振摇，应立即分散成澄清的均匀胶体溶液，可用分散有不同量纳米粒的介质浊度变化表示再分散性。

笔记栏

4. 突释效应　纳米粒在开始 0.5 h 内的释药量应低于 40%。

5. 有害有机溶剂残留量　在制备过程中，如果使用了有害有机溶剂，则须按《中国药典》现行版四部通则“残留溶剂测定法”检查，应符合规定。

四、举例

例 17－8　汉防己甲素固体脂质纳米粒

【处方】汉防己甲素 4 mg，单硬脂酸甘油酯 396 mg。

【制备方法】取单硬脂酸甘油酯 396 mg，汉防己甲素 4 mg，精密称定。加入丙酮 12 mL 和乙醇 12 mL，水浴 50℃使完全溶解。在 400 r/min 机械搅拌条件下，将所得的混合物溶液加入到含 1% PVA 的酸性水溶液(用 0.1 mol/L 盐酸调至 pH 1.2)240 mL 中，室温搅拌 5 min，得 SLN 分散液。SLN 分散液超速离心，所得沉淀用适量蒸馏水超声分散，将 SLN 超声分散液于－75℃低温预冻 5 h，然后控制冷冻干燥条件冷冻干燥 72 h，得到 SLN 固体粉末。

【注解】本实验采用溶剂分散凝聚法制备 SLN，通过盐酸调节混合物 pH 来改变粒子的 Zeta 电位，使 SLN 凝聚析出，混悬液再经离心分离出 SLN。

第八节　缓控释制剂

一、概述

(一) 含义与特点

《中国药典》现行版四部对缓释、控释制剂作了如下定义。

缓释制剂(sustained-release preparations)系指在规定释放介质中，按要求缓慢地非恒速释放药物，与相应的普通制剂比较，给药频率比普通制剂减少一半或有所减少，且能显著增加患者顺应性的制剂。缓释制剂的释放通常符合一级或 Higuchi 动力学过程。

控释制剂(controlled-release preparations)系指在规定释放介质中，按要求缓慢地恒速释放药物，与相应的普通制剂比较，给药频率比普通制剂减少一半或有所减少，血药浓度比缓释制剂更加平稳，且能显著增加患者顺应性的制剂。控释制剂的释放是不受时间影响的恒速释放，通常符合零级动力学过程。

缓控释制剂主要特点在于活性药物释放缓慢，吸收入血后可维持较长时间的有效治疗血药浓度。缓控释制剂的优点如下：① 维持平稳的血药浓度，避免峰谷效应，减少毒副反应；② 延长给药间隔时间，减少服药次数，提高患者顺应性；③ 减少用药的总剂量，以最小剂量实现最佳的治疗效果；④ 某些缓控释制剂可以按照要求控制药物在体内的释放速度和部位。

然而，缓控释制剂也具有其局限性：① 临床应用出现不良反应时，不能立刻停止治疗。对于吞咽困难的患者，缓控释制剂通常不能分开服用或咀嚼服用；② 缓控释制剂通常基于健康人群的平均动力学参数而设计，当药物在疾病状态的体内动力学特性有所改变时，不能灵活调节给药方案；③ 缓控释制剂在使用中存在安全性问题，特别是单一单元的膜控型缓控释制剂，缓控释衣膜的质量问题可能导致体内药物泄露而带来药物突释或跳跃释放的风险；④ 与普通制剂相比，缓控释制剂的生产成本较高，工艺技术较复杂。

图 17－12 显示了口服普通制剂、缓释制剂和控释制剂后相应的血药浓度-时间曲线。普通制剂服用后，其血药浓度为单一的、短暂的峰形曲线。血药浓度维持在有效浓度范围的时间很短，而缓释和控释制剂服用后，血药浓度维持在有效浓度范围内的时间较长，即可在较长时间内维持药效。

笔记栏

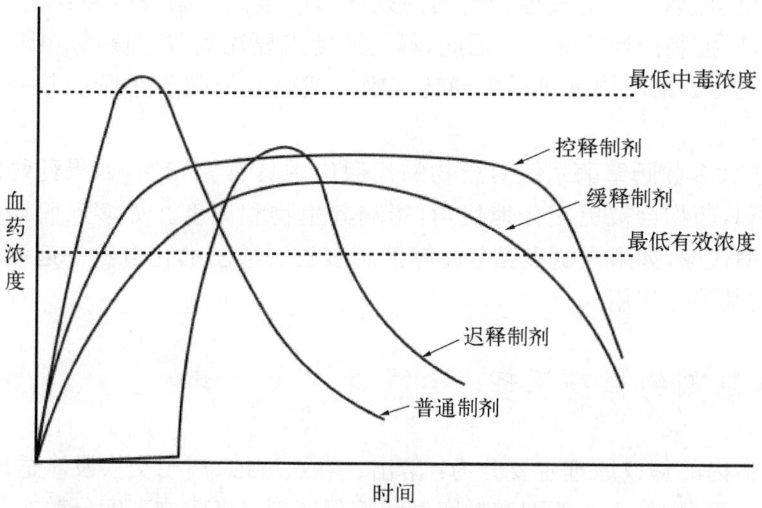

图 17－12　普通制剂、缓释、控释和迟释制剂血药浓度-时间曲线

国内外已上市的缓控释制剂达数百种，其剂型包括片剂、胶囊、栓剂、渗透泵、透皮贴剂、植入剂、黏膜黏附剂及注射剂（如微球、纳米粒和脂质体等）等，本节将主要介绍口服缓控释制剂。

缓控释制剂按制备工艺不同，可分为：骨架型缓释制剂、膜控型缓释制剂及植入型、渗透泵型及其他缓控释制剂。按给药途径不同，可分为经胃肠道给药型（如片剂、胶囊剂、丸剂等）和不经胃肠道给药型（如注射剂、栓剂、膜剂、植入剂等）。

（二）缓控释制剂的设计

1. 药物的理化性质与剂型设计

（1）药物的剂量：一般认为，0.5～1.0 g 是口服制剂单次给药的最大剂量（dosage），这同样适用于缓控释给药系统。对于一些治疗窗较窄的药物应在安全剂量范围内设计缓控释制剂。

（2）药物的理化性质：包括药物的溶解度、p*K*a 和油/水分配系数。药物的口服吸收受其溶解度、油/水分配系数等理化性质的影响。由于大多数药物呈弱酸性或弱碱性，在胃肠道的不同部位受局部 pH 的影响，呈现不同的解离程度，因此吸收程度不同。在设计缓控释制剂时，必须考虑药物在胃肠道环境中的溶解和吸收特点。具备一定水溶性的药物适合开发成为缓控释制剂，而对于难溶（溶解度＜0.01 mg/mL）但具备良好的跨生物膜渗透能力的药物，其溶解速度为药物的释放和吸收的限速步骤，需要同时采取增溶和调节药物释放的技术来制备缓控释制剂。

（3）药物的胃肠道稳定性：口服药物易受胃肠道酸碱水解、酶促降解以及细菌分解的影响。在特定部位降解的药物，可以设计成定位释放制剂，以避免在特定部位的降解，影响药效。比如质子泵抑制剂如奥美拉唑在胃中不稳定，可以设计成肠溶制剂给药。而蛋白多肽类药物在小肠中将被消化酶大量降解，可以设计成结肠定位给药系统，以提高其生物利用度。

2. 生理因素与剂型设计

（1）生物半衰期（biological half-life）：制备缓控释制剂的目的是要在较长时间内使血药浓度维持在治疗的有效浓度范围内。最理想的缓控释制剂应该是药物进入血液循环的速度与其在体内的消除速度相同。生物半衰期反映药物的消除速度，对维持治疗浓度至关重要。生物半衰期太短的药物，要维持治疗浓度，必须加大单位给药剂量，不方便给药。一般对于生物半衰期小于 1 h 的药物，如呋塞米和左旋多巴，都不适宜制成缓控释制剂。对于生物半衰期大于 24 h 的药物，其有效浓度可以维持较长的时间，也不必制成缓释制剂。此外，大多数药物在胃肠道的运行时间约为 8～12 h，因此药物的释放和吸收时间不宜设计为 12 h 以上，如果在结肠部位可以吸收，则可能使药物释放时间增至 24 h，从而制成一日服药一次的缓控释制剂。

笔记栏

（2）吸收：药物的吸收特性对缓控释制剂的设计影响很大。制备缓控释制剂的目的是通过控制制剂的释药速度，以控制药物的吸收。因此，释药速度需要比吸收速度慢。吸收速度小的药物也不宜制成缓控释制剂。如果药物是通过主动转运吸收或吸收局限于小肠的某一特定部位，则不利于制成缓控释制剂。

（3）代谢：由于大多数肠壁酶系统对药物的代谢作用具有饱和性，如果药物缓慢地释放，酶代谢过程没有达到饱和，药物会被更充分地代谢，影响其生物利用度。如多巴脱羧酶在肠壁浓度高，可对左旋多巴产生酶代谢，如果左旋多巴与能够抑制多巴脱羧酶的化合物一起制成缓释制剂，既能增加吸收，又能延长其治疗作用。

二、缓控释制剂的释药原理

缓控释制剂在体内的释放原理主要分为：溶出、扩散、溶蚀、离子交换及渗透压作用。根据药物的分散及包裹情况，将药物分为骨架型和贮库型缓控释制剂：将药物高度分散在载体材料中即形成骨架型；而将药物包裹在高分子膜内则形成贮库型。

（一）溶出原理

由于药物的溶出速度可以限制药物释放，因此降低药物的溶出速度，药物的释放延缓，表现出缓释作用。根据 Noyes-Whitney 溶出速度方程，要使药物长效缓释，可以通过以下几种方法缓慢释放：① 通过反应将药物制成溶解度较小的盐或酯，从而降低溶出速度，达到缓释作用；② 适当增大粒子大小，降低药物的比表面积，从而减慢溶出速度；③ 与药用高分子材料结合形成难溶性盐等，降低溶出速度，延长药效。

（二）扩散原理

以扩散为主的缓控释给药系统中，药物的释放速度主要由扩散速度决定。药物从制剂中扩散出来之前，首先溶解成溶液。通常将以此原理释放的缓控释制剂分为贮库型和骨架型，其中贮库型缓控释制剂根据包衣膜的不同，又可以分为水不溶性包衣膜结构和含可溶性孔道的包衣膜结构。

1. *水不溶性包衣膜结构*　由乙基纤维素等水不溶性材料包衣的微囊、小丸或片剂属于此类制剂，其释放速率符合 Fick's 第一定律。

2. *含可溶性孔道的包衣膜结构*　在乙基纤维素中掺入起致孔作用的甲基纤维素等致孔剂组成的包衣膜材即具此性质。致孔剂在胃肠液中会迅速溶解，形成大量细小的亲水性孔道。这类制剂的释放速度接近零级释放过程。

3. *骨架型结构*　骨架型缓控释制剂中释放介质由外向内不断扩散，外层药物首先溶解于介质中，最终扩散到骨架外，直至骨架核心的药物释放完毕。该过程中药物的溶解速度必须大于药物的扩散速度。

（三）溶蚀与扩散、溶出结合原理

缓控释制剂中药物的释放受很多因素影响，其中最主要的释放原理为溶出及扩散原理，但真实情况中通常是由几种释放原理结合起来共同促进药物的释放。

膨胀型骨架结构也是扩散与溶蚀结合的一种释药系统，此种制剂中膨胀型聚合物骨架首先遇水膨胀，之后药物从聚合物中释放出来。该过程中聚合物骨架的膨胀速率、药物的溶解度及骨架中可溶部分的含量均可决定药物的释放速度。

（四）渗透压原理

在渗透压给药系统中，药物及其他水溶性聚合物或辅料构成片芯包裹于水不溶性聚合物内，

笔记栏

该水不溶性聚合物作为半透膜只容许水分子通过，而不允许药物通过。常见的水不溶性聚合物材料有乙基纤维素、醋酸纤维素等。渗透泵作用过程中，首先用激光或其他适当方法在壳顶开一细孔，水通过细孔并透过半透膜到达片芯，片芯内药物成为渗透压（4～5 kPa）显著高于体液渗透压（0.7 kPa）的饱和溶液后，由于渗透压差异的作用，药物溶液通过细孔流出，直至药物完全溶解。

渗透泵系统的三种类型如下（图 17-13）所示：

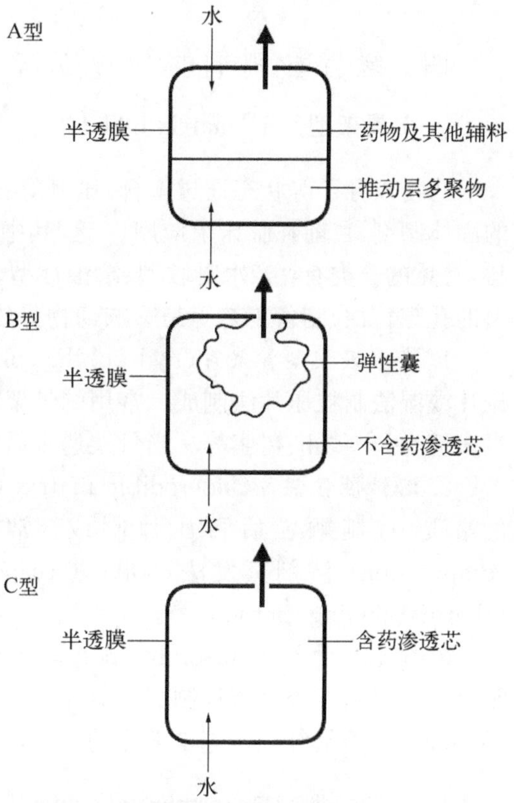

图 17-13 三种类型的渗透泵系统示意图

（五）离子交换原理

带电荷的药物通过离子键结合作用，在有水不溶性交联聚合物组成的树脂上，构成复合物树脂$^{+}$-药物$^{-}$或树脂$^{-}$-药物$^{+}$。药物-树脂可与带有适当电荷离子的溶液交换电荷离子，药物分子即可通过交换而释放，扩散出来。

$$树脂^{+}\text{-}药物^{-} + X^{-} \rightarrow 树脂^{+} - X^{-} + 药物^{-}$$
$$树脂^{-}\text{-}药物^{+} + Y^{+} \rightarrow 树脂^{-} - Y^{+} + 药物^{+}$$

其中，X^{-} 和 Y^{+} 为胃肠液中的离子。药物在树脂中的扩散速度受很多因素影响，如扩散路径的长度、扩散面积及树脂刚性部分的交联度等。

三、口服缓控释制剂常用辅料

1. *羟丙基甲基纤维素* HPMC 在口服缓控释技术中应用广泛。由于甲氧基和羟丙基这 2 种取代基在其结构中的含量不同，出现了各种型号的产品。各种型号的产品具有特定的黏度和热胶凝温度，因此具有不同的性质和用途。如卡乐康公司的 HPMC 商品名是美多秀™，有 3 种系列，即 E 系列、F 系列和 K 系列，每个系列有多种型号的产品可供选择。

2. *乙基纤维素* EC 是应用最广泛的水不溶性纤维素衍生物之一，在药剂中应用广泛。由于有机溶媒包衣液带来了毒性、环保、成本等一系列问题，而 EC 水分散体固体含量高且黏度低，可以克服这些缺点，因此受到广泛的研究和应用。EC 水分散体产品主要有美国 FMC 公司的 Aquacoat 和卡乐康公司的 Surelease。

3. *聚丙烯酸树脂* 聚丙烯酸树脂国外产品总称为 Eudragit（尤特奇），型号有 Eudragit E、L、S、RL、RS、NE 等。国产聚丙烯酸树脂主要有Ⅰ、Ⅱ、Ⅲ、Ⅳ四种型号，Ⅰ、Ⅱ和Ⅲ号树脂为肠溶型，Ⅳ号为胃溶型。

4. *醋酸纤维素* 是部分乙酰化的纤维素，因其分子中所含结合酸量的不同，有一醋酸纤维素、二醋酸纤维素与三醋酸纤维素，结合酸量的多少影响形成膜的释药性能，缓控释制剂特别是渗透泵制剂，常用二醋酸纤维素。三醋酸纤维素含乙酰量最大，熔点最高，渗透性差，但生物相容性好。

5. *邻苯二甲酸羟丙甲纤维素酯*（hydroxypropyl methylcellulose phthalate，HPMCP） 是一种新型肠溶包衣材料，有两种规格，分别为 HP-50 与 HP-55，HP-50 可溶于 pH 5.0 左右的介质中，而 HP-55 可溶于约 pH 5.5 的介质中，两者都不溶于水与胃液。常与虫胶合用，可降低胃液的渗透。

笔记栏

四、缓控释制剂的制备方法

（一）骨架型片剂（matrix tablets）

药物以分子等状态通过融合、压制等技术与一种或多种骨架材料及辅料制成片状或其他形状的固体制剂，目前在临床上应用广泛，其中骨架控制药物释放速率，起到贮库作用。根据骨架的材料，常见的分类有：亲水凝胶型、溶蚀性型、不溶性型和混合材料骨架片等。药物的溶解度、骨架材料的孔隙特性、制备工艺等是影响药物释放的主要因素。

1. 亲水凝胶型骨架片（hydrophilic colloid matrix tablets） 将骨架材料和药物混合均匀后采用压片或湿法制粒压片法制成。常用的骨架材料有羟丙甲纤维素、琼脂等天然胶类、半乳糖等非纤维素多糖类及丙烯酸树脂等。当骨架遇水后发生膨胀，形成凝胶屏障控制药物的溶出释放。

2. 溶蚀性骨架片（bioerodible matrix tablets） 将药物、辅料及脂肪酸等可溶蚀物质加入熔融的蜡质中，制颗粒后再压片制成。常见的制备工艺有：湿法制粒压片（wet granulation compression）、溶剂蒸发法（solvent ecaporation method）、熔融法（melting method）、热混合法（thermal mixing method）等。

3. 不溶性骨架片（insoluble polymer matrix tablets） 将药物与水不溶性或水溶性很小的高分子聚合物材料混合后压片制成。其中，可直接将骨架材料以粉末形式与药物混合直接压片。聚丙烯、聚乙烯、乙基纤维素等是常见的不溶性骨架材料。

（二）膜控型制剂（membrane-controlled preparation）

膜控型制剂是指将片剂、胶囊颗粒和小丸采用一种或多种包衣材料并添加增塑剂、抗黏剂、致孔剂等，经包衣处理后得到的可以控制药物释放速度、时间及部位的制剂。常见的包衣材料有甲基丙烯酸共聚物、醋酸纤维素等肠溶材料和水不溶性高分子材料。其制备工艺通常采用薄膜包衣法，如流化床包衣法。

（三）渗透泵片（osmotic pump tablets）

该类制剂是将药物、半透膜材料、渗透压活性物质和助推剂等组合而形成的一种利用渗透压原理完成制剂中药物释放的制剂。常见的半透膜材料有乙基纤维素、醋酸纤维素等；制剂中调节渗透压的物质为渗透压活性物质，常用的有葡萄糖、果糖、乳糖及其混合物，其用量对零级释放的时间长短有影响。助推剂被称为助渗剂，吸水膨胀后，对药物产生推动力，将药物从释药小孔中推出，常用分子量为 3 万～500 万的聚羟甲基丙烯酸烷基酯或分子量在 1 万～36 万范围内的聚维酮等作为助推剂。

（四）药树脂（binding to ion exchange resins）

该类制剂是由离子交换树脂与离子型药物交换后制成的新的树脂复合物。但目前该种制剂在药物含量较小的解离型药物中适用，如维生素 B_1、B_2、B_6、B_{12} 等制成的药树脂。

（五）胃滞留型制剂（gastric retentive systems）

为延长药物在胃内的释放时间，药物能够充分释放，提高药物的生物利用度，将药物和其他亲水凝胶材料及辅料制成一种不崩解的亲水性凝胶骨架片。常用的亲水胶体有羟丙甲纤维素、羟丙纤维素、羟甲基纤维素钠等。实现胃滞留的常见方法有：胃内漂浮滞留、磁导向定位技术和膨胀滞留等。制备过程中，往往需要加入一些疏水性辅料如脂肪醇类、脂肪酸类或蜡类等相对密度小的材料以提高滞留能力。同时也可加入乳糖、甘露糖等以加快药物释放，加入聚丙烯酸树脂Ⅱ、Ⅲ等减缓释药速度。

笔记栏

（六）植入剂（implant）

1. 含义与特点　植入剂一般采用特殊的注射器植入或者手术植入人体，是将药物与辅料制成的无菌固体制剂。其作用时间长，生物活性很高，但因其需要手术植入，患者不能自主给药，故目前多用于避孕方面。近年来随着递药系统理论和医药技术的发展，其治疗领域拓展到眼部疾病、心脑血管、糖尿病、抗肿瘤等多个领域。

2. 植入剂的分类　按药物在植入剂中的存在方式分类如下。

（1）固体载体型药物植入剂：指载体材料包裹药物经手术植入给药的植入剂，根据材料的不同可分为生物可降解型和生物不可降解型。

（2）泵型药物植入剂：指微型泵携载药物植入人体的制剂，其可以按照已经设定好的速度自动缓慢控制药物释放速率。

（3）原位凝胶型植入剂：将药物和聚合物溶于适宜溶剂中以原位凝胶的形式植入的一类制剂。

3. 植入剂的制备

（1）溶剂浇铸法：药物及辅料溶于有机溶剂和水中，待有机溶剂和水部分挥发后得到半固体混合物，置于浇铸装置中成适宜形状，干燥后灭菌制得一定规格的植入剂。

（2）熔融挤出法：在加热环境下将药物与辅料按比例熔融混合，将熔融物固化形成的固体分散体粉碎成小颗粒填充于挤出装置中，于一定温度下挤入模具中，室温冷却固化脱模灭菌即得。

（3）压膜成型法：将药物与辅料溶解于有机溶剂中形成溶液，通过喷雾干燥形成固体粉末，用具有极高压力的液压机于活塞型模具内压片后经灭菌即得。

五、迟释制剂

迟释制剂（delayed release preparation）是指给药后不立即释放药物的制剂，包括肠溶制剂、结肠定位制剂和脉冲制剂。

1. 肠溶制剂（enteric dissolving preparation）　系指在规定的酸性介质中不释放或几乎不释放药物，而在要求的时间内，于 pH 6.8 磷酸盐缓冲液中大部分或全部释放药物的制剂。

2. 结肠定位制剂（colon-specific release preparation）　系指在胃肠道上部基本不释放，在结肠内大部分或全部释放的制剂，即一定时间内在规定的酸性介质与 pH 6.8 磷酸盐缓冲液中不释放或几乎不释放，而在要求的时间内，于 pH 7.5～8.0 磷酸盐缓冲液中大部分或全部释放的制剂。

3. 脉冲制剂（pulsatile release preparation）　系指不立即释放药物，而在某种条件下（如在体液中经过一定时间或一定 pH 或某些酶作用下）一次或多次突然释放药物的制剂。

六、缓控释制剂的评价

1. 体外释放度试验　体外药物释放度试验是在模拟体内消化道条件下（如温度、介质的 pH、搅拌速率等），对制剂进行药物释放速率试验，最后制订出合理的体外药物释放度，以监测产品的生产过程，并对产品进行质量控制。

仪器装置除另有规定外，缓释、控释制剂的体外释放度试验可采用溶出度测定仪进行。温度应控制在 37 ± 0.5℃。释放介质以脱气的新鲜纯化水为常用释放介质，或根据药物的溶解特性、处方要求、吸收部位，使用稀盐酸（0.001～0.1 mol/L）、pH 3.0～8.0 的磷酸盐缓冲液、人工胃液或人工肠液作为释放介质。对于难溶性药物而言，不宜采用有机溶剂，可添加少量表面活性剂来达到增溶的目的。

释放介质的体积应满足漏槽条件。测定方法详见《中国药典》现行四部制剂通则。制剂（迟释制剂除外）释放速率的变化情况应在释放速率试验中体现，并具有统计学意义，总释药时间不得低

笔记栏

于给药时间间隔，累计释放率不得低于 90%。试验研究的数据分析中，根据累计释放率-时间曲线图作为数据分析的参考依据，对释放度取样时间点进行合理的确认。从释药曲线中选出不少于 3 个时间点进行取样，用来表示缓释制剂中体外药物释放度，对于控释制剂的取样时间点应不低于 5 个。其中，3 个取样点分别为 30%累积释放率时(0.5～2.0 h)，检测药物突释情况；50%累积释放率，检测释药特性；75%累积释放率，检测药物是否完全释放。迟释制剂根据临床要求，设计释放度取样时间点。多于一个活性成分的产品，要求对每一个活性成分按以上要求进行释放度测定。

释药模型的拟合缓释制剂的释药数据可用一级方程和 Higuchi 方程等拟合，控释制剂的释药数据可用零级方程拟合，拟合时以相关系数(r)最大而均方误差(MSE)最小为拟合结果最好。比较两种制剂的体外释放度曲线，常采用体外释药行为的相似因子法。

2. 生物利用度和生物等效性　生物利用度是指药物经血管外途径给药后吸收进入全身血液循环的相对量及速率。生物等效性指考察试验制剂和对照标准制剂等不同制剂在同样试验条件下，药物的吸收程度和速度的统计学差异。生物利用度是对药物内在质量标准进行确定，而对含同一主要成分的不同制剂的质量标准的保证可由生物等效性确定。《中国药典》现行版四部通则规定，缓释、控释制剂的生物利用度与生物等效性试验应在单次给药与多次给药两种条件下进行。单次给药试验主要比较不同制剂的吸收速度和程度；多次给药目的在于比较不同制剂多次连续用药达到稳定状态时，药物的吸收程度及稳态血药浓度的情况。

生物利用度和生物等效性的试验方法基本一致。对试验样品分析方法的要求、对受试者的要求和选择标准、参比制剂、试验设计、数据处理和生物利用度和生物等效性评价可参考《中国药典》现行版四部。

3. 体内外相关性　如要通过体外释放曲线的趋势推测药物在体内的情况，则必须以体内-体外相关性研究为基础，即体外释放曲线图与整个血药浓度-时间曲线图中各参数之间的关系。

体内-体外相关性情况主要分为三类：① 点对点相关。各个时间点在体外释放曲线、体内吸收曲线上能够分别对应；② 体内的血药浓度与时间关系曲线不能由体内平均滞留时间代替。原因是体外释放的平均时间与体内平均滞留时间在应用统计矩分析原理后，有多条不同的体内曲线能够产生相似的平均滞留时间；③ 将释放时间点与药代动力学参数一一对应后只说明部分相关。

根据《中国药典》现行版四部，缓控释制剂体内-体外相关性系指体内吸收相的吸收曲线与体外释放曲线之间对应的各个时间点回归，得到直线回归方程的相关系数符合要求，即可认为具有相关性。

第九节　靶向制剂

靶向制剂(targeting preparation)的概念源于科学家 Paul Ehrlich 提出的“魔术子弹”(magic bullet)的构想，期望通过将药物递送至病灶部位，降低对正常组织的伤害。随着细胞生物学、药物化学、现代生物分子学、材料科学、生物药剂学与药物动力学的不断发展和完善，人们意识到药物只有以一定的浓度作用于病灶部位时才具有最佳的治疗效果，因此，研究人员开始针对特定疾病的相关靶点来设计和构建靶向制剂。

一、含义与特点

笔记栏

靶向制剂也被称为靶向给药系统(targeted drug delivery system，TDDS)，指的是利用天然的或合成的高分子材料作为载体，能选择性地将药物浓集或定位于靶组织、靶器官、靶细胞或细胞内特定部位的药物递送系统。

一个良好的靶向制剂需要具备以下四个条件：靶向、控释、无毒和可生物降解。与常规制剂相比，靶向制剂可以识别病灶部位的特定靶点，延长药物在靶部位的作用时间，提高药物在靶部位的浓度，最大程度地减小药物作用于正常组织造成的毒副反应，提高疗效。除此之外，利用高分子材料作为载体制备的靶向制剂还可以改善难溶性药物的吸收，提高药物的稳定性。比如胰岛素的结肠靶向给药系统，可以避免胰岛素在消化道内被酶降解；利用靶向药物传送系统还可以使药物通过某些解剖屏障，如使药物可以通过血脑屏障，以此治疗脑部疾病。总的来说，靶向制剂可以提高用药的安全性、有效性和可靠性，并且可以改善患者的顺应性。

二、靶向制剂的分类

1. 根据靶向制剂在体内到达的部位和作用靶标的不同，可以将其分为一、二或三级靶向制剂：

(1) 一级靶向制剂：以特定器官或组织作为靶标来递送药物的制剂。如作用于肝组织或肺黏膜组织的靶向制剂等。

(2) 二级靶向制剂：以特定细胞作为靶标来递送药物的制剂。以肝脏为例，在治疗肝脏肿瘤时，既有正常的肝实质细胞，也有肝肿瘤细胞，将药物浓集于肝肿瘤细胞，在降低对正常细胞损害的同时还可以提高药效。

(3) 三级靶向制剂：以细胞器或细胞内某一位点作为靶标递送药物。如线粒体靶向制剂，研究人员通过连接靶向线粒体机制蛋白的N端信号肽序列，实现靶向线粒体的药物输送。

2. 根据靶向制剂的作用机制，可以分为被动靶向制剂、主动靶向制剂和物理化学靶向制剂。

(1) 被动靶向制剂(passive targeting drug delivery system)　即自然靶向制剂，是指由于载药微粒的粒径、表面性质等特殊性质使药物在机体内的不同部位聚集的制剂。它与主动靶向制剂的最大的区别在于，载体构建上不含具有分子特异性的配体、抗体等。

(2) 主动靶向制剂(active targeting drug delivery system)　是用修饰的药物载体作为"导弹"，将药物定向地运送到靶区浓集发挥药效。如载药微粒经表面修饰后，不被巨噬细胞识别，改变微粒在体内的自然分布而到达特定的靶部位。也可将药物修饰成前体药物，通过将具有药理活性的母体药物连接上另一种载体基团形成新的药理惰性化合物，在特定靶区被激活发挥作用。

(3) 物理化学靶向制剂(physical and chemical targeting drug delivery system)　是指通过设计特定的载体材料和结构，使其响应于某些物理化学条件如声、光、热、电、磁等，将药物在特定部位释放发挥药效的靶向给药系统。如应用磁性材料与药物制成磁导向制剂，在足够强的体外磁场引导下，使药物随血液流动，到达特定部位。使用对温度敏感的载体制成热敏感制剂，局部热疗，使热敏感制剂在靶区释药。用对pH敏感的载体制备pH敏感制剂，使药物在特定的pH靶区内释药。

三、被动靶向制剂

被动靶向制剂的载药微粒通常被网状内皮系统识别并摄取，主要的吸收部位为肝、脾、肾等。单核-巨噬细胞系统对微粒的摄取是通过微粒吸附血液中的调理素如免疫球蛋白IgG后再与巨噬细胞上有关受体结合完成的，微粒黏附在巨噬细胞表面，然后被巨噬细胞内在的生化作用——内吞(Endocytosis)和融合(Fusion)摄取。

微粒的粒径和表面性质是影响药物在体内分布的主要因素。粒径$>7\ \mu m$的载药微粒通常被肺部截留，在肺组织或肺泡中聚集。粒径$<7\ \mu m$的微粒一般被肝、脾的巨噬细胞摄取，粒径在200～400 nm时微粒集中于肝后迅速被清除，小于10 nm的微粒则聚集于骨髓。此外微粒的表面性质也会影响它在体内的分布，表面带负电荷的微粒易被肝脏摄取，表面带正电荷的易被肺摄取。微粒表面修饰亲水性分子后，可以延长其在体内的循环时间，提高药物疗效。常见的被动靶向制剂有纳米粒、乳剂、脂质体、胶束、微球(囊)和混悬性注射液等。

1. 纳米粒　纳米粒粒径在10～1 000 nm，载体包裹的药物经静脉注射后进入循环系统，被网状

笔记栏

系统(RES)摄取,大部分浓集于肝脏,因此纳米粒多用于治疗肝部疾病。如聚乙烯吡咯烷酮包裹的羟基喜树碱正丁酯毫微粒,经过动物体内试验证明约70%羟基喜树碱浓集于肝脏;白蛋白黄芪多糖纳米粒在小鼠试验中,显示出了良好的肝靶向。石杉碱甲PLGA纳米粒显示出了良好的脑靶向性,使得对于治疗老年痴呆的研究有了新的进展。

2. *微乳* 微乳具有淋巴亲和性,黏度低、稳定、吸收迅速。微乳可以增溶药物,提高生物利用度、降低毒副反应。微乳中加入亲水性材料,可避免网状内皮细胞的摄取,以此达到缓释的效果。如中药薏苡仁内酯的乳剂静脉注射液-康莱特,它能在肺部高浓度集中,对肺癌的治疗效果良好;去甲斑蝥素乳剂注射液对肝脏肿瘤细胞具有较强的亲和性和靶向性。

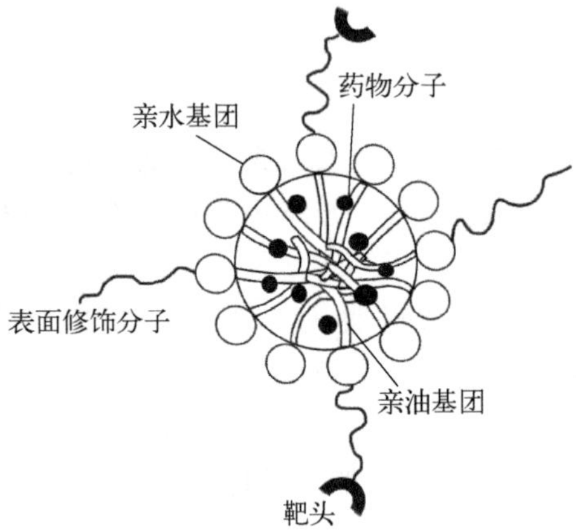

图17-14 靶向胶束结构示意图

3. *聚合物胶束* 靶向胶束结构示意图,如图17-14。聚合物胶束能够将药物靶向运输到肿瘤组织,可延长药物在体内的循环,可脱水贮存及自动水合,具有动力学和热力学稳定的性质。目前,聚合物胶束的研究主要集中于两个方面:药效高、毒性高和溶解度低的药物递送,如紫杉醇、姜黄素等;生理环境不稳定的基因药物的递送。

4. *脂质体* 脂质体具有以下特点:靶向性、缓释性、降低药物毒性和提高药物的稳定性。

四、主动靶向制剂

主动靶向制剂是指修饰的药物载体可主动识别靶点并将药物定向地转运到靶区浓集而发挥药效。包括前药、抗体介导的和受体介导的主动靶向制剂。与传统制剂相比,主动靶向可以增加药物在靶部位的浓度、减少给药剂量、降低毒性并提高疗效。药物结合抗体或受体后,不会被单核巨噬系统吞噬,从而到达特定的靶部位发挥药效;此外将药物修饰成前体药物,使其在特定靶区被激活发挥作用。如果只将微粒单独进行靶向修饰并不能实现靶向作用,还需要先将表面修饰亲水性集团后再连接上靶向基团。

(一) 抗体介导的主动靶向制剂

由于药物剂量可以决定其抗肿瘤效果,因此需要提高抗体分子携带药物分子的数量,然后引入载体形成药物-载体-抗体复合物,使其尽可能多地连接药物分子,提高靶向作用的效果。

1. *免疫脂质体* 免疫脂质体是将抗癌的单抗接到载药脂质体上,通过单抗识别肿瘤细胞上表达的抗原,因为抗体对抗原具有高度的特异性,使脂质体可靶向于肿瘤细胞,提高疗效。药物制剂进入靶细胞后,在溶酶体酶或组织蛋白酶的作用下,载药复合物降解,释放出药物。免疫脂质体具有以下特点:体内的滞留时间长、载药量大、专一性好。如在阿昔洛韦表面连接上抗细胞表面病毒糖蛋白抗体得到免疫脂质体。以Herceptin(赫塞汀,一种人源化单克隆抗体)修饰的紫杉醇脂质体,与紫杉醇溶液比较,Herceptin介导的紫杉醇脂质体能明显增加紫杉醇的血药浓度,延长滞留时间,具有良好的靶向性。

2. *免疫微球* 免疫微球是在微球上包裹或吸附上抗体或抗原而具有免疫活性的微球。将能与癌细胞有特异性结合作用的单抗固定在载药白蛋白微球上,可以显著增强微球对癌细胞的靶向性。此外,免疫微球还可以用来标记和分离细胞,对疾病进行诊断和治疗。

笔记栏

3. *免疫磁性载体* 免疫磁性载体是经抗体修饰后的药物通过与适当的磁性材料结合,在足够强的磁场条件下,经过血液循环到达肿瘤部位。将含Fe_3O_4的5-Fu磁性脂质体经兔耳静脉注射后,磁场定位区血管中药物滞留量达总量的80%。利用磁性载体和免疫学方法两方面的优势,可以增加药物在靶部位的浓度，提高药物的治疗效果。

4. *免疫高分子给药系统* 免疫高分子给药系统是指抗体与药物直接或间接相连构成的。比如合成的腺病毒高分子给药系统，不仅具有高效的穿膜活性，还能靶向于基质金属蛋白酶(MMPs)过表达的肿瘤细胞，并诱导肿瘤细胞的凋亡。

(二) 受体介导的主动靶向制剂

将药物或药物载体与受体结合，通过受体与其特异性的配体结合，将药物传送至靶部位。传统的治疗肿瘤的中药药物靶向性差，毒副反应大。受体介导的中药靶向制剂，可以主动靶向于肿瘤组织。研究较多的受体有叶酸受体、表皮生长因子受体、转铁蛋白受体、去唾液酸糖蛋白受体等。

表皮生长因子受体(EGFR)高表达于非小细胞肺癌、乳腺癌，而在正常组织中很少表达。如肝实质细胞膜表面高表达甘草次酸受体(glycyrrhetinic acid receptor, GAR)，以甘草酸修饰的载药纳米粒具有明显的靶向性。去唾液酸糖蛋白受体(asialoglycoprotein receptor)高表达于肝实质细胞的表面，它可以特异性识别β-半乳糖残基。叶酸受体(folate receptor, FR)在几乎所有的肿瘤细胞中高表达，而正常组织中基本上不表达，如把叶酸键合在紫杉醇胶束上，治疗肝癌肺转移的效果更好。转铁蛋白(transferrin, TF)受体是一种小分子糖蛋白，在脑胶质瘤、肝肿瘤细胞上高表达，是正常细胞的几倍，如以转铁蛋白修饰的共载紫杉醇和人参皂苷的脂质体在小鼠的体内试验中显示出了能主动靶向于肿瘤细胞的特点。用整合素受体 RGD 肽修饰的冬凌草甲素纳米粒抑制了肝癌细胞 H22 的生长，并且可以延长小鼠的存活时间。

(三) 前体药物制剂

前体药物(prodrug)是活性药物经化学修饰衍生化而成的，在体外药理活性差，在体内释放出母体药物，发挥治疗作用。分为抗肿瘤的前体药物，结肠靶向前体药物和脑靶向前体药物。

1. *抗肿瘤前体药物* 由于癌细胞比正常细胞含有更多的磷酸酯酶和酰胺酶，因此将药物修饰成磷酸酯类和酰胺类前药可以使药物在癌细胞定位聚集。如阿糖胞苷酰化物。

2. *结肠靶向前体药物* 利用结肠部位特殊菌落产生酶的作用，使药物在结肠定位释放。

3. *脑靶向前体药物* 只有强脂溶性的药物可以通过血脑屏障，口服多巴胺生物利用度很小，将其制成其前体药物 L-多巴，口服生物利用度明显提高。

前体药物还具有以下特点：改善药物吸收、增加药物的溶解度、改善药物的吸收、增加药物的稳定性等。

五、物理化学靶向制剂

(一) 磁性靶向制剂

磁性靶向制剂是通过载体将磁性材料和药物包裹在一起，有磁性微球、磁性脂质体、磁性纳米粒等。理想的磁性靶向制剂需要具备下列几个条件：磁性粒子具有超顺磁性，载药微粒能通过最小的毛细血管壁，不被网状内皮系统摄取，药物制剂可生物降解且无毒。常用的磁性材料有 Fe_3O_4 磁粉、纯铁粉、磁性合金材料等。

磁性材料可以在成球前加入(一步法)，也可以在成球后加入(两步法)。磁性微球的载药量高，可以提高药物在肿瘤组织中的浓集，两步法制备的以白蛋白作为载体材料制备的磁性茶多酚微球具有良好的靶向效果。磁性脂质体的毒性低，靶向性和生物相容性良好。磁性阿霉素纳米脂质体在外加磁场的作用下可以浓集于肿瘤组织，抑制肿瘤细胞的生长。

笔记栏

(二) 超声波敏感靶向制剂

超声波是一种声波，是机械振动的形式，也是能量传播的形式。超声波产生的强烈振动可以引起高分子聚合物的降解，所以超声可以加速药物的释放。超声波会在物质内部形成“声孔效应”，即聚合物内部有许多微小气泡时，可在超声波作用下发生膨胀、收缩、振荡等现象，导致聚合物材料产生孔隙结构，将药物释放出来。超声波在传递的过程中还会产生热量，因此将热敏感的材料与超声波敏感的材料结合在一起会具有更好的释药性能。

最常见的超声波敏感的载体是包载空气或全氟化烷化物的脂质体。如由氢化大豆磷脂酰胆碱(hydrogenated soybean phosphatidylcholine，HSPC)制备的顺铂脂质体可在 3 min 内释放总药量的 80%，实现了药物的快速释放。

（三）光敏感靶向制剂

近红外光(near-infrared，NIR)可以穿透较深层组织，因此在肿瘤靶向治疗中具有广阔的应用前景。通过光照激活光敏剂(photosensitizer)可以使细胞内产生氧自由基(ROS)，从而使靶细胞产生损伤。常用的光敏剂有卟啉衍生物(porphyry derivatives)和酞菁类(phthalocyanines)等。光敏性纳米载体的结构在光条件下会发生变化，导致自身裂解，然后将药物释放出去。如一种新型的光敏感两亲性聚合物(glucose/lactose - D3 - PCL - DNQ)在水溶液中可自组装成光敏感胶束，胶束的内核 DNQ 是疏水基团，可以用来包封水溶性较差的药物，通过 NIR 光照可以破坏胶束，从而加速药物在靶区的释放。

（四）热敏感靶向制剂

在脂质体中加入某种相变温度的热敏性凝胶，可使脂质体纳米制剂具有热敏性。热敏凝胶材料能随温度改变而发生一定的相变，将不同比例的二棕榈酸磷脂(DPPC)和二硬脂酸磷脂(DSPC)混合，在相变温度时，脂质体中磷脂从胶态过渡到液晶态，可增加脂质体膜的通透性，药物的释放速率提高。如顺铂温度敏感脂质体静脉注射于小鼠体内，局部升温可使药物聚集于肿瘤细胞，加强抗肿瘤作用；利用热敏性胶束包封阿霉素(DOX)，由于 EPR 效应的存在，该载药纳米粒可以在肿瘤组织聚集，将肿瘤部位的温度升至 43℃时，胶束结构被破坏，药物瞬间释放。

（五）氧化还原敏感靶向制剂

体内的氧化还原电位的变化是有一定规律的，因此可以作为一种触发药物释放的方式。研究发现肿瘤细胞的细胞质和内涵体中谷胱甘肽(GSH)的浓度均较高，而正常细胞和体液中含量较低。在还原条件下含有二硫键的聚合物可迅速降解，含有二硫键的聚合物具有一定的还原敏感性。如 3,3 -二硫代二丙酸含有二硫键，将其作为桥连试剂，制备得包封紫杉醇(PTX)的 CSO - ss - SA/PTX 载药纳米粒，该载药纳米粒在含 GSH 10 mmol/L 的肿瘤细胞内，可以快速释放药物；聚乙二醇- b -聚苯硫醚-聚乙二醇(PEG - PPS - PEG)是一种氧化还原敏感的三嵌段聚合物，在一定的条件下该聚合物可以自组装成囊泡，当该体系与 H_2O_2 水溶液接触时 PPS 疏水核被氧化，囊泡结构被破坏实现药物的释放。

（六）pH 敏感靶向制剂

基于肿瘤间质液的 pH 比周围正常组织的低，设计了 pH 敏感脂质体。常用的对 pH 敏感的类脂有 DPPC、十七烷酸磷脂等。以聚 β -氨基酸酯(PBAE)为骨架，构建的 pH 敏感性的给药系统维生素 E 聚乙二醇 1 000 嵌段共聚物(TPSS)作用至肿瘤部位时，由于 pH 低使得 TPSS 带正电荷，加强了肿瘤细胞对 TPSS 的摄取，进而提高了 TPSS 抗肿瘤的疗效。如以 pH 敏感型缩酮化合物为单体，采用微乳聚合得到了包载紫杉醇(PTX)的粒子，在中性环境中结构稳定，而在酸性环境中(pH 5.0)，24 h 内可以释放 85%的药物，活体动物实验表明，这种粒子能够大大降低 PTX 的细胞毒性。

总的来说，靶向给药的方法如图 17 - 15。

笔记栏

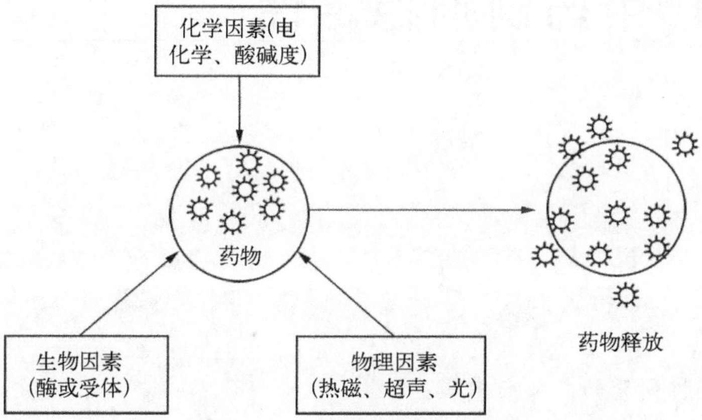

图 17-15 靶向给药方法示意图

六、靶向制剂的评价

靶向性是靶向给药系统的重要评价指标，药物制剂的靶向性可由以下三个参数来衡量。

1. 相对摄取率(r_e)

$$r_e = (AUCi)_p / (AUCi)_s \quad (17-6)$$

式(17-6)中，AUCi 由浓度-时间曲线求得的第 i 个器官或组织的药时曲线下面积；脚标 p 和 s 分别表示药物制剂及药物溶液。r_e 大于 1 表示药物制剂在该器官或组织有靶向性，r_e 愈大靶向效果愈好；等于或小于 1 表示无靶向性。

2. 靶向效率(t_e)

$$t_e = (AUC)_{靶} / (AUC)_{非靶} \quad (17-7)$$

式(17-7)中，t_e 表示药物制剂或药物溶液对靶器官的选择性。t_e 值大于 1 表示药物制剂对靶器官比非靶器官有选择性；t_e 值愈大，选择性愈强；药物制剂的 t_e 值与药物溶液的 t_e 值相比，说明药物制剂靶向性增强的倍数。

3. 峰浓度比(C_e)

$$C_e = (C_{max})_p / (C_{max})_s \quad (17-8)$$

式(17-8)中，C_{max} 为峰浓度，p 和 s 分别表示药物制剂和药物溶液，每个组织或器官中的 C_e 值表明药物制剂改变药物分布的效果，C_e 值愈大，表明改变药物分布的效果愈明显。

(郑 颖 陆 洋 陈大全)

笔记栏

第十八章 中药制剂稳定性

本章要点

中药制剂稳定性研究的意义与内容。

中药制剂稳定性的影响因素及提高稳定性的方法。

中药制剂稳定性考察项目和考察方法，有效期的求算。

玻璃、塑料、橡胶和金属等包装材料对药物制剂稳定性的影响。

第一节 概　　述

中药制剂的稳定性是指中药制剂在生产、运输、贮藏直至临床应用之前的一系列过程中，其物理、化学及微生物学特性发生变化的程度。稳定性试验的目的是考察制剂在温度、湿度、光线的影响下随时间变化的规律，为药品的生产、包装、贮存、运输条件提供科学依据，同时通过试验建立药品的有效期。

中药制剂稳定性的变化涉及化学稳定性、物理稳定性、微生物学稳定性三方面。化学稳定性是指由于药物的化学降解而导致药物含量（或效价）、色泽等产生变化。物理稳定性是指制剂的物理性能发生变化，如混悬剂中混悬微粒结块、药物结晶生长，乳剂的分层、破裂，胶体制剂的老化等。微生物学稳定性一般指中药制剂由于受微生物的污染，而使产品变质、腐败。其中化学稳定性是制剂稳定性的主要考察内容。

第二节 中药制剂稳定性影响因素

一、药物的化学降解类型

药物的分子结构决定了其化学降解途径，药物的化学降解反应有水解、氧化、异构化、聚合、脱羧等途径，其中水解、氧化是主要的降解途径。

（一）易水解的药物结构类型

（1）酯类药物：具有酯键结构的药物较易水解，分子量小的脂肪族酯类极易水解，几乎无法制成稳定的液体制剂，如亚硝酸乙酯。有些酯类药物则比较稳定，如阿托品，可以制成水溶液注射剂。酯类药物制成水溶液时要特别注意 pH 的调节。一般而言，溶液碱性愈强，水解愈快，如穿心莲内酯在 pH 为 7 时内酯环水解极其缓慢，在偏碱性溶液中则水解加快；当 pH 接近 10 时，不仅内酯开环转变为穿心莲酸，而且二萜双环可能发生双键移位、脱水、异构化、树脂化等反应，抗炎解热的疗效降低。

笔记栏

(2) 酰胺类药物：一般较酯类药物难水解，如青霉素等。

(3) 苷类药物：苷类药物在酶或酸碱的作用下产生水解反应。水解的难易程度与构成苷类药物的糖、苷元的种类以及苷元和糖连接的方式有关。如强心苷易水解，故常以浓度较高的乙醇为溶剂，其注射液多采用水与乙醇、丙二醇或甘油等为混合溶剂。洋地黄酊多采用70%乙醇浸出。

(二) 易氧化的药物结构类型

(1) 具有酚羟基或潜在酚羟基的有效成分，如黄芩苷等。

(2) 含有不饱和碳链的油脂、挥发油等，在光线、氧气、水分、金属离子以及微生物等影响下，都能产生氧化反应。

此外，两个或多个分子的聚合、旋光性药物变旋、同质多晶型药物的晶型转变以及酶类、蛋白质类等药物的变性，亦是药物产生分解变质的原因。

二、药物降解的化学动力学类型

药物的化学降解反应级数有零级、一级、二级及分数级等多种。多数制剂的分解可按零级、一级和伪一级反应处理。零级、一级反应速率方程分别为

$$C = -kt + C_0 \text{(零级反应)} \tag{18-1}$$

$$\lg C = -\frac{kt}{2.303} + \lg C_0 \text{(一级反应)} \tag{18-2}$$

式(18-1)(18-2)中，C_0为起始浓度；t 为时间；C 为经过 t 时间后反应物的浓度；k 为反应速率常数。

在制剂稳定性研究中，将药物含量降低50%所需的时间称为半衰期，用 $t_{1/2}$ 表示；药物含量降低10%所需的时间称为有效期，用 $t_{0.9}$ 表示。一级反应的有效期和半衰期按以下公式计算。

$$t_{0.9} = \frac{0.105\,4}{k} \tag{18-3}$$

$$t_{1/2} = \frac{0.693}{k} \tag{18-4}$$

由式(18-3)(18-4)可知，一级反应的有效期和半衰期与制剂中药物的初浓度无关，而与反应速率常数 k 值成反比。

三、影响中药制剂稳定性的因素

中药制剂在生产、贮运过程中，稳定性受到制剂组成、制备工艺条件等多种因素的影响，影响因素概括起来可分为处方因素和外界因素。处方因素主要有溶剂、溶液 pH、广义的酸碱催化、离子强度、赋形剂等；外界因素有温度、光线、空气(氧)、金属离子、湿度和水分、包装材料等。

(一) 处方因素

处方组成对中药制剂的稳定性影响很大。处方设计时，针对药物的性质合理选择附加剂，可改善制剂的稳定性。

(1) pH 液体制剂的稳定性与 pH 密切相关：许多药物的降解反应受 H^+ 或 OH^- 催化，这种催化作用也叫专属酸碱催化或特殊酸碱催化。

在专属酸、碱催化反应中，pH 对降解速率常数 k 的影响可用式(18-5)表示

$$k = k_0 + k_{H^+}[H^+] + k_{OH^-}[OH^-] \tag{18-5}$$

笔记栏

式(18－5)中，k_0表示参与反应的水分子的催化速率常数；k_{H^+}和k_{OH^-}分别表示H^+和OH^-离子的催化速率常数。

在pH很低时主要是酸催化，则式(18－5)可表示为

$$\lg k=\lg k_{H^+}-pH \quad (18-6)$$

以$\lg k$对pH作图得一直线，斜率为－1。设k_w为水的离子积即$k_w=[H^+][OH^-]$，在pH较高时主要是碱催化，则

$$\lg k=\lg k_{OH^-}+\lg k_w+pH \quad (18-7)$$

以$\lg k$对pH作图得一直线，斜率为＋1，在此范围内主要由OH^-催化。根据上述动力学方程，以$\lg k$为纵坐标，pH为横坐标作图，得到pH－降解速率图。图中最低点对应的横坐标，即为最稳定pH。pH－速率曲线有多种形状，图18－1为V型图。

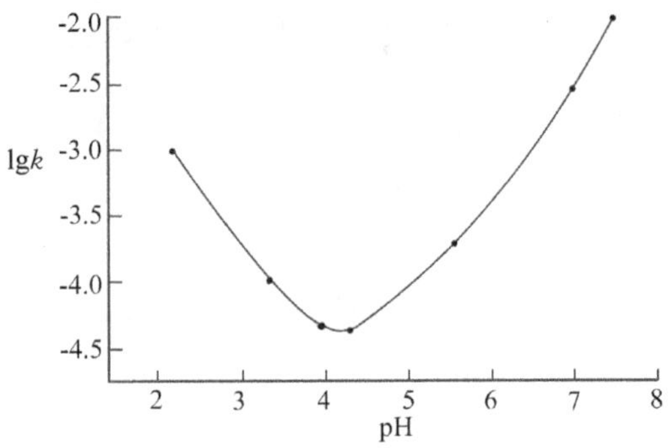

图18－1 pH－降解速率图

(2) 广义酸碱催化：按照Brōnsted-Lowry酸碱理论，给出质子的物质叫广义的酸，接受质子的物质叫广义的碱。有些药物也可被广义的酸碱催化水解，这种催化作用叫广义的酸碱催化或一般酸碱催化。为了使一些药物的pH稳定，在处方中常加入缓冲剂，如醋酸盐、磷酸盐、枸橼酸盐、硼酸盐等，均为广义的酸碱。

为了观察缓冲液对药物的催化作用，可在保持盐与酸的比例不变(pH恒定)的条件下，增加缓冲剂的浓度，配制一系列的缓冲溶液，观察药物在缓冲溶液中的分解情况。例如，研究发现穿琥宁注射液中穿琥宁的降解速率随着缓冲溶液的浓度的增加而显著增加。不同缓冲液对穿琥宁的降解有不同的催化作用，磷酸盐缓冲溶液和碳酸盐缓冲溶液对穿琥宁的水解催化作用较弱，而醋酸盐缓冲溶液的催化作用较强。

如果药物降解速率随缓冲剂浓度的增加而增加，则可确定该缓冲剂对药物有广义的酸碱催化作用。为了减少这种催化作用的影响，在制剂处方中，应选用尽可能低的缓冲剂浓度或没有催化作用的缓冲系统。

(3) 溶剂对于易水解的药物，有时采用非水溶剂，如乙醇、丙二醇、甘油等可使其稳定。但某些非水溶剂可能具有相反作用。

(4) 离子强度制剂处方中常添加某些电解质作辅料，如溶液渗透压调节剂、pH调节剂、某些抗氧化剂等，应当考虑离子强度对药物降解速率的影响。

(5) 表面活性剂：一些容易水解的药物，被表面活性剂胶束增溶后可使稳定性增加。但也存在表面活性剂使某些药物降解加快的现象。因此须通过实验，选择适宜的表面活性剂品种与用量。

(6) 处方中基质或赋形剂：有些半固体或固体制剂中药物的稳定性与制剂处方中基质或赋形剂有关，例如硬脂酸镁有弱碱性，遇碱不稳定的药物不宜使用。硬脂酸镁可与乙酰水杨酸反应形成乙酰水杨酸镁，提高了系统的pH，使乙酰水杨酸溶解度增加，分解速率加快，因此，生产乙酰水杨酸片时不应使用硬脂酸镁作为润滑剂，而须用影响较小的滑石粉或硬脂酸。

半固体或固体制剂选用基质或赋形剂时应考察药物与辅料的相容性，考察内容包括辅料与药物之间有无相互作用以及辅料对药物稳定性有无影响。试验方法应根据制剂品种的具体情况确定，例如对于口服固体制剂，可选若干种辅料，如辅料用量较大(如填充剂等)，可用主药与辅料按1∶5的比例混合，若用量较小(如润滑剂等)，则用主药与辅料按20∶1的比例混合，取一定量，按照稳定性考察方法中影响因素试验方法，分别在强光(4 500 lx±500 lx)、高温(60℃)、高湿(相对湿度90%±5%)的条件下放置10天，用HPLC或其他适宜的方法检查含量及有关物质放置前后有无变

笔记栏

化，同时观察外观、色泽等性状的变化。必要时可用原料药和辅料分别做平行对照实验，以判别是原料药本身的变化还是辅料的影响。

（二）外界因素

外界因素包括温度、光线、空气（氧）、金属离子、湿度等。这些因素对制剂稳定性的影响是制订产品的生产工艺条件、储运条件和包装设计的重要依据。

（1）温度：在生产中药制剂时，原药材通常要经过浸提、浓缩、干燥等前处理过程，有些制剂还需加热灭菌，此时应考虑温度对药物稳定性的影响。温度对药物水解、氧化等降解反应影响较大。

根据 Van't Hoff 规则，温度每升高 10℃，反应速率约增加 2～4 倍。

Arrhenius 指数定律描述了温度与反应速率常数之间的关系，是预测药物稳定性的主要理论依据，其方程如下

$$k = Ae^{-E/RT} \tag{18-8}$$

式(18－8)中，k 为药物降解速率常数；A 为频率因子；E 为活化能；R 为气体常数；T 为绝对温度。

（2）光线：对光敏感的药物在光照条件下会产生光化降解；光还能激发氧化反应，加速药物的氧化分解。在制剂生产与产品的贮存过程中，必须考虑光线的影响。

光照稳定性变化的指标，液体制剂可测定其有效成分的含量变化，也可利用其吸收度的变化，反映其变色程度；固体制剂表面层的变化，可应用漫反射光谱法测定其反射率的改变。例如用漫反射光谱法研究人工牛黄样品在人工光源照射下发生颜色变化的光解规律，发现在紫外灯光源下光解速率最快，荧光高压汞灯次之，碘钨灯最慢，表观光解常数与光波长有关，光解时间与光强度成反比。

对光敏感的制剂，应选用适宜的遮光容器包装，使其免受光线照射。

（3）空气（氧）：空气中的氧是引起酚类、烯醇类、芳胺类、吡唑酮类、噻嗪类等药物氧化的主要因素。药物氧化分解常是自动氧化，即在大气中氧的影响下缓慢进行。制剂中的氧主要来源于溶剂中溶解的氧以及内包装容器空间中的氧，因此除去制剂中的氧是防止氧化的根本措施。

（4）金属离子：由制剂原辅料中引入，或在生产中由使用的容器设备等引入的微量金属离子对自动氧化反应有显著的催化作用。铜、铁、钴、镍、锌、铅等离子都有促进氧化的作用，可缩短氧化作用的诱导期，增加游离基生成的速率。

（5）湿度和水分：水是化学反应的媒介，湿度和水分对固体制剂稳定性的影响很大。吸湿是中药固体制剂经常发生的现象，是引发其他变化的前提条件。物料吸湿或含水量过高还会影响其流动性、压缩成型性等特性，进而影响制剂的加工过程。为研究固体制剂的吸湿性，可在各种湿度条件下测定其吸湿速率和平衡吸湿量。

平衡吸湿量是样品于一定相对湿度下达到吸湿平衡状态以后的吸湿量。经不同时间连续测定，样品吸湿量如不再变化，即达吸湿平衡。在一定温度下，测定不同相对湿度环境中物料的平衡吸湿量。以平衡吸湿量对相对湿度作图，即可绘出吸湿平衡曲线，如图 18－2 所示。

从吸湿平衡曲线图上可求得物料吸湿量开始急剧增加时的相对湿度，即临界相对湿度（critical relative humidity，CRH）。CRH 值可作为物料吸湿性大小的衡量指标，CRH 值越大，越不易吸湿，CRH 值越小，越易吸湿。表 18－1 和表 18－2 是常用的恒湿溶液配制浓度，将溶液置于湿度加速试验的密闭容器中，可获得不同的相对湿度条件。

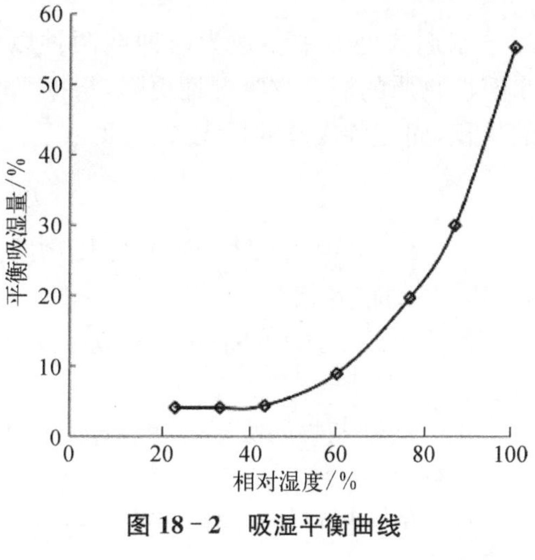

图 18－2 吸湿平衡曲线

笔记栏

表 18－1　不同浓度(W/V)硫酸、氢氧化钠、氯化钙水溶液的相对湿度(25℃)

H_2SO_4(%)	NaOH(%)	$CaCl_2$(%)	相对湿度
0.00	0.00	0.00	100
11.02	5.54	9.33	95
17.91	9.83	14.95	90
22.83	13.32	19.03	85
26.79	16.10	22.25	80
30.14	18.80	24.95	75
33.09	20.80	27.40	70
35.80	22.80	29.64	65
38.35	24.66	31.73	60
40.75	26.42	33.71	55
43.10	28.16	35.64	50
45.41	29.86	37.61	45
47.71	31.58	29.62	40
50.04	33.38	41.83	35
52.45	35.29	44.36	30
55.01	37.45		25

表 18－2　常用盐的饱和溶液在各种温度下的相对湿度(%)

盐	25℃	37℃	40℃
$CrK_2Cr_2O_7$	98.00		
KNO_3	92.48	91.0	
$BaCl_2 \cdot 2H_2O$	90.19		
KCl	84.26		81.7
KBr	80.71	81.0	79.6
NaCl	75.28	75.0	74.7
$NaNO_3$	73.79		71.5
$NaNO_2$	64.00	62.0	61.5
$NaBr \cdot 2H_2O$	57.70		52.4
$Mg(NO_3)_2 \cdot 6H_2O$	52.86	51.0	
$LiNO_3 \cdot 3H_2O$	47.06		
$K_2CO_3 \cdot 2H_2O$	42.76	41.0	
$MgCl_2 \cdot 6H_2O$	33.00	31.0	
$CH_3COOK \cdot 1.5H_2O$	22.45	23.0	
$LiCl \cdot H_2O$	11.05	11.0	

制剂的处方中多数为两种或两种以上的药物或辅料的混合物，其吸湿性能与处方组成有关。水溶性物质的混合物吸湿性更强，根据 Elder 假说，水溶性药物混合物的 CRH 约等于各成分 CRH 的乘积，而与各成分的量无关。即

$$CRH_{AB} = CRH_A \cdot CRH_B \tag{18-9}$$

式(18－9)中，CRH_{AB}为 A 与 B 物质混合后的临界相对湿度；CRH_A和 CRH_B分别表示 A 物质和 B 物质的临界相对湿度。

使用 Elder 方程的条件是各成分间不发生相互作用，因此，对于水溶液中形成复合物的体系不适合。

笔记栏

水不溶性药物的吸湿性随着相对湿度变化而缓慢发生变化，没有临界点，其混合物的吸湿性具有加和性。

(6) 包装材料：直接接触药品的包装材料是药品不可分割的一部分，它伴随药品生产、流通、贮

存及使用的全过程。不同材质的容器对外界环境的光线、水分、空气（氧）等的阻隔性能不同，有些材料与制剂中药物成分间还存在迁移或吸附等相互作用。常用的包装材料有玻璃、塑料、橡胶、金属等。

玻璃容器常用于注射剂、片剂、口服溶液剂等剂型的包装，按材质可分为硼硅酸、中性、钠钙玻璃，不同成分材质的性能有较大差别，玻璃透气、透湿性小；但有些玻璃易释放碱性物质或脱落不溶性玻璃碎片。

塑料常用于片剂、胶囊剂、注射剂、滴眼剂等剂型的包装，按材质可分为高（或低）密度聚乙烯、聚丙烯、聚对苯二甲酸乙二醇酯、聚氯乙烯等，其中添加了增塑剂、稳定剂、润滑剂等附加剂。塑料的优点是质轻、不易破碎，缺点是透气、透湿、不耐热等。制剂中某些成分可被塑料吸附，塑料中的附加剂也可迁移进入药液中。

橡胶主要用于制瓶塞、垫圈、滴头等，按材质可分为异戊二烯、卤代丁基橡胶等。成型时需加入填充剂、软化剂、防老化剂等。橡胶制品也存在吸附某些制剂成分以及附加剂迁移的现象。

金属容器常用于软膏剂、气雾剂等的包装。金属坚固、密封性好，对光线、空气等阻隔性能好，耐高低温；但化学活性较强，有的制剂对金属有腐蚀作用，金属离子又可加速某些药物的降解。现多采用金属容器内壁涂上保护层的方法解决。

在制剂研制过程中，应根据国家食品药品监督管理总局颁布的《药品包装材料与药物相容性试验指导原则》的要求，进行包装材料与药物相容性试验研究，为正确选择包装材料提供依据。

结合外界因素对稳定性的影响，选择适宜的制剂包装与贮藏条件是制剂稳定性的重要保障，常见的不同包装要求如下。

1）用不透光的容器包装，例如棕色容器或黑色包装材料包裹的无色透明、半透明容器。

2）将容器密闭，以防止尘土及异物进入。

3）将容器密封，以防止风化、吸潮、挥发或异物进入。

4）将容器熔封或用适宜的材料严封，以防止空气与水分的侵入并防止污染。

制剂的贮藏条件应根据制剂稳定性试验的影响因素及其考察结果确定，常见的贮藏条件如下。

1）阴凉处贮藏温度不超过 20℃。

2）凉暗处在避光条件下贮藏且温度不超过 20℃。

3）冷处贮藏温度为 2～10℃。

4）常温贮藏温度为 10～30℃。

第三节　提高中药制剂稳定性的方法

在研究分析影响中药制剂稳定性因素的基础上，采用改善制剂的稳定性针对性措施，以此指导处方和制剂工艺设计。

一、延缓药物成分水解的方法

中药制剂中酯类（包括内酯类）、酰胺类、苷类等药物成分易发生水解，延缓水解主要有以下措施。

（一）调节 pH

笔记栏

药物成分的水解易受酸碱催化，所以液体制剂处方设计时首先应确定制剂最适宜的 pH 范围。可采用以下实验方法：保持处方中其他成分不变，配制一系列不同 pH 的溶液；将这些溶液置于较高温度下(恒温)下进行加速实验,根据化学动力学原理求出各种 pH 溶液中药物的降解速率常数 k;以 lgk 对 pH 作图,从图中最低点对应的横坐标就可求出最稳定的 pH。

例如,穿心莲内酯易开环水解,用不同 pH 的磷酸盐缓冲液适量充分溶解穿心莲内酯在一定温度下进行加速试验,计算各 pH 下的降解速率常数 k,以 lgk 为纵坐标,pH 为横坐标作图,得到 pH-降解速率图,呈 V 型,结果表明穿心莲内酯水溶液最稳定的 pH 范围为 3～5。

pH 调节要兼顾制剂的稳定性、药物溶解度和药效三个方面。例如大部分生物碱在偏酸性溶液中比较稳定,故注射剂常调节在偏酸范围。但将它们制成滴眼剂时,就应调节在偏中性范围,以减少刺激性,提高疗效。

(二) 降低温度

温度降低,药物降解速率减慢。在提取、浓缩、干燥、灭菌、贮存等过程中,应适当降低温度或缩短物料受热时间,以减少水解的发生。

(三) 改变溶剂

对于易水解的药物,有时采用非水溶剂,如乙醇、丙二醇、甘油等而使其溶液稳定。

(四) 制成干燥固体

对于极易水解的药物,可制成固体剂型。例如,可将注射用溶液制成注射用无菌粉末,将口服液制成可溶颗粒剂等。

(五) 改进制剂工艺

在制备颗粒剂、片剂等剂型时,可选择干法制粒、粉末直接压片等工艺,减少物料与水分的接触。中药片剂、丸剂等固体制剂也可通过包衣来降低吸湿性,改善制剂的稳定性。

二、防止药物氧化的方法

氧化也是药物降解的主要途径之一,酚类、烯醇类、芳胺类、吡唑酮类、噻嗪类药物较易氧化。防止药物氧化有以下措施。

(一) 降低温度

在制备和贮存过程中,应适当降低温度,以减少药物的氧化。

(二) 避光

光能激发氧化反应,加速药物的氧化分解。因此在制备过程中,应严格避免日光的照射,成品选用遮光性好的容器包装,避光贮藏。

(三) 驱逐氧气

驱逐氧气是防止药物氧化的根本措施。生产上一般在溶液中和容器空间通入惰性气体如二氧化碳或氮气,置换其中的空气。对于固体药物,可采取真空包装等。

(四) 添加抗氧剂

笔记栏

药物的氧化降解常为自动氧化降解,因此,在驱逐氧气的同时,还应加入抗氧剂。根据溶解性能,抗氧剂可分为水溶性抗氧剂与油溶性抗氧剂两大类。一些抗氧剂本身为强还原剂,它首先被氧化而保护主药免遭氧化,如抗坏血酸、异抗坏血酸和亚硫酸盐类。焦亚硫酸钠和亚硫酸氢钠常用于弱酸性药液，亚硫酸钠和硫代硫酸钠常用于偏碱性药液。另一些抗氧剂是链反应的阻化剂，能与游离基结合，中断链反应的进行，如维生素 E、没食子酸酯类、叔丁基对羟基茴香醚(BHA)和 2,6-二叔丁基对甲酚(BHT)等。此外还有一些物质能显著增强抗氧剂的效果，通常称为协同剂，如枸橼酸、酒石酸、磷酸等。使用抗氧剂时，应注意药物不应与其发生相互作用。抗氧剂的用量可参阅有关文献并结合稳定性试验结果来确定。

(五) 控制微量金属离子

微量金属离子对自动氧化反应有显著的催化作用。要避免金属离子的影响，在操作过程中应尽可能避免药物与金属器械接触，并可加入金属离子螯合剂，如依地酸盐，有时络合剂与亚硫酸盐类抗氧剂联合应用，效果更佳。依地酸二钠常用量为 0.005%～0.05%。

(六) 调节 pH

液体制剂需调节 pH 在最稳定的范围，pH 的确定方法在前文已介绍。

(七) 制成微囊或包合物

某些药物制成微囊或环糊精包合物后，可减少外界环境如氧气、湿气、光线等对药物的影响，提高其稳定性。

除以上方法外，在不影响药物有效性与安全性的基础上，也可将不稳定成分制成稳定性较好的衍生物或前体药物，提高制剂的稳定性。

第四节　中药制剂稳定性试验方法

中药制剂稳定性研究，首先应查阅处方组成药物活性成分稳定性有关资料，特别了解温度、湿度、光线对药物活性成分稳定性的影响，并在处方筛选与工艺设计过程中，根据药物主要活性成分与辅料性质，进行影响因素试验、加速试验与长期试验。

稳定性试验的基本要求如下。

(1) 稳定性试验包括影响因素试验、加速试验与长期试验。影响因素试验用 1 批供试品进行。加速试验与长期试验要求用 3 批供试品进行。

(2) 中药制剂供试品应是放大试验的产品，其处方与工艺应与大生产一致。中药制剂如片剂、胶囊剂，每批放大试验的规模，片剂至少应为 10 000 片，胶囊剂至少应为 10 000 粒。大体积包装的制剂如静脉输液等，每批放大规模的数量至少应为各项试验所需总量的 10 倍。特殊品种、特殊剂型所需数量，根据情况另定。

(3) 供试品的质量标准应与临床前研究及临床试验和规模生产所使用的供试品质量标准一致。

(4) 加速试验与长期试验所用供试品的包装应与上市产品一致。

(5) 研究药物稳定性，要采用专属性强、准确、精密、灵敏的药物分析方法与有关物质(含降解产物及其他变化所生成的产物)的检查方法，并对方法进行验证，以保证药物稳定性试验结果的可靠性。在稳定性试验中，应重视降解产物的检查。

(6) 由于放大试验比规模生产的数量要小，故在产品获得批准后，从放大试验转入规模生产时，对最初通过生产验证的 3 批规模生产的产品仍需进行加速试验与长期稳定性试验。

一、影响因素试验

笔记栏

又称强化试验(stress testing)，是在比加速试验更激烈的条件下进行，其目的是考察制剂处方的合理性与生产工艺及包装条件。供试品用 1 批进行，将供试品如片剂、胶囊剂、注射剂（注射用无菌粉末如为西林瓶装，不能打开瓶盖，以保持严封的完整性），除去外包装，置适宜的开口容器中，进行高温试验、高湿度试验与强光照射试验，试验条件、方法、取样时间与原料药相同，重点考察项目见附表。

（一）高温试验

供试品开口置适宜的洁净容器中，60℃温度下放置 10 天，于第 5 天和第 10 天取样，按稳定性重点考察项目进行检测。若供试品含量低于规定限度则在 40℃条件下同法进行试验。若 60℃无明显变化，不再进行 40℃试验。

（二）高湿试验

供试品开口置恒湿密闭容器中，在 25℃分别于相对湿度 90%±5%条件下放置 10 天，于第 5 天和第 10 天取样，按稳定性重点考察项目要求检测，同时准确称量试验前后供试品的重量，以考察供试品的吸湿潮解性能。若吸湿增重 5%以上，则在相对湿度 75%±5%条件下，同法进行试验；若吸湿增重 5%以下，其他考察项目符合要求，则不再进行此项试验。恒湿条件可在密闭容器如干燥器下部放置饱和盐溶液，根据不同相对湿度的要求，可以选择 NaCl 饱和溶液（相对湿度 75%±1%，15.5～60℃），KNO_3饱和溶液（相对湿度 92.5%，25℃）。

（三）强光照射试验

供试品开口放在装有日光灯的光照箱或其他适宜的光照装置内，于照度为 4 500 lx±500 lx 的条件下放置 10 天，于第 5 天和第 10 天取样，按稳定性重点考察项目进行检测，特别要注意供试品的外观变化。

关于光照装置，建议采用定型设备"可调光照箱"，也可用光橱，在箱中安装日光灯数支使达到规定照度。箱中供试品台高度可以调节，箱上方安装抽风机以排除可能产生的热量，箱上配有照度计，可随时监测箱内照度，光照箱应不受自然光的干扰，并保持照度恒定，同时防止尘埃进入光照箱内。

此外，根据药物的性质必要时可设计试验，探讨 pH 与氧及其他条件对药物稳定性的影响，并研究分解产物的分析方法。创新药物应对分解产物的性质进行必要的分析。

二、加速试验

（一）法定加速试验法

此项试验是在加速条件下进行，其目的是通过加速中药制剂的化学或物理变化，探讨中药制剂的稳定性，为处方设计、工艺改进、质量研究、包装改进、运输、贮存提供必要的资料。供试品要求 3 批，按市售包装，在温度 40±2℃、相对湿度 75%±5%的条件下放置 6 个月。所用设备应能控制温度±2℃、相对湿度±5%，并能对真实温度与湿度进行监测。在试验期间第 1 个月、2 个月、3 个月、6 个月末分别取样一次，按稳定性重点考察项目检测。在上述条件下，如 6 个月内供试品经检测不符合制订的质量标准，则应在中间条件下即在温度 30±2℃、相对湿度 65%±5%的情况下进行加速试验，时间仍为 6 个月。溶液剂、混悬剂、乳剂、注射液等含有水性介质的制剂可不要求相对湿度。试验所用设备与原料药物相同。

笔记栏

对温度特别敏感的中药制剂，预计只能在冰箱（4～8℃）内保存使用，此类中药制剂的加速试验，可在温度 25±2℃，相对湿度 60%±10%的条件下进行，时间为 6 个月。

乳剂、混悬剂、软膏剂、乳膏剂、糊剂、凝胶剂、眼膏剂、栓剂、气雾剂、泡腾片及泡腾颗粒宜直接采用温度 30±2℃、相对湿度 65%±5%的条件进行试验，其他要求与上述相同。对于包装在半透性容器中的中药制剂，例如低密度聚乙烯制备的输液袋、塑料安瓿、眼用制剂容器等，则应在温度 40±2℃、相对湿度 25%±5%的条件(可用 $CH_3COOK \cdot 1.5\ H_2O$ 饱和溶液)进行试验。

(二) 经典恒温法

经典恒温法仅作为稳定性预试验研究用，可预测制剂的有效期，其结果仅供制剂稳定性试验参考。

经典恒温法基于 Arrhenius 指数定律。

根据 Arrhenius 指数定律，其对数形式为

$$\lg k = -\frac{E}{2.303R} \cdot \frac{1}{T} + \lg A \qquad (18-10)$$

式(18-10)中，k 为药物降解速率常数；T 为绝对温度；R 为气体常数，其值为 8.314 J/(℃ · mol)；E 为活化能；A 为频率因子。经图解法，以 $\lg k$ 对 $1/T$ 作图得一直线，直线的斜率为 $-E/(2.303R)$。将直线外推至室温，并在纵坐标上找出 $\lg k_{25℃}$，如图 18-3 所示，计算出室温 25℃时的降解速率常数 $k_{25℃}$。根据 $k_{25℃}$ 即可计算分解 10%所需的时间，即 25℃时的有效期($t_{0.9}$)，或 25℃贮藏若干时间以后残余的浓度。

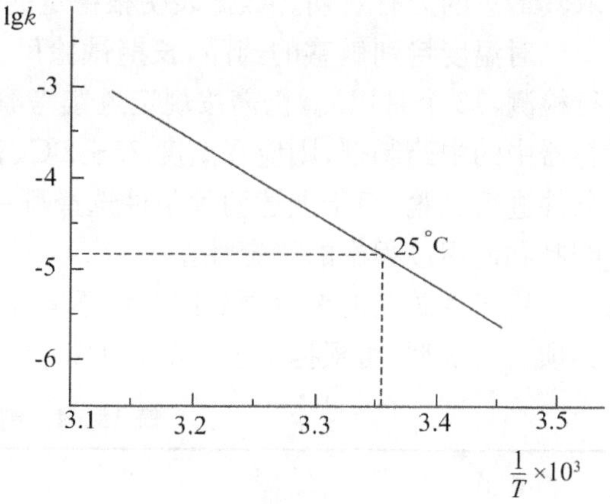

图 18-3　预测药物室温稳定性的 Arrhenius 图

具体实验包括以下步骤：① 预试验确立反应制剂稳定性的指标性成分及含量测定方法；② 选定 4～5 个实验加速温度和间隔取样时间，测定不同温度加速试验条件下，不同取样中指标性成分的含量，经 lgC-t 图解确定为一级反应后，再经线性回归，求出各温度下的反应速率常数 k 值；③ 经 $\lg k - 1/T$ 图解法，得出 25℃时 k 值；④ 计算 25℃时药物分解 10%所需的时间($t_{0.9}$)。

例 18-1　某中药制剂，在 40℃、50℃、60℃、70℃四个温度下进行加速试验，测得各个时间的浓度，确定为一级反应，用线性回归法求出各温度的速率常数。结果见表 18-3。

表 18-3　温度与速率常数数据表

T(℃)	$1/T$($\times 10^{-3}$)	k($\times 10^{-5}$)	$\lg k$
40	3.192	2.66	−4.575
50	3.094	7.94	−4.100
60	3.001	22.38	−3.650
70	2.913	56.50	−3.248

将上述数据($\lg k$ 对 $1/T$)进行一元线性回归，得回归方程

$$\lg k = -4\,765.98/T + 10.64$$

$$E = 91\,302.69\ \text{J/mol}$$

$$k_{25℃} = 4.6 \times 10^{-6}(\text{h}^{-1})$$

$$t_{0.9} = 0.105/k_{25℃} = 22\,918(\text{h}) = 2.65(\text{年})$$

(三) 其他方法

笔记栏

除经典恒温法外，基于化学动力学原理和 Arrhenius 指数定律，预测药物室温下稳定性的试验方法还有活化能估算法、初均速法、Q10 法及线性变温法等简化方法。

三、长期试验

长期试验是在接近药品的实际贮存条件下进行，其目的是为制订药品的有效期提供依据。供试品3批，市售包装，在温度25±2℃、相对湿度60%±10%的条件下放置12个月，或在温度30±2℃、相对湿度65%±5%的条件下放置12个月，这是从我国南方与北方气候的差异考虑的，至于上述两种条件选择哪一种由研究者确定。每3个月取样一次，分别于0、3、6、9、12个月取样，按稳定性重点考察项目进行检测。12个月以后，仍需继续考察，分别于18、24、36个月取样进行检测。将结果与0个月比较以确定药品的有效期。由于实测数据的分散性，一般应按95%可信限进行统计分析，得出合理的有效期。如3批统计分析结果差别较小，则取其平均值为有效期限。若差别较大，则取其最短的为有效期。数据表明很稳定的药品，不作统计分析。

对温度特别敏感的药品，长期试验可在温度6±2℃的条件下放置12个月，按上述时间要求进行检测，12个月以后，仍需按规定继续考察，制订在低温贮存条件下的有效期。对于包装在半透性容器中的中药制剂，则应在温度25±2℃、相对湿度40%±5%，或30±2℃、相对湿度35%±5%的条件进行试验，至于上述两种条件选择哪一种由研究者确定。此外，有些中药制剂还应考察临用时配制和使用过程中的稳定性。

稳定性试验的考察项目因剂型不同而不同，主要剂型的重点考察项目见附表，表中未列入的考察项目及剂型，可根据剂型及品种的特点制订。常用剂型的考察项目见表18-4。

表18-4 制剂稳定性重点考察项目参考表

剂型	稳定性试验主要考核项目
片剂	性状、含量、有关物质、崩解时限或溶出度或释放度
胶囊剂	性状、含量、有关物质、崩解时限或溶出度或释放度、水分，软胶囊要检查内容物有无沉淀
注射剂	性状、含量、pH、可见异物、不溶性微粒、有关物质、应考察无菌
栓剂	性状、含量、融变时限、有关物质
软膏剂	性状、均匀性、含量、粒度、有关物质
乳膏剂	性状、均匀性、含量、粒度、有关物质、分层现象
糊剂	性状、均匀性、含量、粒度、有关物质
凝胶剂	性状、均匀性、含量、有关物质、粒度，乳胶剂应检查分层现象
眼用制剂	如为溶液，应考察性状、可见异物、含量、pH、有关物质；如为混悬液，还应考察粒度、再分散性；洗眼剂还应考察无菌；眼用丸剂应考察粒度与无菌
丸剂	性状、含量、有关物质、溶散时限
糖浆剂	性状、含量、澄清度、相对密度、有关物质、pH
口服溶液剂	性状、含量、澄清度、有关物质
口服乳剂	性状、含量、分层现象、有关物质
口服混悬剂	性状、含量、沉降体积比、有关物质、再分散性
散剂	性状、含量、粒度、有关物质、外观均匀度
气雾剂	递送剂量均一性、微粒子剂量、有关物质、每瓶总揿次、喷出总量、喷射速率
吸入制剂	递送剂量均一性、微细粒子剂量
喷雾剂	每瓶总吸次、每喷喷量、每喷主药含量、递送速率和递送总量、微细粒子剂量
颗粒剂	性状、含量、粒度、有关物质、溶化性或溶出度或释放度
贴剂（透皮贴剂）	性状、含量、有关物质、释放度、黏附力
冲洗剂、洗剂、灌肠剂	性状、含量、有关物质、分层现象（乳状型）、分散性（混悬型），冲洗剂应考察无菌
搽剂、涂剂、涂膜剂	性状、含量、有关物质、分层现象（乳状型）、分散性（混悬型），涂膜剂还应考察成膜性
耳用制剂	性状、含量、有关物质、耳用散剂、喷雾剂与半固体制剂分别按相关剂型要求检查
鼻用制剂	性状、pH、含量、有关物质，鼻用散剂、喷雾剂与半固体制剂分别按相关剂型要求检查

注：有关物质（含降解产物及其他变化所生产的产物）应说明其生成产物的数目及量的变化，如有可能应说明有关物质中何者为原料中的中间体，何者为降解产物，稳定性试验重点考察降解产物。

笔记栏

（狄留庆）

第十九章 生物药剂学和药物动力学

本章要点

生物药剂学和药物动力学的概念与研究内容。

药物的体内过程及其影响因素。

剂型因素和生物因素的内涵及其对药物制剂疗效的影响。

生物利用度与生物等效性的含义和测定方法。

药动学基本模型和主要参数的意义与求算，常用药物动力学软件。

第一节 概 述

20世纪60年代以来，随着医药科技的发展和长期的医疗实践，人们认识到，剂型不仅赋予药物一定的外形，而且与其疗效密切相关。同时也认识到化学结构决定疗效的观点有很大的片面性，药物制剂的疗效不仅仅与药物本身的化学结构有关，同时剂型因素和生物因素对于药效的发挥也有重要影响。只有深入研究影响药物制剂疗效的各种因素、药物在体内的各种变化过程，才能正确评价药物制剂质量，并使药物发挥最佳的治疗作用，保证用药的有效性和安全性。因此生物药剂学与药物动力学两门新的药剂学分支学科迅速发展起来。

一、生物药剂学的概念

生物药剂学(biopharmaceutics)主要研究药物及其制剂在体内吸收、分布、代谢与排泄的机制及过程，阐明剂型因素、机体生物因素与药物疗效之间相互关系的学科。

生物药剂学所研究的剂型因素广义地包括与剂型有关的各种因素，例如：① 药物的理化性质，如盐类、酯类、粒径、晶型、溶出速度等；② 制剂的处方组成，如所用辅料的性质、用量、配伍、药物的相互作用等；③ 制备工艺过程，如制备方法、工艺条件等；④ 剂型和给药方法等。

生物因素主要是指：① 种属差异，如各种不同的动物与人的差异；② 种族差异，如肤色、人种的不同；③ 性别差异；④ 年龄差异；⑤ 生理和病理条件的差异；⑥ 遗传背景的差异等。

二、药物动力学的概念

药物动力学(pharmacokinetics)亦称为“药动学”“药物代谢动力学”“药代动力学”，是应用动力学的原理，定量地描述药物通过各种途径进入体内的吸收、分布、代谢和排泄等过程的动态变化规律，即研究药物在体内存在的位置、数量与时间之间的关系，并提出解释这些数据所需要的数学关系式的科学。

药物动力学主要研究药物在体内的经时变化过程，并提出这种变化过程的数学模型。主要研

笔记栏

究内容如下。

(1) 创建药物动力学模型解析：处理实验数据，找出药物量(或浓度)的时间函数，求算药物动力学参数，又称药动学参数。用于设计给药方案，指导临床用药。

(2) 研究生物利用度和生物等效性：指导制剂研究和比较制剂的内在质量。

(3) 研究药物体外的药物动力学特征(溶出度、释放度)与体内药物动学特征的相关关系：寻找比较便捷的体外测定方法以合理地反映药物制剂的体内特征，指导制剂研究和质量评价，指导与评估药物制剂的设计与生产。

(4) 探讨药物化学结构与药物动力学特征之间的关系：指导药物化学结构改造，定向寻找高效低毒的新药，指导新药筛选。

多数药物的血药浓度与药理作用之间是平行关系，即药物的药理作用强弱通常可以用血药浓度来说明。但是有些药物不能用血药浓度简单地代替作用部位的浓度来反映药物效应的变化情况，此时有必要应用药物动力学与药效学结合模型进行研究。

三、生物药剂学与药物动力学的关系

药物动力学与生物药剂学有着密切的关系，两者共同揭示药物体内过程的规律。药物动力学侧重于药物体内过程动态变化规律研究，重点考察不同部位、不同时间药物在体内的量变规律。而生物药剂学侧重于药物体内过程各环节的规律研究。两个学科常结合在一起，共同完成药物在体内过程的研究工作。如对药物吸收研究中，包含药物动力学对不同部位吸收速度的研究，也包含生物药剂学对透膜特性、吸收部位、吸收机制的研究。

第二节 药物的体内过程

一、生物膜的基本结构

药物从用药部位到达作用部位而产生药效，需要通过具有复杂结构与生理功能的生物膜。生物膜包括细胞膜及各种细胞器的亚细胞膜，它不仅把细胞内容物与细胞周围环境分割开来，也是细胞与外界进行物质交换的门户。

细胞膜主要由类脂、蛋白质和少量糖类组成，还含有水分、无机盐与金属离子等。1972 年 Singer 和 Nicolson 提出了生物膜流动镶嵌模型(fluid mosaic model)，其主要观点：细胞膜为磷脂和胆固醇构成的液态、流动的类脂双分子层，磷脂的非极性部分向内，极性部分向外；蛋白质分子以两种形式存在于生物膜上，一种为镶嵌在双分子层中的蛋白质，占 70%～80%，这种贯穿在膜上的蛋白质，称为内在性蛋白，多为物质的转运蛋白、载体或离子通道，或作为信号传递受体，另一种蛋白质分子通过较弱的非共价键结合于脂质双分子层的表面，称为外在性蛋白，绝大多数是糖链存在于膜的外侧，且以共价键的形式与膜质脂或蛋白质结合，形成糖脂或糖蛋白(图 19 - 1)。膜结构具有半透性，有的物质能顺利通过，有的物质则不能通过。内在性蛋白中常常形成一些含水的微小孔道，称为膜孔，直径约 0.4～1 nm。

二、药物的转运方式

笔记栏

药物通过生物膜的转运方式如下。

1. 被动转运(passive transport) 存在于膜两侧的物质顺浓度梯度转运，即从高浓度一侧向低浓度一侧的转运方式称为被动转运。由于药物的性质不同，被动转运分为脂溶扩散和膜孔转运两条途径。

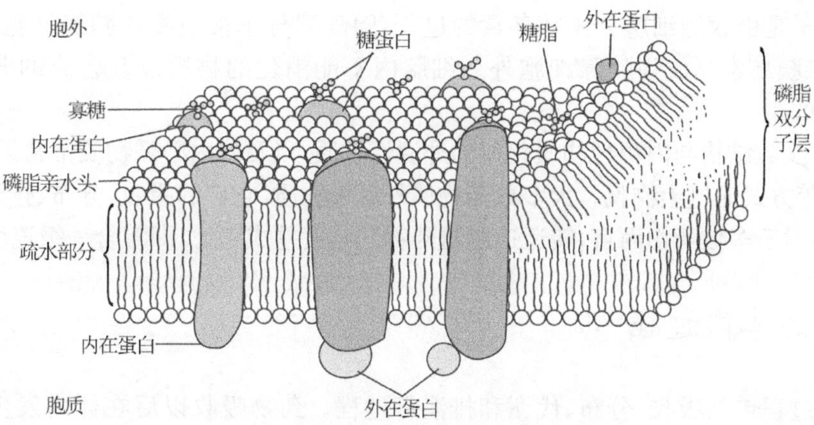

图 19－1　上皮细胞膜液态镶嵌模型示意图

(1) 脂溶扩散：由于生物膜为类脂双分子层，未解离型的脂溶性药物可溶于液态的类脂质膜中，容易透过细胞膜。绝大多数有机弱酸或有机弱碱药物在消化道内的吸收都是以脂溶扩散机制通过生物膜的，这一过程受到 pH 的限制。

(2) 膜孔转运：直径小于膜孔的水溶性分子可以经膜孔扩散通过生物膜，药物吸收快，如水、乙醇、尿素、糖类等。大分子药物或与蛋白质结合的药物不能通过膜孔。

被动转运的特点是：① 顺浓度梯度转运；② 不消耗生物体的能量；③ 不存在转运饱和现象和类似物竞争抑制现象；④ 转运速度与膜两侧的浓度差成正比，符合一级速度过程。

2. 载体媒介转运(carrier-mediated transport)　借助生物膜上的载体蛋白作用，使药物透过生物膜而被吸收的过程称为载体媒介转运，可分为主动转运和促进扩散两种形式。

(1) 主动转运(active transport)：物质借助于载体或酶促系统的作用，从生物膜的低浓度一侧向高浓度一侧的转运称为主动转运。生物体内一些必需的物质如 K^+、Na^+、葡萄糖、氨基酸、水溶性维生素等，以主动转运方式通过生物膜。

主动转运的特点是：① 逆浓度梯度转运；② 消耗生物体的能量；③ 需要载体参与，载体物质通常与药物有高度的选择性；④ 转运速度与载体的量有关，故往往出现饱和现象；⑤ 具有结构特异性和部位特异性，如胆酸和维生素 B_2的主动转运只在小肠上段进行，而维生素 B_{12}则在回肠末端被吸收；⑥ 受代谢抑制剂的影响，抑制细胞代谢的物质，如氟化物等可抑制主动转运。

(2) 促进扩散：又称易化扩散(facilitated diffusion)，是指某些物质在生物膜载体的帮助下，由膜的高浓度侧向低浓度侧顺浓度梯度扩散的过程。有些药物虽然水溶性不好，脂溶性也差，但能有较好的透膜吸收，研究表明这类物质转运是与生物膜中的特殊载体暂时结合而提高其脂溶性的缘故。促进扩散与主动转运都属于载体转运(carrier transport)，同样存在饱和现象、竞争抑制现象和部位特异性。不同之处在于促进扩散不需生物体提供能量。

3. 膜动转运　膜动转运(menbrane mobile transport)是指通过细胞膜的主动变形将药物摄入细胞内(胞饮和吞噬)或从细胞内释放到细胞外(胞吐)的转运过程。膜动转运是细胞摄取物质的一种转运形式，与生物膜的流动性特征有关。

(1) 胞饮与吞噬：药物借助与细胞膜上某些蛋白质的特殊亲和力而附着于细胞膜上，通过细胞膜的凹陷进入细胞膜内而形成小囊泡，包裹药物的小泡逐渐与细胞膜表面断离，进入细胞内，完成药物转运过程。转运的药物为溶解物或液体称为胞饮(pinocytosis)，转运的物质为大分子或颗粒状物质称为吞噬(phagocytosis)。一些大分子物质可以通过胞饮和吞噬作用被吸收，如蛋白质、多肽、脂溶性维生素和重金属等，但对小分子药物吸收的意义不大。胞饮作用有部位特异性，如蛋白与脂肪颗粒在小肠下段吸收较为明显。

(2) 胞吐：与胞饮与吞噬作用的方向相反，某些大分子物质通过形成小囊泡从细胞内部移至细胞表面，小囊泡的膜与细胞膜融合，将物质排出细胞之外，这个过程称为胞吐(exocytosis)。胞吐作

笔记栏

用的一个典型例子是由胰腺细胞分泌胰岛素的过程，胰岛素分子被包裹在胰腺细胞小泡内，通过与浆膜融合，逐渐将胰岛素释放到胰腺细胞外。细胞内不能消化的物质以及合成的分泌蛋白都是通过这种途径排出的。

内源性物质，少数结构与内源性物质相似的外源性物质，以及体内必需物质常常以主动转运、促进扩散或胞饮作用等方式通过生物膜。大多数药物属外源性物质，它们的吸收、分布、排泄多以被动转运方式进行。因此，对于多数药物而言，转运速度与药物的浓度差成正比，即符合一级速度过程。

三、药物的体内过程

药物的体内过程包括吸收、分布、代谢和排泄等过程。药物吸收以后在体内发生的过程总称为配置(disposition)；而代谢和排泄过程又称为消除(elimination)。

（一）药物的吸收

药物的吸收(absorption)系指药物自用药部位进入体循环的过程。除血管内给药以外，药物应用以后通常都要经过吸收才能进入体内。

1. *胃肠道给药吸收*　口服药物可在胃、小肠、大肠三个部位产生吸收。胃的表面积小，弱酸性药物可在胃中吸收。小肠分为十二指肠、空肠和回肠，小肠表面有环状皱褶、绒毛和微绒毛，吸收总面积大，约为 200 m^2，故小肠是药物的主要吸收部位。大肠由于黏膜上无绒毛，表面积小，药物吸收比小肠差。大肠的主要功能是储存食物糟粕、吸收水分、无机盐及形成粪便。除直肠给药和结肠定位给药外，只有一些吸收很慢的药物，在通过胃和小肠未被吸收时，才呈现药物吸收功能。在正常生理条件下，大多数药物从口至回肠、盲肠交接处的运行时间是 6～9 h。

2. *非胃肠道给药的吸收*

(1) 口腔吸收：口腔黏膜包括舌下黏膜、颊黏膜、齿龈黏膜和颚黏膜，其中舌下黏膜和颊黏膜上皮均未角质化，且血流量大，很有利于药物的吸收。药物随血液流经口腔黏膜的静脉、颈内静脉、到达心脏，可绕过肝脏的首过效应。

(2) 注射部位的吸收：注射部位不同，药物吸收情况有差异。静脉注射、动脉注射药物直接进入血管，无吸收过程；其他注射部位均存在吸收过程，药物吸收后可直接进入体循环，故吸收较快。腹腔注射以门静脉为主要吸收途径，药物首先通过肝脏而产生首过效应。一般水溶性注射液中药物的吸收为一级速度过程，而混悬液中难溶性药物的吸收为零级速度过程。

其他尚有肺部、眼部、直肠、鼻腔、阴道及经皮给药等部位的吸收。

（二）药物的分布

药物的分布(distribution)是指药物从吸收部位进入血液后，在血液和组织之间的转运过程。分布过程通常很快完成，药物在血浆与组织器官间达到动态平衡。药物的分布不仅与疗效密切相关，而且还关系到药物在组织的蓄积与不良反应等安全性问题。药物分布到其可发挥作用的靶器官(target organ)、靶组织(target tissue)、靶细胞(target cell)，甚至到靶向作用的细胞器，或是其他需要的靶点(target site)，才能产生所期待的药效。药物的脂溶性、药物与血浆蛋白结合、药物对组织亲和性、血液循环与血管通透性及不同组织的生理结构特征等都是影响分布的主要因素。

1. *影响药物分布的主要因素*

(1) 药物与血浆蛋白结合：血液中的药物可分为血浆蛋白结合型与游离型两种。药物与血浆蛋白的结合常是可逆的，血液中结合型和游离型药物处于动态平衡状态。当游离型药物被分布或消除，血药浓度降低时，结合型药物可转变成游离型药物。结合型药物不易透过血管壁，游离型药物则能自由向体内各部位转运。当血药浓度增高，血浆蛋白结合出现饱和现象，或同时服用另一种与血浆蛋白结合更强的药物后，血液中游离型药物浓度增加，可引起疗效的显著改变，或引起毒性反应。

笔记栏

（2）血液循环与血管通透性：血液循环对分布的影响主要取决于组织的血流速率，对于较容易通过毛细血管壁的小分子脂溶性药物，组织血流速率成为药物分布主要限速因素。其次为毛细血管的透过性影响药物分布，小分子水溶性药物分子可从毛细血管的膜孔中透出，脂溶性药物可扩散通过血管的内皮细胞（即脂溶扩散）。毛细血管的透过性还受到组织生理、病理状态的影响。

（3）组织结合与蓄积：药物与组织的亲和力也是影响体内分布的重要因素之一。在体内与药物结合的物质，除血浆蛋白外，其他组织细胞内存在的蛋白、脂肪、DNA、酶以及黏多糖等高分子物质，亦能与药物发生非特异性结合。这种药物与组织结合和血浆蛋白结合的原理相同，一般亦是可逆的，药物在组织与血液间仍保持动态平衡。与组织成分高度结合的药物，在组织中的浓度高于血液中游离药物浓度。

当长期连续用药时，在机体的某些组织中的药物浓度有逐渐升高的趋势，这种现象称为蓄积。产生蓄积的原因主要是药物对该组织有特殊的亲和性。当与组织有特殊亲和性时，药物进入组织的速度大于从组织中解脱进入血液的速度，连续给药会出现蓄积。药物若蓄积在靶器官，则可达到满意的疗效；如蓄积在脂肪等组织，则起贮存作用，可延长作用时间；若蓄积的药物代谢较慢、安全范围相对较窄、毒性较大，则可对机体造成伤害。

2. 血脑屏障、血胎屏障转运

（1）血脑屏障转运：脑和脊髓毛细血管的内皮细胞是被一层神经胶质细胞包被，细胞间紧密连接，几乎没有细胞间隙。神经胶质细胞富有脑磷脂，形成较厚的脂质屏障，对于被动扩散的外来物质具有高度的选择性。这种脑组织对外来物质有选择性摄取的能力，称为血脑屏障（blood-brain barrier，BBB）。这种严密的天然屏障，为脑组织提供了相对稳定的内环境，维持大脑正常的生理功能，却极大地限制水溶性、大分子药物透入脑组织，而脂溶性药物却能迅速地向脑内转运。如水溶性小分子蔗糖从血液向肌肉等组织转移容易，但几乎测不出脑内浓度，因而常用作检测血脑屏障完整性的标记物。而另一些物质，如乙醚、氯仿、硫喷妥等脂溶性较高的麻醉剂，能迅速地向脑内转运，血液中与组织中的浓度瞬时可达平衡。

（2）血胎屏障转运：在母体循环与胎儿体循环之间存在着胎盘屏障，又称为血胎屏障（blood-placental barrier）。胎盘屏障的性质与其他生物膜相似，胎盘的屏障作用过程类似于血脑屏障。未解离型、游离型药物脂溶性越大，越易透过；分子量 600 以下的药物容易通过被动扩散转运透过，而分子量 1 000 以上的水溶性药物难以透过。随着妊娠的进行，胎儿生长达高峰期时，药物的通透性可增加；另外，当孕妇患严重感染、中毒或其他疾病时，可使胎盘屏障作用降低。

血脑屏障和血胎屏障也存在着载体转运机制，用于转运葡萄糖、氨基酸、K^+、Na^+等机体所必需的物质。

（三）药物的代谢

药物的代谢（metabolism）是指药物被机体吸收后，在体内各种酶以及体液环境作用下，其化学结构可发生改变的过程，又称为生物转化（biotransformation）。药物代谢产物的极性通常比原型药物大，更适于肾脏排泄和胆汁排泄。多数药物代谢后活性减弱或失去活性，但也有一些药物的代谢产物比原来的生理活性大。

药物代谢主要在肝脏内进行，肝脏含有大部分代谢活性酶，是最重要的代谢器官。除肝脏以外，药物的代谢也发生在血液、胃肠道、肺、皮肤、肾等其他组织内。药物代谢过程可分为Ⅰ相反应和Ⅱ相反应两大类：Ⅰ相反应通常包括药物被氧化、羟基化、开环、还原或水解，结果使药物结构中增加羟基、氨基或羧基等极性基团。Ⅱ相反应是结合反应，即上述极性基团与葡萄糖醛酸、硫酸、乙酰辅酶 A 等结合成葡萄糖醛酸苷、硫酸酯或乙酰化物等，增加药物的极性，使之容易排泄。某些药物经Ⅰ相代谢后，其水溶性已足以使之排泄，则不发生Ⅱ相反应。值得注意的是，药物在体内不一定都发生代谢，有些药物服用后在体内不代谢，以原型从尿中排除。体内药物代谢多由酶反应进行，体内药量增加到某种程度时，会出现代谢饱和现象，使血药浓度异常增高，甚至会产生毒性反应。

笔记栏

影响药物代谢的因素很多，主要有生理因素和剂型因素。生理因素包括种属、种族、年龄、性别、妊娠、疾病等；剂型因素包括给药途径、剂量、剂型、药物相互作用（如酶诱导作用和酶抑制作用）。此外，还有食物、环境等因素也会对药物的代谢产生一定影响。

（四）药物的排泄

药物的排泄（excretion）是指体内药物以原型或代谢物的形式排出体外的过程。药物排泄最主要的途径是经肾排泄，其次是胆汁排泄，也可由肺、乳汁、唾液、汗液等排泄。

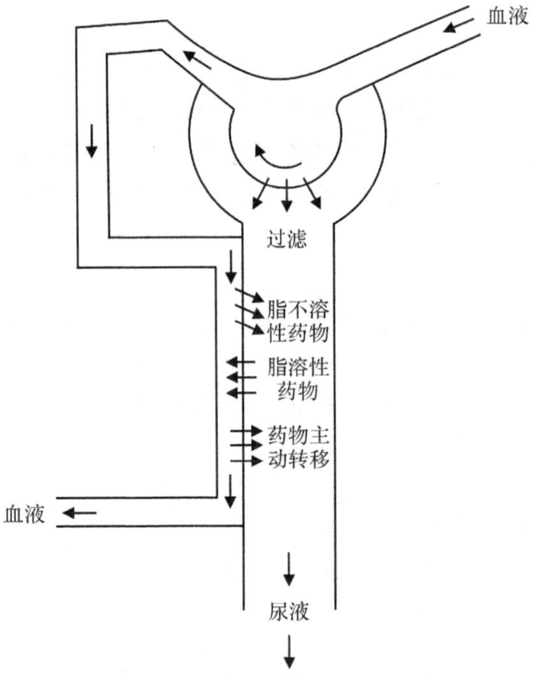

图 19－2　药物经肾排泄示意图

1. 肾排泄　药物的肾排泄依赖于肾小球滤过、肾小管重吸收和分泌作用（图 19－2）。

（1）肾小球的滤过作用：肾小球毛细血管壁极薄，分布有很多直径约 6～10 nm 的微孔，滤过率极高。血液流经肾小球毛细血管时，除血浆蛋白（分子量在 66 000 以上）不能滤过外，其他溶质和药物等随滤液进入肾小管。与血浆蛋白结合的药物不被滤过，经肾小球滤过的尿液中主要含游离的原型药物和代谢产物。

（2）肾小管重吸收：肾小管重吸收是指肾小管上皮细胞将肾小管液中的水分和某些溶质、药物，部分地或全部地转运到血液的过程。肾小球滤过血浆的速度约为 120～130 mL/min，其中绝大部分的水分（约 99%）被重吸收。溶解于血浆中的机体必需的成分和药物等也反复进行滤过和重吸收。肾小管重吸收存在主动和被动转运两种机制。被动重吸收主要在远曲小管进行，一般水分、大部分 Cl^-、尿素及大多数外源性物质如药物等属于被动重吸收，这种被动重吸收受药物的脂溶性、pK_a、尿量和尿的 pH 等因素的影响。身体的必需物质如葡萄糖、氨基酸及维生素等被主动重吸收。

（3）肾小管分泌：肾小管分泌是指将药物由血管一侧通过上皮细胞向肾小管内转运的过程。这一过程是主动转运过程，分泌时物质转运方向与重吸收相反。许多有机弱酸性或弱碱性药物都可以通过肾小管分泌转运到尿中，如青霉素、呋塞米等药物由于血浆蛋白结合率高，很少被肾小球滤过，主要由近曲小管排入肾小管液而形成尿液排出体外。肾小管分泌主要发生在近曲小管，药物的血浆蛋白结合率不影响肾小管分泌速度。

2. 胆汁排泄　胆汁排泄是肾排泄以外最主要的途径，特别是极性较强的代谢产物的主要消除途径。一般来说，胆汁排泄是指药物通过门静脉或肝动脉进入肝脏血液循环，再进入肝细胞中，在肝细胞内药物经过氧化、还原、水解和结合等代谢反应后，其最终产物经肝细胞的胆管排泄入胆汁，最后经胆汁排入肠道。其转运机制可分为主动转运和被动转运，而药物的胆汁排泄机制绝大多数情况下是主动分泌。胆汁排泄的主动分泌具有主动转运的特点。除主动分泌外，小分子或脂溶性药物也可以通过肝细胞膜上的膜孔或类脂质部分向胆汁扩散，这种被动转运在药物胆汁排泄中所占比例很小。此外，胆汁排泄对分子量要求非常严格，分子量需在 300～5 000 之间，尤其分子量在 500 左右的药物有较大的胆汁排泄率。

笔记栏

从胆汁排出的药物，先贮存在胆囊中，然后释放进入十二指肠。有些药物可由小肠上皮细胞吸收，使在肝代谢为与葡萄糖醛酸结合后的代谢产物，在肠道被菌丛水解成原型药物而被重吸收进入肝脏。这种经胆汁或部分经胆汁排入肠道的药物，在肠道中又重新被吸收，经门静脉又返回肝脏的现象，称为肠肝循环（entero-hepatic circulation）。肠肝循环的药物作用时间长，如果使用抑制肠道菌丛的抗生素则肠肝循环减少。

3. 其他排泄途径　药物从乳汁排泄可能会使婴儿的健康安全受到一定影响，应予关注。唾液易于收集，药物从唾液中排泄也受到一定重视，目前正在研究和利用唾液/血浆药物浓度比相对稳定的规律，用药物的唾液浓度指标研究药物动力学特征。另外还有药物从肺、汗腺或毛发排泄。

第三节　影响药物制剂疗效的因素

药物制剂的疗效不仅与药物的化学结构和剂量有关，同时药物的剂型因素和机体的生物因素也影响药物的疗效。

一、药物的物理化学因素

（一）药物的解离度与脂溶性

弱电解质药物跨膜转运速度不仅取决于它们在膜两侧的浓度差，还取决于药物的解离常数 pK_a 和吸收部位的 pH。未解离的分子型药物比解离后的离子型药物易于透过生物膜。弱电解质的这种关系可根据 Henderson-Hasselbach 方程式求出，即

$$\text{弱酸性药物：}pK_a - pH = \lg\left(\frac{C_u}{C_i}\right) \tag{19-1}$$

$$\text{弱碱性药物：}pK_a - pH = \lg\left(\frac{C_i}{C_u}\right) \tag{19-2}$$

式(19-1)(19-2)中，C_u、C_i 分别表示未解离型和解离型药物的浓度。可以看出对于弱酸性药物，当 $pK_a > pH$ 时，未解离型药物所占比例高，对于弱碱性药物则正好相反。当 $pK_a = pH$ 时，未解离型和解离型各占一半。当 pH 变动一个单位，未解离型和解离型的比例也随之变动 10 倍。故弱酸性药物在 pH 较低的环境中、弱碱性药物在 pH 较高的环境中吸收良好。

例如，弱酸性药物水杨酸的 $pK_a = 3.0$

在胃中：$3.0 - 1.0 = \lg\frac{C_u}{C_i}$，则：$\frac{C_u}{C_i} = 100:1$，99%为分子型，即未解离型，故药物在胃中吸收良好。

而弱碱性药物奎宁的 $pK_a = 8.4$

在胃中：$8.4 - 1 = \lg\frac{C_i}{C_u}$，则有：$\frac{C_i}{C_u} = 2.5 \times 10^7 : 1$，几乎全部为解离型，故药物不能被胃吸收。

在小肠：$8.4 - 6.0 = \lg\frac{C_i}{C_u}$，则：$\frac{C_i}{C_u} = 250:1$，小肠中未解离型比例增大，故奎宁在小肠的吸收比胃好得多。

由于小肠的表面积大，即使是弱酸性药物如水杨酸，仍有良好的吸收。对于两性离子型药物通常在等离子点的 pH 时吸收最好。

因胃肠上皮细胞为类脂质，未解离型药物的脂溶性对吸收也至关重要。有些药物口服，即使以大量的未解离型存在，吸收仍然不佳，原因是药物分子的脂溶性差。评价药物脂溶性大小的参数是油/水分配系数($K_{o/w}$)。药物的 pK_a 值如果相同，则它们的吸收速度与 $K_{o/w}$ 成正比。但是药物的脂溶性也并非越大越好，因脂溶性太强的药物可因难以从类脂膜中游离入水溶性体液中，使药物吸收率下降。故通常认为药物的吸收主要取决于在胃肠道中的 pK_a 和 $K_{o/w}$ 两方面因素。

笔记栏

（二）药物的溶出速度与溶解度

药物的溶出速度是指在一定溶出条件下，单位时间药物溶解的量。多数情况下药物须以单个

分子(或离子)状态与生物膜接触,方能被吸收进入体循环。药物的吸收通常是从溶液开始的。因此,对固体制剂或呈混悬形式的固体药物来说,吸收前存在崩解、分散、溶解过程。如果药物为水溶性,则崩解是水溶性药物吸收的限速过程。对难溶性药物,药物从固体制剂中溶出的速度很慢,则溶出是难溶性药物吸收的限速过程。故难溶性药物的溶出速度能直接影响药物起效时间、药效强度和持续时间。一般认为药物的溶解度小于 1 mg/mL 时,吸收易受到溶出速度限制。

溶出速度的理论依据是 Noyes-Whitney 扩散溶解理论。该理论可用如下方程

$$\frac{\mathrm{d}C}{\mathrm{d}t}=\frac{DS}{h}(C_s-C) \tag{19-3}$$

式(19-3)中,$\mathrm{d}C/\mathrm{d}t$ 为药物的溶出速度;D 为溶解药物的扩散系数;S 为固体药物的表面积;h 为扩散层的厚度;C_s为药物在溶出介质中的溶解度;C 为 t 时药物在胃肠液或溶出介质中的浓度。

对于某一特定药物而言,D 和 h 为固定值,可用该药的特定溶出速度常数 K 来表示,$K=D/h$,则式(19-3)可改写成

$$\frac{\mathrm{d}C}{\mathrm{d}t}=KS(C_S-C) \tag{19-4}$$

式(19-4)中,C_S-C 为扩散层与总体溶出介质中药物浓度之间的浓度差。在溶出为限速过程的吸收中,由于溶解了的药物立即被吸收,故 $C_S>C$,药物浓度 C 可认为接近于零(图 19-3),式(19-4)又可改写为

$$\frac{\mathrm{d}C}{\mathrm{d}t}=KSC_S \tag{19-5}$$

从式(19-5)可以看出,增加药物的表面积和改善药物的溶解度可促进药物的溶出速度。① 药物表面积随粒径减少而增加,对于难溶性药物粒径的大小是影响溶出和吸收的重要因素,可采用微粉化或固体分散技术减小难溶性药物的粒径,可加速药物的吸收;② 制成盐能增加药物的溶解度,也可增加药物的吸收。

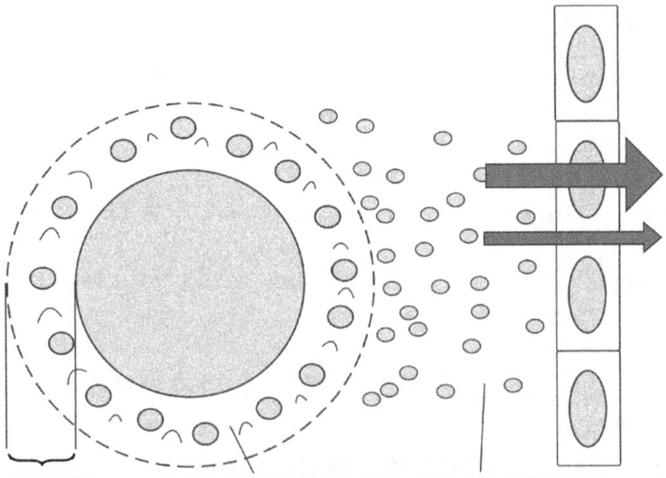

图 19-3 药物溶出原理示意图

(三) 药物晶型

笔记栏

化学结构相同的药物,有可能因结晶条件不同而得到晶格排列不同的晶型,这种现象称为多晶型(polymorphism)现象。药物的多晶型中有稳定型、亚稳定型和不稳定型。不同的晶型在物理性质上有所差别,常有不同的红外光谱、密度、熔点、溶解度及溶出速度。一般稳定型的结晶熔点高、

溶解度小、溶出速度慢；不稳定型却与此相反，但贮存过程中易转变成稳定型；亚稳定型介于二者之间，其熔点较低，具有较高的溶解度和溶出速度，也可以转变为稳定型，但转变速度较慢。晶型能影响药物的吸收速度，进而产生疗效的差异。

二、药物的剂型因素

药物的剂型因素广义地讲，系指与剂型有关的各种因素，包括药物的理化性质、剂型、制剂处方、制备工艺等。关于药物的理化性质对制剂疗效的影响如上所述，这里不再讨论。

（一）药物剂型与给药途径

剂型对药物吸收及其生物利用度有很大的影响。不同的剂型、给药部位差异，药物被吸收的速度和药量亦可能有不同，从而导致药物的起效时间、作用强度、持续时间及不良反应等不同。不同剂型制剂中药物的释放与吸收过程(图 19-4)。

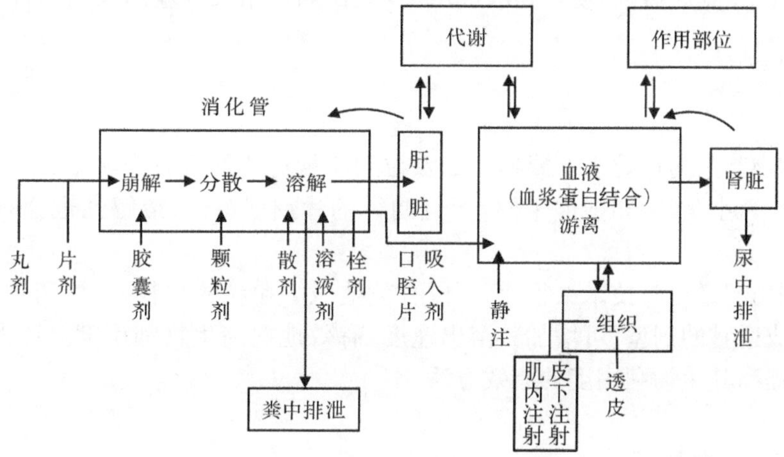

图 19-4　不同剂型制剂中药物的释放与吸收过程示意图

1. 注射液体剂型　静脉注射剂和动脉注射剂没有吸收过程，显效最快。而肌内和皮下注射需经组织吸收而进入体循环，所以显效稍慢。各种注射剂中药物释放速度一般次序如下：水溶液>水混悬液>油溶液>O/W 乳剂>W/O 乳剂>油混悬液。

2. 口服液体剂型

(1) 溶液剂：口服水溶液剂中的药物一般吸收快而完全。当溶液剂中含有适量的乙醇可增加血流量，可促进药物在胃内的吸收。

(2) 混悬液：混悬液在吸收前，药物微粒必须溶解，溶解过程是否为吸收的限速过程取决于药物的溶解度和溶出速度。影响混悬液中药物生物利用度的因素有药物粒子的大小、晶型、附加剂、分散介质的种类和黏度。

(3) 乳状液：口服乳状液有较高的生物利用度。因分散度好，分散相表面积大，有利于药物的释放和吸收，乳状液中的乳化剂有表面活性作用，可促进药物的吸收等。

3. 口服固体剂型　固体剂型口服后，须在胃肠液中经崩解、分散、溶出，才能经胃肠黏膜吸收进入体循环。这一过程通常可决定药物在体内吸收的速度和程度。

另外，直肠给药、经皮给药、经肺给药剂型和眼用剂型等影响药物疗效的因素已在各有关章节作过详细介绍，不再赘述。

笔记栏

不同给药途径的药物吸收显效，由快到慢的顺序通常为：静脉>吸入>肌内>皮下>舌下或直肠>口服>皮肤。但对于某些药物而言，舌下或直肠给药吸收速度仅次于静脉注射和吸入给药；也有直肠给药比口服吸收差者。常用的口服剂型吸收的顺序通常为：溶液剂>混悬液、乳状液>散剂＞胶囊剂＞片剂＞包衣片。也有个别例外的情况。

（二）药用辅料

药用辅料在制剂中应用广泛，无生理活性的辅料几乎不存在。许多研究证实，辅料可直接影响药物的释放和吸收。因此，在辅料的选用，不仅要考虑主要理化性质的稳定性和美观价廉，还应评价其是否影响药物的生物利用度。

药物制剂中，辅料与主药，或辅料与辅料，甚至辅料与机体之间都可能产生相互作用而影响药物的体内过程。然而这种影响用一般的物理或化学的测定方法不易检验出来，只有通过体内研究才能识别。如澳大利亚报道的苯妥英钠胶囊的中毒事件，就是因为将填充剂由原来的硫酸钙改为乳糖，药物吸收增加而引起的。

辅料对药物制剂可能会产生不同的作用，如络合物的形成、吸附作用的产生、药物表面性质的改变、溶出速度的变化、黏度的改变等，能加速或能延缓药物的释放和吸收。许多溶液剂或混悬液常加入一些高分子物质增加分散介质的黏度，延缓药物的吸收，而具有长效作用。表面活性剂能溶解生物膜的类脂质改变其通透性，使药物吸收增加，但长期使用大剂量的表面活性剂可能导致细胞结构的损害。

（三）制剂工艺

制剂工艺对药物制剂的疗效也有影响。如颗粒的质量对片剂吸收影响很大，制粒方法不同，不仅所得颗粒的形状、大小、密度和强度不同，而且制得的片剂崩解性、溶解性也会有很多差别，药物疗效会受到影响。

难溶性药物利用超微粉碎技术微粉化，可以有效地减少粉粒的粒径，加快药物的溶出。或制成固体分散体，再制成适宜的剂型，可增加其溶出速度，有效地提高生物利用度。挥发性成分制成β-环糊精包合物，是提高其生物利用度的有效方法。

三、机体的生物因素

1. 药物的首过效应

（1）胃肠道代谢作用：消化道黏膜内存在着各种消化酶或肠道菌丛产生的酶，它们既对食物有消化作用，又能使药物尚未被吸收就发生代谢反应而失去活性。肠道代谢可在肠腔进行，也可在肠壁进行。主要有水解反应、结合反应等。通常药物滞留时间越长，这种代谢反应就越容易发生。

（2）药物的肝脏首过效应：经胃肠道吸收的药物经肝门静脉进入肝脏，在肝药酶作用下药物可产生生物转化。这种在药物进入体循环前的降解或失活称为“肝首过效应”（first pass effect of hepar）。肝首过效应越大，药物被代谢越多，其血药浓度也越小，药效会受到明显的影响。

为避免首过效应，常采用静脉、皮下、肌内、舌下、直肠或经皮等给药途径，可减少首过效应的损失。

2. 用药部位的生理状态　口服是临床上最常见的给药方式。口服给药的吸收在胃肠道上皮细胞进行，除首过效应外，胃肠道 pH、胃排空速率、小肠运动及食物等均对药物吸收发挥疗效有影响。

（1）胃肠道 pH：空腹时胃液 pH 为 1～1.5，饮水或进食后 pH 可上升 3.0～5.0，空肠 pH 为 6.0～7.0，回肠 pH 为 6.5～7.5，大肠 pH 为 6.4～8.0。疾病和合用药物等能改变胃液的 pH。

笔记栏

胃肠道 pH 只能影响弱电解质药物的被动转运吸收。主动转运的药物是在特定部位受载体或酶系统作用吸收，不受消化道 pH 变化的影响。

（2）胃排空速率与时间：胃内容物从胃，经幽门向十二指肠排出的过程称胃排空。胃排空的快慢用胃排空速率来描述。胃内容物排空所需的时间称胃排空时间。胃排空为一级速度过程。胃排空速率受胃内容物的黏度、温度、渗透压及健康状况、药物性质的影响。

胃排空的快慢对药物在消化道吸收有一定的影响，胃排空速率慢，药物在胃中停留时间延长，与胃黏膜接触机会和面积增大，主要在胃中吸收的弱酸性药物吸收会增加。由于小肠表面积大，大多数药物的主要吸收部位在小肠，因此，胃排空加快，到达小肠部位所需的时间缩短，有利于药物吸收，产生药效时间也加快。药物制剂的显效时间、药效强度及维持药效时间均与胃排空速率和时间关系密切。

(3) 小肠运动：小肠运动可促进固体制剂崩解、分散，使之与肠分泌液充分混合，增加药物与肠表面上皮的接触面积，有利于药物的吸收。

(4) 食物：食物不仅能改变胃排空速率而影响吸收，而且由于相互作用等因素对药物的吸收产生不同性质和程度的影响。食物能消耗胃肠内水分，使胃肠黏液减少，固体制剂的崩解、药物的溶出变慢，从而延缓药物的吸收，如食物可减慢苯巴比妥的吸收而使其不能起到催眠作用。食物的存在除了延缓药物吸收外，也可能促进药物的吸收或不影响吸收，脂肪类食物具有促进胆汁分泌的作用，由于胆汁中的胆酸离子具有表面活性作用，增加了难溶性药物的溶解度而促进其吸收，如服用灰黄霉素的同时进食高脂肪或高蛋白食物，前者血药浓度为 3 μg/mL，而后者仅为 0.6 μg/mL。一些食物或饮料能对药物吸收产生特殊的影响，如柚汁对口服药物的吸收有广泛影响。

其他途径的药物吸收，如直肠吸收、经皮吸收和肺部的吸收等均受给药部位生理、病理因素的影响。这些在有关章节已有介绍，不再赘述。

此外，性别、年龄、种族差异及病理状态等均能引起药物疗效的差异。性别对药物的感受性，一般雌性动物比雄性动物敏感性大，人也如此。药物对新生儿、乳儿、老年及肝、肾功能障碍患者等的药效和不良反应比对正常成人明显。生理、病理状况的不同，而引起药物吸收、分布、代谢、排泄等体内过程的变化，从而导致药物效应的变化。

第四节　药物动力学

一、药物动力学的基本模型

药物的体内过程一般包括吸收、分布、代谢和排泄过程。为了定量研究药物在上述过程中的变化情况，用数学方法模拟药物在体内过程而建立起来的数学模型，称为药物动力学（简称药动学）模型，其中隔室模型为药物动力学研究的经典模型。本书主要介绍以隔室模型研究药动学参数。

1. 隔室模型　药物进入体内后，各部位的药物浓度始终在不断变化，这种变化虽然复杂，但仍服从一定的规律。药物动力学研究用隔室模型来模拟机体系统，根据药物的体内过程和分布速度的差异，将机体划分为若干“隔室”或称“房室”。在同一隔室内，各部分的药物均处于动态平衡，但并不意味着浓度相等。最简单的是单室模型，较复杂为二室模型和多室模型。

(1) 单室模型(one compartment model)：药物进入体内迅速达到动态平衡，即药物在全身各组织部位的转运速度相同或相似，在血浆、组织与体液之间处于一个动态平衡的“均一”状态，这时可把整个机体作为一个隔室，这种模型称为单室模型。单室模型并不意味着所有身体组织在任何时刻的药物浓度都一样，但要求机体各组织药物水平能随血浆药物浓度的变化平行地发生变化。

(2) 二室模型(two compartment model)：药物进入体内以后，能很快进入机体的某些部位，但对另一些部位，则需要一段时间才能完成分布。这样按药物的转运速度将机体划分为药物分布均匀程度不同的两个独立系统，即中央室和周边室，且药物只从中央室消除，这种模型称为二室模型。在二室模型中，一般将血液以及血流丰富且药物能够瞬时分布的组织，如心、肝、脾、肺、肾等划分为一个“隔室”，称为中央室。将血液供应较少、药物分布缓慢的组织，如脂肪、肌肉等划分为另一个

笔记栏

"隔室",称为周边室或外室。

(3) 多室模型(multi-compartment model):若外室中又有一部分组织、器官或细胞内药物的分布特别慢,还可以从外室划分出第三隔室,甚至第四个隔室。分布稍快的称为浅外室,分布慢的称为深外室。

隔室的划分具有抽象性。隔室仅是按药物动力学特征(速度过程)划分的抽象模型,并不代表解剖或生理上的固定部位,而是从药物分布的速度与完成分布所需要的时间来划分的,因而不具解剖学的实体意义。

隔室的划分还具有客观性和相对性。药物在体内的动态过程必须以实验数据为依据,科学地反映和阐明究竟划分为几个隔室最为恰当,此即为客观性。常见到同一种药物,对同种生物机体,由于实验条件和数据处理能力不同,文献报道为不同的房室模型,此即隔室划分的相对性。但隔室越多,实验和数据处理就越复杂。因此,从实用的角度考虑,药物的体内隔室数不宜多于 3 个。

2. 其他模型　在药物动力学研究中,药动学模型除了隔室模型外,还有基于统计矩原理的非隔室模型、非线性药动学模型、生理药动学模型、药动学和药效学模型等。各种药物动力学模型有各自的优点和不足,结合临床意义进行选择。

二、药物体内转运的速度过程

药物进入体内以后,体内药量或药物浓度将随着时间的推移不断发生变化,研究这种变化规律就涉及速度过程。在药物动力学研究中,通常将药物体内转运的速度过程分为如下三种类型。

1. 一级速度过程(first order processes)　如果药物在体内某部位转运的速度与该部位的药量或血药浓度的一次方成正比,称为一级速度过程,又称为一级动力学过程,或称线性动力学过程。

一级速度过程具有的特点:① 生物半衰期与剂量无关;② 单剂量给药的血药浓度-时间曲线下面积与剂量成正比;③ 一次给药情况下,尿药排泄量与剂量成正比。

2. 零级速度过程(zero order processes)　如果药物的转运速度在任何时间都是恒定的,与药物量或浓度无关,这种速度过程,称为零级速度过程,又称为零级动力学过程。临床上恒速静脉滴注的给药速度,以及控释制剂中药物的释放速度为零级速度过程。

以零级动力学过程消除的药物,其生物半衰期随剂量的增加而延长;药物从体内消除的时间取决于剂量的大小。

3. 非线性速度过程(nonlinear processes)　当生物半衰期与剂量有关,血药浓度-时间曲线下面积与剂量不成正比时,其速度过程称为非线性速度过程。此时,药物体内动态变化过程可用米氏方程(Michaelis-Menten)描述,也称 Michaelis-Menten 型速度过程或米氏动力学过程。

三、药物动力学参数

1. 速度常数　速度常数是描述药物转运速度(消除)快慢的动力学参数。速度常数越大,转运(消除)速度越快。一级速度常数以时间的倒数为单位,如 1/h 或 h^{-1};零级速度常数单位是"浓度/时间"。

速度常数有多种,用来描述不同的药物转运过程,常见的速度常数有如下。

K_a:吸收速度常数

K:总消除速度常数

K_e:尿药排泄速度常数

K_0:零级滴注(或输注)的速度常数

K_b:生物转化代谢速度常数

此外,α,β 分别表示分布相和消除相的混杂参数,亦是表示速度过程的重要参数。

笔记栏

体内总消除速度常数反映体内总消除情况，包括经肾排泄、胆汁排泄、生物转化以及从体内消除的一切其他可能的途径。因此，消除速度常数具有加和性，总消除速度常数 K 为各个个别过程的消除速度常数之和。即

$$K = K_{e} + K_{b} + K_{bi} + K_{lu} + \cdots \tag{19-6}$$

式(19-6)中，K_{e}、K_{b}的意义如上所述，K_{bi}为胆汁排泄速度常数，K_{lu}为经肺消除速度常数。

2. 表观分布容积　表观分布容积(apparent volume of distribution)是体内药量与血药浓度间相互关系的一个比例常数，以“V”表示。即

$$C = \frac{X}{V} \tag{19-7}$$

式(19-7)中，X 为体内药量；V 是表观分布容积；C 是血药浓度。表观分布容积的单位通常以 L 或L/kg表示。

表观分布容积可以设想为，体内药量按血药浓度均匀分布时所需要的体液的容积。V 是药物的特征参数，对于某一具体药物来说，V 是个确定的值，其值的大小能反映该药的分布特性。表观分布容积不具有直接的生理意义，在多数情况下不涉及真实的容积。一般水溶性或极性大的药物不易进入细胞内或脂肪组织中，血药浓度较高，表观分布容积较小；而亲脂性药物在血液中浓度较低，表观分布容积通常较大，往往超过体液总体积。

3. 清除率　清除率(clearance)是指机体或有些器官组织在单位时间内能清除掉相当于多少体积的流经血液中的药物，以“Cl”表示。

清除率的计算公式为

$$Cl = \frac{-\mathrm{d}X/\mathrm{d}t}{C} = \frac{kX}{C} = kV \tag{19-8}$$

式(19-8)中，$-\mathrm{d}X/\mathrm{d}t$ 代表机体或消除器官中单位时间内消除的药物量，除以 C 后，换算为体积数，单位以体积/时间表示。药物清除率是消除速度与表观分布容积的乘积，所以清除率 Cl 这个参数综合包括了速度和容积两种要素，同时它又具有明确的生理学意义。

清除率具有加和性。多数药物通过肝的生物转化和肾排泄从体内消除，因而药物的总清除率等于肝清除率 Cl_{h}与肾清除率 Cl_{r}之和。

$$Cl = Cl_{h} + Cl_{r} \tag{19-9}$$

4. 生物半衰期　生物半衰期(biological half life)是指药物体内的药量或血药浓度通过各种途径消除一半所需的时间，用 $t_{1/2}$表示，又称消除半衰期。生物半衰期是衡量药物从体内消除快慢的指标。

一般来说，代谢快，排泄快的药物，其 $t_{1/2}$短；代谢慢，排泄慢的药物，其 $t_{1/2}$长。$t_{1/2}$是药物的特征参数，不因药物剂型和给药方法(剂量、途径)而改变。在临床用药方法确定过程中，$t_{1/2}$具有非常重要的意义。

四、单室模型单剂量给药

单室模型是所有隔室模型中最基本、最简单的一种模型，具有两个特点，一是药物分布快，在全身达到动态平衡；二是药物按一级速度过程消除，药物的消除速度与该时体内的药量或药物浓度成正比。本章分别讨论静脉注射给药、静脉滴注给药和血管外给药的单室模型，分析药物在体内变化的动态规律，并求算药物动力学参数。

笔记栏

(一) 静脉注射给药的血药数据

1. 模型的建立　关于单室模型药物静脉注射给药的药物动力学模型如下。

$$X_0 \longrightarrow \boxed{X} \xrightarrow{K} \qquad (19-10)$$

式(19－10)中，X_0为静脉注射的给药剂量，X 为 t 时体内药量，K 为消除速度常数。

2. 血药浓度与时间的关系 单室模型药物静脉注射给药后按一级速度过程消除。用微分方程表示为

$$\frac{\mathrm{d}X}{\mathrm{d}t}=-KX \qquad (19-11)$$

式(19－11)中，$\mathrm{d}X/\mathrm{d}t$ 表示体内药物的消除速度，X 为体内药量，K 为消除速度常数，负号表示消除过程使体内药量 X 随时间推移而减少。

在初始条件为 $t=0$、$X=X_0$的情况下，上述微分方程的解为

$$X=X_0e^{-Kt} \qquad (19-12)$$

实际工作中，体内药量 X 往往不能直接测定，故以血药浓度表示，根据表观分布容积的定义，上式两端除以 V，得

$$C=C_0e^{-Kt} \qquad (19-13)$$

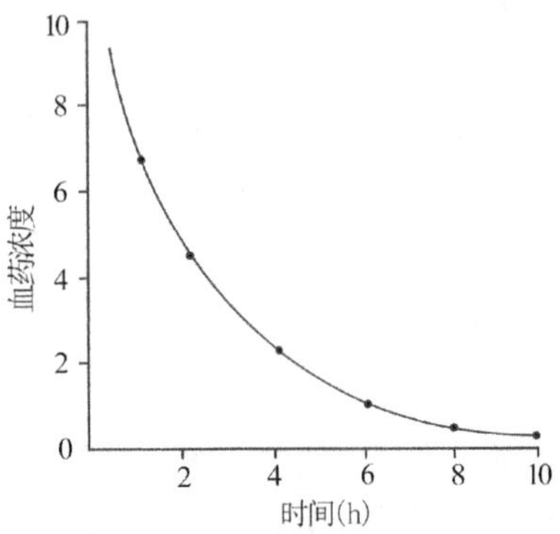

图 19－5 单室模型静脉注射给药血药浓度-时间曲线图

式(19－13)表示单室模型药物静脉注射给药后，体内药物浓度随时间变化的指数函数表达式，血药浓度-时间曲线图(图 19－5)。

将式(19－13)两边取对数，得

$$\ln C=-Kt+\ln C_0 \qquad (19-14)$$

或写为

$$\lg C=-\frac{K}{2.303}t+\lg C_0 \qquad (19-15)$$

式(19－13)(19－14)(19－15)，为单室模型药物静脉注射给药后血药浓度经时过程的基本公式。

3. 基本参数 K 与 C_0的求算 由式(19－13)可知，药物浓度在体内随时间的变化规律完全取决于消除速度常数 K 和药物初浓度 C_0，因此求算参数时，首先应求出 K 和 C_0。

当单室模型药物静脉注射给药以后，测得不同时间 t_i的血药浓度 C_i($i=1, 2, 3, 4, \cdots, n$)，根据式(19－15)，以 $\lg C$ 对 t(或 $\ln C$ 对 t)作图，可得一条直线，或采用最小二乘法进行线性回归，求得直线斜率和截距，根据直线斜率($-K/2.303$)和截距($\lg C_0$)求出 K 和 C_0。

4. 其他参数的求算

(1) 生物半衰期($t_{1/2}$)：当 $t=t_{1/2}$时，$C=C_0/2$，代入式(19－13)，可求得

$$t_{1/2}=\frac{0.693}{K} \qquad (19-16)$$

从式(19－16)可见，生物半衰期与消除速度常数成反比，而与初始浓度无关。药物在体内驻留时间的长短主要取决于其生物半衰期的长短。不难算出，在用药经 3.32 个 $t_{1/2}$时，体内药物浓度衰减为初始浓度的 10%；经 6.64 个 $t_{1/2}$时，体内药物浓度仅存 1%。

(2) 表观分布容积：表观分布容积计算公式(19－7)同样适应于静脉给药后的初始状态，即

$$V=\frac{X_0}{C_0} \qquad (19-17)$$

笔记栏

式(19－17)中，X_0为静脉注射剂量，C_0为初始浓度。

(3) 血药浓度-时间曲线下面积(AUC)：由式(19－13)积分，得

$$AUC=\int_0^{\infty}C\mathrm{d}t=\int_0^{\infty}C_0e^{-Kt}\mathrm{d}t=C_0\int_0^{\infty}e^{-Kt}\mathrm{d}t$$

$$AUC=\frac{C_0}{K} \tag{19-18}$$

将式(19－17)代入上式，得

$$AUC=\frac{X_0}{KV} \tag{19-19}$$

(4) 清除率(Cl)：前已述及清除率，体内总清除率是指机体在单位时间内能清除掉相当于多少体积的血液中的药物，用数学式表示为

$$Cl=\frac{\mathrm{d}X/\mathrm{d}t}{C} \tag{19-20}$$

将式(19－11)代入上式，得

$$Cl=\frac{KX}{C} \tag{19-21}$$

将式(19－7)代入上式，得

$$Cl=KV \tag{19-22}$$

由上式可知，药物体内总清除率是消除速度常数与表观分布容积的乘积。根据式(19－19)，$KV=X_0/AUC$，代入式(19－22)，得

$$Cl=\frac{X_0}{AUC} \tag{19-23}$$

因此，利用式(19－22)或式(19－23)，均可求出药物体内总清除率 Cl。

例 19－1　某患者体重为 60 kg，静脉注射某药 300 mg，测得不同时间血药浓度数据(表 19－1)

表 19－1　不同时间血药浓度数值表

t(h)	0.5	1.0	2.0	3.0	4.0	6.0	8.0	12.0
C(μg/mL)	37.15	31.62	22.91	17.38	12.30	6.61	3.47	1.17

试求该药的 K、$t_{1/2}$、V、Cl 和 AUC 等。

解　将表 19－1 中数据以 lgC 对 t 作图，得一直线，说明该药体内过程符合单室模型。以 lgC 对 t 作线性回归，得

$$\lg C=-0.131\,8t+1.625\,3 \quad r=0.998\,8$$

(1) $K=-2.303\times(-0.131\,8)=0.303\,5(\mathrm{h}^{-1})$

(2) $C_0=\lg^{-1}1.625\,3=42.198\,8(\mu\mathrm{g/mL})$

(3) $t_{1/2}=\dfrac{0.693}{K}=\dfrac{0.693}{0.303\,5}=2.283\,4(\mathrm{h})$

(4) $V=\dfrac{X_0}{C_0}=\dfrac{300\times1\,000}{42.198\,8}=7\,109.206\,9(\mathrm{mL})\approx7.109(\mathrm{L})$

或 $V=\dfrac{7.109}{60}=0.118\,5(\mathrm{L/kg})$

笔记栏

(5) $Cl = KV = 0.3035 \times 7.109 = 2.1576(\text{L/h})$

(6) $AUC = \dfrac{C_0}{K} = \dfrac{42.1988}{0.3035} = 139.0405(\mu\text{g/mL}) \cdot \text{h}$

(二) 静脉注射给药的尿药排泄数据

血药浓度法是药物动力学研究中，求算药动学参数的主要方法，血药浓度法具有很多优点，得到广泛的应用，但在某些情况下，血药浓度法存在一些限制。如：① 某些药物用量甚微或由于在体内表观分布容积太大，造成血药浓度过低，难以准确测定；② 血中成分复杂，杂质干扰太大；③ 血样的采集比较复杂，多次采血对人体有损伤；④ 一些内源性物质，采用血药浓度法研究药物动力学存在体内基础浓度的影响。此时，可以考虑采用尿药排泄数据测算药动学参数。

采用尿药排泄数据求算药动学参数时，药物须符合两个条件：一是大部分药物以原型从尿中排泄，二是药物经肾排泄过程符合一级速度过程，即尿中原型药物出现的速度与体内当时的药量成正比。

尿药排泄数据处理方法一般分为尿药排泄速度法和尿药亏量法两种。

1. 尿药排泄速度法　根据上述条件，若静脉注射某一单室模型药物，则原型药物经肾排泄的速度过程，微分方程可表示为

$$\frac{\mathrm{d}X_u}{\mathrm{d}t} = K_e X \tag{19-24}$$

式(19－24)中，$\mathrm{d}X_u/\mathrm{d}t$ 为原型药物的尿排泄速度，X_u为 t 时间排泄于尿中原型药物累积量；K_e为肾排泄速度常数；X 为 t 时间体内药量。

将式(19－12)代入上式得

$$\frac{\mathrm{d}X_u}{\mathrm{d}t} = K_e X_0 e^{-Kt} \tag{19-25}$$

上式两端取对数，得

$$\ln \frac{\mathrm{d}X_u}{\mathrm{d}t} = -Kt + \ln(K_e X_0) \tag{19-26}$$

或写为

$$\lg \frac{\mathrm{d}X_u}{\mathrm{d}t} = -\frac{K}{2.303}t + \lg K_e X_0 \tag{19-27}$$

由式(19－27)可知，以 $\lg(\mathrm{d}X_u/\mathrm{d}t)$对 t 作图，可以得到一条直线(图 19－6)。该直线的斜率与血药浓度法($\lg C$ 对 t 作图)所得斜率相同。通过直线斜率即可求出药物的消除速度常数。

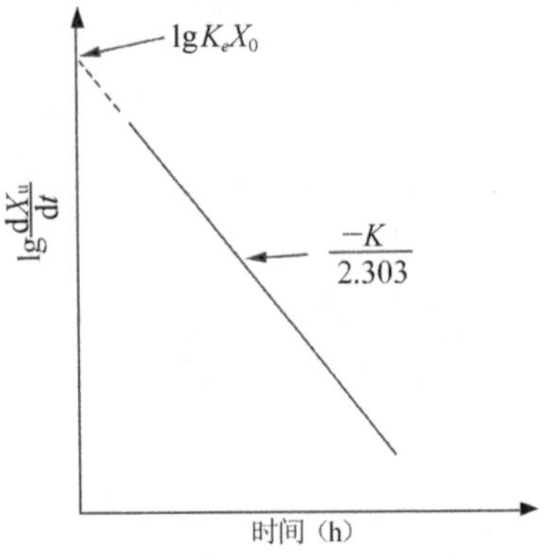

图 19－6　单室模型静注尿药排泄速度-时间半对数图

若将直线外推与纵轴相交，即得该直线截距的对数坐标为 I_0，则

$$I_0 = K_e X_0 \tag{19-28}$$

$$K_e = \frac{I_0}{X_0} \tag{19-29}$$

因此，通过该直线截距即可求出尿排泄速度常数 K_e。

这里应该注意以下几个问题：

第一，从 $\lg(\mathrm{d}X_u/\mathrm{d}t)$对 t 作图所得直线的斜率中求出的是总消除速度常数 K，而不是尿药排泄速度常数 K_e。K_e可通过直线截距求得。

第二，式(19－27)中 $\mathrm{d}X_u/\mathrm{d}t$ 为 t 时间的瞬时尿药排泄速度。

笔记栏

血药浓度通常可以代表取血瞬间血液中的实际药物浓度，但是尿药浓度并不能反映集尿瞬间的尿药排泄量，而只能反映两次集尿期间的累积排泄药量。在实际工作中用两次集尿“$t_i \rightarrow t_{i+1}$”时间间隔内的平均尿药排泄速度 $\Delta X_u/\Delta t$ 代替 dX_u/dt，以两次集尿期的中点时间 t_c 代替 t，亦即，将集尿时间段内的平均尿药排泄速率，近似地看作该段集尿时间内中点时间的瞬时尿药排泄速度。于是(19-27)改写为

$$\lg \frac{\Delta X_u}{\Delta t} = -\frac{K}{2.303} t_c + \lg(K_e X_0) \tag{19-30}$$

式(19-30)中，ΔX_u为两次集尿 $t_i \rightarrow t_{i+1}$ 时间段内排泄的原型药物量；Δt 为 $t_i \rightarrow t_{i+1}$ 间隔时间；t_c为 $t_i \rightarrow t_{i+1}$ 集尿期的中点时间。

第三，应注意各集尿间隔时间 Δt 的合理设计。收集尿样的时间间隔为 1 个、2 个和 3 个 $t_{1/2}$时，误差约分别为 2%、8%和 19%。因此，集尿间隔时间应不超过一个 $t_{1/2}$，以 Δt 显著短于 $t_{1/2}$ 为好。

2. 尿药亏量法 尿药排泄速度法中，数据波动大，有时因数据散乱而难以测算药动学参数，为克服这一缺点，可采用亏量法，该法对尿药排泄速度波动不敏感。

尿药亏量法又称尿药总和减量法。尿药亏量法是指用尿药排泄总量减去各时间的尿中原型药物累积排泄量，实际是待排泄尿药量，或称作尿药亏量。

对式(19-25)作不定积分，并代入初始条件 $t=0, X_u=0$，得

$$X_u = \frac{K_e X_0}{K}(1 - e^{-Kt}) \tag{19-31}$$

式(19-31)中，令 $t \rightarrow \infty$，得

$$X_u^{\infty} = \frac{K_e X_0}{K} \tag{19-32}$$

将式(19-32)减式(19-31)，得

$$X_u^{\infty} - X_u = X_u^{\infty} \cdot e^{-Kt} \tag{19-33}$$

式(19-33)两边取对数，得

$$\lg(X_u^{\infty} - X_u) = -\frac{K}{2.303} t + \lg X_u^{\infty} \tag{19-34}$$

式(19-34)中 $X_u^{\infty} - X_u$ 即为尿药亏量，也表示各时间待排泄的尿药量，以 $\lg X_u^{\infty} - X_u$ 对 t 作图可得一直线，该直线的斜率为 $-K/2.303$，可求得 K 值；直线的截距为 $\lg(K_e X_0/K)$，若已知 X_0、K，即可求出 K_e值。

尿药亏量法测定 X_u^{∞} 需达药物排泄总量 99%以上，一般要求集尿 7 个 $t_{1/2}$，且集尿期间，不得丢失任何一份尿样。对于 $t_{1/2}$长的药物，采用该法比较困难，这是尿药亏量法应用的局限性。相比之下，尿药排泄速度法集尿时间只需 3～4 个 $t_{1/2}$，且在尿药排泄速度图上确定一个点只需要连续收集两份尿样，不一定要收集所有尿液。相对于尿药亏量法，尿药排泄速度法误差较大。

例 19-2 某单室模型药物 100 mg 给患者静脉注射后，定时收集尿液，测得尿药排泄累积量数据(表 19-2)，试用尿药排泄速度法和尿药亏量法计算药动学参数。

表 19-2 某药物静脉注射 100 mg 后尿药数据

t(h)	0	1	2	3	6	12	24	36	48	60	72
X_u(mg)	0	4.02	7.77	11.26	20.41	33.88	48.63	55.05	57.84	59.06	59.58

笔记栏

解： 根据表 19-2 数据制得下表

t(h)	X_u(mg)	Δt	ΔX_u	$\Delta X_u/\Delta t$	$\lg\Delta X_u/\Delta t$	t_c	$X_u^\infty - X_u$	$\lg(X_u^\infty - X_u)$
1	4.02	1	4.02	4.02	0.604	0.5	55.56	1.745
2	7.77	1	3.75	3.75	0.574	1.5	51.81	1.714
3	11.26	1	3.49	3.49	0.543	2.5	48.32	1.684
6	20.41	3	9.15	3.05	0.484	4.5	39.17	1.593
12	33.88	6	13.47	2.25	0.352	9.0	25.70	1.410
23	48.63	12	14.75	1.23	0.090	18.0	10.95	1.039
36	55.05	12	6.42	0.54	−0.268	30.0	4.53	0.656
48	57.05	12	2.79	0.23	−0.638	42.0	2.53	0.403
60	59.06	12	1.22	0.10	−1	54.0	0.52	−0.284
72	59.58	12	0.52	0.043	−1.36	66.0	0	

(1) 尿药速度法：以 1 g（$\Delta X_u/\Delta t$）对 t_c作线性回归，得回归方程

$$\lg\Delta X_u/\Delta t = -0.03t + 0.621$$
$$K = -2.303 \times (-0.03) = 0.069\,1(\mathrm{h}^{-1})$$
$$t_{1/2} = 0.693/K = 0.693/0.069\,1 \approx 10(\mathrm{h})$$

直线截距为 0.621，即：$\lg(K_eX_0) = 0.621$，$K_eX_0 = 4.178$，则

$$K_e = 4.178/X_0 = 0.041\,78(\mathrm{h}^{-1}) \approx 0.042(\mathrm{h}^{-1})$$

(2) 尿药亏量法：$\lg(X_u^\infty - X_u)$ 对 t 作线性回归，得回归方程

$$\lg\Delta X_u/\Delta t = -0.03t + 1.794$$
$$K = -2.303 \times (-0.03) = 0.069\,1(\mathrm{h}^{-1})$$
$$t_{1/2} = 0.693/K = 0.693/0.069\,1 \approx 10(\mathrm{h})$$

直线截距为 1.794，即 $\lg(K_eX_0/K) = 1.794$，$K_eX_0/K = 62.23$，则

$$K_e = \frac{62.23K}{X_0} = \frac{62.23 \times 0.069\,1}{100} = 0.043(\mathrm{h}^{-1})$$

由此可见，由尿药排泄速度法和尿药亏量法求出的结果基本相同。

（三）静脉滴注的血药数据

1. 模型的建立　静脉滴注又称静脉输注，是药物以恒定的速度（零级速度 K_0）向静脉血管内持续给药输入体内，并以一级速度过程消除。可建立药物动力学模型如下。

$$K_0 \longrightarrow \boxed{X} \xrightarrow{K} \qquad (19-35)$$

式(19-35)中，K_0为滴注速度，X 为 t 时体内药量，K 为消除速度常数。

可以看出，恒速静脉滴注期间体内药量的变化速度可用微分方程表示为

$$\frac{\mathrm{d}X}{\mathrm{d}t} = K_0 - KX \qquad (19-36)$$

式(19-36)中，$\mathrm{d}X/\mathrm{d}t$ 为体内药物量 X 的瞬时变化速度；K_0为静脉滴注速度；以单位时间输入的药量表示；K 为消除速度常数。

笔记栏

2. 血药浓度与时间关系　在初始条件为 $t=0$，$X_0=0$ 的情况下，可求出上述微分方程的解为

$$X = \frac{K_0}{K}(1 - e^{-Kt}) \qquad (19-37)$$

式(19-37)为单室模型药物静脉滴注给药后，体内药量 X 与时间 t 的函数关系式。

式(19-37)两端除以 V，得

$$C=\frac{K_0}{KV}(1-e^{-Kt}) \tag{19-38}$$

式(19-38)为单室模型药物静脉滴注给药后，体内血药浓度 C 与时间 t 的函数关系式。血药浓度-时间曲线(图19-7)。

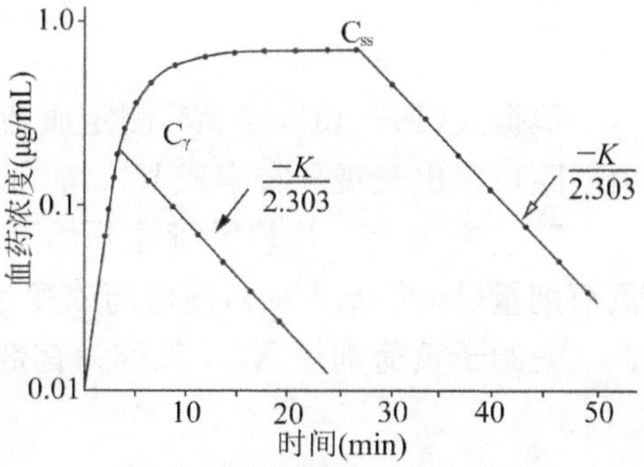

图 19-7　静脉滴注和滴注停止后血药浓度-时间曲线图

3. 稳态血药浓度　由图 19-7 可见，在静脉滴注开始的一段时间内，血药浓度上升，继而逐渐减慢，然后趋近于一个恒定水平，此时的血药浓度称为稳态血药浓度或称坪浓度，用 C_{ss} 表示。

根据式(19-38)，当 $t\to\infty$ 时，$e^{-Kt}\to 0$，$(1-e^{-Kt})\to 1$，则 $C\to C_{ss}$，即

$$C_{ss}=\frac{K_0}{KV} \tag{19-39}$$

上式为单室模型药物静脉滴注给药后稳态血药浓度求算公式。可以看出，稳态血药浓度与药物的静脉滴注速度 K_0 成正比。在达到稳态血药浓度的状态下，药物的输入速度等于体内药物的消除速度。

从式(19-38)可以看出，K 值愈大，$1-e^{-Kt}$ 趋近于 1 愈快。换言之，药物的 $t_{1/2}$ 愈短，到达坪浓度亦愈快。另外，不论药物的生物半衰期长短如何，达到坪浓度的某一分数所需要的生物半衰期的个数都是一样的。可以算出，达到 C_{ss} 的 90%需要 3.32 个 $t_{1/2}$，达到 C_{ss} 的 99%需要 6.64 个 $t_{1/2}$。

例 19-3　某患者体重 60 kg，以每小时 35 mg 的速度静脉滴注某药。已知其生物半衰期为8 h，表观分布容积为 1.46 L/kg，问稳态血药浓度和滴注 10 h 的血药浓度各是多少？

解　已知，$K_0=35$ mg/h，$V=1.46\times 60=87.6$(L)，$t_{1/2}=8$ h，则

(1) 稳态血药浓度为

$$C_{ss}=\frac{K_0}{(0.693/t_{1/2})V}=\frac{35\times 8}{0.693\times 87.6}=4.612(\text{mg/L})=4.612(\mu\text{g/mL})$$

(2) 静滴 6 h 的血药浓度为

$$C=C_{ss}(1-e^{-Kt})=4.612[1-e^{(-0.693/8)\times 10}]\approx 2.67(\mu\text{g/mL})$$

4. 药动学参数的计算　静脉滴注停止后，体内药物按照自身的消除方式而消除。若滴注持续时间为 T，滴注停止后的时间为 t'。则停滴后体内血药浓度随时间变化用指数函数式表示为 $C=C_Te^{-Kt}$。C_T 为停止滴注时的血药浓度，C_T 值因停止滴注的时间不同而不同。

(1) 稳态后停滴：当达到稳态血药浓度时停止滴注，$C_T=C_{ss}$，血药浓度可用下式表示

$$C=\frac{K_0}{KV}e^{-Kt'} \tag{19-40}$$

或

$$\lg C=-\frac{K}{2.303}t'+\lg\frac{K_0}{KV} \tag{19-41}$$

根据式(19-41)计算药动学参数 K 及 V，可在停滴后的不同的时间测定血药浓度，以 $\lg C$ 对 t' 作图，得到一条直线(图 19-7)，其斜率为 $-K/2.303$，可求得 K 值。从截距 $\lg(K_0/KV)$，可求出 V 值。

(2) 稳态前停滴：在未达稳态态血药浓度时停止滴注，停止滴注后的血药浓度可表示为：

笔记栏

$$C=\frac{K_0}{KV}(1-e^{-KT})e^{-Kt'} \tag{19-42}$$

或
$$\lg C=-\frac{K}{2.303}t'+\lg\frac{K_0}{KV}(1-e^{-KT}) \tag{19-43}$$

根据式(19-43),停滴后测定血药浓度。以 $\lg C$ 对 t' 作图,得一直线,由直线斜率可求出 K 值,由截距可求出表观分布容积 V。

5. 负荷剂量　从静脉滴注开始至稳态血药浓度,需要近 7 个 $t_{1/2}$ 的时间。为此,可先静注 1 个负荷剂量(loading dose),使血药浓度达到或接近稳态水平,继而以静脉滴注来维持该水平。

先给予负荷剂量 X_0^*,又称为首剂量。

$$X_0^*=C_{ss}V \tag{19-44}$$

继而进行恒速静脉滴注,此时体内药物的经时变化过程应以式(19-12)与式(19-37)之和表示

$$X=X_0^*e^{-Kt}+\frac{K_0}{K}(1-e^{-Kt})=\frac{K_0}{K} \tag{19-45}$$

或
$$C=\frac{X_0^*}{V}e^{-Kt}+\frac{K_0}{KV}(1-e^{-Kt})=\frac{K_0}{KV} \tag{19-46}$$

由此可见,在上述静脉滴注开始的同时静脉注射 1 个负荷剂量,能使体内血药浓度始终恒定在稳态血药浓度。

例 19-4　对例 3 中药物,若患者需给药后在体内立即达到有效血药浓度(4.612 μg/mL),并维持该水平 6 h,试设计给药方案。

解　根据题意 $C_{ss}=4.612$ μg/mL,则静注负荷剂量为:

$$X_0^*=C_{ss}V=4.612\times 87.6=404.01\ \text{mg}$$

滴注速度为

$$K_0=C_{ss}KV=4.612\times\frac{0.693}{8}\times 87.6=32.60(\text{mg/h})$$

(四) 血管外给药的血药数据

1. 模型的建立　血管外给药途径包括口服、肌内注射或皮下注射等。血管外给药后,先有吸收过程,随后逐渐进入血液循环,可建立药物动力学模型如下

$$X_0 \xrightarrow{F} \boxed{X_a} \xrightarrow{K_a} \boxed{X} \xrightarrow{K} \tag{19-47}$$

式(19-47)中,X_0 为给药剂量;F 为吸收分数;X_a 为 t 时间吸收部位的药量;K_a 为吸收速度常数;X 为体内药量;K 为消除速度常数。

2. 血药浓度与时间的关系　多数药物的吸收及体内的消除按一级速度过程进行,可用微分方程分别表示为

$$\frac{dX_a}{dt}=-K_aX_a \tag{19-48}$$

$$\frac{dX}{dt}=K_aX_a-KX \tag{19-49}$$

笔记栏

在初始条件为 $t=0, X_a=X_0, X=0$ 的情况下,可求出上述方程组的解为

$$X=\frac{K_aX_0}{K_a-K}(e^{-Kt}-e^{-K_at}) \tag{19-50}$$

由于血管外给药，吸收不一定很充分，故给药剂量 X_0 应乘以吸收量占剂量的分数值 F，称为吸收分数或生物利用度。则式(19-50)变为

$$X=\frac{K_aFX_0}{K_a-K}(e^{-Kt}-e^{-K_at}) \tag{19-51}$$

两边除以表观分布容积，得

$$C=\frac{K_aFX_0}{K_a-K}(e^{-Kt}-e^{-K_at}) \tag{19-52}$$

式(19-52)为单室模型药物血管外给药，体内药物浓度 C 与时间 t 的关系式。其血药浓度-时间曲线(图 19-8)。

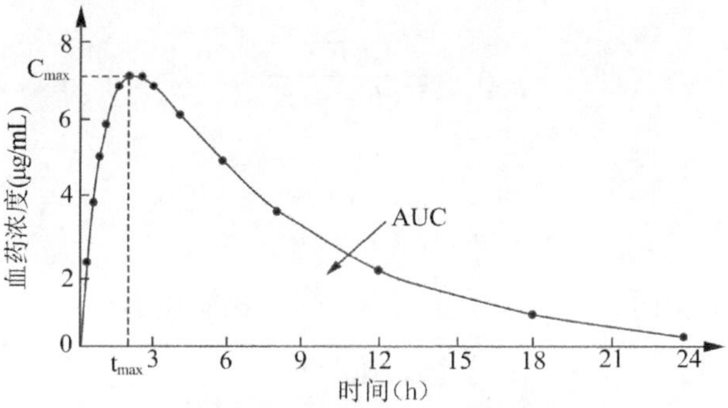

图 19-8　单室模型血管外给药的血药浓度-时间曲线图

3. 达峰时间和血药浓度峰值　单室模型血管外途径给药，血药浓度-时间曲线有两个重要参数，即达峰时间 t_{max} 和血药浓度峰值(峰浓度) C_{max}。

式(19-52)对时间微分方程

$$\frac{dC}{dt}=\frac{K_aFX_0}{V(K_a-K)}(K_ae^{-K_at}-Ke^{-Kt}) \tag{19-53}$$

由于在 t_{max} 时，血药浓度达到峰值 C_{max}，$dC/dt=0$，所以

$$K_ae^{-K_at_{max}}-Ke^{-Kt_{max}}=0 \tag{19-54}$$

简化，得

$$\frac{K_a}{K}=\frac{e^{-Kt_{max}}}{e^{-K_at_{max}}} \tag{19-55}$$

上式两边取对数，并解出达峰时间 t_{max} 的公式

$$t_{max}=\frac{2.303}{K_a-K}\lg\frac{K_a}{K} \tag{19-56}$$

将达峰时间 t_{max} 代入式(19-52)，可求出峰浓度，但较烦琐，简化如下，将式(19-55)改写为

$$e^{-K_at_{max}}=\frac{K}{K_a}e^{-Kt_{max}} \tag{19-57}$$

将 t_{max} 代入式(19-52)，再将上式代入，得

$$C_{max}=\frac{K_aFX_0}{V(K_a-K)}\left(\frac{K_a-K}{K_a}\right)e^{-Kt_{max}} \tag{19-58}$$

简化，得

$$C_{max}=\frac{FX_0}{V}e^{-Kt_{max}} \tag{19-59}$$

由式(19-56)及式(19-58)可知，药物的 t_{max} 由 K、K_a 决定，与剂量 X_0 大小无关；而 C_{max} 则与

笔记栏

X_0成正比。

4. 曲线下面积　可由式(19－52)时间从零至无穷大间作定积分，得

$$AUC=\int_0^{\infty}C\mathrm{d}t=\int_0^{\infty}\frac{K_aFX_0}{V(K_a-K)}(e^{-Kt}-e^{-K_at})\mathrm{d}t$$

运算，得

$$AUC=\frac{FX_0}{KV} \tag{19-60}$$

5. 残数法求 K 和 K_a　残数法是药物动力学研究中将一条曲线分解成若干指数函数的一种常用方法。凡是血药浓度曲线由多项指数式表示时，均可用残数法逐个求出各指数项的参数。

设

$$A=\frac{K_aFX_0}{V(K_a-K)} \tag{19-61}$$

代入式(19－52)，得

$$C=Ae^{-Kt}-Ae^{-K_at} \tag{19-62}$$

假设 $K_a>K$，若 t 充分大时，e^{-K_at} 首先趋于零，则上式简化为

$$C=Ae^{-Kt} \tag{19-63}$$

式(19－63)两边取对数，得

$$\lg C=-\frac{K}{2.303}t+\lg A \tag{19-64}$$

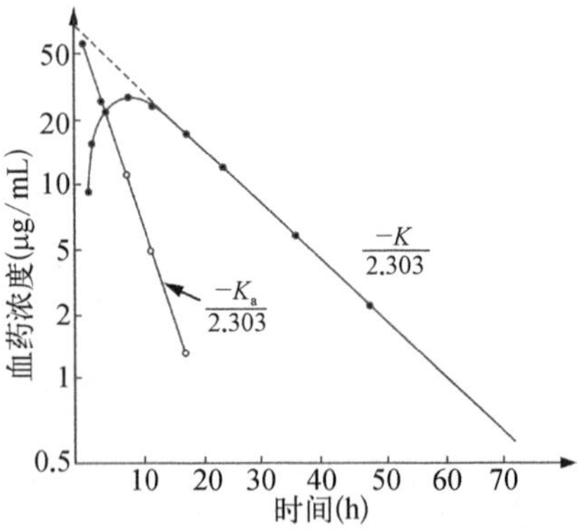

图 19－9　单室模型药物口服后血药浓度-时间半对数图

以 $\lg C$ 对 t 作图得二项指数曲线(图 19－9)，其尾端为一条直线，直线的斜率为 $-K/2.303$，可求出消除速度常数 K 值。直线的截距为 $\lg A$。

随后可应用残数法求出吸收速度常数 K_a。

将式(19－62)移项，得

$$Ae^{-Kt}-C=Ae^{-K_at}$$

设 $Ae^{-Kt}-C=C_r$，则上式可写为

$$C_r=Ae^{-K_at} \tag{19-65}$$

两端取对数，得

$$\lg C_r=-\frac{K_a}{2.303}t+\lg A \tag{19-66}$$

式(19－66)中，C_r为残数浓度，以 $\lg C$ 对 t 作图，得到第二条直线，称为“残数线”。该直线的斜率为$-K_a/2.303$，截距为 $\lg A$。

实际上残数值 C_r为图 19－9 中曲线后段直线的向吸收项外推的外推线上的浓度值 Ae^{-Kt}，与实测浓度 C 的差值。

五、单室模型多剂量给药

笔记栏

多数药物需要多剂量(multiple dosing)给药才能达到和维持有效血药浓度。研究多剂量给药的药物动力学过程对合理用药及剂型设计都具有重要意义。

（一）多剂量给药的血药数据

前述表明，一级动力学过程中单剂量给药的血药浓度与时间的关系均可用单项或多项指数函数表示，符合如下通式

$$C=\sum_{i=1}^{m}A_i e^{K_i t} \tag{19-67}$$

式(19-67)中，A_i 为各指数项的系数；K_i 为各速度常数，m 在静脉注射时等于隔室数；具吸收过程的给药方式时等于隔室数+1。

可以证明，若以恒定的时间间隔 τ，每次剂量与给药方式均相同时，n 次给药后，血药浓度经时过程的通式则为

$$C_n=\sum_{i=1}^{m}A_i\frac{1-e^{-nK_i\tau}}{1-e^{-K_i\tau}}e^{-K_i t} \tag{19-68}$$

式(19-68)中，t 为第 n 次给药后的时间 $(0\leqslant t\leqslant\tau)$；$A_i$、$K_i$、$m$ 在含义同式(19-67)，其中

$$r=\frac{1-e^{-nK_i\tau}}{1-e^{-K_i\tau}} \tag{19-69}$$

r 为多剂量函数。

由此可见，只要在单剂量给药的血药浓度-时间关系的多项指数函数式中，每一项含 t 的指数项都乘上各自相应的多剂量函数就可转换为相应的多剂量给药血药浓度公式。

因此，单室模型单剂量静脉注射，血药浓度随时间变化的指数函数表达式（式 19-13）乘以多剂量函数式（式 19-69）即得单室模型多剂量静脉注射第 n 次给药后血药浓度的经时过程公式

$$C_n=C_0\frac{1-e^{-nK\tau}}{1-e^{-K\tau}}e^{-Kt} \tag{19-70}$$

式(19-70)中，当 $t=0$ 时的血药浓度值，就是第 n 次给药后体内最大血药浓度，即

$$(C_n)_{\max}=C_0\frac{1-e^{-nK\tau}}{1-e^{-K\tau}} \tag{19-71}$$

当 $t=\tau$ 时，体内血药浓度降为第 n 次给药的最小值，即

$$(C_n)_{\min}=\frac{1-e^{-nK\tau}}{1-e^{-K\tau}}e^{-K\tau} \tag{19-72}$$

同理，单室模型多剂量口服给药后，有

$$C_n=\frac{K_aFX_0}{V(K_a-K)}\left(\frac{1-e^{-nK\tau}}{1-e^{-K\tau}}e^{-Kt}-\frac{1-e^{-nK_a\tau}}{1-e^{-K_a\tau}}e^{-K_at}\right) \tag{19-73}$$

（二）稳态血药浓度及其在给药方案设计中的应用

1. 单室模型静脉注射　在等间隔、等剂量多次静脉注射过程中，只要 τ 小于药物的一次剂量从体内完全消除的时间，血药浓度将随给药次数的增加而升高。当给药次数增加到一定程度时，血药浓度不再升高，随每次给药作周期性波动，这时的血药浓度称稳态血药浓度（图 19-10）。

根据式(19-70)，当给药次数充分大，即 $n\rightarrow\infty$ 时，$e^{-nK\tau}\rightarrow 0$，稳态血药浓度经时过程公式为

$$C_{ss}=C_0\frac{1}{1-e^{-K\tau}}e^{-Kt} \tag{19-74}$$

$$r_{ss}=\frac{1}{1-e^{-K\tau}} \tag{19-75}$$

笔记栏

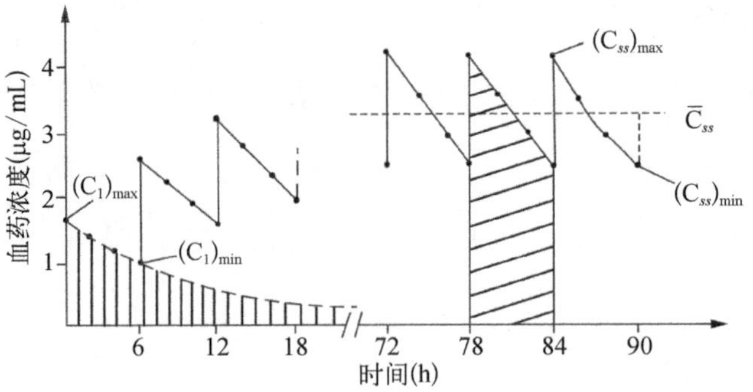

图 19-10 单室模型药物以相等剂量与相同时间间隔多剂量静注后血药浓度-时间曲线图

r_{ss} 为到达稳态后的多剂量函数。

同理由式(19-71)和式(19-72),得

$$(C_{ss})_{max}=C_0\frac{1}{1-e^{-K\tau}} \tag{19-76}$$

$$(C_{ss})_{min}=C_0\frac{e^{-K\tau}}{1-e^{-K\tau}} \tag{19-77}$$

式(19-76)中,$(C_{ss})_{max}$ 为稳态血药浓度的最大值;$(C_{ss})_{min}$ 血为稳态血药浓度的最小值。

由上述公式可见,稳态时血药浓度变化与给药次数 n 无关,在 $t_{1/2}$ 一定时,$(C_{ss})_{max}$ 和 $(C_{ss})_{min}$ 的大小取决于 C_0 和 τ。

2. 单室模型口服给药　对于口服药物,将式(19-52)乘以多剂量函数式(式 19-75),则有

$$C_{ss}=\frac{K_aFX_0}{V(K_a-K)}\left(\frac{e^{-Kt}}{1-e^{-K\tau}}-\frac{e^{-K_at}}{1-e^{-K_a\tau}}\right) \tag{19-78}$$

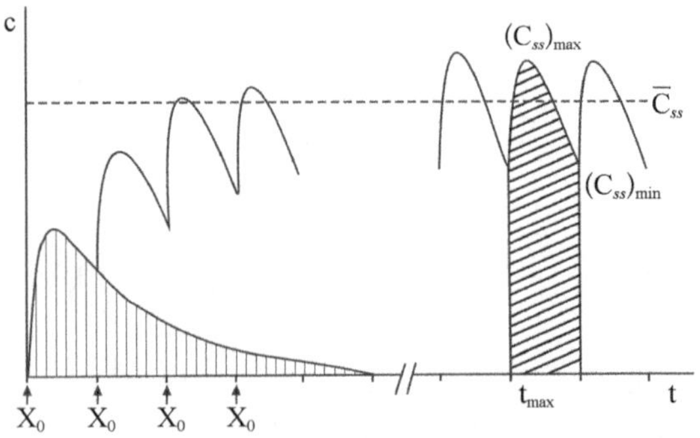

图 19-11 单室模型药物以相等剂量与相同时间间隔多剂量血管外给药的血药浓度-时间曲线图

稳态时最大血药浓度 $(C_{ss})_{max}$ 可由单次口服给药血药浓度峰值公式(式 19-59)乘以多剂量函数式(式 19-75)。所不同的是,多次口服给药稳态时的达峰时间 t'_{max} 与单次给药的 t_{max} 不等(图 19-11)。

$$(C_{ss})_{max}=\frac{FX_0}{V}\left(\frac{e^{-Kt'_{max}}}{1-e^{-K\tau}}\right) \tag{19-79}$$

当 $t=\tau$ 时,达稳态时血药浓度为最小值(谷浓度),即为当 $t=\tau$ 时的血药浓度乘以达稳态后的多剂量函数得出。但当 $t=\tau$ 时,τ 值较大时吸收过程完成,故 e^{-K_at} 已趋近于零,则公式为

$$(C_{ss})_{min}=\frac{K_aFX_0}{V(K_a-K)}\left(\frac{e^{-K\tau}}{1-e^{-K\tau}}\right) \tag{19-80}$$

将式(19-78)对时间微分,再令其等于零,可求得稳态时达峰时间 t'_{max}。

$$\frac{dC_{ss}}{dt}=\frac{K_aFX_0}{V(K_a-K)}\left(\frac{-Ke^{-Kt'_{max}}}{1-e^{-K\tau}}-\frac{-K_ae^{-K_at'_{max}}}{1-e^{-K_a\tau}}\right)=0 \tag{19-81}$$

$$T'_{max}=\frac{2.303}{K_a-K}\lg\frac{K_a(1-e^{-K\tau})}{K(1-e^{-K_a\tau})} \tag{19-82}$$

笔记栏

（三）平均稳态血药浓度

稳态血药浓度不是单一常数，在每个给药间隔内随时间而变化，是时间的函数。故有必要从稳态血药浓度的周期性波动中找出一个有代表性的特征参数来反映多剂量给药后的血药水平。为此，提出平均稳态血药浓度的概念。

所谓平均稳态血药浓度 $\overline{C}_{ss}$，是指血药浓度达到稳态后，在一个剂量间隔时间内，血药浓度-时间曲线下面积除以给药间隔所得商值（图 19－10），用公式表示为

$$\overline{C}_{ss}=\frac{\int_0^{\tau} C_{ss}\,\mathrm{d}t}{\tau} \tag{19-83}$$

对于单室静脉注射给药。其 $AUC_{0\to\tau}$ 为

$$\int_0^{\tau} C_{ss}\,\mathrm{d}t=\int_0^{\tau} C_0\frac{1}{1-e^{-K\tau}}e^{-Kt}\,\mathrm{d}t=\frac{C_0}{K}=\frac{X_0}{KV} \tag{19-84}$$

因此，平均稳态血药浓度为

$$\overline{C}_{ss}=\frac{X_0}{KV\tau} \tag{19-85}$$

由式（19－85）可见，由于 V 和 K 均为常数，欲获得理想的平均稳态血药浓度可调节给药剂量 X_0 和给药间隔 τ。

另外，比较式（19－84）和式（19－19）可知单剂量给药后，血药浓度-时间曲线下总面积等于多剂量给药达稳态后在 1 个剂量间隔时间内的血药浓度-时间曲线下面积（图 19－10）。根据平均稳态血药浓度的概念，血管外给药的平均稳态血药浓度计算公式为

$$\overline{C}_{ss}=\frac{FX_0}{KV\tau} \tag{19-86}$$

（四）负荷剂量

可以证明，在多剂量给药中，达到稳态血药浓度的 90% 或 99% 分别需要 3.32 或 6.64 个 $t_{1/2}$。若药物的 $t_{1/2}$ 较长，达到稳态需要相当长的时间。为使血药浓度一开始就达到稳态水平，合理的方法是先给一个较大的负荷剂量，然后每隔 τ 时间给予维持剂量，使血药浓度保持恒定。

对于单室模型药物静注给药，欲使首剂量后经历 τ 时间的血药浓度 $(C_1)_{\min}$ 达到稳态血药浓度，设 $(C_1)_{\min}$ 为最低有效血药浓度，首剂量为 X_0^*，则

$$(C_1)_{\min}=\frac{X_0^*}{V}e^{-K\tau} \tag{19-87}$$

由于 $(C_1)_{\min}$ 应等于 $(C_{ss})_{\min}$，故

$$\frac{X_0^*}{V}e^{-K\tau}=\frac{X_0}{V}\left(\frac{1}{1-e^{-K\tau}}\right)e^{-K\tau}$$

则

$$X_0^*=\frac{X_0}{1-e^{-K\tau}} \tag{19-88}$$

对于单室模型血管外（一级吸收）给药，则有

$$X_0^*=\frac{X_0}{(1-e^{-K\tau})(1-e^{-K_a\tau})} \tag{19-89}$$

笔记栏

式(19-89)如 τ 值较大，在吸收基本结束时再给予第 2 个剂量，此时 $e^{-K_a\tau}$ 已趋于零，且 $K_a>K$ 时，则式(19-89)变为

$$X_0^*=\frac{X_0}{1-e^{-K\tau}} \tag{19-90}$$

对于生物半衰期为 6～23 h 的药物，多剂量给药的最佳方案为"首剂加倍"，即给药间隔等于药物生物半衰期时首剂量为维持剂量的 2 倍。证明如下：

设 $\tau=t_{1/2}$，则

$$K\tau=\frac{0.693}{t_{1/2}}\times t_{1/2}=0.693$$

$$X_0^*=\frac{X_0}{1-e^{-0.693}}=2X_0$$

第五节　生物利用度与生物等效性

一、生物利用度与生物等效性的含义

生物利用度和生物等效性是衡量制剂质量和疗效差异的重要指标。

1. 生物利用度(bioavailability)　是指制剂中药物被吸收进入体循环的速度和程度。

(1) 生物利用速度(rate of bioavailability，RBA)：是指药物进入体循环的快慢。生物利用度研究，常用血药浓度(C_{max})、达峰时间(t_{max})比较制剂吸收的快慢。

(2) 生物利用程度(extent of bioavailability，EBA)：是指药物进入体循环的多少。可通过血药浓度-时间曲线下的面积(AUC)表示。试验试剂与参比制剂的血药浓度-时间曲线下面积的比值称为相对生物利用度(relative bioavailability)。当参比制剂是静脉注射剂时，则得到的比值称为绝对生物利用度(absolute bioavailability)。

相对生物利用度

$$F_{rel}=\frac{AUC_T\times X_R}{AUC_R\times X_T}\times 100\% \tag{19-91}$$

绝对生物利用度

$$F_{abs}=\frac{AUC_T\times X_{iv}}{AUC_{iv}\times X_T}\times 100\% \tag{19-92}$$

式(19-91)(19-92)中，脚注 T 与 R 分别代表试验制剂与参比制剂，iv 代表静脉注射剂，X 为给药剂量。

(3) 生物利用度的指标：评价制剂生物利用度，在血药浓度-时间曲线上，用三项参数来描述：① 峰浓度(C_{max})：是指血管外给药后，体内所能达到的最高血药浓度，又称峰值。峰浓度是与治疗效果和毒性水平有关的参数。② 达峰时间(t_{max})：是指血药浓度达到峰值的时间。达峰时间是反映药物起效速度的参数。③ 血药浓度-时间曲线下面积(AUC)：血药浓度-时间曲线下面积与药物吸收总量成正比，是代表药物吸收程度的参数。

(4) 生物利用度与临床疗效的关系：药物的疗效与药物吸收程度和吸收速度有关。如果一种药物的吸收速度太慢，在体内不能达到治疗浓度，即使药物全部被吸收，也达不到治疗作用。如三种制剂 A、B、C 具有相同的 AUC，但制剂 A 吸收快，达峰时间短，峰浓度大，已超过最小中毒浓度，因此在临床上可能会出现中毒反应。制剂 B 达峰时间比制剂 A 稍慢，血药浓度最小中毒浓度与最小有效浓度之间维持一段时间，可得到较好的治疗作用。制剂 C 的血药浓度一直在最小

笔记栏

有效浓度以下，在临床上可能无治疗作用(图 19－12)。因此，制剂的生物利用度应该用三个指标 C_{max}、t_{max}、AUC 全面评价。这三个指标是制剂生物等效性评价的重要参数。

2. 生物等效性　生物等效性(bioequivalence，BE)是在相似的试验条件下单次或多次服用相同剂量的试验药物后，试验制剂中药物的吸收速度和吸收程度与参比制剂的差异在可接受范围内。按照研究方法评价效力的优先顺序，BE 研究方法包括药物动力学研究、药效动力学研究、临床研究和体外研究。通常采用药物动力学终点指标 C_{max}、t_{max} 和 AUC 来进行评价。

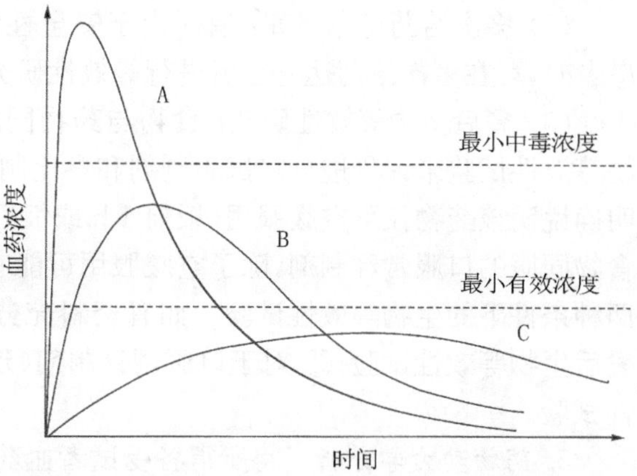

图 19－12　三种制剂的血药浓度-时间曲线的比较图

二、生物利用度与生物等效性的试验方法

生物利用度是保证药品内在质量的重要指标，而生物等效性则是保证含同一药物的不同制剂质量一致的重要依据。生物利用度与生物等效性概念虽不完全相同，但试验方法基本一致。

1. 受试者的选择　受试者的选择一般应符合以下要求：① 年龄在 18 周岁以上(含 18 周岁)；② 应涵盖一般人群的特征，包括年龄、性别等；③ 如果药物拟用于两种性别，一般情况下，研究入选的单一性别受试者例数不低于总例数的 1/3；④ 如果药物主要适用于老年人群，应尽可能多地入选老年受试者(60 岁及以上的人)；⑤ 入选受试者的例数应满足生物等效性评价具有足够的统计学效力的要求。

同一批受试者年龄不宜相差 10 岁或以上；体重与标准体重相差±10%，同一批试验受试者体重相近；身体健康，无心、肝、肾、消化道、神经系统疾病及代谢异常等病史，并经进行健康体检，应无异常；2 周前至试验期间不服用任何药物，试验期间禁烟、酒和含咖啡饮料；试验单位应与志愿受试者签署知情同意书。受试者一般为 18～24 人。

2. 参比制剂　试验制剂与参比制剂的安全性、有效性应合格，进行绝对生物利用度研究时选用上市的静脉注射剂，进行相对生物利用度或生物等效性研究时，应选择国内外同类上市主导产品或原研产品。试验制剂应为符合临床应用质量标准的放大试验产品，试验制剂和参比制剂实测含量差异应在 5%之内。

3. 试验设计　根据药物特点，可有三种试验设计方案：① 两制剂、两顺序、两周期、单次、交叉试验设计：适用于一般药物，纳入健康志愿者参与研究，每位受试者依照随机顺序服用试验制剂和参比制剂；② 单次、平行试验设计：适用于半衰期较长(大于 24 h)的药物，即每个制剂分别在具有相似人口学特征的两组受试者中进行试验；③ 重复设计：是前两种的备选方案，是指将同一制剂重复给予同一受试者，可设计为部分重复(单制剂重复，即三周期)或完全重复(两制剂均重复，即四周期)。重复设计适用于部分高变异药物(个体内变异≥30%)，优势在于以较少数量的受试者进行试验。

取样点对试验的可靠性起着重要作用。服药前取空白血样。一个完整的血药浓度-时间曲线应包括吸收相、分布相和消除相。总采样(不包括空白)不少于 12 个点。取样一般持续到 3～5 个 $t_{1/2}$ 或血药浓度为 C_{max} 的 1/10～1/20。在不能进行血药浓度测定时，可采用其他生物样品进行测定(如尿液)，但试验药品与试验方案应符合生物利用度测定要求。

4. 给药方法

(1) 单次给药研究：单次给药在评价药物释放的速度和程度方面比多次给药稳态药代研究的方法敏感，更易发现制剂释药行为的差异。

笔记栏

(2) 多次给药稳态研究：有时出于安全性考虑，需入选正在进行药物治疗，且治疗不可间断的患者时，可在多次给药达稳态后进行等效性研究。

(3) 餐后生物等效性研究：食物与药物同服，可能影响药物的生物利用度，因此需进行餐后生物等效性试验来评价进食对试验制剂和参比制剂生物利用度影响的差异。① 当参比制剂说明书中明确说明该药物仅可空腹服用(饭前 1 h 或饭后 2 h 服用)时，则可不进行餐后试验；② 对于仅能与食物同服的口服常释制剂，除了空腹服用可能有严重安全性方面风险的情况外，均进行空腹和餐后两种条件下的生物等效性试验。如有资料充分说明空腹服药可能有严重安全性风险，则仅需进行餐后生物等效性试验；③ 对于口服调释制剂(延迟释放制剂和缓释制剂)，进行空腹和餐后生物等效性试验。

5. 药物动力学分析　将所得各受试者血药浓度数据，平均值与标准差分别列表并作图，求出主要药动学参数 $t_{1/2}$、C_{max} 和 AUC。C_{max}、t_{max} 用实测值表示不得内推。AUC 可由梯形面积法计算，其计算公式为

$$AUC_{0\to\infty}=AUC_{0\to t_n}+\frac{C_n}{K} \tag{19-93}$$

$$AUC_{0\to t}=\sum_{i=1}^{n}\frac{(C_{i-1}+C_i)}{2}(t_i-t_{i-1}) \tag{19-94}$$

对于人体生物利用度试验，要求从零时间至最终采血点 $(AUC_{0\to t_n}/AUC_{0\to\infty})\times 100\% > 80\%$。

6. 生物利用度计算

(1) 单次给药：生物利用度应用各个受试者的 $AUC_{0\to t_n}$ 和 $AUC_{0\to\infty}$ 分别计算，并求其平均值和标准差。

$$F=\frac{(AUC_{0\to t_n})_T \cdot X_R}{(AUC_{0\to t_n})_R \cdot X_T}\times 100\% \tag{19-95}$$

$$F=\frac{(AUC_{0\to\infty})_T \cdot X_R}{(AUC_{0\to\infty})_R \cdot X_T}\times 100\% \tag{19-96}$$

式(19-95)(19-96)中，X_R 为参比制剂给药剂量，X_T 为试验制剂给药剂量。

代谢产物数据：对于前体药物，或由于药物在体内代谢极快，无法测定血中原型药物，此时可采用相应的活性代谢产物进行生物利用度研究。生物利用度计算以 $AUC_{0\to t_n}$ 为主，参考 $AUC_{0\to\infty}$。

(2) 多次给药：在下列情况下，可考虑多次给药达稳态后，用稳态血药浓度估算生物利用度：① 药物吸收程度相差不大，但吸收速度有较大差异；② 生物利用度个体差异大；③ 缓释、控释制剂；④ 当单次给药后原型药或代谢产物浓度很低，不能用相应的分析方法准确测得。多次给药，经等间隔(T)给药至稳态后，在某一给药间隔内，多次采集样品，分析药物浓度，计算在稳态剂量间隔从 0→T 时间的血药浓度-时间曲线下面积(AUC^{SS})。当试验制剂与参比制剂剂量相等时，即可用下式求得相对生物利用度(F)。

$$F=\frac{AUC_T^{SS}}{AUC_R^{SS}}\times 100\% \tag{19-97}$$

式(19-97)中，AUC_T^{SS} 和 AUC_R^{SS} 分别代表试验制剂与参比制剂稳态条件下的 AUC。

7. 生物等效性的评价

(1) 吸收速度：对于单次和多次给药研究，采用实测药物峰浓度 C_{max} 评价吸收速度。药物浓度达峰时间 t_{max} 也是评价吸收速度的重要信息。

笔记栏

(2) 吸收程度/总暴露量：对于单次给药研究，采用如下两个参数评价吸收程度：AUC_{0-t} 和 $AUC_{0\to\infty}$；对于多次给药稳态研究，采用达稳态后给药间隔期(τ)内的药时曲线下面积 $AUC_{0-\tau}$ 评价吸收程度。

（3）部分暴露量：特定情况下，可能需要增加部分暴露量指标来观测早期暴露值。部分暴露量测定的时间设置应符合临床疗效评价要求。应采集足够的可定量样品，以便充分估计部分暴露量。

（4）有关数据统计计算的要求：求算出 $AUC_{0\to t}$、$AUC_{0\to\infty}$、C_{max}（稳态研究 $AUC_{0\to\tau}$、C_{max}，AUC_{max}^{SS}）几何均值、算术均值、几何均值比值及其 90％置信区间等。置信区间的数值要保留足够的有效位数。生物等效性的标准：置信区间的数值应不得低于 80.00％，且不超过 125.00％。

三、体外溶出度与生物等效性

生物等效性是体内评价药物制剂质量和疗效的一项重要指标，但由于生物等效性试验需在人体体内进行的这一特点，无法将其作为常规产品质量和疗效的控制手段。溶出度则可以在一定程度上反映药物制剂在体内的吸收和临床疗效，但前提是体外溶出度与体内吸收之间应有良好的相关性。

体内-体外相关性（*in-vitro in-vivo correlation*，*IVIVC*）是指由药物制剂产生的药动学参数（如 t_{max}、C_{max}或 AUC），与同一药物制剂溶出度（如 $t_{0.5}$ 为溶出 50％所需时间、t_d为溶出 63.2％所需时间）之间，建立的合理定量关系。只有确定了药物制剂体内外具有相关性后，才能通过体外溶出度试验预测制剂的体内过程。这种体内-体外相关性也可以用于筛选制剂处方和制备工艺，保证制剂产品体内外性能的一致性。下面介绍两种常用的体内外相关性建立方法与数据处理方法。

（1）单点相关关系的建立：某一溶出时间点如 $t_{0.5}$、t_d与某一药动学参数如 t_{max}、C_{max}或 AUC 的相关关系。单点相关只能说明部分相关。

（2）体内吸收曲线与体外溶出曲线相关关系的建立：这种相关是最高水平的相关关系。利用 Wagner-Nelson 法计算某时间体内吸收的药物分数的公式为

$$F_a=\frac{(X_A)_t}{(X_A)_\infty}=\frac{C_t+K\cdot AUC_{0\to t}}{K\cdot AUC_{0\to\infty}} \tag{19-98}$$

式(19－98)中，F_a为药物吸收百分率；$(X_A)_t$为 t 时吸收的累积药量；$(X_A)_\infty$为被吸收的全部药量；C_t为 t 时的血药浓度；K 为消除速度常数；$AUC_{0\to t}$和 $AUC_{0\to\infty}$分别为 0 时到 t 时和 0 时到吸收结束时的血药浓度-时间曲线下面积。

当药物的溶出为体内药物吸收的限速因素时，可利用线性最小二乘法回归原理，将同批试样体外累积溶出曲线和体内吸收曲线上对应的各个时间点的溶出百分率和吸收百分率回归，得直线回归方程，建立体外累积溶出百分率与吸收百分率相关关系，求得相关方程和相关系数，判断体外溶出与体内吸收的相关性。

例如，已知某片剂在不同时间的累积溶出百分率（F_d）和口服吸收百分率（F_a），见表 19－3。

表 19－3　某片剂的溶出与吸收百分率

t(h)	1	2	3	4	5	6	7	8
F_d(％)	32.45	49.87	67.88	76.85	83.45	94.32	96.71	98.99
F_a(％)	27.93	42.22	56.36	71.29	71.07	84.78	83.74	86.75

将 F_d-F_a回归处理，得直线方程

$$F_a=0.899\,0F_d-1.963\,7 \quad r=0.994\,6$$

表明该片剂的体外溶出度与口服吸收有很好的相关性，可以用于预测该片剂的生物等效性。

笔记栏

知识链接

生物药剂学分类系统

生物药剂学分类系统(biopharmaceutics classification system, BCS)是根据药物体外水溶性和肠道渗透性的高低,对药物进行分类的方法。BCS 依据溶解性(solubility)与渗透性(permeability)将药物分为四类:Ⅰ类为高溶解性/高渗透性药物、Ⅱ类为低溶解性/高渗透性药物、Ⅲ类为高溶解性/低渗透性药物、Ⅳ类为低溶解性/低渗透性药物。BCS 已成为新药开发和监督管理强有力的工具之一,在预测口服药物体内外相关性方面有重要意义。

当药物的最大应用剂量能在 37℃,pH 1~7.5 范围内,在不大于 250 mL 的水性缓冲液介质中完全溶解,即具有高溶解性;反之,则具有低溶解性。高渗透性药物是指在没有证据表明药物在胃肠道不稳定的情况下,在肠道吸收达到 90%以上的药物,否则即为低渗透性药物。

根据 BCS 可以知道药物肠道吸收的限速过程:Ⅰ类药物的溶解度和渗透率均较大,药物的吸收通常很好;Ⅱ类药物一般溶解度较低,药物在胃肠道溶出缓慢,进而限制了药物的吸收,加快溶出是增加药物生物利用度的主要方法;Ⅲ类药物的渗透性较低,跨膜转运是药物吸收的限速过程;Ⅳ类药物的溶解性和渗透性均较低,药物生物利用度较差,药物的溶出和透膜性都可能是药物吸收限速过程。

四、常用药物动力学软件

药物动力学(简称药动学)是用数学的方法描述药物在体内过程,药动学数据统计处理软件随之诞生。目前在专业药动学软件国内有 3P87/3P97、DAS、BAPP;国外有 WinNonlin、NONMEM、ADAPT2、Kinetica 等。

1. 3P87/3P97 软件(Practical Pharmacokinetic Program)　3P87/3P97 实用药动学计算程序软件,简称 3P87/3P97 软件,是中国药理学会数学专业委员会受国家原卫生部药品审评办公室的委托组织刘昌孝等专家集体编制的,3P97 比 3P87 软件增加了生物利用度和生物等效性分析内容。3P87/3P97 软件可处理各种给药途径的药动学模型,给出详细的药动学参数及各种图表,是 2000 年以前国内申报新药药动学的主要统计计算软件。

3P87/3P97 的主要功能包括:① 静脉推注、静脉滴注及非静脉给药下不同房室模型的药动学参数拟合;② 自动输出房室数及权重系数判别标准,加权剩余平方和、相关系数、确定系数、AIC、拟合优度值、最大绝对误差、最大相对误差等,方便选择最优的房室模型;③ 批处理多剂量组药动学数据,简化使用者操作步骤;④ 按照自定义房室模型、权重系数、叠代方法、收敛精度等计算药动学数据,便于药动学的科学研究;⑤ 内置提供 12 种药动学模型,包括一级速度消除的线性房室模型和 Michaelis-Menten 消除的非线性模型;⑥ 生物等效性和生物利用度计算,提供双单侧 t 检验、方差分析结果;⑦ 吸收动力学参数计算,包括 Wagner-Nelson 法、Loo-Riegelman 法以及反卷积法。

3P87/3P97 软件是国内开发最早的药动学软件,其缺点是软件操作为 DOS 界面,且需要 3.5 寸软驱的支持,但 3.5 寸软驱已经逐渐被淘汰,需要在 Windows 系统下虚拟一个软驱,来使用 3P87/3P97 进行药动学数据分析,目前应用少。

2. WinNonlin 软件　WinNonlin 由美国 pharsight 公司开发,是目前国际上应用最为广泛的药动学、药效学数据处理软件,其 Windows 操作界面友好,数据处理功能非常强大。WinNonlin 以其方便的数据输入输出方式、优异的算法、精美的运行界面赢得了国外众多药动学研究者的青睐,在新药研究和药动学数据分析方面,受到美国 FDA 的推荐。

笔记栏

WinNonlin 有标准版、专业版、企业版三个版本,标准版包含了药物动力学与药效动力学分析的各种工具,专业版和企业版较标准版增添了几个模块。由 Pharsight 公司生产的 WinNonlin 的配套产品还包括：WinNonmix 软件，用于群体药动学分析和 Pharsitht Trial Simulator 软件，用于临床试验设计的模拟。

WinNonlin 功能主要包括：① 常规药动学分析，多种模型的拟合；② 房室模型分析：提供了广泛的模型库，能解决各种模型拟合问题；③ 非房室模型分析，根据多种可选的方法计算 AUC、C_{max} 等各种参数；④ 自定义模型方程解析药动学模型，拟合效率高，并支持微分方程直接求解拟合模型，这在所有药动学软件中极为罕见，也是 WinNonlin 超越同类其他软件的优越之处；⑤ 支持 PK-PD 联合模型分析；⑥ 生物等效性和生物利用度计算，与 Excel 等各式数据直接可以进行导入导出；⑦ 除包括常见统计功能外，还包括与药动学相关的统计功能，如双交叉设计、双单侧 t 检验、置信区间估计等；⑧ 多剂量用药时稳态血药浓度估计；⑨ 交叉试验设计等。在线帮助和指导功能，为用户节省学习和使用软件的时间。

WinNonlin 是目前最常用的药动学、生物利用度和生物等效性软件，其缺点是有些数据需分几次选择多个模型进行比较才能得出最佳的结果。

3. Kinetica 软件　Kinetica 是国外著名药物动力学数据分析软件，Thermo Electron 公司产品，Windows 操作界面，与 Excel 可以实现数据交换，是一款药物动力学、药效动力学和非房室数据分析应用程序，包括预先建立的即用型药动学，毒代动力学和 PK-PD 模型库。功能与 WinNonlin 相当。利用 Kinetica 能方便地进行十几种常规药动学模型的拟合、PK-PD 分析，非房室模型分析，尿药动力学数据处理，双交叉试验设计，结合动力学，吸收动力学的估算等。其运用界面简洁，操作简单，每种模型下均有丰富的可选项进行参数设定，同时支持批量计算。

Kinetica 最大的特色在于其强大的群体药物代谢动力学数据分析功能，利用其内置的 30 多种群体药物代谢动力学模块，可以方便地进行包括静脉推注、静脉滴注及非静脉给药的群体药物代谢动力学数据处理。Kinetica 还包含了丰富的统计模块，包括均数比较，方差分析，正态性检验，线性回归等。

4. NONMEN 软件　NONMEN 程序是由美国旧金山加州大学的 NONMEN 课题组依据非线性混合效应模型理论，用 FORTRAN 语言编写成的计算机应用软件，主要用于估算群体药动学参数。

5. BAPP 软件(BioAvailability Program Package)　BAPP 软件是由中国药科大学药代中心编写的生物利用度数据处理通用软件，专门用于生物利用度研究和生物等效性评价数据处理，最大的特点是在 EXCEL 的基础上进行二次开发。其中全程自动处理功能提供了全球首创的"傻瓜"操作模式，所有表格、图表、药动学数据处理、等效性检验结果自动转移到 WORD 中，并且自动排版，目前版本为 2.3。

6. DAS 软件(Drug and Statistics)　DAS 软件由孙瑞元和郑青山教授编制，是 3P87/3P97 以及 NDST(新药统计处理软件)的升级版，能够同时给出多种分析结果。最新的版本是 3.0。在微软视窗下运行的专业统计软件包。DAS 可完成临床前药学、药理以及临床新药研究关系密切的各种统计计算，计算结果直接存为 Excel 格式。DAS 具有药学统计、定量药理、临床药理、多因素分析、群体分析、生物统计、回归与相关 7 大模块，涉及的统计模块超过 150 个。缺点：模型不够多，对双峰等特殊的药动学曲线处理尚不理想。不能进行 PPK 群体药动学数据分析计算。

（肖学凤）

笔记栏

第二十章 中药制剂的配伍变化

本章要点

药物配伍及其意义，中药制剂配伍变化的类型。

体外配伍变化和体内配伍变化的内容、表现及其原因。

配伍变化的处理原则与方法。

第一节 概 述

随着医药科技进步，对疾病发生发展机制认知不断提高，新型治疗药物不断涌现，药物制剂种类不断增加，在临床治疗中，常将多种药物联合应用即配伍应用。药物配伍（compatibility）在药剂制造或临床用药过程中，将两种或两种以上药物混合在一起称为药物配伍。由于各种药物作用机制，化学成分的差异，药物配伍应用时在理化性质或生理效应方面产生的变化，称为药物配伍变化。不利于生产、贮藏、使用、治疗的配伍变化，则称为药剂学的配伍禁忌，在药剂的生产、使用等环节中要注意避免。

一、中药制剂配伍应用的目的

疾病临床治疗过程中，常将中药制剂配伍应用，以增强疗效；克服药物的偏性或不良反应；但不合理的配伍应用，则影响药物的稳定性、有效性，甚至产生毒副反应。

二、中药制剂配伍变化的类型

中药制剂配伍变化较为复杂，从不同的角度将药物的配伍变化分为以下若干类型：按配伍变化性质，分为疗效学配伍变化、物理化学配伍变化；按药物的特点及临床用药情况分为中药学配伍变化、药理学配伍变化、药剂学配伍变化；按配伍变化的部位分为体外配伍变化、体内配伍变化等。其中，药剂学的配伍变化属于体外配伍变化即药物进入机体前发生的变化，是在药剂生产、贮藏及用药配伍过程中由药物的物理化学性质变化引起的配伍变化。疗效学的配伍变化又称药理学配伍变化，是药物因合用或先后应用的其他药物、附加剂等，使其药理作用的性质、强度、不良反应、毒性等发生改变的配伍变化。药理学配伍变化包括：协同作用、拮抗作用等。

笔记栏

第二节 体外配伍变化

体外配伍变化，根据其变化性质的不同，可分为物理配伍变化和化学配伍变化。

一、物理配伍变化

物理配伍变化系指中药制剂在生产、贮存过程中，发生的物理性质的改变，从而影响到制剂的外观或内在质量。物理配伍变化主要表现在溶解度、吸湿与潮解、液化、结块、粒径与分散状态等方面。

（一）溶解度的改变

药物溶解与否、溶解度的大小，取决于药物本身、温度、溶剂种类等。

1. 温度变化　温度对溶解度影响很大，多数药物的溶解度随温度升高而增大。中药提取多为加热提取，以提高浸提效率。精制工艺中的热处理冷藏，亦是利用溶解度与温度的关系，达到除去杂质提高制剂澄明度的目的。某些药物溶解度与温度的关系则较为复杂，如芒硝，当温度在32.4℃以下则溶解度随温度升高而增大，超出此温度则反之。

2. 药渣吸附　中药饮片混合提取时，某些饮片中的有效物质被药渣吸附，从而影响其提取率。如甘草与黄芩、麻黄、芒硝、黄连共煎时，甘草酸的含量较单独提取下降约60%。黄连与首乌藤、鸡血藤、枳实共煎，生物碱的溶出仅为单独水煎溶出率的6%～7%。

3. 盐析作用　在溶液中加入无机盐类而使某种物质溶解度降低而析出的过程称为盐析，盐析作用会使某些药物成分的溶解度下降。如甘草与芒硝共煎，由于芒硝的盐析作用，使部分甘草酸沉淀析出与药渣一起被滤除。某些高分子溶液如明胶溶液中加入硫酸钠等无机盐溶液，使高分子凝聚而从溶液中析出。

4. 增溶作用　青黛为难溶性中药，主要成分靛蓝和靛玉红为难溶于水的双吲哚分子结构，甘草-青黛配伍，生甘草对青黛具有明显的增溶作用，且甘草越多，增溶效果越好，发挥增溶作用的核心为甘草酸。此外，甘草与党参、茯苓、白术配伍时，亦可提高这些饮片的浸出率。黄芩与大黄配伍有利于大黄蒽醌类成分的溶出。糊化淀粉对酚性药物会产生增溶作用，芦丁在1%糊化淀粉溶液中的溶解度为水中的3.8倍。

5. 溶剂影响　不同溶剂的液体制剂混合在一起，常会析出沉淀，如含乙醇的酊剂、酒剂、醑剂与汤剂、合剂、糖浆剂等以水为溶剂的制剂配伍时可能产生沉淀。将乙醇加入盐类的水溶液时也可能产生沉淀。

6. 贮藏过程　液体制剂中有效物质或杂质为高分子物质时，放置过程中受空气、光线等影响，胶体"陈化"而析出沉淀，如酒剂、酊剂、流浸膏等制剂贮存一定时间后会析出沉淀。

（二）吸湿与潮解、液化、结块

1. 吸湿与潮解　物质吸收空气中的水分称为吸湿。有些晶体能自发吸收空气中的水蒸气，在它们的固体表面逐渐形成饱和溶液，这种现象叫作潮解，无水氯化钙、氯化镁和固体氢氧化钠在空气中很容易潮解。中药颗粒剂、散剂、干浸膏、某些酶、无机盐类等易发生吸湿与潮解。在生产与贮存时应注意防潮。

2. 液化　可发生低共熔现象形成低共熔混合物的药物配伍时，常发生液化现象，可根据剂型及治疗需要合理利用，如制备液体制剂或处方中含有油类、乙醇等液体时，可利用处方中低共熔混合物液化现象，如樟脑、冰片与薄荷脑混合时产生的液化。

3. 结块　散剂、颗粒剂由于药物配伍后吸湿性增加而结块，影响产品外观性状，甚至导致药物有效成分的变化。

笔记栏

（三）粒径或分散状态的改变

中药制剂的原料及成品的粒径或分散状态直接影响制剂的质量。如乳剂、混悬剂因与其他药物配伍，发生分散相聚结、结晶粗化、凝聚或分层，分散均匀度降低，溶出速度下降，进而影响药物的吸收。吸附性较强的物质如活性炭、白陶土、碳酸钙等，当与剂量较小的生物碱配伍时，能使后者被吸附而在机体中释放不完全。

二、化学配伍变化

化学配伍变化系指药物成分之间发生氧化、还原、水解、聚合等化学反应，使药物成分发生改变，产生新的化学物质，如产生有毒物质、出现浑浊或沉淀、变色、产气、发生爆炸等，进而影响中药制剂的质量、疗效，甚至产生毒副反应。

(一) 产生浑浊或沉淀

1. 生物碱与苷　生物碱与糖基上含有羧基的苷类成分或其他酸性较强的苷发生反应生成沉淀。如黄连、黄柏、延胡索等含生物碱的饮片与甘草共煎时产生浑浊或沉淀。研究表明，小檗碱与甘草皂苷反应产生沉淀，该沉淀难溶于人工胃液，易溶于人工肠液，且溶解度随 pH 的升高而增加。此外，小檗碱还可与葛根黄酮、黄芩苷等羟基黄酮衍生物，大黄酸、大黄素等羟基蒽醌衍生物产生沉淀。大黄与黄连配伍小檗碱、巴马汀提取量均明显减少。黄连与黄芩共同提取药液中有明显的絮状沉淀物。

2. 生物碱与有机酸　金银花的药用成分主要包括黄酮类化合物、挥发油、三萜皂类化合物、有机酸类化合物等，有机酸类化合物，如原儿茶酸、咖啡酸、绿原酸、异绿原酸、棕榈酸等。金银花与小檗碱、延胡索乙素等多种生物碱配伍使用，可生成难溶性的生物碱有机酸盐，该沉淀在肠道分解后，可发挥生物碱的作用。

3. 生物碱和鞣质　大多数生物碱与鞣质反应产生难溶性的沉淀。如大黄与附子共煎形成难溶性复合物；大黄与黄连配伍会形成黄褐色的胶状沉淀，该沉淀难溶于人工胃液与人工肠液。

4. 无机离子的影响　多价金属离子与四环素类、大环内酯类、异烟肼、利福平等生成难溶性的化合物或络合物而影响吸收，降低药效。含钙、镁、铁等金属离子的中药，如含矿物质成分的石膏、石决明，以及止咳定喘丸、龙牡壮骨冲剂等中成药，不宜与上述药物配伍应用。

(二) 产生有毒物质

朱砂与溴化钾、碘化钾、硫酸亚铁等还原性药物反应生成溴化汞或碘化汞沉淀，有很强的刺激性，导致胃肠道出血，引发药源性肠炎。朱砂安神丸、七厘散、冠心苏合丸等含朱砂的中药制剂不宜与还原性药物溴化钾、碘化钾、硫酸亚铁等配伍。

(三) 变色与产气

1. 变色　中药制剂配伍发生氧化、聚合等反应时，含有酚羟基或不饱和基团的药物易氧化产生有色化合物，影响制剂外观或药效。中药黄酮类和蒽醌类等成分具有酚羟基结构易被氧化。易氧化变色的药物与 pH 较高的药物溶液或某些固体制剂配伍时易出现变色现象，如大黄粉末与碳酸氢钠或氧化镁粉末配伍则变为粉红色，含酚羟基的药物与铁盐相遇则颜色加深。一般，光线、高温对变色现象具有促进作用，可通过避光降温措施避免。

2. 产气　中药制剂配伍时，酸类药物与碳酸盐、碳酸氢钠配伍发生化学反应产生二氧化碳，出现产气的现象。

笔记栏

(四) 发生爆炸

一般，强氧化剂与强还原剂配伍时易发生爆炸，要避免发生。如高锰酸钾与甘油、氯酸钾与硫或强氧化剂与蔗糖(葡萄糖)混合研磨时，易发生爆炸。碘与氯化氨基汞混合研磨生成碘化汞，加入乙醇则可引起爆炸。

三、注射剂的配伍变化

很多中药注射剂成分复杂，与其他药物配伍应用，配伍变化具有多样性和复杂性。为规范中药注射剂的临床使用，国家下发了《中药注射剂临床使用基本原则》，特别强调严禁与其他药品混合配伍使用。如确需联合使用其他药品时，应谨慎考虑与中药注射剂的间隔时间以及药物相互作用、输液容器的清洗等问题。

(一) 注射剂配伍变化的分类

注射剂的配伍变化，可分为可见的和不可见的两种变化现象。

1. 可见的配伍变化　注射剂在使用时与注射用水、氯化钠、葡萄糖注射剂混合时出现混浊或沉淀，以及注射剂生产中原料药与辅料配伍出现混浊、沉淀、产气、变色等肉眼可见现象。如枸橼酸小檗碱注射剂与等渗氯化钠注射液混合时析出结晶。

2. 不可见的配伍变化　指肉眼观察不到的配伍变化，如某些药物的水解、抗生素的分解和效价下降等。

(二) 注射剂产生配伍变化的原因

1. 溶剂组成的改变　注射剂多以注射用水为溶剂，也可选择注射用油等非水溶剂，当含非水溶剂的注射剂与氯化钠、葡萄糖注射液混合时，由于溶剂组成的改变使药物析出。特别是大剂量静脉滴注即输液，对 pH、离子强度和种类、浓度、澄明度等要求严格。对于不同溶剂注射剂的相互配伍，应特别注意，如：① 常用氯化钠注射液、葡萄糖注射液，以注射用水为溶剂，比较稳定，常与其他药物的注射剂配伍；② 血液注射液与含药注射剂混合后易引起溶血、血细胞凝聚等现象，不宜与其他注射液配合使用；③ 甘露醇注射剂一般含 20%甘露醇，为过饱和溶液，加入氯化钠、氯化钾溶液，析出甘露醇结晶；④ 注射用乳剂的稳定性受许多因素影响，加入其他物质常产生破裂、合并、聚集等现象，破坏乳剂的稳定性，该类注射剂特别是静脉注射乳剂配伍应用需慎重。

2. pH 的改变　pH 是影响物的溶解度、稳定性的重要因素。注射剂的 pH 一般控制在 4～9，当 pH 改变时，有些药物会产生沉淀或加速降解。如生物碱、有机酸、酚类等。含碱性有效成分的制剂不宜与酸性注射剂配伍，含酸性有效成分的制剂不宜与碱性注射剂配伍，如黄芩注射剂(pH 7.5～8.0)与葡萄糖注射剂(pH 3.2～5.5)混合时，黄芩苷溶解度降低而析出沉淀。茵栀黄注射液与 0.9%氯化钠注射液、10%葡萄糖氯化钠注射液配伍，溶液 pH 降低，黄芩苷含量下降，颜色逐步加深，不宜配伍应用。注射用炎琥宁用 pH 较低的 10%葡萄糖注射液稀释时产生浑浊、含量下降。宜用 0.9%的氯化钠注射液稀释，与 pH 较低的注射液连续静脉滴注时各输液间要用 0.9%的氯化钠注射液冲管。

3. 缓冲容量　缓冲剂抵抗 pH 变化能力大小称为缓冲容量。缓冲剂可将溶液的 pH 稳定在一定范围，从而使制剂稳定。注射液的 pH 由所含成分或加入的缓冲剂的缓冲能力决定，若药液 pH 超出其缓冲容量，可能出现沉淀。某些含有具有缓冲容量的乳酸根、醋酸根离子的输液，可使某些在酸性溶液中沉淀的药剂出现沉淀。

4. 原辅料的纯度和盐析作用　原辅料的纯度不符合要求可以引起注射液之间发生配伍变化。含有微量钙盐的氯化钠原料所制备的注射剂，与 2.5%枸橼酸注射剂配伍应用产生枸橼酸钙而出现混浊。甘草酸、绿原酸、黄芩苷等与钙离子也会生成难溶于水的钙盐。某些呈胶体分散体的注射液，如两性霉素 B 在含大量电解质的输液中会被盐析，使胶体粒子凝聚而产生沉淀。

5. 混合浓度　注射剂发生配伍变化与其浓度和放置时间有关。如注射用乳糖酸红霉素与氯化钠或复方氯化钠注射剂各以 1%浓度混合时，混合液澄明，但当后者浓度为 5%时，则出现不同程度

笔记栏

的浑浊。还应注意混合后放置时间，大多药物在溶液中反应很慢，某些注射剂混合几小时后才出现沉淀，应注意输入速度，在规定时间内输完，如输入量较大，应分次输入，或临用前配制。

6. 附加剂的影响　注射剂中加入缓冲剂、增溶剂、助溶剂、抗氧剂、稳定剂等附加剂，与药物之间可能出现配伍变化。注射用炎琥宁遇到焦亚硫酸钠、亚硫酸钠等抗氧剂时，生成沉淀。聚山梨酯80作增溶剂时，遇到含有少量鞣质药液，会出现浑浊或沉淀。

第三节　体内配伍变化

药物制剂在体内发生的配伍变化，主要表现在吸收、分布、代谢或排泄过程中所发生的协同、拮抗或毒副反应。

一、在吸收过程中发生的配伍变化

药物制剂在吸收部位发生的物理或者化学变化，影响制剂的崩解、溶出速度、吸收速度与程度。如含鞣质的中药（如五倍子、虎杖、大黄等）、中成药（黄连上清丸、牛黄解毒片等）不宜与四环素类、红霉素、克林霉素等同服，避免所含鞣质与这些抗生素结合产生沉淀，生物利用度降低。元胡止痛片与强心苷类同服，元胡止痛片中所含有生物碱增加强心苷的吸收。

二、在分布过程中的配伍变化

血液中存在的药物可分为血浆蛋白结合型和游离型两类。药物与血浆蛋白的结合是可逆的，结合型和游离型药物处于动态平衡。结合型的药物不易透过血管壁，游离药物则能自由向体内各部位转运。当两种药物在蛋白质某一结合位置上进行竞争时，亲和力强的药物将亲和力弱的药物置换下来。药物对分布的影响表现为，一种药物减少了另一种药物与蛋白的结合，被置换的药物游离型浓度显著增加，疗效提高。

三、在代谢过程中的配伍变化

多数药物因代谢而降低或失去活性，但亦有因代谢而产生毒性物质。酶抑制、酶诱导作用，合并用药以及生理因素均会影响体内代谢过程。当两种药物同时应用时，产生激发性药酶的作用，即酶促作用，如乙醇有酶促作用，可使苯巴比妥、安乃近等代谢增加，药物作用降低。酶抑作用系指药物因能抑制另一种药物代谢酶的活性，使代谢作用减缓，因而使该药物的药理作用增强或毒性增加，药物还可因在肝脏蓄积而造成损害，如朱砂安神丸、苏合香丸、冠心苏合丸等与具有还原性的化学药物溴化钾、碘化钾等同服时，生成具有毒性的溴化汞或碘化汞，抑制多种酶的活性而干扰组织细胞的正常功能，并可在肝脏蓄积，增加对肝脏的损害。

四、在排泄过程中的配伍变化

笔记栏

肾排泄、胆汁排泄是最重要的排泄途径，某些药物也可由唾液腺或汗腺排出。硼砂与苯巴比妥、阿司匹林、头孢菌素和氨苄青霉素合用时，使这些药物的离子化程度增高，肾小管重吸收减少，血药浓度降低而影响药效。健胃片与奎尼丁合用，增加肾小管对奎尼丁的重吸收，引起奎尼丁中毒。药物在作用部位或作用环节也可能产生相互竞争，而使其中某一种药物的疗效增强或减弱，如麻黄碱与氨茶碱均是平喘药，但作用机制不同，临床观察表明，两药合用效果不及单独应用，不宜配伍使用。

第四节　配伍变化的处理原则与方法

一、处理原则

1. 审查处方，了解用药意图　审查处方，如发现疑问应首先与医师联系，了解用药意图，明确给药途径。根据对象与条件，结合药物的物理、化学和药理等性质，确定剂型，判定或分析可能产生的不利因素和作用，对剂量和用法等加以审查，或确定解决方法，使药剂能更好地发挥疗效。

2. 控制制备工艺和贮藏条件　在生产环节，控制温度、氧气、光线、金属离子是延缓水解和氧化反应的措施。对于酯类、酰胺类、皂苷类等易水解的药物，宜制成固体制剂增加其稳定性，并应注意控制水分、生产工艺条件、贮存温度，如避免湿法制粒、设计成粉针剂等。

二、处理方法

1. 改变包装材料和贮存条件　温度、空气、光线等会加速某些药物降解，如产生沉淀、变色、分解等，应根据影响因素选择适宜的包装材料和贮存条件。

2. 改变调配次序　改变调配次序往往能克服一些不应产生的配伍变化。

3. 改变溶剂或添加助溶剂　改变溶剂系指改变溶剂极性或改为混合溶剂。此法常用于防止或延缓溶液剂析出沉淀或分层。根据不同情况有时也可添加助溶剂。

4. 调整液体制剂的 pH　pH 的改变能影响很多溶解性能差的药物溶液的稳定性，应将溶液调节在适宜的 pH 范围内。

5. 改变剂型　有些处方制备成液体制剂易产生沉淀，可改变处方中的辅料，或改变剂型制成颗粒剂、胶囊剂、片剂等固体剂型。

总之，在药剂的生产、贮存和使用过程中，为避免因配伍不当而造成的质量问题，应优选合理的处方和制备工艺，一旦发生配伍变化应从处方、工艺、贮存条件等环节入手分析原因，寻找解决办法。

第五节　配伍变化的研究方法

药物制剂的配伍变化非常复杂，需要通过相应的理化试验、微生物及药理学实验等研究解决。

一、可见性配伍变化的实验方法

将实验的药物溶液进行混合，在一定的时间内观察是否产生变色、浑浊、沉淀、产生气泡等现象。实验时采用不同药液的浓度与用量、pH、观察时间等参数进行考察。

二、测定变化点的 pH

许多药物溶液配伍变化是由于 pH 变化引起的，因此，药物溶液变化点的 pH 可以作为预测药物配伍的参考。实验时采用在药液中逐渐加入酸或碱（如 0.1 mol/L 的盐酸或氢氧化钠），测定其外观产生变化的 pH、pH 变动范围及所用的酸或碱量。通常加入酸或碱而无外观变化，或 pH 移动范围大的，或用酸、碱量大的，不易产生可见的配伍变化。反之则易产生可见的配伍变化。

笔记栏

三、稳定性试验

通常认为药物溶液配伍后在规定的时间内其效价或含量下降小于10%，则为稳定。进行这类实验时，要选择适宜的测定指标和测定方法，以排除药液中其他成分的干扰。

（贾永艳）

笔记栏

第二十一章 中药制剂的设计

本章要点

中药制剂设计的内容和方法。

中药制剂设计的基本原则和常用方法。

中药新制剂注册的基本程序。

第一节 概 述

中药制剂的临床疗效不仅取决于方药本身的作用，也与其给药的途径、剂型、制剂处方与生产工艺等密切相关。因此，在中药新药（新制剂）的研究中，制剂的设计和优化是不可或缺的一项重要内容。

中药制剂的设计是在中医药理论指导下，结合现代制药技术，针对临床疗效确切的方药，通过系统研究处方、给药途径与剂型、制剂工艺等进行合理的设计和优化，以研制出理想的中药新制剂的过程。中药制剂的设计是中药新药开发阶段（即临床前研究阶段）的关键环节之一，关系到中药新制剂的安全性、有效性、可控性、稳定性、顺应性和经济技术的合理性。在实际工作中，制剂设计不合理现象时有发生，如药物处方临床应用的定位不准确，缺乏明显的特色；剂型选择，存在片面追求新剂型（如滴丸、软胶囊、含片等）的情况；制剂制备工艺，忽视中医传统用药习惯，单纯以成分为导向采用有机溶剂提取处方药材等。这些问题往往会影响中药新药研发工作，因此在中药新药的研发中必须对中药制剂的设计予以足够的重视。

另外，对于已上市的中成药，基于更为安全、有效的目标而开展的新制剂（如改变给药途径与剂型等）研究，也是制剂设计研究的一项重要内容。一方面，对于现有中成药在临床应用中出现的疗效、安全性、质量及顺应性等方面的问题，需要通过改进制剂的设计来解决。另一方面，开发新制剂产品，通过申请剂型改进的专利，还可延长已上市药品专利的保护期，有利于保持市场的占有率。目前，国家食品药品监督管理总局对于此类中药新制剂的审批，一般要求与原制剂比较，新制剂的临床疗效有明显的提高或毒副反应有明显的降低。这将有助于避免大量低水平重复的研究，促进我国中药新制剂技术水平的提升和中成药市场的健康发展。

知识链接

“质量源于设计”理念

近年来，一种基于“质量源于设计”(quality by design，QbD)理念的药物制剂设计和工艺研究的新思路在国际上备受推崇，其主旨是：药物制剂处方与工艺参数的合理设计是其质量的根本保障，而成品的检测只是质量的验证。QbD 的思想被认为是 21 世纪 cGMP(current good manufacture practice)的重要组成部分，是一种基于科学与风险分析的主动、先进的产品开发理念，即质量不是通过检验实现的，而是通过设计赋予的。根据 QbD 理念，在药物制剂

笔记栏

产品开发中，首先要确定目标产品特征(target product profile, TPP)以及相关的目标产品质量特征(target product quality profile, TPQP)，并确立关键质量指标(critical quality attributes, CQA)；然后系统地研究各种处方和制剂工艺因素对于关键质量指标的影响和作用机制，选择能保证产品质量的处方和工艺参数的范围，作为产品的“设计空间”(design space)；最后应用一系列先进的在线检测技术保证处方和工艺在设计空间中正常运行。QbD理念指导下的制剂设计新方法，在中药新药(新制剂)研究与开发中值得借鉴。

第二节　中药制剂设计的基本原则

中药制剂新产品开发过程中，制剂设计的目的是根据临床用药需要、疾病的性质和药物的理化性质，在中医药理论指导下，结合临床实践和中药现代研究的成果，采用先进的制剂技术，运用科学的实验设计方法，拟定合理的药物处方，确定适宜的给药途径和剂型，优化最佳的制备工艺，最终形成质量可靠、适合于生产和临床应用的中药制剂产品。为达到上述制剂设计的目的，保证中药新产品开发的成功，在中药制剂设计中应注意遵循以下基本原则。

一、安全性

中药制剂的设计首先应考虑中药制剂的安全性。在药物处方设计时，对于有毒的中药应慎用；在给药途径与剂型的选择方面，若口服给药剂型能满足临床治疗需要，一般不要采用注射剂；在工艺研究中，应选用适当的提取与纯化方法以减少中药有毒成分在中药浸出物中的含量，降低药物制剂的刺激性或毒副反应，如乌头中含毒性很强的乌头碱，通过久煎可使其降解为毒性较低的成分。对于既是毒性(刺激性)又是有效的成分，可在制剂成型过程中选用适宜的辅料延缓其在体内的释放速度或控制其释药部位，以避免因释药太快或释药部位不当而产生毒副反应或刺激性。

二、有效性

中药制剂的有效性是中药新药研制开发的前提，它与制剂的设计密切相关。剂型的选择要尽量有助于药物疗效的发挥，如基于固体分散技术使丹参滴丸所含难溶性有效成分(如冰片等)易于溶出，服用后起效迅速。由于大多数中药制剂是由多味中药组成的复方制备而成，其成分十分复杂，且复方治疗作用的物质基础往往又不太明确，故中药制剂的工艺设计中应特别关注各种工艺因素的变化对于制剂疗效的影响。如果工艺设计不当，不能充分浸出中药中的有效成分，或在纯化、浓缩与干燥等过程中造成有效成分大量的损失与破坏，就会降低中药制剂的疗效。

三、稳定性

中药制剂的稳定性是其临床应用的基本要求，也是有效性和安全性的重要保证。制剂设计要将稳定性纳入考虑范围，如对于在水中不稳定的药物成分，应选用固体制剂，其稳定性通常比液体制剂好；在中药浸提与纯化过程中，应考虑选用适当的工艺尽量减少中药浸出物中的杂质或无效成分，因为它们在中药制剂中的存在，易引起液体制剂出现沉淀、黏壁等现象，或易增加固体制剂的吸湿性而导致制剂外观变形、有效成分降解及霉变等问题。

笔记栏

四、可控性

中药制剂在大生产过程中必须做到质量可控，才能确保制剂的安全、有效。可控性主要体现在制剂质量的可预知性与重现性，即按照设计的制备工艺所生产的中药制剂产品，应能完全符合质量标准的要求，且不同批次生产的中药制剂产品具有良好的质量均一性。因此，在制剂的设计过程中，应注意选择先进、成熟的制剂工艺与技术，并优化确定合理的工艺参数，从而通过生产过程中相关工艺参数的控制，确保优质中药制剂产品的生产。

五、顺应性

顺应性指患者或医护人员对所用药物的接受程度，可在一定程度上影响药物在临床的应用及治疗作用的发挥。顺应性涉及制剂的使用方法、外观、大小、形状、色泽、嗅味等多个方面。如中药注射液含鞣质等杂质时可引起注射疼痛，患者难以接受，应在工艺设计时采用适当的方法将其除去；中药处方含苦味成分时，制成口服液或颗粒剂口感不佳，患者通常不愿使用，可在工艺设计时考虑加入适量矫味剂予以改善。

六、可行性

可行性是指所设计的制剂在一定的工业生产条件下实施的可能性，涉及现有生产条件（如相应的厂房、仪器设备）对工艺要求的满足程度及企业对该工艺的安全性、生产成本等的可接受程度。如在中药提取与纯化工艺的设计中，若采用大量毒性较大的有机溶剂，不仅对生产设施条件要求高，而且安全隐患大、生产成本高，故此类生产工艺的可行性小，也不能为企业所接受。因此，在制剂设计时，还应考虑现有的制药设备或生产条件能否满足所设计的剂型和制备工艺的技术要求，宜尽量简化制备工艺，降低生产成本，以提高制剂生产的可行性。

第三节　中药制剂设计的内容与方法

中药制剂的设计一般包括处方设计、剂型设计和工艺设计。三者在制剂设计中虽然研究内容各不相同，但又相互联系、相互影响。因此，在制剂设计时应综合考虑。

一、处方设计

处方设计可分为中药处方设计与制剂处方设计，前者是基于药物发现阶段所选择的方药，在中医药理论的指导下，根据临床医疗需要、药物性质和制剂生产、质量控制等相关技术要求，对处方药物组成及其配比进行优化，形成组方合理、临床定位明确的中药处方（方剂）的过程，它对于确保中药新药临床疗效与安全性具有重要的意义；后者是制剂成型工艺研究内容的一部分，是中药材经过提取、纯化、浓缩与干燥等过程获得中药提取物或有效成分（有效部位）后，根据临床要求，为制成适宜剂型的制剂，对制剂处方的辅料组成、药物与辅料的配比进行优化的过程，它与制剂的成型性、稳定性及药物的释放、吸收等密切相关。

笔记栏

（一）中药处方设计原则

1. 必须以中医药理论为指导　一般按照“辨证立法，以法统方，据方选药”的原则和“君、臣、佐、使”的组方原则，针对拟治疗的“病”“证”，确定相应的治法，然后以治法为指导确定方剂的类型，再结合临床常用经典方、中药的性味归经与功能主治及临床用药经验，选药组方。组方后，应写出符合中医药理论的“方解”，阐明方剂的功能主治及各药味在方中的地位与配伍关系。

2. *必须以有效方药或有效物质为基础*　以新药创制为目标的中药处方设计，要根据临床长期应用且疗效确切的方药，结合中药新药创制的相关技术要求和中医药现代研究的成果，对原有临床应用的有效方药的药物及配比进行优化，这样设计的中药处方不但疗效、安全性有基础、有保障，而且可适应中药新药创制的技术要求。目前，临床上应用的中药处方通常药味多、剂量大，直接开发制成某种剂型的制剂(如片剂、胶囊剂、颗粒剂、口服液等)存在服用量大，患者难以接受，或制剂的质量难于控制等问题。因此，开发中药新药时，一般需要有经验的临床医生协同相关药学研究人员对原方在药味或剂量方面进行优化。对于优化的中药处方，参照中药新药临床试验的要求对其进行临床预试验，并根据所观察得到的临床疗效，评价处方优化的合理性以及进一步研发的可行性。

3. *应具有准确的临床定位和明显的组方特色*　中药处方的临床定位(治疗的“病”“证”)不准确，不但会造成药效学试验设计的失败，而且会影响新药进一步的临床试验与观察。组方特色不明显，与已上市的同类中成药在组方上并无明显的特点与优势，也会降低其新药开发的价值和必要性，势必影响进入临床试验研究。

(二) 中药处方的筛选

中药处方筛选的目的是通过调研寻找和发现具有开发价值的临床有效方药，作为中药新药创制或新制剂开发时中药处方设计的基础。处方筛选的途径与来源主要包括：① 古典医籍的经方、古方；② 名老中医的经验方；③ 医院制剂方；④ 民间单验秘方；⑤ 中医临床科研方；⑥ 中药活性物质或物质基础研究的成果，以创制中药有效成分或有效部位入药的新药；⑦ 已上市中成药，通过二次开发研制新给药途径或新剂型制剂等。

(三) 中药处方的内容

1. *药味*　处方药味应精选，在保证临床疗效的前提下尽可能地选用小复方。处方药味少，有利于制剂工艺的研究、剂型的选择和质量标准的制订。除了处方药味数量的考量外，在处方药味选择上还应注意以下几点：① 所选药味是否包含无法定标准的中药、毒性中药、国家保护的中药或稀缺中药，对于上述中药应谨慎选用；② 所选药味若有特殊炮制要求，应在处方中予以注明；③ 所选君药一般应具有可测的有效成分或质控指标，以便新药的质量控制；④ 若采用有效成分或有效部位进行处方设计，应具备系统的活性筛选研究数据作为支撑，以避免因活性或疗效不确切而造成新药研发的失败。

2. *剂量*　处方中药物剂量与用药有效安全密切相关。安全是前提，达到治疗剂量才能呈现预期的疗效。对毒性中药的用量，应当慎重。同时应注意，剂量或配比变化有时可能出现处方功能转变。一般，处方药味剂量按日服用量设计，剂量应在《中国药典》等法定标准允许的范围之内。对于开发为新药的中药处方，考虑中药大生产提取效果较高，为便于制剂生产和减少服用量，其药味的用量相比临床应用的汤剂处方可适当减少。

3. *用法*　根据临床医疗需要和用药实际情况，确定给药方法(如口服、外用等)和用药频次，为进一步的剂型设计和工艺设计等提供依据。

二、剂型设计

笔记栏

剂型设计是中药制剂设计的重要内容之一，是以中医药理论为指导，基于中药处方设计，根据药物的性质、不同的治疗目的，结合不同剂型的特点和制剂生产条件等为拟开发的新药或新制剂选择合理的剂型与给药方式的过程。它对于制剂疗效的发挥、用药的安全性等具有重要的影响。

（一）剂型选择的原则

在中药制剂设计中，剂型选择的基本原则主要包括：① 根据防病治病的需要；② 根据药物的性质；③ 根据便于生产、使用、携带、运输、贮藏等的要求。有关剂型选择的内容可参见第一章“绪论”。

（二）剂型对药物作用的影响

药物剂型的出现最初是因为给药途径的需要而设计的，然而近代药物动力学的迅速发展，人们开始认识到药物在体内的吸收、分布、代谢、排泄等规律及药物的作用机制，发现药物的体内作用不仅与药物本身的性质相关，而且受给药途径与剂型的影响，这为选择合理的给药途径与剂型提供了新的理论依据。剂型对药物作用的影响主要包括：① 剂型不同可使药物产生不同的治疗作用；② 剂型不同可使药物起效的速度不同；③ 剂型不同可使药物的作用强度不同；④ 剂型不同可改变药物的毒副反应的大小；⑤ 有些剂型还可产生靶向作用，如脂质体、微乳、微球等。

（三）剂型与给药途径的关系

临床用药时，根据疾病的性质、用药对象及处方药物的性质等，常需要采取不同的途径给药。而药物剂型又与给药途径密切相关，给药途径不同，剂型选择上也会随之变化。一般，口服给药途径以固体剂型（如片剂、胶囊剂、丸剂、颗粒剂等）和液体剂型（口服液剂、糖浆剂等）最为常见；直肠和阴道给药宜选用栓剂；皮肤局部给药多用软膏剂、巴布剂；注射给药必须选择液体剂型，包括溶液剂、乳剂、混悬剂等。因此，在剂型设计时必须考虑药物剂型与给药途径相适应，才能使药物以最佳的形式输送到体内或相应的病变部位更好地发挥治疗作用。

（四）剂型与处方、工艺的关系

剂型设计与是以中药处方为基础，处方的临床用途、所含药物的性质是剂型设计的主要依据，而处方中药物剂量的大小亦会影响剂型的选择，如中药颗粒剂相比片剂、胶囊剂等具有更大的载药量，常是药物剂量较大的中药复方进行新药开发时的首选剂型，且其工艺简单、生产成本低。除了处方因素外，剂型设计也需要考虑工艺因素。不同的剂型对生产工艺技术要求不同，生产过程的复杂程度、周期、成本及对环境的影响等均会不同。另外，中药原料经提取、纯化处理后所得浸出物（或有效成分、有效部位）的得率多少与理化性质也会影响剂型的选择。因此，在剂型设计时还应综合考虑处方、工艺等因素。

三、工艺设计

工艺设计是在中医药理论指导下，结合现代制药技术，运用科学的实验设计方法，通过系统的研究对工艺路线与工艺条件（参数）进行优化，确定出合理的制备工艺，以生产出理想的中药新产品的过程，一般包括中药的提取、纯化、浓缩与干燥、制剂成型性及中试生产等研究内容。

（一）设计前的准备工作

1. 文献检索　应通过文献检索尽可能多地收集与工艺设计相关的研究资料，包括处方中各药味的化学成分（或有效成分、有效部位）与药理毒理作用、主要有效成分的检测方法、中药提取与纯化的新技术、相应剂型的制剂新工艺与新辅料等，以便充分考虑各种因素的影响，使设计的工艺先进、合理、可行。

笔记栏

2. 处方调研　处方调研的目的是使制剂工艺的设计更具针对性，以便设计的工艺能更好地保证制剂的临床疗效与安全性。调研的内容主要包括：① 处方的来源、功能与主治（或适应证）；② 临床应用情况，如处方的日服剂量、给药方法、采用的剂型及其制备方法、适应的人群等；③ 处方各药味的“君、臣、佐、使”关系；④ 处方中的贵细药、毒性药等。

3. *中药饮片的鉴定与质量检查* 制剂工艺的设计研究时，应注意所购买的中药饮片是否与处方的要求一致（如处方要求有的饮片需蜜炙、醋炙、煅制等），并按现行《中国药典》或相关质量标准对其进行鉴定和质量检查，以确保研究用中药饮片的品种来源和质量符合规定，从而为设计可靠的制剂工艺奠定基础。

（二）工艺路线的设计

中药制剂的工艺路线是指中药制剂生产过程中采用适宜的方法、设备等对物料（包括原料与辅料）进行加工处理的操作顺序。它通常由多个工序按照一定的顺序排列组成，常以工艺流程图表示，可直观地显示中药制剂生产过程的全貌，有助于对制剂生产过程的全面控制与管理。工序是指一个或一组工人在同一工作地连续完成一个或几个关联操作的一部分工艺过程，它是生产过程中最基本的组成单位，如中药制剂生产过程中的粉碎、水提、醇提、醇沉、浓缩、干燥、制粒、压片、分装等操作过程。在中药新制剂的研究中，对于同一中药处方，采用不同的方法对方中药物进行处理（如方中药物全部混合水提，或部分水提、部分醇提等），可形成不同的工艺路线。中药成分复杂，若工艺路线选择不当，可能会对最终形成的中药制剂产品的质量与临床疗效产生较大的影响。因此，工艺路线的设计是中药新药研究与开发的根基与关键环节，必须认真对待。

首先，应根据复方的功能主治，通过文献资料的查阅，分析每味中药的有效成分与药理作用。一般，含挥发油较多的中药可考虑先提取挥发油，药渣再水提或与其他中药混合水提；主要有效成分为水溶性的中药可采用水煎提取，主要有效成分为脂溶性的中药可采用醇提。对于有效成分不明确的中药，可根据与复方功能主治相关的药理作用研究的受试物是水提物还是醇等有机溶剂的提取物，选择相应的溶剂进行提取；若无相关药理研究报道，常根据传统用药习惯，用水煎提取。对于处方中用量小的贵重、细料药物或者因有效成分不稳定而不宜提取的中药，可考虑直接打粉入药。

其次，要注意处方中各药味所含有效成分的相互作用。一些含有酸性有效成分的中药（如黄芩中的黄芩苷、金银花中的绿原酸、甘草中的甘草酸）与含生物碱类有效成分的中药（如黄连、黄柏含盐酸小檗碱）合煎时，彼此有效成分易结合形成难溶于水的沉淀物，对传统汤剂来说，因药液无须严格的滤过、离心等纯化处理，这些沉淀物常可混悬分散于汤液中而随汤液一起被患者服下，故不会影响疗效，而对于通过工业化生产的中药制剂，则因提取液一般要进行纯化处理，易使沉淀物滤除而造成有效成分损失。因此，可考虑将含酸性成分的中药与含生物碱类成分的中药分开提取。

第三，应考虑临床用药的情况。中药复方临床用药多采用全方水煎制成汤剂使用，其用药的安全性与有效性有赖于处方中各药味所含化学成分的浸出比例与综合作用（包括协同作用与拮抗作用的协调发挥），故在中药制剂的生产中，全方合煎的情况十分常见。若片面从化学成分角度强调有效成分的浸出量，如对汤剂处方中某些用水提的中药改用乙醇为溶剂提取，有时可能打破临床有效汤剂化学成分的比例关系，使某些具有刺激性或毒性的成分也过多浸出而使制剂的毒副反应增加。对于此种情形，在工艺设计时应特别予以注意。

第四，应考虑剂型与新药类别对提取纯化等的要求。剂型不同，制剂制备的基本工艺路线（或流程）会有差异，对处方中药物的提取与纯化要求也会不同。如剂型选择颗粒剂，一般应尽可能对方中药味采用水提，若采用醇提，则因一些浸出的醇溶性成分难溶于水，会影响颗粒剂的溶化性。对于片剂、胶囊剂，则无“溶化性”方面的限制，可根据方中药味所含有效成分的性质或水提或醇提，但片剂、胶囊剂在服用片数或粒数方面有一定的限制，服用数量过多，会降低中药制剂的顺应性而使患者难于接受，故若处方药物用量较大时，常需采用“醇沉法”等对水提液进行处理，以“去粗取精”减少服用量。另外，新药的类别不同，所要求的工艺路线差别较大，尤其是提取与纯化工艺路线。一类与五类新药常针对有效成分与有效部位的理化性质，选择适宜的溶剂提取，并采用大孔树脂吸附分离法等对提取物进行纯化，以满足新药注册的要求。

笔记栏

总之，中药制剂工艺路线的设计要综合考虑多方面的因素对制剂质量的影响，力求所设计的制剂工艺路线能最大程度地发挥中药的临床疗效，并具有可靠的安全性和良好的稳定性。为了确保设计的工艺路线合理，可设计 2～3 个工艺路线方案，以有效成分或药理作用等为指标进行实验对比。

（三）工艺条件的优化

在中药制剂基本的工艺路线初步确定后，应对工艺路线中每一个环节（工序）的工艺条件（参数）进行优化。优化步骤一般包括：建立评价体系、分析工序的主要影响因素、进行单因素与多因素的试验设计与实验考察、处理实验数据并进行统计学分析、结合专业知识确定最优工艺条件（参数）。优化内容主要包括：提取、分离（或纯化）、浓缩与干燥、成型等工序的工艺条件。

1. 中药制剂工艺条件优化的基本步骤

（1）建立评价体系：评价体系一般由反映某一工序要求的多个指标及其检测方法构成。无论是选择工艺方法，还是优化工艺条件，都需要选择适当的指标，并建立其检测方法，以便对不同的工艺方法及其工艺条件的合理性或可行性做出科学的评判，达到确定最佳工艺条件（参数）的目标。

在中药制剂工艺设计中，一般可根据具体的研究内容结合实际情况来选择适宜的评价指标。常见的评价指标主要包括：① 浸膏得率；② 有效成分或指标成分含量；③ 生物学或药效学指标，如抑菌效率、抗凝作用等；④ 制剂成型性指标，如澄明度、颗粒收率、崩解度、硬度、溶出速率等；⑤ 经济学指标，如生产成本、产业化难易等。

（2）分析工序拟采用的工艺方法及影响因素：在对中药制剂生产工序的工艺条件进行优化时，需要同时考虑工序拟采用的工艺方法。同一工序有时可能有多种工艺方法可供选择，如针对醇提工序，提取方法可考虑浸渍法、回流法、渗漉法，而这三种提取方法的影响因素或工艺参数的内容是不完全相同的。为了节省优化的时间和成本，通常可根据文献或经验，选择一种公认较好的工艺方法进行研究，并找出其主要的影响因素，如渗漉法提取的主要因素有药材粉碎度、醇浓度、醇用量及渗漉速度等。若难以选择一种合适的工艺方法，则需要先对每一工艺方法的工艺条件（参数）进行优化，再比较各工艺方法最优条件下的效果（即对评价指标影响的大小），从而确定合理的工艺方法及其最优条件。

（3）进行单因素的实验考察：即固定其他影响因素的工艺条件，仅对某一影响因素的不同工艺条件进行实验考察，以了解其对评价指标的影响程度或影响规律，并找出该影响因素可能的最佳工艺条件范围。

（4）优选多因素的工艺条件：任何一种工艺方法都同时受到多种因素的影响，其最佳的工艺条件必定是多种因素工艺条件综合平衡的结果，也就是说多种因素的不同工艺条件进行组合必定有一个最佳搭配。为寻找这种多因素工艺条件的最佳搭配，可应用正交设计、均匀设计等优选法对多因素的多个水平（工艺条件）同时进行考察。应用上述优选法时，一般是先进行因素水平的设计（即根据上述影响因素分析与单因素实验考察结果，选择若干个影响因素，并给每一因素设计几个不同的工艺条件），然后根据因素与水平的数目，选择合适的正交设计表或均匀设计表等进行试验安排，并依据表中的试验方案进行实验，再对实验结果进行数据处理，分别进行直观分析、方差分析或多元回归分析等，即可结合专业知识确定多因素工艺条件的最佳搭配，从而获得生产工序最佳的工艺条件。有时由上述过程优选的“最佳搭配”方案可能是正交设计表或均匀设计表中没有的方案，此时一般需要对其进行验证实验，以便对优选方案的合理性予以确认。

2. 中药制剂工艺条件优化的主要内容

（1）提取工艺的优化：提取工艺是现代中药制剂生产过程最为重要的一个环节。与传统的丸、散剂等不同，大多数的现代中药制剂（如片剂、胶囊剂、颗粒剂、口服液剂等）均需要对作为原料的中药饮片进行提取，以方便用药。提取工艺优化设计时，应重点考虑以下两方面的内容。

1）提取方法的选择：在前述工艺路线的设计中，已涉及提取相关内容，但重点是讨论提取的工艺路线，即处方中的药味是“混提”还是“分提”，提取溶剂选用水还是乙醇等有机溶剂。而在提取工

笔记栏

艺路线初步确定后，则首先考虑的是提取方法的选择。一般地，可根据中药有效成分的性质和所采用提取溶剂的种类及实际生产条件，结合不同提取方法的原理、特点来进行提取方法的选择，必要时可通过实验考察不同提取方法的浸出效果加以确认。例如，以乙醇为提取溶剂时，可选用浸渍法、渗漉法、回流法等，其中应用最多的是回流法；以水为溶剂时，一般采用煎煮法，在现代中药生产中也常用回流法。

2）提取工艺主要影响因素的分析：对于不同的提取方法，需要根据浸提原理弄清其主要的影响因素，然后采用适宜的试验设计方法考察在一定的工艺条件范围内各因素对浸出的影响规律，并优化确定最佳的提取工艺条件(参数)，以尽可能充分浸出中药有效成分。一般，以水为溶剂采用煎煮法或回流法提取时，主要考察的影响因素有浸泡时间、提取次数、加水量、提取时间；以醇为溶剂提取时，主要考察的影响因素有药材粉碎度、醇浓度、浸泡时间、提取次数、加醇量、提取时间，对于渗漉法还要考察渗漉速度。

(2) 分离、纯化工艺的优化

1）分离与纯化的要求：在对中药浸出物分离纯化工艺进行设计时，需要首先明确分离纯化的要求。一般有两个方面的要求，一是分离纯化的选择性，即在分离纯化过程中要求选择将哪些成分保留或将哪些成分除去；另一个是纯化程度，即通过分离纯化要求将中药浸出物中有效成分或有效部位提高到什么含量标准，或使其服用量与杂质减少到一个什么程度。只有明确要求，才能设计合理的分离纯化方法，经济并有效地实现中药制剂工艺研究的预期目标。

2）分离纯化方法的选择：不同的分离纯化方法对浸出液中不同成分的分离纯化选择性或效果是不相同的。一般根据中药方剂中有效成分与无效成分的理化性质，采用适当的方法分离纯化中药方剂浸出液。当浸出液有效成分或有效部位十分明确时，可根据有效成分的理化性质采用一些选择性强的分离纯化方法，如大孔树脂吸附分离法、超滤法等，通常可获得较高的分离纯化效果。否则，一般可根据经验，主要针对浸出液中可能为无效成分的一些杂质(如淀粉、蛋白质、树胶、树脂、鞣质、黏液质、色素等)，采用一些选择性不太强的方法，通过沉淀或吸附等方式将其除去，从而达到纯化浸出液的目的，如水提醇沉法、絮凝澄清法、活性炭吸附法等。

3）分离纯化主要影响因素的分析：应用不同的方法进行分离纯化，其工艺影响因素亦不相同。一般可根据文献和经验确定欲考察的工艺影响因素，如醇沉工艺的主要影响因素有药液浓度、加醇量、醇沉次数、pH 等；大孔树脂吸附分离工艺的主要影响因素有药液浓度、树脂的种类与用量、药液 pH、药液流速、柱的径高比、洗脱剂的种类与用量等。

(3) 浓缩与干燥工艺的优化：浓缩、干燥工艺应主要依据中药物料的理化性质、制剂的要求及影响浓缩、干燥效率的因素，选择相应的浓缩、干燥方法，使所得浓缩物或干浸膏达到要求的相对密度或含水量，以便于制剂成型。对含有热不稳定性成分、易熔化物料的浓缩与干燥，尤其需要注意方法的选择，尽量减少浓缩与干燥过程中对有效成分的破坏，以保障浓缩物或干燥物的质量。

浓缩工艺的主要任务是蒸发除去中药提取液中部分溶剂，提高药液浓度或有助于进一步干燥，以满足中药制剂成型的要求。考虑中药成分的复杂性及中药制剂工业化生产的实际情况，浓缩工艺多采用真空(减压)浓缩法，其真空度一般控制在－0.09～－0.06 MPb，温度控制在 60～75℃。

干燥工艺是中药固体制剂生产过程中的一个重要组成部分，对于中药制剂的质量影响较大。一些热敏性中药有效成分在干燥过程中往往破坏严重，尤其是在中药提取物含糖类成分多、难于干燥的情况下。因此，选择适宜的干燥方法及其工艺参数十分重要。目前，常用的干燥方法有真空干燥法、微波真空干燥法、喷雾干燥法，后两种方法的干燥效率较高且干燥物的质量好。优化设计时，可根据具体品种物料的性质和实际生产条件进行选择。在选定干燥方法进一步进行干燥工艺条件(参数)优化时，可重点考察温度、药液浓缩程度(常用某一温度下的相对密度表示)等对干膏中主要有效成分的影响，以确定适宜的干燥工艺参数。

笔记栏

(4) 成型工艺的优化：成型工艺是通过某种方法和设备将制剂原料与辅料加工制成一定剂型产品的过程。在这一过程中，中药制剂原料的理化性质、辅料的种类与用量、加工方法与设备及环境的温度、湿度等对制剂产品的成型及其质量，甚至临床疗效均可产生影响，因此在成型工艺的优化研究中应注意对各种影响因素加以综合考虑。根据优化的内容，成型工艺的优化一般可分为两个方面：一是制剂处方的筛选，二是加工方法及其参数的筛选。

1）制剂处方的筛选：在制剂原料一定的情况下，处方筛选实际上就是要通过对不同辅料及其用量的考察来确定最适宜的辅料种类及其用量配比，以保证制剂成型后的产品质量。

在选择辅料时，一般应综合考虑以下基本原则：① 根据制剂原料的理化性质进行选择，如中药浸膏粉吸湿性强时，可考虑加入适量乳糖、微晶纤维素等降低其吸湿性，以便进一步制粒成型；对于味苦的中药原料，可考虑加入适量甜味剂（如甜菊素等）矫味，以提高制剂的顺应性。② 根据剂型的要求选择，如片剂成形时一般需要加入稀释剂、润湿剂或黏合剂、崩解剂、润滑剂，以便制成片重、硬度、崩解度及外观等符合要求的片剂；中药口服液体制剂配制时常加入适量的 pH 调节剂、防腐剂等，以增加其稳定性。③ 所选辅料应能避免与药物发生不良相互作用，且不影响药品的检测。④ 应注意新辅料的应用，如羧甲基淀粉钠（CMS-Na）、交联聚维酮（PVPP）相比传统崩解剂干燥淀粉，可明显缩短片剂的崩解时间。

除了上述基本原则外，也应借鉴传统中药制剂在辅料应用方面的一些特点：一是“药辅合一”，例如浓缩丸和半浸膏片一般不另加辅料，而是利用提取的浸膏作黏合剂，原生药粉作填充剂和崩解剂，控制适宜的制剂条件即可；二是注重“辅料与药效相结合”，如“二母宁嗽丸”中的蜂蜜，既是成型赋形剂，又是与方药有协同疗效的物质。

在辅料的种类确定之后，应对原辅料的配比进行优化。原则上，在不影响制剂成型质量的条件下应尽可能减少辅料的用量，以减少服用量。原辅料配比优化时，首先要根据日处方生药量、浸膏得率、给药方法（包括给药途径、每日给药次数与每次给药剂量）及制剂规格（如片重、每袋颗粒剂装量）等确定原辅料总的配比，然后选择与制剂成型质量相关的指标（如片剂成形过程中，可以颗粒收率、硬度、崩解度及外观质量等为评价指标），采用单因素对比试验法，结合析因设计、正交设计等试验方法对不同的辅料及其用量配比进行考察，即可获得优化的制剂处方。制剂处方确定后，在书写时常以 1 000 个制剂单位（片、粒、克、毫升等）来计算处方中药物与辅料的用量。

2）制剂加工方法及其参数的筛选：同一制剂，可以有不同的加工方法，不同加工方法需要有不同的制药设备。因此，要结合现有的生产条件来选择相应的加工方法和设备。例如，颗粒剂成型时，可以根据实际生产的设备情况选用挤出制粒法、高速搅拌制粒法、流化床制粒法等。另外，不同的加工方法，其需要控制的工艺参数也不相同，如高速搅拌制粒法，应考察搅拌速度与时间等工艺参数对粒度及合格颗粒收率的影响；而采用流化床制粒法时，则应考察排风量、喷枪压力和喷液流量、物料温度等的影响。最后，需要指出的是制剂加工方法及其参数的筛选并不是孤立地进行，通常需要与制剂处方的筛选结合起来，两者相互关联，共同作用于制剂成型工艺的研究过程，并最终形成合理的制剂成型工艺。

四、中试研究

中试研究是基于实验室进行的系统工艺研究所形成的工艺路线和工艺条件（参数），选择符合 GMP 条件的车间，进行制剂处方量 10 倍以上的放大试验，进一步对实验研究拟定的制剂工艺的合理性进行验证和完善。其目的是考察工艺的稳定性和成熟程度，探索、积累大规模生产条件下中药制剂生产的工艺参数，以便通过进一步的修订、完善形成能适应工业化生产实际的合理制备工艺。

中试研究时，一般应采用同一批合格的中药饮片，按照实验研究拟定的制备工艺进行连续 3 批次以上中试样品的生产，详细记录每批样品的投料量、半成品量（如浸膏得量）、辅料用量、成品量、成品率等，同时注意考察制备工艺与生产设备的相容性。中试生产的样品，应及时进行质量研究与评价。这样可以利用质量研究的检测数据结合上述生产过程记录的工艺数据评价实验研究所设计的制剂工艺的合理性与可行性，而且可据此制订中药制剂的质量标准草案，也为进一步开展制剂稳

笔记栏

定性的考察提供检测方法与标准。

中试研究完成后，还可为后续的药效学试验、毒理学试验及临床研究用样品的生产提供相对成熟的制备工艺，从而保证上述试验研究所用样品的质量及其试验结果的可靠性，这对于正确评价中药制剂的安全性、有效性及市场前景均具有重要的意义。因此，中试研究既是对中药制剂工艺设计合理性的全面检验，又是中药新制剂研制与开发的一个重要环节，应认真加以对待。

五、常用的实验设计方法

为了用最少的试验取得关于所研究系统的尽可能充分的信息，常常需要选择合理的实验设计方法安排试验，考察多因素多水平对实验结果的影响及各因素之间的相互作用，以便优化确定最佳的工艺条件。常用的实验设计方法有以下几种。

（一）正交设计

正交设计（orthogonal design）是一种用正交表安排多因素多水平的试验，并用普通的统计分析方法（如直观分析与方差分析）分析各因素对实验结果的影响程度，进而结合专业知识推断或确定各因素的最佳水平与最优组合方案的科学方法。在中药制剂工艺设计中，常用的正交表有 $L_8(2^7)$、$L_9(3^4)$等。用正交表安排实验，因素间搭配均匀，具有“均匀分散，整齐可比”的特点，可大大减少试验次数。

（二）均匀设计法

均匀设计（uniform design）是由我国数学家方开泰教授和王元教授在 1978 年共同提出的一种多因素实验设计方法，由于该法抛开了正交设计中的“整齐可比性”，而只考虑试验点的“均匀分散性”（即让试验点在试验范围内尽量均匀地分布，并使每个因素的每个水平做一次且仅做一次试验），那些在正交设计中为整齐可比而设计的实验点可以不再考虑，因而用均匀设计安排试验可进一步减少试验次数（其试验次数与各因素所取的水平数相等）。采用均匀设计可适当增加试验的水平数，而不必像正交设计那样其试验次数呈平方次的增长。例如，当试验中有 k 个因素，每个因素有 n 个水平时，假如进行全面试验，共有 n^k 种组合，正交设计是从这些组合中挑选出 n^2 个试验，而均匀设计则只需要做 n 个试验。因此，均匀设计非常适合于多因素多水平的试验和系统模型完全未知的情况。

进行均匀设计时，可根据拟考察的因素与水平数，选择适宜的均匀设计表，并利用相应均匀设计使用表（它指出了不同因素数应选哪几列以保证试验点的均匀分布）安排试验。均匀设计表可分为等水平的均匀设计表与混合水平的均匀设计表。均匀设计实验结果一般可采用多元回归分析、逐步回归分析法求得多元回归方程，然后求出其极值即可求得多因素的优化条件。依据实验目的和支持条件的不同，有时也可由均匀设计试验结果采用直接观察法取得最好的实验条件。通过回归分析方法计算得出的优化实验条件一般需要进行优化实验条件的实际试验验证，以便可进一步修正回归模型。若有必要，还可考虑缩小试验范围进行更精确的试验，寻找更好的实验条件，直至达到实验目的为止。目前常借助 SPSS 统计软件，可方便地进行均均设计和计算。

（三）析因设计

析因设计（factorial design）也叫作全因子实验设计，是一种多因素的交叉分组设计，即实验中所涉及的全部实验因素的各水平全面组合形成不同的实验条件，且每个实验条件下要求进行两次或两次以上的独立重复试验。其优点是对各因素不同水平进行全部组合试验，具有全面性和均衡性，因而获得的信息量多，可以准确地估计各实验因素的主效应大小，并可检验各因素之间各级交互作用效应的大小；缺点是当因素增加时，试验次数呈几何倍数增加（即 n^k 次，其中 n 为水平数，k

笔记栏

为因素数)，例如2因素各3水平5次重复需要的试验次数为45次。因素的主效应与因素间的交互作用大小，可借助SPSS等统计软件对实验结果进行方差分析后予以判断。在此基础上，比较各种组合，并结合专业知识，可找出最佳组合。

(四) 星点设计

星点设计(central composite design，CCD)又称为中心组合实验设计或中心复合实验设计，是由Box和Wilson开发的、国际上较为常用的响应面试验设计方法，可以通过最少的试验来拟合响应模型。该法能在有限的试验次数下，对影响结果的因素及其交互作用进行评价，而且还能对各因素进行优化，以获得影响过程的最佳条件。星点设计为多因素5个水平实验设计，是在二水平析因设计的基础上加上极值点(如以坐标表示，极值点在坐标轴上的位置称为星点或轴点)和一定数量的中心点重复试验所构成，可进行因素数在2～6个范围内的试验，试验次数一般为13～90次。

星点设计的实验设计表可由Minitab等统计软件生成，实验结果一般用效应面优化法(response surface methodology，RSM)进行分析。RSM是通过描绘效应对考察因素的效应面，从效应面上选择较佳的效应区，从而回推出自变量取值范围即最佳实验条件的优化法，使用起来直观、方便。CCD设计虽然操作简便，但相对于析因设计分析，精度仍不够，并且试验次数仍偏高，尤其是在较多因素时，如5因素需52次试验，即使析因设计部分采用1/2设计表，试验次数仍有32次。总体来说使用CCD设计较均匀设计和正交设计效果好，但最可靠的设计法仍然是析因设计分析，如果先用CCD设计找到较优区后，再缩小范围使用析因设计的RSM优化法会收到最佳效果。

(五) Box-Behnken 试验设计

Box-Behnken试验设计(Box-Behnken design，BBD)也是响应面优化法常用的一种实验设计方法，是由Box和Behnken在1960年开发，它可以提供多因素3水平的实验设计及分析，采用多元二次方程来拟合因素和响应值之间的函数关系，通过对回归方程的分析来寻求最优工艺参数，解决多变量的问题。Box-Behnken实验设计的特点是：①可进行因素数在3～7个范围内的试验，试验次数一般为15～62次，在因素数相同时试验次数比CCD设计少；②可以评估因素的非线性影响，适用于所有因素均为计量值的试验；③使用时无需多次连续试验；④与CCD相比，不存在轴向点，不会将所有试验因素同时安排为高水平的试验组合，因而在实际操作时其水平设置不会超出安全操作范围，故对某些有特别需要和安全要求的试验尤其适用，如某些化学反应不能同时安排在高水平的压力、温度、时间下进行，否则有可能带来风险。Box-Behnken试验设计表可由Minitab等统计软件生成，试验结果的分析与星点设计类似，一般用效应面优化法进行分析。

第四节　中药新药及新制剂的注册

一、药品注册

(一) 药品注册的含义

药品注册是指国家食品药品监督管理总局根据药品注册申请人的申请，依照法定程序，对拟上市销售药品的安全性、有效性、质量可控性等进行审查，并决定是否同意其申请的审批过程。药品注册申请包括新药申请、仿制药申请、进口药品申请及其补充申请和再注册申请。

新药申请，是指未曾在中国境内外上市销售的药品的注册申请。对已上市药品改变剂型、改变给药途径、增加新适应证的药品注册按照新药申请的程序申报。

笔记栏

(二) 药品注册的意义

我国对药品实行注册管理，药品注册的意义主要包括：①通过注册可加强国家对拟上市销售药品的质量监管，确保临床用药的安全、有效和质量可控；② 新药经过系统的研究后，必须按有关法律、法规的要求经过注册审批，获得许可方可生产与上市，并成为可用于预防、诊断和治疗的合法药品；③ 药品注册后，不但可直接用于疾病的预防、诊断和治疗以产生良好的社会效益，而且也能使企业获得相应的经济效益。

知识链接

中药新制剂注册相关法规

药品注册与相关法律、法规密切相关。与中药新制剂注册相关的主要法律法规包括：《中华人民共和国药品管理法》《中华人民共和国药品管理法实施条例》《药品注册管理办法》《中药注册管理补充规定》《中药品种保护条例》《特殊审批程序管理办法》与濒危野生动植物相关的法规、中药与天然药物研究的相关技术指导原则等。

二、中药的注册分类与申报资料

（一）注册分类

根据《药品注册管理办法》，中药与天然药物新药的注册按照统一的方法分类，但两者在概念与使用上存在区别。中药是指在我国传统医药理论指导下使用的药用物质及其制剂。天然药物是指在现代医药理论指导下使用的天然药用物质及其制剂。中药与天然药物新药的注册分类如下。

1. 未在国内上市销售的从植物、动物、矿物等物质中提取的有效成分及其制剂　系指国家药品标准中未收载的从植物、动物、矿物等物质中提取得到的天然的单一成分及其制剂，其单一成分的含量应当占总提取物的90%以上。

2. 新发现的药材及其制剂　系指未被国家药品标准或省、自治区、直辖市地方药材规范（统称“法定标准”）收载的药材及其制剂。

3. 新的中药材代用品　系指替代国家药品标准中药成方制剂处方中的毒性药材或处于濒危状态药材的未被法定标准收载的药用物质。

4. 药材新的药用部位及其制剂　系指具有法定标准药材的原动、植物新的药用部位及其制剂。

5. 未在国内上市销售的从植物、动物、矿物等物质中提取的有效部位及其制剂　是指国家药品标准中未收载的从单一植物、动物、矿物等物质中提取的一类或数类成分组成的有效部位及其制剂，其有效部位含量应占提取物的50%以上。

6. 未在国内上市销售的中药、天然药物复方制剂　此类又可分为如下三类。

（1）中药复方制剂：中药复方制剂应在传统医药理论指导下组方，主要包括来源于古代经典名方的中药复方制剂、主治为证候的中药复方制剂、主治为病证结合的中药复方制剂等。

（2）天然药物复方制剂：天然药物复方制剂应在现代医药理论指导下组方，其适应证用现代医学术语表述。

（3）中药、天然药物和化学药品组成的复方制剂：包括中药和化学药品，天然药物和化学药品，以及中药、天然药物和化学药品三者组成的复方制剂。

7. 改变国内已上市销售中药、天然药物给药途径的制剂　系指不同给药途径或吸收部位之间相互改变的制剂。

8. 改变国内已上市销售中药、天然药物剂型的制剂　系指在给药途径不变的情况下改变剂型的制剂。

9. 仿制药　系指注册申请我国已批准上市销售的中药或天然药物。

上述注册分类1～6的品种为新药，注册分类7、8按新药申请程序申报。

笔记栏

(二) 注册申报资料

中药新制剂在进行注册申报时,需要向国家食品药品监督管理总局提交相关的申报资料,以用于其安全性、有效性及质量可控性的审查。申报资料的项目一般包括综述资料、药学研究资料、药理毒理研究资料及临床试验资料。其中药学研究资料又包括:① 药学研究资料综述;② 药材来源及鉴定依据;③ 生产工艺的研究资料及文献资料,辅料来源及质量标准;④ 质量研究工作的试验资料及文献资料;⑤ 药品标准草案及起草说明,并提供药品标准物质及有关资料;⑥ 样品检验报告书;⑦ 药物稳定性研究的试验资料及文献资料;⑧ 直接接触药品的包装材料和容器的选择依据及质量标准。

不同注册类别的新药,在进行注册申报时,需要提交的申报资料项目并不完全相同,具体的要求详见《药品注册管理办法》附件 1 相关内容。

三、中药新制剂的注册审批程序

中药新制剂的注册审批一般可分为两个阶段。第一阶段为新药临床试验的申报与审批,当研制者完成新药相关的实验研究和申报资料后,可向药监部门提出新药临床试验的注册申请;申请受理后,省级药监局将组织相关专家对药品研制情况及其原始资料进行现场核查,国家药品审评中心将组织相关专家对新药申报临床的资料开展技术审评(主要是对新药立项的必要性、生产工艺的合理性、质量的可控性与稳定性、药品的有效性与安全性、临床试验方案设计的可行性等进行评价),审评通过后的新药可进行临床试验研究。第二阶段为新药生产的申报与审批,当完成新药的临床试验研究后,可向药监部门提出新药生产的注册申请;申请受理后,省级药监局将组织相关专家对药品临床试验情况及其原始资料进行现场核查,国家药品审评中心将组织相关专家对新药申报生产的资料开展技术审评(主要是对药品的临床疗效与安全性等进行评价),审评通过后可申请国家药品认证中心进行药品批量生产的现场检查和样品抽检,符合要求后再经国家局审批颁发新药证书和批准文号,可进行新药的生产和上市销售。

(夏新华)

笔记栏

主要参考文献

Loyd V. Allen, Jr, Howard C. Ansel. 2014. Ansel's Pharmaceutical Dosage Forms and Drug Delivery Systems. 10e, Wolters Kluwer.

Michael E., Kevin M. G. 2013. Aulton's Pharmaceutics: The Design and Manufacture of Medicines, 4e.Churchill Livingstone.

蔡宝昌，罗兴洪.2005.中药制剂前处理新技术与新设备.北京：中国医药科技出版社.

蔡光先.2008.中药粉体工程学.北京：人民卫生出版社.

曹春林.1986.中药药剂学.上海：上海科学技术出版社.

程刚.2010.生物药剂学.北京：中国医药科技出版社.

程怡，傅超美.2014.制药辅料与药品包装.北京：人民卫生出版社.

崔福德.2013.药剂学.北京：人民卫生出版社.

狄留庆，刘汉清.2014.中药药剂学.北京：化学工业出版社.

范碧亭.1997.中药药剂学.上海：上海科学技术出版社.

方亮.2016.药剂学.第八版.北京：人民卫生出版社.

方晓玲.2007.药剂学.北京：人民卫生出版社.

傅超美，刘文.2014.中药药剂学.北京：中国医药科技出版社.

傅超美，王世宇.2008.药用辅料学.北京：中国中医药出版社.

国家药典委员会.2015.中华人民共和国药典(四部).北京：中国医药科技出版社.

国家药典委员会.2015.中华人民共和国药典(一部).北京：中国医药科技出版社.

侯世祥.2010.现代中药制剂设计理论与实践.北京：人民卫生出版社.

胡容峰.2010.工业药剂学.北京：中国中医药出版社.

李范珠.2016.中药药剂学.北京：人民卫生出版社.

李永吉.2009.中药药剂学.北京：高等教育出版社.

刘汉清，倪健.2011.中药药剂学.北京：科学出版社.

刘汉清.2002.中药药剂实验与指导.北京：中国医药科技出版社.

刘建平，李高.2000.生物药剂学与药物动力学.北京：人民卫生出版社.

刘建平.2016.生物药剂学与药物动力学.北京：人民卫生出版社.

龙晓英，房志仲.2009.药剂学(案例版).北京：科学出版社.

陆彬.2005.药物新剂型与新技术.北京：人民卫生出版社.

罗瑞明.2016.冷冻干燥技术原理及应用研究新进展.北京：科学出版社.

孟胜男，胡容峰.2016.药剂学.北京：中国医药科技出版社.

平其能，屠锡德，张钧寿，等.2013.药剂学.北京：人民卫生出版社.

沈雪梅.2006.中药药剂学.北京：中国医药科技出版社.

孙智慧.2005.药品包装实用技术.北京：化学工业出版社.

唐星.2007.口服缓控释制剂.北京：人民卫生出版社.

王志祥.2016.制药工程原理与设备.北京：人民卫生出版社.

徐莲英.1998.中药药剂学.北京：人民卫生出版社.

杨明，李小芳.2014.药剂学.北京：中国医药科技出版社.

笔记栏

杨明.2016.中药药剂学.北京：中国中医药出版社.
张兆旺.2012.中药药剂学.北京：中国中医药出版社.
周建平.2014.工业药剂学.北京：人民卫生出版社.
周四元，韩丽.2017.药剂学.北京：科学出版社.

笔记栏